纪念

中国人民抗日战争暨世界反法西斯战争胜利70周年
1945—2015

抗日民族英雄李兆麟诞辰105周年
1910—2015

李兆麟传

LI ZHAOLIN ZHUAN

赵俊清◎著

黑龙江人民出版社

图书在版编目（CIP）数据

李兆麟传 / 赵俊清著. —哈尔滨：黑龙江人民出版社，2015.7
ISBN 978-7-207-10399-4

Ⅰ.①李… Ⅱ.①赵… Ⅲ.①李兆麟（1910~1946）—生平事迹 Ⅳ.①K827.6

中国版本图书馆CIP数据核字（2015）第174733号

责任编辑：李智新
装帧设计：张　涛

李兆麟传

赵俊清　著

出版发行	黑龙江人民出版社
通讯地址	哈尔滨市南岗区宣庆小区1号楼
邮　　编	150008
网　　址	www.longpress.com
电子邮箱	hljrmcbs@yeah.net
印　　刷	北京万博诚印刷有限公司
开　　本	787×1092　1/16
印　　张	29
字　　数	668 千字
版　　次	2015年8月第1版　2021年1月第2次印刷
书　　号	ISBN 978-7-207-10399-4
定　　价	78.00元

版权所有　侵权必究　　　举报电话：（0451）82308054
法律顾问：北京市大成律师事务所哈尔滨分所律师赵学利、赵景波

▲李兆麟

▲李兆麟故居

◀李兆麟读书时在书箱上刻的八字联语

▼同上

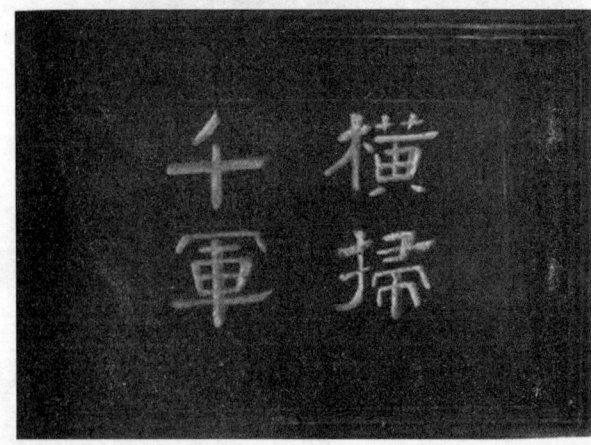

▲中共满洲省委旧址（哈尔滨）

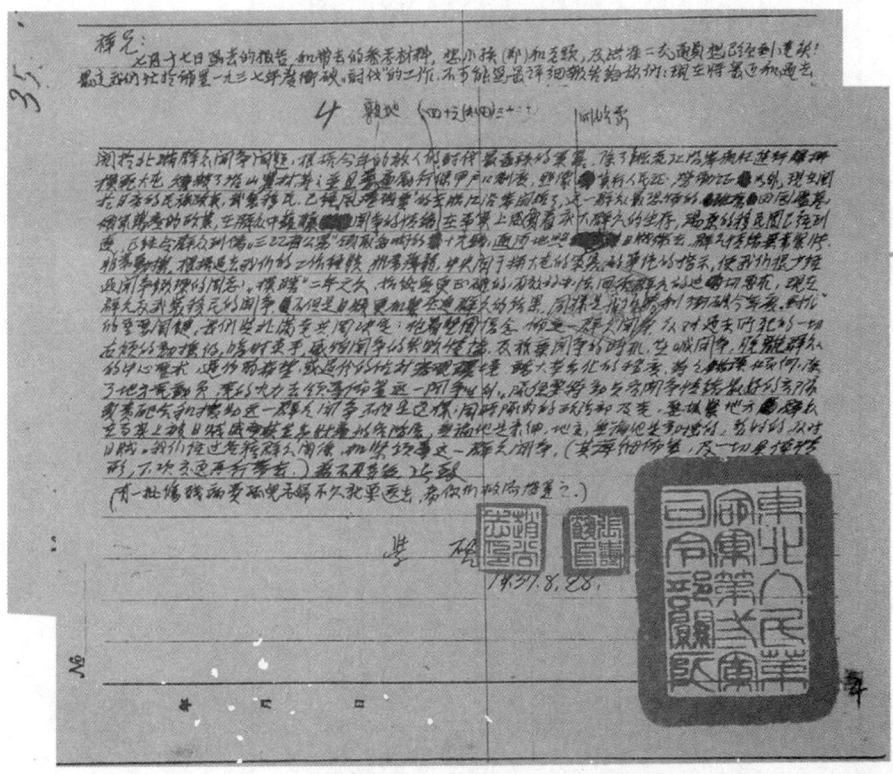

▲李兆麟与赵尚志给中共驻共产国际代表团的信（1937年）

▲ 老钱柜战斗遗址纪念碑（伊春）

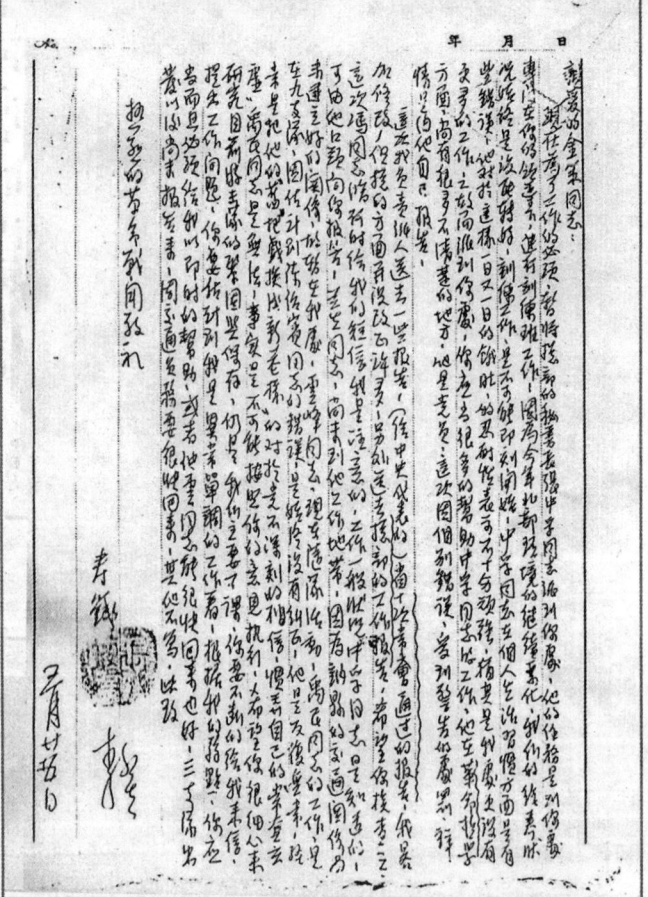

◀ 李兆麟致金策信（署名有李烈生花押）

▲萝北老等山——李兆麟领导西征出发地

▲抗联第三路军总指挥部遗址

▲李兆麟（左二）和周保中（右三）与抗联教导旅的同志们（1943年）

▲李兆麟与夫人金伯文及幼子立克（1943年）

▲李兆麟（右一）与周保中、王一知合影（1942年）

▲李兆麟在哈尔滨庆祝抗战胜利大会上讲话（1945年）

▲李兆麟荣获的红旗勋章

▲李兆麟在哈尔滨庆祝苏联红军建军节大会上讲话（1946年）

▲李兆麟将军被害地（哈尔滨市道里区水道街九号）

▲李兆麟将军墓

目　录

序　言(一) ………………………………………………… 李在德(1)
序　言(二) ………………………………………………… 罗占元(1)
前　言 …………………………………………………………… (1)

第一章　豪气长虹贯 ……………………………………………… (1)
　　一、家境与身世 ……………………………………………… (1)
　　二、勤学好少年 ……………………………………………… (4)
　　三、大禹做榜样 ……………………………………………… (5)
　　四、心志在高远 ……………………………………………… (7)
　　五、为官当为民 ……………………………………………… (9)
　　六、赴平离家园 …………………………………………… (11)

第二章　揭竿齐向前 …………………………………………… (17)
　　一、探寻救国路 …………………………………………… (17)
　　二、提议赴辽阳 …………………………………………… (22)
　　三、组建义勇军 …………………………………………… (25)
　　四、兵败受挫伤 …………………………………………… (40)
　　五、斗争在矿区 …………………………………………… (47)
　　六、兵运工作忙 …………………………………………… (52)

第三章　慷慨赴火线 …………………………………………… (55)
　　一、北上找省委 …………………………………………… (55)
　　二、学习指示信 …………………………………………… (57)
　　三、助建游击队 …………………………………………… (59)
　　四、负责搞干训 …………………………………………… (68)
　　五、巡视呼海路 …………………………………………… (70)
　　六、珠河赴新任 …………………………………………… (74)

第四章　横扫哈东南 …………………………………………… (76)
　　一、进击黑龙宫 …………………………………………… (76)
　　二、攻入宾州内 …………………………………………… (78)
　　三、激战三岔河 …………………………………………… (80)
　　四、改编建支队 …………………………………………… (84)

五、协力反逆流 ……………………………………………………（91）
　　六、常堡敌败退 ……………………………………………………（95）

第五章　铁血壮志坚 …………………………………………………（99）
　　一、受贬志不移 ……………………………………………………（99）
　　二、征战在延方 ……………………………………………………（104）
　　三、夏季反"讨伐" …………………………………………………（118）
　　四、联合共举觞 ……………………………………………………（123）
　　五、情系青山里 ……………………………………………………（128）
　　六、北上过松江 ……………………………………………………（132）

第六章　兴安亦震撼 …………………………………………………（136）
　　一、召开军政会 ……………………………………………………（136）
　　二、留守在汤原 ……………………………………………………（141）
　　三、攻袭老钱柜 ……………………………………………………（147）
　　四、办校承重担 ……………………………………………………（152）
　　五、巡视巴木通 ……………………………………………………（157）
　　六、转战小兴安 ……………………………………………………（162）

第七章　孤军喋血战 …………………………………………………（171）
　　一、心系各联军 ……………………………………………………（171）
　　二、暴动红旗扬 ……………………………………………………（182）
　　三、提出意见书 ……………………………………………………（190）
　　四、活动在下江 ……………………………………………………（196）
　　五、艰苦西征路 ……………………………………………………（205）
　　六、嫩海新战场 ……………………………………………………（216）

第八章　统一指挥建 …………………………………………………（229）
　　一、成立三路军 ……………………………………………………（229）
　　二、平原游击战 ……………………………………………………（242）
　　三、纪念红五月 ……………………………………………………（261）
　　四、血染朝阳山 ……………………………………………………（274）
　　五、攻陷克山城 ……………………………………………………（281）
　　六、三肇烽火燃 ……………………………………………………（291）

第九章　红旗光灿烂 …………………………………………（299）
　　一、赴会进苏境 ……………………………………………（299）
　　二、支队出奇兵 ……………………………………………（309）
　　三、野营与整训 ……………………………………………（322）
　　四、派遣侦敌情 ……………………………………………（334）
　　五、成立教导旅 ……………………………………………（342）
　　六、迎接大反攻 ……………………………………………（355）

第十章　救国复河山 …………………………………………（365）
　　一、抗战终获胜 ……………………………………………（365）
　　二、积极搞三建 ……………………………………………（374）
　　三、奋力争民主 ……………………………………………（386）
　　四、坚决斗敌顽 ……………………………………………（394）
　　五、鲜血染冰城 ……………………………………………（406）
　　六、人民永怀念 ……………………………………………（422）

附　　录 ………………………………………………………（437）
　　一、李兆麟生平活动年表 …………………………………（437）
　　二、征引文献、资料索引 …………………………………（440）

后　　记 ………………………………………………………（447）

序　言（一）

　　上世纪八十年代初，因赵俊清同志搜集整理东北抗联史料，我认识了他。赵俊清从事党史研究工作几十年，特别是在东北抗日联军的历史研究方面，取得显著成绩。我曾经拜读过许多出自他手整理的抗联史资料。近几年，他撰写出版的《杨靖宇传》《赵尚志传》《周保中传》更是为整理宣传东北抗联历史、弘扬东北抗日民族英雄的业绩和抗联精神做出了重要的贡献。特别是他在古稀之年又完成了《李兆麟传》，更是一件幸事。从这本著作里反映出赵俊清同志研究抗联历史的功力。与以往关于描写李兆麟烈士的著作有所不同的是，赵俊清同志运用了更多更翔实的历史资料，特别是从革命历史档案、敌伪档案中又找到了大量佐证，使民族英雄李兆麟再一次呈现出丰满的历史形象，这是培养下一代，弘扬爱国主义精神不可多得的读物。

　　赵俊清同志找我，要我为《李兆麟传》写个序，我知道他用心良苦。早年与李兆麟将军并肩战斗过的人现如今已经是凤毛麟角，屈指可数。我作为当年李兆麟将军手下一名普通战士，自愧知之甚少。但我还是希望能为此书的出版极尽绵薄之力。

　　1936年1月30日，汤原游击总队扩编为东北人民革命军第六军，我第一次见到李兆麟（张寿篯）是在他以第六军代理政治部主任身份站在队伍前面庄严宣读《东北人民革命军第六军成立宣言》的时候。

　　"我们为东北民族解放而战！为收复东北失地而战！为彻底实现东北民族自由平等而战！"他慷慨激昂的声音感染了在场每一位战士。不久，人民革命军第六军发展成为东北抗联第六军。这支部队一直在党的领导下前赴后继，浴血奋战在抗日战场上。

　　李兆麟同志是建立汤旺河抗联后方基地的主要负责人之一。在赵尚志司令的部署下，李兆麟与戴鸿宾率领二百人的部队，解除了岔巴气、南岔和老钱柜一带伪森林警察武装，击毙森山指导官等七名日系警官，缴获了大批物资。特别是长途奔袭老钱柜一战，堪称抗联军史中的典型战例。

　　1937年6月，中共北满临时省委执委扩大会议在汤原帽儿山召开，我奉命参加会议的后勤保障工作。李兆麟以联军总政治部主任身份参加会议。月底，与会的各方首长陆续到达，有冯仲云、包巨魁（张兰生）、赵尚志、周保中、戴鸿宾、黄成植、魏长魁、李熙山（许亨植）、吴玉光和黄吟秋等。第三军的万内（于保合）、第六军的徐文斌担任会务秘书。

　　在这次会议上，冯仲云和赵尚志介绍我和于保合、李兆麟介绍我的战友李桂兰和吴玉光认识并结婚。婚礼是由周保中主持，李兆麟与在场的干部、战士共同参加祝贺。

　　1940年8月9日，我在苏联野营期间在伯力的妇产医院产下一名男孩，赵尚志给起名叫于根植，为纪念第三军牺牲的李根植烈士。12月的一天，苏军派人通知我说："今晚有一中国小孩送到你这里来。明天，那个孩子和你的儿子要一起送到苏联幼儿园。"晚上，他们抱来一个男孩。第二天，有苏联人把孩子接走。后来听说那个和我的儿子一起送走的是王玉环的孩

子,与他俩同时被送走的还有一个小孩,那是李兆麟和金伯文的儿子。在那个艰苦斗争的岁月里,为了战斗,打倒日本帝国主义,我们都不能把心爱的孩子留在自己身边。

1942年七八月,在苏联远东地区的南野营和北野营整合在一起,成立教导旅。苏联远东军区授予"苏联工农红军独立步兵第88旅"番号。旅长是周保中中校,政治副旅长是李兆麟少校。我和于保合在他们领导下参加训练和学习。我们多次听到李兆麟给旅内战士讲话或做报告。他讲话或做报告深入浅出,非常生动,有感召力,一听就懂。他总是让人们树立抗战必胜信心,相信困难是暂时的,是能够克服的。他讲过无论日寇怎样残酷统治,也压不住继续发展的抗日新潮水,"细流可以汇百川",抗战一定能够取得最后胜利。听了他的讲话、报告之后使人感到受鼓舞,受启发,受教育。

1945年8月,日本宣布无条件投降后,88旅召开回国动员大会,周保中、李兆麟等在会上向我们回国参战官兵讲话,号召全体抗联将士为光复祖国奋勇杀敌,为解放祖国建功立业。之后,我和于保合随周保中去了长春,李兆麟和金伯文去了哈尔滨。这是我和李兆麟同志的最后一次见面。

1946年3月9日,李兆麟同志在哈尔滨遭国民党特务暗杀而牺牲。我在长春听到李兆麟同志牺牲的噩耗,和身边的战友们都感到十分震惊与万分悲痛。

李兆麟同志牺牲至今已经有68年了,但是他的音容笑貌已经深深地印在我的脑海之中。赵俊清同志撰写的《李兆麟传》又勾起我对李兆麟将军的无限思念。

在即将迎来中国人民抗日战争暨世界反法西斯战争胜利70周年之际,《李兆麟传》的问世,可以让人们了解中国人民在中国共产党的领导下,如何在反抗日本法西斯战争中进行艰苦卓绝斗争的历史,了解抗联战士为国为民英勇奋斗的爱国主义精神,这无疑是增添了一份让后代不忘国耻、牢记历史的宝贵精神食粮。

我仅以个人名义在此恭贺《李兆麟传》的出版:

> 一个人的抗战是精神
>
> 一群人的抗战是力量
>
> 一个民族的抗战是复兴。
>
> 李在德
>
> 九十八发
>
> 2014年8月15日

(李在德,东北抗日联军老战士。1933年参加汤原反日游击队。1936年加入中国共产党。新中国成立后,在政务院工作,后任全国人大常委会秘书局副局长。1982年离休。)

序　言(二)

1931 年发生的九一八事变,由于南京国民政府当局推行不抵抗政策,东北军有兵不战、有土不守,致使一宵烽火失地千里,旬日之间辽吉两省名城尽陷敌手。接着,江省也被日寇侵占。东北同胞面对乡邦沦陷、山河破碎之痛,长期蓄积在心里的反日情绪达到顶点。当时,"东三省的人民、东三省的一部分爱国军队,在中国共产党的领导或协助之下,违反国民党政府的意志组织了东三省的义勇军和抗日联军从事英勇的游击战争"。

东北民众的抗日武装斗争,经历了抗日义勇军、抗日游击队、东北人民革命军、东北抗日联军几个阶段。1936 年,统一的满洲省委被撤销,分别建立了南满省委、吉东省委、北满省委,并形成包括东满在内的南满游击根据地、吉东游击根据地和北满游击根据地。抗联部队的建制,从 1936 年 7 月开始先后组成了以抗联第一、二军为主力,以杨靖宇为总司令的第一路军;1937 年 10 月组成了以抗联第四、五、七、八、十各军为主力,以周保中为总指挥的第二路军。北满抗联部队,先在 1936 年 1 月组建了以抗联第三、六、九、十一(独立师)各军为主力,以赵尚志为总司令的北满抗联总司令部。嗣后北满抗联部队主力西征黑嫩平原开展游击战争,于 1939 年 5 月改组北满抗联总司令部,建立了以李兆麟为总指挥的抗联第三路军。至此东北抗日联军形成了南杨(靖宇)、北赵(尚志)、东周(保中)、西李(兆麟)的领导格局。这是在东北抗日游击战争中自然形成的。

东北抗日联军所从事的抗日斗争,是 20 世纪三四十年代,中国人民抵抗日本帝国主义侵略的伟大民族解放战争的重要组成部分,是中国共产党领导的人民武装力量之一。在凶残、强大的侵略者面前,在极端艰难困苦的条件下,在白山黑水间与敌寇进行浴血厮杀,流血牺牲,前仆后继,虽屡经挫折失利,但始终保持着中华民族爱好和平,为正义而战,敢于反抗的高昂战斗意志,创造了惊天地、泣鬼神的英雄业绩。这段英勇不屈的斗争历史将永远载入中华民族解放斗争的光荣史册。

上世纪八十年代,随着改革开放的进展,整个国家政治、经济、生活步入正常轨道,这种环境有利于对历史上一些重大事件进行整理,总结经验教训。为继承传统,缅怀先烈,铭记历史,警示未来,从 1980 年开始东北辽、吉、黑三省史学工作者,在三省省委领导下,在中央党史研究室指导下开始搜集史料,整理专题,编撰东北抗日联军斗争史,历经十年,终于出版了《东北抗日联军斗争史》一书。这是一部垦荒式、开拓式的首次出版的东北抗联史著作,在国内外引起了重视和关注。当然,这部开头的抗联史研究著述还有许多要研究、解决的问题。2002 年中央党史研究室与东北三省省委又组织力量修订抗联斗争史一书,于 2011 年提交了《东北抗日联军史》送审稿,现正在进行出版中。随着两个版本的东北抗联史书的出版,一些抗联烈士、抗联将领的传略也在全国党史人物传和东北三省党史人物传丛书中发表,从每位传主的一个侧面,反映抗联历史的活动。

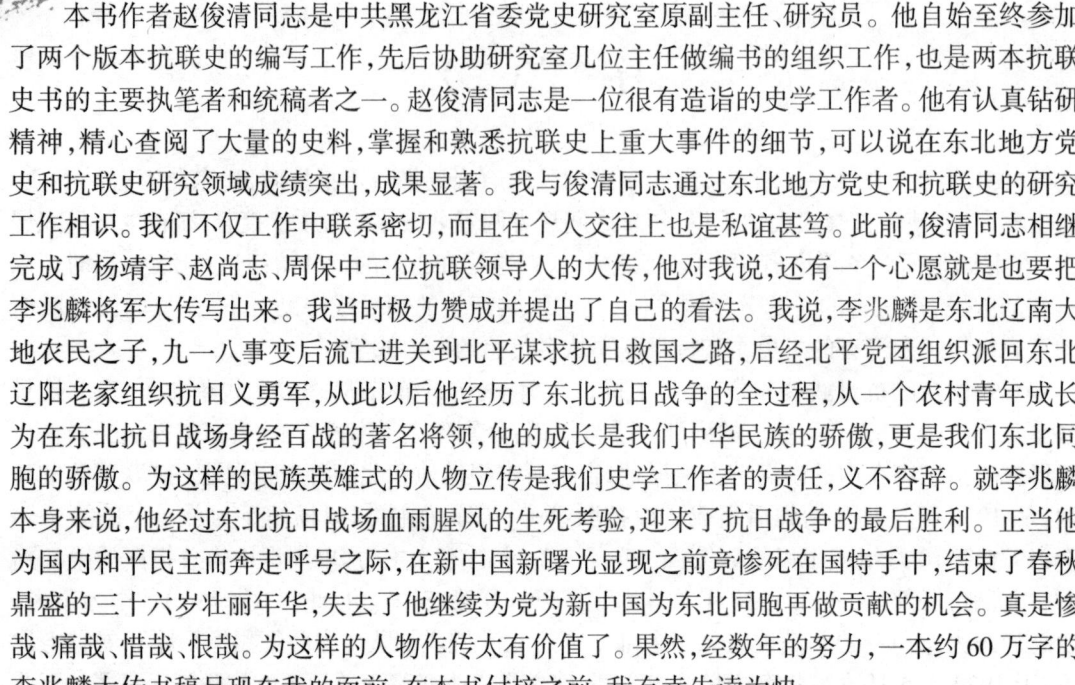

本书作者赵俊清同志是中共黑龙江省委党史研究室原副主任、研究员。他自始至终参加了两个版本抗联史的编写工作，先后协助研究室几位主任做编书的组织工作，也是两本抗联史书的主要执笔者和统稿者之一。赵俊清同志是一位很有造诣的史学工作者。他有认真钻研精神，精心查阅了大量的史料，掌握和熟悉抗联史上重大事件的细节，可以说在东北地方党史和抗联史研究领域成绩突出，成果显著。我与俊清同志通过东北地方党史和抗联史的研究工作相识。我们不仅工作中联系密切，而且在个人交往上也是私谊甚笃。此前，俊清同志相继完成了杨靖宇、赵尚志、周保中三位抗联领导人的大传，他对我说，还有一个心愿就是也要把李兆麟将军大传写出来。我当时极力赞成并提出了自己的看法。我说，李兆麟是东北辽南大地农民之子，九一八事变后流亡进关到北平谋求抗日救国之路，后经北平党团组织派回东北辽阳老家组织抗日义勇军，从此以后他经历了东北抗日战争的全过程，从一个农村青年成长为在东北抗日战场身经百战的著名将领，他的成长是我们中华民族的骄傲，更是我们东北同胞的骄傲。为这样的民族英雄式的人物立传是我们史学工作者的责任，义不容辞。就李兆麟本身来说，他经过东北抗日战场血雨腥风的生死考验，迎来了抗日战争的最后胜利。正当他为国内和平民主而奔走呼号之际，在新中国新曙光显现之前竟惨死在国特手中，结束了春秋鼎盛的三十六岁壮丽年华，失去了他继续为党为新中国为东北同胞再做贡献的机会。真是惨哉、痛哉、惜哉、恨哉。为这样的人物作传太有价值了。果然，经数年的努力，一本约60万字的李兆麟大传书稿呈现在我的面前，在本书付梓之前，我有幸先读为快。

这本《李兆麟传》是以纪传体史书的标准、规格写成的。纪传体史书的传记不同于通常的文学传记、评传和传奇传记。他是以传主个人在某一时期、某一领域的活动为主体，以真实可靠的史料为基础，从传主全部活动的侧面反映出历史面貌。

按这种纪传体史书的规范，要把反映传主一生的各个历史阶段，从出生、家世、童年直到成长后所参加的各种活动的史料，按年代顺序收集整理出来，这是一件甚费工夫之事。

《李兆麟传》，首先是史料丰富、翔实系统。作者不仅充分利用了已有历史上保留下来的有关文献、文件和诸多参考资料，以及抗联老同志的回忆，也吸收借鉴了同类作品的研究成果。《李兆麟传》在挖掘史料方面也很突出，作者从过去被人忽略的两件河北省委、军委报告，科学地考证了在1932年向河北省委的报告中的"河北李同志"以及河北军委报告中东北二十四路义勇军那个领导人就是李兆麟这一重要史实。这两份报告不仅明确了李兆麟是二十四路义勇军的创建者和领导者，也反映了中国共产党对东北抗日义勇军的关注和领导作用。在写作方法上，《李兆麟传》按善序事理、辨而不华、质而不俚（质朴而不低俗），其文直、其事核（核实），不虚美、不隐恶的纪传体史书原则，做到了结构严谨，叙述有序，立论公允，评价恰当。本传对当年抗联斗争中发生的一些争论和不同意见，不站队，不偏私，尽量还原历史本来面貌，消除误解，消除成见。这样会有助于后人了解历史，认知历史。我以为《李兆麟传》，同作者此前完成的几部大传一样是成功的。

受作者俊清同志之托，嘱我写篇序言，但作为同道中人我本无为他人著述写序之资质，而俊清同志以一己之力连续完成了东北抗联史上"南杨、北赵、东周、西李"四大将领传记，实

在是值得祝贺的事,值得同仁学习的事,故不揣冒昧地写了上面一些话,权当为序或读后感言。最后以几首小诗结束我的感想:

(一)
沈阳事变国土沦,东省江天布战云。
为驱日寇雪国耻,敢有群英扫妖尘。

(二)
将军抗战起辽南,组建义勇奋当先。
横刀跃马关东地,浴血白山黑水间。

(三)
男儿报国气势豪,英雄肝胆血如潮。
踏破兴安山万重,露营绝唱震九霄。

(四)
抗战胜利见曙光,万民称贺共举觞。
树欲静兮风不止,美蒋阴谋再猖狂。

(五)
内战阴霾弥宇空,征衣未解吁和平。
罪恶国特施黑手,英雄溅血染冰城。

(六)
今有将军传记文,烈士生平示国人。
当此中华腾飞日,永祀先贤吊忠魂。

罗占元
2015年春节于沈阳

(罗占元,中共辽宁省委党校教授,全国中共党史人物研究会理事、编委,辽宁省党史人物研究会副会长兼秘书长,辽宁省党史人物传记系列丛书总编)

前　言

李兆麟是中国共产党优秀党员，著名东北抗日联军将领、抗日民族英雄。

在灾难深重的旧中国，有多少仁人志士为了民族的解放事业抛头颅、洒鲜血，浇灌民族振兴之花。李兆麟就是他们之中杰出的一位。

李兆麟1910年生，辽宁省辽阳县人。曾用名李烈生，在抗日战争时期化名张寿篯。他少年时就树立远大理想，立志"运思出奇，横扫千军"。1931年"九一八"事变后，日本侵占中国东北，在国土沦丧、中华民族处于危亡的紧要关头，李兆麟义无反顾地投身抗日救国斗争洪流中来。他到北平参加抗日民众救国会，在平西一带从事抗日救亡活动。在斗争中，由共青团转入中国共产党。1932年，根据党组织的指示，他回家乡辽阳组织抗日义勇军，与日本侵略军展开英勇搏斗。不久被党组织派到本溪煤矿从事工人运动。翌年8月调中共满洲省委军委工作，先后赴北满珠河（今尚志）等地参与创建抗日武装工作。李兆麟是东北抗日联军创始人和领导人之一。

经过反日斗争的历练，李兆麟在不断成长。他长期战斗在抗日斗争第一线，从事东北抗日武装斗争的领导工作。历任珠河反日游击队副队长、哈东支队政治委员、东北抗日联军第六军政治部主任（政委）、北满抗日联军总政治部主任、东北抗日联军第三军政治部主任、东北抗日联军第三路军总指挥、东北抗联教导旅政治副旅长等职务。

20世纪30年代初，日本帝国主义推行"大陆政策"，发动侵略中国战争，侵占、奴役、蹂躏东北14年，李兆麟也坚决、勇敢地与凶恶的日本侵略者顽强斗争14年。在领导抗日武装斗争中，他既是优秀的政治工作者，又是出色的军事指挥员。李兆麟骁勇善战，娴熟地运用游击战争的战略战术，指挥抗联第三路军所属各部，驰骋于小兴安岭山麓，广袤的黑嫩、松嫩平原，在群众的积极支援下，英勇地开展游击战争，配合全国抗战，沉重打击日伪当局的反动统治，令日本侵略者心胆俱寒。

1945年抗日战争胜利后，李兆麟任中共滨江工委委员（后为松江工委委员）、滨江省副省长、中共中央东北局北满分局委员、中共哈尔滨市委委员、中苏友好协会会长等职。在解放战争中，他为了建立独立、和平、民主、富强的新中国，贯彻国共双方达成的《双十协定》和共产党的方针、政策，与国民党反动派破坏《双十协定》的行径进行坚决斗争，是人民群众景仰的民主斗士。为争取东北，建设巩固的东北根据地，他勤奋努力，呕心沥血，做出巨大贡献。1946年3月9日，竟被国民党特务杀害，血溅冰城，震惊各地。他以宝贵的生命，践行了自己的"如果我的鲜血能擦亮人民的眼睛，唤起人民的觉悟，我的死也是值得的"的诺言。

李兆麟是一位优秀的革命战士，他的一生完全献给了中华民族解放事业。由于他在14年中国抗日战争期间，为组织、指挥武装反抗日本帝国主义发动的侵略战争建立了巨大功勋；在解放战争期间，在争取和平民主，反对内战、独裁的斗争中建树有卓越功绩，所以在近代中国革命历史上占有一席之地,是中共党史、东北抗日联军历史重要人物之一。他14年如一日,始终战斗在武装抗击日本侵略者第一线,其英勇斗争显示了中华民族不甘屈服外来侵略的大无畏民族精神。李兆麟文武齐备,军政双兼。他对中华民族反侵略战争,对人民解放事业的贡献是多方面的,概括起来主要有:

一是,他于九一八事变后即开始参加反日斗争,高擎抗日救国旗帜,开展抗日宣传,启发人们抗日救国觉悟;他在北平建议抗日救国会派人到东北组建抗日义勇军,并亲自在家乡辽阳成立抗日义勇军第二十四路,与日本侵略者浴血奋战,英勇拼搏,鼓舞了广大民众的抗日斗志。

二是,他在义勇军斗争遭到失败后,以全部精力参加到党领导的创建抗日武装工作中来。他按党组织的要求巡视各地,组织、发动、动员群众开展反日斗争,协助、指导游击队创建工作,是东北抗日联军创始人之一。以后,在北满党内军内参加核心领导工作,对北满地区坚持开展长期、持久的抗日游击战争起了重要作用。

三是,他长期做抗联部队政治思想工作,富有政治工作经验,所做政治工作有力地保证了抗联部队在党的领导下,贯彻党中央确定的抗日救国路线、方针、政策,不断提高抗联指战员的政治军事素质,始终保持旺盛的革命精神,坚持不懈地进行艰苦卓绝的抗日游击战争。

四是,他认真贯彻党的抗日民族统一战线政策,联合各种抗日武装共同抗日,不断壮大抗日武装力量。注意克服反日斗争中出现的错误偏向,为团结一切可以团结的义勇军、山林队等反日武装力量共同进行抗击日本帝国主义侵略军,反抗日伪反动统治做了大量动员、组织、协调工作。

五是,他重视抗日游击根据地建设,在组织领导对日本侵略者的斗争中,始终强调拓展游击区、建立根据地,并亲自领导游击根据地建设工作,在珠河游击根据地、汤原游击根据地的建设中付出大量心血。当根据地遭到敌人破坏后,他倡导广建密营作为活动基地,坚持开展不屈不挠的抗日斗争。

六是,他组织领导北满抗联主力部队进行艰苦远征,从三江地区,翻越小兴安岭,抵达嫩海地区,冲破了日伪当局部署的"三江大讨伐",跳出了敌人包围圈。进而在黑龙江省西北部开辟了新的游击区域,组织抗联第三路军主力部队在黑嫩、松嫩平原广泛开展游击战争,其所部攻讷河、陷克山、袭肇源,进出呼伦贝尔,予敌人以沉重打击,有力地配合了全国抗战。

七是,他在抗联部队遭受严重挫折时,与周保中组织抗联队伍进入苏联远东边境地区进行野营整训,学习政治、军事、文化,开展小部队侦察活动,继续坚持战斗。通过野营整训,保存了抗日武装力量,提高了部队政治、军事素质。所坚持派遣小部队在东北开展的侦察活动,为配合苏军进攻东北做了充分准备。

八是,他在迎接八路军、新四军挺进东北的日子里,坚决贯彻中共东北委员会统一部署,积极从事建党、建军、建政"三建"工作。为创建巩固的东北根据地,先机占领东北战略要地,配合关内干部在北满地区活动,特别是于哈尔滨市及周边地区在建立党的组织、扩大人民武装、筹建革命政权,与苏军沟通协调关系等方面,做了大量工作,取得很大成绩。

九是，他为争取民主、和平、自由，付出全部心血，做出极大努力。与破坏和平建国的国民党反动派进行了坚决斗争，揭露了国民党反动派假和平、真内战，假民主、真独裁的实际面目。他以生命为代价，践行了他为中华民族的独立解放和共产主义事业奋斗终生的誓言。

总之，李兆麟为中华民族的解放和中国革命事业做出了重要贡献。

李兆麟是东北抗联高级将领中少数几位历经14年抗日战争全过程的人。在长期、艰苦的革命斗争中，他作为一名政治工作者，能够把握正确的抗日救国大方向，认真贯彻党的抗日民族统一战线政策，带领队伍前进；他作为一名军事指挥员，能够运筹帷幄，治军有方，骁勇善战，娴熟地运用游击战术组织所部开展机动灵活的游击战争，打击敌人；他作为一名共产党员，能够严格要求自己，艰苦朴素，不畏艰难，英勇刚毅，充分发挥党员先锋模范带头作用；他作为一名领导干部，认真贯彻党的方针、路线、政策，带领广大民众努力实现党在不同时期确定的中心任务，他大公无私，清正廉洁，诲人不倦，克己奉公，是人民群众拥护的卓越领导者。

李兆麟忠实于党，祖国和人民，是中国共产党的优秀党员，模范的领导干部。在长达14年的抗日战争艰苦岁月里，在与凶恶敌人的斗争中，他坚毅刚强，总是积极进取；他满怀豪情，总是充满自信。他以从事伟大的抗日斗争事业为己任，对党的远大理想，对抗战必然获胜怀有无比坚定的信心。他曾多次躲过日伪军的枪林弹雨，没有牺牲在抗击日本侵略者的战场上，是谓"福将"；但十分不幸的是，在抗战取得胜利东北光复后，在准备全身心的为贯彻和平、民主、团结、统一的方针，建设独立、自由、富强的新中国时，竟惨死在国民党特务暗杀的屠刀之下，倒在殷红的血泊之中。实是可惜、可惊、可愤、可叹！

李兆麟的牺牲是中国人民革命事业的极大损失。他的牺牲震惊中外，他用自己的鲜血和宝贵的生命擦亮了人们的眼睛，使人们看清了国民党反动派坚持内战独裁、破坏和平民主的本质。

李兆麟为党和人民的事业鞠躬尽瘁，死而后已的革命精神永远值得我们学习；他为中华民族的解放而艰苦奋斗，英勇献身的高尚品格永远值得世人敬仰。李兆麟同志是抗日民族英雄、和平民主建设的斗士，为革命事业建立了卓越功勋。李兆麟是党和国家认定的100位为成立新中国做出突出贡献的英雄模范人物之一。

2015年是中国人民抗日战争暨世界反法西斯战争胜利70周年。70年来，中国发生天翻地覆的巨大变化。日本侵略者早已被驱逐出祖国神圣大地，革命前辈、先烈为之奋斗的新中国在世界东方建立起来。在中国共产党的领导下，亿万人民走上社会主义之路。党的十一届三中全会以来，神州大地经过改革开放，经济、社会飞速发展，在建设小康社会，建设富强、民主、文明、和谐的社会主义现代化国家的征途上不断前进。作为后来人，我们应该永远牢记新中国是中国共产党领导各族人民经过艰苦卓绝的斗争建立起来的，是革命前辈用鲜血和生命换取的。在艰苦的抗日战争年代，他们为了民族的解放忠贞不渝、坚定不移，百折不挠、宁死不屈，始终在与凶恶的日本强盗进行顽强搏斗。今天的幸福、安定、和平环境来之不易，我们应当倍加珍惜。我们也应该看到，当今世界并不太平，日本右翼势力不断为侵略历史翻案，

"侵略有理论""侵略无罪论""侵略有功论"甚嚣尘上,二战罪犯阴魂不散,军国主义势力亡我之心不死。前事不忘,后事之师。我们要居安思危,不忘外敌入侵史,不忘民族抗争史,应以革命前辈为榜样,尽心尽力、尽职尽责,为实现中华民族伟大复兴贡献自己的力量。

值此中国人民抗日战争暨世界反法西斯战争胜利70周年,著名的抗联将领、抗日民族英雄李兆麟诞辰105周年即将到来之际,为纪念抗战胜利,缅怀革命先烈,勿忘昨天,把握今天,展望明天,维护前辈抗战苦斗赢得的胜利、和平,继承光荣的革命传统,弘扬伟大的抗联精神,特撰写本传记。

赵俊清
2014年8月15日

第一章 豪气长虹贯

一、家境与身世

在广阔的辽宁中部地区、太子河畔,有一个富饶美丽、生态环境优良的地方——辽阳。

辽阳历史悠久。此地古称襄平。辽阳名称始于汉代。据《汉书·地理志》载:"大梁水(太子河)西南至辽阳入辽(指辽河)莽曰辽阳。"辽阳在秦、汉、三国时期,均属幽州辽东郡的辖地。唐代属安东都护府。辽会同元年(938年)置辽阳府,属东京道。金代属东京路辽阳府。元代属辽阳行省。明洪武八年(1375年)起属辽东都司。努尔哈赤于天命六年(1621年)建后金政权之后,在辽阳境建东京城为首都。天命十年,将京城迁往沈阳,在辽阳设置辽阳府,辖辽东大部地区。清康熙四年(1665年)称辽阳州,属奉天府。民国元年(1912年)奉天府改奉天省,1914年辽阳州改为辽阳县。

辽阳是抗日民族英雄李兆麟的故乡。李兆麟于1910年11月2日(农历十月初一)[①],诞生在奉天府辽阳州小荣官屯(今为辽宁省灯塔市铧子乡后屯)。祖父李春阳给他起名,小名叫长生(小生子)。"长生"为长命百岁,多福多寿之意,大名叫李超兰。按家谱,李兆麟辈所范之字为"超"。兰即与梅、竹、菊并称"四君子"的兰草。兰草花开芳郁绝尘,幽香素洁。唐代诗人韩愈《幽兰操》诗中有:"兰之猗猗,扬扬其香。"《千字文》中有"似兰斯馨,如松之盛",都是赞赏兰花之词。祖父为其起名"超兰"就是希望他秉具兰草一样的高尚品德,做人中君子,寓意品德如兰。李超兰是李兆麟的本名。在抗日战争期间,他化名张寿籛。"寿籛"与其小名"长生"意义相同。"籛"读"jiān",传说,寿星老彭祖姓籛名铿,活了800岁。寿籛,自然是寿如彭祖,多福多寿之意。张寿籛是他使用时间最长的名字。此名从1934年到1945年使用长达十余年。当时,东北抗日军民及日伪当局都知道张政委或张总指挥就是张寿籛,他所书写的文件(信件、命令、报告等)都署名张寿籛。1945年抗战胜利后至1946年初,党中央的一些涉及北满的文电还继续使用张寿籛这个名字。目前所见的最后一件使用张寿籛名字的中央电文是任弼时起草的中共中央东北局北满分局委员名单,签署时间是1946年1月6日。在从事革命斗争中,为了斗争的需要,应付敌人,他除张寿籛化名外,还有李烈生[②]、孙正宗[③]、张玉

---

① 关于传主生辰有1908年说(李兆麟墓原碑文)、1909年说(《张寿籛独立活动经过(履历自传)》)、1910年说(《永远的丰碑》抗日英雄谱158)等多种。李兆麟胞妹李兆宾于1964年接受采访时,说李兆麟生日为1910年农历十月初一子时,后经考察予以确认。本传记亦采取1910年说。

② 根据与李兆麟一起于1931年在辽阳等地从事反日斗争的冯基平、林郁青、孙已泰等回忆,当时李兆麟改名李烈生。

③ 据孙已泰、侯薪回忆,1932年末至1933年初在本溪煤矿活动期间,李兆麟化名孙正宗。

华①、李兆麟②等化名。李兆麟是东北光复后使用的名字。由于1946年3月9日李兆麟被国民党特务杀害,举国上下声讨、谴责国特罪行,李兆麟这一名字为世人皆知。

坐落在辽阳的李兆麟将军故居纪念馆

李兆麟的家乡小荣官屯位于辽阳所属第二区烟台东15公里地方。此烟台与山东省烟台重名,新中国成立后改名灯塔(先后为区、为县、为市)。烟台东部有座二龙山,山脚下有两个村庄,一个是大荣官屯(前屯),另一个是小荣官屯(后屯)。大、小荣官屯背倚青翠大山,前面是一马平川的田野。村边有一条小河缓缓流过,可谓有山相依、有水为伴。这里距离省城奉天、县城辽阳及本溪市都很近。20世纪30年代小荣官屯仅有三十几户人家,是个不很大的村庄。

李兆麟家祖籍山东登州府文登县大水泊小竟村,清同治年间祖辈"闯关东"来到锦州,后辗转迁至辽阳落户。至清末之前,李家生活十分艰难,因关东属清廷"龙兴之地",不许汉人垦荒。清末才开禁,允许垦荒耕地,家里开始有地耕种。经几辈人的辛勤劳作,通过开垦荒地,家境有了好转,逐渐富庶起来,有车有牛有马,拥有土地三十余垧。但为时不久李家与八旗地主打上官司,祖辈辛勤开垦的三十余垧荒地被旗人夺走。到李兆麟祖父李春阳当家时,以租种八旗地主土地维持生活,不久通过辛勤垦荒,苦心经营又有了二十余垧地。祖父李春阳认为

---

① 据李兆麟战友冯仲云回忆,1933年李兆麟从辽宁来哈尔滨与满洲省委接头时改名张玉华,在抗日联军期间又叫张寿篯。

② 1945年8月,抗联部队将配合苏军进攻东北时,按抗联教导旅要求改名李兆麟。

要使家业中兴,不被人欺,还要供后辈读书,家里要有为官之人。为此,李春阳诚心供儿子李文彬读书。由于李文彬刻苦努力,终于取得留日资格,考入日本一座高级警官学校。

李兆麟少年时家有正房三间,东西厢房各二间,土地二十余垧,牛马数头(匹)。祖父、祖母及叔父都是纯朴勤劳之人,终年参加生产劳动。农事忙不过来,就雇工或与人搭伙,用畜力换劳力,换工插犋,家境比较富裕。李兆麟的母亲杨长秋是个勤劳、善良、贤惠的农家妇女。她通情达理,富有正义感。

李兆麟母亲杨长秋

丈夫在外面做事的日子里,她除干家里的农活,还担负操持家务、教育子女的任务。李兆麟有一个妹妹叫李兆宾,比他小四岁。兄妹俩少年时受母亲教育影响很深。母亲教育他们为人要走正道,要助人为乐,主持正义。

李兆麟的父亲李文彬是一个见过世面的人。他有文化,早年于日本高级警官学校毕业后回到奉天,在小南关"四局"从警,当上警察"师爷"。但他嫌从警收入有限,后来到昌图与别人合股办矿,想赚大钱。但他没有办矿经验,矿没有办成。其间,他在外面相中一个女人,纳为偏房。在那个年代,有钱人家在发妻之外另娶一小为偏房也不算稀奇。由于家庭结构有所变化,家里收入少,花销大,家庭生活渐趋困难。李兆麟高小毕业后不能继续升学,而失学回家成了放牛娃。

1926年,他父亲李文彬因受到一场官司牵连被捕入狱。尽管他父亲懂得法律,但也无法解脱干系,不久死在狱中。家庭的变故,他父亲一生所走的道路、不幸的结局对李兆麟刺激很大,给他留下很深的印象。李兆麟在以后谈及自己家庭及少年的境况时曾写道:"我是汉族人,十三岁毕业于本乡七年制的高级小学校。余家庭职业状况:余为农民家庭,现乃居住于辽阳本籍。一般的家族:祖父及祖母、母亲都是诚朴而勤奋的农民,终年的劳动。为独我父亲李文彬,为一在清季末年,曾在高级警官学校毕业,十六年前已经死去,在生前则另娶一妇,遗弃了我母亲。我和母亲、妹一,寄居在叔父家里。"①难忘的家世使他还回忆说:"我是奉天辽阳县乡村地主家庭养大的,是故清末时代一个留日本的高级警察官的儿子,是嫡妇生的弃儿。在十三岁时高级小学毕业的学生,因为种种关系而失学做了牧童。在这一阶段,曾受封建社会异常沉痛的创伤和饱尝被压迫青年的苦味。"②

少年李兆麟经受过歧视,遭过有人指手画脚的非议。他眼睛也常常含着泪,心里充满着遗恨。不幸的家庭、黑暗的社会,这在他心底留下难以平复的印痕。这正如他自己所说,他是一个"曾受封建社会异常沉痛的创伤和饱尝被压迫苦味"的人。

少年李兆麟在苦难困顿中生活,在屈辱苦涩中长大。

二、勤学好少年

李兆麟少年时就热爱劳动,帮助家里做力所能及的活计,同时也爱读书。

1916年冬,李兆麟7岁,开始入本村私塾读书,接受启蒙教育。他的启蒙老师是张武亭先生。从这位先生那里,他知道了"人之初,性本善。性相近,习相远"(《三字经》)等古训道理,也从他那里学到了"赵钱孙李,周吴郑王"(《百家姓》)等农家常用字。第二年春入前屯成立的公学堂(大荣官屯初级小学校)读书。他在这里学习三四年。

1920年春,他考入辽阳县立吕方寺高级小学校第十五级学习。少年李兆麟勤奋好学,读书很刻苦。吕方寺小学校离家较远,李兆麟在学校寄宿,每过两三周才回家一次。当年,小荣官屯只有他一人考入吕方寺这座高级小学校。③他深知考入高小不容易,因此,学习非常用功。由于李兆麟在学校里刻苦学习,天道酬勤,自然得到成绩优异的回报。每次考试他都不出班级里的前三名,可谓名列前茅,深受老师青睐和同学的羡慕。他热爱读书,常常读书入迷,手不释卷,达到废寝忘食的程度。一次,他从学校回家,带一本《说岳》的书,讲的是南宋抗金名将岳飞的故事。天黑了,家里的油灯没了煤油,点不着。蜡烛又很贵,家里买不起,他又想看这本书,就想起古代车胤囊萤刻苦学习的故事,找来几支香,点起来,想以香代烛,就着香火看书。爷爷看见了,心疼地说,这怎么能行,把眼睛看坏了,长大怎么做事?让他母亲用家里食用的豆油点灯,并把灯芯挑长些,在明亮的灯光下看书。李兆麟养成特别爱看书的习惯,可以说嗜书如命。他家里的书看遍了,就借别人的书看。他去放牛时,也带着书本,在山坡绿草地上看书。李兆麟小时用功读书真有些像李密挂角、凿壁偷光故事里古代先贤刻苦攻读的味

---

① 《张寿籛独立活动经过(履历自传)》(1942年9月10日),载中央档案馆、辽宁省档案馆、吉林省档案馆、黑龙江省档案馆编《东北地区革命历史文件汇集》甲64,第301页。(本书以后凡征引《东北地区革命历史文件汇集》所载内容,在注释中,编者皆简化为"中央档案馆等")

② 《张寿籛的申明书》(1938年5月11日),载中央档案馆等编《东北地区革命历史文件汇集》甲24,第415页。

③ 《李玉同志谈兆麟将军青年时代》(1957年6月)。

道。那时他祖父总说他："整天就知道看书！"

少年李兆麟勇敢顽强，喜欢结伙排队的练兵和"骑马"打仗的游戏。他为人正直，好打抱不平。他爱劳动，每逢放学回家除了看书，总是要找点活干，常受祖父和叔婶们的夸奖。

少年李兆麟为学专致，好奇心强，求知欲高，善于学习。与同龄少年相比，他兴趣广泛，见什么学什么，学什么会什么。他见有同学会画画，他也学画。他见有同学会吹箫，他也跟着学。小时候的他，聪敏伶俐，善于表达。由于他兴趣广泛，见啥学啥，显示出他悟性较高，卓有才华。在同学中，他是属于多才多艺的人。特别是能写善画较为出众。村里人见他能写善画，不管逢年过节还是平常，都有人请他给写写画画。他常给大娘大婶描绘绣花图样。除花鸟、兰草外，他特别喜欢画苍鹰。他画的苍鹰，雄劲威猛，活灵活现，令人羡慕。他善吹洞箫，箫声时而高亢，时而低沉，连绵不绝，抑扬顿挫，悦耳动听，令人回肠荡气。①他写的毛笔字，也有一定功夫，经常受到老师和乡亲的夸奖。春节时，村里乡亲都来找他写春联。

由于他多才多艺，绘画、书法、吹箫、写对子，样样皆会，乡亲们亲切地称他为"小秀才"。有一年，村里小庙神位的画像已破旧不堪，村民知道他会画画，让他给画一张，换一张新的。他本是不愿意画什么鬼神，但乡亲的信任使他盛情难却。他一口答应下来。两天后，他说画好了。人们打开一看，哪是一张神像，画的是一张头戴礼帽，身穿西服，口叼烟卷的绅士画像。大家看了，很不高兴，都说这不是亵渎神灵吗？李兆麟却说，现在都是什么时代，神灵也该换换装！让他戴礼帽，穿西服，他才高兴呢！大家知道李兆麟不信鬼神，他不愿画神像，也就罢了。

少年李兆麟懂事，听话、上进、正义、直爽，是家中的心肝宝贝、希望。1923年，14岁的李兆麟高小毕业。由于家境困顿，经济拮据，已无力供其读书，他继续深造的愿望破灭了。在家当上农民——一个"半拉子"（即半个劳力）。以后，他到大荣官屯在李昶轩先生的私塾里学习二年，读《四书》《五经》等古文书籍，有时也早起晚归去做农活。这期间，他在农忙季节就参加劳动，主要是放牛、放马，农闲季节就看书学习。亲属杨寿天（叔伯舅舅）把自己在中学念过的书都送给了李兆麟。他如获至宝，认真学习，反复翻阅。实际是在半耕半读。

据李兆麟的战友冯仲云同志回忆说："寿籛同志原籍辽宁省辽阳县人，幼年的时候境遇很苦，自从小学毕业后，就没有能升学，在家里当过牧童，做过'半拉子'。但是他虽然处在这样的困难和贫苦的境遇中，仍是偷着闲工夫，手不释卷地刻苦求学。"②由于小时刻苦学习，使他有了求知向上的欲望，掌握了寻求文化知识的方法，为以后成人立事打下了基础。

三、大禹做榜样

李兆麟听老师讲课，知道上古时期有大禹治水为民谋利的故事，便十分感兴趣。老师讲，远古洪荒之时，中国大地发了大洪水。江河横溢，山崩水漫，洪灾使民无居处，粮无收成。人民陷于苦难。禹的父亲鲧采取"水来土挡"的办法治水，治水未成功被杀。而后由禹担当治水任

---

① 《李兆宾回忆记录》（1964年4月9日）。
② 冯仲云：《东北抗联中领导者之一张寿籛（李兆麟）》，载《东北抗日联军十四年苦斗简史》。

务。禹改堵为疏，采用"治水须顺水性，水性就下，导之入海。高处就凿通，低处就疏导"的治水办法，先从首都附近地区开始，再扩展到其他各地，大禹治水十三年，终于成功，制服了大洪水。大禹是"平水土，定九州"的人。神州大地被他治得"地平天成"。大禹也和尧舜一样成为远古时代最受崇拜的帝王。大禹治水的故事家喻户晓。特别是大禹治水到涂山国，即他家乡所在地，曾三过家门而不入，表现出公而忘私的高贵品质，更是令人称赞。

关于大禹治水虽是古代传说，但也有事实根据，中国古代文献多有记载。

《山海经·海内经》记载："鲧窃帝之息壤以堙洪水，不待帝命。帝令祝融杀鲧于羽郊，鲧复生禹。帝乃命禹，卒布土以定九州岛。"

《史记·夏本纪》记有："禹伤先人父鲧功之不成受诛，乃劳身焦思，居外十三年，过家门不敢入。"

《华阳国志·巴志》记有："禹娶于涂、辛、壬、癸、甲而去，生子启呱呱啼不及视，三过其门而不入室，务在救时，今江州涂山是也，帝禹之庙铭存焉。"都说古时黄河水满为患，九州大地洪水滔天。由禹改"堵"为"疏"办法，终于制服滔滔洪水。

《孟子》一书说："禹、稷当平世，三过其门而不入，孔子贤之。颜子当乱世，居于陋巷，一箪食，一瓢饮，人不堪其忧，颜子不改其乐，孔子贤之。孟子曰：'禹、稷、颜回同道。禹思天下有溺者，由（犹）己溺之也；稷思天下有饥者，由（犹）己饥之也，是以如是其急也。'"大禹"思天下有溺者"，急天下人之所急的美德受到孔子、孟子的赞誉。

《荀子·成相篇》有"禹有功，抑下鸿，辟除民害逐共工，北决九河，通十二渚，疏三江。禹傅土，平天下，躬亲为民行劳苦"的记载。

大禹把天下人的疾苦看作自己的疾苦，他率领先民治水十三年，为治水曾三过家门而不入。大禹为民治水，耗尽心血，终于治水成功，完成名垂千古大业。大禹治水的故事世代流传，千古不衰。他是"躬亲为民行劳苦"的英雄楷模。几千年来人们把大禹视为古代圣王先贤。其治水三过家门而不入，一心为民的传统美德一直被广为称颂、赞扬。李兆麟小小年纪就知道崇拜大禹，令人感叹。

大禹的高尚品质、大禹治水的事迹，令少年李兆麟十分感动。他认真研读禹治江河的有关记载，琢磨这个故事的深刻道理和意义。他非常尊敬大禹，崇拜大禹，把大禹作为自己的学习榜样。他拿起笔来，费时多日，竟按古籍中的记述画出了一张《禹治水事绩（迹）图》。这是在一张长约30厘米、宽20厘米白色宣纸上画的地图。此图用毛笔比较详细地画出黄河、长江间的水系，标明大禹治水经过的地区，所走过的地方。墨色蝇头小楷，字迹工整娟秀，有黄河、渭水、淮河、长江等水名，还有许多地名、山名，粗略估计所写约有上百处。图中写不下，便用数码代替。右边有两行竖写的文字，记明图中标明的数码代表的水名地名，共有十四处之多。如：一、九河；二、淄水；三、滩水；四、汶水；五、菏泽等。

《禹治水事绩（迹）图》现存东北烈士纪念馆，为馆藏珍贵文物。李兆麟小小年纪，竟能画出《禹治水事绩（迹）图》，实在不是一件简单的事。图中所画方位之准确，水系之纤细，标识之清晰，字迹之工整，就是专业制图者见后也会赞叹不已。

《禹治水事绩(迹)图》的绘制，说明大禹治水事迹在李兆麟心里的重要地位，大禹这位远古为民造福的英雄已在他心中扎下了根。他还把大禹治水事迹的故事讲给家人听。少年李兆麟热爱为民造福的英雄，崇敬名垂千古的模范，大禹治水的事迹对他影响很大。少年李兆麟决心以大禹作为楷模，想天下人之所想，急天下人之所急，"躬亲为民行劳苦"，表示将来要像大禹那样为人民百姓做有益之事。

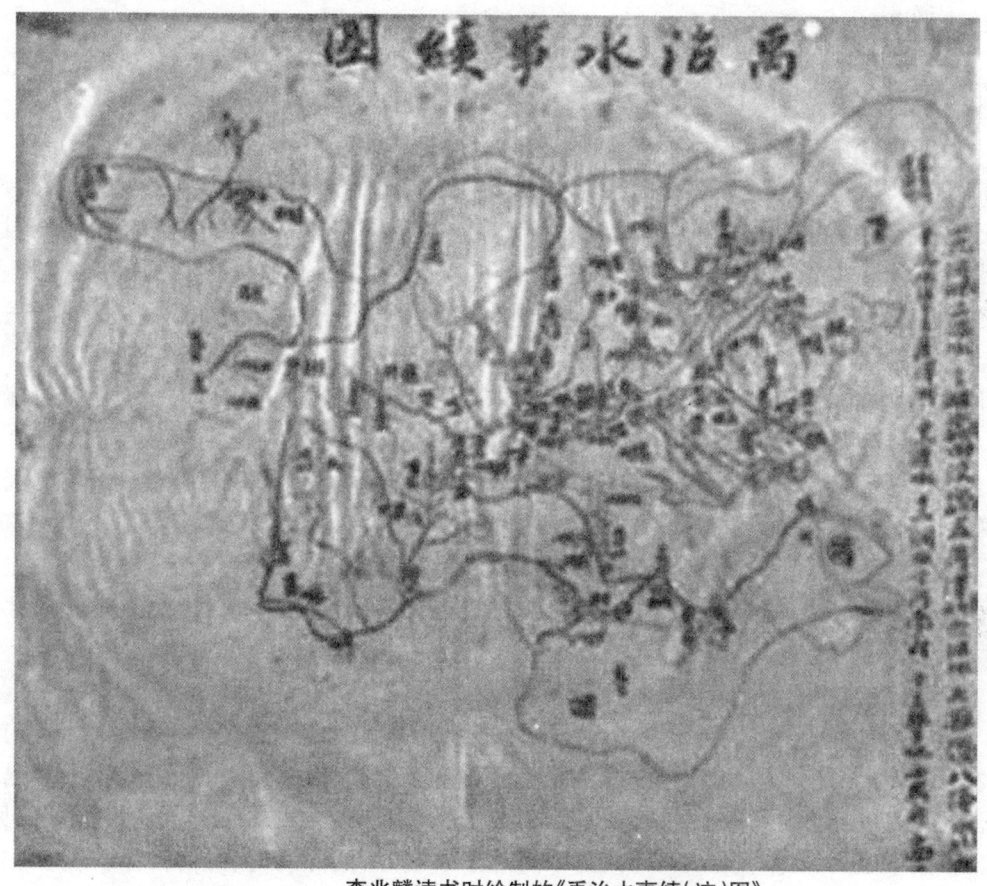

李兆麟读书时绘制的《禹治水事绩(迹)图》

四、心志在高远

李兆麟小时受过地主老财的欺负，使他对为富不仁者十分痛恨。

有一天，他放牛时，把牛赶到村后的小山坡上，让牛吃草。自己靠着一棵老杨树看起书来。不知不觉，他忘了时辰。忽然，妈妈跑来喊道："长生！东土门子的财主把咱家的牛给扣下了。"他听后急忙朝东土门子跑去向老财要牛。地主老财说李家的牛吃了他家的庄稼，要让李家赔偿，不赔就别想把牛牵回去。结果，他因与老财顶撞，还挨了打，鼻子出了血，两手空空地

回来了。

妈妈见他鼻子流血，心里很不是滋味。妈妈一面为他擦鼻血，一面问："老牛怎么办？"他说："明天他家牛倌出来放牛时，我就把牛牵回来。"妈妈说："还是去财主家赔个不是吧"。但他说什么也不去，后来妈妈伤心地流下了眼泪，他才去了。这次深受地主老财欺压的"扣牛事件"，在少年李兆麟的心灵中留下深深的痕迹。地主老财怎么这样不讲情面，还骂人、打人，这是什么世道？

1924年，李兆麟开始"半耕半读"。1926年因其父吃官司后去世，他辍学回乡务农，只能在家自学。

此期间，"五卅"运动爆发。1925年"五卅"上海日本纱厂职员枪杀工人顾正红。接着，英国巡捕又在南京路上枪杀反帝示威的群众，制造"五卅"流血惨案。为反对帝国主义暴行，在全国迅速掀起了新的革命浪潮。上海工人因反对日英帝国主义发生流血惨案的消息传到辽阳，辽阳师范学校学生会为声援上海工人的革命斗争，联合女子师范学校、中西医专科学校、第一民立学校、第二民立学校以及几所小学的千余名学生，进行罢课斗争和集会讲演，先后在师范、第一民立学校召开了三次大型的集会，抗议日英帝国主义在上海屠杀中国工人的罪行。当时大荣官村（前屯）有一个大学生回家乡募捐，宣传顾正红的斗争事迹，号召民众支援上海工人斗争。李兆麟听到宣传，得知上海日本纱厂职员枪杀中国工人顾正红，英国巡捕在南京路上枪杀反帝示威的群众，制造"五卅"流血惨案，他义愤填膺。在反帝宣传中，他受到教育，了解到被压迫人民遭受痛苦的原因，开始对帝国主义、半封建半殖民地社会表示不满。

据熟知李兆麟革命生平事迹的战友冯仲云回忆说："在1925年五卅惨案事件发生的当时，中国反帝大革命的浪潮不仅波动了关内的先进青年，而且也煽起了东北的先进青年。他（李兆麟）在这时起，就受到革命思想的洗礼和政治上的教育了。"①

"五卅"流血惨案后，全国掀起反帝大风暴。

李兆麟看过不少武侠小说。对精忠报国，为民除害的岳飞等人更是无比敬佩。他有空就学习打拳弄棍，自有一身豪气。妹妹兆宾问他学这个干什么，他说有朝一日能够以自己的聪明智慧和力量，消灭"黑帽子""皮鞋头"。②"黑帽子""皮鞋头"指的是日本警察、日本兵。原来，自日俄战争之后，日本把原来沙俄在中国东北南部（即所谓南满，当时指长春以南地区）的势力范围夺过去了。把辽东半岛视为他的领土，改作"关东州"，设立"关东都督府"，攫取中东路支线南满铁路（长春至旅顺）及沿线土地、司法、行政、税收等权益，并以保护铁路为名，在南满铁路沿线驻扎有大量的头戴黑帽子的日本警察和脚穿大皮鞋的称之为"关东军守备队"的日本兵。李兆麟从小就常见到这些家伙在烟台（今灯塔）火车站、南门窑煤矿等地耀武扬威。这些日本警察、日本兵打着太阳旗，挎着大洋刀，骑着高头大马，神气十足，无恶不作，不把中国人当人对待，视中国人如牛马猪羊，随意打骂欺辱，甚至用狼狗咬中国人，用刀枪杀害中国人，为人们所憎恨。李兆麟常想，你们日本人跑到中国干什么？在你日本国好好过日子不行

---

① 冯仲云：《李兆麟将军》。《哈尔滨日报》（1946年2月18日）。
② 《访问李兆宾记录》（1964年4月9日），存东北烈士纪念馆。

吗？他非常痛恨这些侵略中国，奴役、残害中国人的日本人。

李兆麟从小就爱好读书，他有一个木制的安装有两扇小门的书箱，里面放满他看过的书。这个书箱是他心爱之物。李兆麟为了表达自己的心志，竟用一把小刀在书箱两扇小门上刻上了"运思出奇""横扫千军"八个大字。

"运思出奇"是讲运筹帷幄，决胜千里。司马迁《史记·高祖本纪》中有："夫运筹帷帐之中，决胜于千里之外，吾不如子房。"子房是张良。张良以足智多谋著称。这一典故说的是西汉初年，天下已定，汉高祖刘邦在洛阳南宫问群臣："我为什么会取得胜利？而项羽为什么会失败？"群臣说了许多理由，刘邦听了，认为他们还没有说到点子上，他说取胜的最重要原因是能用人。他称赞张良说："夫运筹策帷帐之中，决胜于千里之外，吾不如子房。"意思是说，张良坐在军帐中运用计谋，就能决定千里之外战斗的胜利。在这一点上，我刘邦赶不上张良。这说明张良心计多，善用脑，善用兵，能运筹帷幄之中，想出奇谋妙计，于千里之外而使战争取胜。"横扫千军"语出唐代大诗人杜甫《醉歌行》："词源倒流三峡水，笔阵独扫千人军。""横扫"就是大面积扫除，彻夜消灭。"千军"形容敌人众多。"横扫千军"是要把大量敌军像拿扫帚扫地上的灰尘一样把它扫除干净。

李兆麟在自己的书箱门上，刻上"运思出奇，横扫千军"八个大字，就是要学习掌握真本领，能够做到运筹帷幄，决胜千里，扫荡日本人的千军万马。这可谓气贯长虹，充分表达了自己的远大志愿。应该说，这是他反帝爱国思想逐渐树立起来的一个标志。

"运思出奇，横扫千军"这八个刻字的书箱小门板现收藏在东北烈士纪念馆，是馆藏一级文物。凡来烈士馆参观的人见到这一展品无不深有感慨：李兆麟青少年时，即心志高远，立志横扫千军，真可谓志愿宏大，不外乎后来能成为抗日民族英雄。

五、为官当为民

1926年至1929年，李兆麟仍在家务农。其间，于1927年，李兆麟娶妻成家，妻子名叫李树香。李兆麟与李树香夫妻俩恩爱有加，他们生育了一双儿女，儿子李玉（李振宇）1928年生，女儿李石1931年生。1929年，李兆麟这位五官端正、相貌堂堂的年轻人已经长到20岁了。这一年是他开始走上社会的重要一年。这也是他开始步上革命道路的起点。

为了改造旧社会，找到赖以生存的新的道路，人们在苦苦探索。李兆麟也在思考这个问题。在苦难沉闷之中，李兆麟在努力寻找改变不公平、不合理的现实社会，实现解脱、解救、解放的生路。

为此，他经常翻看父亲留下的有关法律的书籍，从中学习到不少法律常识。他以为靠法律能保证安全，也能使自己获得解救。他在家乡曾帮助一位老年寡妇打官司。原来有一次，李兆麟到县里办事，在一家饭馆里见到一位老年妇女哭哭啼啼。一打听原委，原来是她家的几亩土地被同族侄儿霸占去了。她与女儿几次去讨要，同族侄子总是顾左右而言他，支吾其词，蛮不讲理，毫无结果。李兆麟对这被人欺负的母女很是同情，决定帮她们打官司。他为其写诉

状,出主意,告其同族侄儿欺孤灭寡之罪,结果打赢了这场官司。这位老年妇女十分感谢这个素不相识、伸张正义的年轻人。李兆麟也觉得,能帮人打赢这场官司,帮助需要帮助的人做一点事情,是一件值得欣喜的事情。

李兆麟帮人打赢官司,使他一度很相信法律的功用。经过一段时间,冷酷严峻的现实生活使他认识到法律属于上层建筑,是建立在一定经济基础之上,并为统治阶级服务的。法律的目的在于维护有利于统治阶级的社会关系和社会秩序,是统治阶级实现其统治的一项重要工具。法律本身是一回事,如何执行法律则是另外一回事。他对旧社会的法律有了符合实际的认识,不能也不再相信旧社会的法律能使自己及广大民众得到解脱、解救、解放。

1929年,李兆麟的家乡大荣官村的村长张某有贪污、勒索村民钱财,营私舞弊问题。乡亲们对其敛财违法的无耻行为十分愤怒,但又不敢与之作对,可谓是敢怒不敢言。嫉恶如仇的李兆麟知道此事,怒不可遏,当众人之面质问村长,为何多收村民钱财?这样做怎能对得起父老乡亲?村长被他问得面红耳赤,说不出话来。乡亲们见他敢做敢言,主持公道,会写会算,能替村民说话,便推举他担任大荣官村副村长。李树香回忆说:"他比我小三岁,我们结婚那年他十八岁。他聪明、能干、胆子也大。他十六七岁时,他祖伯父当村长时,年岁太大,料理不开。我就经常看见他协助祖伯父办一些村会的事情。他二十岁那年,曾被选为大荣官村的副村长。大荣官村由六个小屯组成,乡民百十户。干了一年,第二年就不干了。我记得很清楚,他当副村长那年是我们结婚后第三年,我儿子李玉才生下来七八个月。"①乡民鄂国镇回忆说:"李兆麟在荣官屯当村副的时候,正村长是张复俭。那年秋天,因管账的吴国家离屯,就由我接管。这时李兆麟还当村副。我们曾到区上开过几次会,区长是苏景阳。"②

李兆麟任副村长期间,关心村民疾苦,有事和大家商量,要求会计记账必须记清楚,收支笔笔有踪。他为群众办不少实事,诸如组织大家修桥铺路、扶贫解困,救助鳏寡孤独等,深受村民欢迎。

李兆麟最让人佩服的是他能秉公办事。农村里亲属关系是最重要的人际关系,有的亲戚套亲戚,论起来都有亲属关系,被称之为"屯亲"。处理一些事情也很难办,如果不能抛开情面,就无法办事。李兆麟办事,不论亲属非亲属都能一视同仁,平等相待。一次,李兆麟一个本家叔叔对他说村公所保丁梁某借他十块大洋赖账不还,问他敢不敢管。李兆麟说:"只要你有人证物证,我就敢管。"这个本家叔叔向他说明事情缘由,并找来了证人。李兆麟把梁某找来,询问此事,但他一口否认。李兆麟摆出人证物证,他终于承认借账不还之事,表示一定还账。可过后,他却说副村长向着他叔叔说话。李兆麟听到后说:"不管是谁,只要有理,我就要管。我谁也不向着谁,我向着天公道理。"

又有一次,又是这个村公所保丁梁某以介绍职业为名,把村民老刘头的女儿骗卖给辽阳县城一个窑子(妓院)。这天窑商到老刘家来领人,老刘头的女儿死活不去,老刘头告到村公所来。李兆麟一问,派人去把梁某找来,问他这是怎么回事。梁某说:"这是老刘头自愿的,他

---

① 《访问李树香记录》(1964年4月19日),存东北烈士纪念馆。
② 《鄂国镇回忆材料》(1964年6月16日),存东北烈士纪念馆。

让我把他女儿介绍到城里去的,啥事你都管?"老刘头说:"你说是给人当丫头,谁知你是卖给窑子了。"那窑商当场把卖身契拿出来。让老刘头退钱,老刘头退不起。李兆麟一方面训斥梁某怎么能把人家闺女往火坑里推,一方面自己拿出四十元替老刘头退还给窑商,把他们打发走。老刘头对李兆麟感恩不尽。后来李兆麟把不办人事的梁某赶出了村公所。此事受到大荣官村六个小屯百十户乡民赞扬。

李兆麟在任职期间,十分珍惜老百姓的血汗钱,从不乱花村里钱。一次,他和村长同去县里办事。他们各自从会计那里拿一百元钱。村长说他拿的不够花,又要二十元。而李兆麟这趟出差才花了四十元。他担任副村长时,谁家有大事小情,都主动帮忙。他时时处处考虑老乡利益,反对不合理事项,深受乡民拥戴。他当副村长岁数不大,办事公道,在十里八村很有名望。

1928年,东北发生一件大事。这年6月,"东北王"、安国军总司令张作霖在皇姑屯被日本人炸死。皇姑屯事件使世人震惊。日本人要侵占东北,随便杀人,中国人怎么这样窝囊,被日本人如此欺负?这件事给李兆麟很大刺激。此时,他对日本帝国主义的侵略本性已有一定认识,但何时能把这些日本兵赶走,怎样能把日本势力扫除干净,中国人不受他们欺负,这个问题却久久萦绕在他的头脑中。

李兆麟担任副村长时间虽然不长,但他常外出办事,能听到外界传播的国家大事、新闻报道,增长了见识。这期间他在村里村外办事,出头露面,也经受了锻炼,提高了讲话、办事、交往等能力。特别值得提出的是他能与区长苏景阳等区里及各村头头脑脑,一些大排队长相识,知道一些当地村民大排武装组织、分布、构成及武器装备等状况。这为九一八事变后,他能在家乡组织义勇军抗日,建立抗日救国会提供一些前提条件。这段经历对他日后成长来说是很有意义的。

六、赴平离家园

自1840年鸦片战争后,中国社会便沦于半封建半殖民地社会。而后的一个多世纪,中华民族频遭帝国主义侵略、蹂躏,灾难不断。日本自1868年明治维新后,实行对外侵略扩张的大陆政策。1894年甲午中日战争后,中国被迫接受《马关条约》。1900年八国联军侵略中国战争后,中国被迫接受《辛丑条约》。这些丧权辱国的条约,如同一条条枷锁套在中国人民的脖颈上。

1904年日本和俄国发生战争,虎狼相争,战场却在中国东北大地。东北如同一片大肥肉一样任其撕咬争夺。日俄战争炮火连天,中国百姓深受其害。其中辽阳是这一战争重要战区,战场附近几百个村庄受害。据《辽阳市志》记载:"辽阳在日俄战争中被俄军打死华民252人,损失财物核银194.49万两;被日军打死打伤华民178人,损失财物核银约49.39万两。"1905年日俄战争以日胜俄败而告终。日俄战争结束后,日本取代俄国,攫取了包括辽阳在内的南满地区控制权,原东清铁路长春至大连段被日本攫取,改称南满铁路,沿路各主要城镇驻扎上日本关东军守备队。其中辽阳成为日本重要驻军地。九一八事变爆发后最先向沈阳展开进攻,而后又疯狂进攻吉林、齐齐哈尔、哈尔滨的日本关东军第二师团,其司令部(师团长多门

二郎)就驻在辽阳。在辽阳,还驻扎有第二师团所属的第十五旅团、步兵第十六联队等大批日本关东军。这里还设有日本领事馆、警察局(所)。日本官兵、警察以所谓保护铁路、侨民为名,在这里耀武扬威,无恶不作,辽阳人民受尽苦难。

不堪忍受屈辱的中国人民,为了推翻帝国主义和封建主义的反动统治,实现民族独立和人民解放,在不断地进行抗争。

辽阳人民是富有斗争传统的人民。甲午战争中,辽阳民众和清军共同坚守城池,经过大小21次战斗,日军欲攻占城池但始终未能得逞。1900年,辽阳人民组织义和团,坚持斗争达一年之久。辛亥革命时,革命党人曾在辽阳发动起义,东三省总督赵尔巽惊呼:"而辽阳又为该匪党全力之所注……情势所激,更有一发不可收拾之虑,祸机岌岌,间不容发。"①1913年,爱国志士石磊在辽阳地区进行反袁护国斗争,直至英勇就义。

旧民主主义革命虽然在反封建斗争中取得一定胜利,但远远没有完成也不可能完成推翻帝国主义、封建主义的任务。

1921年7月,中国共产党诞生,中国革命发生了天翻地覆的巨大变化。在中国共产党的领导下,全国工运、农运普遍开展。

1929年秋,李兆麟的同乡——日本胜岗农林学校学生李秾儒②回到家乡。李秾儒在日本即参加共产党。他因进行革命活动,1927年左右被日本当局发觉,驱逐出境。他回到东北,先后在家乡辽阳、哈尔滨继续进行革命活动。因当局要逮捕他,曾逃到齐齐哈尔。李秾儒在日本留学时,每逢假期回国就到他内弟杨寿天家(住辽阳小堡)探亲。杨寿天是华北大学学生。李兆麟家与他家有亲属关系,论起来得管他叫叔伯舅舅,因此李兆麟常到小堡这位舅舅家来。在这里,他听到过李秾儒的讲述,知道了阶级、阶级斗争、共产党、革命、社会主义等过去从未听说过的名词术语和一些浅显的革命道理,受到革命的启蒙教育。李兆麟在其启发、引导下,成为当地中国共产党影响之下的最积极的群众之一。他曾在烟台(今灯塔市)一带建立了革命小组。因为秘密工作方法不好,条件异常恶劣,李兆麟在本乡不能继续工作,以后与李秾儒失去联系,但他仍积极从事革命工作。之后,李兆麟曾散发过宣传品,并被警察捕去,因无证无据,旋被释放。

之后,李兆麟与本乡在北平读书的学生张一吼③相联系。张一吼是李兆麟的姨夫。他曾入东北讲武堂学习,后于1929年在东北军黄师跃部下任连长、营长。其所部驻长城喜峰口时,因部下哗变受革职处分,后入北平中国大学文学系读书,并加入中共地下组织。在暑期中国大学放假回家探亲时,李兆麟常常去张一吼家串门。张一吼也常向他讲国家大事、时事政治,并拿出自己从北京带回来的进步书刊,让他阅读。李兆麟从小就爱看书,他见到张一吼从北

---

① 辽宁省档案馆编:《辛亥革命在辽宁档案史料》,1981年版,第89~90页。

② 李秾儒(?—1945),早年留日学习,参加革命,加入共产党。九一八事变后,脱离革命,为日人所用,曾任伪黑龙江省公署书记官、伪通化省教育厅长、伪吉林市长、伪热河省副省长。九三光复后,在承德被处决。

③ 张一吼(1903—1943),原名张俊武,又名张国威、张醒亚。中共党员。毕业于东北讲武堂第七期步兵科。1943年病逝。

京带回来的进步书刊更是爱不释手,常常挑灯夜读,而后俩人在一起畅谈读后心得,议论社会现状,世道不平之因由,国家命运、前途大事,抒发爱国情怀。李兆麟从张一吼那里得知不少革命道理。

1930年暑期,张一吼在讲武堂的同学翟乐全①(中共党员)因身患肺病,经张一吼介绍来到他亲属杨寿天②家养病,后又到离荣官屯不远的二龙山双龙寺疗养。双龙寺环境优美,清幽静寂,适于疗养。这时,杨寿天介绍正在家乡的李兆麟与翟乐全相识,也有意让他受其熏陶、影响。因此,李兆麟常去双龙寺与翟乐全会面。

翟乐全学识渊博,见多识广,阅历丰富。"结交须胜己,似我不如无"。李兆麟愿意与这位客人交朋友,他向李兆麟讲述五卅惨案经过,与之彻夜畅谈世界大势、国家前途、民族危难、救国救民之事,讲述科学社会主义原理。李兆麟从翟乐全那里听到过去许多没有听到过的道理。他被其渊博学识所折服。李兆麟在与翟乐全接触过程中,完全被其所讲深深吸引,特别是翟乐全讲到贫弱的中国受尽日本等列强欺凌,国将不国,只有共产党领导才能改变社会面貌时,更是使他激动不已。可谓是"与君一席话,胜读十年书"。

翟乐全从夏天来到秋天走,约有四个月时间。这期间,李兆麟与翟乐全经常在一起议论国家大事,抒发革命情怀。共同的理想、愿望,使他们成为挚友。从翟乐全的讲述中,从阅读进步书刊中,李兆麟思想豁然开朗,眼界大开,他知道了中国积贫积弱的原因是帝国主义侵略和封建压迫的结果,要使国富民强就要推翻帝国主义和封建军阀的统治,而推翻帝国主义和封建军阀的统治必须由共产党领导群众起来进行斗争才能实现。从而,他树立了要跟着共产党走,也要投身革命的远大理想。

应该说,在当时,李兆麟能够想要跟着共产党走,要投身革命,这绝不是一件简单的事情。共产党是地下党,其斗争目标是要推翻国民党反动统治,成立人民民主政权,这是被国民政府视为造反、大逆不道,是非法的。而投身革命,一旦被发现,轻则被逮捕抓进大牢,重则是会被处死的。"知我者谓我心忧,不知者谓我何求",李兆麟要跟着共产党走,要投身革命,并不是为了要升官发财,捞到什么好处,而是忧国忧民,是要追求真理,寻找消灭剥削、压迫,自由解放之路。很显然,从他树立要跟着共产党走,要投身革命信念之日起,就已经将生死置之度外了。

在畅谈中,李兆麟对翟乐全所讲道理都能接受,深感与翟乐全志同道合。他似乎看到一条新路摆在自己面前,那就是共产党领导人民大众反帝反封建的革命之路。

同年秋,养了四个多月病的翟乐全要回北平。当时李兆麟也想与他一起去北平。但家里的庄稼还没有割,所以没走成。待割完地,打完场,粮食入仓后,李兆麟与母亲商量好,得到家人同意后,便随张一吼奔赴北平,找翟乐全去了。他到了北平后,在翟乐全、张一吼介绍下,在北平西郊门头沟参加了革命工作。

---

① 翟乐全(?—1931),甘肃人,中共党员。东北陆军北大营军官训练班毕业,曾任东北军陆军暂编第一旅参谋。1931年病逝。

② 杨寿天,中共党员。北平华北大学学生,李兆麟的叔伯舅舅。

据了解李兆麟初期革命活动的杨寿天回忆说:"李兆麟学名李超兰,抗战开始时改名李烈生,1933年离沈赴北满改名叫张寿篯,1945年八一五后改名李兆麟。五卅惨案后,兆麟受革命影响,要找革命组织,可是找不到。1930年,共产党员翟乐全来双龙寺养病,由他介绍,兆麟与翟相识。从此,算是找到共产党。他受翟的教育,坚定革命的意愿。翟从夏天到秋天,养了四个多月的病回北平了。兆麟想与翟一起去北平,但是地还没有割呢,所以没有一起去。一个多月后,割完庄稼,打完了场,兆麟和母亲商量好后,就去北平找翟乐全去了。到北平后由翟乐全介绍参加共青团。为了深造,将他送到北平大学读书,在这里他研究马列主义,第二年即31年,兆麟参加共产党。"①李兆麟之子李玉同志说:"翟乐全、张一吼是杨寿天同学,翟在双龙寺养病,张和我家有亲属关系,父亲就常去翟处。与翟、张(党员)有联系,后由他们介绍到北平,读大学(插班),30年参加团,31年参加党。这时,还有时回家。"②

关于这段历史,李兆麟在自己所写履历自传中有明确记载。在中央档案馆等编的《东北地区革命历史文件汇集》中,有一份他自己所写记录他经历的文件,内中记录说:"在一九二九年夏,经本乡的留日本胜岗农林学校的李秧儒的宣传,进入了共产主义的思想。因当时认识的不清楚和不了解工作方法,就在一九三〇年夏季,在本乡已经不可立足(这时还是群众)。同年冬,经李转交河北省的学生,才参加了共产青年团。"③这份1938年所写这一阶段的经历其主要史事、时间和内容与杨寿天所述基本相同。

门头沟煤矿位于京郊。广大矿工在帝国主义、资本家、封建把头统治下,过着最悲惨穷苦的生活。门头沟的矿坑,采运工人整天劳动,每天只得铜子20枚。加以矿里卫生、防险设备缺乏,倒塌、爆炸、失火、水淹等事故时常发生。工人进矿做工,简直等于活进坟墓。为了争生存,求自由,工人奋起举行罢工。1930年秋,顺直全省的矿工掀起罢工浪潮。李兆麟在门头沟参加了矿工罢工的宣传鼓动工作。

李树香回忆说:"在1931年九一八事变前,兆麟就受张一吼和翟乐全同志的进步影响使他有了革命要求。翟乐全有病,在双龙寺休养,张一吼和我们有亲属关系,兆麟时常到小堡外祖父家串门而认识的翟乐全。九一八事变前他们先后离开双龙寺,去北平了。"④李兆麟在北平期间也曾回家乡辽阳。

在北平,李兆麟在党团组织的领导下,参加了北平西郊学生宣传队,积极参与在工人、农民中进行抗日宣传鼓动和进步报刊发行工作。⑤为工作方便,组织帮助李兆麟交纳一笔学费,送其进入中国大学学习(按,一说为华北大学),实际是注册挂名,以便于以学生身份为掩护从

---

① 杨寿天:《李兆麟革命初期情况》(1957年7月12日),存东北烈士纪念馆。
② 《李玉同志谈兆麟将军青年时代》(1957年6月),存东北烈士纪念馆。
③ 《张寿篯的申明书》(1938年5月11日),载中央档案馆等编《东北地区革命历史文件汇集》甲24,第416页。
④ 《访问李树香记录》(1964年4月19日)。
⑤ 《张寿篯独立活动经过(履历自传)》(1942年9月10日),载中央档案馆等编《东北地区革命历史文件汇集》甲64,第302页。

事革命工作。据林郁青同志回忆说:"李兆麟也谈过他是挂名学生,即交学费注册有名,而不上课。一旦有问题时,不能被当无业游民处理"。①

在从事抗日救国工作中,李兆麟先是来到门头沟煤矿区从事革命宣传。在门头沟煤矿区开展宣传工作期间,李兆麟主动和工人接触,克服困难,积极努力,工作取得一些成绩。不久,他加入共青团。但由于他初出茅庐,缺乏工作经验,对当时组织安排的一些冒险行动,不敢贸然盲从,正像他自传写的那样,结果被西郊青年团组织说他"胆小",被组织警告两次。

李兆麟在门头沟矿区开展工人工作的同时,也做革命书籍、进步报刊及党的宣传品的发行工作。发行工作是当时党团组织的一项重要工作。顺直省委(后改为河北省委)、北平市委对此项工作非常重视。据《顺直省委对北平一般工作的指示》载,"市委应将中央、省委及市委本身的宣传品,有计划的适当的分给支部,使其在群众中发行。口号、标语应有计划地交给群众,不断张贴书写。"②另据《北平市委目前工作计划》载,"发行工作:1.即日检查过去发行工作,切实改善今后的发行工作。2.计划建立健全的发行站,每支部须指定同志为发行员,担任宣传品分配和发行工作检阅。3.发行处每星期须有发行工作报告,须举行发行会议,计划工作进行,进行检查整个发行工作。"③发行工作是一项具有很大危险性的工作。发行者要胆大心细,要巧妙躲避敌特搜捕,准确将文件、党报党刊发至收件人手中或把传单散发、张贴出去。这并不是一件容易的事。一旦出现问题,发行者会被敌人逮捕,文件、党报党刊、传单会被敌人缴获,给革命事业造成莫大损失。

时在北平西郊清华大学读书任中共清华大学支部书记的冯仲云同志④回忆说,李兆麟在北平,"那时他虽然在大学读书,但是经常出现于北平西郊的农民中,或门头沟的煤矿中,去告诉'煤黑子'和庄稼人,要他们知道如何求得生活的真理,他是非常机智的,这一点在他青年时便显露出来了。例如,有一次当他坐公共汽车运送一箱传单到北平西郊去,路过西直门时,曾被侦缉员拦住,然而他却毫不慌张泰然自若的应付着。

'这箱子是谁的?'

'我的。'李兆麟沉静地答。

'里面是什么?'

'大概是些信纸书籍——箱子是我朋友的。'

'打开看看!'

---

① 林郁青:《给鞍山党史编委会办公室的回信》(1964年6月23日)。
② 《顺直省委对北平一般工作的指示》(1930年7月15日),载中央档案馆、河北省档案馆编《河北革命历史文件汇集》(1930),第56页。
③ 《北平市委目前工作计划》(1931年12月18日),载中央档案馆、北京市档案馆编《北京革命历史文件汇集》(1928—1936),第163页。
④ 冯仲云(1908—1968),江苏武进人。中共党员,清华大学党支部书记。历任中共满洲省委秘书长、东北抗联第六军政治部主任、抗联第三路军总政委。新中国成立后任松江省政府主席,水利电力部副部长。"文革"中被迫害致死。

'不行，钥匙在我朋友那儿。'

'一定要打开看一看。'侦缉员很强硬地说。

'一定要打开看，那你就用刀子挑开看，有违禁品，我就打官司；没有，你就得赔我这皮箱。'

'啊！还看不了呢？'侦缉员很蛮横地说。

'你可不是看不了怎地！'

他也不让寸分，声色俱厉起来，由于简单的几句话，说得那侦缉员没有敢检查，这千钧一发的危机便平安过去了。"①

就这样，经过锻炼，李兆麟的革命胆量剧增。在白色恐怖十分严重的情况下，他不畏随时都有被敌人发现逮捕的危险，巧妙及时地把文件、党报党刊、传单发到有关地点，交到革命同志手中。

以后李兆麟在回顾自己早年参加革命工作时，说道："余在一九二四年至一九二八年将近五个年头，因失学而作农民，在祖父监督之下，早起晚归去作农事。一九二九年秋，本乡有一个在日本国农林学校的学生李秋儒，当时李是共产党员，经过李的介绍，我成为中共党影响之下的最积极的群众。我曾在烟台一带建立了革命的小组，因为秘密工作方法不好，在本乡不能继续工作，条件是异常恶劣，同时又与李先生失去联系，但仍积极工作。在一九三零年四月，因散发宣传品，被警察捕去，除了我还有三个小孩子，但不久因无证据而被宣判无罪，旋被释放出狱。当时奉天狱中，曾与党组织发生关系并曾认识了金策同志（当时金策同志在狱中）。经过夏季以后，有本乡在北平读书的学生张一吼发生关系，同年我随张到北平，参加西郊工作，后被介绍加入中共青年团（月日我忘了），当时我在门头沟煤矿区，工作有成绩，当时因领导群众斗争，西郊青年团组织说我胆小，曾警告我两次。一九三一年夏季当时做发行工作，七月前后，我转为党员，经手人是于同志（秘密工作环境，姓名不详）。"②

激烈、复杂、严峻的对敌斗争锻炼了他，使他不断积累对敌斗争的经验，同时也增加了他的胆识，他更加勇敢坚强，也逐渐成熟起来。1931年夏季，李兆麟做发行工作，7月前后，由团转党，他成为工人阶级先锋队中国共产党的一员。自从加入共产党组织，李兆麟便全身心地投入党领导的革命事业，为无产阶级和广大劳动人民的根本利益努力奋斗，直至献出宝贵的生命。

---

① 冯仲云：《东北抗联中领导者之一张寿篯（李兆麟）》，载《东北抗日联军十四年苦斗简史》。

② 《张寿篯独立活动经过（履历自传）》（1942年9月10日），载中央档案馆等编《东北地区革命历史文件汇集》甲64，第302页。关于李兆麟入党时间，他自传中及杨寿天回忆、冯仲云回忆说是1931年。有些材料、书刊说他入党时间是1932年。

第二章 揭竿齐向前

一、探寻救国路

1931年9月18日,日本帝国主义在沈阳发动了蓄谋已久的以霸占中国为目的的侵略战争,史称九一八事变。九一八是个灾难的日子,是中华民族到了最危险的日子,是令中国人民揪心裂肺,永远难忘的日子。这一天中国的历史发生了大转折。

九一八事变前,日本关东军司令官本庄繁,以视察为名,于9月7日至17日沿南满路、安奉路巡视关东军第二师团部队,对事变准备进行检查和动员。第二师团原驻日本北海道,士兵基本生活在冬季漫长之地,适应冬寒环境作战。日本为发动侵略中国东北战争,1930年春将这支由多门二郎中将任师团长的部队调到东北辽阳驻防。在巡视中,本庄繁强调沈阳一旦发生突然事件,第二师团应立即由辽阳开赴沈阳应援。

9月18日夜10点半左右,日本关东军独立守备队第二大队第三中队工兵中尉河本末守率领7名士兵携带炸药,将沈阳柳条湖附近南满铁路线单面路轨炸毁一段。事后,河本用电话向守备队第二大队队部及坐镇在沈阳特务机关指挥此次行动的关东军高级参谋板垣征四郎报告,诬称东北军驻地北大营中国士兵炸毁铁路,正在激战中。板垣收到河本报告后,立即发布了攻击北大营和沈阳城的战斗命令。早有准备的第二师团主力第十五旅团参加攻占沈阳的战斗。

"炮轰北大营,侵占沈阳城"。日军不宣而战,几乎未遇抵抗,一夜之间东北重镇沈阳沦陷。9月19日晨3时30分,关东军司令官本庄繁从旅顺出发,中午到达沈阳,发表颠倒黑白的所谓"关东军司令官布告(第一号)"。而后,仅旬日间辽宁、吉林两省相继沦陷。11月,黑龙江省大部沦陷,至翌年1月3日锦州沦陷,2月5日哈尔滨沦陷。仅四个月零十八天时间,东北三省被日本侵占,继而热河被侵占,国土沦丧,山河破碎,三千万同胞陷于水深火热灾难深渊之中。

九一八事变并非是一个偶然事件。它是日本蓄谋已久、秉承明治维新以来推行的"大陆政策",为实现其"开拓万里波涛,布国威于四方"和"东方会议"确定的"唯欲征服支那,必先征服满蒙。如欲征服世界,必先征服支那"的所谓"积极政策"的结果。日本自明治维新之后野心极度膨胀,它欺负中国软弱,通过甲午战争、日俄战争,迫使中国割地赔款,攫取巨大利益,但它还不满足,欲壑难填,竟得寸进尺,发动震惊世界的九一八事变。很显然,日本今天攻占沈阳城,明天就要吞并东三省,后天就要灭亡全中国。就这样由吞并东北、征服中国、称霸亚洲,最后称霸世界。九一八事变,是日本帝国主义穷兵黩武,发动武装侵华战争的第一步。正是如此,继九一八事变后,日本帝国主义又把侵略的魔爪伸向关内,发动一·二八侵略上海的战争(1932年)、制造华北事变(1935年)、七七卢沟桥事变(1937年)、八一三上海事变(1937年)、一二·一三南京大屠杀(1937年)等,多半个中国罹于战火。从九一八事变开始,中日展开长达14年的战争。中国处于濒临亡国灭种危险的灾难深渊中。

九一八事变爆发,如同晴天霹雳,祸从天降,仅一夜之间,清廷"龙兴之地",祖国东北重镇奉天被日本侵占,仅四个多月东北沦陷,大好河山竟成他属,日本帝国主义用武力抢夺了东北的铁路、工厂、矿山、银行、邮政、海关、商店等,东北人民被置于日本鬼子枪炮刺刀之下,遭受烧杀抢掠之浩劫。日本帝国主义之所以在这么短的时间就占领了全东北,这完全是因为蒋介石国民党政府对日实行不抵抗政策造成的。九一八事变爆发前,在日本侵略者不断制造事端进行挑衅时,蒋介石就电示东北军首领张学良:"无论日本军队此后如何在东北寻衅,我方应不予抵抗,力避冲突。"①在国难当头之际,蒋介石国民党政府却主张实行什么"攘外应先安内"政策②,对日寇的罪恶挑衅、疯狂侵略行为采取忍让退却的态度,不予抵抗,而他亲临江西,调动数十万大军,全力去"围剿"共产党领导的工农红军,进行所谓"安内"。

九一八事变发生当晚,东北军向南京官方请示应对办法,"官方即根据前项命令,不许冲突,又以日军此举,不过寻常性质,为免除事件扩大起见,绝对抱不抵抗主义。"③驻守北大营的东北军奉令执行不抵抗命令,刀枪入库,兵士撤退,营地任凭日本鬼子肆意横行,沈阳任由日本强盗铁蹄践踏。俗语有云,"养兵千日,用兵一时",到该出手之时,为什么把手缩回去?老百姓说东北军真是:"黑瞎子拍门——熊到家了。"身在北平的东北军主官张学良有土不守,置国恨家仇于不顾,执行不抵抗命令,坐视日本鬼子屠杀掠夺关东父老,罪莫大焉!

九一八事变发生后,日本帝国主义强盗罪行引起广大人民群众强烈愤恨、不满,希望南京政府下令出兵抵抗日本野蛮侵略,但令人遗憾的是,蒋介石却公开宣称:"沈阳日军行动,可作为地方事件,望力避冲突,以免事态扩大。"④又说,"以公理对强权,以和平对野蛮,忍痛含愤,暂取逆来顺受态度,以待国际公理之判断"。⑤由于蒋介石国民党政府幻想国联和美国能主持公道,阻止日本侵略,对日本关东军侵略行径实行不抵抗政策,这就极大地助长了日本侵略者的嚣张气焰,致使日本关东军肆无忌惮,野蛮杀戮,嚣张进攻,如入无人之境,东北三省很快被日寇强占,这无异于拱手出让大好河山,实属卖国行为!

与蒋介石国民党政府实行不抵抗政策相反,中国共产党站在维护中华民族利益的根本立场上,对日本帝国主义的野蛮侵略表示坚决抵抗。九一八事变发生后,中共中央以及中共满洲省委、北平市委都在第一时间及时发表宣言或做出决议反抗日本侵略。其中有9月19

---

① 《蒋介石致张学良电》(1931年8月16日),载吉林省档案馆编《九一八事变》(东北沦陷十四年档案史料丛编),档案出版社,1991年9月版,第172页。

② 《蒋介石的通电》(1931年7月23日),载吉林省档案馆编《九一八事变》(东北沦陷十四年档案史料丛编),档案出版社,1991年9月版,第170页。

③ 《张学良电国民党中央报告日军侵略经过和暴行》(1931年9月26日),载吉林省档案馆编《九一八事变》(东北沦陷十四年档案史料丛编),档案出版社,1991年9月版,第196页。

④ 《蒋介石致张学良电令》(1931年9月)。载吉林省档案馆编《九一八事变》(东北沦陷十四年档案史料丛编),档案出版社,1991年9月版,第173页。

⑤ 《蒋介石在南京市国民党员大会上的讲话》(1931年9月22日),载吉林省档案馆编《九一八事变》(东北沦陷十四年档案史料丛编),档案出版社,1991年9月版,第175页。

日中共满洲省委的《为日本帝国主义武装占据满洲宣言》，9月20日中共中央的《中国共产党为日本帝国主义强暴占领东三省事件宣言》、同日北平市委的《反对日本帝国主义吞并满洲宣传大纲》，9月22日中共中央的《关于日本帝国主义强占满洲事变的决议》，9月30日中共中央的《中国共产党为日本帝国主义强占东三省第二次宣言》《中共满洲省委、团满洲省委告群众书》《中共满洲省委关于日本帝国主义武装占据满洲与目前党的紧急任务的决议》《中共满洲省委给中央的报告》《中共满洲省委对士兵工作的紧急决议》等。这些宣言、决议深刻揭露了日本帝国主义的侵略阴谋、野心、目的、罪行，严厉谴责了蒋介石国民党政府祸国殃民、出卖民族利益的不抵抗政策，旗帜鲜明地提出"反对日本帝国主义强暴占领东三省！""驱逐日本帝国主义与一切帝国主义的海陆空军！"号召全国各族各界民众"罢工、罢课、罢市，反对帝国主义占据满洲！""不投降、不缴械，带枪到农村去实行土地革命！""发动游击战争！""反对白色恐怖——屠杀、逮捕、监禁！""反对军阀战争！""打倒投降帝国主义的国民党！""打倒帝国主义！"九一八事变爆发后，中国共产党提出的驱逐日本侵略者出东北，坚决进行抗日的正确主张，代表中华民族的根本利益，得到了东北各阶层民众的支持与拥护。

日本的野蛮侵略激起全民族的极大愤怒。蒋介石国民党政府实行不抵抗政策致使东北大好河山拱手让于仇敌，致使大片国土沦丧，这是中华民族奇耻大辱。面对日本的侵略，北平和全国城乡各地群众在中国共产党的号召和影响下，迅速掀起声讨蒋介石国民党，反对日本侵略的抗日救亡浪潮。每一个爱国的中华儿女无不热血沸腾，满腔怒火，一场民族自卫，救亡图存的斗争在中华大地迅速兴起。

在九一八事变之前，中共河北省委一度遭到破坏。省委所属的北平市党的组织"形成破碎涣散的状态，会议不能开，在一般同志的脑海中，起了看不着正确观念、充满白色恐怖心理"，省委自1931年8月恢复以来，首先开始整顿北平市党组织，纠正部分同志的错误，发展一批新同志，打击了右倾消极怠工和"左"倾空谈，"大部分支部已经能够自动的开会，自动的工作"。① 九一八事变爆发后，北平市委号召反对"左"的右的不良倾向，加强反日宣传，揭露日本帝国主义侵占东北的罪行，抨击蒋介石国民党政府实行的不抵抗损害民族利益的卖国政策，号召人民群众行动起来开展坚决斗争，不断扩大党在群众中的影响，加紧领导群众的反日斗争。

还是在九一八事变发生前，在北平党组织"形成破碎涣散的状态"之时，李兆麟曾回家探亲。九一八事变发生后，正在家乡的李兆麟收到张一吼从北平寄来的一封信，信中说到九一八事变爆发后北平成立了东北民众抗日救国会，好友翟乐全病重，住在北平自然医院，希望他能尽快回北平，参加抗日救亡活动，也看望重病在身的翟乐全。李兆麟见到张一吼从北平寄来的这封信后，认识到在国难当头之时，应立刻投身抗日救国洪流之中去，便决定马上去北平。他征得家人同意，卖掉了家里的一车大豆，换钱作为路费，告别年迈的爷爷和孀居的母亲、亲爱的妻子幼儿和妹妹，离开家乡、亲人，去北平。

到北平后，李兆麟去医院看望了大口咳血的挚友翟乐全。翟乐全见李兆麟前来探望，很

---

① 《河北省委对平市工作的决议》（1931年12月15日），载中央档案馆、河北省档案馆编《河北革命历史文件汇编》（1931年），第339页。

是高兴。他自知病重难以治愈，便把自己的一套行李送给李兆麟，让他使用，并留作纪念。分别时，翟乐全深情地希望李兆麟跟着共产党，革命到底。不久，翟乐全病逝。李兆麟深感悲痛。他不忘翟乐全的谆谆教诲，决心跟着共产党，革命到底。

九一八事变发生后的第二天，北平大学法学院的东北籍爱国学生即组成东北学生抗日会，致电南京国民政府，要求"一致对外，民众群起，杀贼救国，宁为玉碎，不为瓦全"。9月20日北平各大中学校学生义愤填膺陆续罢课。各校组织了宣传队，走上街头开展宣传、演出。许多学校将学生会改为抗日救国会或反日会。9月21日，东北留平学生抗日救国会在旧刑部大街奉天会馆成立，参加者3000余人。9月23日，中共北平市委秘密召开党的活动分子会议，决定广泛向群众进行抗日救国宣传，推动以青年学生为先锋的抗日救亡运动的发展。9月24日，北平80余所大中学生代表在北大二院成立北平学生抗日联合会，通过5项抗日议案。中共北平市委通过参加学联的党团员积极参加指导学联组织的各种抗日救亡活动。9月27日，在高崇民、王化一、杜重远、阎宝航、车向忱、卢广绩等倡导下，旅平的东北籍各界爱国人士及青年学生500余人集聚在北平旧刑部大街奉天会馆，决定成立东北民众抗日救国会，旨在"抵抗日人侵略，共谋收复失地，维护国家主权"，团结、号召各界民众行动起来，组织抗日武装，驱逐日本侵略者。张一吼是东北民众抗日救国会成员。

在国土沦丧，民族危难之时，李兆麟对日本的野蛮侵略、东北大好河山惨遭日本鬼子的铁蹄践踏无比愤慨，同时，受到北平爱国学生抗日救国热情的鼓舞，"国家兴亡，匹夫有责"，为抗日救亡，他以坚定的信心立刻投身到抗日斗争洪流之中。此期间，抗金英雄岳飞的千古名篇《满江红》"仰天长啸，壮怀激烈""莫等闲白了少年头，空悲切"等裂石穿云的词句经常萦绕在他脑间。他要效法岳飞，立凌云之志，壮怀激烈，舍生忘死，做报效祖国的民族英雄。他经张一吼介绍，化名李烈生加入了东北民众抗日救国会，成为该会一名会员。

李兆麟加入东北民众抗日救国会后，满腔热忱地投入抗日救国工作中。他废寝忘食、夜以继日地为探索抗日救国之路而奔波。

九一八事变爆发后，日本占领东北，使中华民族与日本帝国主义之间的矛盾上升为主要矛盾，国内各阶级各政治集团之间的矛盾下降到次要地位。在民族、国家处于危难之际，东三省广大民众和一部分东北军爱国官兵，违抗蒋介石国民党政府实行的不抵抗政策，自发地揭竿而起，一个个大规模的反日浪潮迅速掀起。他们义无反顾地组成自卫军、救国军、工农义勇军、大刀会、红枪会等各种武装，反抗日本帝国主义的侵略。其中主要的有辽宁的唐继五领导的民众自卫军、耿继周领导的民众抗日救国军；吉林李杜领导的自卫军、王德林领导的救国军；黑龙江马占山领导的救国军、苏炳文领导的反日军以及工人、农民组织的大刀会、红枪会等。这些抗日武装统称为东北抗日义勇军。面对日本军队的侵略，义勇军毁路炸桥，攻城破镇，日军所到之处，无不遭到各地义勇军的顽强抵抗。义勇军的斗争延缓了日本鬼子铁蹄践踏的步伐。

抗日义勇军的兴起、组建和在开展武装抗日斗争的过程中，得到了中国共产党的支持、领导与协助。1931年10月中下旬，当东北各地抗日义勇军刚刚兴起之际，时任中央军委书记的周恩来以伍豪为笔名在1931年10月《红旗周报》第20期上发表题为《日本帝国主义占领满洲与我们党当前任务》的文章。该文指出："反帝的民族革命运动是要动员广泛的群众参加，而且要长期支持这一运动，才能取得最后的胜利。""工人及农民一切被压迫民众自己武装起来，赶走日本帝国主义。""现在救国义勇军的组织已成为工农劳苦群众的普遍要求，我们要领导工农及一切被压迫民族自己组织武装的救国义勇军。"1932年初，中共满洲省委在分析九一八事变后的东北人民武装反日斗争的形势时指出，目前满洲各地农民群众，在反日的愤怒中，自动武装起来，实行驱逐日本侵略者滚出占领地，有些地方已完全被义勇军占领，并开始实行游击策略，给日本帝国主义空前的打击。日本帝国主义调动大批军队消灭义勇军，农民反日义勇军一方面走向挫折失败；另一方面则是党组织能够打入义勇军中去建立党的领导，开始游击战争。因此，目前满洲党的任务和工作方针是："努力发展反日斗争，尤其是要设法打入与领导农民义勇军反日的革命战争"。①同时，指出强调在义勇军中加强党的领导权的重要性，批评了一些地方党组织放弃对义勇军领导的错误倾向。中共中央和满洲省委强调对东北抗日义勇军的领导，对武装抗日斗争起到了引领、推动作用。

近邻东北的中共河北省委和隶属河北省委的北平市委也采取多种形式进行援助义勇军工作。自九一八事变后，为了开展义勇军工作，中共河北省委、北平市委投放很大力量陆续从反帝大同盟、互济会、反日会等进步团体中，在各大学、专科学校中选派骨干到东北义勇军中从事工作。当时中共河北省委、北平市委一直把开展反日反帝斗争，支援东北义勇军斗争作为一项主要工作任务。这可以从河北省委一份给中央的工作报告中有关经费预算安排上看出："现在各地来信要钱，预算立刻要用，唐山四十、京东三十、天津二十、直南三十、石门五十，派人到东北义勇军五十五，党报三十五，营救七十，省委与秘书处工作与生活九十，开辟张家口工作二十，还债一百一十五，共五百五十五元，务请立刻送来为要。"②这里给外地的经费以"派人到东北义勇军"为最多五十五元。在全部经费预算额度中，列"省委与秘书处工作与生活""还债""营救"之后为第四，这说明省委对支援东北义勇军斗争的重视。

河北省委、北京市委根据党中央关于支持东北义勇军斗争的指示和当时的政治形势，派出部分党团员、反帝大同盟会员到东北辽东开辟工作，主要是开展工人、农民运动，义勇军工作和建立抗日武装等，给予东北党组织以帮助。

当时，中国共产党对抗日义勇军领导或协助的具体方式有：一是由党组织派出党团员直接组织和创建工农义勇军队伍；二是派出党团员协助一些义勇军部队进行组建工作，参与对义勇军武装反日斗争的领导；三是党组织派到义勇军部队中工作的党团员发挥模范骨干作用；四是发动大批青年学生、知识分子参加义勇军；五是动员社会各界人士进行募捐，支持抗日义勇军的斗争。

---

① 《满洲工作近况》(1932年1月27日)，载中央档案馆等编《东北地区革命历史文件汇集》甲9，第190页。

② 《河北省委关于党团工作干部调配等问题致中央的信》(1932年7月6日)，载中央档案馆、河北省档案馆编《河北革命历史文件汇集》(1932年)，第8页。

中共河北省委、北平市委号召进行广泛的宣传工作和积极开展援助东北义勇军的工作。在义勇军活动范围的区域内,坚决地进行公开的工作,组织慰劳队、开群众大会,宣传义勇军的斗争,号召广大民众支援义勇军的抗日斗争。河北省委、北平市委的号召深得各界群众的拥护,他们纷纷起来采取各种形式支持风起云涌的东北抗日义勇军的武装斗争,鼓舞着广大义勇军战士与敌人浴血奋战的斗志。李兆麟也积极响应河北省委、北平市委的号召,认为组织抗日义勇军,进行坚决的抗日武装斗争才是正确的救国之路。

二、提议赴辽阳

李兆麟以抗日救国会会员身份在北平从事革命活动期间,结识了担任东北民众抗日救国会常委的冯基平[①]和担任执委的夏尚志[②]等人。冯基平、夏尚志是属于中共河北省委、北平市委领导的党、团员。此时,李兆麟恳切地向冯基平、夏尚志等讲述东北家乡辽阳民众痛恨日本兵侵略和东北军不战而退,放弃抵抗的状况,提议派人去东北组织、联络、建立义勇军,领导抗日武装斗争,并表示自己愿意返回家乡辽阳,从事抗日武装斗争。

冯基平、夏尚志等同志对李兆麟的建议、要求十分赞许。河北省委听到李兆麟谈的情况,采纳了他的建议,当即决定派他与冯基平等人前往东北辽阳。奉天特委报告中有:"河北省委为目前的政治形势,坚决派人来辽东开辟工作。"[③]李兆麟等被派到东北的主要任务是去辽阳开展农民工作、义勇军工作和抚顺矿区工作。

对于这段历史,冯基平同志有如下回忆:"我认识李兆麟是经张一吼介绍的。张一吼介绍说,李兆麟同志(当时叫李烈生)是东北辽阳人,是一个抗日热情很高的爱国青年,特从家乡来北平找抗日救国会抗日。当时我们就看出他不是北平的大学生,他虽然不是党团员(按,当时个人组织关系尚未公开,相互间不知道谁是党团员),但对抗日救国和共产党是有认识的。他要求参加抗日救国的心意是诚恳、热情的,因而我们吸收他加入抗日救国会为会员。"[④]夏尚志同志回忆说:"我认识李兆麟同志是在1931年九一八事变不久。他来北平由张

---

① 冯基平(1911—1983),又名冯乃革。辽宁法库人。中共党员,曾任中共辽阳县委书记。全国抗战爆发后,历任山西青年抗敌决死队(即新军)第四纵队团长、绥蒙保安处副处长。新中国成立后,历任北京市公安局局长、北京市副市长、中共北京市委书记处书记、陕西省委常务书记、国务院副秘书长、中共北京市委书记兼政法委书记、中共中央调查部副部长、中央顾问委员会委员等职。1983年病逝。

② 夏尚志(1908—1990),吉林镇赉人。中共党员。九一八事变后,在北平成立的东北民众抗日救国会任执行委员。后历任中共哈尔滨市委兵运书记、奉天特委书记、大连市委书记。解放战争时期任白城军分区司令员、辽西省农委副主任。新中国成立后,任国家计委农林水利副局长、全国手工业合作总社计划局局长等职。1990年病逝。

③ 《中共奉天特委给中央的报告》(1932年12月20日),载中央档案馆等编《东北地区革命历史文件汇集》甲34,第95页。

④ 《冯基平同志的回忆材料》(1964年5月28日)。

一吼介绍认识的。当时,我在东北民众抗日救国会里选为执委,担任接待东北各方面抗日和救济工作。李兆麟和我谈了两次,最后一次是1932年1月间,说东北有很多抗日武装和群众组织,只要有领导就能抓起来。我把他谈的具体情况向组织做了汇报。这时,根据当时抗日形势高涨形势,特别东北旅京的人民和学生再加上东北抗日的义勇军和群众来京要求领导他们抗日,中共河北省委也正想动员党团员和抗日力量到东北去领导抗日义勇军和抗日的群众组织。所以,河北省委听到李兆麟谈的情况,当时就决定派人去。后来才听说派冯基平同志去了。李兆麟到救国会时要求抗日救国会派人去领导抗日武装很恳切的,而且说的非常可观,所以才派人去那里工作。"①

"男儿胸有报国志,倭贼不除心不甘。"李兆麟积极要求参加东北民众抗日救国会,进行反抗日本帝国主义侵略的斗争,恳切要求党组织派人去东北领导抗日武装队伍,并表示自己愿意返回家乡,从事抗日武装斗争,这充分反映了他作为一个爱国青年、共产党员的高度觉悟和远大志向。

在各抗日义勇军队伍中,耿继周②领导的抗日义勇军第四路是辽宁省较早成立的反日武装部队。耿继周原任东北步兵第七旅上校,九一八事变后毅然舍去上校差职,回新民收容旧部,编练民众,组织抗日义勇军。10月,在白旗堡成立东北民众抗日义勇军第四路,耿继周任总司令。抗日义勇军第四路成立后,有些学生到这支部队做宣传鼓动工作,说共产党有苏俄的弹药、卢布的接济,但事实上没有。耿继周派代表去北平接洽,河北省委军委同志给予详细解释和原则指示。耿继周的代表要求派共产党员同志去指导他们工作,并"坚决要求派人去领导",当时无人可派。耿继周以为共产党员没人去,是那个代表从中阻挠,还下令通缉了这位代表。③为了加强义勇军领导工作,以后,河北省委、北平市委派遣冯基平、李兆麟(李烈生)等六七人到耿继周部开展义勇军工作。

据与李兆麟同时由北平回东北的杨寿天回忆说:"兆麟带五六人到大虎山下车后,碰上赵大中部,要绑票。兆麟就和他们讲道理,被耿继周知道后,才解决这问题。于是,兆麟和当时山林队'天地荣''穿山虎'及耿继周等人取得联系,经动员耿等山林队都同意抗日(兆麟等人是用爱国学生名义),我们就是爱国,关于你们(指山林队)财产我们不管,我们也不分你们得来的物资财产,只是为了抗日。兆麟把其他四五人都安排到山林队内部,当参谋长之类的职务,编成义勇军。然后就往沈阳南来了。"④

冯仲云回忆说:"九一八的事变时,他(指李兆麟)正流亡在北平,他深深地感到现在是拿

---

① 《夏尚志同志回忆材料》(1964年5月21日)。

② 耿继周(1885—?),辽宁新民人。1921年入东北讲武堂第三期,结业后在东北步兵第七旅服役。九一八事变后组织东北民众自卫义勇军第四路,任司令,在辽西一带抗日。后参加热河抗战、长城抗战。任察哈尔抗日同盟军第三十五军军长。七七事变后,所部被国民党第二十九军收编,任第十战区高级参谋。

③ 《河北军委关于东北义勇军的报告》(1932年3月1日),载中央档案馆、河北省档案馆编《河北革命历史文件汇集》(1932年),第149页。

④ 杨寿天:《李兆麟革命初期情况》(1957年7月12日),存东北烈士纪念馆。

起武器的时期到了。于是他就加入了北平的抗日救国会,不久就被派到了辽西抗日义勇军耿继周的部队里去。他们一行共有六个学生,路过赵大中部山林队时他们就被当人票看押起来(当人质),同伴们都消沉颓丧起来了,可是他反而大声地吵嚷起来,事被耿继周得知而调他们去讯问时,他便侃侃陈述来意,耿很为感动,遂把他们放了,并收留在一起进行抗日工作。他在辽西耿部队里曾于新民一带,做过多次英勇战斗,耿部失败后,他返回北平。"①

冯基平、李兆麟等在耿部招兵买马,鼓动宣传,做了一些工作,对耿继周部义勇军的发展起到一定作用。但由于受"左"倾错误的影响,部队中的共产党员只注意搞下层工作,而忽略对上层领导人的争取教育,逐渐引起耿继周等人的不满。为时不长,冯基平、李兆麟等人离开该部回北平。②

李兆麟曾回忆道:"九一八事变日寇占领满洲,我参加了学生西北宣传队,十一月党派我到辽西锦州、黑山一带抗日义勇军耿继周部队中工作,十二月日寇进占锦州,该义勇军瓦解,我又回到北平。一九三二年春,党又派我到辽东一带进行工作,当时义勇军很复杂,义很多,因当时党的政策是北方会议左倾路线,工作成绩不大。"③

冯基平、李兆麟等回到北平,向东北民众抗日救国会、河北省委报告工作。他们谈到在耿继周部队活动情况的同时,也谈到唐聚五领导的辽宁民众自卫军声势浩大,特别是李兆麟谈到他在辽阳、本溪、沈阳近郊的义勇军中有许多关系,便请求组织派遣更多干部到唐聚五领导的辽宁民众自卫军及辽东地区工作。河北省委认真研究了李兆麟到辽阳组织、联络、建立义勇军的建议,决定派人去东北辽阳开展工作。

一天,在北平团市委工作并担任北平市反帝大同盟执委的胡乔木④同志根据北平市委指示,找在宏达中学读书的青年团员林郁青谈话说,组织上决定让他以反帝大同盟名义去李兆麟的家乡辽阳参加组织义勇军,开展抗日武装斗争,他表示同意。对此,林郁青同志回忆说:"在九一八事变后,大约是1931年12月,北平市西郊区委胡乔木找我谈话说,组织上拟决定你去东北搞抗日义勇军工作。不晓得你的意见如何?当我表示同意去之后,胡乔木同志便向我交代情况说,与你同去的还有两个反帝(彼时党团的外围组织)的群众,他们都是东北人,一个叫李烈生,他是华北大学的挂名学生,是反日救国会的,最近参加反帝的一个群众。这次首先是要去到李的家乡辽阳,因为李和当地的一些自发的群众武装(土匪队)有联系。我们要打进去,领导他们抗日。另一名叫张一吼,他过去是东北讲武堂的(现在没有职业),有些军事知识,张也是最近参加反帝的一个群众。他们的抗日热情很高……"⑤

① 冯仲云:《东北抗联中领导者之一张寿篯(李兆麟)》,载《东北抗日联军十四年苦斗简史》。
② 温永禄主编:《东北抗日义勇军史》(上),黑龙江人民出版社,1987年4月版,第85页。
③ 《张寿篯独立活动经过(履历自传)》(1942年9月10日),载中央档案馆编《东北地区革命历史文件汇集》甲64,第302页。
④ 胡乔木(1912—1992),江苏盐城人,中共党员。曾任共青团北平西郊区委书记、共青团北平市委宣传部长、中共中央青委委员、新华社社长。建国后,任中共中央宣传部副部长、中共中央副秘书长、中共中央政治局委员,书记处书记等职。1992年逝世。
⑤ 林郁青:《给鞍山党史编委会的信》(1964年6月23日)。

的确,当组织同意并决定李兆麟回家乡从事组织义勇军斗争工作时,他十分兴奋,深为实现自己的愿望而高兴。在这次胡乔木与林郁青谈话之后,张一吼、林郁青因故未能立即成行,而由李兆麟和冯基平、杨寿天于1932年2月8日奔赴辽阳小堡。

小堡位于辽阳、奉天、本溪三市之间,距三城市各约30公里。东邻本溪山区,北靠奉界三块石山,南接铧子炭坑、二龙山,西近三家子、十里河、烟台(今灯塔)。小堡是杨寿天家居地,距离李兆麟家荣官屯也不远。这里地理位置优越,群众基础较好,周围有多股抗日义勇军在活动,便于开展工作。李兆麟十分愉快地与冯基平、杨寿天结伴同行。到小堡,他们住在杨寿天家里。

对于他们去辽阳,冯基平同志有如下回忆:"1932年2月初,首先到辽阳小堡一带工作的只有我、李兆麟和杨寿天。我们三人从北平出发,经山海关到锦州住一宿。李兆麟还把一个宝石金戒指丢在火车上了。第二天又坐火车到烟台车站下了车。下车后在一户老百姓家住一宿。第三天我们三个人才到小堡。到了小堡之后,我们就活动在沈阳四区和辽阳二区一带。主要是由李兆麟公开出面。"①

李兆麟之所以能到北平向东北民众抗日救国会请求派人到辽阳小堡一带开展义勇军工作,主要是因为他与当地的二区区长苏景阳有些关系。苏景阳尚有民族意识,九一八事变后,想参加抗日,他手下还有一支民团骑兵队伍,李兆麟想借此机会,通过抗日救国会的支持、认可,发动组织起辽阳一带的抗日斗争。

抗日救国会很重视李兆麟所谈到的苏景阳情况,据此,决定委任苏景阳为东北民众抗日义勇军第二十四路司令,并派抗日救国会常委冯基平与李兆麟、杨寿天三人去辽阳开展义勇军工作。当时,东北民众抗日义勇军第二十四路司令苏景阳的任命状,是写在一块黄绫子布上,缝在冯基平的棉裤里带到东北的。他们的任务是组织成立东北民众抗日义勇军第二十四路,把辽阳一带的义勇军联合起来,发展壮大抗日武装力量,打击日本侵略者。

三、组建义勇军

1932年2月上旬,根据中共河北省委、北平市委的指示,由中共党员冯基平、李兆麟及杨寿天三人来到辽宁省辽阳县小堡一带从事组建抗日武装——东北民众抗日义勇军第二十四路工作。

当时,辽阳、沈阳、本溪一带有许多义勇军、山林队。在辽阳一带有义勇军3000余人,沈三区沈宝林部有七八百人,沈一区唐海山部有200余人,辽二区崔恩洪(老二哥)部有1000余人,辽九区李巨川部有800余人,还有民团1000余人,辽阳四五区、本溪十区合有3000余人,本溪七八区伊晓天部2000余人。②为开展这一地区义勇军的抗日斗争,考虑到李兆麟人、

---

① 《冯基平同志的回忆》(1964年5月28日)。
② 《张××关于沈阳、辽阳之间农民、妇女、军人少先队及义勇军状况报告》(1932年11月),载中央档案馆等编《东北地区革命历史文件汇集》甲11,第414页。

地两熟,组织决定由他公开去组织抗日队伍,出头露面的事都由他去做。

在辽阳一带,许多自发组织起来的抗日队伍,各占一方,各自为战,没有统一领导,不时因活动地盘、收取捐款等发生纠纷,极大地削弱了对敌斗争力量。为了把这些义勇军、山林队统一组织起来,形成一支有力量的义勇军,进行抗日,李兆麟根据组织决定,骑着自家的白马,公开地以共产党名义利用同学、同乡关系积极串联活动,在义勇军、山林队、民团中宣传号召行动起来,共同抗日。他联络了辽阳、奉天、本溪一带的"长江队"(崔恩甲①)、"燕子队"(沈宝林②)、"天地荣"(李巨川)③、"于志超"④和"平日队"(赵俊峰)等义勇军、山林队。

组织动员义勇军、山林队参加抗日的确并非易事,许多义勇军、山林队是土匪(俗称"胡子")根底。九一八事变后,在中日民族矛盾上升之时,他们有抗日的一面,也有掠夺民财、扰民害民的一面。他们多数是既想抗日,又想发财。因此联络他们联合参加抗日工作,有的顺利,有的就不那么顺利。一次,李兆麟到本溪桥头与一支义勇军头目会见商谈时,就碰了钉子。对此,李树香回忆说:"兆麟同志回到家把匹白马骑出去,到家乡一带燕子队、长江队等各山林队里,教育他们参加抗日义勇军打日本鬼子。听说,一次兆麟同志到一个山林队里,因为争取工作没有成功,出大门,脸面气得煞白。还说,胡子要枪毙他。"⑤由此可见此项工作的艰巨性、危险性。但"路不行不到,事不为不成"。俗语说"万事开头难",做任何事情都是不容易的,何况是与土匪打交道,为成功组织建立抗日义勇军第二十四路,李兆麟坚持去做这项艰苦工作。"一回生,二回熟",一次与其谈不成,就去第二次、第三次。就这样,一而再,再而三耐心细致地去做说服动员工作,要组织统一领导的义勇军,要和凶恶的日本鬼子打仗。

李兆麟在家乡辽阳,利用其广泛的社会关系,以其出众的组织、宣传鼓动能力,向这些义勇军、山林队、民团晓以民族大义,"国家兴亡,匹夫有责"的道理。宣传在国难当头之际,不能袖手旁观,岂能甘心"人为刀俎,我为鱼肉",任人宰割,号召揭竿而起,积极行动,举旗抗日。他说孤掌难鸣,独木不成林,大家要团结起来,不应相互产生矛盾隔阂,要共同抗日。由于他遵循党的抗日救国总原则,努力做到方针明确、方向对头、方法正确、方式合理,既敢闯敢干,又谨慎从事,不畏任何艰难困苦,经过广泛宣传,结果许多义勇军、山林队被动员起来。这些义勇军、山林队、民团首领都表示接受他的意见,愿意参加抗日义勇军第二十四路。之后,李兆麟又动员辽阳二区区长苏景阳出来领头参加抗日,组织、领导队伍奋起抗争。因李兆麟在荣官屯当村副时,常去区里向苏景阳谈工作,求其办事,与他早就熟悉。李兆麟动员他说,苏区长一向爱国爱民,名声在外,您能出面领导抗日最好,这次成立的抗日义勇军第二十四路,是北平当局同意的。司令是北平东北民众抗日救国会任命的,救国会是张少帅支持的。请你当的司令与一般山林队大当家的不同。这是功在国家、名垂青史之事。苏区长能出任司令,领

---

① 崔恩甲,有的书刊写作崔宴加。报号"长江",工头出身,所部有一千余人。
② 沈宝林,有的书刊写作沈宝琳。报号"燕子",当过兵,所部有七八百人。
③ "天地荣",有的书刊写作"天地容"。李巨川,军官与土匪头出身,所部有八百余人。
④ 于志超,有的书刊写作于智超。土豪军官出身,所部数百人。
⑤ 《访问李树香记录》(1964年4月9日)。

导抗日,是众望所归。经动员劝说苏景阳接受了李兆麟的建议,同意利用自己手上的民团骑兵队伍,扩大武装,进行抗日。

就这样,李兆麟不怕艰难,冒着随时可能流血牺牲的危险,凭着一股闯劲,一腔爱国热情,坚持宣传党的抗日救国政策,最终还是很快把辽阳一带的义勇军、山林队引导到抗日救国的道路上来,组成了东北民众抗日义勇军第二十四路。

1932年2月的一天,在辽阳县三家子(今辽阳市灯塔县柳河子乡)陈楚英院内,由李兆麟主持,以东北民众抗日救国会名义,召开了有"燕子队"首领沈宝林、"长江队"首领崔恩甲等四五十人参加的各义勇军、山林队首领会议。会议一致同意成立辽阳抗日义勇军,接受东北抗日救国会加委的部队番号:第二十四路,宣告正式成立东北民众抗日义勇军第二十四路,推举苏景阳担任司令部司令。但由于苏景阳并未到任,联络员李兆麟实际在指挥、调动这支部队,特别是苏景阳所属的民团骑兵200余人队伍直接由李兆麟所掌握。东北民众义勇军第二十四路下设五个支队,"燕子"为第一支队,"长江"为第二支队,"天地荣"为第三支队,"于志超"为第四支队,"平日"为第五支队,苏景阳所属的骑兵队为第六支队等,原各队首领为各支队队长,各队安排有联络员。会上,冯基平宣布了各项任命。东北民众义勇军第二十四路全军共2000余人。

1932年3月1日,河北军委关于东北义勇军给中央的一份报告谈到东北义勇军时说:"九一八事变后,地主资产阶级的领袖人物号召那帮胡子在'东北民众抗日救国会'领导之下组织义勇军,现已有二十五路之多。每路人数由一千余人至万余人,司令都是些失意军官、官僚、聚则成军,散则为匪。军官不易剿灭,他们没有宗旨,谁给他们物质上帮助就替谁卖力。张学良想利用他们,又害怕他们,结果他们零零乱乱。日帝国主义用金钱来收买,现都成涣散状态了。虽然这样,可是在日帝国主义进攻新民锦州时,义勇军表现了武装抗日,冲破了国民党无抵抗主义的精神,在这一点是有意义的。"

这份报告又具体谈到义勇军第二十四路:"廿四路(辽阳)的那个领导是高小毕业生,是小地主的儿子,没有父母兄弟,年纪很轻。他说他参加革命是因为看了'科学社会主义的基本原理',对于政治是不十分了解。情绪是还好,领有二千余人,一部分胡子,一部分是自卫军(民团性质的)把从前老的领袖打翻了,可是工作做得不好,他到平后,对他的报告给了个批评,他完全接受,要求派人去领导,表示绝对服从我们党的意见。如果没有人去,他们要革命不知怎么革法。但始终未想到一个人,只找两个比较'左倾'的学生跟他去了。"①

河北军委的这份关于东北义勇军给中央的报告是现在见到的最早(1932年3月1日)记述反映李兆麟革命活动的文献资料。该文献在谈及义勇军第二十四路时,虽然没有点出李烈生(李兆麟)之名,但这里是在说李兆麟是毫无疑问的。抗日义勇军第二十四路在辽阳,文中特用括号标明。"那个领导",是"高小毕业生""小地主的儿子",李兆麟确是如此,合其身份。至于"没有父母兄弟",此说有些不准确,他的确没了父亲(1926年去世),没有兄弟,但有母亲

---

① 《河北军委关于东北义勇军的报告》(1932年3月1日),载中央档案馆、河北省档案馆编《河北革命历史文件汇集》(1932年),第148~150页。

和一个妹妹。"年纪很轻"是对的，1932年他22周岁、23虚岁。"他说他参加革命是因为看了'科学社会主义的基本原理'"，这也不错，他从翟乐泉和张一吼处看到不少革命书刊，其中不乏"科学社会主义的基本原理"。这份文献起码说明以下几个问题：

第一，明确谈到抗日义勇军第二十四路的领导者情况。对于了解、认识李兆麟这一时期思想、活动、史事是一重要史料。"廿四路（辽阳）的那个领导是高小毕业生"，说明李兆麟确实是抗日义勇军第二十四路的组织领导者。

第二，李兆麟参加革命的思想动因是看了"科学社会主义的基本原理"。"科学社会主义的基本原理"就是马克思主义基本原理。说明他参加革命的思想理论基础是正确的牢靠的。

第三，"对于政治是不十分了解。情绪是还好"，应该是指当时正在贯彻的党的六届四中全会（1931年1月召开）精神及对王明上台以来党内政治斗争不十分了解。"情绪是还好"，说明他抗日救国的斗志旺盛，意志坚强。

第四，明确指出他领导成立的抗日义勇军第二十四路的人数"有二千余人"。这一数字是见诸文献的数字。过去一般说抗日义勇军第二十四路3500人，基本系从回忆中来。此文献数字似应比较准确。

第五，指明抗日义勇军第二十四路组成成分："一部分胡子，一部分是自卫军（民团性质的）。"胡子即山林队，自卫军属民团性质，这是说明抗日义勇军第二十四路两大组成成分。

第六，"把从前老的领袖打翻了，可是工作做得不好"，指的是抗日义勇军第二十四路司令苏景阳并未到任，是李兆麟在实际指挥、调动这支部队。工作有成绩，但由于经验不足，加之"北方会议"精神"左"的干扰，成绩还不够理想。说"工作做得不好"，这与李兆麟在1942年9月1日《独立活动经过（履历自传）》所写这时期"工作成绩不大"也是一致的。

第七，他的组织观念很强。他到北平后，曾向组织报告工作，组织对他的报告给了个批评，他完全接受，要求派人去领导，如果没有人去，想要革命不知怎么革法。这也是客观实际。反映他对组织上派人到东北的渴望。他"表示绝对服从我们党的意见"。说明他相信河北省委的领导，他的组织观念确实很强。

第八，是他要求河北党组织派人到东北组织发动义勇军斗争。组织上"只找两个比较'左倾'的学生跟他去了"。这两个人就是冯基平、杨寿天。这与事实相符。与李兆麟来东北的确实是两个人，冯、杨当时确实是学生，"比较'左倾'"，是说他们对抗日救国比较积极。

第九，此报告签署日期为1932年3月1日。说明李兆麟组织成立抗日义勇军第二十四路当在3月1日之前，即2月中下旬。过去许多书刊记述李兆麟组织成立抗日义勇军第二十四路的时间是在3月份，可能有误。

第十，李兆麟等工作效率很高。李兆麟、冯基平、杨寿天他们2月8日到辽阳小堡，到2月下旬即成立了抗日义勇军第二十四路，为时仅半个多月。此期间，他们夜以继日，四处奔波，组织动员义勇军、山林队团结、联合起来，参加成立抗日义勇军第二十四路，工作效率的确很高。

据杨寿天同志回忆说："兆麟来沈南后，就和我一同到'燕子队'（驻营岗屯一带）、'长江队'(驻柳河子一带)、苏景阳部队(驻烟台一带,他是区长)、于志超部队、'平日队'(驻社山子)等山林队谈抗日的事,他们都同意。于是并组织义勇军,每个队为一个团,队头就是团长。燕子为一团,长江为二团,于志超为三团,天地荣为四团,穿山虎为五团,苏景阳为六团……,兆麟为总领导,总根据地为小堡(以上地点都在小堡周围——属辽阳管)。"①杨寿天的回忆因时间久远,义勇军各队(团)组织情况个别记忆有误,但总的情况还是属实的。特别提到"兆麟为总领导",说明抗日义勇军第二十四路的领导人是李兆麟,这与河北军委报告所说"廿四路(辽阳)的那个领导是高小毕业生"(按,指李兆麟)是一致的。

1932年2月17日,中共河北省委就军事工作问题做出决议,指出:"各地义勇军(尤其是工农义勇军)我们应当打进去做改造组织与夺取领导与夺取群众工作。"②3月10日,张一吼、林郁青奉胡乔木同志的指示也来到辽阳,帮助抗日义勇军第二十四路开展工作。

张一吼曾在一份反映辽阳工作状况的报告中说:"在春天是经李同志报告该地有义勇军三千人,能以公开的去组织,并同时有华北大学生两人,他们三人自己承认他们是共产党,公开的说,他们三人是后来我和小林到那以后处处成个公开的了。对于秘密工作概发生困难,李同志在四月来平一次,团员系同他到该地去不到一个月就因恐怖而回北平,此次工作的缺点是撇开秘密而公开的在各处活动,当地人全知咱去的人,去一个若干个全知道是共产党。"③报告中的"他们三人"就是李兆麟、冯基平和杨寿天,"我和小林"即张一吼(按,报告作者)和林郁青,报告中所谓"李同志"就是李烈生(李兆麟)。"他们三人自己承认他们是共产党",由此可知,李兆麟回辽阳组织义勇军前已加入中国共产党,是以共产党员身份开展工作的。这里的"公开的说",就是要实行当时强调的"公开路线",公开自己的真实政治身份,公开活动,打出共产党的旗帜。

如前所述,李兆麟从事联络、组织义勇军过程中并非一帆风顺,中间也遇到许多困难和挫折。据夏尚志同志回忆说:"我是于1932年6月间带十几名(其中有少共和反帝大同盟等党群组织)到了辽阳小堡的。我到辽阳小堡之后,就听李兆麟(李烈生)、林郁青等人汇报。他们说,那一带有很多义勇军和他们有关系,在农民中发展不少反日会员,农民抗日热情很高。听到汇报之后,就由李兆麟领我和田黎平、林郁青等人到本溪桥头一支义勇军会见他们的头领人物,进行争取工作。过去李兆麟可能给他们讲了很多抗日救国道理,同时讲了苏联也支持抗日,张学良也一定能打回来,而且能很快拨给很多枪支武装给他们。我们见面后,他们就问我怎么供应和武装他们。当时,我听到这些要求不够妥当,就给他们讲了抗日应依靠自己的力量,不应依靠苏联,也不能等待张学良给武器,应从日本人手里夺取武器发展壮大自己。虽然讲了很多,他们说如果没有物资和装备,那就不要再联系了。争取工作没有成功……从

---

① 杨寿天:《李兆麟革命初期情况》(1957年7月12日),存东北烈士纪念馆。
② 《河北省委军事工作决议》(1932年2月17日),中央档案馆、河北省档案馆编《中共河北革命历史文件汇集》(1932年),第100页。
③ 《张××关于沈阳、辽阳之间农民、妇女、军人少先队及义勇军状况报告》(1932年11月),中央档案馆等编《东北地区革命历史文件汇集》甲11,第413页。(张××即张一吼)

我到辽阳小堡工作期间看，李兆麟同志确实发挥很大作用，工作很积极。尤其在联络武装方面做了些工作，有些关系。但是当时的土匪队也不是容易争取的，虽然义勇军没有搞起来，李兆麟的作用还是应当肯定的。另一方面，辽阳小堡一带的农运工作之所以能开展起来，也主要是张一吼、李兆麟两个同志利用人熟地熟，在社会关系中进行互相串连，逐步扩大起来的。他是剥削阶级家庭出身的子弟，能够接受革命真理，救国抗日，并把他的母亲、妹妹和一些直系亲属都带动起来参加革命活动，也说明李兆麟的作用是很大的。"①

东北民众抗日义勇军第二十四路成立后，其活动地域由辽阳小堡逐渐扩大，包括辽阳第二、三、四、五、九各区，奉天三区，本溪十区及抚顺一带等广大地区。经过李兆麟等同志共同努力，就这样把辽阳一带的义勇军、山林队都团结、联合在抗日救国的旗帜之下。

1932年3月1日，在日本帝国主义的操纵下，伪满洲国宣告成立。伪满洲国是一个地地道道的傀儡政权。日本侵略者说一不二，大小汉奸俯首贴耳，听命于日本主子。随之，日本人大量移民到东北，妄图改变东北民族成分，搞"拓殖"、搞经营，真把东北当成他们的家了。日本侵略者把东北当成他们的"新天地"，进行殖民统治，骑在东北人民头上作威作福，无恶不作，不许东北人民说自己是中国人，得说是"满洲国"人，否则就要受到惩罚。东北人民没有任何自由、权利，只能为其做牛做马。伪满洲国的成立激起东北人民极大愤慨，各地组织的义勇军积极开展反对伪满洲国的斗争。

李兆麟领导的义勇军第二十四路在伪满洲国宣布成立不久，即有计划有统一指挥地开展起军事行动。李兆麟直接领导、指挥的抗日义勇军第二十四路第一支队即"燕子队"更是十分活跃，首先在韭菜台歼灭鱼肉乡民、无恶不作、投靠日寇的"洪盛团"。

"洪盛团"首领是李秉权，该部有300余人。活动在韭菜台、土门子、周官屯一带。李兆麟组织成立抗日义勇军第二十四路时，洪盛（李秉权）屈从日伪，不参加抗日义勇军，公然打起日本的"膏药旗"，被日本鬼子所收买利用。洪盛因有小鬼子在后面支持，给他提供武器，便狐假虎威，经常攻打小股抗日义勇军，所以李兆麟决定要消灭他。在抗日义勇军第二十四路成立后不久，"燕子"、"长江"、苏景阳等几支队伍开始攻打"洪盛团"。"洪盛团"的队伍在韭菜台、土门子、周官屯三地驻扎，拼成三角形，以便多种配合。4月初，李兆麟指挥各部义勇军将三个屯子分别包围，使其不能相互支援。土门子、周官屯两个据点被拿下，守敌投降。之后，又集中力量与"燕子队"攻打"洪盛团"在韭菜台的据点。此次战斗从早上开始，打了一天一夜，最后把敌人消灭，仅洪盛率十余人逃跑。战斗结束后，被俘人员经教育一部留下参加"燕子队"，一部释放回家。此次战斗"洪盛团"被消灭，缴枪150支、马百余匹及大批弹药等。

"洪盛团"被消灭，可谓抗日义勇军第二十四路斗争旗开得胜，初战告捷，使抗日军民备受鼓舞。随即，李兆麟率于志超队（近500人）扒了十里河至烟台（今灯塔）之间的铁路，砍了许多电线杆，破坏了敌人的铁路交通、通讯。

在李兆麟组织抗日义勇军第二十四路部队破坏铁路之后，即活捉了前日本关东军工兵司令、八大矿矿长日本人久留岛。据参加此次捉敌行动的杨寿天回忆，半拉山子吴国壁（字翰

---

① 《夏尚志同志的回忆材料》（1964年5月21日）。

章)原是久留岛在鞍山钢铁株式会社的大把头,借机发了家,买了地,盖起四合院大房子,在家享福,并组织了本地七八十人成立自卫团。李兆麟想动员他出来,利用他的武装抗日。一天,李兆麟和杨寿天以爱国学生名义去吴家做工作。李兆麟好言相劝说:"你是中国人,应打日本。如果不打,对自己没好处。附近义勇军很多,都打日本,你很孤立。若联合起来打你,你就得垮。"经过动员他同意抗日了,并说了一番爱国的话,然后留李、杨他们二人吃饭喝酒。傍晚吃完饭时,铧子沟日本矿警队来信声称要去砬子山打"长江队"和"燕子队",并下令叫吴国壁的自卫团武装配合。李兆麟和杨寿天当时对吴说,"你看看,鬼子要消灭中国人呀!"并说,"你要去砬子山参加打'长江队'和'燕子队',将来义勇军也不能答应你。"于是让吴国壁把他的自卫团队伍拉到小堡。在杨寿天家的大院里,李兆麟向站好排的队员讲话,他讲到日本为何侵占东北,当前东北义勇军斗争的形势,讲到辽东到处都有义勇军在与日本侵略者作战。而后说:"为了国家,民族,要打敌人。你们拿着枪到底应该打谁?"自卫团的人当场一致拥护打日本。而后,这支队伍与二支队即"长江队"等一起和驻铧子沟日军展开战斗。此次战斗敌人损失严重,扔下两辆炮车和许多枪支弹药。一份反映柳河子山林队活动情况的党内报告曾说到"长江"队与日军战斗情形:"他们曾打过一次日本,'长江'脱去外衣,赤身匹马上前把日本打得落花流水,一直逃回铧子沟,并且铧子沟亦不要了,携男女老少齐逃。"①这就是反映李兆麟领导的义勇军第二十四路第二支队即"长江队"与日军展开战斗之事。现在铧子沟贵子山立有小堡义勇军消灭日军一个中队遗址标志,似是指此次战斗。

在战斗结束后,铧子沟日本矿警队将吴国壁部队参加义勇军攻打矿警队的情况,告诉给久留岛,说吴国壁"反了"。久留岛听说后就骑马去吴国壁家探寻究竟。久留岛问吴是怎么回事,听说你反了?吴说我没有反,你是误会了,并招待久留岛吃饭。此时,有战士将久留岛到吴国壁家之事报告了二支队即"长江队"。李兆麟与第二支队长"长江"决定活捉这个日本鬼子。便乘马迅速赶到吴国壁家,将久留岛逮捕,把他带到三家子。将久留岛捕获后,"长江"等建议将这个鬼子马上枪杀掉,李兆麟等没有同意,他考虑杀他容易,可敌人来报复,三家子老百姓就要遭殃。于是召开群众大会,对久留岛予以审讯教育,让他缴纳枪支。在他答应"不打义勇军,要枪给枪,要钱给钱"后,予以释放。②日酋久留岛被捕曾在南满轰动一时。

在捕获久留岛后,于4月2日,义勇军第二十四路击溃了盘踞唐家堡子等地危害人民的反动民团武装"南大会"千余人。

"南大会"民团总部设在铧子沟灰窑村,团总叫王荣阁,他曾勾结日本守备队到柳河子攻打"长江队"。为了消灭这支反动地主武装,李兆麟组织第一("燕子队")、第二("长江队")、第五("平日队")等支队,并联合其他山林队在铧子沟灰窑一带与"南大会"民团展开激战,终于将这支反动的地主武装消灭。民团头子王荣阁逃跑,义勇军控制了"南大会"所盘踞的南至小旋、北至柳河子、东至唐家堡、西至铧子沟广阔地区,这里成为抗日义勇军的根据地。

---

① 《×××关于柳河子土匪崔恩洪、崔宴嘉情形的报告》(1932年6月),载中央档案馆等编《东北地区革命历史文件汇集》甲10,第385页。
② 杨寿天:《李兆麟革命初期情况》(1957年7月12日)。

上述诸次战斗获胜，极大鼓舞了民心、军心，使义勇军第二十四路声名鹊起。李兆麟在组建义勇军、领导义勇军第二十四路对敌斗争中，崭露头角，显示出他很强的组织能力、指挥能力和活动能力。经过他的积极努力，义勇军第二十四路的斗争取得显著成效，成为辽阳一带极具影响力的抗日队伍。

　　对于组建东北民众抗日义勇军第二十四路这段历史，冯基平同志回忆说："李兆麟同志所以能到北平找抗日救国会要求派力量到小堡一带搞抗日义勇军工作，主要是他和当地的二区区长苏景阳有些关系。苏景阳在九一八事变当时，有点民族意识，想参加抗日，而且他手下还有些骑兵武装，所以李兆麟借苏景阳能参加抗日这个机会才到北平的。抗日救国会根据李兆麟谈的情况，才委任苏景阳为抗日义勇军第二十四路司令。这个委任状是缝在我的棉裤里带到东北去的。进而想借用苏景阳的势力，把这一带的地方武装联合起来，成为一股抗日武装力量。李兆麟同志除了亲自抓苏景阳的骑兵队之外，还奔波在辽阳二区、沈阳四区一带的'长江队''燕子队'等，联合他们参加抗日义勇军。经过李兆麟的联络、争取，确实在三月间，把第二十四路成立起来了。义勇军第二十四路成立之后，曾活跃一个时期，给日寇以很大打击。我在时期曾攻打过铧子沟矿井，抓住了日本人久留岛，攻打过投降日本人的土匪——'洪盛团'等战斗。这些战斗一方面出于各队首领的心愿，同时，也有我们的宣传鼓动的作用。在历次战斗中，我们不是出面指挥，而是事前积极参与鼓动策划，促使他们鼓起勇气进行攻打的。义勇军第二十四路成立不久，因日寇对这一带的统治逐步加强了，苏景阳又怕日本人不敢公开打起抗日旗号，加上土匪队内军阀和土匪习气很浓厚，有时听我们的，有时向我们要枪要钱，得不到，就不听我们的，而渐渐地失散了。尽管如此，李兆麟还将骑兵队拉出来了，坚持很长时期。因而，李兆麟同志在抗日义勇军工作上还是有很大作用的。"①

　　4月间，李兆麟去北平汇报工作，并要求省委再增派干部来辽阳。6月，冯基平回北平。同时，河北省委派干部夏尚志等十多名同志，内有王守贤、丁济阳、小周、田黎平等相继来到辽东一带，到辽阳协助工作。

　　夏尚志来后不久，曾写出一篇《关于柳河子土匪崔恩洪、崔宴嘉情形的报告》。报告简要记述了崔恩洪（老二哥）、崔宴嘉（长江）队伍基本情况，记述了崔宴嘉（长江）在铧子沟打日本及逮捕"久留岛"（报告写作"九洲岛"）解决南大会情况。报告中这样说此事："他们还有一次把日本人'九洲岛'（按，即久留岛）绑来要钱，要枪炮……结果把他平平安安地给放了。"又说，"当他们打日本时，曾有南大会（乡团）帮助日本打他们，于是他们打败了日本，马上便又解决南大会。"②报告中叙及与崔恩洪（老二哥）的谈话："我和他谈，主要的是谈中国的出路，红军苏区的发展及土匪应和穷人联合，他是点头接受了，不过我不相信他都能了解我的话。"报告具体谈到"燕子队"情况："土匪头沈宝林（报燕子），约有三百多人，驻英军屯，编为沈三区乡团，英雄主义色彩特别浓厚，因为他是以前教导队的学生，他现在是团长。我在那里只是

---

① 《冯基平同志的回忆》（1964年5月28日）。
② 《×××关于柳河子土匪崔恩洪、崔宴嘉情形的报告》（1932年6月），载中央档案馆等编《东北地区革命历史文件汇集》甲10，第386页。

和他几个长官、书记官等谈话,他们都接受我的主张,不过不乐意积极的干,同时更反对组织他们的下层,他们总说下层什么都不懂,只要上层好了,下层便没有问题。"①此份关于柳河子"土匪"的报告虽未署报告人姓名,但据分析应是夏尚志所写。这份报告是现存记载李兆麟等在义勇军第二十四路实际工作为时较早的一份报告。报告反映了"长江""燕子"队内部的具体情形,包括"长江"与"老二哥"分裂,"燕子"反对组织他们的"下层"。从这份报告中,使组织上得知"长江""燕子"队先后与铧子沟日军展开战斗、逮捕"久留岛"、攻打"南大会"情况。这是现存记载义勇军第二十四路进行这几次战斗的重要党内文献。

同年夏季,李兆麟回北平一次,向河北省委汇报工作,并要求派干部来东北开展义勇军工作。李兆麟曾回顾说:"夏季我又回北平,向河北省委员会报告工作,请求派遣更多干部,因当时唐聚五领导的辽宁自卫队,声势浩大,我当时在本溪、新宾、沈阳近郊的义勇军中都有工作关系。河北省委除了给我原则指示以外,又派遣十五个干部,指示我们要组织东边道特别委员会,加紧建立地方人民的工作,特别是唐聚五部队的工作,在进地方群众中,我们和满洲省委领导下的奉天特委发生了横的关系(经过河北省派来的田玉林与奉天特委的负责同志孙坤发生了工作联系)。"②

7月间,在义勇军第二十四路工作的张一吼也回北平汇报一次工作。之后,河北省委根据李兆麟、张一吼的汇报和辽东开展义勇军斗争工作的需要派遣到辽东十五名干部。这十五名干部在辽东组成由中共河北省委领导的东边道特委,并和满洲省委领导下的奉天特委发生了横的关系。当时组织上也曾决定河北来的同志"若与奉天特委接上头时,可属特委之下,不然可以成立单独辽东特委"③。这些同志有的在唐聚五领导的辽宁民众自卫军及辽东地区工作,有的参加义勇军第二十四路各支队工作,如侯薪、孙已泰分别在第一支队(燕子队)做文书工作和士兵。他们的到来增加了义勇军第二十四路的领导力量。

自辽阳的东北民众抗日义勇军第二十四路成立后,在抚顺、铁岭、清原等地的义勇军也纷纷先后成立。此时,急需建立一个统一的领导指挥中心。于是,东北民众抗日义勇军第六方面军团总指挥部军事委员会应运而生。该指挥部所属义勇军活动区域很大,以沈阳为中心,

---

① 《×××关于柳河子土匪崔恩洪、崔宴嘉情形的报告》(1932年6月),载中央档案馆等编《东北地区革命历史文件汇集》甲10,第387页。此报告应是夏尚志所写。夏尚志6月从北平来东北,负巡视检查工作任务(先到辽阳,后去巴彦),自然要向组织写出报告。此报告述及"长江"打日本、抓久留岛、解决南大会,用"据说"两字,说明此报告不是冯基平、李兆麟、杨寿天所写。这些战斗,他们是亲历者,如果此报告是他们所写不会用"据说"两字。再,文件中对释放久留岛一事持批评态度,说"为了讨日本的好,不敢于打他们,就把他平平安安放了,到现在他们才知道错误,并没有得到日本的丝毫好感。"这里的"他们"是指冯基平、李兆麟、杨寿天及"长江"等。此报告也不是张一吼等人所写,此报告形成时间为6月,当时张已经去北平,8月他与侯薪、孙已泰才又回到辽阳。夏尚志巡视巴彦后,也曾写过一份报告。所以断定此报告应是巡视员夏尚志所写。

② 《张寿篯独立活动经过(履历自传)》(1942年9月10日),载中央档案馆等编《东北地区革命历史文件汇集》甲64,第302页。

③ 《中共奉天特委给中央的报告》(1932年12月20日),载中央档案馆等编《东北地区革命历史文件汇集》甲34,第95页。

辽阳北、本溪西北、清原、抚顺西、铁岭、法库南、新民东、辽中东北为第六军区即第六方面军团总指挥部的界限,这个范围内的义勇军约有五六万人。东北民众抗日义勇军第六方面军团总指挥部军事委员会委员长由熊飞担任,委员会由七人组成,其中张一吼与李兆麟名列其中。

据张一吼所写《关于沈阳、辽阳之间农民、妇女、军人、少先队及义勇军状况报告》中说:"此次被组织第六方面军总指挥部军事委员会委员长一人,彼自兼军事执行委员,七人内有国民党三人,我同李同志二人,东北大学张雅轩是国家主义,余一人是工头,名刘中齐,彼事变后组织义勇军约二千余人,北平设立辽吉黑义勇军后援会总指挥部,总指挥朱庆澜。"①这里所说的"我同李同志二人","我"是张一吼,"李同志"就是李兆麟(时名李烈生)。他们都是第六方面军总指挥部军事委员会委员。

另据《河北李同志报告——关于东北义勇军的情形和意见》中记述:军事委员会是"委员制,熊飞是委员长,下设军事委员七人,我们团打进两个人。完全能把这个军区抓着,他这第六军区总指挥部军事执行委员会共分四组:(一)指挥组,(二)调查组,(三)政务组,(四)财务组。各委员执行。该委员会指挥全区军队,并为全区军队最高机关。现在指挥组和政务组完全由我们团的同志担任,并有可能一切军事与转变全区义勇军的可能。"②这份《河北李同志报告》中的"李同志"就是李烈生即李兆麟。当时河北省委派到东北在辽阳一带从事义勇军斗争并参加第六军区总指挥部军事执行委员会的,只有张一吼和李烈生两人,而姓李者只有李烈生即李兆麟一人。李兆麟在1942年9月10日写的履历自传中也写道:(1932年)"夏季我又回北平,向河北省委报告工作。"这份《河北李同志报告——关于东北义勇军的情形和意见》就是李兆麟此次回北平向河北省委所做的报告。"河北李同志"系李兆麟无疑。这份报告是现今为止发现的李兆麟最早的关于开展抗日武装斗争的书面材料。这一报告标题应是省委收件人所加。所谓"河北李同志"是说他的组织关系在河北省委,故称"河北李同志"。报告中说"我们团打进两个人"指的是张一吼和李兆麟(时名李烈生),这与张一吼所写报告记述相同。当时他们二人对熊飞尚不信任,有不良看法,故张、李二人都是以团员身份参加第六军区总指挥部军事执行委员会并开展工作的。

第六方面军总指挥部军事委员会委员长熊飞是东北义勇军著名将领,是最早违抗蒋介石不抵抗政策,举起抗日旗帜的东北军警官员之一。在日寇发动九一八事变,沈阳被日军占领后,辽宁省警务处长兼沈阳市警察局局长黄显声和督察长熊飞即由沈阳带出一部分警察和公安队,并收集北宁铁路附近的警察人员,将其组织起来,成立抗日队伍进行抗日。1932年,东北义勇军风起云涌之时,熊飞被任命为东北义勇军第六方面军团总指挥部军事委员会委员长。熊飞很希望能够与共产党建立联系,同年夏,他派人找过共产党关系。

---

① 《张××关于沈阳、辽阳之间农民、妇女、军人少先队及义勇军状况报告》(1932年11月),中央档案馆等编《东北地区革命历史文件汇集》甲11,第415页。

② 《河北李同志报告——关于东北义勇军的情形和意见》(1932年9月26日),中央档案馆、河北省档案馆编《河北革命历史文件汇集》(1932),第447页。

张一吼在所写报告中说:"他(按,指熊飞)此次曾令华大学生王忠恐找共产党,在头几天团市委曾经转过熊飞找关系。"①《河北李同志报告》中也提到"熊又说共产党的精神我非常佩服,他们组织严密,技术健全,种种策略,高深理论,我非常仰望。并大凡每个人入党非经过多数考察绝不允许加入。""我现在派人到各处去寻找共产党份子,大批给你们送去,到农村去组织。他又说国民党的党员,把持军队的军阀他不能救国的。"②应该说,熊飞是向往共产党,要找共产党是真心的。但当时党内"左"的空气浓厚,把抗日义勇军领袖说成是假抗日,反动的,这是普遍现象。"河北李同志"也认为熊飞是"反动者",他的言论、行动"是反动中的更高超,欺骗手段更巧妙"的,要"更须保持秘密工作,注意下层领导,抓紧群众,使他不能有很大反动的企图。"③由于有这种看法,李兆麟、张一吼出于保守秘密,没以中共党员身份与之交往,结果出现使熊飞虽有共产党员在身边活动,可他就是找不到的现象。张一吼、李兆麟在东北义勇军第六方面军团总指挥部军事委员会工作中,与熊飞相处总的说来还是融洽、和谐的。熊飞召开的会议让他们参加,讲话不背着他们俩。如军事执行委员会召开的成立第一次大会有熊飞出席,委员五人参加,团两个同志在内。"团两个同志"就是张一吼、李兆麟。熊飞讲话说:"现在中国国民党根本崩溃,军阀倒台,救中国的决不是国民党,并这次出卖了东三省,国民党的罪恶罄竹难书。我等这次到东北去抗日范围须宽广,冲破国家界限的万丈鸿沟,朝鲜人能打日本,我们也可以与他在一起干,朝鲜人的独立党和共产党我都要。俄日共党都要使他们与我们在一起去干,中国共产党更要他们了,将来东北非变成苏维埃政府不可。无论任何国人能反对军阀帝国主义,就是我们朋友。你们靡看江西的组织那样好,东北非这样救法不可呀!"并说:"万不可能告诉王大成、盛瑜(按,两人是七委员之中的,是国民党党员)。这两小子是办党的脑筋非常机械,就认识金钱和军阀一样,就认识枪杆。使他两人知道我们就不好办啦。"④可见,熊飞对张一吼、李兆麟两人是信任的,请其参加会议,听其讲话,并不让他们告诉国民党党员王大成、盛瑜他的讲话内容。由于李兆麟能够参加这次总指挥部军事委员会成立会议,听其讲话,并能做详细记录,才有这份"河北李同志"关于东北义勇军情形和意见的报告。

7月间,东北民众抗日义勇军第二十四路又有一定发展。根据东北民众救国会指示,东北义勇军于日本关东军新任司令官武藤信义上任之时,联合攻打沈阳城指示,李兆麟联络奉界的林子升和辽阳各地的义勇军、山林队于8月下旬,参与了赵殿良指挥的义勇军第二十一路

---

① 《张××关于沈阳、辽阳之间农民、妇女、军人少先队及义勇军状况报告》(1932年11月),载中央档案馆等编《东北地区革命历史文件汇集》甲11,第415页。

② 《河北李同志报告——关于东北义勇军的情形和意见》(1932年9月26日),载中央档案馆、河北省档案馆编《河北革命历史文件汇集》(1932),第449页。

③ 《河北李同志报告——关于东北义勇军的情形和意见》(1932年9月26日),载中央档案馆、河北省档案馆编《河北革命历史文件汇集》(1932),第449页。

④ 《河北李同志报告——关于东北义勇军的情形和意见》(1932年9月26日),载中央档案馆、河北省档案馆《河北革命历史文件汇集》(1932),第448页。

等攻打沈阳城战斗。

按计划,义勇军各部统将由义勇军第二十一路司令赵殿良指挥,兵分东南西北四路攻打沈阳城。具体部署是:南路由李兆麟率领的义勇军第二十四路第一支队(即"燕子队")担任主攻,第二支队、第四支队、第五支队和唐家堡子义勇军配合进攻。奉界的林子升、徐黑虎等部由大南关勒石胡同进攻;西路由第二十四路第三支队主攻,部分乡团配合;东路由第二军团第五路、第六路和第二十一路赵殿良率部分别向大东边门飞机场一带进攻;北路由林季昌、谢四海等部从大北边门进攻。① 根据作战部署,8月28日,抗日义勇军三千(一说近万)人于夜

《盛京时报》对义勇军攻打沈阳城的报道

① 赵绍普、董朗坤主编:《中共辽阳地方史》,1999年版,第40页。

11时30分左右，冒雨展开攻打沈阳城战斗。按计划，李兆麟指挥英勇顽强的第二十四路各支队攻城战士从南门突破，冲入城内。各路义勇军联合攻袭沈阳城战斗激烈异常，敌人被义勇军打得四处逃窜。东路义勇军将东塔飞机场攻破，破坏了航空处、兵工厂、电台，烧毁了飞机库。战斗中，守卫机场的伪靖安军游击队王营长率40余人哗变，与义勇军共同向日军进攻。只是西路攻城部队第二十四路第三支队因天降大雨，河水暴涨，未能按原计划进攻。次日凌晨，日军出动大批装甲车，在重炮火力的掩护下向攻城的义勇军反扑过来。由于义勇军各部缺乏应有的配合，又无后援，只得撤出沈阳城。此次战斗，击毙日伪军二三十人，缴获大量枪支弹药，烧毁了日军飞机多架。兵工厂一部分机器设备被破坏，敌人损失不小，政治影响则更大。

义勇军联合攻打沈阳城，震动中外。日伪当局整日如坐针毡，惶恐不安。害怕义勇军再次来攻打。连省城各城门启闭时间都进行了调整，变为晚开早关。原省城各大小城门，启闭时间原为早4时开，晚12时闭"倾因防务关系"，于9月1日起，改为早5时开，夜10时闭。开门时间后延一小时，闭门时间提前了两个小时。

对于义勇军联合攻打沈阳城，8月30日《盛京时报》以《兵匪遽然挺袭奉天城三路并逼三面受敌》为题进行报道说："关东军司令部发表二十八日午后十一时三十分，有匪贼三四十人向奉天飞行场、四五十人向大南边门，十数人向其中间地区，又便衣匪贼十数人向大北边门分别来袭，日军卫兵宪兵警察官及满洲国靖安游击队一部，协力应战而击退之，当战斗时，在飞行场一隅押收飞机之仓库发火，结果内中押收飞机，竟尔烧失。"同时报道说："是役也，日军损伤、战死者为步兵特务曹长小关清，负伤者有宪兵二人，警官一人，又靖安游击队内，有中尉一人战死，少尉一人负伤。至匪方死伤，可达相当多数，现正调查中。"①显然，《盛京时报》报道中的参战义勇军人数和敌人伤亡数字皆不确实，但此报道说明义勇军于8月28日联合攻打沈阳城，予敌以巨大打击却是真实的。敌人承认"在飞行场一隅押收飞机之仓库发火，结果内中押收飞机，竟尔烧失"。敌人的报道没有说烧毁多少架飞机，但有书刊说烧毁7架或20多架，具体的有说27架或28架的。②

同时，在该报所登《天明后各战场搜捕遗匪》报道中说："至二十九日晨四时许，天色大明。各方匪徒退走后，于是开始搜查。计在大南边门里番房门前马路上，发现已死之匪一人、衣青色制服红边，带白臂章，上书'沈阳县三区民团'字样。又有一重伤之遗匪，由宪兵队捕去，按县三区民团即为新京收降燕子队部下之匪徒……"这则"搜捕遗匪"报道，是为显示宪兵功绩而刊登，但内中有"燕子队部下"及"大南边门里"字样，说明此次攻打沈阳战斗确有李兆麟负责指挥的义勇军第二十四路参加（按，"燕子队"为义勇军二十四路主力部队），也证明李兆麟所负责指挥的义勇军第二十四路第一支队等是从南路攻城的部队。

上海《申报》对义勇军攻击沈阳做如下报道："八月二十四日，长春伪组织中，一群汉奸，欢送本庄，恭迓武藤，大开其会。本庄、武藤在南满路一来一去，使沿线义勇军，为'擒贼先擒王'的观念所怂动，纷起活动。武藤二十六日抵沈阳，方因抚顺受义勇军袭击，派军赴援，城防

---

① 《盛京时报》1932年8月30日。
② 温永禄主编：《东北抗日义勇军史》（上），黑龙江人民出版社，1987年版，第368页。

空虚，为潜伏四郊的义勇军所悉，乃于二十八日做有计划的袭攻。是日夜间，林子升率部攻沈阳南门，公安分队队士反正加入，城内军警及便衣队纷起内应。义勇军入城与日军激战，后因惧商埠日军来援，复出城会同沿路公安队，攻商埠地日军。同时，东门义勇军攻入飞机场，火烧仓库，毁飞机七架，有传毁二十余架者。兵工厂、无线电台亦被攻起火。武藤震惧，全市混乱。日军以铁甲车、巨炮应战，在乡军人亦全体动员。激战至正午。义勇军始退出，仍伏四郊，以待再攻。"①

9月2日，中共满洲省委在给中央的一份述及义勇军斗争的报告中说："最近几天，义勇军在奉天的骚动冲到日本人的飞机场去统统把飞机烧掉了。"②

在九一八事变一周年前夕，义勇军进行的这次攻袭沈阳城战斗在国内外产生很大影响。义勇军攻打沈阳城战斗使即已卸任和新上任的日本关东军司令官本庄繁、武藤信义挨了东北抗日军民沉重的一拳。本庄繁日记记载："八月二十八日，星期日，雨。土匪袭击飞机场。半夜土匪约百名袭击兵工厂及其他设施，烧毁一部分飞机设施。"义勇军八二八攻袭沈阳城战斗，有力地打击了日本侵略者。日本侵略者把这次战斗视为满洲形势"十分可虑"的事件之一。③

中共满洲省委对义勇军工作十分重视，9月18日就加强义勇军工作专门发出一封致各级党部的信。信中说："剧烈的汹涌澎湃的反日民族革命战争是在日益急剧的开展着，几十万的义勇军与千百万的工农劳苦群众，他们是在英勇的战斗着，与日本帝国主义进行不屈不挠的血与肉的拼死命的革命战争。北满、南满、中东路的东西线、哈长线、南满线、奉山线、吉海、吉敦、吉长各铁路的沿线，松花江、牡丹江的沿岸集中了无数的义勇军，他们英勇的战斗的行动弥漫了整个的满洲。它震撼着日本帝国主义在满洲铁血的统治，它冲击着满洲地主、资产阶级走狗们的统治，时常是交通断绝，中心城市被攻击，日本帝国主义已经是'顾此失彼'的情形。"信中要求"组织工人义勇军、农民义勇军、学生义勇军，要建立党独立领导下的工农义勇军""这些在党独立领导下的义勇军，在反日军作战的地方必须参加到前线上去，与革命的反日军队在一起，团结与争取他们到革命的民众方面来。""各级党部必须发展群众民族革命战争的热情，以许多有效的新法来反对日本帝国主义与'满洲国'的进攻，组织援助义勇军的运动""要立即组织士兵哗变，灾民、难民、农民的骚动，以及群众的各种各式的反日斗争来援助义勇军英勇战斗的行动。"④

李兆麟在组织领导的抗日义勇军第二十四路在辽阳一带积极从事抗日武装斗争的同时，还与冯基平、张一吼、林郁青等大力发动群众，建立了各种群众性抗日组织，与义勇军的斗争相配合，支援义勇军的斗争。他们先后建立了"两盟两会一队"。两盟即"反帝大同盟""农

---

① 《申报月刊》民国二十一年十月十五日，一卷四号，第140页。
② 《中共满洲省委报告第一号》（1932年9月2日），载中央档案馆等编《东北地区革命历史文件汇集》甲11，第56页。
③ 《中国共产党辽宁史》第一卷，辽海出版社2001年6月版，第206页。
④ 《中共满洲省委为加紧义勇军的工作致各级党部的一封信》（1932年9月18日），载中央档案馆等编《东北地区革命历史文件汇集》甲11，第107页。

民大同盟"。"反帝大同盟"由张一吼、李兆麟、林郁青组成"反帝大同盟北平东北支部",为党的抗日外围组织。反帝大同盟组织在斗争中发展很快。7月,夏尚志来辽阳巡视,经整顿有50余人,到7月20日发展到100人。8月1日,已发展有150人。"农民大同盟"是在冯基平领导下以小堡为中心组织起来的,成员以农民为主。两会即"穷人会""妇女会"。"穷人会"以贫苦乡民为主要参加对象。"妇女会"在小堡成立,会长吴雅卿,她是杨寿天妻子。一队即"少年先锋队",由杨兆丰为队长,开始叫"劳动儿童团",后改为"少年先锋队"。"两盟两会一队"等群众反日团体分布在以小堡为中心的周围各村屯。据张一吼于1932年11月写的一份报告得知,"在沈辽中间小堡建立有农民大同盟支部四个,小荣官屯支部一个,大洼支部一个,每支部五人。小堡妇女支部一个,五人。小堡大堡二村少先队五小组,每组五人。朝官寺少先队四组,每组五人。军人支部一个,五人(沈三区沈宝林)。"①另据一份党内报告称:"在那里没有党团的组织,只是农民大同盟、反帝大同盟、少年先锋队、穷人会,可是参加组织的人,大都感觉得他们自己是党是团。在农民里面是农民大同盟、少年先锋队、穷人会,在军队里是反帝大同盟。"②这些群众组织在动员群众参加、支援义勇军抗日斗争方面起到很大作用。

在党团员和各种群众组织的领导下,辽阳各地农村广泛开展"抗租抗息"、"分粮吃大户"、"分高粱"、"分苞米"、"借粮"、"抗丁"(按,反抗日伪当局抽壮丁服劳役)、"罢锄"和破坏敌伪铁路、电讯设备等斗争。1932年闹春荒,广大农民缺粮食少籽种,难以下田种地,有的地主囤积居奇,把粮食运到城里去卖。为解决农民缺粮少种问题,李兆麟、冯基平、林郁青等组织农民堵截运粮车,动员地大户借粮分给农民。据张一吼1932年11月的报告记载,在小堡发动分粮斗争一次,影响附近村屯有二十来个村子自动分粮。另一份报告也说道:"小堡亦作了分粮的斗争,在我们的领导下。"所进行的"分粮吃大户"等斗争动员了群众,使更多的群众参加到抗日斗争中来。

在开展反日斗争中,李兆麟等非常重视群众宣传工作。他抓住一切机会利用群众乐于接受的形式进行抗日宣传。1932年农历四月十八日庙会到来之时,他组织一次散发反日救国传单活动。据一份党内报告称:"宣传方面曾在四月十八(按,公历5月23日)庙会上发过一次宣传品,以穷人会的名义,内容是穷人分粮,工人要工钱,士兵要饷,打倒土劣满洲政府、日本帝国主义,份数是一千三百余,散布面积东西南北各有八九十里,差不多每一张都很好散出,影响很大。紧接着这传单的发出,分粮的斗争就开始。"③张一吼在1932年11月的报告中也记载了此次利用庙会之机广泛散发传单之事。他们散发的这些传单明确提出"打倒日本帝国主义!""打倒满洲国!""日本鬼子从东北滚出去!""中国人誓死不做亡国奴!""工农兄弟团结起来,武装起来!"等口号。这次利用庙会散发的传单数量多,一传十,十传百,影响面大,在

---

① 《张××关于沈阳、辽阳之间农民、妇女、军人少先队及义勇军状况报告》(1932年11月),载中央档案馆等编《东北地区革命历史文件汇集》甲11,第411页。
② 《中共满洲省委××同志关于华子沟一带一般情况与组织情况的报告》(1932年),载中央档案馆等编《东北地区革命历史文件汇集》甲12,第265页。
③ 《中共满洲省委××同志关于华子沟一带一般情况与组织情况的报告》(1932年),载中央档案馆等编《东北地区革命历史文件汇集》甲12,第265页。

方圆近百余里范围内,几乎尽人皆知,起到重要宣传作用,有力推动着辽阳地区反日斗争的开展。

冯基平同志回忆说:"我们在辽阳小堡一带,还搞些农运工作。当时的口号是'联苏拥共''抗租抗息''分粮吃大户',在农村成立农民救国会,派骨干到义勇军中去。曾撒过传单、贴标语、分地主的粮食,号召农民不交地租等活动。这些事情李兆麟都积极参加过。尤其李兆麟是本地人,人熟地熟,社会关系也多,就在他的影响下,那一带的农运很快就搞起来了。他的家族叔兄弟和亲戚等几乎都参加了抗日活动。这和李兆麟的工作是分不开的。"①

在开展群众抗日宣传斗争中,正如冯基平所说李兆麟不仅自己积极参加,他还动员母亲、妹妹及堂兄弟、亲属等参加抗日活动,而他的家就是抗日活动的据点、联络站。油印机就放在他家房后的仓房里。这台油印机是李兆麟动员母亲和妻子凑了八十元钱,又派表弟杨兆丰去沈阳买回来的。这台油印机拿到家还经历了一场风险。杨兆丰在十里河车站一下车,连人带油印机就被铁路警察扣下了。警察问这油印机是要干什么用的?杨兆丰很机智地回答,是区长苏景阳让买的,办学用。警察说,回去开个证明来,再给你油印机。杨兆丰没办法,只得回家把情况讲给李兆麟。李兆麟听后立即骑马去区里找苏景阳,求他给开了个证明。之后,杨兆丰拿苏景阳开具的字条才把这台油印机取回来。对此,李树香回忆说:"当时兆麟和家里要钱,由杨兆丰到沈阳买台油印机和钢板。在我们家刻传单和标语。兆麟领着老田、小李、小冯等人分头组织农民、儿童中的积极分子到双龙寺、三块石、张海、大沟、十里河、铧子沟撒传单。油印机放在我们家房后仓子里或放在我娘家房棚顶上。日本子和警察看见有散发的传单,就到处抓人,追查是谁撒的。可是谁也没抓到。"②

在组建、领导义勇军斗争工作过程中,李兆麟积极主动,认真负责,不辞辛苦,行行复行行,四处奔波,取得很大成绩,受到组织的肯定和同志们的赞赏。在冯基平的印象中,"李兆麟的民族意识很强,是个抗日热情很高的爱国青年。工作积极肯干。不辞辛苦奔波在那一带进行宣传鼓动工作,是有成绩的。党所以要派力量到那里去,而且能开展起工作,主要依靠他的力量。从工作和生活方面,他都给我们很大的支持和帮助。"③

应该说,党所以要派干部到辽阳那里去,而且能迅速开展工作,主要是依靠李兆麟的力量。这是当时到辽阳去开展工作的同志的一致看法。

四、兵败受挫伤

1932年11月,由于日寇调集重兵,加紧围剿抗日义勇军,实行"铁壁合围"分化瓦解严厉打击政策,加之义勇军在政治上缺乏明确斗争纲领,军事上缺乏统一指挥,内部良莠不齐,步调不一,再加之在义勇军工作的党内活动积极分子搞有许多过"左"行动,如搞分粮吃大户,

---

① 《冯基平同志的回忆》(1964年5月28日)。
② 《访问李树香记录》(1964年4月9日)。
③ 《冯基平同志的回忆》(1964年5月28日)。

搞兵变,使义勇军斗争陷于十分困难的境地,一些部队在敌人进攻下相继溃散。

入冬时节,大雪即将封山。义勇军第二十四路各支部队普遍面临棉衣没有着落,粮饷难以接济的困难。日伪当局乘此之际,不断加紧派兵对义勇军进行"讨伐"。原属于第二十一路、第二十四路部分义勇军在辽阳与本溪交界地带的摩天岭被日伪军打散,有的到辽东三角地带活动,有的插枪回乡。同时,日伪当局加紧施行诱降政策,说什么义勇军归顺可以就地整编,给粮饷、给冬装、给弹药、给官作。一时,第二十四路各支队首领有的发生动摇,有的投降日伪被收编,有的把队伍解散。其中第二十四路主力"燕子队"首领沈宝林就将所部解散。

据当时在"燕子队"工作的侯薪回忆:"在一个寒冷刺骨的夜晚,全团的士兵陆续的一批批的被叫醒,战士们从被窝里爬起来。士兵们莫名其妙地来到村边沈团长住的大院里。团长沈宝林端着驳壳枪走来走去,满脸怒气,士兵无法猜测发生了什么事情。'天气一天比一天冷了,咱们的给养困难,弹药又少,不能再干下去了!把枪插起来,也就是说把枪藏起来,每个人给五元的盘费(按,即路费),你们各自回家去吧……愿意干的明年再来。'沈团长的训话刚一落音,不等士兵们表态,护兵们就过来收缴了他们的枪支,塞给五元一张的钞票,就被紧迫急促地撵出大门。有的士兵不想交枪,想争辩几句,就被护兵们不容分说的夺下枪支弹药,推出大门去。"①就这样,著名一时的"燕子队"解散了。

在义勇军"燕子队"解散的同时,曾纵横驰骋于辽阳大地的第二十四路其他义勇军队伍也先后溃散。

对于义勇军"燕子队"的解散及第二十四路其他义勇军队伍先后溃散,李兆麟为自己没有完成党组织交给自己的任务而深感痛惜,他离开了辽阳,去奉天特委汇报抗日义勇军第二十四路遭到失败的情况。

抗日义勇军第二十四路的斗争失败,党的工作受到挫伤,除天近冬寒,缺衣少食没弹药,活动面临一定困难及敌人施行诱降政策外,主要是受"北方会议"推行"左"的错误影响的结果。

所谓"北方会议"是指 1932 年 6 月,临时中央在上海法租界秘密召开的北方河北、河南、陕西、山东、山西、满洲等省委代表参加的联席会议,即"北方会议"。这次会议由博古主持,参加会议的有临时中央的张闻天、李竹声、康生以及北方各省委负责人、代表等。会议首先听取了各省工作情况的汇报。

满洲省委代表组织部长何成湘②同志汇报说,满洲已沦为日本帝国主义的殖民地,伪满政权已成立,并且未经过像关内那样的大革命,针对关外不同于关内的情况,应采取特殊办法进行反对日本帝国主义及其走狗的革命斗争。会议主持者从"左"的立场出发,指责北方各省委所谓的右倾机会主义,对革命动摇,何成湘的发言、汇报被指斥为"满洲特殊论""北方落

---

① 刘光运编:侯薪回忆录《薪胆录》(1989 年 5 月),第 72 页。

② 何成湘(1902—1967),四川珙县人,中共党员,曾任中共满洲省委组织部长、上海中央局组织部长、中央统战部副书记。建国后历任国务院宗教事务局副局长、甘肃省副省长等职。"文革"中受迫害。1967 年逝世。

后论",遭到会议批判。会议甚至不顾北方各地主客观条件,要求山西、河北、河南以至东北三省通过兵变建立"红军",开展土地革命,创造"北方苏维埃区域",会议最后通过了《革命危机的增长与北方党的任务》《开展游击运动与创造北方苏维埃的决议》《关于北方各省职工运动中几个主要任务的决议》等。

"北方会议"的决议对九一八事变后的国内外形势做了错误的估计,过分夸大革命力量,认为"在当前全国阶级力量的对比上,优势是在红军与苏维埃方面的""并且必然地要用向敌人进攻的路线,来争取联系一片的苏区,革命在一省数省的首先胜利与苏维埃政权在全国的胜利"。认为创造北方苏维埃区域的问题,"已经放在北方各省的工作议事日程之上"。会议要求"必须用一切力量使义勇军的反日战争与土地革命密切地联系起来,毫不迟疑地依靠在义勇军的武装力量之上,没收地主豪绅军阀资本家的土地……使义勇军转变为工农红军,创造苏维埃政权。"①

"北方会议"的召开和会议决议的贯彻,使北方各省党的工作纳入了王明"左倾"机会主义路线的轨道,使北方地区尤其是东北地区党的工作重心未能适应九一八事变以后的形势全力向抗日斗争方向转变,还要求搞土地革命,使党领导的抗日斗争于刚刚起步之时,就遭到严重干扰。

东北地区贯彻"北方会议"精神大约是1932年7月中旬之后,在贯彻"北方会议"精神过程中,对东北抗日斗争工作开展做出重要贡献的中共满洲省委书记罗登贤②被指斥为"右倾机会主义"而被撤销职务调回上海,不久被国民党特务逮捕,牺牲于南京雨花台。

在"北方会议""左"的错误影响下,由于在开展抗日斗争的同时又要像关内那样搞土地革命,把应该团结共同抗日的地主阶级视为打击对象,搞打土豪、分田地、吃大户,扩大了打击面,对北方各省党的城乡实际工作产生了极大的危害。

"北方会议""左"的错误影响,使正在兴起的东北抗日武装运动受到很大损失。当时,在"左"的错误影响下,各级党组织都特别强调建立下层统一战线,把下层统一战线与上层统一战线对立起来,认为搞上层统一战线是军官路线、与上层勾结。满洲省委在贯彻"北方会议"精神中强调各级党部"要建立党独立领导下的工农义勇军""在反动领袖所操纵的义勇军、反日军、救国军等组织,各级党部要利用一切可能去进行工作。要组织慰劳队、后援队、救护队……去接近反日作战的群众。向他们宣传反帝纲领与土地革命。开许许多多的群众大会,鼓励他们作战,反对长官与领袖们的不抵抗、投降、退却、失败主义等。""在义勇军及一切反日军中,要切实的进行拥护苏维埃与红军、拥护苏联的工作。"③这些指示在字面上似乎没有什么不妥,但实际上把凡与国民党有联系的义勇军首领都视为帝国主义走狗、反动长官、反动

---

① 《革命危机的增长与北方党的任务》,载《六大以来》(上),人民出版社,1981年版,第267页。

② 罗登贤(1905—1933),广东海南人。中共六届中央政治局候补委员。曾任中共江苏省委书记、广东省委书记、满洲省委书记,全国总工会上海执行局书记。1933年被国民党反动派杀害于南京雨花台。

③ 《中共满洲省委为加紧义勇军的工作致各级党部的一封信》(1932年9月18日),载中央档案馆等编《东北地区革命历史文件汇集》甲11,第114、115、117页。

领袖,要予以打击,发动士兵与长官斗争,进行哗变,夺取领导权。满洲省委在1932年9月给各级党部的信中说:"我们有些同志,一方面认为义勇军是胡子土匪而消极不理,或企图以上层的勾结利用来代替真正的艰苦的群众工作。另一方面则空喊'组织真正的土地革命的反帝的游击战争'与'变义勇军运动为革命的游击战争',却拒绝广大群众要求武装斗争的领导与放弃利用一切可能打入义勇军去树立我们的革命工作,以致至今光荣的义勇军运动尚缺乏正确的领导,不能彻底实行反帝纲领与土地革命。"①当时省委按"北方会议"精神,也强调要把反帝斗争与土地革命相结合。

而"北方会议"提出的东北地区要把反日斗争与土地革命结合起来,"拥护苏维埃与红军"并不被群众所理解,搞"土地革命"遍遭土地拥有者地主、富农的反对。其贯彻的结果使抗日斗争的开展遭到干扰,受到损害。

活动在辽东的唐聚五部义勇军本来有很大发展,贯彻"北方会议"精神后,一些党员按上级要求鼓动士兵打倒"国民党司令",把义勇军转变为工农红军,没收地主财产,建立苏维埃,实行土地革命,造成地主阶级恐慌,使一些地主武装与日伪军一道打击义勇军,结果使义勇军工作受挫,该部的抗日斗争也受到很大影响。

活动在辽阳的义勇军第二十四路,在"左"的错误影响下,也同样遭到挫折。辽阳义勇军第二十四路本已在李兆麟等党员的领导和掌握之中,但由于贯彻"北方会议"精神,受"左"的影响,他们的工作被说成是"与上层分子勾结""右倾机会主义"。在奉天特委的一份报告中说李兆麟等党员"在实际工作中,完全放弃争夺所有成千成万的义勇军的领导,但用军官路线(如辽阳)与义勇军领袖或上层分子勾结(辽阳),或根本拒绝义勇军的领导(如台安、辽西),这都是十足的右倾机会主义的错误。"②当时奉天特委要求辽阳义勇军第二十四路组织兵变,即组织反对"燕子队"沈宝林和徐海峰等队首领的哗变,结果其首领将队伍拉走,投降了日伪当局。李兆麟等参加义勇军工作的党团员被孤立,难以在义勇军中继续立足,最终导致失败。③

辽阳义勇军第二十四路兵变失败后,中共奉天特委于1932年12月20日给中央写的一份报告中,谈及辽阳义勇军第二十四路的失败,据此报告记载:

"今次布置兵变失败情形及经过:

1.最近由于日本帝国主义疯狂的围剿义勇军和胡匪头的投降出卖,辽阳义勇军是首当其冲。当由北平同志来奉报告后,特委即刻讨论辽阳义勇军的工作。为目前兵变的紧急与加强领导起见,特派团的同志老田前往布置与指挥这一工作。当时,特委主要是争取下层统一战线,利用匪首互相冲突使群众脱离其领导,和农民工作基础上配合起来,成立正式游击队,发

---

① 《中共满洲省委为加紧义勇军的工作致各级党部的一封信》(1932年9月18日),载中央档案馆等编《东北地区革命历史文件汇集》甲11,第110页。

② 《中共奉天特委接受"中央给满洲省委信"后,工作布置的决议案》(1932年12月25日),载中央档案馆等编《东北地区革命历史文件汇集》甲34,第107页。

③ 《中国共产党辽宁史》第一卷,辽海出版社,2001年6月版,第235页。

动民族革命战争,并用公开活动下拿党的政治影响坚决夺取这一领导,同时和田同志规定密切关系,三天一次,交通传达消息,这是今次工作的大概布置。

2. 田同志到辽阳后,只因北平同志报告与实际不同,当时对这一工作的领导即时发生动摇,并以悲观失望的态度,无精打采的来布置这一工作,虽在原则上召集了同志会议,根据特委的讨论来发表意见。但会议后不管同志是否接受这一工作和怎样进行这一工作,第二天就回来了。当时予此指挥批评后,又返辽阳。正在这天,匪首'燕子'急用自己的名刺将群众武装交出,每人五元的路费解散了,其他部队也这样无形消灭。

3. 当第一次田同志去时,群众恨匪首的情绪非常高涨,并和同志商量办法,结果并没有发动和领导而将整个斗争放弃。特别是田同志对今次的兵变是形式的应付,表示了无能与没有具体意见来布置这一工作。特别是当时不应该回奉天,放弃督促同志起领导作用,后来一条武装也没有得着。所以田同志对今次义勇军失败原因,他是犯了严重的错误。

4. 北平同志对今次的兵变失败,主要是寻常的工作不够,同时对兵变的到来仍是保存原有的态度,不转变个人的工作,来联络下层统一战线,仍用和平发展的方式来争取这一领导。当时更没有对匪首的出卖来对群众充分的揭破,上层的同志也没有急用匪首间的冲突来代替他的领导,脱离匪首的组织,用公开的方式发动这一斗争,这是北平同志对今次失败的主要原因。"①

上述报告第一项中的"北平同志来奉报告"指的是李兆麟(按,当时名李烈生)到沈阳向奉天特委报告工作。因隶属河北省委的东边道特委领导人已回北平,李兆麟只好向奉天特委报告工作。李兆麟报告工作后,奉天特委即决定要发动兵变,"利用匪首互相冲突上使群众脱离其领导,和农民工作基础上配合起来,成立正式游击队",并派"特派团的同志老田前往布置与指挥这一工作"。"老田"即共青团奉天特委宣传部干部田文清。奉天特委特别强调"主要是争取下层统一战线"含有对李兆麟等的工作批评之意。因为李兆麟等过去的工作,多侧重在上层。其实,做统一战线工作,侧重在上层并无大错,相反过于强调下层,总是动员下层士兵反对上层长官,对建立统一战线是不利的。这完全是受"左"的错误影响的结果。

从报告中的第二项看,十分明显,田文清对搞兵变也不情愿,有抵触情绪。在当时,"北方会议"精神向下传达后,许多战斗在第一线,从事实际工作的同志对会议精神不理解,认为不符合实际情况。时任满洲省委代理书记的魏抱一②(李实)回忆说:"当时传达'北方会议'精神时找不到人,一开会,人们便睡觉。"可见,对"北方会议"精神的抵触情绪是普遍的。田文清对搞兵变也不情愿,有抵触情绪也是自然的。报告说他"对这一工作的领导发生动摇,并以悲观失望的态度,无精打采的来布置这一工作。"他布置后第二天就回来了。特委批评他之后,又返辽阳。"正在这天,匪首燕子急用自己的名刺(按,即证明身份的名帖)将群众武装交出,每

---

① 《中共奉天特委给中央的报告》(1932年12月20日),载中央档案馆等编《东北地区革命历史文件汇集》甲34,第96~98页。
② 魏抱一(1903—1983),又名李实,湖北襄阳人。中共党员,曾任中央组织局巡视员、中共满洲省委书记。建国后任湖北省教育厅长、教育部司长、湖北省文史馆副馆长。1983年逝世。

人五元的路费解散了,其它部队也这样无形消灭。"兵变没有搞成,整个义勇军工作遭到失败。

报告中的第三项、第四项追查了田文清和北平同志(按,指李兆麟等同志)的责任。说"田同志对今次的兵变是形式的应付,表示了无能与没有具体意见来布置这一工作"。说"北平同志对今次的兵变失败,主要是寻常的工作不够,同时对兵变的到来仍是保存原有的态度,不转变个人的工作,来联络下层统一战线,仍用和平发展的方式来争取这一领导。"此文件最后也说道"今次辽阳义勇军的工作(按,指兵变),固然是田同志和北平同志对今次失败负主要责任,但特委对北平同志寻常领导的不够,义勇军群众没有大的发展,对今次失败也要负大部分责任。"①这些追究辽阳义勇军兵变失败责任的批评说辞,应该说有很大片面性。从总结失败教训的角度,不是不可以追究谁的责任,或责任大小多少,而是追究的方向存在问题。就是说,辽阳义勇军兵变失败的责任,不在田同志、也不在北平同志,奉天特委也不必要担负"对北平同志寻常领导得不够"的责任。其实搞辽阳义勇军兵变本身就是一个失误。为什么不能与辽阳义勇军团结、共同对敌,非要夺其领导权?当时,在辽阳义勇军中搞兵变很不得人心,当田文清代表特委在党团员和积极分子会议上布置搞兵变,马上有人向"燕子队"首领沈宝林通风报信②,致使"燕子队"首领沈宝林交出武装,每人发五元路费而解散了队伍。"三省""平日""长江""天地荣"等其他队伍也相继解散,连一条枪也未得着。最终使党在辽阳义勇军中的工作遭到失败。

应该说辽阳义勇军兵变失败的原因不在"田同志形式的应付",也不在"北平同志寻常的工作够不够",和他们对兵变是否"保存原有的态度",转不转变"个人的工作"。工作失败的原因是推行"北方会议"的"左"倾错误的必然结果,也就是说根本不应该视义勇军首领为反动领袖,不应该要驱逐他们,不应该搞这次兵变。不应该搞这次兵变而硬要去搞,怎能不失败呢?

据李兆麟所写《独立活动经过》(履历自传)记载,"当时义勇军很复杂,又很多,因当时党的政策是北方会议'左'倾路线,工作成绩不大。"③由此可见,李兆麟自己也认为这段时间工作失败的原因是受到"北方会议"的"左"的错误影响的结果。

李兆麟组织领导义勇军工作虽然遭到失败,但意义重大。

一是,九一八事变后,在东北掀起的大规模义勇军抗日斗争,显示了中华民族不甘屈服外来侵略的伟大民族精神,而李兆麟就是这一斗争的参与者、领导者之一。在国家民族危亡之时,他不顾自身安危,能够挺身而出主动参加抗击日本帝国主义侵略的斗争,这说明他的思想深处有崇高的爱国主义精神的积淀,是爱国主义精神在支配他的行动,这对于一个青年

---

① 《中共奉天特委给中央的报告》(1932年12月20日),中央档案馆等编《东北地区革命历史文件汇集》甲34,第96~98页。

② 王连捷、谭译:《隐藏在深层次的历史真相》,辽宁人民出版社,2012年11月版,第221页。

③ 《张寿篯独立活动经过》(履历自传,1942年9月10日),中央档案馆等编《东北地区革命历史文件汇集》甲64,第302页。

来说是极可贵的。

二是，他从事义勇军抗日斗争工作不仅是他个人行为，更主要是组织行为。在东北大规模义勇军斗争掀起之时，中国共产党站在维护中华民族根本利益的立场坚决支持义勇军的抗日斗争。当时东北及河北等地党组织派出大批党团员到义勇军中去，参加、组织、协助、支持、领导、号召、影响义勇军的斗争，而李兆麟就是其中的一个实际例证。他及与他一起在义勇军第二十四路开展抗日斗争同志的实际行动充分说明中共对义勇军斗争的真实态度。

三是，李兆麟通过参加领导义勇军抗日斗争的实践，了解掌握了义勇军、山林队的组织构成、固有习性、行动方式、活动规律等，为日后从事党领导的抗日游击战争，正确贯彻抗日民族统一战线，实行上层、下层统一战线政策，团结联合义勇军、山林队共同对敌展开斗争，进行签订临时联合作战协定、建立联合指挥部、收编扩大抗日队伍，创造了一定基础条件。

四是，积累了领导抗日斗争特别是武装斗争和开展游击战争的经验。李兆麟作为一个青年学生、农民，过去没有从事武装斗争的经历，谈不上有何参战或指挥战斗的经验，但他在进行战争中学习战争，在创建武装中掌握武装，从武装斗争的外行变成内行。在对敌斗争中，他学会并能运用游击战术打击敌军，他初步掌握了为消灭强敌应该掌握的战略、战术。组织领导义勇军第二十四路的实际斗争，表明他已经开始登上了长期从事抗日武装斗争的政治舞台。

五是，在辽阳，李兆麟不仅是单纯领导义勇军从事武装斗争，他还组织、发动、领导了广泛的群众反日斗争。建立以小堡为中心的活动基地，组织成立了"反帝大同盟""农民大同盟""穷人会""妇女会""少年先锋队"等群众反日团体，领导群众开展减租减息斗争、分粮斗争。群众反日斗争有力地促进武装斗争的开展，其中也有教训，如分粮斗争打击了一些地主，甚至"将村屯之中农小农之粮统给分了"①，脱离了群众。从中摸索出开展群众斗争的途径。这为日后在北满地区开展群众工作，建立抗日根据地，正确处理部队与地方的关系等都提供了宝贵的经验教训。

对于此期间抗日义勇军第二十四路失败及以后一段时间的情况，李兆麟在其《独立活动经过》（履历自传）中记载说："本年（按，指1932年）秋季，唐聚五部队的活动情形恶化，天气又开始变冷，我们东边道特委的书记××同志就开始要回北平，大多数学生成分的同志都同意回北平，只有我们四个同志（按，

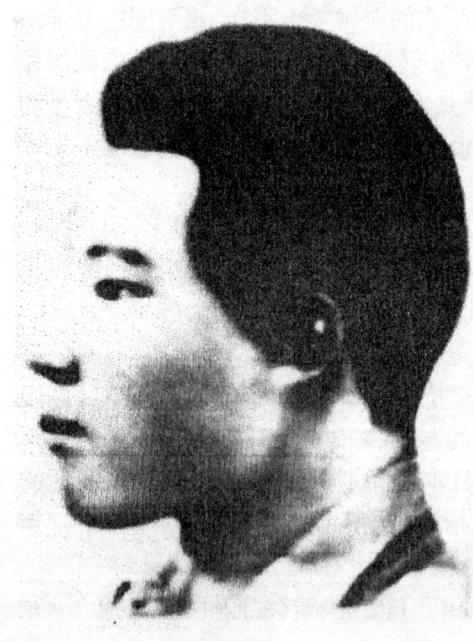

罗登贤

---

① 《张××关于沈阳、辽阳之间农民、妇女、军人少先队及义勇军状况报告》（1932年11月），载中央档案馆等编《东北地区革命历史文件汇集》甲11，第411页。

即李兆麟、侯薪①、孙已泰②、王××)坚决反对脱离实际斗争的行动,但是他们终于是回北平去了。之后不久,义勇军纷纷溃散或投降,我们四个人当时没有办法来挽救当时危机,没有进行反对投降的斗争,我们有错误。秋天以后,中共中央代表罗登贤同志到奉天特委巡视,指示我们四个人不许回北平,应参加奉天特委领导下的工作,由奉天特委分配我们的工作。"③以后李兆麟等四人根据罗登贤同志的指示,继续留在东北,在奉天特委领导下工作,他们的组织关系由中央负责由河北省委转至满洲省委,奉天特委正式承认他们四个人的党员组织关系。

辽阳义勇军斗争失败后,在奉天特委领导下,李兆麟等被分配到本溪煤矿从事抗日斗争。

五、斗争在矿区

1932年11月,中共奉天特委派李兆麟、孙已泰到矿区——本溪湖煤铁股份有限公司开展抗日活动。

本溪周围环山,非常险要,是安奉铁路咽喉,日本进兵东北腹地必经之地。这里有煤矿、熔铁炉、发电所、机械厂等重要工业企业,由日本侵略中国的急先锋"满洲铁道株式会社"所控制。这里工人总数有5000之众,其中煤矿有3000人,熔铁炉四五百人,发电所、机械厂有百余人,其他数百人。这些工人中尤以煤矿工人最艰苦,"采炭夫""掘进夫"在缺乏劳动保护条件的坑道里用镐刨煤、用锹撮煤、用肩往外背煤,时刻处在"四块石头夹块肉"的危险境地之中。工人的工作时间每天最少11小时,经常遭工头打骂。工人工钱不固定,由工矿随意规定。开支时换成日币金票,并不照市价发给工人,而是随意作价,并从工人身上扣去许多不该扣的钱,如灯费、工具费,连火药费也要从工人工钱中扣出。随着日本侵略战争的扩大,不断掠夺军需物资,从剥削工人中攫取战争经费,工矿不断实行"打紧货"④制度,更加紧了本溪工人的痛苦,本溪矿工过着非人的牛马生活。

当时,奉天特委感到,过去派干部到农民中开展工作较多,而到工人中开展工作远远不够,如能在工人中建立一支队伍,对于开展抗日武装斗争将会起到很大作用。于

---

① 侯薪(1910—1985),河北隆尧人。1928年加入中国共产党,1932年受党组织派遣赴辽阳参加义勇军工作,后到本溪矿区开展工作。1934年考入中国大学读书。全国抗战爆发后,历任阜平县委书记、《抗敌报》社总务处长、冀晋行署秘书长。建国后,任政务院内务部干部司副司长、中国科学院哲学社会科学部办公室主任。1985年逝世。

② 孙已泰,(1911—1998),山东荣城人。1930年加入中国共产党,1932年受党组织派遣赴辽阳参加义勇军工作,后到本溪矿区开展工作。新中国成立后曾任黑龙江省人民检察署(院)检察长、全国供销总社监事会副主任、河北省委纪检委副书记。1998年病逝。

③ 《张寿篯独立活动经过(履历自传)》(1942年9月10日),载中央档案馆等编《东北地区革命历史文件汇集》甲64,第303页。

④ "打紧货"即特别加紧工作,限时完成工作任务,并不多加工钱。

是决定派李兆麟、孙已泰到工人比较集中的本溪煤铁矿开展工作,派侯薪到抚顺煤矿开展工作。开始时,李兆麟、孙已泰通过原义勇军第二十四路"燕子队"成员张文彤的同学、本溪煤铁矿职员的杨玉典(杨坚白)的帮助进入本溪煤铁公司。随后,组织又派在抚顺没有找到关系的侯薪来本溪。他们三人都使用了新的化名。李兆麟由李烈生改为孙正宗;侯薪化名侯维民;孙已泰化名王子明。侯薪到本溪湖后,本溪党员已经有三名,他们组成党的临时领导机构——工作委员会。

井下的工作是极艰苦的。采炭夫是主要的产煤工人,整天刨煤、撮煤、肩背、车运,工作最为繁重。掘进夫是为找煤而做开道工作的,具体工作任务是打眼、放炮、装雷管、封炮眼。封炮眼时用黄泥封,黄泥要到几里外去取,要把药捻留在外面以便点火放炮,炮眼要封得结实。每个班可以打眼十几个到二十个,很是危险。其他工种有木匠、铁匠等。李兆麟当过采炭夫、掘进夫。他和孙已泰、侯薪一起在三坑、五坑和矿工一道下煤洞,抡镐挥锹,从事打眼放炮、刨煤、背煤或装斗车、推矿车等繁重体力劳动,在矿井下和矿工一道吃难以下咽的发霉的苞米面窝头,每天在煤灰粉尘飞扬的矿井、巷道里连续工作11小时。李兆麟等为接近工人群众,与工人交朋友,开展党的工作,咬紧牙关坚持从事繁重的体力劳动,过着难以忍受的艰苦生活,以闯过劳动关、生活关。

1932年末,奉天特委所做"工作布置决议案"提出今后城市工作的斗争任务中,要求首先要以年关斗争去发动工人开展"反欠饷、要花红和恢复工作"的斗争,对本溪湖则要求开展反对开除工人和金票跌价斗争。要建立巩固工会和失业工人组织。斗争中,特委强调要坚决抓住工人日常经济要求,有计划有组织地进行这一工作,将经济斗争与政治斗争密切结合起来,把斗争引导到更高阶段。①

李兆麟等到本溪,正值贯彻这一决议之时。根据奉天特委的要求,李兆麟等在矿工群众中广泛开展宣传鼓动工作,指明造成苦难生活的根源是日本帝国主义的侵略奴役,号召工友们团结、组织起来,勇敢地与日本侵略者进行斗争,抗日救国,摆脱苦难。通过宣传鼓动,工人更清楚地了解了日本是怎样掠夺我国煤矿资源的,自己苦痛生活是怎样由日本侵略造成的,只有组织起来才有力量,反剥削、反压迫的斗争才能取得胜利。

1933年1月26日,奉天特委给中央的报告,谈及组织状况时说:"外县:(1)抚顺同志六人,群众二十人赤色工会。(2)本溪同志二人,北平派来的。(3)辽阳同志四人,一个特支,群众过去反帝五十余人。(4)新民同志二人,北镇一人,未成支部。(5)海龙同志六十余人,×江同志八人。(6)台辽、大连组织不详。"②此中的"本溪同志二人,北平派来的",这"二人"是指李兆麟、孙已泰。侯薪先被分配到抚顺后到本溪。报告中未能算上他,本溪同志应是三人。"同志"指党员。报告中特意说明"北平派来的",这是指李兆麟等人。侯薪同志回忆:在奉天特委领导

---

① 《中共奉天特委接受"中央给满洲省委信"后工作布置的决议案》(1932年12月25日),载中央档案馆等编《东北地区革命历史文件汇集》甲34,第112页。
② 《中共奉天特委奉字第一号报告》(1933年1月26日),载中央档案馆等编《东北地区革命历史文件汇集》甲34,第154页。

下,总结了这次义勇军工作失败的经验教训,不但没有使我们悲观失望灰心丧气,影响革命情绪,相反更增添了勇气,加强了克服困难的信心。因此也加强了组织性、纪律性,坚决服从组织分配。这次组织分配的情况是:李、孙二人到本溪下矿井去,侯到抚顺露天采矿场去做工。我们都坚决服从了分配。侯薪去抚顺未能接上关系,又来到本溪。侯薪说:"我到本溪后找到住在'锅伙'上的李烈生,帮我介绍给'锅伙'上的卢把头。"经过一段矿上掘煤工作,"我们已经逐渐习惯了井下的生活,便变被动为主动。我和李烈生、孙已泰的党小组建立起来了。我们就在小巷道里寻找比较平整的窑洞,建立我们的生活会。由于我们的工作在各自的'掌子面'(按,指采煤场地)上,便每次约好下次开会的地点,规定好见面的时间,还偷偷把党的文件带进来学习和讨论。我们三人就这么在小巷道的窑洞里,开会、碰头,以后又约人谈话。就是在这种窑洞里,在矿灯下面,我们逐渐开展了发动工人群众的工作。"①

由于本溪敌人统治的严密和白色恐怖的严重,工作并不好开展。经过一段时间艰苦努力的工作,李兆麟等打开了工作局面。为更好领导斗争开展,成立了"临时工作委员会",李兆麟为负责人。不久,本溪特支成立,煤矿掌子面的工人群众逐渐围绕着这个核心团结起来,青年监工王怀谷被发展为党员,青年职员杨坚白被发展为团员。矿上有什么决定意图地下组织很快就会了解到。孙已泰回忆说:"我到本溪煤矿,大概是1932年12月末,也可能是在中途过了阳历年。到本溪后,与李兆麟(化名孙正宗)、侯薪(化名侯维民)碰头,我化名王子明。先后在三坑、五坑以采煤、扛木头、推车、看水泵为掩护,在工人中开展活动。我到本溪几天后,和侯、李在一起开会,研究了如何开展工作的问题。为了便于工作,经我提议,成立了临时革命委员会。李兆麟是本地人,社会关系多,有活动能力,就叫他当负责人,我和侯薪抓宣传教育和发展组织工作,以便团结积极分子,好隐蔽下去。但这个临时组织存在时间不长,根据中共奉天特委的指示,改为本溪特别支部。"孙已泰还回忆说:"李兆麟同志有革命热情,工作上也有一套办法,活动能力较强,知道一些革命道理,能够利用社会关系积极开展工作。本溪煤矿当时是空白点,没有党的活动,李兆麟同志通过自己的社会关系把我们也带进来了。他介绍杨坚白同志参加了共青团,以后又通过杨坚白同志扩大些关系,这才使我们站住了脚。"②

李兆麟等在本溪煤铁矿工作期间主要进行四项工作:一是调查了解本溪煤铁矿基本情况。二是建立组织,发展组织,建立了团支部、党组织。在煤矿成立了由矿工组织的"抗日救国会""赤色工会"。三是宣传党的抗日救国方针,提高工人抗日必胜信心。四是伺机积极开展反日斗争,打击敌人。

李兆麟等根据工作计划,不仅在本溪煤矿矿区开展工作,下班后回到工房洗掉脸上的污泥煤灰,换上干净衣服后,还到街头巷尾,秘密做党的宣传和发展群众的工作。他们从接触青年学生开始,然后扩大交友面,逐渐活动到市民中去。组织了有几十人参加的工会和救国会。还准备发展乡村师范的几位教师为中共党员,后因矿上工作失败,没继续进行下去。在矿工

---

① 刘光运编:侯薪回忆录《薪胆录》(1989年北京),第87、88页。
② 《孙已泰同志的回忆》(1964年5月20日)。

中发展了三四名反帝大同盟的盟员。①

1933年1月下旬,本溪特支召开会议,检查总结布置工作。1月22日,本溪特支给奉天特委写出报告。报告说,"此次会议是讨论工作的缺点和领导的不足,其次是讨论特委指示信上的一切具体工作和布置……过去同志们做了群众的尾巴,所以工作没有建立,现在根据特委的指示,抓住失败的经验,在群众中进行鼓动,利用公开路线,执行特委一个人发展一个人的口号,更抓住日常斗争,由经济斗争联系到反日反满政治斗争,布置罢工斗争,建立组织,很快的成立一坑二坑的赤色工会,来回答日本帝国主义新的进攻。"报告中还说:"我们除努力一个人发展一个人的口号来建立党团支部外,更须组织赤色工会、青工小组、工人反日会、工人义勇军、工人纠察队、红军之友各种组织""在半月内,每个同志最低须有五个人以上的群众组织发动斗争,最近打入熔铁炉工人中去,南矿石山工人中去,建立组织,组织工人突击队到农村中去,利用封建关系,建立农民委员会,发动分粮、吃大户、抗租、抗税、抗债等斗争,增加雇农工资,建立他们的工会,发动游击战争与土地革命联系起来,达到创造北方新苏区的任务。""采取新的方式,具体的进行训练班、夜间训练班的组织及个别谈话,在中央文件上,每一个运动上,党的主要任务和策略问题,用打铁方式到支部讨论,很好解决党团干部问题。"本溪特支在报告中提出了13个斗争口号:"(1)改良伙食;(2)改良医院;(3)反对罚灯②;(4)工人上下班自由;(5)反对把头打骂;(6)加工资;(7)实行八小时工作制;(8)按,原文无8);(9)反对进攻中国;(10)到义勇军去;(11)拥护中国苏维埃政府;(12)拥护红军,到红军中去;(13)武装拥护苏联;(14)以罢工来回答日本进攻热河。"③以后,本溪特支按此工作计划积极开展活动,取得一些可喜的成绩。

当时,尽管李兆麟等在本溪的工作已经尽了最大的努力,但是还是遭到党团奉天特委的批评。1933年2月2日,中共奉天特委认为,"本溪同志对于工人斗争形势的估计完全是机会主义的认识,不了解在资本家的进攻下,工人积极反抗的形势,而认为受过去打击的影响没有办法。""担任工作的同志不能艰苦的工作,充分表现了小资产阶级的色彩。"④团奉天特委说:"本溪团组(按,当时党团合组)同志,尤其李××同志在特支内同样犯了不能容许的错误,对政治形势不了解,认为反苏联战争只是在布置和准备。更不了解工人斗争的形势,尤其对青工特殊要求的斗争……企图机会主义的和平发展。"⑤其实,李兆麟等在本溪的工作是刻苦努力,冒着很大风险开展的,在白色恐怖十分严重的情况下所开展工作取得的成绩已是不小。

① 刘光运编:侯薪回忆录《薪胆录》(1989年北京),第89页。

② "反对罚灯"是指日本资本家从矿工工资中扣除矿灯费用。

③ 《中共本溪特支报告之一》(1933年1月22日),载中央档案馆等编《东北地区革命历史文件汇集》甲34,第337~339页。

④ 《中共奉天特委对本溪工作的指示》(1933年2月2日),载中央档案馆等编《东北地区革命历史文件汇集》甲34,第170、171页。

⑤ 《团奉天特委给本溪特支团小组的指示信》(1933年3月13日),载中央档案馆等编《东北地区革命历史文件汇集》甲34,第411页。

说他们"不了解在资本家的进攻下,工人积极反抗的形势,而认为受过去打击的影响没有办法"实是冤屈,而"对于工人斗争形势的估计完全是机会主义的认识",更是属于夸大其词。

至于说"认为反苏联战争只是在布置和准备",没做什么实际工作,这倒并没有什么错。当时临时中央提出了"武装保卫苏联"的口号,省委说"武装保卫苏联"是"满洲党工作日程的第一项,是一切实际工作行动中心"。要求"一切工作的布置,应该环绕着'武装保卫苏联',也就是中央正确领导下的'北方会议'所给予满洲党第一等任务。"①对于"武装保卫苏联",许多从事实际工作的同志都不理解。东北已经被日本占领,怎么能把"武装保卫苏联"作为党第一等任务?而又怎样去保卫苏联,并不明确。"北方会议"给予满洲党的这个第一等任务是不符合东北实际情况的。在东北,党的第一等任务应该是抗日救国才是正确的。在20世纪30年代初,上级组织动不动就给具体工作人员扣上机会主义、右倾帽子,这是全党在"左倾"错误统治下经常之事。当时,李兆麟等在中共本溪工作委员会的领导下,他们在矿工群众中,广泛宣传了"我们不给日本人干活""我们不做日本人牛马"的道理,启发工人群众的革命觉悟和抗日斗志。在煤矿工人抗日救国会直接组织下,发动了反"罚灯"的斗争,反对"把头"克扣工资的斗争,建立了党团组织及工会、救国会群众组织,发展了党团员、工会会员、救国会员、反帝大同盟盟员。尽管数量不如上级组织要求的那样多,但在较短的一两个月内发展的成果,也算很可观。李兆麟等的工作并不存在"不了解工人斗争的形势""认为受过去打击的影响没有办法""企图机会主义的和平发展"问题。党团奉天特委对李兆麟等的批评似有些过分。

如同在辽阳组织义勇军第二十四路斗争失败后遭到特委批评一样,李兆麟对于来自特委的这次批评,只能正确对待,总结工作中的不足,继续努力工作。

由于李兆麟在艰苦的矿井里从事繁重的体力劳动,患上了肺病。不久,他不得不离开本溪。他离开的时间是1933年春节之后即2月份。3月2日,中共本溪支部给奉天特委的一份报告中,在谈到支部工作时,涉及李兆麟:"×同志虽然努力发展两个反帝支部(六人),但还有许多线索并未能即时组织起来。而且个性太强,时时采取个人行动,因为过去河北省团有个先锋主义,有时党团对立,所以该同志还有那样表现(他是河北来的),这都是应要及时纠正的。"②这里的"×同志"是指李兆麟。此报告应是他离开本溪后,特支所写。报告中,说到了李兆麟工作取得的成绩,也说到了不足。报告中特别指出他"个性太强"。"个性太强"可以视为缺点,但在某种情况下,它往往也是优点。一个人的个性是在一定社会条件下和所受教育影响下形成的特性。完全是个人性格使然。李兆麟从小就有主意正的性格特点,遇事有独立见解,有主见,轻易不会改变。他一旦认准的事情、道路,势必坚持到底。这种固有的性格特点在他身上一直体现着。

对于九一八事变后的这段经历,在李兆麟所写的《独立活动经过》(履历自传)中,曾做这

---

① 《中共满洲省委关于武装保卫苏联、反对帝国主义进攻苏联的决议》(1932年7月24日),载中央档案馆等编《东北地区革命历史文件汇集》甲10,第236页。

② 《中共本溪报告之二》(1933年3月2日),载中央档案馆等编《东北地区革命历史文件汇集》甲34,第343页。

样记载：1932年"十月以后，我和侯（河北人）、王（山东人）都是学生成分，我们三个人被派到本溪湖煤矿和铁矿去进行工人的工作（利用我们在义勇军中的旧关系），在这一时期我们三个人是很积极地工作着，我们在矿工里和营缮铁厂里、电气工人里都先后建立了党和青年团的革命小组。"①

对于李兆麟的这一段经历，冯仲云同志说："他（李兆麟）又被派到辽西李春润部抗日义勇军去，不久李部又遭到失败，他便到了沈阳。中共奉天特委派他到本溪湖煤矿去团结煤矿工人抗日救国。他虽然在幼年当过'半拉子'，总是没有干过苦工的人，但是，他毅然决然毫不犹豫到了本溪湖，舞动了丁字镐，挥起大铁锹苦干起来。他下过煤洞，他的脸也曾乌黑得像煤黑子一样，只有眼珠发亮。他受过日本监工的气，挨过工头的打，也吃过腐面的窝头。几个月的煤矿工人生活，使他经历了整个中国煤矿工人，悲惨的暗无天日苦痛。但并没有消磨了他的意志，还更加鼓舞了他，在这个短时期的埋头苦干中，他组织了约近三四百人的煤矿工人抗日救国会，发动了反罚灯的斗争，反对'把头'克扣工资的斗争，也曾有过爆毁日寇在南满生产力的企图，但因为爆炸未成，他不得不离开了本溪湖。"

正当煤矿斗争逐渐深入展开时，李兆麟因在极其恶劣的环境中，参加超负荷的繁重体力劳动，加之从事紧张的革命斗争，所患肺病，严重到咳血的程度，他已不能继续坚持在煤矿工作。

先哲孟子有云："天将降大任于斯人也，必先苦其心志，劳其筋骨，饿其体肤，空乏其身，行拂乱其所为，所以动心忍性，曾益其所不能。"②李兆麟在煤矿得到了锻炼，艰苦的环境，繁重的劳动，危险的工作，复杂的斗争确使李兆麟"苦其心志，劳其筋骨"。他做到了"行拂乱其所为，动心忍性"。在本溪煤矿连同他在组织领导义勇军斗争的锻炼，为他将来担当"大任"做了心志上的准备。

由于李兆麟患上了严重肺病，已经不能继续坚持在矿上工作，在这种情况下，奉天特委决定调他回沈阳治病，同时参加奉天特委士兵运动委员会工作。1933年春节之后，李兆麟回到沈阳。

六、兵运工作忙

从未做过繁重体力劳动的李兆麟，由于在煤矿从事过于繁重的体力劳动，终于被累倒了。身患严重肺病的李兆麟难以继续坚持在矿区工作。1933年春节之后，带着病身乘火车从本溪回到奉天（沈阳）。下火车时，因难以行走，不得不用一辆人力车靠近车门，把他扶下车，拉到东关。

开始，他在兴农会吴会长家（按，同乡杨寿天妻子吴雅卿之兄家）休养、治疗。以后，李兆麟

---

① 《张寿篯独立活动经过（履历自传）》（1942年9月10日），载中央档案馆等编《东北地区革命历史文件汇集》甲64，第304页。

② 《孟子》告子（下）。

住在一个同志家里。李兆麟在医病期间,结识一位姓崔的军医官。这位崔军医官在北大营伪靖安军医务室工作。崔军医官医术高明,给他开的几副药,吃下去很见效。崔军医官让他找一个秫秸棒,每天咳嗽一次就在秫秸棒内秧上用指甲刻上一道印痕,以记录咳嗽的次数。经过一段时间的治疗,他咳嗽见轻,咳血日减。秫秸棒上每天记录的印痕逐渐减少。这说明崔军医官治疗有效。李兆麟与崔军医官交往中发现他是一位具有一定民族意识的军医官。李兆麟每次找他看病与他接触时都启发其民族觉悟,灌输爱国主义思想。经过多次工作,这位医官表示愿意为他开展军运工作提供帮助。以后,李兆麟经常以找崔军医看病为名,在其掩护下,出入北大营,与在那里的伪靖安军士兵、军官接触,谈天、交朋友。经过努力,在伪靖安军中建立了秘密士兵小组,还准备策动伪靖安军哗变,把队伍拉出去,到北满地区开展抗日斗争。

组织上为使其早日康复,同意他把家属迁到沈阳来,以便照顾他治病、养病。开始他家住皇姑屯,后搬往小南关。他的家成为党组织进行秘密活动的联络点。他母亲、爱人、妹妹也都参加抗日活动,帮助李兆麟进行工作。许多同志常到他家里开会,讨论研究工作。她们给打掩护,传递消息等。经过一段时间调养,李兆麟身体状况康复。他便通过组织关系到南关东北大学、东山嘴子讲武堂等地活动,向学生讲解抗日救国的道理,宣传党的抗日救国政策,鼓励他们参加抗日斗争。1933年5月,奉天特委任命李兆麟为特委军事委员会干事兼青年士兵委员会负责人,开始为从事士兵运动(简称"兵运")而奔忙。

这期间,李兆麟根据同年3月2日中共满洲省委关于开展援助义勇军运动周活动的指示,做了不少实际工作。当时的口号是:义勇军是民众抗日反帝的武装队伍,拥护义勇军!义勇军是民族革命战争的民众武装组织,援助义勇军!义勇军为中华民族的解放与独立而战,工农劳苦民众们,拥护义勇军!开展义勇军运动,扩大反日民族革命战争!募集捐款、物品、药品及一切军用必需品赠送义勇军,工友、农民、学生们,一切劳苦民众们,到义勇军中去,进行反日的民族革命战争!组织义勇军,进行革命的反日战争!这期间,他还深入奉天兵工厂和肇新窑业公司开展宣传工作。

对于这段历史,李树香回忆说:"1932年阴历十月间,兆麟被党派到本溪湖煤矿里工作。他们一同去了三个人。第二年春天(二月间)因为有肺病吐血,离开本溪回到沈阳。养些日子病,好了之后,又到东山嘴子'红袖头'(按,指伪靖安军)里做工作。1933年3月间,我从乡下搬到沈阳和兆麟住在一起。开始在皇姑屯,又搬到小南关,他们经常在我家开会,我给保管文件。1933年5月30日那天早上,田福神情很紧张地闯进我们家,说张百生、王树德两天不见了,不知是什么原因。兆麟刚离开,日本人带着张、王进来。我被押几天放回来,后来,田福被捕叛变,李兆宾被捕。李兆麟从此逃到哈尔滨,再没有回家,音信皆无。1945年光复才有信,我们始终没见面。"①

对于李兆麟开始参加抗日救国和这一时期斗争的历史,他的儿子李玉回忆说:在我的记忆中,父亲总是骑马挎枪早出晚归,忙着跟日本鬼子斗争。他不仅自己投身革命,还把母亲、妻子、妹妹、堂兄弟、表兄弟等动员起来,去散发、张贴抗日传单。我家成了抗日活动的联络站。

① 《访问李树香记录》(1964年4月9日)。

父亲经常教群众唱革命歌曲,如《国际歌》《送郎当红军》《救亡之歌》《工农兵之歌》等,我也跟着学唱。由于经费少,父亲发动群众捐献,每次我家捐得都比别人多,母亲把"体己钱"也贡献出来。我年纪虽小,受大人影响,把"压岁钱"凑整交给了父亲,说"拿出去打日本鬼子!"父亲高兴极了,逢人就讲:"我儿子也知道捐钱去打小日本了!"那时候的我,只盼着自己快快长大,能做父亲麾下的一个兵,像父亲一样纵横疆场,把日本鬼子赶出中国。后来,父亲从本溪调回沈阳养病,做地下工作。父亲身体很虚弱,有时还咳血。见他难受的样子,我难过地说:"爹,回家吧。"父亲笑着说:"小胖(我的乳名),你不是还要攒钱打日本鬼子吗?爹不累。"①

1933年6月下旬,因党内出现叛徒本溪党组织被暴露,叛徒出卖党组织说领导人在奉天。接着奉天特委被敌人破坏,敌人开始大逮捕,到处抓人。结果在兵工厂、窑业公司等地抓很多人,特委书记杨一辰被捕入狱。同时,李兆麟的母亲、妹妹、妻子等也被捕。叛徒张百生一口咬住李兆麟的妹妹李兆宾。敌人先把她抓到西站宪兵营,后又到东关伪警察厅,非让她交出哥哥。不管敌人怎样施刑,她都咬牙始终说我没有哥哥。最后到高等法院,经审判宣布无罪释放。在大逮捕中,李兆麟因在外工作,幸免被敌人逮捕。后来,李兆麟回顾这段历史时说:"一九三三年五月,奉天特委巡视员调我到沈阳市(因为当时我有病),参加特委的士兵运动委员会,我在当时奉天兵工厂中和肇新窑业公司进行工作,建立了青年团小组和在'伪满'组织的靖安军中建立了兵士小组。本年夏季奉特委被日寇破坏,很多干部被敌人捕去,同时又出来很多叛变者,我在异常险恶的环境中,每日被敌人利用叛徒监视下,继续维持被敌人破坏剩下一点力量。"②此时,李兆麟处境十分危险。他先在北大营,又到南关窑坑里躲避着。在无法继续进行活动的情况下,来到辽阳二台子姑表弟家,筹借路费,在北大营搞到一张护照,前后辗转四十余天登上了北去的列车,他要去中共满洲省委所在地哈尔滨,找省委。

---

① 李玉:《我的父辈》,载《新民晚报》2011年6月29日。
② 《张寿篯独立活动经过(履历自传)》(1942年9月10日),载中央档案馆等编《东北地区革命历史文件汇集》甲64,第304页。

第三章　慷慨赴火线

一、北上找省委

1933年8月中旬,立秋时节,李兆麟来到了哈尔滨,寻找中共满洲省委。

一天,他化名张玉华来到道外同泰客栈,与在中共满洲省委工作的冯仲云同志接头,接上组织关系。冯仲云是1927年5月加入中国共产党的老党员,曾任中共清华大学党支部书记。1930年北平地下党遭破坏后来到东北,在哈尔滨东北商船学校以教授身份为掩护从事革命工作,任满洲省委巡视员,后任省委秘书处长、秘书长。对于李兆麟刚来哈尔滨时的情况,冯仲云回忆说:"他(从本溪煤矿)回到沈阳是1933年春,在沈阳参加了中共奉天特委的军事委员会,努力于奉天城内的伪军工作,对象首先就是靖安军。不久,奉天特委被敌人破坏,差点儿被捕。但他幸而脱险,逃到了哈尔滨。我就在哈尔滨认识了他。那时他还是个青年,他的英俊和诚恳,在我脑里立时留下了一个深刻的印象。从此以后,他就在北满各地进行抗日救国会的工作。"①以后,冯仲云还回忆说:"九一八事变后,学校里的学生都起来了,他(指李兆麟)参加了反帝会,奔走于反帝工作,是党员。之后派到沈阳工作,到了耿继周处,当义勇军,后来义勇军垮了,他跟'燕子'义勇军在一起,这个队伍后来也投降了。李兆麟进了沈阳,受河北省委领导还派夏尚志到辽宁做领导工作。满洲省委有意见,这时把夏尚志、李兆麟的关系交了过来。这时李兆麟的母亲、妹妹都在沈阳住着。李兆麟专做红袖头工作。张恭(按,应为杨一辰)被捕了,李兆麟没被捕住,改名张玉华,我在哈尔滨同泰客栈和李接的关系。"②冯仲云的这段回忆,说明九一八事变后,李兆麟参加了反帝会,奔走于反日工作,肯定他这时已是党员。李兆麟在做义勇军工作后又在沈阳专做"红袖头"工作,即做伪靖安军策反工作。伪靖安军服装两个袖头镶有一圈红布条,老百姓称其为"红袖头"。(按,这里提到的张恭[弓]即张适,又名张有才,"黑张",是老党员,曾参加广州起义,后任满洲省委巡视员,继杨一辰任奉天特委书记。1933年10月,由于叛徒出卖,沈阳党组织再次遭破坏,张恭被捕。)李兆麟免遭逮捕来到哈尔滨,他与冯仲云接上了组织关系。

李兆麟接上组织关系后,向省委汇报了奉天特委遭破坏以及自己参加革命的经历。省委对他的到来表示欢迎,并通过他的汇报了解到奉天特委工作实际情况,为省委安排部署南满地区工作提供了依据。对于李兆麟的工作安排,省委考虑李兆麟在奉天特委军委属下工作过,又组织、领导过义勇军工作,熟悉军事斗争,便决定留他在省委军委工作,任负责人。李兆麟来哈尔滨即"开始担负一部分士兵运动和哈尔滨近郊的一部分义勇军工作"。

"军委"是军事委员会的简称。这是当时中共党组织从中央到地方普遍设立的一个特殊

---

① 冯仲云:《李兆麟将军》,《哈尔滨日报》(1946年2月18日)。
② 《访问冯仲云同志记录》(1964年2月3日),载《访问录选编(冯仲云同志专辑)》,第177页。

的重要机构。满洲省委从1927年成立之时起,就设立有这个组织机构。其职能是组建党领导的工农武装,同时做旧军队士兵工作,通过反对反动长官,组织哗变,从事武装斗争,因此,也称"兵委"。

1932年2月,省委决定军委书记杨林赴南满磐石从事组建抗日武装工作。此时,周保中①已来到东北,省委就任他为军委书记。后来周保中奉调去吉东工作,这一职务就由赵尚志②担任。1932年6月,赵尚志到巴彦游击队工作,这一职务就由杨靖宇③担任。以后,杨靖宇又去南满工作,军委书记由吉密担任,吉密调离后,此职一直空缺。李兆麟来到哈尔滨,让他任省委军委负责人,自然是十分合适的。

后来,李兆麟在回顾这一时期斗争经历时说:"一九三一年东北事变,曾被派到东北义勇军中,有时在辽西,有时在辽东和沈阳近郊,有时在煤矿工人中,历经唐聚五逃跑,辽西义勇军瓦解,河北省委领导之下,所谓东边特委诸同志,都先后跑回北平。我因与奉特发生关系,得到河北省委的同意,留东北做工作,参加团特委反军国主义委员会工作兼作党军委士兵工作。一九三三年奉特被破坏,我坚持维系各种工作关系,交替清楚以后,由奉天到哈,做满省领导之下的一部分工作,后参加满省兵委工作。"④

当时,北满地区义勇军反日武装斗争如火如荼。李兆麟以慷慨激昂之情,勇敢地站在抗日斗争第一线,开展军委工作。如何对待义勇军斗争问题,怎样开展义勇军工作,都是军委必须首先明确的重要问题。实际上,对于当时在东北各地出现的大规模义勇军的斗争,在东北党组织内,有不少同志还存有模糊认识,主要是错误地认为他们的行动是"帝国主义走狗、军阀争夺地盘",是"胡匪行动"。对此,中共中央早在关于上海事件致各级党部信中予以批评说"这一战争的动力不是军阀胡匪头子,而是广大工农群众……因此我们党的任务是加入这一战争,夺取这一战争的领导。"⑤党中央关于如何对待义勇军反日斗争的指示,为省委开展军事斗争指明了方向。满洲省

---

① 周保中(1902—1964),云南大理人,白族,中共党员。云南讲武学校毕业。曾在中共中央军委工作,去莫斯科中山大学学习后,在东北从事反日斗争。曾任中共满洲省委军委书记、救国军前指总参议、东北反日联合军第五军军长、抗联第五军军长、抗联第二路军总指挥、抗联教导旅旅长、吉东省委执行部主席、东北党委员会执行委员、书记。抗战胜利后任吉林省政府主席、东北军区副司令员。建国后,任云南省政府副主席、西南军政委员会政法委主任、国防委员会委员、全国政协常委、全国人大民族委员会委员、中共八届中央委员会候补委员等职。1964年逝世。

② 赵尚志(1908—1942)辽宁朝阳人,中共党员。历任满洲省委军委书记、巴彦反日游击队政委、珠河反日游击队队长、哈东支队司令、东北人民革命军第三军军长、东北抗日联军第三军军长、中共北满临时省委执委主席、北满抗日联军总司令、东北抗联第二路军副总指挥等职。1942年牺牲。

③ 杨靖宇(1905—1940)河南确山人,中共党员。曾任确山农民协会委员长、中共抚顺特支书记、哈尔滨市委书记、满洲省军委代理书记、南满游击队政委、东北人民革命军第一军军长、东北抗日联军第一军军长、东北抗日联军第一路军总司令兼政委及中华苏维埃共和国中央执行委员会委员、中共中央七大准备委员会委员等职。1940年牺牲。

④ 《张寿篯的申明书》(1938年5月11日),载中央档案馆等编《东北地区革命历史文件汇集》甲24,第416页。

⑤ 《满洲工作近况》(1932年1月27日),载中央档案馆等编《东北地区革命历史文件汇集》甲9,第183~190页。

委根据党中央指示,把积极组织义勇军的工作,动员广大群众支持义勇军的斗争,作为一项重要工作。满洲省委也一再要求各地党组织应积极去领导、去参加义勇军斗争,指示各级党组织一定要重视开展义勇军工作,批评忽视义勇军工作的倾向。满洲省委曾发出指示给各地党组织,指出满洲各地,从黑龙江、辽西、安奉路沿线、南满、东满、北满、中东路东西线、哈长线民族义勇军、革命的士兵与一切劳苦群众拼命反对日本帝国主义与"独立政府",与其展开拼死血战,进行着极其残酷的斗争。这一切有力的民族革命战争给予日本帝国主义以严重的打击。但是,一些地方党部,"并未能清楚地认识到义勇军工作的重要,还未能清楚地认识到在民族革命战争中无产阶级与党的领导的重要。""有些同志,一方面认为义勇军是胡子土匪而消极不理,或企图以上层的勾结利用来代替真正的艰苦的群众工作。另一方面则空喊'变义勇军运动为革命的游击战争',却拒绝广大群众要求武装斗争的领导与放弃利用一切可能打入义勇军中去树立我们的革命工作。"省委严肃地指出:"如果忽视了义勇军的工作而不去加紧进行义勇军的群众工作,那简直是罪恶!""必须对义勇军的工作有一个彻底的转变。"①

1933年9月,李兆麟任中共满洲省委军委负责人后,按省委工作部署,曾到北满一些地方巡视,在海伦、巴彦等地撒下抗日救国的火种。李兆麟比较善于辞令,他的讲演、深入浅出、谈吐动人,并且他又有从事组织、领导义勇军斗争的经验,他所讲的道理实际、深刻,很能吸引人去倾听,并令人钦佩和信服。所以,他的号召总能激发群众行动起来,参加到义勇军抗日救国的行列中去。

他在军委工作时强调努力发展反日斗争,尤其是要设法领导农民义勇军反日的革命战争,选派干部到南满、北满、吉东等地义勇军中进行工作。支持、援助和联合其他非党的一切抗日武装力量共同反抗日本侵略者。他还在哈尔滨曾于伪警察队里组织起抗日救国会。②当时,在满洲省委的领导下,通过省委成员和各地党组织的努力,宣传、号召和开展反日斗争的实际活动,进一步激起了广大群众的民族觉醒,使广大群众认识到了中国共产党挽救民族危机的正确立场,这为党领导大规模东北抗日游击战争的深入开展起到极大的推动作用。

二、学习指示信

自日本帝国主义侵占东北三省后,日寇便积极拼凑傀儡政权,建立殖民统治,1932年3月1日发表了"满洲国"《建国宣言》,3月9日挟持清废帝溥仪充任伪国"执政"。1933年1月3日,日军又以武力占领山海关,兵锋指向关内,威胁华北。

在华北乃至中华民族危机日益加重之际,1933年1月17日,中共驻共产国际代表团根据共产国际执委会第十二次全会精神,以中华苏维埃临时中央政府和工农红军革命军事委员会名义,发表了《为反对日本帝国主义侵入华北愿在三条件下与全国各军队共同抗日宣

---

① 《为加紧义勇军的工作致各级党部的一封信》(1932年9月18日),载中央档案馆等编《东北地区革命历史文件汇集》甲11,第110、113页。
② 冯仲云:《李兆麟将军》,载《哈尔滨日报》(1946年2月18日)。

言》(简称《一·一七宣言》)。《一·一七宣言》提出:"在下列条件之下,中国工农红军准备与任何武装部队订立作战协定,来反对日本帝国主义的侵略。一、立即停止进攻苏维埃区域;二、立即保证民众的民主权利(集会、结社、言论、罢工、出版之自由等);三、立即武装民众创立武装的义勇军,以保卫中国及争取中国的独立、统一与领土的完整。"宣言号召:中国民众和士兵联合一致进行民族革命战争,争取中国的独立、统一与领土完整。并要求将反对日本及一切帝国主义的斗争与反对国民党军阀的投降卖国斗争结合起来,进行民族革命战争。[①]紧接着,中共驻共产国际代表团又以中共中央名义,于1月26日发出《给满洲各级党部及全体党员的信》(简称《一·二六指示信》)。

《一·二六指示信》,对东北存在的四种抗日武装力量进行了详细的分析,指出其中有纯属旧东北军的部队、有包括东北军但以农民小资产阶级甚至工人为主体的部队、有以农民为主自发组织的游击队、有中国共产党组织和领导的赤色游击队。指示信提出:"在满洲群众运动现在发展的阶段上,我们总策略方针是,一方面尽可能的造成全民族的(计算到特殊的环境)反帝统一战线,来聚集和联合一切可能的,虽然是不可靠的动摇的力量,共同的与共同敌人——日本帝国主义及其走狗斗争。另一方面准备进一步的阶级分化及统一战线内部阶级斗争的基础,准备满洲苏维埃革命胜利的前途"。[②]这封指示信纠正了"北方会议"提出的东北地区党组织在领导抗日斗争的同时,还要开展土地革命的"左"倾错误,放弃了过去对东北地区在组织、领导抗日武装斗争中,还要没收一切地主土地,建立苏维埃和红军的要求,提出了建立抗日民族统一战线,开展抗日游击战争是东北党组织的主要任务。这一指示信,尽管还有些"左"的色彩,如"准备进一步的阶级分化",对建立抗日民族统一战线仍强调下层统一战线,对于上层统一战线仍有疑虑等。但总的说来,它明确提出在当时发展阶段上,反日斗争的总策略方针,即建立全民族抗日统一战线的方针,起到斗争策略转变的重要作用,为东北反日斗争指明了正确方向。之所以这样说,是因为当时的形势是日本帝国主义要把中国由半殖民地变为由它独自统治、垄断的完全殖民地。在这种形势下,中国社会各阶级、阶层,除少数汉奸卖国贼,绝大多数人是同情、拥护、赞助、参加抗日斗争的。《一·二六指示信》顺应时势发展的需要,确实是提出了符合实际的斗争对策。

1933年4月,中共满洲省委巡视员孙广英去苏联海参崴赤色职工国际太平洋秘书处研究、讨论工作。随后,他带回《一·二六指示信》,转交给中共满洲省委。4月16日,满洲省委致信党中央,说明"我们从国际方面得到了用中央名义写来的一封信,这是太平洋秘书处转来的,这信据说是中共代表直接在国际东方部之下讨论出来给满洲的指示。这信我们收到后立

---

① 《中华苏维埃临时中央政府、工农红军革命军事委员会宣言——为反对日本帝国主义侵入华北愿在三条件下与全国各军队共同抗日宣言》(1933年1月17日),载中共中央文献研究室、中央档案馆编《建党以来重要文件选编》(1921—1949)第10册,中央文献出版社,2011年版,第28页。

② 《中共中央给满洲各级党部及全体党员的信——论满洲的状况和我们党的任务》(1933年1月26日),载中共中央文献研究室、中央档案馆编《建党以来重要文件选编》(1921—1949)第10册,中央文献出版社,2011年版,第43页。

刻做有一个初步讨论,认为这信是非常正确的,省委一致同意。""并且立刻决定把这封信发到各级党部并深入地去讨论。"

继1933年1月,日军占领山海关后,于3月初占领热河全省,进而向长城各口进攻。4月中旬,日本海军在秦皇岛登陆。5月31日,国民党政府与日本关东军代表签订《塘沽协定》。该协定的签订表明国民党政府实际上承认了长城以北广大领土即东三省和热河为日本所占领,并将察北、冀东大片国土拱手让敌。

李兆麟来哈尔滨,正值中华民族的危机日渐严重之时。此刻,他在省委看到1933年1月17日中共驻共产国际代表团以中华苏维埃临时中央政府和工农红军革命军事委员会名义发表的《宣言》(即《一·一七宣言》)和1月26日中共驻共产国际代表团以中共中央名义发出的《中共中央给满洲各级党部及全体党员的信》(即《一·二六指示信》)。

由于李兆麟有在辽阳从事义勇军工作和在本溪煤矿从事工运工作的经历,特别是吃过受"北方会议""左"倾错误影响,致使义勇军斗争遭到失败的苦头,他读到这两份文件后备感亲切,感到党对东北工作的指示更符合客观实际,如果早有这两份文件,义勇军第二十四路不至于失败或至少不至于这么快失败。可见,一条正确路线对于斗争是何等重要。《一·一七宣言》宣布愿在立即停止进攻苏区、立即保证民众的民主权利、立即武装民众三项条件下,中国工农红军准备与任何武装部队订立作战协定,来反对日本帝国主义的侵略。《一·二六指示信》提出建立广泛的反日统一战线,共同与日本帝国主义及其走狗斗争。《一·一七宣言》和《一·二六指示信》都是根据时局发展变化的需要,为扩大反日统一战线,纠正"北方会议"确定的"左"倾方针政策所造成的影响而发出的。它在总体上,是适应东北反日斗争的客观要求的。

《一·一七宣言》和《一·二六指示信》的下达,实际上起到了斗争路线转变的重要作用。李兆麟看到这两份重要文件,如饥似渴地进行学习,并结合自己在辽阳从事义勇军工作的经验教训,深刻领会其精神实质,这使他较快、较早、较深入地理解了《一·二六指示信》提出的要造成全民族抗日统一战线,聚集、联合一切力量共同与日本帝国主义及其走狗斗争;实现扩大广大群众的游击运动,反对日本侵略者;建立选举的民众革命政权这些总的政治任务的实质。同时也掌握了要正确、灵活地进行全民族的反帝国主义斗争,首先是建立反日的统一战线,要夺取和保证无产阶级在这统一战线中的领导权以及实行联合抗日必须遵循的三项条件等要点。

自中共满洲省委任命他为省委军委负责人后,根据满洲省委关于向各地传达中央《一·二六指示信》精神,广泛建立反日统一战线,开展反日游击运动的要求,他深入北满各地,积极传达贯彻党的《一·二六指示信》精神,以推进开展义勇军斗争和创建党领导的反日游击队的工作。

三、助建游击队

1933年10月上旬,李兆麟根据中共满洲省委指示,前往哈尔滨东南部珠河(今尚志市)

检查巡视工作。当时这里正在酝酿成立党直接领导的反日游击队。

珠河境内山林遍布，河流纵横。中东铁路滨（哈尔滨）绥（绥芬河）线把全县分成道南和道北，也称路南、路北两部分。珠河是北满地区中共基层组织建立较早，革命活动开展比较活跃的地方。1930年8月，珠河县建立起党支部，隶属中共北满特委领导。同年10月，建立了珠河县委，1932年改组为中共珠河中心县委，工作分布在珠河、苇河、五常、延寿、方正一带。

九一八事变后，富有革命传统的珠河广大工农、民众自发地组织起红枪会、义勇军等反日武装，展开抗日斗争。恰在这时，中共珠河中心县委委员李启东①等5人打入义勇军孙朝阳部队，他们与先期打入该部的原中共满洲省委军委书记赵尚志一起，试图把这支义勇军改造成为中国共产党领导的抗日武装。由于日伪当局的残酷镇压，该部义勇军首领孙朝阳为混入队内的敌特所愚，工作遭到失败。失败后，李启东、赵尚志等7人脱离孙朝阳部队，来到珠河县六道河子，与中共珠河中心县委取得联系。李启东详细地向县委汇报了他们在朝阳队工作及最后失败的情况。

当时，各地党组织根据满洲省委指示，努力在群众基础较好的地方组建党领导的反日游击队。其中，珠河中心县委的工作较有成效。中共珠河中心县委在支持红枪会、义勇军等反日武装斗争的同时，根据中共中央和满洲省委的指示，始终在积极开展创建抗日游击队工作。曾试图以改造红枪会、义勇军、山林队及派人打入伪军"温团"组织哗变建立抗日武装，但皆未成功。县委又派县委委员李启东和李根植、姜熙善等六七名同志，打入在哈东一带活动的义勇军孙朝阳部进行工作。

孙朝阳部义勇军即朝阳队亦称仁义军，活动在宾县一带，曾一度被日伪收编，后又举起义旗，哗变抗日。珠河中心县委试图通过上下层工作把这支队伍改造成党领导的反日游击队。李启东在孙部义勇军队内的工作得到孙朝阳的赏识，任其为"秧子房掌柜"（按，负责看管人质）。李启东等到孙朝阳部队后，遇到了原中共满洲省委军委书记、巴彦游击队政委赵尚志。

1925年赵尚志在哈尔滨许公中学读书时，于声援五卅斗争中加入中国共产党。后入黄埔军校、党中央在上海举办的训练班学习。曾任满洲省委军委书记。1932年6月到巴彦反日游击队工作，先后任参谋长、政委。由于游击队在"北方会议"推行的"左"的路线影响下，在开展反日斗争的同时又搞打土豪、分田地的土地革命，结果游击队失败。在巴彦游击队失败后，省委认为赵尚志应负部队失败的主要责任，而他不服，拒绝做检查，他认为游击队之所以失败是省委路线有问题，结果被省委开除了党籍。但他坚持革命，要重新建立一支反日队伍，以弥补巴彦反日游击队失败的损失。1933年春他到哈东，打入孙朝阳的部队继续抗日，曾协助孙朝阳攻打宾县县城宾州镇，后任该部参谋长。赵尚志见部队有李启东等朝鲜族同志，又发现他们在队内散发珠河中心县委印制的反日传单，他凭在省委工作的经验，得知他们可能是珠河中心县委派来在队内开展反日活动的同志。赵尚志主动与"秧子房掌柜"李启东接触，知

---

① 李启东（1896—1934）朝鲜族，朝鲜平安北道人，中共党员。云南讲武堂毕业。曾任中共珠河中心县委委员，东北反日游击队哈东支队经济部长。1934年牺牲。

道他们确实是珠河中心县委派来的,便提出要与党组织接关系。对此,李启东向县委汇报,县委指示他们与赵尚志密切合作,共同开展工作。

10月初,孙朝阳部队内混入敌特,声称关内抗日救国会请孙朝阳赴北平参加张学良召集的会议,还能领军饷。孙朝阳为敌特所愚,信以为真,不听从赵尚志劝阻,执意要去北平(按,后孙朝阳果真中计,行至哈尔滨被敌人逮捕杀害)。不仅如此,还要杀害赵尚志、李启东等共产党人。这种情况被战士、反日会员王德全发现。王德全便立即告知赵尚志、李启东。10月4日晚,王德全将孙朝阳屋内的机枪携出,赵尚志、李启东与王德全、李根植、姜熙善等共7人携带11支长短枪脱离孙朝阳部队,从大锅盔来到六道河子,与中共珠河中心县委取得联系,向县委汇报他们在朝阳队工作及孙朝阳受敌特蒙蔽要杀害赵尚志、李启东等人的情况。县委决定以赵尚志等7人为基础,增派李福林①、朱新阳②等6名同志加入这支队伍,共13人,建立党直接领导的反日游击队。

当时,受中共满洲省委派遣,在珠河巡视县委工作的李兆麟以省委巡视员身份,向赵尚志、李启东等传达《一·二六指示信》精神,帮助他们总结在孙朝阳部队中的工作经验教训,协助县委组建珠河反日游击队。

在珠河,李兆麟和县委领导同志在详细了解赵尚志、李启东在孙朝阳部队中的工作情况基础上,认真帮助赵尚志、李启东等总结经验教训。

李兆麟根据《一·二六指示信》精神,从广泛建立反日统一战线的角度,着重指出了他们在孙朝阳部队中所表现出来的错误,其中有的是丧失工作有利时机,有的是曲解反日统一战线。他说,李启东等各同志到孙朝阳部队之初是孙朝阳由宾县哗变的时候,特别是赵尚志去得更早一些。在哗变之初,士兵对孙朝阳是不信任的,这次哗变纯是在下层士兵的威逼之下促成的,特别是上层领袖都不愿哗变,分化作用是非常明显的。士兵选择领导人时期,在打宾县以前,因为胡子头各处逃跑的结果,下层四分五裂,在这样有利的时机,同志们却表现不做工作,采取旁观的态度,这是第一期的错误。

在打宾县之后,胡匪更不按原定计划进行,结果中间动摇,得了很少胜利,经济分配不平等,下层反对孙朝阳,情绪非常高涨。同志们帮助匪徒维持垂死命运,这是投降匪徒时期,曲解反日统一战线表现,这是第二期的错误。

在打方正、攻延寿以后,匪徒上层与中层因利害的争斗,同志们发动中层领袖反对上层,同样是忘了革命立场,这是最严重的错误,这是看错了我们创造自己独立队伍主要动力,这是第三期的错误。

再由铁道北到铁道南之后,你们对孙朝阳有幻想,下层反对队内首领到极限之时,士兵

---

① 李福林(1907—1937)朝鲜族,朝鲜咸镜北道人。中共党员,曾任中共珠河中心县委组织部长、珠河反日游击队支部书记、哈东支队党委书记、东北人民革命军第三军第一师政治部主任、哈东游击司令。1937年牺牲。

② 朱新阳(1912—2003)黑龙江宁安人,中共党员,曾任珠河团县委书记、中共北满临时省委青年部长。抗战胜利后任齐齐哈尔市市长。建国后,任旅大市副市长、黑龙江省文史馆副馆长。2003年逝世。

公开欢迎赵同志(按,指赵尚志)担任领导,你们还是经你们手去提拔反动匪徒担任,你们自己站在隔群众很远的地方,去向群众关门,去维护自己的敌人,这是第四期的错误。

到铁道南之后,你们还不觉悟,匪徒对于你们的忠实,正因为你们无下层活动的原因,你们幻想组织宣传部,匪徒看见反日会的力量,连夜跑出一百里,避开革命力量,这样事实来教训你们,可是你们还不觉悟,还想维持孙朝阳命运,利用孙朝阳做你们的架子,实际上你们老早就作了匪徒的俘虏,一直到孙朝阳二次回去想毙你们,同志们还不能抓紧素日影响的群众之公开宣传孙朝阳罪恶,利用自己得力的同志来首先枪毙匪头,还安然无事的睡觉,若不是有一个很积极的新同志(按,指王德全)领你们逃出来,都会是匪徒枪下的牺牲品,特别是赵同志和李同志是老的布尔什维克,周身革命创痕,能这样庸俗,不但是离开广大群众,是群众对于革命者失望,做群众尾巴都够不上,是在群众救复之下的弱者,根本不了解中央新路线。①

对于李兆麟和县委帮助赵尚志和李启东总结在朝阳队工作五个时期所犯错误的这些教训和批评,应该说是详尽的、客观的,尽管言辞尖锐,有的提法过高,但赵尚志和李启东他们都表示接受,痛快地承认自己在各时期所犯的错误,并表示在今后的工作中汲取教训。他们也提出对于这些工作上的错误,请组织不要给予处分,其理由是:县委派到朝阳队工作的李启东等同志都是朝鲜族同志,对于义勇军工作的路线还不了解,而赵尚志是刚与组织接上关系的同志。这一请求得到县委和省委巡视员李兆麟的同意。

在李兆麟到珠河之时,县委对成立游击队的问题已经有了一个布置,不过中心问题未能抓住,比较空泛一些。李兆麟来后,除了检查过去的错误之外,做了一次清楚的新路线的传达。他详细地向赵尚志和李启东等同志传达、讲述了中央《一·二六指示信》和满洲省委指示精神,组织同志们进行详细讨论,并广泛征求意见,使大家了解到新路线的基本内容和精神实质,对成立游击队充满信心。李兆麟感觉到虽然队员干部数量很少,但与地方干部相比较,还是健全得多,同志们的情绪是非常好的,只要省委、县委加紧对他们实行正确的领导,大批发动工农群众去参加游击队,前途是很有希望的。

李兆麟以中央《一·二六指示信》和满洲省委指示精神为指导,经过县委,最后对当前的紧迫工作进行了布置,形成以下十项工作布置决议:

"(1)队伍的名义:珠河东北反日游击队。

(2)队内组织问题:暂时五日内要完成二十人队员(马上十三人队员),半月内要完成四十人的工农候补队,配合原始武装,队长赵同志(按,赵尚志)担任,队员选举的,团在半月内成立少先队一小队。

(3)队内政治教育工作:暂时成立党支部,书记老赵(按,指赵尚志。当时赵尚志未恢复党籍。队内党支部书记为李福林),组织部李××(按,李启东),宣传部小朱(按,朱新阳),青年团成立小组,组长小李同志(按,李根植),队伍扩大时,可以成立政治部。

(4)游击区的规定:暂时以石头河子、板子房、黑龙宫,在其扩大时,当以方、延、五、宾、

---

① 《中共满洲省委老张关于珠河游击队的检查和布置的报告》(1933年10月9日),载中央档案馆等编《东北地区革命历史文件汇集》甲15,第377~379页。

苇、珠(按,方正、延寿、五常、宾县、苇河、珠河)这样地域作中心去游击。

(5)队伍经常斗争目标:可以执行磐石人民革命军的斗争纲领,以这纲领推动群众斗争和一切行动中去执行[短期、用密(信)写给珠河邮去]。

(6)队伍与地方党部和省的关系:为要保持党对于游击队领导的密切,建立经常接头关系(规定很详细),省为加强队伍的领导,要经常巡视和指示。

(7)反日统一战线的问题:起码向朝阳本队通信,和其他铁路北的反日军通信,广泛解释出卖士兵反动领袖的罪恶和过冬的办法。在我们的三个条件之下,愿与任何反日军订立作战协定。

(8)在行动中扩大与巩固的问题:这问题比较复杂,内中包括怎样行动和县之关系建立的问题,怎样推动与领导工农斗争的问题(组织农民委员会、自卫队,配合秋收斗争等)进行广泛征收工作(游击队和地方互负责任),怎样进行政治教育工作,改善队员日常生活的问题,经济分配原则,怎样征收红枪会和大排来参加游击队,怎样使日满匪军哗变的问题,怎样过冬的问题,怎样解决地主反动武装(卖国贼永驻地方的武装),怎样解决外来的武装。在这问题中间,经过长期讨论研究,各队员都有意见参加,是很详细的。

(9)宣传工作(分口头宣传和文字宣传二种):口头宣传规定宣传纲领,反对战争时互相叫骂。文字宣传对象是满洲士兵、反日军、农民、工人,经常发表宣言、告群众书等,游击队要经常出小报、画报、标语,同时广泛宣传朝阳和反动领袖国民党的罪恶为原则。

(10)游击队的两条战线斗争,是详细的各队员的意见,都采取好的,做两条战线斗争的实际材料,不是空洞的两条战线斗争。"①

很显然,李兆麟协助县委帮助赵尚志和李启东总结在朝阳队工作的教训和批评以及上述对工作的十项布置,有他对中央《一·二六指示信》的深刻理解,也有游击队初建的具体情况,更有他组织反日武装的体会,其中八、九两项应该就是他在家乡辽阳组织义勇军第二十四路的经验。特别应该指出的是这十项布置中明确强调要"执行磐石人民革命军的斗争纲领""以这纲领推动群众斗争",可见李兆麟把杨靖宇领导创建的东北人民革命军第一军独立师,作为中国共产党领导的东北抗日武装的榜样和示范。

李兆麟在以中央《一·二六指示信》和满洲省委指示精神为指导,对组建游击队工作进行布置的同时,也根据新组建的游击队的实际需要,为游击队向省委提出几项要求:

(1)马上派一个医生到队,和政治水平高一点的人员。

(2)要文件,人民革命军斗争纲领,游击队小册子,游击队战略,防飞机、毒瓦斯的小册子,满洲士兵运动决议,其他应用的文件,马上想办法送去。

(3)打听望远镜和指南针的价钱,省暂时代买,日后他们负责还,县委誊写版坏了,请省暂时代买。

(4)县委要求每月一封指示,两月一次巡视,派人到珠河去训练干部。

---

① 《中共满洲省委老张关于珠河游击队的检查和布置的报告》(1933年10月9日),载中央档案馆等编《东北地区革命历史文件汇集》甲15,第380~382页。

在组建游击队各项筹备工作完成之后,1933年10月10日,中共珠河中心县委在铁道南三股流(按,今三阳乡)举行大会,正式成立珠河东北反日游击队。李兆麟参加了游击队成立大会。出席会议的有珠河中心县委领导同志,农民自卫队的代表及哈尔滨反日总会的代表。会上,赵尚志率全队13名队员鸣枪宣誓,誓为驱逐日本侵略者,为中华民族的独立解放奋斗到底。同时,发表了珠河东北反日游击队成立宣言和斗争纲领。珠河反日游击队成立之时,共有长短枪13支,轻机枪1挺。赵尚志任队长,李福林任政治指导员,李启东任经济部长。

珠河反日游击队成立之后,李兆麟回到哈尔滨,向省委汇报了在珠河传达贯彻《一·二六指示信》和满洲省委指示精神及珠河反日游击队成立的情况。

对于珠河反日游击队的建立,中共满洲省委十分重视。11月28日,省委根据珠河中心县委先后寄来的报告和巡视员李兆麟的报告,写出给珠河中心县委和游击队同志的指示信。信中提出:"珠河党的迫切任务,是最大限度地扩大反日统一战线,并在这统一战线中,建立起无产阶级领导权。""十百倍的扩大在党领导之下的现有游击队,成为珠河一带许多义勇军中左右一切的赤色游击队。""现有游击队应当:(甲)采取游击战术,执行进攻的策略,不攻坚,不硬打。(乙)坚决没收日本帝国主义和一切卖国贼的财产和武装,充作战费,分配给劳苦农工和武装工农。(丙)是群众斗争的积极发动者和领导者。"①

11月末,李兆麟携带省委于11月28日给珠河中心县委和游击队的指示信再次来到珠河。这次来珠河,他在这里工作一段时间,详细调查了解珠河社会情况、党组织工作情况及游击队活动情况。

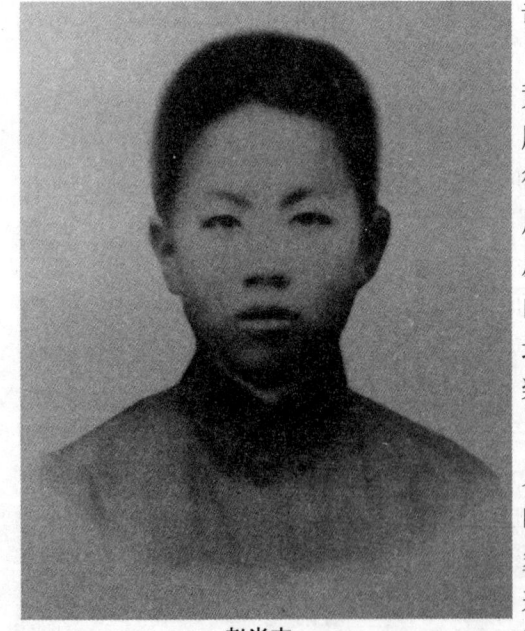

赵尚志

珠河反日游击队自成立之后,首先在珠河大荒顶子将汉奸王福山逮捕并执行枪决;接着在三股流附近缴获了西五甲伪警察所及汉奸恶霸袁德胜的大排队;随即,又收缴了二道河子、板子房、东五甲、张家湾、苇塘沟等地伪警察局(所)和反动地主大排队的武装。在一个多月内,游击队由十三支枪发展到四十多支枪,队员数量增加,地方工作相当的扩大与深入,没收了很多反动武装和财产,分给灾民难民,处决了一些汉奸走狗。

珠河反日游击队成立伊始就表现出与其他义勇军、山林队的不同特点。当时,义勇军部队有的人说,赵尚志的队伍名誉好,也敢干,可能绑许多值钱的票。所以有的一心要来参加游击队,但来到这支部队以后,才知道这支部队并不像胡子队那样绑票,也不像胡子队那样实行"挑片子"

---

① 《中共满洲省委给珠河县委及游击队的信》(1933年11月28日),载中央档案馆等编《东北地区革命历史文件汇集》甲16,第96、98、99页。

（按，指按所带枪、马入股分钱），队伍纪律严格，事事都有定规，有事还要开全体队员会议决定，甚至于吃饭都要限制十五分钟内吃完，他们一看之后，当天就走了两个。很显然，这表明珠河反日游击队是一支与一般义勇军、山林队不同的队伍。珠河反日游击队诞生后所呈现的新面貌，所取得的战斗的胜利，所开辟以三股流为中心的反日游击区，为以后反日游击队的发展、壮大和建立游击根据地奠定了基础。

根据《一·二六指示信》和省委指示精神，珠河中心县委认真执行反日统一战线政策，积极发展在党领导之下的现有游击队。珠河反日游击队初建不久，还比较弱小，但能勇敢地采取游击战术，执行进攻策略，不断主动出击，打击敌人，取得了令人瞩目的成绩。对于游击队发展状况，李兆麟在写给省委的一份报告中说道："在珠河，游击队的政治影响是大大提高了，可以说游击队在数量惊人狭小（十余人）之下，完全未表现右倾机会主义的倾向，在彻底执行斗争纲领和真正劳苦群众打成一片的英勇的战斗之下，在二道河子、东西五甲、三界河、板子房、三股流、苇塘沟解决多数卖国贼和没收了卖国贼的财产农具，分给灾民难民，开了数十次的群众大会，焚烧了各处'满洲国'的走狗的武装驻所。在百里周围完全扫房了日本强盗和傀儡政府的统治。"①

珠河反日游击队的发展壮大，使敌人十分震惊。自1933年12月初开始，日伪军几次来珠河"讨伐"，都遭到了游击队的回击。在火烧沟战斗中，日伪军100余人来袭，经5小时激战，击毙敌大队长等20余人。游击队2名战士受伤。这次战斗，使游击队在中东铁路滨绥线一带声名远播。时届隆冬，为解决反日游击队越冬物资不足、枪支弹药缺乏的困难，赵尚志于1933年12月底率部直插宾县七区，在中共地下组织的帮助下，缴了大地主甲长兼保卫团长刘林祥的武装，并要求其按数缴纳反日特捐，送枪支、子弹等物资，解决了部队军需，使部队给养得到补充。

珠河反日游击队接连不断取得斗争的胜利，加之部队纪律严明，受到广大人民群众支持和拥护。游击队得到不断发展。在游击队胜利活动的鼓舞和游击队的大力支持下，三股流周围村屯的反日会员成立了一支由七八十人组成的农民自卫队。游击队建立了以三股流为中心，方圆几十里的抗日游击区和游击根据地。

李兆麟在珠河开展调查研究工作、与游击队一起活动期间，特别注意贯彻《一·二六指示信》和满洲省委指示精神，对游击队的活动及队伍发展等情况更是分外关心。

珠河反日游击队在县委直接领导下获得迅速发展的同时，也出现了一些妨害统一战线贯彻，不利于团结抗日的苗头。其间，李兆麟也参与处理一些实际问题。如在怎样对待朝阳队的"容易""宝胜"问题上，因赵尚志在朝阳队时，"容易""宝胜"曾鼓动孙朝阳杀害他和李启东等，与其有不共戴天之仇。当"容易""宝胜"给赵尚志来信，要与游击队"合绺子"（按，意为合并）时，赵尚志对其是否真心实意有怀疑，写信骂了他们。当"容易""宝胜"来六道河子向地方收捐时，赵尚志要缴他们的枪械。结果，在一些义勇军中造成一定不良影响，使他们不敢接近

---

① 《满洲老张对于珠河游击队报告的补充》（1933年12月27日），载中央档案馆等编《东北地区革命历史文件汇集》甲17，第299、302页。

珠河反日游击队。

对此，李兆麟不同意缴"容易""宝胜"的枪械，认为这样做对扩大反日统一战线不利。再如，游击队解除张家湾大排后，游击队决定驱逐丁保董出境，离开张家湾。李兆麟感到这样做不妥。于是他与丁保董谈话，决定：(1)由丁保董组织自卫队，由反日会监视；(2)令丁保董到五常一带联络大排，如我队过去时，若大排攻打我们，即枪毙他；(3)不准随意收捐。在12月间，游击队将宾县七区保董刘林祥缴械，向其索要反日特捐(先要1700元，又要500元)，"老张主张把他放了，他一定可以送钱来"。①"老张"即张寿篯(李兆麟)，在其主张下，刘保董做出保证，并表示决不当汉奸之后，将其释放。

1933年12月27日，李兆麟为了使省委能够更多了解珠河工作情形特别是工作中的缺点，更具体地给他们以指示，在某同志写给省委报告之后，他又向省委写出一份补充报告，集中反映了游击队成立两个多月来开展活动的情况及存在的问题，向省委提出加强对部队领导的建议。他在补充报告中充分肯定了游击队成立以来取得的成绩，满腔热忱地赞颂游击队取得的胜利和造成的政治影响："总的说来，游击队的政治影响，于我们工作是十分有利的。"补充报告中也详细列出了他在游击队发现的有待解决和改正的问题，这些问题表现在政治工作、贯彻统一战线政策、游击战等方面，具体是：

"(1)在行动中完全放弃了教育工作，对于队员的政治上教育训练未能进行，因之，在队内表现了队员自己冲突，在战斗中不够热烈的互相帮助，表现了很坏的现象产生。

(2)在队内表现了枪多人少的现象，充分地流露出对于征收队员的怠工，在已有的队员中，有许多好的群众，不能尽可能的吸收到党团里面来，最危险的是少年队与成年队员表现隔离。

(3)反日统一战线，根本未能进行，在许多时期表现破坏统一战线的倾向，有的时期公开向反日军挑战(用信挑战)。这样错误在游击队新的生长之中，是最危险而最有害的。

(4)在战术上完全脱离了游击战术的基本原则，硬打敌人，结果在游击队尚未健全的时期，受了部分打击，牺牲了好的干部。

(5)完全表现了个人信仰和个人领导，使大队长的个人命令，成了队员绝对服从，完全失掉了民主集中制，个人的英雄信仰，配合了'左'的精神，最是目前最危险的一环，有影响游击队垮台的可能。

(6)全体队员未能热烈讨论省委的指示，这一指示怎样执行，怎样运用，在巩固队伍，完全未得着队员的反映，实际上是脱离了省委和县委的领导。"②

李兆麟在所做补充报告中提出的这些问题，对于刚诞生不久的珠河反日游击队日后能否健全发展、怎样发展是至关重要的。这些问题抓住了新生游击队在发展过程中存在问题的要

---

① 《中共满洲省委巡视员××巡视珠河报告之二》(1934年3月9日)，载中央档案馆等编《东北地区革命历史文件汇集》甲18，第301、302页。

② 《满洲老张对于珠河游击队报告的补充》(1933年12月27日)，载中央档案馆等编《东北地区革命历史文件汇集》甲17，第303页。

害。其中第五条,对游击队大队长赵尚志表现出的缺点可谓一针见血,指出了问题的严重性。

提出问题、指出游击队及领导人的错误缺点,目的在于改进工作,使游击队能够顺利发展。李兆麟在所做补充报告结尾处说:"这是我补充××同志的报告,我另外意见是希望省委马上讨论和研究珠河工作,在这个时间,是非常重要时期,要省委马上派巡视员到珠河去,纠正一切错误,转变一切缺点,是非常必要的。"①他再三强调省委派巡视员来检查指导工作、纠正错误的必要性。

省委接到李兆麟所做补充报告以及县委给省委的报告后,于1934年2月15日给珠河中心县委和游击队队内支部及赵尚志发出指示信,指出:"巡视员主张不能缴'容易''宝胜'的枪械,这是执行省委的决定,是执行中央和省委新路线的初步,而小赵(按,赵尚志)同志则曰右倾曰投降,如果缴'容易''宝胜'的枪械,必然地造成同巴彦时一样,四面是敌人,非完全失败不可。"②省委要求县委接到省委来信后,"好好与小赵同志讨论,更希望小赵同志了解自己错误的实质,真正做到申明书中自己写的(按,指巴彦游击队失败后,赵尚志给省委写的申明书中,'对于布尔什维克的政党,只有无条件的接受领导,无条件的承认错误')完全同意和执行中央和省委新路线。"③

李兆麟这期间工作是繁忙的,他两次去珠河巡视指导工作。他在以后所写履历自传中说:"(1933年)九月省委决定我担负省委军委负责,十月省委派我巡视珠河县委,在省委指导下帮助珠河县委,布置了地方群众运动和游击队的工作,本年十一月第二次以省委的意见巡视珠河县委和游击队。"④在省委和珠河中心县委领导下,珠河反日游击队和赵尚志认真检查了自己的错误,注意克服自身存在的缺点,坚决贯彻党的路线、方针、政策,按照省委、县委的指示,展开了更加积极有效的游击活动。

1934年1月,赵尚志率领30余名少年队战士在中东路铁道北地区活动,缴了几个伪警察局所的武装,部队得到进一步发展。至1月末,珠河反日游击队已由最初的13人扩大到70余人,共编成5个中队(亦称分队),还有骑兵队、机枪队和少年队。第一中队长孟广善,第二中队长吕虎章,第三中队长张连科,第四中队长程××,第五中队长姜德山。部队枪支齐全,有3挺机枪,还有8支匣枪。

1934年2月25日,珠河中心县委召开扩大会议,检查贯彻中央《一·二六指示信》情况,总结执行党的反日统一战线方针政策的经验教训。会议做出决议:游击队继续积极开展游击战争,

---

① 《满洲老张对于珠河游击队报告的补充》(1933年12月27日),载中央档案馆等编《东北地区革命历史文件汇集》甲17,第303页。

② 《中共满洲省委关于争论问题给珠河县委、队内支部及赵尚志同志的信》(1934年2月15日),载中央档案馆等编《东北地区革命历史文件汇集》甲17,第109页。

③ 《中共满洲省委关于争论问题给珠河县委、队内支部及赵尚志同志的信》(1934年2月15日),载中央档案馆等编《东北地区革命历史文件汇集》甲17,第111页。

④ 《张寿篯独立活动经过(履历自传)》(1942年9月10日),载中央档案馆等编《东北地区革命历史文件汇集》甲64,第304页。

开辟附近新游击区;坚决纠正反日统一战线工作中的关门主义倾向,召开义勇军代表会议建立联合指挥部;开展瓦解大排队工作等。根据珠河中心县委扩大会议决议精神,珠河反日游击队积极开展游击战争打击敌人,在斗争中不断发展壮大,并开辟扩大新游击区,取得可喜成绩。

应该说,珠河反日游击队的建立与开始时取得的成绩,是与李兆麟来珠河传达贯彻《一·二六指示信》精神,帮助赵尚志等总结在朝阳队工作经验教训分不开的。

珠河反日游击队的诞生,标志着哈东乃至整个北满地区抗日游击战争有了一个新变化、新发展。从此,在中国共产党领导下,珠河反日游击队认真贯彻执行反日民族统一战线政策,广泛团结各种抗日队伍共同进行抗日武装斗争并在对敌斗争中不断发展、壮大。珠河反日游击队以后逐步发展成为东北抗日游击战争中的一支劲旅。

四、负责搞干训

1933年秋,李兆麟结束在珠河巡视工作后,回到哈尔滨。根据省委指示,他负责省委干部训练班工作。当时,党的干部较少,难以适应领导各地反日斗争的需要,省委很重视对干部的培养训练工作。省委在七、八、九三个月组织工作计划中有"与宣传部共同开办二十人的干部训练班(经常计划与宣传部另定)帮助哈尔滨区委办两期至四期流动训练班。"[1]因李兆麟有实际工作经验,常到各地巡视,了解各地反日斗争开展情况,又有一定理论水平,省委便让他任省委干训班负责人。

当时干训班实际就李兆麟一个人在主持,他既是负责人,又是教员。为适应秘密工作的需要,训练班地点不固定,有时在同志家里,有时在公园里,有时在街道上。训练班讲述的内容主要是,抗日斗争形势、任务,党的反日民族统一战线方针政策及秘密工作方法等。

关于李兆麟在干训班的工作情况,可以从张瑞麟[2](张秉文)同志的回忆中,略见一斑。

来自南满抗日游击总队的张瑞麟同志由于在一次战斗中受伤,不能继续在部队工作,南满抗日游击总队政委杨靖宇决定他到省委,由省委另行分配工作。这期间,省委决定让他先到干训班学习,然后再分配工作。对此,张瑞麟回忆,1933年8月的一天,南满抗日游击总队命令第一大队在哑巴梁子山伏击日寇的辎重运输队。在这次战斗中他身负重伤,右下颌骨被子弹打碎。后经军医徐哲(按,朝鲜人,抗战胜利后任朝鲜劳动党中央政治局委员)同志一段时间治疗,伤口虽然愈合了,但牙齿完全脱落,吃饭成了难题。在那艰苦的抗日游击战争环境里,部队只能吃一些粗粮或野菜、野果等。党组织考虑他的实际情况,已经不适合跟随大部队打游击,决定把他介绍给中共满洲省委,让省委另行给他安排工作。

---

[1] 《中共满洲省委七、八、九三个月组织工作计划》(1933年6月30日),载中央档案馆等编《东北地区革命历史文件汇集》甲14,第1页。

[2] 张瑞麟(1911—1999),辽宁锦州人,中共党员。曾任南满抗日游击总队迫击炮大队分队长、中共哈尔滨市市委书记、抗联第三路军第十二支队政治部副主任。抗战胜利后,任中共齐齐哈尔市委秘书长。建国后任中共黑龙江省委统战部副部长、部长,政协黑龙江省委员会副主席、省人大副主任。1999年逝世。

张瑞麟服从组织的决定，于10月底来到了满洲省委所在地哈尔滨。几天以后，中共满洲省委秘书长冯仲云同志与其秘密见面。冯仲云同志对他说："省委决定你先接受短期的马列主义学习和训练，然后根据情况再分配工作。"一周后，冯仲云同志把张瑞麟领到马家沟铁路公园（按，今哈尔滨市儿童公园）正门北侧的一个楼院，来到一个阴暗的地下室内。这里是省委的国际交通员张忠伟的家，张的夫人是苏联侨民，便于掩护开展工作。在这里，冯仲云介绍他第一次见到了李兆麟同志。

　　张瑞麟回忆说："一见面，李兆麟就给我留下很深的印象。他身材高大魁梧，四方脸盘，一副浓眉大眼，面带笑容，一看就使人感到和蔼可亲。见面握手后，他就先问我：'是从南满游击队来的吗？'我回答后，他又详细问我战斗负伤的情况：'老张（当时我才22岁，听到称呼我老张，还有点不好意思），你是在什么地方战斗负伤的？'我把战斗情况简单地叙说一遍。他带着肯定的语气说：'这次战斗取得了很大胜利！'我说：'取得了一些胜利，缴获了一些军需物资、武器弹药等战利品。'他接着说：'这个胜利的取得，你的成绩可不小哇！'我想，成绩是大家取得的，我不过是尽了一个战士的责任。他大概看出了我的心思，指着我右边脸上的伤疤，风趣地说：'你看，这不是把勋章都给你挂在脸上了嘛！'听了他的话，屋里的人都不约而同地笑了起来。冯仲云同志告诉我，以后就到这里来学习。"①

　　张瑞麟同志在李兆麟那里接受面授学习，一共听他讲授十多次课，李兆麟讲的内容非常广泛、全面，从国内到国际，从理论到实践。如俄国十月社会主义革命的胜利及其伟大意义，苏联社会主义建设的成就和苏联人民生活的情况，并且通俗浅显地讲了马克思列宁主义的理论常识，结合抗日斗争的实际，一边讲还一边打着比方，也讲了一些国际共产主义运动的简要历史。他从李兆麟那里第一次听到马克思、恩格斯、列宁、斯大林的名字和他们的革命理论，感到新鲜好奇。李兆麟还向他讲了中国共产党诞生的时间、历史以及党领导的工农红军在中央苏区斗争情况，中华苏维埃政府领导下的劳苦大众的生活和打土豪分田地的情况，更多的是东北抗日斗争的形势、任务、前途等。

　　张瑞麟从李兆麟那里听到闻所未闻的理论和教育，深有感慨地说："我们虽然只有一岁之差，他却像比我年长十多岁的见多识广的教师。我感到共产党真了不起，跟着共产党干，一定能把小鬼子赶出东北三省。兆麟同志还讲了党章、党的基本理论知识。我入党近两年，但还是第一次这么系统、完整地听党课。他还向我讲了做地下工作的方法和与敌特斗争的经验。训练我密写的方法，秘密联络手段，保密纪律等。他讲的是那样通俗有趣，浅显明白好懂。我这个贫苦人家出身的普通游击队战士，突然接触这么多新鲜事物，就像掉进了知识的汪洋大海。通过听课和训练，我深感只有在共产党的队伍里，才能解放中华民族、解放全人类。"

　　经过一段时间的学习、训练，训练班即将结业。临结业前李兆麟与张瑞麟谈了话。暂短的学习训练生活，李兆麟讲述的深刻道理，任何时候都要意志坚定、要勤奋、要坚强，不向困难低头，永不屈服的谆谆教诲，他渊博的知识、丰富的党的地下斗争经验，给张瑞麟留下了深刻印象，令其难忘，受用终身。他深情地回忆道："一天，李兆麟同志对我说：'张秉文（我当时的

———————
①　张瑞麟：《李兆麟将军二三事》，载《李兆麟将军史料专辑》（灯塔县文史资料第二集），第67页。

名字)同志,你现在可以毕业了。对你的工作安排问题,省委已经研究过了,由冯仲云同志和你具体谈。'这段学习虽然时间短暂,却令我终生难以忘怀。李兆麟同志启迪了我对中国共产党及其领导的革命事业的认识,坚定了我对中华民族解放事业必胜的信念,对我从事职业革命活动和抗日武装斗争产生了巨大的影响,使我在漫长的革命斗争中始终能坚持革命立场,克服千难万险,经受住了各种意想不到的考验,始终保持对党和革命事业的忠诚不渝。可以说是李兆麟将军指引我走上了革命道路。"①

季铁中②同志当年也曾在省委干训班受训过。他回忆说,他入党一周后,宾县党组织通知他去哈尔滨找省委接受培训。一天他在客栈里等候接头。这时来了两个人,一个是省委的冯仲云,一个是王先生(李兆麟)。接头后,冯走开望风,李兆麟与季同志装散步边走边谈。他详细地了解了宾县的情况、学生情况、教员情况……最后,他还给季铁中二元钱、一条长内裤。季铁中搬到偏脸子三道街和工人住在一起之后,又有孙宝忠同志给他送来文件材料与他谈话。他利用工人上班时间学习文件、材料,和工人接触,了解社会,启发其觉悟。培训结束后,季铁中回到宾县担负起建立团特支、发展党员的任务。他说这次培训是他全面接受马列主义的开始,为正式走上革命道路指明了方向。李兆麟也给他留下了深刻印象:他话语不多,和气热情。③

从张瑞麟和季铁中同志的回忆中,可以清楚地看到李兆麟平易近人、和蔼可亲的风范以及工作认真负责,对党的事业忠心耿耿的革命精神。当年,省委干训班是在秘密斗争状态下举办的。办班授课地点不固定,授课内容不固定,授课时间不固定、受训人员不固定,训练方式时而集中,时而分散。受训者有时听讲课,有时结合工作实际进行讨论。李兆麟给同志们讲课,总是能够根据学员的工作实际情况和文化水平,讲得深入浅出,他循循善诱,不厌其烦,使学员感受到革命队伍中的温暖,学到、领略了从事革命斗争所必须掌握的知识和经验,提高了思想觉悟、理论水平。当时,在白色恐怖笼罩的险境里,工作条件极端艰难,李兆麟一方面要亲自授课,完成组织训练干部的任务;一方面高度警惕,随时都要注意躲避敌人的侦察、搜捕,以保证干训班的安全。李兆麟在省委干训班为培养革命干部费尽了心血。

五、巡视呼海路

1934年1月,正是寒冬季节,中共满洲省委派李兆麟到呼海路沿线,即呼兰至海伦铁路沿线各地巡视,检查指导工作。这是继省委派巡视员张有才(张适)于1933年4月巡视呼海

---

① 张瑞麟:《李兆麟将军二三事》,载《李兆麟将军史料专辑》(灯塔县文史资料第二集),第67、68、69页。

② 季铁中(1916—1985),黑龙江宾县人,中共党员。曾任哈东支队政治部青年委员、第五大队指导员、少年队指导员、共青团宾县特支书记、八路军129师19团政治处主任、延安中共党校二队学员。抗战胜利后,任松江军区第一军分区政治部主任。建国后,任志愿军124师政委、沈阳军区工程兵政委、大庆油田工委副书记、中国石油工业部副部长。1985年逝世。

③ 《风雨足音》(季铁中回忆录),孙占山整理,第20页。

路之后的第二次派巡视员巡视呼海路。将仅一年多时间接连派员巡视呼海路联系起来看,可见省委对呼海路工作之重视。呼海路沿线,属北满腹地。沿线有呼兰、绥化、海伦等重要站点,这些站点有的建有党的组织,有的有党员活动,是党组织领导群众斗争的重要地方;同时,这些站点又是日伪统治的据点,驻有日军守备队。

呼海路沿线斗争形势复杂,李兆麟在巡视中,仔细观察、深入了解,掌握不少日伪统治下社会各个方面的状况。

他通过调查,看到了在日本侵略者的统治下,北满地区广大人民群众生命财产没有保障,人们在国破家亡的苦难中拼命挣扎,流离失所,难寻出路,到处都是极其悲惨的景象。他了解到呼海路(呼兰到海伦)以及修筑中的海克路(海伦至克山)、北黑路(北安至黑河)等铁路线,是日本帝国主义镇压沿线反日运动的军事命脉。呼兰、绥化、海伦、北安等重要车站的站长已换为日本人,并增加日本职员,凡属机要部门都归日本人掌握。海伦以北大小车站都筑有炮台,以南各站,也都有土袋炮垒。凡桥梁险要处,都建有炮楼营房,派兵看守,各重要站点且有日本守备队监视。日本军队在北安筑有很大兵营,共有93间,皆用坚固材料建筑。有好多坦克车、高射炮、防弹钢丝网。在通北,时常看见几十辆汽车满载军用品向北运送。在铁路沿线农村,强迫民众组织成立铁道爱护村,以维护铁路安全。日寇不断收买豪绅地主做汉奸,用十家连坐法打压群众反抗。这表明日本侵略者用种种方法巩固这条重要线路沿线地带的统治。①

呼海路沿线的广大农民,深受日本帝国主义的盘剥压榨,由于禁止粮食出口买卖,粮价惨跌。大豆每石由过去的一万七千吊跌到当年的五千吊。日本侵略者就此收买全北满地区的大豆。1934年1月15日,日本参事官召集各乡长会议,令农民用大豆缴还春耕贷款,限旧历年内缴齐。日本侵略者如此疯狂垄断、控制大豆等粮食交易,集中囤积粮食,其目的就是为适应其进行残酷统治和扩大侵略战争的军事需要。日本侵略者除在粮食上榨取农民外,还以车牌捐、骡马捐、粮捐、斗捐、大烟捐等奇捐重税剥削农民。农民受不了高额捐税和高利贷剥削,发生粮食恐慌,无法度过年关,背井离乡者有之,全家服毒自杀者有之。农村中悲惨景象,迭出不穷。这使李兆麟深有感触,他在给省委写出的巡视报告中详细地讲述了这些情况。

巡视中,他发现呼海路各站的广大职工亦是苦不堪言,其处境并不比农民好。他们所得微少工薪难以支付房租、烧煤等费用,生活十分艰难。各站人力减少,繁重工作量却如常,扳道夫变为站夫,弄得工人日夜奔忙,歇班休息时间也没有。日本监工异常蛮横,工人出外大小便稍久,便遭质问:"你干什么去了?"日本人有大小事,都支使中国人去干。干不好,就遭打骂。也有些日本人表面装得很客气,施以小恩小惠,给人以好感,收买人心。松浦大厂主任、领班(监工)、工头、核查都由日本人担当。厂内中国工人350名,月支1.2万元,人均34.3元;日本人40名,则月支8千元,人均200元,相差悬殊。日本侵略者为在东北搞军事设施建设,用二块钱一天的欺骗口号,到关内招募大批破产失业民众,前来修筑海克路、北黑路。苦力的工钱被土木公司的日本大柜用种种高抬物价的毒辣办法剥夺净尽。许多苦力无衣无食,欲留难

---

① 《关于呼海路各地政治经济状况和党的工作情况的报告》(1934年2月2日),载中央档案馆等编《东北地区革命历史文件汇集》甲17,第354页。

挨、欲归不得,冻毙饿死者不计其数。

呼海路沿线各城镇的商业,因受工农业破产失业的影响,非常萧条,商店饭馆惨淡经营,以致相继赔本倒闭。城镇破产失业的民众因生活困难而出卖妻女。各地烟馆林立,女招待与鸦片成为日本帝国主义毒害殖民地民众的毒药。

日本侵略者为镇压民众反抗,骗缴民枪,甚至连鸟枪也被收缴,一些义勇军在日伪军的围剿下投降。有的义勇军首领因许多实际困难不能解决,受不了艰苦,走上妥协动摇道路,有的尚存待机行动的希望,而摇摆不定。许多下层群众希望有具体办法,解决他们要求抗日的问题。

通过在呼海路沿线巡视,李兆麟看到日本侵略者在北满的统治与在南满的统治一样严厉、残酷,甚至有过之无不及。日本侵略者的残酷统治压服不了人民的反抗,他看到人民群众迫切要求能有具体办法,解决他们开展抗日斗争的问题。这是北满地区能够不断燃起抗日烽火的先决条件。他看到了党领导的抗日斗争一定能够形成燎原之势的希望。

李兆麟在巡视呼海路期间检查指导了海伦党支部的工作。早在1932年10月,中共北满特委派共产党员雷炎①到家乡海伦开展工作。11月,雷炎联络了海伦县西南乡及拜泉三道镇的红枪会、黄枪会会员300多人,夜袭海伦城北伪警察分驻所,捣毁日军在广信当的驻地,毙伤日军20多人。1933年4月1日,中共海伦支部成立,雷炎任书记。1934年初,赵一曼②来海伦巡视。她与中共海伦支部共同研究,决定派共产党员孙余久到义勇军"全友"队进行工作,争取该部抗日。孙余久在该队进行共同抗日宣传,取得"全友"队首领徐海及队员们的"相当信仰"。以后在此基础上成立了海伦反日游击队。

李兆麟此次在海伦巡视,重点检查了海伦党支部及游击队的工作,使他知道海伦党支部、游击队在这时期的工作、活动状况:

游击队工作取得相当大的成绩,在二百多武装队员中,第一大队里有一名党员(派去的),很受大家的敬仰。在第一大队中集中抓住一小队进行工作,已有二十个队员加入反日会。第二大队中有两名党员(一个是派去的工人,另一个在里面发展的),在这两名党员同志的领导下,也有二十多个士兵加入反日会。在第二大队中,特支派去负主要领导责任的同志,在队里做了一个时期的工作,建立了山里的根据地,同时在山外还开辟了二十多个屯的游击区域。群众与游击队的关系都很好。

反日会工作得到开展。反日会由一新入党不久的学生同志领导。会员群众中有一个是红枪会的领袖,二十二三岁,他部下的群众分布在海伦、通北、克山一带,计有一千人左右,以农村为最多,一旦动作,可以召集。所有大批武器,埋在地下。还有一个会员,系学生出身,有政治头脑,忠实温和,接受党的反日纲领,他有百多名的武装队伍,苦战了两年,在民众中,很有

---

① 雷炎(1911—1939)黑龙江海伦人,中共党员。曾任中共海伦特支书记,抗联第三军九师政治部主任、北满抗联西北远征第四支队队长,1939年牺牲。

② 赵一曼(1905—1936)四川宜宾人,中共党员。曾在莫斯科东方大学学习,回国后在武汉、上海等地工作。任满洲总工会组织部长,中共珠河道北区委书记、东北人民革命军第三军第二团政治部主任。1935年冬与敌作战负伤被俘,1936年牺牲。

声誉。但因领导者受不起艰苦而投降,改为伪警察队。而一般队员群众,仍热烈地希望有办法再起来抗日。他的这部分队伍,愿受反日会领导,如有切实计划,很可能叛出来。另一个反日会员,现任伪警察中队长,其余为职员学生。①

通过这次巡视,李兆麟了解到,海伦同志虽然做了些工作,取得一些成绩,但对于前次巡视员(按,指赵一曼)所规定的任务,还没有完全执行。整个工作基础仍是非常薄弱,落在群众后面。具体是,发展赤色工会的工作等于零,负责工会工作的同志受到白色恐怖打击,走到消极赌博堕落方面去了,他面前有很多工作对象,但未积极地想办法去做工作。农民工作与发展党员的工作,没有取得成绩,关于反对缴械的任务,也仅是几个韩国干部同志口头谈谈而已。

海伦工作欠缺,主要原因是什么?根据李兆麟的分析,主要原因是,同志们非常幼稚,政治性不坚定,畏惧白色恐怖,未把工作当为自己的主要生活,浪漫的个人主义的色彩非常浓厚,不经常开会,不能尽力地去执行党的决议。对此李兆麟给予批评,并与之共同研究了纠正的办法。这次巡视,李兆麟用反日会名义,发了两种传单,计600份,印了42本募捐册子,并根据海伦工作情况规定、布置了海伦党组织以下工作任务:

1.抓紧增加工资、要官房、要房贴、要花红等斗争,在车站铁路工人、电灯厂、脚行、火磨工人中各建立起赤色工会小组,去发动领导工人的年关斗争。

2.在游击队中,扩大反日会的组织,建立反日会的经常生活,将士兵中的积极分子,吸收到党内来,扩大党的组织,争取全队的领导权。游击队帮助游击区的农民群众,抗捐抗债、分粮,反抗日本帝国主义"满洲国"的一切法令,联合一般民众反抗日本帝国主义缴民枪,枪毙走狗,没收卖国贼的财产,分给贫苦民众过年,联合一切反日队伍。

3.抓紧反对缴械,反对强迫收买大豆,反对追缴春耕贷款的斗争。在广大的群众中,建立广大群众后援会的组织,要在旧历新年中召集代表会议,建立海伦反日会领导机关。

4.在士兵中抓紧年关要奖金、要双薪的斗争,发展反日会组织。

5.把工会、反日会、后援会中的最觉悟忠实的积极分子吸收到党内来,扩大海伦党的组织。

6.责成海伦反日会负责同志,找到金刃、马子明、曹荣等反日部队的关系,建立经常的密切联系。

7.募捐买钢板,建立印刷机关。②

李兆麟为海伦党支部布置的七项工作任务,比较具体明确,使海伦党支部开展工作有所遵循。

在海伦巡视结束后,李兆麟又赴北安、通北,而后又南赴巡视克音河、四方台、绥化、兴隆镇、石人城、呼兰、松浦等地,检查指导工作。

在北安,这里仅有一名党员。他向仅有的这名党员讲述了政治形势与党在年关中的斗争

---

① 《关于呼海路各地政治经济状况和党的工作情况的报告》(1934年2月2日),载中央档案馆等编《东北地区革命历史文件汇集》甲17,第361页。

② 《关于呼海路各地政治经济状况和党的工作情况的报告》(1934年2月2日),载中央档案馆等编《东北地区革命历史文件汇集》甲17,第363页。

任务,讲述了北安地位的重要和建立开展工作的紧迫性,怎样去了解工人、路警的生活、思想情况,并教给在工人与路警中开展工作的方法。要求在春节前后开展起工作来。

在通北,这里有两名党员,又都是新调去的。通过交谈,李兆麟发现,由于白色恐怖,他们对开展工作存有畏难情绪,说难于接触群众,怎能去开展党的工作呢？李兆麟说:"这里有路工、路警,都是我们工作的对象,怎么说不能工作呢？可以去领导工人同志进行工作。如果我们不去做工作,而日本人去欺骗群众,我们只是瞪眼看着吗？"他指导他们要在路工中建立赤色小组,在路警中建立反日会,经过群众工作扩大党的组织。并说:"不能因危险,便将工作放弃。"①

在石人城,李兆麟不顾自己患眼病,召集开了支部干事会,总结检查了党的工作,对成绩予以肯定,对不足进行了批评。石人城特支,联络各站路工开展了增加工资、恢复歇班的斗争,经过斗争在附近各站成立了赤色工会小组。开辟沿路的农村工作,开展了反缴械以及抗债、抗租、抗税斗争。在兴隆镇、康金井、张维屯各站,建立了党的小组和群众组织。李兆麟指示特支同志应分头巡视各地,传达党的工作任务。

1月27、28日,李兆麟在绥化没有找到关系。1月29日,在呼兰找到了党的同志。在呼兰、松浦等地,李兆麟都详细了解、检查、布置了工作。1月30日,到松浦,听了支部书记的汇报,得知工作开展情况。

至此,这次巡视工作完满结束。李兆麟在呼海路沿线的巡视工作,虽然时间很短,但收效极大。他不畏艰难,冒着随时可能被敌人逮捕的危险,凭借过去从事秘密工作的经验,忽南忽北,时往时返,巧妙躲避敌人的搜捕,进行巡视工作。经过细致充分的调查研究,他了解到沿线各地的政治经济以及党的工作情况。据此,他于结束巡视工作的三天后即2月2日很快写出《关于呼海路各地政治经济状况和党的工作情况的报告》。4月,李兆麟又一次去海伦及呼海路沿线巡视。对于这段巡视工作,李兆麟在其以后所写自传中记述说:"1934年1月代表省委巡视海伦特别支部的工作,4月又到海伦帮助领导该地工作并巡视通北至绥化呼海铁路工人工作。"②李兆麟经巡视后写出的呼海路各地政治经济状况和党的工作情况报告及在沿线等地的社会调查,为省委了解呼海路沿线及那一带斗争形势,指导各地党组织工作的开展,提供了第一手材料和重要依据。

六、珠河赴新任

1933年10月成立的珠河反日游击队经过半年多战斗,在不断发展壮大。根据中共满洲省委和珠河中心县委指示精神,1934年3月,珠河反日游击队联合"青林""爱民""北来""七省""友好"等部抗日义勇军、山林队在铁道北侯林乡召开各部队首领会议。在不投降、不卖国,

---

① 《关于呼海路各地政治经济状况和党的工作情况的报告》(1934年2月2日),载中央档案馆等编《东北地区革命历史文件汇集》甲17,第365页。

② 《张寿篯独立活动经过(履历自传)》(1942年9月10日),载中央档案馆等编《东北地区革命历史文件汇集》甲64,第304页。

收复失地,反日到底;没收日本帝国主义及其走狗的一切财产和土地充作战费;保护民众利益,武装群众共同抗日等三项条件下,达成联合抗日的协议,并成立了"东北反日联合军总司令部",推举赵尚志为总司令。

总司令部成立后,赵尚志率队返回道南。此时,在五常小山子、十八层甸子等地的日本守备队、伪警察和大排队150余人纠集在一起,前来进攻反日游击队。赵尚志立即决定组织反击。1934年3月7日晚,赵尚志率队在敌人到来之前,夜袭敌人驻地十三堡,予敌以痛击。而后,赵尚志率队又返回道北。4月上旬,珠河游击队员化装成伪军,接连袭击了老虎窝、新开道和古扎子三处伪警察分驻所,缴枪40余支。

就这样,珠河游击队忽而道南、忽而道北,频频打击敌人。珠河反日游击队在对敌斗争中不断发展。

4月1日,中共满洲省委做出《关于红五月工作决议》,要求人民革命军和反日游击队要站在主要的地位去组织、号召并领导更多的反日义勇军共同作战,扩大反日统一战线,扩展游击区。

同月,中共满洲省委决定派军委负责人李兆麟到珠河反日游击队工作,以加强对这支部队的领导。遵照满洲省委指示,李兆麟化名张寿篯奔赴武装抗日斗争第一线,担任珠河反日游击队副队长,协助队长赵尚志工作。

李兆麟来到珠河反日游击队,见到了赵尚志。这是上年10月份他在珠河三股流协助县委组建游击队后与赵尚志又一次见面。两人相见,十分高兴。赵尚志感到有了来自省委的帮手,李兆麟也感到自己能在游击队从事武装斗争有了用武之地。

赵尚志向李兆麟介绍了几个月来队伍发展的情况,特别是贯彻《一·二六指示信》,珠河一带反日武装斗争不断取得胜利的情况。李兆麟听后,自然感到十分高兴。他深深感到,《一·二六指示信》精神传达后,反日游击战争开始由自发走上联合的道路,抗日斗争的前途,已是今非昔比,与两年前他在家乡辽阳组织义勇军斗争大不相同。这里有党组织的坚强领导,有明确的抗日斗争纲领和方针政策,有党直接领导的游击队,有团结在游击队周围的义勇军,有开展好工作的坚实的群众工作基础,这里抗日斗争的前途是光明的。同时,他也感到自己肩负的责任之重大。

李兆麟深深知道,赵尚志于巴彦游击队遭到失败后,被省委开除党籍,现在尚未恢复党籍。在某种程度上,省委派他来珠河,是为了加强队内党的工作、政治工作和充实游击队的领导力量,自己虽然是副队长,但责任不轻。他满怀信心,决心在游击队干下去,与赵尚志携手共同把珠河反日游击队领导好,使之不断发展壮大,狠狠打击日本侵略者。

从此,他开始在北满大地从事党直接领导的抗日游击战争,直至抗战取得最后胜利。

第四章 横扫哈东南

一、进击黑龙宫

1934年4月,北国大地,天气渐暖,正是游击队开始展开活动的大好季节。

珠河反日游击队在哈尔滨以东珠河道北地区积极活动,在缴了几个伪警察局所的枪械后,又北进攻打秋皮囤。秋皮囤地势险要,有反动地主武装大排队把守,可掌控道北全区。经过战斗,游击队占领秋皮囤,收缴了反动大排队武装,炮头黄英(黄炮)哗变。之后,赵尚志、李兆麟在这里召开各义勇军首领出席的代表会议,为拓展反日游击区,突破道南狭小活动地带,决定珠河反日游击队与"北来""白龙""吕绍才"等义勇军、山林队联合进攻延寿黑龙宫。

黑龙宫(今属尚志)群山环抱,地势险要,是向北通往宾县的咽喉,日伪当局设在珠河道北地区的一个重要据点,由当地民团和大排队占据。他们枪法准,战斗力强,不易攻克。战前,赵尚志决定先礼后兵,想争取民团头目抗日。他们表面答应,暗中却与延寿伪警察大队联系。赵尚志见其无心参加抗日,便决定武力解决。

4月下旬,赵尚志率反日联合军部队400余人攻打延寿黑龙宫。战斗中,珠河反日游击队从青沟子后山进攻,义勇军"北来""白龙""吕绍才"部队从另一面进攻,形成夹击之势。游击队员李根植、朴德山等4名战士,冲破敌人火力网,杀入敌阵。敌人在反日联合军猛烈攻击下,有死有伤,狼狈不堪。次日,来黑龙宫出援的延寿伪警察大队长常万祥(外号"常罗锅",过去打红枪会有名)所率部队被击毙十余人,而后向延寿县城方向溃退。战斗中,黑龙宫大排队长赵维甲率队投降反日联合军,黑龙宫被反日联合军占领。

黑龙宫被反日联合军攻占后,黑龙宫大排队长赵维甲被委为后方游击队队长,其任务是在黑龙宫一带组织农民自卫队,保护游击区。在进攻黑龙宫时,有一家商店帮助"常罗锅"与反日联合军作战,故将该商店布匹等物资没收,其他未动。但游击队离开黑龙宫之后,"北来"队却在黑龙宫大抢大夺,"赶边猪"(按,不管贫富,见一绑一,大肆绑票),影响极坏。致使黑龙宫住户,特别是地主大户逃走一空。游击队返回道南,将没收之布匹,做成统一军装。游击队战士换上新装,整整齐齐,面貌一新。

在珠河中心县委的一份报告中说:"我队回道南后,将没收之布匹,做了许多衣服。故当时游击队队员服装甚为整齐,并引起了各义勇军士兵的羡慕,队员亦觉非常兴奋。在'五一'召集了军民联欢大会,各义勇军亦参加,有全队参加者,有仅派代表参加者。会议以后,又向道北移动(时老张已入队)。"[①]这段报告记述了反日联合军攻打黑龙宫取得胜利后的情形,还特别标明"时老张已入队",这是党的历史文件对于张寿籛(李兆麟)到珠河反日游击队工作

---

① 《中共珠河中心县委报告》(1934年8月26日),载中央档案馆等编《东北地区革命历史文件汇集》甲38,第68页。

的第一次记载。文中的"老张"就是张寿篯,说明李兆麟于1934年"五一"之前后已参加珠河反日游击队领导工作,开始在哈东及北满地区从事抗日武装斗争。

黑龙宫战斗后,珠河反日游击队又向北围进发。北围是一个有五六十户的小村屯,围内大多是贫苦农民,也有一些士绅。本来这里有许多枪,但都被日本人收缴去,仅存5支大枪。在此未经战斗,北围就开门迎接游击队入内。游击队在北围召开群众大会,动员大家参加抗日,支援游击队。会议开始时,与会群众不敢发言。后来把几个参加会议的士绅请出,群众才热烈发言。李兆麟在会上向群众介绍游击队是专门抗日的,动员群众参加抗日,引导群众讨论组织成立反日会等问题。此次会议很有成效,与会群众听到李兆麟的讲话后,便主动协助游击队将围子里的5支枪取出交给游击队,而后游击队离开了北围。

珠河反日游击队离开黑龙宫、北围之后,拟进攻五区小街(太平)。这里处在日帝走狗伪警察所所长高明勋及十几名伪警察统治之下。游击队首先逮捕伪警察所所长高明勋,并由他带领占领了五区小街,烧毁伪警察所,缴枪20余支。游击队对商店一概未动,并将缴获的伪警察服装分配给群众,受到群众欢迎。各义勇军听到游击队胜利战斗消息也感到十分振奋。

这期间,赵尚志与李兆麟都积极团结联合义勇军、山林队,宣传党的抗日民族统一战线政策,号召义勇军、山林队团结起来,共同对敌。李兆麟有在家乡辽阳组织义勇军第二十四路的经验,对义勇军和山林队的组织结构、习性、"绺规"、行动方式、活动规律都有了解。李兆麟对一些义勇军和山林队首领说,现在各部队东一股西一股,不统一,形不成拳头,没有力量,很容易被日本人各个击破。大家要抱成团,有统一指挥,众志成城,那力量就大了,打小鬼子就不在话下了。同时也做游击队队员思想工作。有的队员见义勇军、山林队纪律不好,乱抢乱夺,怕与他们联合影响游击队声誉,不愿与他们联合作战。对此,李兆麟就和战士讲联合起来力量大的道理。他打比方说:"如有一家兄弟不和睦,整天吵架,突然恶狼入室,该咋办?是应该继续打仗呢?还是应该共同对付恶狼呢?"经过细致的思想工作,大家的认识统一了,都认为应该团结教育、以自己的模范行动影响义勇军、山林队走联合抗日的道路。

珠河反日游击队在五区小街休整之时,活动在珠河一带的各义勇军、山林队闻讯游击队驻此,皆来到五区小街与游击队相会。自赵尚志、李兆麟率领珠河反日游击队占领五区小街后,"北来""容易""白龙""双城"及哗变参加抗日的"黄炮""朱万金"等义勇军、山林队首领纷纷前来表示愿意投奔游击队,在游击队领导下或与游击队联合共同进行抗日活动。

在这种形势下,赵尚志与李兆麟决定在五区小街组织召开一次群众大会,欢迎"黄炮""朱万金"等哗变反日,欢迎"容易"参加联合军。届时,在赵尚志、李兆麟宣传鼓动下,由"北来""容易""白龙""双城""黄炮"及"朱万金"等义勇军、山林队首领参加的联合军会议正式召开。与会的各首领都同意在"不投降、反日到底;没收日本侵略者、走狗财产充作战费;保护民众利益"等三项条件下,为抗日救国,争取民族解放大业实现联合,共同抗击日本侵略者。

此次会议气氛热烈,大家都为游击队与"容易"能够摒弃前嫌,联合抗日而感到欣慰,也为"黄炮"及"朱万金"等哗变反日,增加反日力量而格外高兴。会上,宣布处决五区小街伪警察所所长高明勋。此次会议唤起许多群众投身抗日斗争,还在当地组织了反日会、建立起农民自卫军。

这期间珠河反日游击队又有发展,在北围时游击队有100人,到1934年5月在五区小街时已发展到130人,并开辟了铁道北以侯林乡、秋皮囤、黑龙宫为中心地带的新游击区。珠河反日游击队一系列战斗的胜利,使游击队指战员和附近民众精神振奋。游击队不仅受到民众热烈拥护,而且许多义勇军、山林队开始纷纷向游击队靠拢,其游击区域也开始向哈东地区扩展。

大批义勇军、山林队靠拢珠河反日游击队,游击区域不断扩展,表明珠河反日游击队的发展形势看好。

二、攻入宾州内

1934年是北满抗日游击运动蓬勃发展的一年。以珠河反日游击队为代表的抗日武装积极开展游击活动,频频打击敌人。

此时,正置勃利连珠岗二月民变和依兰土龙山(今属桦南县)三月农民反日大暴动的消息传来,珠河反日游击队积极开展游击活动与之呼应。

1934年2月,勃利连珠岗、杏树沟、大四站等地农民为反对日伪当局收缴土地执照和民间枪支而发生暴动。这次暴动,后来在敌人镇压下遭到失败,但其影响很大。不久,依兰土龙山农民又举行反日大暴动。同年3月,日本侵略者在依兰土龙山一带收缴土地执照、民间枪支,激起民众愤怒,为反抗日本侵略者的统治,土龙山一带2000余农民在保董谢文东、甲长景振卿领导下举行反日暴动。暴动中攻占了太平镇伪警察署,解除了伪警察武装,击毙了前来镇压的日军第十师团六十三联队的饭塚大佐等17人,缴获大批武器。之后,暴动队伍组建成东北民众救国军。土龙山农民暴动震惊中外,显示了中华民族不甘屈服外来侵略者奴役的伟大精神,影响巨大。

为打击日本侵略者,纪念"红五月",珠河反日游击队积极开展游击活动以与土龙山农民暴动相呼应,赵尚志、李兆麟决定与义勇军、山林队联合开展一次大规模的打击敌人的行动。为此,赵尚志、李兆麟与一些义勇军首领商议,以进一步扩大反日统一战线和打击敌人为目的,由游击队与义勇军、山林队联合共同攻打宾县县城——宾州镇。

宾州镇位于哈尔滨以东60公里,为哈东重镇,是日伪当局在哈东地区设立的重要据点之一。城防设施坚固,要想攻入城内并非易事。为占领宾县县城,赵尚志想依靠游击队和义勇军、山林队的军威,迫使驻守县城的伪军投降。于是,便事先由游击队打电话要求驻守县城伪军打开城门,向抗日军投降,但遭到拒绝。

守城伪军拒绝投降,只能以攻战取之。1934年5月初,珠河反日游击队和各部抗日义勇军、山林队1500余人浩浩荡荡杀向宾县县城,进攻队伍蜿蜒长达10余里。沿途大排队均闻风而逃。队伍行进到宾县七区时,宾县豪绅地主刘林祥亦出来欢迎抗日联合军部队。反日军部队在距宾县县城宾州镇5里地远的地方驻扎。

当时,赵尚志、李兆麟组织召开各义勇军和山林队首领会议,进一步研究战斗计划。会上,赵尚志主张坚决以武力攻打宾县县城宾州镇。李兆麟考虑由于前不久有义勇军在宾县开展活动,敌人已做防守准备,不宜贸然进攻县城宾州镇。他的意见是应去进攻九千五、高丽帽子、枷板站等地。会议经讨论,最后决定执行李兆麟的意见。

但会议刚结束,有农民前来报告,宾县伪警备队在日本指导官指挥下前来攻打反日联合军。5月9日上午10时,赵尚志制敌心切,即率40人前去城南驼腰岭迎战。敌人占据大山,我军在小岗之下,地势非常不利。敌人拟占北小岗,却被赵尚志率部抢先占领。此时敌人已下大山,战斗结果毙敌十余人,敌军见势不好,亡命而逃。赵尚志和骑兵队长李根植率队乘胜追击,直至宾州城下,仅迟30余步,不然就冲入城内。下午二时许,赵尚志决定按原计划攻打宾县县城——宾州镇。随即,由义勇军和山林队组成的联合军大部队三路进军,将宾县县城包围。

傍晚点灯时,反日游击队和义勇军、山林队按反日联合军总司令部攻城命令,向守城之敌发动猛烈攻击。敌人利用城墙和坚固工事拼命抵抗,战斗越来越激烈。城内守敌"恐慌万分,一点钟以内打七次电话给哈尔滨"请求火速增援。"我军一面唱歌,一面呼口号,精神百倍,甚至城中的敌人呼好,并命士兵不要打。作战的一天一晚,许多农民给我们送饭,并送来走狗名单。"[①]反日联合军攻城的军事行动得到群众的大力支持。

战斗中,反日联合军用一门木制大炮轰城。随着木炮的震天巨响,城墙被轰破一角,游击队少年连10余名战士冒着硝烟从缺口冲入城内,杀向敌人,但因各义勇军和山林队大部队未能跟上,少年连的战士便又迅速退出。次日上午9时左右,正当战斗激烈进行之时,敌人从哈尔滨调来的日军岩越及伪警备旅增援部队数百人赶到,同时又有敌机飞来,在攻城部队上空盘旋轰炸、扫射。一些义勇军和山林队部队见此,纷纷撤走。在此情况下,为避免遭受更大损失,反日联合军指挥部决定停止进攻,迅速撤离阵地。珠河反日游击队逐渐有秩序退至距离县城五里地的地方集结。攻打宾县县城战斗,"此役计敌人死伤七八十名,而我队牺牲二名,受伤四名,被捕一人"。[②]

对此战,《盛京时报》曾报道说:"'匪首'赵尚志带领1000余众于9日下午2时半时分三路蜂拥扑来。该'匪团'凶悍异常,愈逼愈近,遂将县城包围,开始猛攻,守城警团亦努力还击,杀声震地,炮火连天。"[③]这次战斗,敌人死伤众多,极大地震慑了敌人,以至于宾县的伪军大排队普遍发生动摇,党领导的反日游击队的影响进一步扩大,附近的义勇军和山林队更加靠近珠河反日游击队。

此次战斗,因反日联合军运用木炮攻城,发生很大效力,因此"木炮打宾州,声威震敌胆",一直被人们传为美谈。

---

① 《中共珠河中心县委报告》(1934年8月26日),载中央档案馆等编《东北地区革命历史文件汇集》甲38,第71、72页。

② 《中共珠河中心县委报告》(1934年8月26日),载中央档案馆等编《东北地区革命历史文件汇集》甲38,第72页。

③ 《盛京时报》1934年5月20日。

宾州战斗后，李兆麟带领十几人回铁道南，拟将在铁道南的第五中队带到铁道北，进行活动改编。在铁道南，李兆麟与珠河党团县委书记、团省委巡视员晓梦（韩光①）等在一起总结了攻打宾县县城的经验教训，认为：(1)进攻宾县是冒险攻坚；(2)忽视了农民利益，统一战线中维护农民利益是我们胜利的条件之一；(3)发展巩固我们的基本队伍，仍是我们中心工作之中心；(4)对于反革命派别不注意，与义勇军做了上层勾结；(5)对于各义勇军应分别对待，对"九江"主要是进行下层统一战线，对"黄炮"不应和他分开；(6)做了豪绅地主的尾巴（对应收的反日特捐未收）。同时，认为：(1)应坚决采取游击战术；(2)游击队行动必须秘密；(3)必须注意到队内士兵的物质上的利益。②这些经验教训的总结，对于珠河反日游击队以后开展游击战是极其有益的。

在攻打宾县县城战斗结束后，李兆麟带领十几人回铁道南地区期间，反日联合军继续在宾县、延寿一带进行游击活动，时而逼近哈尔滨郊区，日伪当局见此，为之惊恐不安。

三、激战三岔河

1934年6月，天空蔚蓝，阳光普照。杨柳飘絮，香花吐蕊。

在宾县县城战斗后，李兆麟带领十几人回铁道南，拟将活动在铁道南的第五中队带到铁道北进行改编，因为铁道北有许多闲枪，而五中队缺少枪支。李兆麟在道南参加完"五卅"群众纪念大会后，又回到了道北地区。

此时，珠河反日游击队、反日联合军在赵尚志率领下向道北宾县境内活动，以拓展抗日游击区，建设根据地。游击队首先进攻了朱家店大排，大排队闻风丧胆，四处而逃。在此期间，游击队缴了山林队"四海"的武装。"四海"以游击队名义绑票，且绑"花票"（按，指妇女），破坏游击队声誉，被群众所愤恨。赵尚志决定缴"四海"的械，并严惩"四海"。在各义勇军保求之下，经讨论，未枪毙"四海"，而罚打一百军棍。"四海"被释放后，投入"北来"队。游击队对"四海"的处理，受到群众欢迎，各义勇军也深为理解，因为"四海"犯了所谓山林"三规"。此后，山林队随意绑票现象有所收敛。游击队所到一地，便开展抗日宣传，号召民众团结起来共同抗日，并为民除害，深受民众欢迎。许多地主大户都响应号召，捐钱、捐物献武器，支援抗日联合军。

6月初，赵尚志和李兆麟率领游击队及"黄炮""九江""铁军"等义勇军部队开往宾县三岔河（按，今三宝乡）开展辟建"红地盘"（按，即根据地）工作。这里位于宾县东南三十余里，住有

---

① 韩光（1912—2008），黑龙江齐齐哈尔人，中共党员。曾任共青团满洲省委秘书长、中共满洲省委巡视员、东北反日游击队哈东支队第三总队队长、哈东支队政治部主任。后到莫斯科东方大学学习，回国后，任中共中央统战部秘书长。抗战胜利后，任旅大市市长、旅大地委书记。建国后曾任黑龙江省省长、国家科委副主任、国家建委主任、中共中央纪律检查委员会常务书记。2008年逝世。

② 《中共珠河中心县委报告》（1934年8月26日），载中央档案馆等编《东北地区革命历史文件汇集》甲38，第73页。

不少地主大户，各有自家院套。游击队和义勇军开到三岔河后，分别驻在三门王家、三门柴家、三门高家等三个村子里。

为动员民众抗日，联合军司令部在三门柴家召开民众大会，宣传抗日救国人人有责，号召有钱出钱，有力出力，大家齐心协力抗击日本鬼子的侵略。经过宣传，一些地主大户响应抗日联合军号召，把自家枪支、子弹、钱款、物品捐献出来，支援抗日。三岔河大排队队长李靖远还表示要率队参加反日联合军。但也有的豪绅地主对联合军的号召置之不理。拥有许多枪支的田家油坊主人就是其中之一。为迫使田家出来抗日，赵尚志决定强行收缴他家的枪支。未料到，由于汉奸告密，6月7日，反日联合军在宾县三岔河地方被来自宾县和哈尔滨的日伪军600余人包围。于是在三岔河展开一场激烈的突围战。

三岔河突围战是珠河反日游击队建立之后进行的最为激烈的一次战斗。战斗首先在八里岗展开，驻在八里岗附近的"九江""白龙"队与前来围剿反日联合军的哈尔滨伪警备旅第四教导队交上火。因敌军来势凶猛，"九江""白龙"队退至元宝沟，而后进入山林。驻在田家油坊附近的"黄炮"队见敌军开来，抢先逃跑。这时，正在柴家大院开会的赵尚志和李兆麟等司令部人员，听到枪声，立即进行战斗部署。根据赵尚志布置，李兆麟率领部分队伍到三门高家岭东阻击由元宝河方向开来的敌人。赵尚志率领骑兵队和一中队去田家油坊增援。途中与敌遭遇，经激战，予敌一定打击。之后，率部退至"铁军"队驻地王家大院。

在王家大院，赵尚志所在司令部被敌人包围。敌人用枪炮不断向王家大院猛轰猛射。驻在东院的"铁军"队见势不好，拼死冲出。于是，东院失守。游击队为夺取阵地与敌人展开东院争夺战。最后终于将东院夺回，占领东院炮台。激战中，游击队弹药已不多，敌人仍在不停地进攻，司令部的处境越来越危险。一些战士要求突围，赵尚志说："白天说什么也不能往外冲，要坚守阵地。不然，一出大门就等于送死。要坚持到天黑就会有办法。"战士们在赵尚志的鼓励下精神振奋，强忍饥渴，在炮火硝烟中，坚持战斗，固守阵地。

夜幕降临，赵尚志开始指挥所部奋勇突围。此时，李兆麟布置的支援部队火速赶到，打死许多敌人。义勇军"九江"队也前来支援，哗变的三岔河大排队也参加我方作战。由于突击力量大增，敌军因遭受两面夹击，死伤俱增，只得撤退。此次战斗异常惨烈，骑兵队长李根植英勇顽强战斗，不幸牺牲；另一名战士为夺取敌人机枪，冲向敌阵，也中弹牺牲。经过两天一夜的战斗，游击队最终突破敌人的包围，安全转移。

1934年8月26日，《中共珠河中心县委报告》对此次战斗做如下记载："我军即开拔至三岔河，离九千五还远，首先写信与三岔河，要他们欢迎。他们回信是要我们五天以后再去。盖以五天以后再去即有狗军至三岔河也。然他们没深察，第二天就开入三岔河。三岔河大排不得已，出来欢迎领道。我们就在三岔河住下。三岔河土院套甚多，即豪绅地主最多，仅田家油坊据说就有枪百余支，每家都有很多枪，所以'九江'不敢入内。我们到三岔河后，即召集群众大会，但豪绅地主到的很多，群众都不发言。田家油坊顽固，不肯开门。直到第四日晚上才由主人送来五支枪。当时就应当将该主人绑上，如果绑上，则据估计我们至少可以得三架轻机枪，五六支大枪和二万元钱。但当时老张虽同意绑上，未能坚决执行。老赵之意以为今晚放他走,明天我们进他院,大批抓,因该院住有大批豪绅。但到了第二天一早进攻,老赵简单将我队布置了一下,就到铁军处去布置。如果当时很好布置,很有可能将敌人包围缴械。结果,因为我队地势不好,自动后退。而老赵、铁军所在的地点被敌人包围,老张又重新布置我队。时黄炮队一部分已逃跑,九江队一部分来援,三岔河之大排亦参加我方作战。铁军队在与老赵相连之院套冲击,死一伤二,铁军自己受伤。因铁军之逃跑,老赵及我队一部分骑兵队与一中队处于万分危险的地位。敌人已袭入铁军之院内四名。我队于是又夺取该院套,将敌四人包围,令缴械。但敌军非常顽固,被我队打死三人,一人逃走,终于将该院套夺回。敌人似扑入该院套,时在院内之我队士兵以及老赵甚至哭泣,但仍坚决抵抗。后我军援队(即老张布置的)开到,打死敌人甚多,敌人始狼狈逃跑。此役我军牺牲二人,一为骑兵队长李根芝(按,即李根植)同志;一为打死敌人十八名,夺取机关枪而牺牲。重伤一人、轻伤二人,均系队内勇敢的干部。此次事件最主要是对敌人第二期'讨伐'估计不足,轻视敌人,以为敌人无力进攻我们。不仅主要干部表现如是,即战斗员亦表现如此情绪。敌军退后,我们仍安然驻在该处,并未搜索。如果搜索,据说可得三四十支枪、二架轻机(枪)及一架炮。因敌人失去,敌人死五六十名,伤甚多。战争之剧烈据说是从来未有的。炮,敌人发了一百八十多炮,院中了五六发,但我队未受炮伤。第二天早上,我们一些也未曾预备,敌人又来。我军因子弹缺乏,分乱退走,敌人未敢长追,并搜索昨日阵地。我军退至靰鞡草沟。第三天,敌人又进攻,与九江队作战,我军又前进助战,敌人闻我军至,又立即退走。于是我军渐向黑顶子一带后退,但九江队仍在靰鞡草沟甸子山地一带潜伏。敌人与我军数次鏖战,九江队未受损失,因九江本善战。彼之所以不退,因捐款之期将至,后来因敌人进攻次数多,渐即向东引退。此次在三岔河战斗,战约三天一夜,我军士兵吐血者五六人,徒手三四十人逃亡,战斗员疲倦万分。战后战斗员恐怖动摇而告假十余人。"①

此报告较详细地记载了三岔河战斗全过程。报告中的"老赵"即赵尚志,"老张"即是张寿篯(李兆麟)。报告中"后我军援队(即老张布置的)开到,打死敌人甚多,敌人始狼狈逃跑"括号中的六字,说明李兆麟在战斗紧急时刻所布置的援队在此次战斗中发挥的重要作用。由于李兆麟布置的部队及时赶到救援,打死敌人甚多,敌人始狼狈逃跑,才使被敌人紧紧包围,处境十分危险的赵尚志免遭厄运。

三岔河战斗正如以上报告记述,"战斗之剧烈据说是从来未有的"。这次战斗经三天一夜,共毙敌五六十人,伤敌甚多。游击队以牺牲2人、伤3人的较小代价,予敌以重创。这次战斗的胜利粉碎了敌人"东北已无抗日部队""抗日军已被消灭的"谎言,壮大了珠河反日游击队和义勇军的声威。特别是由于李兆麟及时组织布置部队在关键时前来增援,为司令部解围,使赵尚志脱险,最终取得了突围的胜利。

珠河反日游击队展开的攻打宾县县城、三岔河突围等数次战斗在哈东地区的义勇军、山林队乃至伪军中产生了很大影响。

---

① 《中共珠河中心县委报告》(1934年8月26日),载中央档案馆等编《东北地区革命历史文件汇集》甲38,第77页。

这种影响可以从上述同一报告中反映出来,在上述报告中说:"宾县三岔河战争以后,'满洲国'士兵也叫好,虽然打死了很多士兵,还说我们是对的,我们才算中国人。士兵见了我们的传单,跪下来磕头。十站街上的'满洲国'士兵,学会了我们的歌,偷卖子弹,愿意贱价卖给我们子弹。'满洲国'士兵希望参加我们的群众大会。甚至一面坡、珠河的敌人秘密派人来联络,并说可以代我们募捐。商团派人来要明投暗不投,鸟河派人欢迎我们,枪支、子弹、捐款都为我们预备好。十站、九站、蜜蜂站商店代我们募捐等。"①

此报告所述,充分说明宾县三岔河战斗,影响之大。当时,周围的抗日义勇军、山林队,如"北来""黄炮""朱万金""铁军""创江南""压东洋""爱民"等纷纷要求加入珠河反日游击队。一些地主大排队头领,如黑龙宫保卫团长曹德生、三道河子大排队长朱福林、三岔河大排队长李靖远、宾县七区大排队长王甲三等先后哗变抗日,集聚在珠河反日游击队周围。

三岔河战斗后,珠河反日游击队又有新的发展,总队部下队伍分编为:骑兵队,政委李兆麟兼;炮队,政委李兆麟兼;少年队第一大队队长赵尚志兼,政治指导员李福林;第二大队队长吕虎章,政治指导员蓝友勤②;第三大队队长刘海涛③,政治指导员马宏利。司令部设经济部、秘书处,另有传令兵、掌旗官、号兵、训练委员。部队人员已达180余人。珠河反日游击队在赵尚志、李兆麟领导之下,已成为哈东地区一切反日斗争中心力量和运动中的骨干。

就在珠河反日游击队取得三岔河突围战胜利不久,中共满洲省委于6月30日给珠河中心县委和游击队发来指示信。来信指出:你们在这一时期获得了许多成绩,如扩大了珠河、宾县一带的反日战争,创造了一大块游击区,相当大的扩大了游击队,在地方工作上,扩大了反日会及农民武装自卫队等。但信中严厉批评县委和游击队犯了许多严重错误。信中说县委和游击队"以可耻的上层勾结代替下层统一战线,在各义勇军部队中没有任何下层群众工作(如反日会、士兵代表会、党团秘密支部等),联合军指挥部及与义勇军领袖会议,完全是上层勾结,打宾县、攻九××(按,九千五),没有与他们订立作战的协定,这是十足的上层勾结,与中央和省委的路线完全相反"。④很显然,这一批评,与临时中央1934年2月22日给满洲省委指示信"左"的影响有关。该指示信错误地批评杨靖宇在南满为联合义勇军共同抗日,与宋司令、

---

① 《中共珠河中心县委报告》(1934年8月26日),载中央档案馆等编《东北地区革命历史文件汇集》甲38,第100页。

② 蓝友勤(1914—1958),即蓝志渊,吉林榆树人。中共党员,曾任珠河反日游击队指导员、抗联第三军第二师师长、北满省委委员,1939年叛变投敌。后又在胶东混入革命队伍。1955年被公安部门逮捕,1958年被处决。

③ 刘海涛(?—1941),山东鲁西人,中共党员,珠河反日游击队早期队员,曾任哈东支队第三大队队长,抗联第三军第一师师长。1936年去莫斯科向中共代表团汇报工作,并向苏联求助军援,后去莫斯科东方大学学习。回延安后,任鲁中军区司令,1941年在反扫荡斗争中牺牲。

④ 《中共满洲省委关于坚决执行中央及省委的正确路线给珠河县委及游击队全体同志的信》(1934年6月30日),载中央档案馆等编《东北地区革命历史文件汇集》甲19,第4页。

毛团组织成立联合军总司令部为"上层勾结代替下层统一战线"。

满洲省委为贯彻临时中央2月22日指示信精神,把珠河反日游击队组织成立联合军总司令部也批评为是"上层勾结代替下层统一战线"。应该说,这是对于中央《一·二六指示信》提出的建立全民族反帝(日)统一战线政策的一个倒退。《一·二六指示信》强调在执行统一战线的策略时,必须注意到客观的环境和主观的因素,必须分别的对应各种不同的对象,有的可以订立具体联合作战行动协约,有的可以在某种程度上实行上层统一战线,有的可以订立某种反帝联盟的形式。杨靖宇在南满为联合义勇军共同抗日,成立联合军总司令部,就是"反帝联盟的形式"的一种。满洲省委仿照临时中央2月22日指示信批评杨靖宇"上层勾结"[①]的"口吻",也批评珠河反日游击队与抗日义勇军建立联合军总司令部为"上层勾结"。

按理说,杨靖宇在南满成立的联合军总司令部,赵尚志在北满成立的联合军总司令部,都不能说是"上层勾结",而是实行的上层统一战线。实行上层统一战线是贯彻统一战线政策的一个重要方面,上层统一战线与下层统一战线是一致的,缺一不可。由于受"左"的思想影响,临时中央强调下层统一战线,忽视上层统一战线,甚至把实行上层统一战线视为"上层勾结",这是不正确的。满洲省委仿照临时中央2月22日指示信批评南满反日游击队的做法,批评珠河反日游击队与抗日义勇军建立联合军总司令部为"上层勾结",应该说是错误的。

对于省委来信,赵尚志、李兆麟等进行了认真阅读和深入理解。他们坚决执行来信中提出的巩固和扩大游击区、巩固和扩大游击队、提高每个战斗员的军事技术,游击队的行动必须有严密的计划,纠正、防止轻举妄动、冒险攻坚、消耗战、剧烈战、轻敌等正确的指示。同时也认识到建立联合军总司令部实际没有错。用建立联合军总司令部来团结义勇军,可以使游击队的政治影响深入到他们队伍中去,壮大反日力量,扩展游击区冲破敌人"讨伐",同时也有利于党和游击队有更多的机会接近他们的下层弟兄,以便开展下层工作。因此,这种上层统一战线还是十分必要的。

在实际工作中,由于李兆麟有在辽阳家乡组织义勇军进行抗日斗争的经验,赵尚志、李兆麟认为应该抛弃那种没有下层工作基础,就不能进行上层联合的死板的公式化的认识和做法。据此,他们从哈东游击战争开展的实际出发,坚持实行上层联合发展巩固上层统一战线。但由于建立联合军总司令部被省委批评为"上层勾结",在加强义勇军、山林队工作中,就不采取这种形式,而采取收编义勇军、山林队的形式,以进一步加强、扩大统一战线的工作。

四、改编建支队

珠河反日游击队经过1933年冬和1934年春的积极斗争,不断与日伪军作战,使哈东一带的群众反日情绪更加高涨。游击队最坚决、最英勇的反日游击活动到处受到群众的欢迎,许多青壮年加入游击队,一些义勇军也愿意靠近游击队。珠河、宾县、延寿的许多大排队在群

---

① 《中央给满洲省委指示信》(1934年2月22日),载《东北抗日联军史料》(上),中共党史资料出版社,第128页。

众抗日要求逼迫下,也纷纷哗变,参加抗日,反日队伍数量增多。哈东地区出现了抗日斗争浪潮不断高涨的形势。

但哈东地区反日游击运动也暴露出明显的弱点,这就是反日队伍数量虽然增多,然而是非常散漫、互不统一、不相联络、各自为战,表现出斗争仍带有很大的自发性质,缺乏无产阶级坚强的组织与领导。在敌人的各个击破的反动政策下,有被分化瓦解的可能和围攻中受挫以致失败的危险。

在哈东地区,由于珠河反日游击队认真地贯彻《一·二六指示信》精神,注意团结可以团结的抗日武装力量,与一些义勇军、山林队结成了反日统一战线。开始是同"北来""吕绍才"等签订联合作战协议,进攻黑龙宫;随后同"黄炮""朱万金""容易"等订立反日联盟,进攻宾县县城。至1934年5、6月间,在许多义勇军、山林队积极抗日,靠近游击队的同时,也有一些大股土匪头目在与游击队争夺义勇军、山林队的领导权。他们进行欺骗宣传,散布"反日也得要钱,连发财带反日更好",一时间,有些义勇军、山林队跟着他们跑。在这种形势下,珠河反日游击队的领导人赵尚志、李兆麟等认识到,为要领导反日队伍完成民族革命战争的任务,就要一方面号召广大的反日劳苦大众,扩大游击队队伍,另一方面要把靠近游击队的义勇军、山林队等改编成游击队直接领导下的反日武装,以扩大反日斗争的力量。

因此,夺取反动头目领导下的反日队伍及散乱的反日队伍领导权,把他们编到游击队中,在无产阶级政党的直接领导之下来共同抗日,是十分必要的。同时,由于党领导下的珠河反日游击队在对日斗争不断发展壮大、巩固,其政治影响大大提高,许多义勇军、山林队等积极靠近游击队,成为反日运动的中心力量,因而也有将其改编,编到游击队中的实际可能。由于客观存在这种必要性与可能性,这就要求游击队的领导人应该及早考虑成立有利于推动游击运动发展的组织形式。

在这种情况下,珠河反日游击队领导人赵尚志、李兆麟决定在:(1)不投降,不卖国,反日到底;(2)没收日本汉奸卖国贼财产及日货作反日战费;(3)不扰害劳苦群众,帮助反日团体开展斗争等三项条件下,改编活动在哈东一带的义勇军、山林队等反日武装,加强党对反日联合部队的领导,组成联合反日性质的部队,以共同抗日。

6月28日,中共珠河中心县委召开党团扩大会议,李兆麟以省委巡视员身份和团省委特派员晓梦(韩光)莅会指导,珠河反日游击队队长赵尚志及地方同志二人参加会议,专门讨论部队改编问题。会上一致通过了改编的决议和具体改编的办法。第二天,即6月29日,珠河反日游击队和各抗日部队在珠河乌吉密南沟柳树河子召开大会,宣告"东北反日游击队哈东支队"正式成立。参加大会的主要是珠河游击队和全体被改编队伍的指挥员、战斗员。会上,党团扩大会议提出的改变计划由全体与会成员通过,决定成立"东北反日游击队哈东支队"。

当时,哈东支队的队伍以珠河反日游击队为主,参加支队的部队主要有:

1."黄炮"队,约190人。"黄炮"本身是小地主,名黄英。秋皮囤民团炮手,他参加反日,是同年春游击队及义勇军广泛开展反日斗争的形势下,被逼迫参加的。他出来时,无一定宗旨,所属部队头目多是惯匪、流氓(按,指无业游民,下同)。

2."铁军"队,"铁军"是破产地主子弟,大学生,曾参加北平救国会,国民党改组派,参加过孙朝阳义勇军。自哗变后,始终未离开过游击队,自愿要求无条件接受游击队领导、指挥。

3.王甲三队,王甲三是宾县七区大排队队长,土豪。

4.朱福林队,朱福林是三道河子大排队队长,农民出身,九一八事变后,曾经领导过伪军哗变。

5.祖延堂队,祖延堂是大排队队长,富农成分。

以上这些队伍的成分百分之五十是贫农,百分之二十是中农,百分之二十是流氓、土匪,百分之十是地主。

珠河反日游击队和上述各抗日部队共同编制而成"东北反日游击队哈东支队"。①

哈东支队设立司令部,赵尚志任支队司令,李兆麟任代理总政委兼政治部主任、梁佐术任参谋长。全支队实行"三三制",共编成三个总队,每个总队下辖三个大队,每个大队下辖三个中队,每个中队下辖三个分队。每分队为5人,中队16人。每个总队内有基本可靠的队伍一个大队或二个中队,是单独的,未混编。

第一总队总队长由赵尚志兼、副总队长王甲三、政治委员李兆麟兼任。内有基本队两个中队。第二总队总队长黄英(黄炮)、副总队长梁佐术兼任、政治委员马宏力。第三总队总队长曹德生、副总队长李靖远、政治委员晓梦(韩光)。除三个总队外,司令部直属部队有炮队、骑兵队、教导队和少年先锋队。司令部设有经济部、政治部、执法处和秘书处等工作部门。哈东支队共有450人,其中基本队180人。各大队内建有党支部、团小组、反日会、青年反日同盟及士兵代表大会。此外,还组织有识字班、音乐班、训练班、宣传委员会。宣传委员会负责书写标语、印刷传单,进行抗日救国宣传。哈东支队领导体制为"一切问题的决定由士兵代表会议主席、省代表、总队长三个人会议决定之。"②省代表即李兆麟,李兆麟还兼任骑兵队政委、炮队政委。李兆麟曾简要回顾,他巡视珠河到任哈东支队政委的过程:"1934年四月中被省委派到珠河游击队中工作,以省委巡视员领导珠河县委,以副队长的资格领导珠河游击队的党和政治教育工作。六月初珠河游击队影响和行动日益扩大,改为哈东游击支队,我代理支队的政治委员。"③对于李兆麟担任哈东支队政委工作,曾任哈东支队第三总队政治委员的韩光同志(当时化名晓梦)回忆说:1934年夏初,珠河反日游击队改编为东北反日游击队哈东支队,赵尚志任司令,李兆麟被任命为政委。李兆麟协助赵尚志攻城袭镇,开展抗日游击战,为建立和巩固珠河游击根据地做出了重要贡献。我就是在这时和李兆麟相识的。我们曾共同率领部队攻击敌人据点;在部队分散活动重新会合时,我们一起讨论政治形势和军事活动部署,相处得很好。他很喜欢吟古诗。一次行军途中看到山溪从高处流下,他情不自禁地吟诵李白名

---

① 《东北抗日斗争的形势与各抗日部队的发展极其组织概况》(1935年1月),载中央档案馆等编《东北地区革命历史文件汇集》甲44,第358页。

② 《中共珠河中心县委报告》(1934年8月26日),载中央档案馆等编《东北地区革命历史文件汇集》甲38,第103页。

③ 《张寿篯独立活动经过(履历自传)》(1942年9月10日),载中央档案馆等编《东北地区革命历史文件汇集》甲64,第306页。

句"飞流直下三千尺,疑是银河落九天"。有时宿营、打尖,如果看到战士吃饭掉了饭粒,他会用"谁知盘中餐,粒粒皆辛苦"的诗句来教育战士。这些都给韩光留下很深的印象。他说到"我们在一起的时间虽然不多,但当时他给我的印象是一个能团结同志和部队、有勇有谋,有独到见解,有文才,政治上很强的一位好同志。"①

东北反日游击队哈东支队刚成立时,活动区域为哈尔滨以东的宾县、珠河、延寿、五常、双城一带。哈东支队成立后,根据赵尚志、李兆麟的部署,部队以总队为单位分别开展游击活动。

1934年7月上旬,赵尚志率队来到宾县满家店一带,当地敌军闻风而逃。伪吉林警备第二旅司令李文炳从宾县调动五六百名伪军前来围攻。赵尚志得到消息,在敌人必经之路乾松顶子沟十里长的山坡树林中设下埋伏。夜色朦胧中,敌人进入伏击圈。赵尚志一声令下,战士们向敌人发起猛烈攻击。敌人队伍秩序大乱,首尾不能相顾,因夜色已浓,敌人辨不清你我,竟自相开枪打了起来。在游击队的英勇痛击下,敌人狼狈逃窜,连迫击炮都丢掉了。8月4日,赵尚志集合活动在松花江南北两岸的义勇军,在宾县新甸松花江上游10公里处,袭击了停泊在江上的日军江上警备队"广宁号"战舰,日军伤亡惨重。江防舰队司令部不得不又派"普民号"战舰"前往应援"。②

按照赵尚志的部署,哈东支队第二总队、第三总队在中东路滨绥线南北两侧与一些反日义勇军共同开展游击活动。在此期间,道南游击大队曾于7月6日与考凤林、"压东洋""爱民"等义勇军共400余人联合袭击五常县城。游击队员率先攻入城内,逼近满铁社员寄宿的五常旅馆及日军某大队司令官佐藤的官舍门前。但因各义勇军队伍步调不一,有的未能按计划出兵作战,加之日伪军拼命顽抗,游击队遂退出五常县城。此次战斗虽然未能攻下五常县城,达到预期目的,却使敌人受到很大震惊,给五常、舒兰一带民众很大鼓舞。

特别值得提出的是哈东支队成立后以敌人的铁路交通为目标,不断袭击敌人的铁路站车,使敌人的交通运输遭到严重破坏,甚至瘫痪。据伪满哈尔滨市铁路局内部交通事故统计,1934年8月间,北满铁路东部线列车颠覆16次,线路破坏41次,停车场遭袭91次,桥梁破坏31处,通讯破坏18处,日伪当局损失130万元。日伪当局称:"1934年7、8月,北满铁路东部线可称名副其实的'交通地狱',赤色游击队工作是相当惊人的。"③据时任第三总队政治委员的韩光同志回忆说:"哈东支队编成后,各总队开始分区游击,扩大游击区,并准备建立游击根据地。我和三总队队长曹德生率队在中东路哈绥线南北两侧,与一些当地的义勇军联合,共同开展游击活动。这期间,我们指挥队伍频频袭击敌人的军车、交通线路,使敌人的交通运输受到严重破坏。"④

哈东支队成立后不久,以总司令赵尚志,政治部主任、代政治委员李兆麟名义发表《东北反日联合军、东北反日游击队哈东支队司令部布告》,内容是满军哗变反正奖励条例。主要

---

① 韩光:《民族英烈血沃北疆》,载《李兆麟将军史料专辑》,第50页。
② 《东北通讯》第二期,第14号,1934年8月20日;《盛京时报》1934年8月7日。
③ 满铁经济调查部:《满洲共产党运动概观》。
④ 韩光:《征途漫漫》,中央文献出版社,2000年版,第77页。

有：

杀死或擒获日本高级军事政治首脑,如宪兵队长、联队长、特务机关长以上各旅团、师团、领事、"满铁"关东军等首脑来军投诚者,其过去犯罪轻重一律赦免外,按其功绩特殊奖加级任用;

杀死或擒获日满著名走狗,溥仪、熙洽、张景惠、于大头等,"满洲国"首脑部以及各省长、地区司令、旅长等投诚者,其过去犯罪轻重一律赦免外,按其功绩给奖任用;

杀死或擒获日本参事官、指导官或顾问及同等一名来军投诚者,不问过去有无罪责,一概免究,并发给银洋二百元之奖金,任用不贰;

杀死或擒获县长、警务局长、警察署长及日帝忠实走狗团营长、大队长或及其同等一名来军投诚者,过去罪责免究,并发给银洋二百元之奖金,一体任用;

杀死走狗官长,携械自动来归者,欢迎其入队,除奖给银洋二百元外,轻机一挺给一百元,手提式五十元,德枪三十元,马步大枪二十元之嘉赏。别种军械,若炮、炮镜、重机、自动枪、爆炸品等另议奖格;

不分警备旅警察、游动队、大排队、其杀死走狗长官,率全队来投反日者,均允自选长官,不再分编并扶助巩固及发展,领导参加反日战争,其伤亡之抚恤治疗一切军事需用,均同本军一体待遇。

通告最后指出:"本军全体战斗员及指挥员在与日满匪军肉搏血战不断胜利中,深望被欺骗压迫劳苦士兵弟兄及下级长官觉醒起来,并同参加神圣光荣之反日民族革命战争,来争取民族独立、领土完整。"①这一布告,号召伪军觉醒,冲破日伪统治的高压,起义哗变,参加反日军斗争,为争取民族独立,领土完整而战,这对于分化、动摇伪军,起到重要宣传鼓动作用。

李兆麟自哈东支队成立后,紧紧把握政委职责,做好部队政治工作。根据《东北人民革命军及赤色游击队政治工作暂行条例草案》规定,政治工作的目的是巩固人民革命军队战斗力,扩大反日反帝民族革命战争。因为人民革命军战斗力的巩固和加强,不仅要依靠军事技术条件来决定,最主要的是要靠他的民族革命的决心和阶级的政治觉悟、政治影响,发动和配合广大工农民众斗争与瓦解敌人的军队,获得广大民众的拥护。据此,在人民革命军、赤色游击队中,无论政治的、军事的、党的团的组织,都应该向着这正确目标来进行工作。政治工作的主要内容是实施反日的民族革命教育和无产阶级的阶级政治教育,使战斗员和指挥员了解民族的、阶级的政治责任,与敌人进行战争的意义以及对于地方民众的阶级的友爱,使每个战斗员成为最有纪律的自觉的阶级战士。

在哈东支队,李兆麟积极贯彻《东北人民革命军及赤色游击队政治工作暂行条例草案》规定,认真履行政治委员职责,在支队中开展政治工作并指导、训练各总队中的指挥员、指导员,以保证军事行政负责人员顺利完成其工作任务。为此,他经常组织召开政治指导员会议,

---

① 《东北反日联合军、东北反日游击队哈东支队司令部布告》(1934年),载中央档案馆等编《东北地区革命历史文件汇集》甲44,第295页。

据哈东支队给省委的一份报告说,"政治指导员联席会共开13次"。①另据刘海涛给中共驻共产国际代表团的报告中说:"在这一年中间,队内党的工作亦是很好,那时候游击队改为哈东支队,支队里边成立党委会,还有政治部,各大队内有党支部,这个支部由大队指导员领导。大队里边有团的小组,亦由党支部书记负责。但是开团小组会及团的扩大会,有政治部青年干事出席。开党扩大会及指导员扩大会,亦有青年干事参加。党、团小组每五天开一次,支部干事会有七天一次,政治部的组织科、宣传科、青年科、书记经常出席参加支部会议和个别的进行宣传教育工作等等。"②可见哈东支队成立后,在李兆麟的直接领导下,党的工作、政治工作都得到了明显的加强。

哈东支队成立之初,因队内经济物资供需、枪械、马匹等问题未能得到很好解决,使部分人员思想不稳定。更严重的是,部分头目认为参加支队使本身权利受到削弱,会危及自己将来出路,有脱离支队的倾向。李兆麟发现这一问题后,立即着手进行工作。他与各收编队首领谈话,做上层、下层骨干思想工作,向他们解说胡子队是黑暗的,是没有前途出路的,只有为国为民抗击日本侵略才有出路,才能受到民众拥护,若去当土匪打家掠舍,就要遭到民众反对。队内经济问题,是可以解决的,就看我们干得好坏。对于收编队所关心的枪械和马匹问题也解释清楚了,说明他们的枪支、马匹不像基本队(按,原珠河反日游击队)那样实行公有,使之安心于支队从事抗日斗争。由于在队内积极开展了政治教育工作,打下了良好的思想政治工作基础,队伍也得到了巩固,特别是扩大和巩固了少年队、骑兵队、教导队,在全支队树立了好的榜样。又由基本队去影响新收编队,发挥了基本队的典范作用。

7月8日,李兆麟在所主持召开的各队指导员联席会议上,对于队内政治思想工作进行总结,对队内出现的因物资匮乏,经济状况不良,影响部分队员思想不够稳定等问题进行了分析,研究了解决的办法。他提出:(1)马上领导一个胜利的军事行动,为队员改善令其较满意的物质条件;(2)政治教育工作,一周内建立各大队内党的支部及团的小组,选出各队的士兵代表,建立士兵委员会。队内建立识字班、唱歌班。队内建立反日会,使每个会员了解到抗日就是自己的职业。(3)加强对教导队的领导和教育。(4)给赵尚志同志一个任务——经常找几个队长谈话,一方面接近、影响和批评他们,另方面以减少他们特别坏头目之间的联盟的机会。③由于李兆麟的努力,对于解决哈东支队初期阶段出现的一些问题,起到重要作用。

在哈东支队建立前后,赵尚志和李兆麟十分注意配合县委加强对游击根据地建设。在反日斗争中,游击区、根据地都扩大了,珠河道南地区扩大原有的三倍,西南至三四道河子,西北扩大至二道河子(铁道附近)。道北地区一般比道南地区还好,特别是五区一带,工作比较深入。农民委员会建立23处及一个总会。总会设总务、武装、生产、拥护、经济、肃反、妇女7

---

① 《东北反日游击队哈东支队给省委的报告》(1934年9月),载中央档案馆等编《东北地区革命历史文件汇集》甲44,第187页。

② 《刘海涛关于满洲情形的报告》(1936年),载中央档案馆等编《东北地区革命历史文件汇集》甲47,第157页。

③ 《中共满洲省委代表张及团特派员关于珠河游击队改编情况的报告》(1934年7月10日),载中央档案馆等编《东北地区革命历史文件汇集》甲19,第283页。

不部门。农民委员会实际属于政权机关性质。《一·二六指示信》指出:"农民委员会应该成为实际的乡村政权机关,并成为民众政权宽广的和强大的基础之一。"①在反日游击队的帮助和支持下,游击区的农民委员会组织农民展开了分粮斗争、秋收斗争。在道南地区建立了许多反日会、反日妇女会,两会会员有5000余人。另有农民自卫队3000余人。宾县一带面积甚大,乾松顶子、香炉砬子一带经过群众斗争,都成为游击区根据地。在香炉砬子成立了反日自卫队,同时组织群众分了400多石粮食。由于在春季时宾县许多地主豪绅搬入县城,秋收时,他们回乡收地租,游击队派人一方面对其进行抗日救国宣传教育,同时对其收缴一定数量的反日特捐、地亩捐,以解决部队抗日经费不足问题。地亩捐的收法,是按照统一累进税办法,二十垧以下不收,土地愈多地亩捐收得愈多。收地亩捐这项办法也受到一些地主的拥护,因收地亩捐后,其经济利益可受到保护,所以地主对此也都表示认同,欢迎、拥护游击队为抗日采取这样的措施。

　　赵尚志和李兆麟在领导组织群众斗争中,都强调游击队每到一地都要召开群众大会,进行反日斗争宣传,动员群众参加抗日,支援抗日军。在乔家崴子由游击队政治部组织召开一次群众大会,到会200余人。分粮时,群众高喊:"老天爷啊,反日军真分粮啊!"大队回到道北五区时,经过半天动员召集有2000多人参加军民联合大会,会议有"助国"等义勇军士兵参加。第二日,又在秋皮囤、周家店两处召开两个群众大会,一个200人参加,一个300多人参加。②这些会议一方面是动员群众参加抗日,同时也强调保护群众利益。"因为游击区域能够保护劳苦民众的利益,许多非游击区域的农民都愿意搬到游击区域去(如珠河),甚至有些已跑走了的地主也宁愿回游击区域,而不愿住在日本统治的城市里,因为这些城市的捐税繁重,他们感到不能负担(如珠河),倒不如去游击区好。珠河接近游击区域的小市镇的商人,也愿意交纳反日特捐,而取得游击队的保护。"③——省委的一份报告这样说道。

　　游击队的反日斗争受到群众的热烈拥护。在群众大会上李兆麟经常出面讲话,向群众宣传党的抗日救国方针政策,号召群众起来参加抗日斗争,支持抗日斗争。他还和抗日女英雄赵一曼、县委秘书侯启刚④等到蜜蜂园子学校给学生讲课,到后方医院、被服厂等后勤机关检查指导工作。在辟建根据地过程中,李兆麟与群众建立了深厚的感情,梁树林(吕老妈妈)回忆,一次李兆麟要离开珠河,他来到了我家,要把我们全家也带走(只剩了老头、两个姑娘和我;我

---

　　①　《中共中央给满洲各级党部及全体党员的信——论满洲的状况和我们党的任务》(1933年1月26日),载中共中央文献研究室、中央档案馆编《建党以来重要文件选编》(1921—1949)第10册,中央文献出版社,2011年版,第43页。

　　②　《中共满洲省委巡视员霞珠河巡视报告》(1934年9月28日),载中央档案馆等编《东北地区革命历史文件汇集》甲20,第211页。

　　③　《潇湘关于蓬勃发展的满洲民族革命战争的报告》(1935年1月31日),载中央档案馆等编《东北地区革命历史文件汇集》甲66,第310页。

　　④　侯启刚(1907—1941),辽宁盖县人。中共党员。曾任哈尔滨市团委书记、珠河县委秘书、巡视员,人民革命军第三军第一师第三团政治部主任、抗联政治军事学校代教育长、抗联第三军第三师政治部主任,抗联第十一军政治部主任。1941年逝世。

大儿子牺牲在三股流,二儿子牺牲在秋皮囤,大儿媳牺牲在大猪圈)。我说:"地方党的事情我还没有安排完,我还是留下吧。再说,赵一曼还有病,我还得照顾她;老头还得给二团拉给养,儿童团的事儿,我的两个姑娘还得帮李长林做些工作。"当时,我老姑娘摸黑儿到山坡上采回了山韭菜,包饺子为李兆麟送行。我和面时,李兆麟躺在炕上,边哭边唱红军歌等抗联歌曲。我的眼泪也止不住,掉到了面里……当我们正吃饺子时,赵一曼也来到了我家,让李兆麟快走。共同吃完了饺子后,我和赵一曼在山坡的一块大石板旁与李兆麟洒泪分别,这是我与李兆麟最后见的一面。①

随着游击运动的开展,游击区、根据地不断扩大。1934年春,珠河反日游击队先后多次向中东铁路路北和宾县七区、延寿二区伸张,建立起以侯林乡、黑龙宫、秋皮囤和宾县三区为中心的路北游击根据地,游击区随之扩展至珠河、宾县、延寿边界一带。1934年6月,东北反日游击队哈东支队成立后,抗日游击区又分别向西、南方向扩大至双城、五常和阿城一带,年底又扩大到方正与珠河边界。其主要地域为珠河四区、五区两个区,延寿二区及三区一部分,宾县二区、三区、七区、八区,五常五区、四区的一部分,双城九区一部分。形成了南北近175公里,东西100、50余公里不等,人口达10余万人的中东铁路南北两大片游击区域。这一地域基本属于北满农业区,丰富的农产品为游击队开展游击活动提供了充足的给养;茂密的山林地带,则为游击队提供了良好的自然环境;众多的人口,则是游击队依靠的群众基础。1935年1月,东北人民革命军第三军第一师成立后,李兆麟与赵尚志通力配合,指挥部队曾先后东向苇河、海林和方正、勃利发展,又将游击区推进至牡丹江沿岸一带。

游击根据地的建立,密切了抗日部队与群众的联系,有力地支持了抗日部队与日本侵略者开展游击战争,根据地人民为抗日部队提供兵员、粮食、资助、情报,促进部队发展、巩固,并协助部队消灭日伪军有生力量,破坏交通、兵站、战略设施,不断取得对敌斗争的胜利。

李兆麟作为一名政治工作人员,他不仅在部队政治建设方面做了大量工作,而且在地方根据地建设方面也做出巨大贡献。

五、协力反逆流

珠河反日游击队的不断发展,许多义勇军、山林队向其靠拢。哈东支队的建立,反日力量逐渐壮大,使日伪当局惊恐万分。

日伪当局为消灭珠河反日游击队,使出种种伎俩、手段,如派出大批军队进行"讨伐",到处张贴布告悬赏通缉赵尚志,派遣特务混入游击队,企图暗杀赵尚志等,阴险毒辣的日本宪兵队还将赵尚志的父亲逮捕,企图逼迫赵尚志投降,但敌人的罪恶阴谋均遭失败。于是,不甘心失败的敌人又利用汉奸收买抗日不坚定的义勇军、山林队头目,在反日联合军之间纵横捭阖,进行挑拨离间活动,制造分裂与叛变事件,企图削弱反日联合军力量,孤立珠河反日游击队。

人们知道,日本侵占东北,就是要变东北为其殖民地。从日本侵略者当时鼓吹的"日满一

---

① 梁树林:《镌刻在心上的记忆》,载《黑龙江党史资料》第七辑。

体"和日后的罪恶行径可以清楚看到：一、日本侵略者已经改变东北政治体系、政权组织，建立了傀儡政权伪满洲国；二、日本侵略者改变了东北经济运行方式，实行了经济统制政策，控制了经济命脉；三、日本侵略者改变了东北军队建制，建立了由日本人控制的伪满军；四、日本侵略者改变了东北文化结构，推行日文、日语，以日文、日语代替中文、汉语；五、日本侵略者改变了人民居住方式，强令推行保甲制、"集团部落"；六、日本侵略者改变了东北民族成分，大量向东北移民，日本的大和族竟成为了这里的一个民族，并俨然成了东北"主人"；七、日本侵略者为改变东北人民的精神信仰，强迫人们供奉天照大神，信仰日本神道；八、日本侵略者破坏了东北人民生活习惯，让人们效法大和民俗，强迫东北人民以"王道精神"为生活准则；九、日本侵略者篡改了东北历史、地理，胡说东北历史与中国无关，胡说东北地域不属于中国，是日本的"生命线"；十、日本侵略者妄图改变东北人民敢于斗争的人性，培养驯服听从统治的"顺民"。总之，一言以蔽之，日本就是要像吞并朝鲜和中国台湾一样吞并中国东北，妄图使之成为日本"领土"的一部分，成为其殖民地；把东北人民变成任从日本人统治、压迫、剥削的奴隶，任凭日本人支使、奴役、宰割的羔羊。

中国共产党领导东北军民对日本侵略者的抗争，正是要打破他变东北为其殖民地的迷梦妄想。党领导的抗日武装就成为日本侵略者维持其反动统治的心腹之患。因此，日伪当局挖空心思，想尽办法破坏党领导的抗日武装斗争。

1934年夏秋之际，日伪当局提出"专打赵尚志，不打反日军"的口号，以图分化抗日部队，瓦解哈东支队。在敌人挑拨之下，哈东地区先后出现了"九江"叛变、"黄炮"等脱离哈东支队投靠日伪的投降逆流。

在敌人的挑唆、策动下，参加反日联合军的"九江"（于海云，又称于九江）部与哈东支队发生严重的冲突。"九江"本系惯匪，九一八事变后，他督导所部投入丁超部下担任旅长，丁超投降后，他又率队回到哈尔滨近郊为匪。那时他得到几次关里救国会的接济，在救国会影响下，参加抗日活动。1933年冬逃奔珠河大青川，在日贼奸细荣向的引诱下，向大青山伪自警团投降。继因1934年珠河反日游击队英勇活动，在哈东反日形势高涨影响下，其为形势所迫，参加了反日联合军部队，以求全于一时。

当时，哈东支队由宾县七区香炉砬子到八区活动，与"九江"订立了共同作战协定。双方表示：没收财产及武装战利品按每队枪支比例分配，作战时不许违背军事计划，不许到反日区扰乱、绑票、随意逮捕民众。之后，准备进攻延寿县城。进军途中，因袭击徐家大院，进攻延寿县城计划被敌人发觉，不得已变更计划，改为进攻宾县四区。这次行动，"九江"不按军事计划在指定地点集合，而去缴已经被反日联合军第八大队收编的泉眼河关、修两队武装，并逮捕四人，要当"人票"（按，人质）处理。哈东支队派人交涉，无效。进攻宾县四区计划停止后，"九江"率队乘赵尚志率第一总队去宾西活动之机，奔至宾南游击区乱抢乱夺。"九江窜回八区，凡是经过反日区的地带，掠夺一空，队员家属都惧此难，鸡犬皆无。"①他将哈东支队收编的武装队伍缴

---

① 《东北反日游击队哈东支队给省委的报告》（1934年9月），载中央档案馆等编《东北地区革命历史文件汇集》甲44，第168页。

械,把哈东游击区划分给他属下山林队作为各自势力范围,并散布"赵尚志、张寿篯已经被捕""我们是胡子,反日军成功了,还得打我们"等谣言,扰乱民心,破坏联合战线团结。还用"哈东支队只抗日不发财""九江队又反日又发财"的口号拉拢一些义勇军、山林队破坏哈东支队与各抗日部队的关系。"九江"还以"反对共产主义"为口号,公然率队伏击哈东支队执法处,将19名执法处人员逮捕。"九江"种种行径,表明他已经彻底背叛了团结联合、共同抗日的协定。

"九江"叛变后,第二总队长"黄炮"在秋皮囤伪警察队长张显忠策动下,也脱离哈东支队实行叛变。他到处散布:"满洲国基础巩固,打不了。投降是保护地方安宁的好办法""游击队是使大家送死的,不可能救国。"造谣说"游击队逃跑了,连九江都打不了,赵司令就打不了日本""赵司令破五常以后,带二万元逃跑"。他把附近小股土匪"老头票""占山好""全好"等拉拢在自己周围,袭击游击区,逮捕反日会工作人员,解散妇女会、儿童团、青年义勇军,缴取模范队武装,变农民自卫队为反动大排队。抢夺民众物品,打骂民众。由于"九江"和"黄炮"叛变的影响,一些义勇军、山林队首领也发生动摇,与游击队的关系开始疏远,有的甚至脱离反日联合阵线,投降日伪,一时,在哈东地区出现一股义勇军、山林队投降逆流。

对于"九江""黄炮"叛变引起的分裂反日联合阵线的投降逆流,赵尚志与李兆麟率领哈东支队采取有力措施予以坚决反击。一方面东进宾县八区,为进一步揭露"九江"破坏统一战线的罪恶,哈东支队发表了宣言,召集群众大会,宣布"九江"假借抗日之名,行荼害地方之实,是专做抢夺粮食、物品,破坏反日斗争的惯匪。同时广泛发动群众开展分粮斗争,参加的有三四百人,远在靰鞡草沟的群众都前来参加。在宾县第三区吉祥砬子也组织广大群众分粮,稳定了群众情绪。曾投降"九江",到第三、七区掠夺过群众的第八区大排队即时离开"九江",参加反日队伍中来。另一方面派遣队伍在靰鞡草沟将"九江"队及所带大帮叛匪打垮,在侯林乡将"黄炮"队击溃,给投降逆流以沉重打击。同时,解决了叛变的大排头祖延堂,将其拐去的枪支追回。又通过义勇军老三旅的关系,使大排头赵花先生献出大枪15支。经过坚决斗争,"九江"将逮捕的哈东支队执法处19名人员及枪支送回。为巩固反投降逆流成果,哈东支队在第七区香炉砬子召集了群众大会,决定由支队军政特派员配合宾县特支建立宾南游击区,并留下24名游击队员配合香炉砬子自卫队(约有100人),开展第二、第三、第七区等地方的工作。

为消除"九江""黄炮"投降造成的消极影响,赵尚志和李兆麟率部重新来到黑龙宫一带活动,并召开群众大会。群众见到赵尚志、李兆麟又来到黑龙宫领导游击队进行反日斗争,一些受"黄跑"指使前来堵击哈东支队的大排队员对游击队反映说:"'黄炮'叫我们来,你们是爱护群众的,不然我们都完了。"①赵尚志和李兆麟率部来到黑龙宫,"黄炮"所造"赵司令携款逃跑","九江"所造"赵尚志、张寿篯已经被捕"等谣言不攻自破,在事实面前其谣言被揭穿,使广大群众看清了"九江""黄炮"等破坏抗日阵线的真面目。

"九江""黄炮"的反叛及一些义勇军、山林队离开哈东支队而去的原因是复杂的。一是因为这些队伍本来就是动摇的,"风大随风,雨大随雨",再加上敌伪的收买、挑拨,其离心力更

---

① 《东北反日游击队哈东支队给省委的报告》(1934年9月),载中央档案馆等编《东北地区革命历史文件汇集》甲44,第181页。

加严重;二是党内存在着某些"左"的错误思想,对这些队伍要求过高,对其利益未予适当照顾,以致引起不满;三是由于战争环境的紧张残酷,党组织难以派出大批干部采取有效措施对这些队伍进行教育和改造,队伍不够巩固。

事实使珠河中心县委和哈东支队领导人赵尚志、李兆麟认识到:用单纯收编、改编的方法建立起来的反日统一战线是不可能巩固的。

应该说,收编、改编,让义勇军和山林队加入人民革命军或游击队是要有一定条件的。这种条件,就是真正与人民军队关系很好的队伍,在政治上能执行反日基本纲领,真诚要求改编的队伍。某些工农群众自发组织起来,在游击队政治影响下,要求改编和领导的队伍,某些小的、散漫的不能形成反日独立组织系统,要求改编的队伍。否则不能急于收编、改编,更不能采用一律收编的方式。而且改编应当是彻底的改编,而不是形式的改编,要把被改编的队伍逐渐改变其整个组织系统,把领导权掌握在人民军队手中。

对于这一问题,李兆麟较早就已认识到,对一些义勇军、山林队改编过早。在1934年7月10日,他与团省委特派员韩光致省委的信中就已经说道:"在前天召集政委及所有指导员的联席会议专门检查改编及改编后队伍的工作,结果会议认为总的方面完全改编是过早的,二七区、三岔河等大排因在我们直接威迫下出来的,在他们队内既没有我们下层的基础,又未经过联合各队领袖的同意,而直接强制改编。是过高地估量了各联军要求我们改编的形势,只看到几个上层分子,因本身利益而要求改编的问题来决定的。"①这就是说当时对义勇军改编存有过高估计和改编过早的问题。

1934年9月23日,省委给珠河中心县委及游击队发来指示信。信中对过去一段时间取得的成绩予以肯定。但主要是批评组建哈东支队,改编义勇军是犯了上层勾结和过早破坏统一战线的错误。这封指示信是省委继6月30日批评珠河反日游击队与抗日义勇军建立联合军总司令部是"上层勾结"后的又一封批评指示信。信中说:"我们检查你们最近期间的工作,深深觉得你们对于中央与省委指示,还没有清楚的了解,你们过去的错误并没有及时的改正,最近在义勇军工作中犯了一些新的重大的错误。根本的和主要的是从过去的上层勾结走到'左'的过早破坏统一战线的错误。"②省委来信中所说"过去的上层勾结"错误指的是,赵尚志领导游击队于1934年3月与抗日义勇军建立联合军总司令部一事,而"'左'的过早破坏统一战线"的错误,指的是6月改编义勇军建立哈东支队。应该说,省委来信在执行统一战线强调坚持和保存自己政治上和组织上的独立性、克服宗派观念和轻视义勇军情绪、开展统一战线内部的阶级斗争及游击队运动中的具体工作和任务等方面都是很正确的,对于反日游击队日后的发展具有指导意义。但省委来信对建立联合军总司令部及成立哈东支队的批评并非完全正确。赵尚志、李兆麟和珠河中心县委改编义勇军、山林队成立哈东支队应该说也

---

① 《中共满洲省委代表张及团特派员关于珠河游击队改编情况的报告》(1934年7月10日),载中央档案馆等编《东北地区革命历史文件汇集》甲19,第282页。

② 《中共满洲省委关于在义勇军工作中的策略问题和游击运动中的具体任务给珠河县委及游击队信》(1934年9月23日),载中央档案馆等编《东北地区革命历史文件汇集》甲19,第204页。

是建立统一战线的一种形式,改编工作中固然有些缺点,但应该看到哈东支队成立后出现投降逆流的原因是多方面的。这不能归罪于赵尚志、李兆麟和珠河中心县委。改编成立哈东支队,省委批评赵尚志、李兆麟和珠河中心县委过早破坏了统一战线是不合适的。改编过早是改编条件不够成熟就实行改编的问题,不能把这一点说成是破坏统一战线的问题,更不能笼统地单纯地说改编成立哈东支队就是过早破坏了统一战线。当时改编一些义勇军、大排队成立哈东支队,确实也是斗争形势发展的需要。不能因为后来出现一股投降逆流就否定哈东支队成立的必要性。

为反击这股投降逆流,揭露"九江""黄炮"等破坏抗日统一战线的行为,号召义勇军各部队坚持抗日联合,反对投降日伪,10月12日,赵尚志、李兆麟以东北反日游击队哈东支队名义发表《告反日抗"满"义勇军书》。此文告指出:"九江最近向游击队挑战进攻以及侵害反日群众利益,破坏反日战争,帮助日本帝国主义。黄炮的(已)投降,来破坏与屠杀反日民众等。一切反革命派别的首领,他们都是日本的走狗。广大的义勇军与被欺骗的群众,始终都是要反日不当亡国奴的。"文告强调:"谁是朋友,谁是敌人,我们应当分别清楚。我们对于一切反日的队伍与民众都尽一切力量,与他们结成反日战线来反对共同的敌人日本强盗。对于一切投降叛变等做亡国奴的走狗的人不惜与他们做残酷的斗争。"文告号召:"弟兄们!我们要继续我们的光荣的胜利,不当亡国奴,不让日军屠杀剥削。要生存,要收复失地。我们只有坚决进行反日民族革命战争。""一致对外,动员和武装全体民众抗日,一切投降不干都是死路。"①

此文告发表后,在义勇军中引起一定反响,"九江""黄炮"的反动面目被进一步揭露,许多义勇军重新团结到珠河反日游击队周围来。在反投降逆流斗争中,哈东支队领导人赵尚志、李兆麟根据省委指示信精神总结了经验教训,决定采取有力措施,争取新的军事胜利,打击日伪军,巩固在克服义勇军、山林队投降逆流之后出现的稳定局势。

六、常堡敌败退

1934年8月,赵尚志与李兆麟率哈东支队由道北地区来到道南地区。为了巩固抗日联合阵线,摆脱开展反投降逆流后暂时出现的困难,重新打开局面,用新的军事胜利巩固哈东支队和老游击区,开辟新游击区,振奋抗日群众和抗日联合军的士气以及解决部队武器装备和冬季所需物资补给,赵尚志与李兆麟决定攻打五常堡。

五常堡(按,今五常市常堡乡)位于哈尔滨东南方向,"五常堡为五常唯一著名大镇,与五常县城相同,而富尤过,四十余年来未被攻破"。②五常堡是五常县境内的军事重镇,距五常县城仅有15公里。该镇四周筑有土墙,土墙四角和重要路口均设有坚固炮台、堡垒。土墙外面

---

① 《东北反日游击队哈东支队告反日抗"满"义勇军书》(1934年10月12日),载中央档案馆等编《东北地区革命历史文件汇集》甲44,第190页。

② 《中共满洲省委巡视员霞珠河巡视报告(第二号)》(1934年9月28日),载中央档案馆等编《东北地区革命历史文件汇集》甲20,第224页。

还有城壕。据说清末民初几十年来未被兵匪占据过。九一八事变后,曾有千余义勇军攻打该镇,亦未能攻入。

五常堡城内驻有伪警察队、商团及宋五阎王的大排队等武装,共300余人。五常堡城防坚固,守卫的部队也相当有战斗力。因此,要攻破此镇并非易事。

赵尚志、李兆麟等研究决定,采取声东击西、以实击虚的战术,声称要攻打五常县城,以转移敌人的注意力。1934年8月13日,赵尚志率哈东支队共300余人的队伍,乘夜色行进到距五常堡10公里的二道河子,并在此召开各队长会议,对攻城破镇行动进行详细研究和部署。8月15日晚,支队把部分兵力部署在通往五常县城和哈尔滨公路线,以堵截敌人的增援部队,大部队则渡过牤牛河,包围了五常堡。

当晚战斗打响后,哈东支队攻城部队在赵尚志的指挥下,按计划向守敌发起猛烈攻击,英勇战士迅速出击,接连攻占几处敌人炮台,战斗十分激烈。经两个小时左右战斗攻入城内。入城后,哈东支队战士与敌人展开肉搏。此战敌军死伤10余人。战斗中,哈东支队姚万春大队长等3人牺牲,2人负伤。经过激烈战斗,守敌无力抵抗,狼狈败退,逃往城外。哈东支队入城后,军歌响亮,秩序井然,将日伪机关和防守设施尽行焚毁。凡属敌人物资均由李兆麟布置的没收队统一负责查收,逮捕了汉奸。没收了拒绝交纳救国捐的豪绅的财物,对民众秋毫无犯。此战缴获长短枪40余支、子弹1000余发,还有许多布匹、衣服、胶鞋和面粉等物资。李兆麟率政治部人员在街上张贴许多宣传抗日救国的标语,因时在夜晚,没有召集群众会议。战斗结束后,部队顺利撤出五常堡。当部队渡过牤牛河时,敌军援兵始到,未敢长追。

五常堡战斗后,哈东支队又奇袭四道河子,将缴获的布匹一部分留给部队制作军服,一部分配给当地群众,一部分送回根据地给儿童团、妇女会和地方工作人员做棉衣。当地民众看到哈东支队取得战斗胜利立即被发动起来,不久便组织了300余人的农民自卫队和50余人的青年义勇军。哈东支队为扩大游击区,又联合"压东洋"等义勇军向西直驱五常县八家子,进攻了双城九区,将康家炉大排缴械,迫使大排队投降。9月25日,哈东支队又攻下梨树沟。10月初,又东向小山子、威虎岭、方贤沟发展,打击伪军和破坏日本"移民村"。与此同时,哈东支队一部在中东铁路东段及中东路南下支线两侧与一些抗日义勇军联合行动,频繁破坏铁路,袭击敌人军事列车,使敌人交通运输遭到严重破坏。

哈东支队攻袭五常堡这一仗是支队诞生以来取得的最大胜利。此战影响甚大。珠河反日游击队联合义勇军攻打过宾县县城,这次,哈东支队又攻破五常堡。因五常堡防守坚固,是很难攻破的大镇,而哈东支队一攻即克,说明哈东支队战斗力之强,战斗指挥者赵尚志战略战术之高妙,李兆麟与其配合之默契。

哈东支队在五常堡及其后的一系列战斗的胜利大大地鼓舞了广大民众的抗日斗志,打击了日伪的嚣张气焰。巩固、拓展了游击区域,扭转了在反日义勇军中出现的动摇情绪和脱离联合军的反叛逆流的形势,扩大了中国共产党和哈东支队的政治影响。广大群众说,哈东支队他们真能打,真善打,是真正坚决抗日的队伍。

五常堡战斗的胜利标志珠河反日武装斗争形势发展到一个新的历史阶段。许多义勇军、山林队更加靠近党所领导的哈东支队。攻袭五常堡之前,反日游击队有不能不离开道北的形势;攻袭五常堡之后,在政治上又展开了一个新的局面。当时呈现出十分有利于游击战争开展的形势,具体表现是:

第一,游击队有极好的声誉,英勇战斗的精神,党的威信影响在群众中扩大了,非党的影响缩小了。

第二,广大农民因日本侵略及水灾、兵燹,田园荒芜,衣食困难,宾、珠、延各县民众都翘盼游击队,甚至来人带信要求游击队到他们那里的乡村来,以解救他们。

第三,被游击队打败的走狗武装所遭损失,被烧毁的日伪机关,短期内不能恢复。日伪当局准备恢复乡村自卫团,大排队组织也是非常困难的,逃向城市的汉奸地主不敢下乡,这给反日队伍开展反日活动减轻了困难,创造了良好的条件。

第四,很多义勇军队伍开展英勇活动,攻城破镇无日无之,分散了日伪军兵力,使之无法深入游击根据地进攻游击队。

第五,反日游击队开辟、创造了广大游击区域及半游击区域,游击区内的大多数群众都是拥护游击队,积极以人力、物力支援游击队的。

第六,一些伪军下层动摇,有的提出不打游击队,有的不愿同游击队作战等。

第七,反日游击队自身武装进一步扩大,内部更加巩固,影响扩大,战斗力提高,队员具有英勇不疲的战斗精神等。

以上这些都是五常堡等战斗胜利后呈现出来的。这为哈东支队冲破即将到来的日伪军冬季"大讨伐"创造了有利条件,游击队完全有把握、有能力粉碎敌人的进攻。

五常堡战斗是哈东支队一次十分重要的战斗,驻守五常堡的敌人被击溃,败退,取得胜利,具有促使局势转变的作用。满洲省委巡视员在一份报告中说:"五常堡之役,我军声誉威震五常。"[①]五常堡胜利之后,在政治上确实是又展开了一个新的局面。这次胜利大大鼓舞了当地军民的士气,使珠河游击根据地得到进一步巩固和发展。哈东支队在胜利战斗中巩固、壮大,成为哈东地区武装抗日斗争的核心力量。

1934年9月,哈东支队在威虎岭进行了整编。整编后,支队司令仍为赵尚志担任,政治部主任由晓梦(韩光)代理。司令部下设经济部、秘书处和副官处。经济部部长金策[②],秘书处处长侯启刚,副官处处长关化新[③]。司令部下辖第一、第三、第五、第七、第九、第十,共6个大队。第

---

① 《中共满洲省委巡视员霞珠河巡视报告(第二号)》1934年9月28日,载中央档案馆等编《东北地区革命历史文件汇集》甲20,第225页。

② 金策(1903—1951),朝鲜咸镜北道人,曾任宁安县苏维埃主席,后历任宾县特支书记、珠河中心县委组织部长、哈东支队经济部长、人民革命军第三军第四团政治部主任、东北抗联第三军第四师政治部主任、中共北满省委书记、抗联第三路军总政治委员、抗联教导旅三营政委。抗战胜利后,任朝鲜民主主义人民共和国内阁副首相。1951年病逝。

③ 关化新(1906—1938),河北山海关人,中共党员。曾任中共珠河中心县委书记,东北抗日联军第三军二师政治部主任、师长。1938年牺牲。

一大队，队长李熙山①；第三大队，队长张连科②；第五大队，队长姜德山；第七大队，队长刘海涛；第九大队，队长李福林；第十大队，队长××。此外，司令部直属部队有政治保安队、骑兵队、少年队、执法处。全队共470余人，其中党团员90多人。支队建立了党委会，书记为李福林，委员5人。各大队成立了党支部和团小组，连队设有政治指导员。

中共满洲省委在1934年9月23日给珠河中心县委及游击队的信中，对于哈东支队这一时期取得的"许多新的成绩"，如"游击队的扩大，游击运动的开展（五常堡的胜利以及进攻康家炉的斗争等），游击区域发展到三倍，群众组织（主要是农民反日武装组织与反日会）的扩大等"，给予了充分肯定和高度评价。③团省委书记王文德在给团中央的报告信中说到：五常堡战斗"这次胜利，我军的军衣、军饷及子弹等，完全解决。由于这次的胜利，根本动摇了五常县，游击队的威信，更加提高了。许多满洲国士兵都认为游击队是真正抗日的，我们打他干什么？驻防在游击区附近的军队，有的曾保护我们"。④

满洲省委认为，对于哈东支队这一时期的斗争获得的许多新的成绩，使哈东支队为完成创造人民革命军，粉碎敌人的冬季"大讨伐"的计划，为巩固和扩大游击区，建立人民政府等中心任务，打下了坚实有力的基础。

---

① 李熙山(1909—1942)，又名许亨植，朝鲜族。中共党员。曾任宾县特支委员。后历任哈东支队政治指导员、人民革命军第三军第二团政治部主任、抗联第三军第一师政治部主任、抗联第九军政治部主任、抗联第三路军总参谋长、第十二支队政治委员。1942年牺牲。

② 张连科(—1938)，中共党员，珠河反日游击队第三中队队长、东北人民革命军第三军第三团团长、东北抗日联军第三军第三师师长。1938年牺牲。

③ 《中共满洲省委关于在义勇军工作中的策略问题和游击运动中的具体任务给珠河县委及游击队信》(1934年9月23日)，载中央档案馆等编《东北地区革命历史文件汇集》甲19，第203页。

④ 《文德关于满洲问题的报告》，1934年12月19日，载中央档案馆等编《东北地区革命历史文件汇集》甲20，第375页。

第五章　铁血壮志坚

一、受贬志不移

在从事革命斗争中,作为革命者在其前进的途程中很少有不走曲折道路的。由于主客观因素的制约,革命者在斗争中也很少能够避免曲折,也就是说几乎不可能不犯错误。因此,出现些许错误,特别是在艰难困苦的斗争复杂的战争年代这是很难避免的。犯错误一般是由于工作经验不足所致,主观意念与客观实际不相吻合,脱离了实际,也有的是由客观环境造成的。

犯错误,自然有的是故意而犯,有的是无意而犯。有时是你找错误,而更多的时候是错误来找你。可以说,正常情况下谁也不会去明知故犯,毕竟犯错误不是好事。犯了错误往往会追悔莫及,应总结教训,不重犯或少犯类似错误,及时改正错误,不沿错误道路继续走下去。吃一堑长一智。但君子失误,有如日月之蚀,与明知故犯有显著不同,不可同日而语。

李兆麟在北平刚参加革命不久,就因胆小受过警告处分。在辽阳组建义勇军斗争时,特委机关多次批评他右倾。在来珠河工作前,李兆麟就受过多次组织给予的处分。在来珠河工作后,也因工作存有过失、错误,受过组织给予的处分。在他自己所写的履历自传中,说曾受过六次党内警告、二次严重警告处分,都是政治上的错误。①

李兆麟来珠河反日游击队后,协助赵尚志做了许多工作,取得很大成绩。特别是在三岔河战斗中,由于他率队布置增援,才使陷于极端危险境地的赵尚志突围脱险。但李兆麟来游击队后,在工作中也存在一些缺点、错误,突出的一例,就是他刚来游击队不久,在游击队攻打北围离开后,路遇"振东"义勇军。"振东"问:"是否可以在围子绑票(按,即抓人质)?"李兆麟答复:"我们已离围子,我们不管了。"由于他的错误答复,"振东"队便到围子里大肆"赶边猪",一次竟绑了50多人。群众对游击队说:"你们是好的,你们是反日的队伍,但是你们是胡匪头子,你们后面领着许多义勇军胡抢乱夺。"②造成不良影响。对此事,1934年6月30日,省委在给珠河中心县委和游击队的信中,予以严厉批评说:"对于小帮胡子头,经常绑架游击区群众和'赶边猪',党及游击队既不在地方群众中及义勇军下层群众中进行宣传鼓动,反对绑架与'赶边猪',也不采取实际办法来保护群众利益,以致群众怀疑游击队帮助绑架分肥,最糊涂的是私以省委代表名义允许'振东'队绑架群众,这不仅破坏游击队在群众中的影响,而且破坏党在广大群众中的政治影响。"③从上述批评中看,省委对此事看得较为严重。

①《张寿篯独立活动经过(履历自传)》(1942年9月10日),载中央档案馆等编《东北地区革命历史文件汇集》甲64,第308页。
②《中共珠河中心县委报告》(1934年8月26日),载中央档案馆等编《东北地区革命历史文件汇集》甲38,第69页。
③《中共满洲省委关于坚决执行中央及省委的正确路线给珠河县委及游击队全体同志的信》(1934年6月30日),载中央档案馆等编《东北地区革命历史文件汇集》甲19,第7页。

1934年9月25日，县委在一份报告中向省委反映李兆麟的问题："老张同志（按，指李兆麟）自到队后，他的工作努力，谁也不能否认的，但是最近与先前观点上有点不同，似乎染了一些骄傲性质和自主的主义，有时脱离了县委和轻视县委的薄弱（如因队内给县委信，使县委坚决执行）。他并未向县委提一些意见讨论，完全自争来分配县委。这样，无疑是轻视组织。再有省代表的产生，县委看了老张的申明书以后，有几个意见给省委讨论，就是老张他说，小赵给队内介绍的是省代表，为什么县委还叫他做省代表。希省委讨论一下。"①在这里，在县委的报告中，县委指出李兆麟存在有时脱离县委和轻视县委以及犯有冒充省委代表等错误。

　　不久，满洲省委巡视员来珠河巡视检查工作。对于李兆麟在这一时期的工作，满洲省委巡视员评议说："老张在政治上比较右倾，没有什么意见，但军事上以及在士兵的信仰上还有相当，可以领导，关于省委代表问题，他还是不要掩盖他的错误。"②

　　省委巡视员说他在军事上及在士兵关系方面有相当信仰。但又说他政治右倾，也提及关于省委代表身份问题。事隔不久，又发生他因弄枪意外走火击伤同志事件。可谓福无双至，祸不单行。满洲省委撤销了他的工作，并做出《中共满洲省委关于撤销张××同志工作的决定》。（按，张××即张寿篯）

　　据一些老同志回忆，1934年秋，李兆麟因摆弄枪走火打伤了支队政治部主任韩光和他冒充省委代表，受到党内警告降职处分。在这里所说的李兆麟摆弄枪走火，打伤韩光之事，韩光后来回忆，其大体经过如下：

　　"1934年9月中旬，部队又打了一个大胜仗，缴获各种枪80余支，其中有几支'大镜面匣子'手枪。这种枪的两面乌黑油亮，有如镜面一般，光鉴照人。在当时，这种枪是很难得的。

　　这天，赵尚志、李兆麟和我（这时哈东支队经过整编，我担任支队政治部主任）以及司令部王副官正在开会，研究如何加强对一些义勇军部队的政治工作，并准备会后由我回省委汇报近一时期以来部队工作的情况，再向省委要几个干部，以适应队伍发展的需要。会还没开完，刘海涛拿着刚缴获的一支'大镜面匣子'兴冲冲地跑进屋来，说：'赵司令快看，多漂亮的枪！'赵尚志接枪在手，只见枪体真如镜子般锃亮发光。他翻来覆去看了一会儿，赞不绝口。接着，他便把枪递给了李兆麟。李兆麟拿着手枪喜滋滋地看了又看，正要把枪递给我，突然'叭'的一声，枪走火了。子弹正好打在我的右臀部。顿时，鲜血透过裤子流了出来。李兆麟见状，吓得连话都说不出来了，一个劲地拍大腿，连声说：'这可怎么办！这可怎么办？'赶紧给我包扎。赵尚志气得火冒三丈，大吼：'你怎么搞的！我要处分你！'县委的同志闻讯，也立即跑来看我。他们也说要处分李兆麟。

　　我忍着疼痛，对赵司令和县委的同志们说：'他是失手，又不是故意的，别生气了。'赵尚志又狠狠批评了李兆麟一顿，才算了结。我受伤后，不能再去省委汇报工作。县委把我安排在乌

---

　　① 《中共珠河中心县委关于目前政治形势等问题的报告》（1934年9月25日），载中央档案馆等编《东北地区革命历史文件汇集》甲38，第132页。

　　② 《中共满洲省委巡视员霞珠河巡视报告》（1934年9月28日），载中央档案馆等编《东北地区革命历史文件汇集》甲20，第228页。

吉密南山四方顶子西侧山沟一个废弃的炭窑洞(这里是我们的一处秘密医疗点)里养伤。"①这是韩光同志回忆李兆麟拿枪走火的情况,说明是不小心,无意间枪走火。

由于李兆麟摆弄枪意外走火,打伤韩光,加之县委反映的他冒充省委代表、政治右倾,满洲省委于1934年10月28日做出决定撤销了他的工作。《中共满洲省委关于撤销张××同志工作的决定》全文如下:

"××同志自从省委派到珠河队伍去工作以来,在政治上执行右倾机会主义路线和在实际行动中犯了下列严重的错误:

(1)执行右倾机会主义路线,主要表现在对于义勇军工作实际进行上层勾结的勾当,执行富农路线,对地主豪绅不斗争,而与其玩手段,更明显的就是最近对于敌人的讨伐的右倾估计,动摇害怕,不去正确估计敌我力量的对比,准备和动员一切力量去抵架和击破敌人的进攻,而领导队伍在借口'脱离敌人包围之外'下面轻易离开游击区的广大群众而逃跑,如老张说:'打了我们走不出去了'——这是可耻的右倾机会主义的逃跑。另一方面在游击队中执行最严重的'左'的关门主义,使游击队不能迅速扩大和发展。

(2)未得省委同意,自己冒用党代表名义,执行机会主义路线,这完全违背党的纪律,同时是小资产阶级英雄主义的表现,在他的申明书对这个问题还是企图以××介绍的关系,来掩盖自己错误的。

(3)违反军队中的纪律,把枪口对着同志玩枪,使枪走火打伤××同志,这在军纪上是完全不能允许的错误,这样儿戏的打伤自己的同志,不仅是极严重的错误,而且是对于革命的罪恶,客观上是帮助敌人。

(4)工作上的消极怠工和官僚主义命令主义的领导方式,不忠实地接受同志的意见和批评,忽视政治工作和群众工作,不真正在队伍中去执行省委的全部指示,在小资产阶级的自骄和英雄主义思想之下,认为省委指示不重要和企图脱离省委的领导而在很长的一个时期,不向省委做工作报告。甚至对县委轻视和命令,这表现××同志组织观念的极端薄弱。这些组织上的错误,是与××同志过去所犯的机会主义错误不可分离的。

根据上面这些严重的错误,省委认为要巩固珠河游击队的领导,撤销张××同志的工作,并给以布尔什维克纪律的制裁是非常必要的,因此,省委决定撤销××同志的一切领导工作,并给以最后的严重警告,要求××同志开展艰苦的下层工作中忠实承认和实际改正自己一切的错误。

珠河县委及游击队的全体党员应当发展自上而下、自下而上的自我批评,揭发一切工作上的错误,开展两条战线上的斗争,反对左右倾机会主义及实际工作中消极怠工的份子,真正的来完成省委指示的全部工作,为粉碎敌人冬季大'讨伐'的光荣任务而斗争。"②

---

① 韩光:《征途漫漫》,中央文献出版社,2000年版,第80、81页。
② 《中共满洲省委关于撤销张××同志工作的决定》(1934年10月28日),载中央档案馆等编《东北地区革命历史文件汇集》甲20,第89页。

《中共满洲省委关于撤销张××同志工作的决定》中的4项错误主要是第2项、第3项。第2项，是"冒用党代表名义"，是说他"冒充省委代表"。所谓"冒充省委代表"其实并非如此。李兆麟是"4月中被省委派到珠河游击队中工作，以省委巡视员领导珠河县委，以副队长的资格领导珠河游击队的党和政治教育工作"的。①李兆麟刚到游击队时，赵尚志是在向队内介绍他时，说他是省委代表，不是他自己所说。虽然，在历史文件上有省委代表张××字样，如1934年7月10日，他与晓梦（韩光）给省委写的关于部队改编为哈东支队的信中在落款上，确实写有"省代表张××、团省特派员晓梦同写"的字样。但是，这封信是由晓梦（韩光）执笔写的。落款也是晓梦（韩光）之意，②并不是他执意要冒充"省代表"。以后李兆麟对周保中谈及此事时说："巡视员对外以代表名义，而地方以为省代表，省遂认为冒充省代表，撤销政治委。冯认为张群众中有信仰，冯不能撤销张工作。"③这里说得很清楚，"巡视员对外以代表名义"，巡视员进行巡视是"代表省委"去做工作，这与"省委代表"是两回事，也不属于"冒充省委代表"。"而地方以为省代表"，是地方同志"以为"，即"认为"他是"省委代表"。也就是说，他没有"冒充省代表"的主观意图，是别人"以为"的。在游击队，是赵尚志向队内介绍的，因此说他是假冒身份实在有些冤枉。对此，冯仲云同志认为，"不能撤销张工作"。

1934年11月下旬，满洲省委代表刘焜④同志来哈东巡视，在向省委报告工作时，谈到张寿笺（李兆麟）问题，内中说："老张的右倾及其错误。对于老张的错误，也曾发生了斗争，在我做了结论之后，老张承认了以下错误：（1）右倾；（2）轻视县委的指导；（3）官僚主义的工作方式；（4）冒充省代表。现已撤销了他的工作，决定他担负宣传科的责任。"⑤这里所说的他承认了"冒充省代表"的错误，应该说是在省委代表、县委同志的批评、斗争下承认的，是违心为之的。

当时党内斗争受"左"的思想影响，被批评、斗争者不承认被指控的错误（有的并不一定是错误）或稍有辩解，就会被称作是认识不深刻或没有觉悟，拒绝党的帮助。何时承认了错误，做出上级认可的深刻检讨，才算了结。否则，一遍又一遍的检查将是没完没了。所以，违心认错，并不为怪。这种极端不好的做法影响至深至远。深受其害者大有人在。这也应该说是一个历史教训。

至于把枪口对着同志玩枪，使枪走火打伤同志的问题，确实是他"违反军队中的纪律"。尽

---

① 《张寿笺独立活动经过（履历自传）》（1942年9月10日），载中央档案馆等编《东北地区革命历史文件汇集》甲64，第305页。

② 此报告收入《韩光党史工作文集》，中央文献出版社，1997年版，第492～499页。另载中央档案馆等编《东北地区革命历史文件汇集》甲19册。

③ 《周保中简短日记》（1936—1937年），载中央档案馆等编《东北地区革命历史文件汇集》甲40，第303页。

④ 刘焜（1904—2002），又名赵毅敏，河南滑县人，中共党员。曾任中共满洲省委宣传部长、东北人民革命军第三军政治委员、莫斯科东方大学八分校校长、中共驻共产国际代表团满洲问题委员会委员、延安鲁艺副院长、中央宣传部秘书长。建国后，任中央对外联络部副部长、中央纪律检查委员会副书记。2002年逝世。

⑤ 《中共满洲省委代表芬流珠河报告》（1934年11月24日），载中央档案馆等编《东北地区革命历史文件汇集》甲20，第278页。

管不是故意，但后果严重。枪支使用、保管都有严格的要求和规定，违犯规定就是"违反军队中的纪律"。幸亏枪伤不是致命要害处，否则后果不堪想象。这确是十分严重的过失。对此，李兆麟诚恳地承认了错误。

其他各项错误，如"执行右倾机会主义路线，主要表现在对于义勇军工作实际进行上层勾结的勾当，执行富农路线"等，纯属乱扣帽子。当时全党受王明"左"倾错误路线统治，时时事事强调反对右倾机会主义。把右倾看作是主要危险，并要求不断地、彻底地开展反对右倾机会主义路线和调和主义的斗争。在革命工作中，许多人说不上什么时候就会被扣上右倾机会主义路线或调和主义的帽子。在敌人大举展开冬季"讨伐"时，李兆麟提出不应死守一地，应冲破敌人的包围，开辟新游击区的意见完全是正确的。但由于此意见，与省委巡视员和县委的意见相左，省委、县委便认为他是"右倾逃跑主义"。"右倾逃跑主义"在当时是很严重的罪名，是令人承受不起的。

在1934年10月，省委向各地发出的《为粉碎冬季"大讨伐"给全党同志的信》中，提出要把"一切反日队伍团结起来，粉碎冬季'大讨伐'、一切民众武装起来反对冬季'大讨伐'、不让日'满'匪军侵入游击区域一步"作为反"讨伐"斗争的中心口号。①在敌强我弱的情况下，省委提出的"不让日'满'匪军侵入游击区域一步"的口号是难以做到的。当时在对敌斗争第一线的领导同志赵尚志等也都认为省委提出的这个口号不切实际。在敌人大举"讨伐"时，是应死守一地、坐以待毙，还是应冲破敌人的包围，开辟新游击区，显然后者的意见是正确的。所以，省委以此作为撤销李兆麟哈东支队政治委员职务的决定中的一项错误，是不合适的。至于说"在义勇军工作中实际进行上层勾结的勾当，执行富农路线"指的是成立哈东支队。在支队成立不久，省委就曾批评说是过早破坏统一战线。这种批评指责其实是欠妥的。

省委做出撤销李兆麟工作的决定，使他受到很大打击。这是他参加革命工作以来受到的最严重处分。他曾回忆说："十月因敌人大举讨伐，我提出'冲破敌人的包围，开辟新游击区'的口号，与省委巡视员和县委的意见对立，省委认为这是逃跑主义。省委当时主张'保护游击区，不让敌人进游击区'的口号以及未能经常给省委写报告，手枪放火不谨慎打伤自己同志等五条，省委撤销我的领导工作代理政治委员，党的处罚，给我严重警告。"又说："我厉行革命工作十余年，无论在秘密工作中和游击斗争中，都犯过错误，受过党六次警告，二次严重警告，都是政治上的错误，但未发生过任何动摇，在任何艰巨环境中，都保持自己积极忠实去实现党的指示和命令的原则。"②的确如此，作为一个职业革命者，李兆麟经历过种种考验，其中也包括经受过降职处分的考验。这次处分，对李兆麟影响很大，在省委的一份反映各地抗日队伍情况的报告中谈及北满珠河反日游击队领导同志说："政治委员制度始终没有建立起来，过去一个很不好的同志自称省委代表做了政治委员，最近撤销工作并严重惩罚。但政治委员现在还无

---

① 《中共满洲省委为粉碎冬季"大讨伐"给全党同志的信》（1934年10月20日），载中央档案馆等编《东北地区革命历史文件汇集》甲20，第68页。

② 《张寿篯独立活动经过（履历自传）》（1942年9月10日），载中央档案馆等编《东北地区革命历史文件汇集》甲64，第303页。

人担任。"①显然,省委认为他是一个"很不好的同志"。对于此事,李兆麟是有口难辩,欲言又止。他只能把一颗委屈之心放在肚子里,让革命风浪去考验自己,让实际斗争证明自己到底是一个什么样的同志。

对于李兆麟被省委处分之事,赵尚志并不以为然,他对李兆麟的才能比较赏识,在他受省委给予撤职处分后,于部队内仍委以重要职务,任他为哈东支队宣传科科长。

1936年3月,曾与李兆麟一起工作一年多的韩光同志在向中共驻共产国际代表团汇报工作时曾说:"司令部那边同样在干部方面还是缺,虽然赵尚志同志是个天才的领导者,但那样大的队伍没有一个有力的人协助是大大的缺点,而他们离县委远,对新策略问题尚不知他们如何了解?三团虽在县委附近,策略可保相当把握;但是军事领导人右倾,并没有那样突击的精神和一般迎刃而解的能力。一团长刘海涛及张寿篯尚可以胜任该地区之任务,唯不知对新策略理解如何?!"②由此可见,韩光同志对李兆麟的认识、评价还是很高的,他认为李兆麟具备突击精神和一般迎刃而解的解决问题能力,是可以胜任该地区任务、协助司令工作的领导干部。他不因李兆麟弄枪走火伤害过自己而对他另有贬斥看法,从中也可以看出一个职业革命者的博大胸怀。

对于李兆麟的错误省委把它看得很重,但中共驻共产国际代表团也并没有把这件事看得那么严重。中共代表团在1936年初决定撤销满洲省委,要在东北成立南满、东满、吉东、松江四个省委时,还将张寿篯(李兆麟)确定为松江省委书记的候选人之一。③这说明上级党组织对他还是重视的,还是要让他肩负重任的。革命者从事革命斗争就是需要经历各种考验。在李兆麟的内心中,早已牢牢地树立起坚定的革命信念,无论受到什么挫折,他都对革命信念永不动摇,对革命任务永不放弃,对革命理想永不泯灭。他志坚不移,没有气馁,误会就让它误会去。他没有对组织有什么特别的抱怨,毕竟自己拿枪失手打伤了同志,这是极其危险、糟糕的事情。他懊悔不已,表示愿意接受组织给予的一切处罚,汲取深刻教训,服从组织安排,按组织的要求,去在开展艰苦的下层工作中忠实承认和实际改正自己的一切错误,用实际行动证明自己是一个忠诚党的革命事业的很好的同志,而不是"很不好的同志"。

二、征战在延方

在省委对李兆麟处分决定中,"要求××同志开展艰苦的下层工作中忠实承认和实际改正自己一切的错误",但赵尚志没把他分配到下层工作,而是任其为哈东支队宣传科科长。

李兆麟由任哈东支队政委到任宣传科科长,无疑是降职。对此,李兆麟并未感到过多的

---

① 《东北抗日斗争的形势与各抗日部队的发展及其组织概况》(1935年1月),载中央档案馆等编《东北地区革命历史文件汇集》甲44,第331页。

② 《晓梦关于第三军系统内的队伍组织及工作状况的报告》(1936年6月29日),载中央档案馆等编《东北地区革命历史文件汇集》甲46,第26页。

③ 《中央驻东北代表给珠河党团县委及三军负责同志信》(1936年3月12日),存中央档案馆。

羞辱和难堪。他知道一个革命者要经受各种考验,要能上也要能下。宣传工作是他当支队政委时领导分管的一项工作,宣传工作是党领导抗日斗争中的一项重要工作。他决心当好宣传科长,要做好这项具体工作。

部队中的宣传科的主要任务是,宣传党的抗日救国方针政策,在政治思想上巩固内部,争取群众,动摇敌人。具体工作是利用一切机会或可能与战斗员进行谈话,读报,读宣传小册子,读抗日传单,写标语口号,提高战斗员的作战勇气、纪律、增强斗争的信心、决心;和游击区群众建立友好联系,动员群众、宣传群众,号召群众支援、投身抗日斗争;进行义勇军工作,宣传党的抗日民族统一战线的救国救民政策,联合对敌;设法孤立敌人,瓦解敌军等。

为做好宣传工作,李兆麟曾在路北地区(包括延寿、方正)与第一大队、第五大队、第六大队干部战士一道开展部队和群众的宣传教育工作。

自1934年10月,日伪当局为消除抗日武装对哈尔滨的威胁,将哈尔滨以东各县列为所谓"第二期讨伐"的重点地区。伪军第四军管区司令郭恩霖于10月下旬到帽儿山、珠河、一面坡等地督战指挥"讨伐"抗日军,特别是哈东支队。为彻底破坏哈东抗日根据地,剿肃抗日游击区和消灭哈东支队,敌人调用重兵,以驻滨江地区日军吉本、宫荻原、横山三支守备队为主力,并从伪第四军管区抽调褚旅、邓团、王团和李营及伪警察大队等共2000余人,实行日"满"陆空联合动员,分路尾追合击,以包围反日游击队,剿灭根据地。敌军将"讨伐"的主要矛头对准中国共产党领导的东北反日游击队哈东支队,扬言"专打赵尚志,不打胡子",借以分化抗日统一战线,孤立哈东支队。日伪当局调动大批敌军把守城镇、交通要道,采取集中兵力分批包围抗日武装和抗日游击根据地的方法,妄图一举消灭哈东支队。

为粉碎敌人冬季"讨伐",哈东支队制订了反"讨伐"斗争的计划。决定首先扫除敌人在游击区附近的军事据点、军用农场、兵营,把珠河抗日游击区向东扩大到延寿、方正县一带,将珠河、宾县、延寿、方正等县游击区连成一片。广泛联合抗日义勇军、山林队,在反"讨伐"斗争中发展哈东支队的武装力量,为实现省委提出的早日建立东北人民革命军第三军第一师做好准备。

正当哈东支队按计划开展反"讨伐"斗争,各部队刚刚开始分头行动时,大批日伪军将路南卧虎岭、方贤岗包围,搜索哈东支队主力。为吸引、调动敌人,在反"讨伐"斗争中,赵尚志指挥哈东支队第七、第十大队直奔一面坡大青川,将日本稻田公司供日军食用的2000石稻谷焚毁。敌人闻讯前来时,哈东支队却北上延寿,敌军追到大青川时,结果扑了个空。这时哈东支队已经过延寿县孙菜营子,并缴了延寿第四区七保大排的枪支,在延寿中和镇一带及方正县境开辟新的游击区。这期间,李兆麟为配合反"讨伐"斗争开展,坚持对游击队员进行正面教育,开展训练工作,克服部分队员存在的恐惧、畏难情绪,坚定反"讨伐"斗争必胜的信心。此时,赵尚志命令刘海涛率第七大队留在延方活动,巩固这一新开辟的游击区,赵尚志率领第十大队又折回向西到珠河铁道北宋家店、黑龙宫一带活动,烧毁了伪军营房,粉碎了敌人在游击区设立军事据点和围攻哈东支队的计划。然后再返延寿、方正活动,开辟筒子沟新区。李兆麟得知赵尚志率部队纵横驰骋,使敌军晕头转向,疲于应付,自然十分高兴,也非常佩服他娴熟运用游击战术的本领。

1934年11月25日,赵尚志率哈东支队200余人自延寿返回铁道南游击根据地,途中夜宿方正与宾县毗邻的腰岭子附近的肖田地(按,学田地),突遭日军望月所部和伪军邓云章团800余人的围攻。在激烈的战斗中,支队司令赵尚志臂部负伤。之后,部队在刘海涛大队长指挥下冲出重围,返回路南根据地。是役日伪军(含白俄兵)伤亡达120余人,哈东支队伤亡3人。

在激烈的反"讨伐"斗争中,李兆麟与司令部在珠河道北分开后,回到珠河路北关门嘴子同一大队少先队在秋皮囤上营、乾坤沟、老爷岭一带活动并做群众工作。李兆麟曾说:"当时支持军事工作,张(寿篯)与刘海涛回珠(河),保安大队往道南掩护司令疗养。冯同志拒绝留道北,刘海涛亦愿南去,仅得张支持二月余之艰苦斗争下司令伤愈,仅得路北包、杨爱人等维持地方关系。张兼顾地方工作,依省冲破(讨伐)指示工作。"这是李兆麟(1937年6月6日)与周保中会见,谈到自己的经历时,周保中在其日记中所记。①在赵尚志去后方养伤的两个月中,李兆麟既要支持部队的军事工作,又要兼顾开展地方的群众工作,可见工作之繁忙。这期间他给司令部写过两次报告,因为日伪军"讨伐",交通断绝,未能将报告递送给司令部。

自从他与司令部分开后,李兆麟便注意到当敌人"讨伐"开始之际,不怕敌人进攻,而怕内部动摇。此时,为保证内部稳定,他不顾自己胃病复发,每天都坚持对队员进行教育、训练工作。当他发现第五大队在路北延寿一带,行动不按照军事计划去执行,放弃政治工作时,有四五个队员逃跑,便去第五大队,严肃指出放弃政治工作这一错误,要求纠正。之后,李兆麟随第五大队行动。他在一份报告中写道:"当夜,骑兵队的掌旗逃走,拐去三八式枪一支,盗去指战员的匣子,我在一边房子,当时知道,因天黑无法追。我同五大队同'满'军在姑娘道岔子作了一战,敌方死二、伤一,我们无丝毫损失,还救了'立山'队。不是遇见我们,'立山'被匪军可能完全消灭。因为邓团又回路北,我们分别游击。"②这时,后方留守队、少先队在侯林乡展开遭遇战,被敌人三面包围。双方进行激烈战斗。敌方伤亡不明。我后方留守队两个中队长负伤,一姓曹队员负伤,中队长张同志被匪军俘去,遭枪杀。李兆麟对张中队长牺牲深表沉痛哀悼,他说:"张同志表现出革命职业家的风范,做很多宣传工作,最后壮烈牺牲。张同志的精神全队应当起来追悼。"③

此期间,李兆麟在珠河秋皮囤上营、粮秣岔子、头二号道岔子不断做发动群众工作,认为这里的群众工作"是有希望,虽不如侯林乡、大猪圈,但是相当好""我们来了,走狗都跑了,反日群众都乐得了不得,总的路北群众斗争更进一步开展"。为加强地方组织与队内组织工作,特别是为了加强队内与地方组织的密切联系,李兆麟曾具体地与路北地方组织讨论工作四次,详细地传达了路线的转变、巩固旧游击区、扩大新游击区的具体任务以及开展党内两条

---

① 《周保中简短日记》(1936—1937年),载中央档案馆等编《东北地区革命历史文件汇集》甲40,第304页。

② 《张同志给司令部的报告》(1934年12月),载中央档案馆等编《东北地区革命历史文件汇集》甲44,第249页。

③ 《张同志给司令部的报告》(1934年12月),载中央档案馆等编《东北地区革命历史文件汇集》甲44,第249页。

战线斗争等具体意见。为纠正路北工作中的缺点,他强调只有与党内不正确意识做斗争,肃清党内动摇分子,吸收新的干部,党的工作才能实现转变。

在1934年12月间,他以"宣传科长张"的名义给司令部写出报告。向司令部汇报自从与司令部分别以后的工作情况和向司令部请求工作指示。报告中,他写道:"我个人除有点胃病无什么大关系,每天步行精神尚好,队员、指挥员对于我的领导信仰还是很好,吃东西比较少一点,身体一般的还好",他特别关心同志们的情况,"××同志的伤怎样?我个人在工作立场是十二分惦念,是否已经好了,老冯同志工作精神怎样?"① ××同志是指司令赵尚志,他在肖田地战斗中负伤,在后方医院治疗。"老冯"是指冯仲云同志。此信表明他心中时刻惦念着战友、同志。

12月,司令部派李兆麟到方正县领导第六总队,协助该总队政治指导员马宏力,开辟方正新游击区。第六总队政治指导员马宏力在给司令部、县委的信件中说方正游击区"有许多军事对象。这一对象是在开辟新的游击区的工作,必须要解决的,中和镇、夹信子,有二百人的力量就容易解决,这一带东西七十里,南北五十里,地势也好,人家也多"。②马宏力盼望司令部派人急速过来一次。据此,司令部决定派遣李兆麟到方正县领导第六总队,从事开辟方正新游击区工作。哈东支队在12月24日给省委的一份报告说:"××同志,我们遵照省委的决议来执行(还未详细讨论省委的决议)。根据问题的严重,本应该分配下层工作,可是因为干部的缺乏,现下决定他到方正帮助老×等工作,实际上是领导那一部分工作,主要负责当然不是他。"③这里的"××同志"就是寿篯同志。"老×"即"老马",马宏力。查此份报告系赵尚志所写,可以看出赵尚志对李兆麟被省委处罚是抱同情态度,让这位宣传科长到方正从事部分领导工作。尽管说明"主要负责当然不是他",但要让他担任重要职责,在方正开展工作是明显的。

方正县原与通河县共为大通县,宣统元年(即1909年)吉林、黑龙江两省始以松花江为界,故将跨松花江左右两岸的大通县一分为二,江北(左)为通河县,江南(右)为方正县。方正县土地肥沃、河流纵横、森林密布、物产丰饶。九一八事变后,李杜领导的吉林自卫军曾在此县与日本侵略者展开斗争。1932年4月初,日寇铁蹄踏进方正县城,4月中旬自卫军复夺县城。5月上旬,日伪军又大举进攻,方正县城沦陷。此后,斗争浪潮暂时趋向低落。

李兆麟到方正后,根据司令部指示代理队长,领导第六总队进一步打开斗争局面,解决了第六总队队内领导意见不合,力量薄弱的问题,克服了队内因第七、第十两个大队长叛变造成的恐怖和动摇情绪,对开辟方正新游击区做出积极努力。这为以后抗日大部队东进牡丹江流

---

① 《张同志给司令部的报告》(1934年12月),载中央档案馆等编《东北地区革命历史文件汇集》甲44,第255页。

② 《第六总队政治指导员马宏力给司令部政治委员和县委的报告》(1934年12月18日),载中央档案馆等编《东北地区革命历史文件汇集》甲44,第234页。

③ 《东北反日游击队哈东支队给省委的报告》(1934年12月24日),载中央档案馆等编《东北地区革命历史文件汇集》甲44,第226页。

域准备了有利条件。

经过1934年冬季反"讨伐"斗争,哈东支队有很大发展。同年年底,中共满洲省委派冯仲云以巡视员身份来珠河,在其指导下,中共珠河中心县委召开会议,研究成立东北人民革命军第三军第一师的问题。1935年1月2日,冯仲云将讨论的意见向省委做了报告,省委批准了这一报告。

根据中共满洲省委的指示,1935年1月28日,在纪念上海抗战三周年的日子里,东北反日游击队哈东支队司令部在珠河县道南半截河宣布将哈东支队改编为东北人民革命军第三军第一师,并举行盛大升旗典礼。参加者除县委、哈东支队指战员外,还有"五龙""爱民""亚东"等队伍的代表作为来宾参加。第三军军长为赵尚志,政治部主任为冯仲云。全军共500余人。第三军司令部下暂编第一师。下设三个团及数个地方游击连。李兆麟任第一团团长,政治部主任为马宏力;第二团团长刘海涛(后为李熙山、王惠童),政治部主任为金策;第三团团长张连科,政治部主任为侯启刚。军部设有秘书处、参谋处、副官处、军需处、执法处、稽查处、军医处等。

李兆麟所率第一团活动在延(寿)方(正)区,第二团活动在道北区(珠河铁道北及宾县等地),第三团活动在道南区(珠河铁道南及五常、双城等地),各团都独立开展活动。此时第三军活动区域为珠河、五常、双城、延寿、宾县、方正六个县份。①

东北人民革命军第三军宣告成立,是哈东人民抗日斗争中的一件大事,它极大地鼓舞了各种抗日武装和广大群众的抗日斗志,哈东一带的抗日游击战争进入了一个以人民革命军为主力的新时期。

李兆麟到第一团任团长后,率队首先在方正县大罗勒密积极开展反日活动。

1935年春节前,日伪当局纠集1000余兵力向游击区进攻。具体是:从一面坡、呼兰等地调集伪军王旅、孙团、褚营、李营等部,向宾县、珠河、延寿一带进攻;调马旅、延寿警察大队、独立团等,向延寿、方正和中和镇一带展开进攻。

为反对敌人进攻,人民革命军第三军第一师联合其他抗日武装积极开展反"讨伐"作战。第三军司令部直属队在赵尚志率领下,突然南下五常攻占方城岗和小山子,摧毁几处大排防所后北上宾县,在三小时内连续收缴了三道街、包家岗、四道河子等三地反动大排的30余支枪。接着在农历正月初二(2月5日)又围缴了驻财神庙的反动大排"占北平",经一小时激战,将40余名反动大排队员全部缴械,获50余支枪。过去许多山林队对财神庙大排"占北平"都持不可小觑、不可接触的恐惧,但此大排被第三军解决后,周围民众和山林队都十分钦佩第三军勇敢善战。这次战斗的胜利对进一步扩大反日统一战线起到了很大作用。而后,司令部直属队横扫延寿,又缴取花砬子大排武装,烧毁靰鞡草沟、姜家崴子伪警察所,再渡蚂蜒河(按,又称蚂蚁河)至敌人统治势力较强的马鞍山、金坑一带开展游击活动。

这时,李兆麟指挥第一团在司令部直属队胜利战斗鼓舞下,于延寿之中和镇附近关门嘴子给予伪军马团以痛击,继而又在新开道将反动大排13人缴械,再与援敌"常罗锅"带领的延寿伪警察大队和大排队150余名发生战斗,敌人死伤10余人,并将老三区大排队长李清击毙,延

---

① 《北满游击运动史略》(1941年),载中央档案馆等编《东北地区革命历史文件汇集》甲62,第350页。

寿日本指导官"老则利"(宫泽立),身负重伤,回城即死。第一团乘胜追击,敌人以马驮尸而逃。

这期间,李兆麟指挥第三军第一团在延方一带积极活动,战绩显著。《北满游击运动史略》记载:"第三军第一团在延方一带,在寿篯、宏力两同志指导下,收获相当成绩。他们已经冲破了敌人在延方二、三月大举'讨伐',击溃满军土旅300余,该土旅士兵弟兄被我军包围在寒风深雪之中,听到我们战士们唱革命歌、喊口号后,他们都答复说:我们也是中国人,决不打中国军队……,结果他们都不战而回。"①

第三军第二、第三团也积极开展游击活动。2月初第二、第三团各一部在亮珠河孟家店附近与伪军孙团展开战斗,击毙敌参谋长等人。2月26日,第三团一部联合"野狼""占北"等山林队,在帽儿山站以西连续攻打三处反动大排,缴获枪械100余支。之后又在蜜蜂站附近袭击一支日伪军,击毙日军7人、击伤5人。

此期间,第三军开展的反"讨伐"斗争有声有色,使延方日伪统治者大为震惊,惶恐不安。人民革命军第三军成立伊始所取得的一系列战斗的胜利,声威远震宾县、延寿、方正、五常等地。

冯仲云同志回忆说:"一九三四年后,他(李兆麟)被派到第三军去做政治工作,他虽然是政治工作人员,但是他也是军事干部,常和赵尚志将军一起作战。有时赵尚志和抗联主力失去联络,他就亲身率领着部队与敌人血斗,或者从容地退到安全的地方。他善于找敌人的弱点去袭击敌人,使敌人受到奇重的损失。假如他率领队伍退却时,那么敌人就莫想追上他,因为他的计划和行动是相当周密的。他曾经率领着抗联三军到过满家店,接近过哈尔滨的近郊,使哈尔滨的敌人感到万分的恐慌。他也曾率领着队伍,深入到榆树的大岭一带,开展过平原游击战。他在延寿县的腰岭一战,曾经击毙有名的延寿日寇指导官宫泽立,曾击溃伪军的第三八团,使团长马某把大烟枪都抛掉了,仅以身脱。他在军事上的天才,政治上的聪明头脑,曾使当时的抗日义勇军、山林队等敬服,而和抗联三军结成统一战线,团结起来反抗日寇。哈东的人民没有不知道伟大的抗日领导者张主任的。"②

正在李兆麟率第一团为冲破伪军屠旅对延、方游击区的进攻而积极展开游击战时,在附近活动的祁致中③(祁宝堂)"明山"部主动协同第一团开展对敌军作战。祁致中所部在土龙山农民暴动发起时曾参加谢文东④领导的民众救国军,后又脱离该军,在桦川、依兰、方正等地实行独立活动。在作战中,祁致中见人民革命军第三军第一团战士作战英勇,指挥员李兆麟指挥有方,深受感动。祁致中对李兆麟表示,他对谢文东几乎没有什么信任,民众军纪律松弛,谢文东抗日不坚决。他向李兆麟介绍了民众救国军及谢文东活动情况,表示要与第三军

---

① 《北满游击运动史略》(1941年),载中央档案馆等编《东北地区革命历史文件汇集》甲62,第353页。
② 冯仲云:《李兆麟将军》,《哈尔滨日报》(1946年2月18日)。
③ 祁致中(1913—1939),原名祁宝堂,山东曹县人。曾在桦川县驼腰子金矿当工人。九一八事变后举旗抗日,组建"明山队"。后加入中国共产党。任东北抗日联军独立师师长、抗联第十一军军长。1939年被内部错杀。
④ 谢文东(1887—1946),辽宁凤城人。依兰土龙山区五保保董。1934年领导土龙山农民举行反日暴动,组建民众救国军,任司令。后任东北抗日联军第八军军长。1939年投降日伪,任勃利县协和会会长。1945年组织土匪武装建立国民党先遣军。1946年,被合江剿匪部队擒获、处决。

第一团联合抗日。

原来，谢文东自1934年10月组织民众救国军斗争失败后，率领残部转入依兰深山中。敌人为迫使他投降，将其母亲、家人逮捕，他陷入彷徨绝望之中。一度参加民众救国军的祁致中"明山"队，曾去山中看望谢文东，谢部与"明山"队遂到刁翎游击，收集散失的余部，再转方正东南部五影山一带。

此期间，第三军各团领导成员有所变动。第一团由刘海涛任团长，李兆麟任第一团政治部主任（这一时期，第三军司令部对干部调动频繁，曾有"一日三编"之说）。

李兆麟从祁致中的"明山"队得知民众救国军谢文东率残部正在方正东南部五影山二和尚庙隐蔽徘徊这一信息后，便认真地分析谢文东心理状态，认为完全可以争取他，坚定其抗日决心，以挽救、恢复土龙山暴动后产生的这支抗日部队，与谢合作有利于扩大反日统一战线。于是他以第三军第一团政治部主任身份带一部分队伍前往方正东南的五影山二和尚庙会见谢文东。见面时，李兆麟赞扬谢文东在领导土龙山农民反日暴动中的重要贡献，安慰他要把母亲、家人落入敌手的悲痛转化为对日本侵略者的仇恨，鼓励他继续举起土龙山反日旗帜，坚持反对日本侵略的立场。交谈中，李兆麟规劝谢文东不必消极气馁，应参加共产党领导的反日统一战线，组织联合军，共同抗击日本侵略者，打击敌人，报国恨家仇。他的一席话，打动了谢文东的心，使他从彷徨犹豫不定的思想状态中回转过来。随后，他们共同讨论了当前面临的重整队伍、联合抗日等紧急问题。两人交谈得很是投机。

谈话中，李兆麟发现在谢部住了有好些时日的林茂彬是日伪派来进行策反的奸细。在此奸细花言巧语的迷惑下，谢文东对林茂彬颇有好感，予以信任。当时，李兆麟对谢文东无情地揭露奸细林茂彬的实际阴谋和罪恶企图，使谢文东和其部下觉醒。"文东部下各人员都相信寿篯同志的指责，当即将奸细执行处决。"①实际上，当时谢文东已步向奸细林茂彬设置的圈套，若不是李兆麟及时把他挽救出来，他即陷入奸细的罗网。由于李兆麟对谢文东的挽救，使谢文东及民众救国军余部得以转危为安。对此，谢文东十分感谢李兆麟。

当他们再次交谈时，谢文东更加感到李兆麟所说字字中听、句句入耳。当李兆麟提出希望他加入共产党领导的反日统一战线时，谢文东说："他的部下人手太少，无力配合行动。"李兆麟就反复向谢文东宣传共产党的反日统一战线政策，对他说："如果成立了反日统一战线组织，所有参加这个组织的队伍，也就在你的麾下了。"②李兆麟反复充分肯定谢文东领导土龙山农民举行反日暴动和组织成立民众救国军的反日作用，鼓励他在国难当头之际，本着"国家兴亡，匹夫有责"的理念，力挽狂澜，救民于水火，不当亡国奴，要发扬领导土龙山农民暴动精神，坚持继续斗争。他们两人在二和尚庙佛龛之前、青灯之下，共商抗日之事。经过李兆麟的细致劝说，谢文东同意参加共产党领导的反日统一战线，他也看到了只有与共产党合作，接受共产党的帮助，民众救国军才有广阔的发展前途。对于这阶段工作，李兆麟在他的履历自传中记载说："11月，赵尚志负伤，我以宣传科长的职务，在冬季日寇大讨伐的严重情况

---

① 《北满游击运动史略》（1942年），载中央档案馆等编《东北地区革命历史文件汇集》甲62，第354页。
② 叶忠辉、李云桥、温野：《东北抗日联军第八—十一军》，黑龙江人民出版社，2005年版，第35页。

下,配合地方党部支撑珠河、延寿、宾县的活动局面。打击敌人,保存实力。部队建立反日统一战线,团结了广大山林义勇军。十二月司令部派我到方正县领导第六总队,开辟了方正的新游击区,与土龙山民变的谢文东部队建立反日统一战线,团结了广大山林义勇军。"①

在此前后,同样处于困境中的自卫军支队李华堂②率部前来与谢文东部会合,他们都想请求威名远扬、刚成立不久的赵尚志领导的东北人民革命军第三军,帮助重整部队。不久,赵尚志率第三军司令部及直属部队东进,经延寿县中和镇、二里街到达方正县大罗勒密、小罗勒密一带活动。在大罗勒密,通过李兆麟的引荐,赵尚志与谢文东、李华堂两人会见。

当时,军长赵尚志认为,民众救国军虽然遭受了敌人的严重打击,部队所余无几,但是土龙山农民反日大暴动的影响,在东北特别是在松花江中下游一带是深远的,协助这一部队的整顿和恢复,对抗日大业是有益的。因此,承诺对谢文东、李华堂两部予以支持、帮助。

1935年3月初,赵尚志在方正大罗勒密与谢文东、李华堂再次会见后,经过三方的协商,决定在中共满洲省委为东北人民革命军提出的"不投降,不出卖,不扰民,反日到底;没收日本帝国主义及其走狗的财产充作抗战经费;维护民众利益,不妨碍民众反日斗争,武装民众共同抗日"三项条件下,以第三军、民众军、自卫军支队这三支主要队伍为基础,将过去成立的东北反日联合军司令部进一步恢复扩充起来,成立东北反日联合军总指挥部和军事委员会。推举赵尚志为总指挥、谢文东为军事委员长、李华堂为副总指挥、李兆麟为总政治部主任。据周保中日记记载:张寿篯(李兆麟)"从祁口中知谢甚详,当时同志(按,指张寿篯)认为与谢(按,指谢文东)合作,与李(按,指李华堂)均对统一战线前途好转有望,司令部未来以前,张亲往见谢,适日贼围攻谢于二和尚森林地带,方正东南山。三军一团经过许多方法与谢相见,讨论首先承认谢之反日作用,估计民众军发展前途。工作结果,谢对三军信仰,此时三军司令部到着,李军亦已会合,当时组成东北反日联合军"。③

东北反日联合军总指挥部成立,意义重大。珠河党团县委对此予以充分肯定。珠河党团县委在给队内党团同志的信中说:"我们与方东(按,方正东部)及下江一带有名的义勇军谢、李建立了以我们为中心领导的反日联合军。谢、李不远千里而来,表明受到我们的政治上的影响,了解到只有我们才真正反日。"又说:"这一意义是非常伟大的!是我们哈东反日运动中左右一切力量的新形势,将更顺利推动和扩大哈东、方东及下江一带的反日民族革命战争,同时更有可能集中这广大地区内散漫大部自发性的义勇军在我们的政治影响和领导之下,一致对付日本帝国主义。"党团县委在信中还指示说:"联合军指挥部是上层统一战线来夺取

---

① 《张寿篯独立活动经过(履历自传)》(1942年9月10日),载中央档案馆等编《东北地区革命历史文件汇集》甲64,第305页。

② 李华堂(1886—1946年)河北滦县人。原东北军二十二旅九十六团连长。九一八事变后,组建自卫军吉林混成旅第二支队,领导抗日。后任东北抗日联军第九军军长。1939年投降日伪,在佳木斯以三江公寓经理身份,充当日本特务。1945年组织土匪武装建立国民党东北挺进军。1946年,被合江剿匪部队擒获,死于押解车祸中。

③ 《周保中简短日记》(1936—1937年),载中央档案馆等编《东北地区革命历史文件汇集》甲40,第305页。

下层群众工作的一个很好的方式,我们不要认为这是一个利用的东西,像过去那样名义上建立起来就不管了。要知道他是应当团结一切大的小的义勇军队伍,在我们政治影响和领导下,一致进行反日战争的组织形式。我们应抱着这样大的决心将一切义勇军队伍都领导走向正轨,加入联合军,接受和执行我们的反日纲领。"①

为了庆祝东北反日联合军总指挥部成立,扩大反日联合军的政治影响,团结、吸收更多的义勇军加入联合军和打击日本侵略者,反日联合军指挥部决定共同攻打方正县城。

经侦察得知方正守城敌情后,赵尚志、李兆麟、刘海涛与谢文东、李华堂做出详细攻城计划部署。3月9日凌晨,东北人民革命军第三军第一团、民众救国军、自卫军支队和"明山"队(祁致中部)联合部队共450人,在赵尚志的指挥下,远道奔袭,经过百里行军,突然包围了方正县城。拂晓时,分四路攻城。守城伪军警200余人依仗城墙和炮台进行顽抗。至中午12时,刘海涛、李兆麟率第三军一团部队从东门突入城内,打开伪警察署,毙伤伪警6人,俘虏伪警务股长1人,缴枪15支,焚烧了日本参事官、指导官住宅。后因火势蔓延,烧了一条街。但伪县署与十字街因敌人顽抗未能攻下。其他各部亦均有缴获。当联合军攻入方正12小时后,估计敌人从通河、宾县所调援兵即将开到时,攻城部队全部安全撤退。此次战斗,反日联合军部队牺牲1名,负伤3名。

这次攻打方正县城战斗取得了很大胜利。其胜利的原因是赵尚志正确军事指挥和李兆麟成功政治工作相结合的结果。在军事上,采用了真正意义的游击战术,运用突然袭击敌人的办法克敌制胜。当时联合军曾三次经过方正县近郊,敌人被吓得惊慌失措,同时故意使敌人看出联合军没有攻城之意,这是一计而懈敌;这次计划为进攻敌人,还将联合军队伍带到山里,使敌人不知其形迹。在将敌人各种情形侦察好后,马上将联合军队伍带出山去,布置攻城行动,这是二计而惑敌;联合军开始进攻敌人驻守的城门时,不发一枪,使敌人毫无所知,到了敌人守城门的防所时敌人才知晓,联合军进到城内,敌人极度恐慌,经短时间战斗,速战速决,县城被反日联合军占领,这是三计以陷敌。在政治上经李兆麟的细致思想工作,谢、李、祁与赵部紧密配合、团结协作,步调一致。新组建的反日联合军斗志昂扬,纪律严谨。坚强有力的政治工作使战斗稳操胜券,为夺取胜利提供了可靠的保证。

此次战斗后,反日联合军总指挥部得到扩充,各部队初步形成在统一战线旗帜下,共同行动。方正县城被攻陷,反日联合军的声威大振。

在方正县城被攻陷之前两天,于3月7日,第三军第二团在团长李熙山、政治部主任金策指挥下,联合义勇军370余兵力,攻下延寿二区小黄烧锅(按,今兴隆镇),焚毁日本农场及其建筑物,致敌受到很大损失。第二团攻打小黄烧锅与第一团攻打方正县城这两次战斗相互呼应,打得敌人防不胜防。

3月13日,根据第三军司令部决定,李兆麟与金策工作对调,金策到第一团任政治部主任,李兆麟到第二团任政治部主任。李兆麟到第二团后与团长李熙山密切合作,在路北宾县、

---

① 《珠河党团县委关于联合军问题给队内党团同志的信》(1935年3月18日),载中央档案馆等编《东北地区革命历史文件汇集》甲38,第152页。

延寿等地积极开展游击活动。

为加强党对部队的领导,在人民革命军第三军各团都设有政治部主任,并派强有力的干部担任这一职务,如李兆麟、金策、侯启刚等。政治部主任的工作在保证部队置于党的领导下,不断加强部队思想政治工作方面发挥着巨大作用。

政治教育工作在人民革命军第三军中占有重要地位。当时,政治工作的主要形式是开讨论会、听领导讲话、办识字班、教唱抗日歌曲、学习省委下达的文件等。在司令部的一份文件中说:"关于识字程度在全队中非常稀少与低落,在写文章、写信,除了几个同志(司令、老侯、张寿篯)能而外,可以说没有的现象,这是在司令部及各团,做任何传单、宣言、布告、重要写信上也一个困难问题。关于在写字运动,政保连、少年连常常执行中,并在各团各连中也同样执行。在唱歌、出操方面比较进步。"①李兆麟到第二团后特别注意队内政治教育工作。除经常召开的讨论会,将每次作战经验教训在队员中组织讨论,总结优点及缺点以得到应有的结论,还举办政治常识班,另有识字班、歌唱会。每个连的党支部都能做到经常开会,组织生活很健全,党团组织关系密切。由于政治教育工作的加强,使第二团政治、军事素质有明显提高。

对于第三军部队加强政治工作的这种状况,一份日伪资料记载说:"对于战斗部队,在连长和团长之外,各有一名政治部主任作为指导,部队都要按照政治部主任的意见去行动。政治部主任由朝鲜人或满人受过相当教育的进行担任,例如王惠同是小学毕业程度,但其政治部主任张寿篯却是中学毕业生;又如张连科不识字,而其政治部主任侯启刚却是大学毕业的。"②这里所说虽然不十分准确,但强调战斗部队在连长和团长之外,各有一名政治部主任作为指导,政治部主任都受过相当教育,具有一定文化水准,则是确实的。

不久,赵尚志率第三军司令部自方正西返,会合第二团,大军西进至离宾县25公里之三岔河、元宝河一带积极活动,宾县日伪当局恐慌不可终日。

在这一时期,第三军联合抗日义勇军各部所取得的胜利,振奋了抗日义勇军的士气,一扫各义勇军冬季的沉闷状态。各部义勇军也主动与伪军、大排队联合作战。"八合""爱民"等部攻下柳板站,"北来""吕绍才"等攻进二道河子等村屯、敌人据点。

哈东各县抗日游击战争再度活跃,严重威胁了日伪的反动统治。1935年3月下旬,日伪当局开始发动春季"大讨伐",企图打击中国共产党领导的人民革命军第三军,消除人民对共产党和第三军的热望。

3月间,第三军司令部在老黑顶子召开了一次义勇军、反日山林队会议,到会首领40余名。由于前阶段联合对敌所取得的成果,各部为粉碎敌人新的进攻,认为有继续联合战斗的必要。经协商同意分别成立了延方、路北、路南三个联合军指挥部,决定由各抗日部队分区保卫抗日游击区。延方、路北、路南三个联合军指挥部的建立,使许多抗日义勇军部队集结在指挥部下,团结在人民革命军第三军第一师周围。在路北,由第二团政治部主任李兆麟任中东路

---

① 《东北人民革命军第三军司令部给中共满洲省委的报告》(1935年4月11日),载中央档案馆等编《东北地区革命历史文件汇集》甲45,第6页。

② 伪军政部编:《满洲共产匪研究》第四章东北人民革命军第三军的阵容。

北民众自卫会委员长,第二团团长李熙山(后为王惠童)任路北联合军指挥部总指挥。李兆麟和李熙山以路北指挥部名义联合许多义勇军,共同与敌人展开作战。

3月25日,东北人民革命军第三军司令部、东北反日联合军总指挥部发布《布告》:指出"哈东一带的反日怒潮日益澎湃之下,本军领导了广大工农群众及一切反日队伍,消灭了许多日'满'强盗统治及地方走狗、叛徒,扩大巩固广大的游击区。""本军为迅速达到国土完整与独立的任务而责成第三军第一师第一团及联合军,延方指挥部指挥×××,第二团及路北指挥部指挥×××,第三团及路南指挥部指挥×××,分负延方、路北、路南各反日区一切布置指挥等事宜,负责领导和推动广大群众的反日斗争与武装农民,'自己保卫自己'的利益和春耕,肃清走狗。"《布告》号召"一切反日队伍联合一起,不投降、不出卖、不扰民、不障碍民众反日斗争等条件下,民众与武装结成共同战线,分头一致迫及日'满'统治区域及中小城镇兵站,加紧扩大完成反日救国的光荣事业""希望一切反日民众及反日武装队伍们,站在反日的立场上,决不扰乱和障碍反日区域的发展,互相帮助,互相响应一切反日事业,并解散和消灭日'满'的统治力量"①。

《布告》发表后,在哈东一带产生很大反响,许多义勇军、山林队主动自觉地投入反日伪军的春季"大讨伐"斗争中。

日伪军在这次春季"大讨伐"中采取了步步为营的方针,在宾县、珠河到处建立军事据点,同时集中一批兵力专门重点追击第三军主力部队和第三军司令部。第三军司令部针对这一敌情,决定部队仍有计划地分开作战,既分散牵制敌人的兵力,又避免部队集中一地被敌人聚歼;司令部仍去延寿、方正,率领第一团、民众救国军、自卫军支队等部作战。

4月23日,赵尚志率第三军司令部和第一团在延寿中和镇北部会合了民众救国军谢文东部、"明山"队和义勇军王营长(王荫武)部共230余人,联合进攻了方正大罗勒密。之后,在中和镇、夹信子附近收缴半截河、新开道等地新成立的伪壮丁团枪支,进攻了老五团局所,伏击了延寿伪警察队。在延寿蚂蜒河东金坑一带冲破伪军邓云章团和伪警察、大排900余人的围攻,获得胜利。

在司令部率第一团给予延、方游击区境内敌伪势力以沉重打击的同时,第二团仍在路北,第三团仍在路南继续坚持战斗。这期间,第二团100余骑兵由李熙山、李兆麟指挥强行冲破过延寿曹家屯南岗敌人封锁线,步兵大队抢占东山,迅速摆脱了敌军,继而折向苇沙河远征,并与活动在宁安西北山区一带的东北反日联合军第五军遥相呼应。结果,敌军因失去追缴目标而撤军,第二团部队却在苇沙河东山得以休整。敌人的春季"讨伐"也草草结束。

5月,时值省委新派任第三军政治部主任张玉衍(化名杨振江)②来到珠河,与李熙山、李

---

① 《东北人民革命军第三军司令部、东北反日联合军总指挥部布告》(1935年3月25日),载中央档案馆等编《东北地区革命历史文件汇集》甲44,第442页。

② 张玉衍(1901—1935),又名张玉珩、张敬山,化名杨振江,外号"张瞎子"。河南信阳人,中共党员。曾任中共磐石中心县委组织部长、磐石游击队政治委员、中共哈尔滨市道外区党委书记、东北人民革命军第三军政治部主任。1935年8月3日牺牲。

兆麟所率第二团一起活动。当时,日伪当局极力对珠河、宾县、方正、延寿等游击区施加压力,进行军事"讨伐",强化政治统治,企图变游击区为日伪统治区。敌人在铁道北地区大肆"清乡"、检查户口、归并大屯。利用走狗奸细破坏反日游击区域。在黑龙宫以"黄炮"为中心,在大青川以"白狼"等为中心,在宾县以"德龙"为中心,经常派人到游击区里进行侦探或造谣破坏。在哈东各县伪政府都在扩大伪警察大队,招收流氓、惯匪、叛徒到处逮捕、烧杀,专门破坏地方党团及抗日会组织、抗日部队,挑拨民族关系,制造汉族与朝鲜族对立。日伪军则采取以逸待劳的战术袭击、包围抗日军。日伪当局的残酷统治,使民众的反日情绪日增,对日本侵略者、汉奸、特务的仇恨加深。

5月,第二团与第三团共200余人,联合义勇军300多人,在第三军政治部主任杨振江、第二团团长李熙山、政治部主任李兆麟统一指挥下进攻了宾县高丽帽子街(按,今胜利镇)。第二团、第三团指战员采取由70里外做大迂回行军至城墙砬子,而后与义勇军一同挺军前进,攻进了高丽帽子街,消灭大部分敌人。此战共500余人参加战斗。这次战斗是摧毁宾县、方正江南、江北一带敌人据点的一次重大胜利,扩大了党和人民革命军的影响。同时也进一步加强了统一战线工作,使各义勇军看明了只有在人民革命军领导之下,开展英勇的抗日斗争才有前途。

在这次行动中,李兆麟考虑到要团结一切可以团结的力量共同抗日,进军途中,强调要贯彻抗日民族统一战线政策,对几个地主大院都未攻打。据县委给省委的一份报告说:"二、三团进攻高丽帽子,虽然政治上有很大的意义,但敌人死守烧锅,我们未得到任何物质的胜利。由于寿籛同志的右倾,未捕老姜家,所以经济上也没有收获。"①另据第三团给司令部的一份报告说:"二团政治主任、团长和杨主任坚决反对三团负责同志的意见,不但未逮汪家大院的人,且在张主任的严格命令下,保护了这一豪绅地主,更显了我们保护了有钱人,祸害了穷人,这是最大的错误。"②报告中所说的"二团政治主任""张主任",就是第二团政治主任张寿籛(李兆麟),"团长"即李熙山,"杨主任"即随第二团活动的第三军政治部主任杨振江[按,即张玉衍、张玉珩、张敬山,外号张瞎子。李兆麟1937年6月6日在吉东与周保中谈第三军情况时说:"省派张瞎子担三军主任后阵亡(杨振江)"军内称其为杨主任]。李兆麟等认为抗日部队对待地主应分别对待,属汉奸地主者自当坚决打击,而属中立者则应当争取,而属同情、支援抗日者应该团结、依靠。老姜家地主、汪家大院的地主不属于汉奸、走狗,自然不能随便逮捕、缴取。按党的反日民族统一战线政策,应是不分阶级,要团结、争取一切力量,共同抗日。没收财产的对象应是汉奸、走狗,而不是非汉奸、非走狗,这不是搞土地革命,不能划分有钱人,还是没钱的人。在没有确凿证据证明他是汉奸、走狗之前,是不能随意逮捕的。在受"左"的思想影响的同志看来,没有逮捕老姜家、汪家大院的地主,没有没收其财产,这就是"右倾",是"最大的错误"。但恰恰相反,"在张

---

① 《中共珠河县委给省委的报告》(1935年6月7日),载中央档案馆等编《东北地区革命历史文件汇集》甲38,第197页。

② 《东北人民革命军第三军第三团团长、代主任给司令部的报告》(1935年6月),载中央档案馆等编《东北地区革命历史文件汇集》甲45,第134页。

主任的严格命令下,保护了这一豪绅地主"是符合党的反日民族统一战线政策的,是正确的。

此次进军途中虽然没能从地主大户身上得到物质利益上的收获,但是人民革命军和义勇军的抗日活动却得到广大群众包括一些地主大户的同情。一些非游击区的群众要求搬到游击区里来,一些义勇军在人民革命军第三军英勇战斗行动的带动下积极与日伪军作战。部分伪军更加动摇,钦佩人民革命军,有的说:"人民革命军作战没比的,真勇敢。"有的说:"人民革命军是反日的领导,他们不打我们,我不打他。"①

高丽帽子战斗后,李兆麟等又率队转到珠河,把四站打开,缴取20余支步枪,没收军需品甚多。之后,第二、三团分开活动。第三团在团长张连科、代理政治部主任侯启刚率领下到双城六区地界活动,途中取得攻打十站(今乌吉密)战斗胜利。

第二团在团长李熙山、政治部主任李兆麟率领下,继续在道北地区活动。首先进攻了珠河附近的兴隆沟反动大排。同时,加强了义勇军工作,"二团在路北和义勇军的关系很好,而且有信仰,能调动。"②李兆麟在太平沟主持召开了由义勇军首领参加的会议,组织了联军别动大队,做了关于人民革命政府纲领的宣传工作,并选举了代表。

会后,决定进攻九站(按,中东铁路线新河火车待避站,后改名九站,今为九北),后因中途得知日伪军200余人在走狗孟庆太、李元祥等带领下进攻游击区五区小街。部队又转而前去保卫五区,途中得知敌人可能袭击游击区后方,于是决定双管齐下,一部解决九站,一部解决远来五区的敌人。但因缺乏侦察工作,结果九站未攻,五区未打,转而防守太平沟、大猪圈,并决定抄袭敌人后方春秋岭、王升店一带,以牵制敌人。

当第二团团长李熙山、政治部主任李兆麟带队到达敌人后方时,并未发现敌人,原来敌人驻在河东宣家大院。据群众报告宣家大院有15支钢枪。李熙山、李兆麟经研究当即决定兵分南北两路,按战斗部署,他们分别率领南、北两支部队予以夹攻。一份文件对此次战斗记载道:"南方队伍的任务就当为解决宣家大院,同时团长指令北方各队(寿筱率领之)听南方枪响,就开始解决石缝敌人及小五区山上的敌人,南北夹击,这个决定是根据敌人对我们的恐怖,不敢下山,在山上按战场不下山,道上设倒木,挂铁片,防止我们对于他们的袭击等情形而布置的。""宣家大院,壕深五尺,战斗一夜敌人未能解决,解决了韩国移民团十六人、活捉'满'大排一名、'满'走狗三名、击毙韩国大排头一名,北方各队因有风未能听见枪声,待天将晓,才开始攻击,及天将上午八时始与宣家大院合兵一处,努力抢了敌人最高峰的战壕;这时敌人准备逃跑,士兵动摇,队长大哭,我方士兵大振,但敌人日本军由夜半十二时就由珠河出发,但是走一里打一阵枪,走一里打一阵枪,我们都未听见,这时已经增援到小五区附近,抄袭了我们后方,当我们退却时,打死日军大尉一名、士兵一名,我们退却很零乱,敌人未敢追击。一昼夜的战争,士兵疲乏之故,就误了与三团共同计划的接头地点,及误了共同军事行动。这次

---

① 《东北人民革命军第三军司令部政治部主任杨、一师二团政治部主任张给司令部的信》(1935年6月),载中央档案馆等编《东北地区革命历史文件汇集》甲45,第146页。

② 《中共珠河县委给省委的报告》(1935年6月7日),载中央档案馆等编《东北地区革命历史文件汇集》甲38,第198页。

战争的总结,在政治上很大的胜利,我们给敌人打击很大(如打死韩国'移民团'等,及打死日'满'匪军等),但是我们在解决宣家大院时,死战斗员四名、伤一连连长一名、排长一名,损失三八式枪一支、得敌套枪一支。"①

战斗中,李兆麟不顾自己身患肺病(按,珠河县委在1935年6月7日的一份报告中谈到二团领导时说:"×的病亦甚剧,肺炎第二期。"×即指政治部主任张寿篯),参加指挥战斗。此次宣家大院战斗,在军事上虽无更大胜利,但在政治上仍不失是一次有意义的战斗。其主要的成绩,一是给日本侵略者的压缩游击区和移民计划以很大打击;二是给走狗孟庆太、李元祥以一定打击,一个被日军押起,一个逃至一面坡;三是对伪满军队影响很大,"敌人士兵在接到我们大量宣传品及口头宣传之后,全部动摇,准备绑游击区群众的绳子都弃去了。都说'反日军是中国人,我们不打他们,他们来了我们就跑'。有一个军官教群众给我们带信,说自己的姓名,要求帮助反日,并准备出来。"②四是二团在群众中建立了威信,受到义勇军的拥护。群众都说二团真保护游击区的群众。战斗中,群众送水送饭,积极帮助挖战壕。义勇军也都拍手叫好,进一步把他们团结在人民革命军周围,广大义勇军积极参加反日"满"进攻的战斗。

此次宣家大院战斗结束后,李兆麟执笔以军政部杨主任和他的名义写出给司令部的报告。报告中对此次战斗进行全面总结,特别着重总结了这次战斗的缺点:"宣家大院的持久战,消费很多子弹。未布置侦探,更谈不上详细秘密,这是很大缺点。军事行动不迅速,不是采取游击战术。军事布置不科学化,表现愚蠢不灵活。对日'满'士兵宣传不够,这是缺点。"③宣家大院战斗后,第二团又进攻乌吉密日本"移民团"缴得16支枪。之后,第二、三团分开活动。在此期间,第三团也积极开展游击战,曾联合义勇军进攻蜜蜂站等地,缴获一定数量的枪支和布匹。

自李兆麟到第二团后,进一步加强了对义勇军的工作,按照党的抗日民族统一战线政策,广泛团结活动在道北地区的义勇军、山林队共同抗日。在宾、延、方一带活动有许多义勇军,第二团主动与这些义勇军取得联络。在这一带活动的义勇军与二团建立了良好关系。其中关系密切的有"化民""公平""江东""双侠""明山""占山""立山""东爱国""仁义""平东洋"等约500余人。在联合抗日斗争中,以第二团为领导的路北指挥部的威望都大大提高了。在一些义勇军中,如"占山""仁义"等部建有反日会组织,同时还计划在其他义勇军中建立公开或半公开的反日会组织及秘密党团支部。在路北秋皮囤、马才沟、对面山、石泽一带大小义勇军、山林队二十余队头共三四百名,这些队伍常与第二团在一起活动,他们对第二团表示友好,甚至有的队头如"武山"要求第二团予以收编。在路北反日联合军路北指挥部领导之下,

---

① 《东北人民革命军第三军司令部政治部主任杨、一师二团政治部主任张给司令部的信》(1935年6月),载中央档案馆等编《东北地区革命历史文件汇集》甲45,第149页。

② 《东北人民革命军第三军司令部政治部主任杨、一师二团政治部主任张给司令部的信》(1935年6月),载中央档案馆等编《东北地区革命历史文件汇集》甲45,第149页。

③ 《东北人民革命军第三军司令部政治部主任杨、一师二团政治部主任张给司令部的信》(1935年6月),载中央档案馆等编《东北地区革命历史文件汇集》甲45,第150页。

已经编制第一队、第二队,两个大队。袖标、旗帜都已改变。自李兆麟到第二团后对义勇军工作不断加强,巩固扩大抗日民族统一战线及共同抗日的工作有很大起色。

在此期间,李兆麟还组织第二团以及义勇军中做了学习、宣传、贯彻《满洲临时人民革命政府纲领》的工作。同年6月他给三军司令部的报告中汇报了对这纲领学习、宣传的情况,报告中说:"二团除了给各队通知内,做了书面(宣传)以外,在'占山''东仁义''仁义''立山''东平洋'选举了代表,这是对外的工作。群众中未进行。队内讨论了这个纲领,代表选出来。"这是时任东北人民革命军第三军第二团政治部主任的李兆麟根据省委指示要求,在第二团和义勇军中所开展的工作。

第二团各方面工作出现新的进步,是与李兆麟的努力分不开的。

三、夏季反"讨伐"

自1935年5月下旬开始,日伪军在珠河铁道南北一带游击区展开疯狂的夏季"大讨伐"。凶恶的大批日伪军四处围追堵截活动在这里的人民革命军第三军和其他抗日部队。与此同时,日本侵略者进一步强化了对广大民众的残酷统治和对抗日活动的镇压。

李兆麟所率第二团活动区域延方一带的政治形势与珠河铁道南北游击区的形势大体相同。敌人在这一区域广泛进行户口登记、实行十家连坐法、"归大屯"、建移民"开拓团"等。日伪当局为推行"集团部落"政策,大批日伪军焚烧山间房屋,可谓"村村点火、户户冒烟",对"归大屯"不满者则被屠杀。日本侵略者以"三光"(杀光、烧光、抢光)政策推行"归屯并户",制造"无人区"。日军在三道河沟口"归屯"时烧毁许多房子,杀害无辜农民,奸淫妇女,干尽坏事。烧杀抢掠,这是日军在延方地区无日不有、到处所见的一般现象。

1935年6月,第三军司令部给第二、三团来信,布置夏季反"大讨伐"斗争工作任务。是时,县委与第二、三团召开一次联席会议。第二团政治部主任李兆麟参加了这次会议。会议分析了面临的严峻斗争形势。会议认为目前夏季"大讨伐",敌人以五常、方正、延寿作中心,并非全部布置,而是采取截长补短,分别解决的办法,对付被摧毁的区域。会议指出,日"满"无力量,只是维持其垂败的命运,或过高的估计敌人,都是有害的,应该坚决反对。会议对敌人的夏季"大讨伐"的估计是"特殊地带的防守式进攻。根据这一估计,我们可向敌人力量弱的地方采取集中力量的秘密袭击攻势"。会议决定李兆麟领导的第二团总的行动仍在路北与延方,执行会议决定,开展反夏季"大讨伐"斗争。

此时,赵尚志根据满洲省委和珠河中心县委"红五月"工作提纲,率领司令部、第一团,联合谢文东、李华堂所部正在东征牡丹江流域,以牵制敌人对珠河等老游击区的进攻,并伺机扩大新游击区。司令部和第一团联合谢文东、李华堂所部在延方一带和牡丹江流域开展斗争,打击了日本侵略者,同时也极大地鼓舞着第二、三团和许多义勇军积极开展反敌人"大讨伐"斗争。

在第三军主力部队向牡丹江流域活动之际,日伪当局即有计划地在哈东游击区推行"集团部落"政策、修筑"警备道路"、架设"警备电话线",蚕食第三军活动区域。由于第二、第三团对敌人的动向缺少了解,对敌人进攻估计不足,没想到敌人会这样长期、反复地在游击区进行残酷烧杀,只认为敌人是"特殊地带的防守式进攻",时间也不会长久,便依然采取东进西出的老办法,回击敌人的进攻,但收效甚微。

赵尚志分析新出现的情况后,以第三军司令部名义给第二、第三团发出指示信。信中肯定了第二、三团在县委的领导、帮助下巩固了自己的力量和获得相当大的成绩。特别提出第二团攻破高丽帽子,五区十站,在义勇军中建立了下层基础(如道北义勇军工作),我军的政治影响和军事威信日益扩大,已经获得在反日战争中的领导地位等。信中指出,虽然取得这些成绩,但还不够。如第二团在活动有相当基础的游击区未解决枪多人少的问题,第三团经济问题解决的方式存在问题等。信中对县委与第二、三团召开的联席会议,对敌人的夏季"讨伐"形势的估计不足提出意见。指示信说:"县委及二、三团联席会议对敌人夏季'讨伐'的估计,县委给司令布置时信中有'部分的防守的进攻策略''二团报告书中有,不过日满讨伐认为是防守式的进攻策略',三团报告书中有特殊地带的防守式进攻等。司令部认为县委及二、三团对于敌人夏季'讨伐'的估计,在实质上各有不同和不够的了解。这表明在联席会上没有细心地来讨论具体分析,而各自了解一个会议决定的不完全的理论,这是执行目前任务上实际是有害的。"①司令部认为做这样估计,是轻视敌人的估计,是对敌人"大讨伐"残酷形势估计不足。

信中对第二、三团提出新的应对敌人夏季"大讨伐"斗争任务:"立即转变轮转游击区范围内的右倾行动,大胆灵活的运用游击战术来冲破敌人的遮断线,有力的提高政治主张与军事威信。同时号召与领导广大反日部队,围绕我们的周围发展新的反日区域,并建立根据地,在敏活的联络相应各团、各连的彻底行动中,能够冲破敌人的残酷的讨伐。同时,顺利地开展秋冬季的行动。"指示信中对第二、三团的发展方向做出规定。第二团的发展方向为:"尽量开展和巩固蚂蚁河一带的游击区,打通延方的交通路与一团配合行动来消灭〇〇〇〇镇等地方的统治。建立相当的根据地和巩固旧的游击区,以更有利的威胁宾、延、方的敌人,而且不放松二、三团的配合行动。有一部队经营活动珠五区、宾七八区一带,驱逐肃清反动势力,巩固地方组织和发动群众的切身斗争,武装群众来支持二团主力部队的活动。"第三团的发展方向为:"发展到五常南部冲河一带,建立根据地。"第二团团长李熙山、政治部主任李兆麟接到司令部指示信后,即领导第二团战士按此指示信指明的行动方向和斗争任务进行活动。一部赴珠河五区、宾县七八区一带活动,打通延方的交通线。巩固蚂蚁河一带的游击区,同时,按司令部来信要求,加强了侦探工作,建立团部直辖的秘密侦察网,以便知己知彼,打击敌人;不断巩固地方组织,发动群众、肃清汉奸、特务等反动势力;筹备服装、给养,争取 8 月 1 日前准备好冬服,贮备够半月用的给养;注意保密、加强安全保卫工作;建立密营,在敌人不易进攻的地方设置修械所、医院等。这些工作都是在开展反"讨伐"斗争艰苦条件下完成的。

1935 年 6 月,国民党南京政府与日本签订《何梅协定》(何应钦、梅津美治郎所签)后,日

---

① 《司令部给二、三团的指示信》(1935 年),载中央档案馆等编《东北地区革命历史文件汇集》甲 45,第 365 页。

伪当局不断加大在东北各地向抗日武装力量进行"大讨伐"的力度,为"讨伐"第三军的抗日武装,伪滨江省和第四军管区在帽儿山设立了宾县、五常、双城、阿城、珠河、延寿六县办事处,从7月20日起日伪当局统一调动和指挥3000余日伪军警兵力,先后对珠河道南、道北抗日游击区实行"大讨伐"。

果然这次敌人夏季"大讨伐"如第三军司令部分析的那样,是要在政治上破坏统一战线,军事上增加兵力于要路重镇,遮断反日军实力之有力进展,缩小第三军活动范围,不断进攻破坏游击区。敌人这次"大讨伐"一开始就呈现出十分凶狠毒辣的特点:军事"讨伐"时间比以往延长二三倍,夏季"大讨伐"与秋季"大讨伐"相衔接;"讨伐"部队以日军为主,实行全面包围抗日游击区,并在区内设置若干日军防所和基地,形成分割包围线,用精锐兵力在区内搜索、追击、堵截的办法,妄图消灭第三军及一切抗日武装。同时,强迫农民"归屯并户",迁入敌人指定的"集团部落"内,叫嚣要"毁灭赵尚志根据地"。敌人疯狂地推行灭绝人性的"三光政策",普遍地将山区民房烧毁,抢劫百姓的粮食和财物,屠杀民众,强奸妇女。为彻底破坏、毁灭抗日根据地和压缩游击区,敌人还在经济上实行严厉封锁政策,控制通往山里的道路,不许随意往山里运粮和药物、生活必需品,企图使抗日武装病死、饿死、困死于山野之中。

自7月21日起,以日军及伪警察队为主力,以十站为兵站,继则以蜜蜂站为兵站,在游击区普遍焚烧。一份报告中说:路南游击区三分之二以上成为一片焦土,仅离铁路线十余里之地方未被烧毁。敌人到处张贴布告,扬言要毁灭赵尚志根据地,禁止在山上居住,所有山上住户必须下山,住进"大屯",否则一律屠杀。在敌人的这一极端毒辣和残酷的政策之下,使南山里洙淇川一带被屠杀民众700余名,烧毁的房屋无数。此次又要烧延、珠、宾、双、五、方、苇七县游击区。仅大小海沟、牙不力(今亚布力)南沟被烧52户,威虎岭一带在继续进行焚烧,宾县板子房、香炉砬子等地民房已被焚毁。敌人实施毒辣的烧杀政策,路南游击区群众纷纷搬逃上站,络绎不绝于途,游击区成为一片焦土空地。日伪军警还严查户口,布置大批侦探搜查所谓通匪之人,强迫民众修筑炮台,掘挖战壕,使群众仇恨万分。①

同路南一样,敌人在路北反日区亦进行大肆烧杀,大青川、老黑顶子、对面山、石灰窑、马才沟、前后四方桥、秋皮囤均被烧毁。自春季敌人焚毁东西孤家子、靰鞡草沟、柞木台子、板子房、新开道、香炉砬子(均反日区边界)各地起,至夏季以帽儿山为主峰之大山脉,除歪头砬子、筒子沟及近松花江沿岸一带外,多已被毁灭,以致沿山一带人烟寥落。敌人布置了相当的兵力,在元宝河以及蚂蚁河驻有日军、伪警察队,在各地实施保甲连坐制度,实行"归大屯"。路北反日区除大亮珠河外,已全部焚毁,约占路北已经组织起的反日区三分之二以上。②

日伪当局的残酷镇压,为东北人民革命军第三军的活动造成严重困难。在敌人大举"讨伐"中,曾与李兆麟一起率领第二团在道北地区开展对敌斗争,省委新派来不久的第三军政治

---

① 《中共珠河县委关于敌人活动及县委工作情况的报告》(1935年8月11日),载中央档案馆等编《东北地区革命历史文件汇集》甲38,第201页。

② 《中共珠河县委关于游击区情况及县执委会会议讨论事项的报告》(1935年9月14日),载中央档案馆等编《东北地区革命历史文件汇集》甲38,第237~238页。

部主任张玉衍(杨振江)和团县委书记周毅夫、团县委秘书金凤生于8月3日在娄家窝棚遭到日伪军袭击而牺牲,①同行的冯仲云负伤。(按,此次战斗一说发生在8月29日。②此说有误。县委在8月11日报告中已说到此战斗,张等牺牲应在8月11日之前,为8月3日。)

但"野火烧不尽,春风吹又生",日伪当局的残暴镇压、烧杀、恐怖政策,泯灭不了中华民族与日本帝国主义之间的尖锐矛盾,吓不住、阻挡不了抗日军民对日本帝国主义、侵略者的坚决反抗。

在敌人疯狂"讨伐"之时,活动在路北的由团长李熙山、政治部主任李兆麟领导的第二团,团结义勇军于极其困难的条件下与前来烧杀的日伪军展开艰苦斗争。在1935年8月11日县委的一份报告中说:"在路北二团,号召了许多义勇军,闻得到很多军事胜利,敌人不敢深入去烧,仅离铁道线不远地点被烧。"③在9月4日县委的一份报告中说:"二团在反对敌人的烧杀中,相当给敌人以严重的打击,几次战争中,日军死伤约四五十人,但他们趁虚而入,得烧就烧,故比较困难。"④由此可见,李熙山和李兆麟领导的第二团在夏季反"大讨伐"中,予敌以一定打击,在阻止敌人肆意烧杀的兽行中,取得一定成绩。在凶恶的敌人的严重"大讨伐"情况下,能够密切团结义勇军,致日军死伤约四五十人,实在不是一件简单的事,第二团的战绩受到县委的赞誉、表彰。

面对日本侵略军大肆烧杀的严峻局势,中共珠河中心县委于1935年9月10日召开了县委执委扩大会议。会议分析研究了整个哈东的政治形势,总结了在执行抗日民族统一战线政策上的经验教训,决定纠正对义勇军、反日山林队要求过高、过严、拒绝来投的关门主义,调整过去执行的比较"左"的政策,在义勇军中进行不投降的签名活动,号召一切义勇军、山林队反对投降,参加反日联合军,对要求改编与靠近人民革命军的队伍,将其编为反日联合军或收编为人民革命军第三军直属系统,以扩大反日武装力量。会议通过了《关于目前哈东政治形势与我们任务的决议》。决议指出:(1)反动统治者的疯狂与无耻,表明群众反日情绪和斗争的高涨,我们党的政治影响的扩大。反日战争的汹涌,人民革命军的胜利,使日本帝国主义的统治日益动摇。至于我们面临的困难是能够解决和克服的。敌人这一残酷政策的执行,反给它本身造成了很多困难的条件与内部矛盾;(2)烧杀使劳苦群众失掉土地、财产和生命保障,同样给满兵与未被烧的群众甚至地主、豪绅、市商等都被这一烧杀、归大屯、清查户口、保甲连坐、缩编缴械等毒辣政策与压迫而激起不满与反日斗争;(3)义勇军既失掉了粮食窝子与驻军地,同时又显示了投降无路,入街不成,在这一情形下,不干只有死路,因此增加斗争的坚决条件和需要正确的领导与集中;(4)加

---

① 《北满游击运动史略》(1941年),载中央档案馆等编《东北地区革命历史文件汇集》甲62,第371页。
② 韩光:《致国际救济会斯达扫娃信》(1936年4月20日),载中央档案馆等编《东北地区革命历史文件汇集》甲46,第67页。
③ 《中共珠河县委关于敌人活动及县委工作情况的报告》(1935年8月11日),载中央档案馆等编《东北地区革命历史文件汇集》甲38,第203页。
④ 《中共珠河县委关于军事情况及工作计划等问题的报告》(1935年9月4日—23日),载中央档案馆等编《东北地区革命历史文件汇集》甲38,第214页。

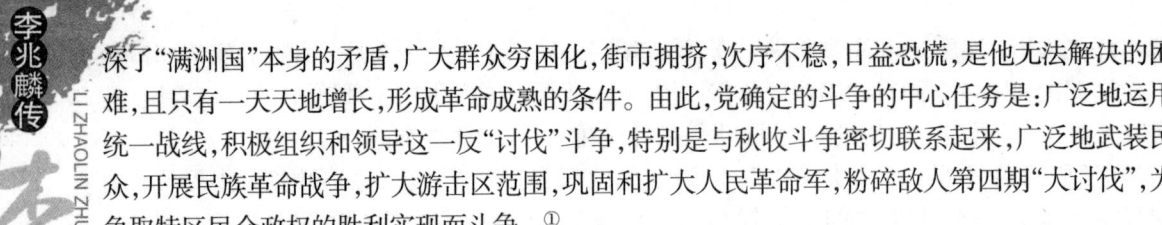

深了"满洲国"本身的矛盾,广大群众穷困化,街市拥挤,次序不稳,日益恐慌,是他无法解决的困难,且只有一天天地增长,形成革命成熟的条件。由此,党确定的斗争的中心任务是:广泛地运用统一战线,积极组织和领导这一反"讨伐"斗争,特别是与秋收斗争密切联系起来,广泛地武装民众,开展民族革命战争,扩大游击区范围,巩固和扩大人民革命军,粉碎敌人第四期"大讨伐",为争取特区民众政权的胜利实现而斗争。①

县委根据"目前路南北游击区已被全部焚毁,且系敌人讨伐之中心地带,没有必要集中大部兵力于游击区"的实际,②决定由第三军司令部率主力部队向松花江北汤原、木兰、东兴、庆城、铁骊(今铁力)、巴彦转移,建立新的根据地;另以一部可向珠河以南五常发展,相机恢复旧游击区的斗争。同时,第三军部队留下一部坚持旧游击区斗争。

根据珠河中心县委的决定,1935 年秋,为适应新的斗争任务的需要,东北人民革命军第三军部队进行了整编,在原有三个团的基础上,新组建了第四、第五、第六 3 个团。即原在道北、道南的第二、第三团编为第四、第五团,另以地方游击队和青年义勇军重组第二、第三团;第一团基本队伍不动,从中抽出一部与方正、延寿游击队合组第六团,第四团不变动。此外,将"明山"部义勇军编为第三军方(正)依(兰)游击团(约 70 人),将路南青年义勇军和收编的山林队编为第三军独立营。第三军扩编中,各团主要干部也有所变动,李兆麟由第二团调到第一团工作。

李兆麟在履历自传中曾记载这一阶段说:"一九三五年一月东北人民革命军第三军成立,决定我担负第一团团长,三月调我第二团担负政治部主任,在珠河、延寿、宾县、双城、五常各县团结一千五百余抗日义勇军及广大抗日农民自卫队,为保护游击区和革命初步政权,由五月至八月与敌人作了很激烈的战斗,我被选为中东路北的民众自卫的委员长,指挥所有一切武装部份。九月和十月我领导第四团及千余抗日义勇军突过拉滨铁路,伸入到榆树县三角地带。十月中我被决定担人民革命军第三军第一师政治部主任,到依兰、方正一带活动。"③

第三军扩编后,各团主要干部是:第一团,团长刘海涛、政治部主任李兆麟;第二团,团长王惠童④、政治部主任赵一曼;第三团,团长张连科、政治部主任侯启刚(后为李熙山);第四团,团长郝贵林⑤、政治部主任金策;第五团,团长尹庆述;第六团,团长孟广才、政治部主任祁占海。全军 750 余人。

第三军扩编后,李兆麟又回到他曾所在的第一团。当时,第一团有 200 余人。此后,李兆麟

---

① 《中共珠河县委关于目前哈东政治形势与我们的任务的决议(草案)》(1935 年 9 月 10 日),载中央档案馆等编《东北地区革命历史文件汇集》甲 38,第 226 页。

② 《中共珠河县委关于游击区情况及县执委会会议讨论事项的报告》(1935 年 9 月 14 日),载中央档案馆等编《东北地区革命历史文件汇集》甲 38,第 243 页。

③ 《张寿篯独立活动经过(履历自传)》(1942 年 9 月 10 日),载中央档案馆等编《东北地区革命历史文件汇集》甲 64,第 307 页。

④ 王惠童(同)(?—1935)中共党员。任东北人民革命军第三军第二团团长,1935 年 11 月在与敌斗争中被俘,后被杀害。

⑤ 郝贵林(1900—1937)热河省人。中共党员。曾任哈东支队政治保安队队长、东北人民革命军第三军第四团团长、东北抗日联军第三军第四师师长。1937 年在战斗中牺牲。

以第一团政治部主任身份与刘海涛相配合,在第三军司令部统一指挥下,共同领导第一团展开对敌人的武装斗争。李兆麟与团长刘海涛在一起工作约有近一年时间。他们二人合作默契,相得益彰。第一团在他们领导下在依兰、勃利、方正、延寿等地避实就虚,躲避敌人进攻锋芒,积极、巧妙与敌人周旋,进行坚决的反"讨伐"游击战争,不断消灭敌人的有生力量。他们所率领的第一团斗志顽强,英勇善战,成为第三军战斗力最强的核心骨干部队。

第三军扩编后,战斗力明显增强,在全体将士齐心努力下,实行集中与分散相结合,避敌与出击相结合,转移与坚持相结合,经过全军拼死斗争,终于突破敌人精心部署的夏季"大讨伐"。

四、联合共举觞

经过艰苦的夏季反敌人"大讨伐"斗争,1935年9月间,人民革命军第三军第一团在团长刘海涛、政治部主任李兆麟率领下,于延寿、方正一带活动。

当时,赵尚志率第三军司令部从牡丹江沿岸返回珠河后,给第一团的任务是巩固、扩大延寿、方正一带游击区,在开展积极的游击战争中打击、消灭敌人。同时,还有另一项任务"根据情形解决李延禄"①。

原来,中共驻共产国际代表团为改变东北党组织领导机构,于1935年撤销了中共满洲省委,计划成立东满、南满、吉东、松江四个省委(以后实际成立南满、吉东、北满三个省委)。由于党领导的抗日部队在各地实行分散游击以及敌人对抗日部队实行分割包围,在这样的情况下,各部队相互之间并不了解。赵尚志率第三军司令部及直属部队来方正、牡丹江岸一带活动时,听说过李延禄②率领的第四军内"有广东派国民党作用"③"在牡丹江沿岸之'满洲国'地方武装队伍均受其委任"④等一些不确切的消息,对李延禄领导的第四军究竟是怎样的队伍,不甚清楚。赵尚志曾就此问题向省委询问过。1935年6月20日,他在给省委的《第三军司令部关于延方一带政治形势的报告》中说:"李延禄自称同盟军第四军军长是否反动,根据省委文件上不详细知道,望详细示知。"⑤这期间,李延禄为扩大反日统一战线,还与谢文东、李华堂建

---

① 《中共珠河县委关于军事情况及工作计划等问题的报告》(1935年9月4日—23日),载中央档案馆等编《东北地区革命历史文件汇集》甲38,第216页。

② 李延禄(1895—1985)吉林延吉人,中共党员。曾任救国军参谋长、自卫军补充团团长、东北抗日同盟军第四军军长、东北抗日联军第四军军长、中共东北工作委员会副主任。抗战胜利后,任合江省政府主席、松江省政府副主席。建国后任黑龙江省副省长、全国人大常委等职。1985年逝世。

③ 《刘海涛关于满洲情形的报告》(1936年),载中央档案馆等编《东北地区革命历史文件汇集》甲47,第170页。

④ 《中共珠河县委关于游击区情况及县执行委员会讨论事项的报告》(1935年9月14日),载中央档案馆等编《东北地区革命历史文件汇集》甲38,第241页。

⑤ 《第三军司令部关于延方一带政治形势的报告》(1934年6月20日),载中央档案馆等编《东北地区革命历史文件汇集》甲44,第131页。(此件所属年代,档案馆整理确认时有误,应是1935年。内中讲"司令部攻方正后"云云,三军司令部组织部队攻打方正是1935年3月9日事。)

立东路反日联合军指挥部,李延禄任总指挥。而谢文东、李华堂在此前已经参加了赵尚志任总司令的东北反日联合军总指挥部,赵尚志则认为李延禄的这种做法是在挖东北反日联合军总指挥部的墙角,这是不能允许的行为。赵尚志对李延禄及第四军有很大成见和误解。

据珠河县委报告记载:"关于第四军李延禄,据尚志同志说他们深匿大罗勒密沟里,战斗力甚弱,借我军名义在大罗勒密行动,几同破坏我军名誉,与人民革命军相差太远。在起初司令部曾拟缴他们,李、谢则拟投降云云。"①县委报告还记载:"司令部回旧游击区,司令部留给一团任务之一是解决中三省,或根据情形解决李延禄。现据延方来人说(可靠),自司令部离延方后,敌人即大举进攻延方,一团曾与之剧战三次后,因听说东方我军来(约×百余人,×架轻机枪——系吉东所派遣的),已东去接头,但他们东去时,便道是否要解决李延禄未可预料,或许是不能,现在交通又困难去,去也不一定追上。"②由此可见,赵尚志对李延禄及其所率队伍存有的偏见和误解之深。

其实,李延禄领导指挥的东北抗日同盟军第四军的名称虽然与人民革命军各军不同,但也是中国共产党所领导的抗日队伍。由党领导组建的抗日武装基本有三种形式:一是由地方党组织领导建立的赤色游击队为基础发展起来的,如东北人民革命军第一、第二、第三、第六、第七军;二是以抗日义勇军(救国军)为基础,由党组织,直接领导而成立起来的,如东北抗日同盟军第四军、东北反日联合军第五军;三是原为义勇军、山林队性质(包括民众军、自卫军支队)的反日武装,接受统一战线政策,编入或加入抗联的,如抗联第八军、第九军、第十军、第十一军。

李延禄领导的东北抗日同盟军第四军是在救国军补充团及密山反日游击队基础上组建起来的。东北抗日同盟军第四军的名称是根据中共代表团派到东北以满洲省委巡视员身份指导工作的吴平③同志建议所起的。吴平认为"人民革命军"不符合统一战线要求,不利于团结更多义勇军、山林队一道抗日,称"抗日同盟军""反日联合军"能团结更多义勇军、山林队前来参加(周保中领导的"反日联合军第五军"名称也正是遵照吴平建议所起)。这样就造成这一时期党领导的抗日武装名称不一的状况。

在贯彻抗日民族统一战线过程中,李延禄采取"广交朋友",教育联系一些保甲长及伪警备旅的排长搞"内红外白"等许多灵活的对敌斗争方式,广泛团结各界人士参加抗日斗争。这种情况,正如来到方正大罗勒密第四军军部考察的上海武装自卫委员会代表王克道在一次军民联合欢迎大会所见:当时前来参加大会的有"大罗勒密的商务会长、农务会会长、×队长、第×的×署长、×经理、×老板、×保长……"④这种状况在其他地区如南满磐石、哈东珠河很

---

① 《中共珠河县委关于军事情况及工作计划等问题的报告》(1935年9月4日—23日),载中央档案馆等编《东北地区革命历史文件汇集》甲38,第214页。

② 《中共珠河县委关于军事情况及工作计划等问题的报告》(1935年9月4日—23日),载中央档案馆等编《东北地区革命历史文件汇集》甲38,第216页。

③ 吴平(1907—1942),原名吴绍镒,又名杨松。湖北大悟人,中共党员。历任吉东特委书记、中共驻共产国际代表团满洲问题委员会委员、中共中央宣传部副部长、中共中央东北工作委员会副主任,《解放日报》总编等职。1942年病逝。

④ 王克道:《从伪满归来·谁是大罗勒密的主人》,重庆独立出版社,民国二十八年(1939年)版,第92页。

少见,由于当时受"左"的思想影响,这种做法无疑会被视为右倾、"上层勾结"。由于赵尚志对李延禄领导的队伍性质不很清楚,认为抗日同盟军"与人民革命军相差太远"。当时在"左"的思想影响下,赵尚志要求李兆麟、刘海涛在延方活动时,"根据情形解决李延禄"。所谓"解决"就是要缴械,解除其武装。显然,这是一个极其严重的问题。

自珠河中心县委执委扩大会议结束后,第三军各部分别开展行动。原已活动在延寿、方正游击区的第一团,此前即得悉由李延禄率领的东北抗日同盟军第四军一部已由密山来到方正一带活动。八九月间,李兆麟、刘海涛率第三军第一团正在方正县的李树园和大罗勒密的三家子一带活动,与李延禄所部近在咫尺。对于赵尚志"根据情形解决李延禄"的指令,李兆麟认为应该审慎从事,不宜盲目执行"解决"。不久,李兆麟、刘海涛所率第三军第一团在三家子屯与李延禄同志领导的东北抗日同盟军第四军部队会合。

这是李延禄与李兆麟首次相见。初次见面,李兆麟就给李延禄留下了深刻的印象。李延禄曾回忆说,李兆麟高身材,大眼睛,当时他脸色显得文弱,正在患肺病中,但精神仍然是很健旺的。①

在第四军李延禄处,李兆麟、刘海涛与之彻夜交谈,谈当前形势,谈两军发展经历,谈抗战前途,谈面临的斗争任务。"长谈唯恐明烛短,不知不觉到五更"。他们谈得十分投机、融洽,谈到第三遍鸡叫,还以为是刚过半夜,见到窗外大亮,才吹熄了蜡烛。通过交谈,李兆麟、刘海涛对第四军的性质及第四军在扩军、建立根据地、搞"内红外白"的对敌斗争方式完全符合当时当地的客观形势的要求也有了新的认识。根据与李延禄的亲切交谈和对第四军的详细考察,李兆麟、刘海涛不但没有"根据情形解决李延禄",反而与之建立了亲密友好的合作关系,第三军第一团和第四军部队指战员在一起举行了热烈的联欢会。同时,他们还决定团结谢文东、李华堂所率部队,联合作战,于近期拔除敌人在松花江岸洼洪所设据点,夺取敌人的军需物资,解决联军的给养和做好越冬的准备。

10月4日(农历九月七日),第三军第一团和第四军部队及李华堂所率自卫军部队,经会议协商,为打开方正、依兰各县的通道,攻打了敌人据点——洼洪,歼伪军关团一个排和大排队,缴枪30余支。洼洪战斗的胜利使大罗勒密以南、以东,牡丹江以西,除马家屯外,开辟为第三、第四军新的游击区。

数日后,在三家子屯召开由第三军第一团和第四军部队指战员参加的大会,由李兆麟作报告。此次报告会,正在第四军考察的来自上海抗日救国会武装部的代表王克道先生也应邀参加。会后决定与谢、李两部联合攻打敌人重要据点南刁翎(按,今林口县建堂)。

随即,李延禄派人联络第四军第一、三两师及谢文东所率民众军、李华堂所率自卫军部队,到五道河子集合。届时,李兆麟、刘海涛在五道河子参加了李延禄召集的会议,共同对进攻南刁翎敌人据点做了部署。会后,部队渡过牡丹江向南刁翎前进。

10月23日(农历九月二十六日)11时,联合军展开攻袭南刁翎战斗。李兆麟、刘海涛率第三军一团攻西门,第四军二团攻东门,李华堂所率自卫军部队攻南门,谢文东所率民众军

---

① 李延禄:《过去的年代》,黑龙江人民出版社,1979年版,第324页。

部队作预备队驻扎在东南山顶。联合军部队经过顽强战斗,终于击败伪警察武装,胜利占领南刁翎。四小时后刁翎伪军关团来援,联合军在没收大量军需物资后撤离。两日后,联合军在西北楞、大盘道一带与前来追剿的日军、伪军关团、警察队500余人展开战斗。联合军占据有利地势,与敌接仗6小时,敌人退走。10月26日(农历九月二十九),联合军又趁林口镇内守敌空虚之机,以一天120里的急行军奔袭了林口镇。此战后,第四军、民众军(谢文东部)等部离开刁翎地区。第三军第一团和自卫军在此地坚持活动。11月2日(农历十月七日),在刘海涛和李华堂指挥下,第三军第一团同自卫军支队在牡丹江畔克上克截获伪军第二十九团运输船,缴得棉军装350余套、单军装30余套、13支枪及800余发子弹和30多袋面粉、500余元现款等战利品。①

在刁翎地区,第三军第一团与第四军、民众军、自卫军三次联合战斗的胜利显示了抗日部队联合作战的威力。当地民众传说联合军打洼洪、破林口、袭刁翎,一攻即破,说第三军第一团更是无敌不克的队伍。日伪当局闻此对于我军更恐慌起来。在联合军战斗胜利影响下,刁翎地区许多大排反正抗日,倒戈哗变,参加抗日救亡。一些大粮户献枪出粮支援抗日部队的对敌斗争。在与第四军联合战斗中,值得特别注意的是李兆麟、刘海涛在李延禄那里看到了吉东特委转来的王明、康生写来的指示信(简称《王康指示信》)和党中央发表的《八一宣言》。

《王康指示信》即《给吉东负责同志的秘密信》,是中共驻共产国际代表团根据共产国际关于建立世界反法西斯统一战线的精神,在共产国际召开七大前夕,于1935年6月3日写成,并以代表团负责人王明、康生名义下发的一封秘密指示信。指示信的主要内容是进一步贯彻抗日统一战线政策,强调要打破关门主义,纠正把上层、下层统一战线对立起来和认为建立联合军总司令部是上层勾结的错误观点。信中阐述抗日的战略方针及游击运动、党的领导、群众工作等问题。

《八一宣言》即《为抗日救国告全体同胞书》,是1935年华北事变爆发后,中国和日本的民族矛盾不断上升,中华民族面临亡国灭种的严重危机的紧急关头,中共驻共产国际代表团根据共产国际关于建立广泛的反法西斯统一战线的精神和国内的形势,以中国苏维埃政府和中国共产党中央委员会名义于1935年8月1日签署,10月1日在《救国报》上发表的。《八一宣言》提出:"抗日则生,不抗日则死,抗日救国,已成为每个同胞的神圣天职。"宣言呼吁全国各党派、各军队、各界同胞,都应当停止内战,集中一切国力(人力、物力、财力、武力等)去为抗日救国的神圣事业而奋斗。宣言提出了组织全中国统一的国防政府和抗日联军的主张,并郑重表示:中国共产党、苏维埃政府和东北各地抗日政府、工农红军和东北人民革命军愿意充当这一国防政府和抗日联军的发起人和首先加入者。宣言号召全国人民团结起来,一致抗日,组织国防政府和抗日联军,为祖国生命而战,为民族生存而战,为国家独立而战,为领土完整而战,为人权自由而战。《八一宣言》关于建立广泛抗日民族统一战线、组织国防政府、建立抗日联军精神,进一步推动了东北抗日武装斗争的发展和东北地区抗日民族统一战线的建立。

李兆麟、刘海涛通过李延禄,得到许多新的信息,主要是:1.看到《王康指示信》和《八一宣

---

①《北满游击运动史略》(1941年),载中央档案馆等编《东北地区革命历史文件汇集》甲62,第376页。

言》,了解到新的抗日运动斗争方策,使之受到很大鼓舞;2.听到李延禄关于第四军活动的介绍,了解到第四军建立、成长的过程,知道了第四军中也有中国共产党组织。他们也是共产党领导的抗日队伍;3.知道了中共驻共产国际代表团派吴平同志以满洲省委巡视员身份来吉东指导工作,并任吉东特委书记;4.知道中共满洲省委1934年被破坏后,中央新决定的满洲省委书记是陈潭秋同志,他未到之前由杨光华暂代理省委工作;5.也知道了李延禄曾去上海找党中央等很多情况。

对于中共驻共产国际代表团派吴平以满洲省委巡视员身份来吉东指导工作一事,北满同志闻所未闻。李兆麟听到李延禄的讲述感到很是惊奇。李延禄讲:"吴平来吉东在第四军进行了为期一个月之久的建军工作。吴平曾谈到扩大抗日民族统一战线问题,他讲今天东北给日本帝国主义占领了,形成一种特殊的环境,我们不能被过去的经验束缚住手脚,不然就要犯更大的错误。对于地主谢文东率领的依兰队伍,他能抗日一天,就要联合一天,不要害怕给他的名义太大了,要他和我们的抗日政策靠拢。"李兆麟听到这些有关抗日民族统一战线的政策的新说法,感到很新鲜。

10月末,赵尚志率第三军司令部直属部队由珠河赴方正、勃利活动。11月17日,李兆麟、刘海涛前去赵尚志驻地二道河子附近的孟二爷屯,向他汇报了第一团在延方活动情形,特别是与李延禄所率第四军会师及共同活动以及在那里看到了《王康指示信》和《八一宣言》情况。这使赵尚志了解了第四军的性质,消除了他对第四军的成见、疑虑。11月下旬,赵尚志率第三军司令部直属部队与第四团(团长郝贵林、政治部主任金策)来到五道河子。在李兆麟、刘海涛的引荐下,赵尚志、李延禄两位军长会面。

两位军长过去只是耳闻,未曾晤面,尚有误解;今日相会,抱拳相庆,兴奋异常,都为党领导的抗日斗争事业发展壮大而高兴。为庆祝两军会师,李延禄叫部下杀了一头猪,聚餐举觞,表示庆贺。之后,赵尚志也让部下杀了一头猪,与李部共飨,表示回敬。在李兆麟、刘海涛的调解斡旋下,两位军长开诚布公,消除了误会,增进了团结。

关于这次"赵李会",李延禄回忆说:"赵尚志是热河朝阳镇人,身材中等,显得很精神,声音洪亮。一见面,他就说:'对不起你呀!你们住在九龙沟的三团给我缴了!'又说:'缴了之后,我才知道搞错了!'我一时还不明白究竟发生了什么事情,就看看我们的军参谋长胡伦同志,意思是,赵尚志说的是什么呀?不是我听错了么?"

原来11月中旬,赵尚志率队到勃利九龙沟活动时与第四军第一师三团相遇。见到三团频繁调动,当时又传来该团要投降的消息。赵尚志决定不能让其投降日本人,于是下令,将第四军三团缴械。行动中将第三团团长苏衍仁(小白龙)击成重伤,11月15日死亡。当时,第四军三团政委邓化南出面解释,说明第四军三团是党领导的部队,并拿出了《王康指示信》《八一宣言》等党的文件予以证明。当李兆麟、刘海涛去赵尚志驻地向他汇报了李延禄所率第四军情况后,觉得认为第四军三团要投降证据不足,可能是搞错了。赵尚志见到李延禄时说:"咋见面他们是表示欢迎三军的到达的,不过晚上又来报信,说有敌情,我们就怀疑了……"

对这场误会,李延禄听到赵尚志谈过后说:"关于这件事,我们好说,大敌当前,我们现在主要的还是来研究研究共同反对南次郎(按,时任日本关东军司令官)的围剿和反围剿吧。"①

李延禄以维护团结抗日的大局为重,对赵尚志的过失表示谅解,赵尚志也对自己的过失表示愧疚。两位军长经过亲切坦率的交谈,增进了相互之间的了解和友谊,消除了两军之间存在的误解,冰释前嫌。

在第四军军部,赵尚志与李延禄共同研究了贯彻《王康指示信》《八一宣言》的问题。赵尚志认为随着抗日斗争形势的发展,全国抗日救亡运动将掀起巨大的新浪潮。这必将极大地推动东北的抗日武装斗争的发展。对《王康指示信》中不要固守游击区的指示表示赞同。对《八一宣言》中,为结成全国抗日民族统一战线,提出建立全国统一的国防政府与抗日联军的主张及中国共产党领导的中国工农红军和东北人民革命军将率先加入抗日联军的主张,更是表示赞赏。他们都认为这应在东北最先施行。通过学习研究,他们更深入地了解到党的抗日民族统一战线政策的新精神。

随之,在第四军军部召开了由第三、四两军干部参加的军事会议,研究了战斗部署。李兆麟参加了这次会议。当时,日酋南次郎布置的对抗日部队的大围剿正步步进逼,在方正一带的第三、四军部队马匹缺草料,战士缺冬装,困难不少。会上,决定第四军三师一部进军桦川、集贤,牵制敌寇部队。第三军四团郝贵林部随第四军一师二团留在方正、依兰一带山区,由金策同志带领,与敌人展开游击战。原来第四军配备给第三军一师一团作向导的两个连,仍由金策、郝贵林带领。李兆麟、刘海涛率第三军第一团"急向牡丹江西去支持活动。"②后赴方正大罗勒密。李延禄率领第四军一师一团李守中部、政治保安连李青山部,赵尚志率领第三军司令部及第五团,准备向林口方向出击,绕到敌人背后去,跟踪、寻找敌人弱点,进行适当规模的歼灭战。

之后,第三、四军部队按计划行动。部队刚出发不久,我军侦察部队就与敌人的搜索部队展开战斗。第三、四军部队为了隐蔽主力,在敌寇到达之前,急速退回。第四军部队赴五道河子一带,第三军军部直属部队赴勃利一带,并伺机相互配合,开展抗击日伪军的游击战争。

五、情系青山里

自1935年11月中旬,赵尚志率第三军司令部和第四、第五团部队在大罗勒密东南二道河子孟二爷屯与李兆麟、刘海涛所率第一团会师,特别是听到他们关于在第四军军长李延禄处看到《王康指示信》《八一宣言》情况汇报之后,赵尚志就深感有必要召开一次会议,贯彻《王康指示信》《八一宣言》等党的文件精神,落实县委执委扩大会议决议,研究新的战斗部署。

11月下旬,第三军军长赵尚志率司令部人员及所属部队行进至勃利青山里。赵尚志决定在这里召开军部会议。勃利青山里是原始森林地带,这里偏远、僻静,有伐木工人住的工棚可供举行会议所用。参加这次第三军军部会议的有第三军军长赵尚志、第三军四团团长郝贵

---

① 李延禄:《过去的年代》,黑龙江人民出版社,1979年版,第336页。
② 《北满游击运动史略》(1941年),载中央档案馆等编《东北地区革命历史文件汇集》甲62,第379页。

林、政治部主任金策、第三军五团团长尹庆述等。这次会议主要议题是研究贯彻《王康指示信》《八一宣言》等党的文件精神，落实县委执委扩大会议各项决议，确定第三军各部队战斗计划、部署冬季活动安排。

会议利用较多时间学习、领会《王康指示信》和《八一宣言》精神，研究各项工作具体落实问题。

会议经过充分讨论，依据《王康指示信》和《八一宣言》关于扩大抗日民族统一战线，成立国防政府等总的精神和当时第三军面临的形势，做出明确决定。金策同志在回顾贯彻《王康指示信》过程时说："1935年秋军部在牡丹江沿活动时，尚志同志对王康指示信没有什么不接受的表示，而根据王康指示信以推进工作的时候了。我记注很清楚，尚志同志和我在1935（年）11月勃利县西青山里时最重要决议就是：(1)三军军部北征，尚志同志领导谢文东、李华堂、李延禄等各部过江北与汤原游击队会合后，重新把过去的东北反日联合军指挥部改编为东北抗日联军总司令部，努力巩固与扩展总司令部，使成为定下北满反日游击运动的军事集中领导机关。(2)三军军部直接帮助之下，将汤原游击队编成为东北抗日联军第六军，使六军在江北成为骨干队伍。(3)三军军部直接领导下广泛地开辟江北游击区，背小兴安岭做好隐蔽，尽量发展与收(编)江北义勇军及山林队，巩固扩大统一战线。(4)在小兴安岭大森林里成立联军训练所，培养军政工作人才，适应各军干部需要等。(5)在江南是金策同志及郝贵林同志负责，一方面与我五军派遣队打通关系，另方面帮助饶河游击队改编为第七军，同时三军第四师(应为团)在江南尽量收编义勇军及山林队，第四师对第四军尽可能帮助完全争成基本队伍等等决议。这个决议是毫无二问的有正确性，这个决议是当时每组党同志和革命群众没有不拥护的，这就是当时完全依照王康指示信的结果，我认为这个决议是完全合于中央在东北反日运动所运用的策略路线的相当表现。"①

1941年金策所撰《北满游击运动史略》，对青山里会议所决定的问题亦做记载如下："三军军部会议，这次会议所决定的主要问题就是根据《王康指示信》来解决问题。

（1）根据当时情况，大部队行动密山一带去，是极不便利，因此有必要把部队分开行动，以便达到目的。在这规定下，把队伍扩编起来，第四团扩编为第四师，郝贵林同志为第四师师长，金策同志为四师政治部主任，人数共有六十名。第五团扩编为第五师，师长为尹庆述同志（主任暂缺）这样有计划的展开行动。

（2）第四师带领李向阳(后任抗联第九军参谋长)一部分队伍向勃利密山、依兰桦川毗连地进发，他们的任务就是开辟新游击区，广大的收编山林队共同抗日，并在一方面与第五军东征部队尽量取得联络。他方面，必须与饶河游击队取得联络，同时帮助他们成立第七军。并且特别要金策同志代表第三军军部，关于李延禄同志曾与国民党改造(组)派联络问题和改编第四军领导者问题以及其他工作问题向吉东省委建议等等，并设法建立中央关系。

（3）赵尚志同志带领第三军军部、李华堂队一部分回到大罗勒密一带，找李华堂、谢文东、李

---

① 《金策致北满省委三、六军党委和下江哈东各特委的意见书》(1938年6月28日)，载中央档案馆等编《东北地区革命历史文件汇集》甲58，第401、402页。

延禄等各部领导者,号召他们向松花江北远征,并渡过松花江找汤原游击队,帮助他们成立第六军。同时召集东北抗日部队代表会议,建立东北抗日联合军总司令部,及在江北广大的开展游击运动,收编山林队,扩大反日武装统一战线,并在汤旺河沟里开办军事政治学校等等。"①

这是《北满游击运动史略》所载这次重要会议的主要内容。这与上述 1938 年 6 月 28 日文件中所述内容基本相同。青山里会议做出的这些决定对于扩大反日统一战线,推进北满地区抗日运动的发展是具有重要意义的。

依据青山里会议决定,第三军第四团(后改为第四师)、第五团立即分别行动。赵尚志率第三军司令部和第五团在吉兴河沟里与敌遭遇,战斗中五团团长尹庆述牺牲。之后,赵尚志率部重返方正县大罗勒密。赵尚志在此地会见李延禄共商赴江北事宜,并将第三军所缴第四军第三团的枪支移交第四军。李兆麟亦与第三军司令部在方正县大罗勒密会合,并了解到关于青山里会议召开情况。他虽然没有参加这一重要会议,但他得知这次会议情况和决定内容后,对青山里会议各项决定表示坚决拥护,认为部队向松花江北转移,在江北广大地域开展游击运动是十分正确的。他希望尽快落实会议决定。情之所系,他高兴地承担起将在江北召开的联军会议的筹备工作。之后,在小罗勒密,李兆麟会见了谢文东、李华堂,向他们传达了青山里会议精神,说明向松花江北转移的目的、意义。经讨论一致同意于 12 月松花江封冻时过江到通河再到汤原,与夏云杰领导的汤原游击队会师,参加东北民众反日联军军政联席扩大会议。

青山里会议是抗联历史上一次具有重要意义的会议。会议决定的主要内容直接关系到第三军今后发展方向和北满抗日武装斗争布局等重大问题。李兆麟根据青山里会议的决议,尽心筹备即将在江北汤原召开的民众反日联军军政联席扩大会议。此后,北满抗日斗争领导中心由哈东地区转移至松花江北汤原地区。

青山里会议召开前后,留在珠河、五常坚持斗争的第三军新组建的第二、第三团,在异常艰苦的环境中坚持开展游击活动。1935 年 10 月下旬,由团长王惠童、政治部主任赵一曼率领的第三军第二团在小九站南方凉子山附近遭伪军二十三团夜袭,双方交火数小时后,第二团转移。11 月 15 日,第二团在路北五区春秋岭遭十倍于我军的日军横山、冈田等部及伪军警重重包围。经过激烈战斗,第二团击毙日军机枪队长古谷清一等 3 人,击伤日伪军警 30 余人。但第二团部队也遭到严重损失,团长王惠童因重伤被俘,后遭敌人杀害。第二团政治部主任兼道北区委书记赵一曼也在战斗中腿负重伤,后来在隐蔽养伤期间被敌人俘虏。

赵一曼被敌人捕获后,先是被关押在伪珠河县公署,敌人对赵一曼进行残酷的审讯,赵一曼始终英勇不屈,坚不吐实。当审讯官大野泰治(警佐)问到赵尚志部队之事时,她回答说:"关于抗日军的事,我不知道。""我是中国人,日本军侵略中国以来的行动,不是几句话所能道尽的。如果你是中国人,对于目前在珠河县的行动将怎样想呢?中国人民反对这样的日本军难道还用得着解释吗?我们中国人除了抗战外,难道还有别的出路可以选择吗?"大野泰治

---

① 《北满游击运动史略》(1941 年),载中央档案馆等编《东北地区革命历史文件汇集》甲 62,第 380、381 页。

问她:"你为什么进行抗日活动?"她说:"你们不用多问,我的主义就是抗日,正如你的职责是以破坏抗日,逮捕我们为目的一样,我有我的目的,进行抗日反满,宣传共产主义,这是我的目的,我的主义,我的信念。"赵一曼态度坦然,答语明快,义正词严地回答敌人的审讯,不断揭露日本侵略者犯下的罪行,和散布的"日满一德一心"等谎言。敌人为了从赵一曼口中得到他们所需要的情报,迫其投降,便将她送到哈尔滨,关押在哈尔滨伪滨江省警务厅地下室的看守所里。敌人对赵一曼软硬兼施,妄图令其招供使她投降,但赵一曼坚决不投降,最后敌人对她施加酷刑,使赵一曼的身体遭到极大的摧残。赵一曼的伤势已十分严重,伤口已化脓溃烂,但敌人始终不放过这个"红衣白马女共匪",为取得重要口供,迫其投降,又送她去哈尔滨

赵一曼与宁儿合影

医院治疗。在敌人严密监管下,赵一曼争取了看守董宪勋和护士韩勇义,在他们两个人的帮助下一同逃离虎口。不幸,在赴游击区途中又被敌人追捕回来。

1936年8月2日,敌人将赵一曼押解到珠河准备行刑。押解途中她虽然感到死亡迫近,但丝毫没有惊慌,反而说:"为抗日斗争而死才是光荣的。"赵一曼在火车上从押解人员手中借来纸笔,给她的儿子写了一封感人肺腑的信:

"宁儿:

母亲对于你没有尽到教育的责任,实在是遗憾的事情。

母亲因为坚决地做了反满抗日的斗争,今天已经到了牺牲的前夕了!

母亲和你在生前是永远没有再见的机会了。希望你,宁儿啊!赶快成人,来安慰我地下的母亲!

我最亲爱的孩子啊!母亲不用千言万语来教育你,就用实行来教育你。在你长大成人之

后，希望不要忘记你的母亲是为国而牺牲的！

1936年8月2日

你的母亲赵一曼于车中"①

赵一曼被押解到珠河后，在珠河县小北门英勇就义，临刑前大义凛然、视死如归。赵一曼是一位不让须眉的奇女子，女中豪杰，令人敬仰的抗日民族英雄。

赵一曼是李兆麟战友，他们曾先后去海伦巡视指导工作，又曾共同在道北地区一起为开辟、建设根据地付出过努力。李兆麟忘不了他们在根据地学校为学生们上文化课的情景，忘不了自己由二团被调到一团后，原任二团政治部主任职务交给了赵一曼。当李兆麟得知赵一曼牺牲的消息后，感到无比悲痛。

1935年在敌人的"大讨伐"中，野蛮的"三光"政策致使哈东各县抗日根据地遭受严重的破坏。据统计哈东游击区抗日军民损失数以千百计，一时间，"血染帽儿山，尸填乌吉密"，哈东人民解放斗争历史是用鲜血写就的中华民族解放斗争史之光辉篇章。尤其是共产党员赵一曼等在敌人百般严刑拷打、威逼与利诱之下坚贞不屈，最后从容就义，令世人崇敬。冯仲云曾感叹道："实我大中华民族之光荣，谁谓东北无慷慨悲歌之士？"②

在珠河道北游击区遭到破坏的同时，道南游击区和根据地也几乎全部被破坏殆尽。中共珠河中心县委转移到大泥河北十三堡的密林中。第三团在团长张连科、政治部主任李熙山的带领下过大泥河到五常县境活动。1935年10月中旬，在五常县西20公里的兴隆镇同伪军第二十二团一个营展开遭遇战。后来，第三团同汪雅臣③部义勇军以及其他抗日山林队联合对敌，基本部队有所扩大。同时，第二团余部在第三团的帮助下，也逐渐恢复了战斗力，与第三团一起坚持战斗。

在敌人展开"大讨伐"的严峻形势下，由于珠河中心县委和第三军司令部采取在坚持原有游击区斗争的同时，派遣主力部队向松花江北发展，开辟新游击区，运用灵活机动的游击战术，与敌人巧妙周旋，使抗日游击区又有扩大，又由于采取广泛收编抗日义勇军、山林队的措施，使各部队人数也有了很大增加，这为第三军后来的大发展奠定了基础。

六、北上过松江

1935年12月，年终岁尾，已是冬寒季节。第三军司令部与第四军军部在方正小罗勒密联系，按青山里会议精神，并经共同决定，由赵尚志率第三军一部、李延禄率第四军一部并联络

---

① 《伪滨江省警务厅关于赵一曼的情况报告》，载中央档案馆等编《东北历次大惨案》，日本帝国主义侵华档案资料选编，中华书局，2011年版，第71页。

② 《冯仲云给中共中央的工作报告》（1939年10月12日），载中央档案馆等编《东北地区革命历史文件汇集》甲25，第98页。

③ 汪雅臣（1911—1941），山东蓬莱人。九一八事变后在五常组织抗日山林队，报号"双龙"。后加入中国共产党，曾任东北人民革命军第八军军长，抗联第十军军长。1941年在战斗中牺牲。

谢文东、李华堂部渡松花江北上汤原。

此时,中共吉东特委给第四、五军党委发出关于1936年军事行动计划的指示信。信中对第四军提出:"第四军之军事活动方向,不应南来(因南边已有大量的二、五军向北推进),而大部应向东北方及北方进击。"同时对第三军提出建议:"三军的军事行动,我们提议今后道南部队应向阿城、双城、扶余一带活动,再进一步西南下而断吉长路、吉海路与第一军打通联络。道北部队在方正一带者,除与第四军保持密切关系外,不应把军队再向东推进,应北渡松花江与汤原游击队会合,向黑龙江腹地深入。"①信中要求第四、五军同志代为传达给第三军等的军事活动方向的建议。吉东特委提出的第三军道北部队"应北渡松花江与汤原游击队会合"建议与青山里会议所确定的方策基本吻合。这更坚定了第三、四军指挥员过松花江北上汤原的决心。

松花江北部是北满富饶之区,这里沃野千里,平川漫岗,山林密布,物产丰厚,形势雄胜,系开展游击活动优良之地区。九一八事变后,东北掀起义勇军抗日浪潮时,松花江沿岸是最为汹涌澎湃地区之一。尤其是松花江下游,抗日义勇军部队曾与日寇对抗甚久。农民组织的红枪会遍地皆是。1933年、1934年松花江下游地区尤有1932年抗日高潮之余波。抗日救国之思潮在人民脑海中酝酿已久,至1936年始形成爆发之势。当时日伪在松花江下游地区(简称"下江地区")较比哈东地区统治稍显松散,日寇军事力量相对比较之下亦较少。客观形势有利于游击活动之开展。

松花江北岸中共满洲省委属下之主要组织系汤原党组织。1932年秋,在满洲省委代表冯仲云同志领导之下,地方党组织的工作曾取得相当大的成绩。一时汤原党组织的工作及群众反日组织工作普及汤原、通河、富锦、萝北、绥滨等县,曾建立许多由广大群众参加的反日会、农民委员会。因此,在哈东根据地大部丧失后,越松花江北上汤原,与那里的汤原反日游击队相会合,开展更为广泛的游击战争实为上上之策。

驻在方正小罗勒密后山的赵尚志率第三军一部、李延禄率第四军一部正准备在此地过松花江北去通河,再转道去汤原。可是,虽到冬寒季节,松花江尚有一二丈宽的江道未封冻。两军指战员只能在江沿附近的树林子避风处隐蔽,等待江道封冻过江。约十天后,侦察人员从群众那里得知猪蹄河口,即河道入江处是个冷风口,那里江面每年结冰期都比其他地方早。

1935年12月12日,赵尚志率第三军司令部和第五团与李延禄所率第四军部队一起冒着凛冽的寒风,向猪蹄河口进发。猪蹄河口位于山岭曲折处,寒流经过这里,形成风势,气温下降,江面中间也已结冰。尽管冰层不厚,但可以过江。在这里部队找来木板,铺在冰面上,小心翼翼地渡过了松花江,到达通河县境。

当时,部队来到西南岔,在伐木工人的帮助下,住在工棚里。但战士们还未换上棉衣,许多战士还着单装,只是站岗放哨的战士能轮换上一件围腰的狍子皮。解决部队冬装是当务之急。通过东六方雷保董,第三、四两军长赵尚志、李延禄得知二道河子伪警备队和警察新发来一批军装,脱下的旧军装还捆放在那里未运走。为了解决冬装和给养,第三、四两军军长决定

---

① 《中共吉东特委给第四、五军党委的信》(1935年12月4日),载中央档案馆等编《东北地区革命历史文件汇集》甲35,第155、157、158页。

袭击通河县二道河子伪警备队和伪警察所。

首先,李延禄率第四军一团出沟进行侦察,得知敌寇已有向西南岔调动的消息。于是,就派人送信给赵尚志,让他转道东八方屯碰头。此时,李兆麟正在东八方屯。

赵尚志、李兆麟初到江北,给汤原同志留下很深的印象。抗联老战士,原汤原游击队的王钧①同志曾回忆说,赵尚志个子不高,三十来岁,穿着和战士一样的服装,没有一点派头。战士和他在一起都随随便便,没有怕他的。可打起仗来,说一不二,哪一个不听指挥,可就真不客气,大家都很尊敬他。李兆麟庄严稳重,清晰冷静,眼光非常敏锐,讲起话来口若悬河,头头是道,风趣横生。他身材魁梧,满面春光,看着令人起敬。②

几位领导同志在东八方屯召集了以雷保董为首的地方保甲长会议,向他们进行抗日救国教育,要求他们不当亡国奴,要支持抗日部队的武装斗争。会上决定将地方保安队全部缴械,然后进行改编。当时,共缴130多支枪。同时决定当晚由雷保董当向导,第三、四两军部队联合进袭二道河子伪警备队和伪警察所,缴取越冬棉衣和给养。

进袭二道河子伪警备队和伪警察所战斗很有戏剧性。

二道河子原已驻扎伪通河县地方警备队。伪警察所就设在伪警备队的驻营大院里,内有坚固炮台,戒备森严。当晚,抗日部队由雷保董带路前往二道河子伪警备队的驻营大院。当临近驻营大院时,岗哨喊:"是什么人?口令!"雷保董回答:"还问口令呢,我是雷保董,冻得都打哆嗦了,快开门吧!"岗哨听到是雷保董的声音,就打开大门。

这时身着伪保安队服装的第三军一团的战士迅速闯进了大门。团长刘海涛大声说:"我们打赵尚志、李延禄去了,你们躲在屋里可很暖和,是不是通匪呀?"边说边下了门岗的枪。而后又缴了伪警察的枪械,击毙了日本指导官、参事官等。部队在大院堵住伪警备队宿舍门窗,高喊:"中国人不打中国人!"的口号,伪军和伪警备队员一枪未放,举手投降。此战缴获一大批枪弹及三百套新旧棉军装。第三军和第四军的指战员,当场都分配了,领棉大衣的不领棉裤和棉袄,领棉裤棉袄的,不领棉大衣。对伪保安队员和伪警察发放了遣散费,经教育后予以释放。同时,释放了伪警察所在押的"囚犯"。有人指出伪警察中有一个是日本指导官的亲信,在酷刑拷打"犯人"时极尽暴虐之能事,取媚敌人,要求予以严惩,于是将其验明正身,当场宣布处以死刑,就地正法。一个在混乱中变装逃掉了的日本教官晓松,想到院外一家小铺里去隐蔽,因其民愤极大,亦被就地枪决。

二道河子战斗取得很大胜利,此次战斗并非打硬攻坚,而是智取。击毙了日本指导官、参事官、教官等,大快人心。缴获大量伪警察棉衣,解决了部队所需越冬服装。

二道河子战斗后,李兆麟根据赵尚志的指示,带领部分同志到浩良河附近,按青山里会议决定,做召开联军军政会议的各项筹备工作。同时,向谢文东、李华堂发出参加会议的正式邀请。

---

① 王钧(1914—2000),黑龙江汤原人。中共党员。历任汤原游击队班长、排长、指导员。东北抗联第六军十二团政治部主任、抗联第三路军第三支队参谋长、政治部主任。抗战胜利后,任北安地区卫戍副司令。新中国成立后,任黑龙江军区参谋长、副司令员,黑龙江省委副主任、黑龙江省视察室副主任等职。2000年病逝。

② 王钧回忆录:《血荐轩辕》,哈尔滨出版社,1994版,第70、71页。

而后,赵尚志、李延禄决定兵分两路奔赴汤原与夏云杰①所率游击队会师。赵尚志、李延禄率队到汤原后,又与夏云杰领导的游击队缴取了亮子河金矿伪矿警队武装。

根据青山里会议决定的精神,第三军过松花江到汤原,要帮助汤原反日游击总队改编为东北人民革命军第六军,使之成为松花江北的抗日骨干,要背靠小兴安岭广泛开辟江北抗日游击区,辟建根据地。赵尚志向夏云杰提出汤原这里有什么敌人武装可去收缴,将缴取的武器装备给汤原游击总队,以作该部扩大建立第六军的资本。

夏云杰说,这里有亮子河金矿,驻有伪军三十八团一个连可以考虑,但我们游击队和伪军孟连长他们有交情,不好打。

夏云杰所谓的"交情",指的是游击队与孟连长订有互不相扰的密约,因为游击队力量比较薄弱,便与该部伪军秘密商定各自都在自己地盘活动,不侵犯对方。这在游击队力量弱小之时,为了保存力量、发展自己不失是一种可行的办法。

但赵尚志急于缴取敌人武器,装备汤原游击总队,他便说,搞革命讲什么交情,他是伪军,你不出面我们来打!

夏云杰提出还是把孟连长请来谈一谈,李延禄也同意夏云杰的意见。经过研究,决定通过当地开明地主单某请孟连长来谈。

孟连长来后,经过反复对其进行抗日爱国教育,在答应事后给他一笔路费允许带家属回关内老家后,他同意带领抗日部队去缴驻亮子河金矿伪军武装,并告诉说矿里还有 30 多名矿警队人员,行动时要当心注意。

12 月 26 日,亮子河金矿伪军一个连及矿警察队武装被顺利缴取。对孟连长,按事先所谈给足路费让他回关内老家。大部分伪军被给资遣散,一部分加入汤原游击总队。之后,将所缴取的两挺机枪、200 余支步枪及大批弹药等交给了夏云杰,武装汤原游击总队,使该部装备焕然一新,力量增强,为部队改编打下基础。

驻亮子河金矿伪军一个连和伪矿警队被缴取,使敌人异常震惊,日伪当局称:"昭和十年十二月初旬,潜伏在汤原县北部山中的赵尚志匪与夏云杰汇合后,潜伏于山谷深处无消息,但十二月下旬以来,逐渐又出现了,大肆散布谣言将要袭击鹤立镇或汤原县城。十二月二十六日突然袭击了事先已通匪的驻扎亮子河的满军一个连,解除了该连武装,获得很多武器、弹药。"②亮子河金矿敌人武装被抗日部队解除的消息迅速传开。李兆麟听到这一消息,自然高兴异常,这次战斗的胜利,可以说是为即将召开的联军军政会议举行了一个奠基礼。他为第三、四军与汤原反日游击总队联合战斗取得胜利而欢呼。

不久,谢文东、李华堂率领部队应李兆麟之邀先后到达汤原,于 1936 年 1 月与第三、第四军和汤原反日游击总队会师。

---

① 夏云杰(1903—1936),山东沂水人。中共党员。曾任中共汤原中心县委军事委员、汤原游击总队政委、东北人民革命军第六军军长、东北抗日联军第六军军长。1936 年 11 月 26 日在战斗中牺牲。

② 伪满军政部军事调查部编:《满洲共产匪研究》(1936 年),第 439 页。

第六章　兴安亦震撼

一、召开军政会

1936年1月，东北人民革命军第三军、东北抗日同盟军第四军和东北民众救国军、自卫军吉林混成旅第二支队各一部等活动在北满地区的抗日武装，先后抵达汤原县境太平川抗日游击根据地，同汤原反日游击总队会师。风云际会，热烈非凡。赵尚志、李兆麟与各军负责人一起召开会议，开始协商筹备组建东北人民抗日政府和东北反日联合军总司令部事宜。

成立人民革命政府是《一·二六指示信》给满洲省委和各级党部规定的任务。《一·二六指示信》中提出"建立选举的民众革命政权"。1935年2月1日，《满洲省委给各级党部的信》中提出建立"满洲临时人民革命政府"问题，信中指出："在人民革命军、游击队与义勇军及广大群众中，要进行最广泛的宣传鼓动，使他(按，指《满洲临时人民革命政府纲领》)成为群众自己的斗争纲领，成为他们的反日反满的旗帜。应采取一切办法为建立人民革命政府及为这一纲领的实现而斗争。"①在各地为召开全满代表大会的准备工作做准备时，由于满洲省委主要领导人先后被中共驻共产国际代表团调去莫斯科研究工作，成立满洲临时人民革命政府之事暂时搁置起来。

1935年9月14日，珠河中心县委在给省委的《关于游击区情况及县执委会会议讨论事项的报告》中说道："关于人民革命政府的问题，认为应迅速成立特区政府，以便可以扩大政治上的号召，决定在十月革命节左右要成立，同时决定选举人民委员，可以提选些义勇军的首领如谢李、德林(按，指谢文东、李华堂、宋德林)等。"此报告还提出了特区政府人员名单："1.主席老××。2.副主席××。3.财政部李××。4.民族部长金×。5.教育部××。"报告还向省委提出："这是大约决定，有些还未决定，省委有何意见？同时认为满洲临时人民革命政府'满洲'二字，在习惯上似乎不恰当，应当称'东北'。"②虽然，这是"大约决定"，但这确实是珠河中心县委和第三军遵循《一·二六指示信》，响应《八一宣言》关于组建国防政府和省委号召的具体举措。

对于学习、宣传满洲临时人民革命政府纲领的工作，早在省委发布《给各级党部的信》提出要进行广泛宣传鼓动《满洲临时人民革命政府纲领》不久，时任东北人民革命军第三军第二团政治部主任的李兆麟就根据省委指示，按省委要求，在第二团做了大量的工作。如前所述，同年6月，他给第三军司令部的报告中汇报了对这一纲领学习、宣传的情况，报告中说：

---

① 《满洲省委给各级党部的信》(1935年2月1日)，载中央档案馆等编《东北地区革命历史文件汇集》甲21，第35页。

② 《中共珠河县委关于游击区情况及县执委会会议讨论事项的报告》(1935年9月14日)，载中央档案馆等编《东北地区革命历史文件汇集》甲38，第245页。

"二团除了给各队通知内,做了书面(宣传)以外,在'占山'、'东仁义'、'仁义'、'立山'、'东平洋'选举了代表,这是对外的工作。群众中未进行。队内讨论了这个纲领,代表选出来。"报告中说,"这一纲领运动不是宣传就够了,也不是选出代表就够了,而是要配合扩大反日会及武装自卫运动,联系广大群众斗争,来争取这一运动的胜利。"①上述报告说明李兆麟认真学习贯彻了《满洲临时人民革命政府纲领》,并按省委要求为成立满洲临时人民革命政府做了大量实际准备工作。

根据勃利青山里会议的决定,各军首脑到汤原的重要目的是贯彻《八一宣言》精神,召开东北民众反日联军军政扩大联席会议,成立"东北民众反日联军临时军政府"和"东北民众反日联军总司令部"。

为确保会议顺利召开和安全,第三军军长赵尚志调动部分部队向依兰、桦川方向移动,佯攻依兰,以转移敌人视线,牵制敌人。果然,大批日伪军奔赴依兰。敌人在第三军部队牵制下,东奔西突,始终摸不到抗日军行动底细,为会议顺利进行提供了有力的安全保证。

1936年1月中旬,北满几支抗日部队首脑,第三军军长赵尚志、第四军军长李延禄、汤原反日游击总队队长夏云杰(后编为抗联第六军)和民众救国军司令谢文东(后编为抗联第八军)、自卫军支队司令李华堂(后编为抗联第九军),在汤原县吉兴沟(按,今南岔林业局浩良河经营所辖区内)同聚一处,举行了东北民众反日联军军政扩大联席会议,共商抗日大计。由于此次会议在汤原召开,亦称"汤原会议"。第三军一团政治部主任李兆麟参加了这次会议,并是这次会议的筹办者、重要参加者,为会议主席。参加会议的还有汤原反日游击总队参谋长冯治纲②,为会议书记(按,会议秘书)。

此次会议的主要议题是:

(1)讨论目前政治形势及我们的任务;(2)政府的组织及其工作;(3)联军的改进与扩大组织等问题;(4)特殊工作及建设;(5)经费筹备;(6)军政学校及训练班;(7)军事活动及参谋部与分别活动之领导及目前工作;(8)宣传工作及外交策略;(9)其它布置;(10)临时动议。

此次会议从预备会议到正式会议结束,前后约有十余天(从会议文件签署时间看,正式会议为1月25日,其他"宣言""通电"等文告为1月29日)。会议召开时间正值农历春节期间。1936年为丙子年,正月初一为公历1月24日。1月29日为农历正月初六,这是会议的结束日期。由于日本帝国主义的侵略,各位抗日将领抛家舍业,已多年未能与家人亲属团聚度过中华民族的传统节日。他们于春节期间在研究、商讨抗日大计,为了共同的抗日目标,走到一起,为传统佳节增添了具有特殊意义的喜庆气氛。

此次会议需要研究、讨论、决议的问题很多。会议开始时,在汤原兴隆沟召开,与会领导

---

① 《东北人民革命军第三军司令部政治部主任杨、一师二团政治部主任张给司令部的报告》(1935年6月),载中央档案馆等编《东北地区革命历史文件汇集》甲45,第152页。

② 冯治纲(1908—1940),吉林怀德人。中共党员。"九一八"事变后组织"文武队"进行抗日活动。后加入汤原反日游击总队。曾任东北人民革命军第六军第三团团长、东北人民革命军第六军参谋长、东北抗联第六军参谋长、抗联第三路军第二支队队长、龙北指挥部指挥。1940年2月在战斗中牺牲。

有赵尚志、李延禄、夏云杰、李兆麟等。休会几天后,李华堂、谢文东来到汤原,又转至吉兴沟、小柳树河①召开。会议在工农红军长征胜利的鼓舞下,认真地学习了《八一宣言》。《八一宣言》对东北抗日军民的斗争给予高度评价:"我东北数十万武装反日战士在杨靖宇、王德泰、赵尚志、李延禄、周保中、谢文东、吴义成、李华堂等民族英雄的领导之下,前赴后继的英勇作战,在在都表现我民族救亡图存的伟大精神,在在都证明我民族抗日救国的必然胜利。"这段文字对与会人员以很大鼓舞,极大地增强了与会各军领导人团结抗日、共同对敌的信心。与会各部队领导人都热烈拥护《八一宣言》精神,一致主张在民族危亡之际,国难当头之时,要密切团结起来,共同抗日,坚决响应《八一宣言》的号召,为收复失地、民族独立而战。

1月28日,根据《八一宣言》关于组建国防政府和统一的抗日联军的号召,响应中共驻共产国际代表团关于成立民选东北人民政府、组建东北抗日联军的倡议,会议认为成立东北人民革命政府万分必要,决定在东北人民革命政府成立之前,先组建"东北民众反日联军临时军政府",决定将"东北反日联合军总指挥部"改为"东北民众反日联军总司令部"。同时会议讨论并通过了《东北民众反日联军军政扩大联席会议决议》。

《决议》分析了国际国内,特别是东北抗日游击战争的形势,表达了争取抗战胜利的坚定信念。指出:"东北反日运动是在日帝不断'讨伐'烽火中生长着,是在国民党卖国贼不断出卖内外夹攻之下扩大着……四年来,日帝阴谋破坏统一战线计划,烧杀并屯、武装移民、保甲团练制度的实施,坚壁清野,山林政策……'满洲国'军队、武装移民团,配合正式日帝军的残酷'讨伐'之下,东北反日游击运动能在这严重环境中,将零星的散漫的力量,甚至动摇的暂时的力量,能形成目前东北民族革命战争伟大的汇合……是证明被压迫民族进行反帝民族革命战争是会得着最后的胜利。"《决议》确定,为了响应中华苏维埃共和国中央政府关于组织国防政府和抗日联军的号召,决定在东北人民革命政府尚未成立之时,为统一领导东北抗日部队的反日游击战争,更广泛组织领导东北人民群众武装抗日斗争,组织东北民众反日联军临时政府,并认为"是非常必要的有非常历史意义的"②。

《决议》还就临时政府的组织、人员安排做出规定:临时政府设七部二处:行政部、军政部、外交部、财政部、司法部、教育部、顾问部和秘书处、总务处。临时政府由军事部、行政部、外交部组织政府主席团,主席团会议为府务常会处理日常政务。临时政府各部人选为:行政部委员长杨靖宇、副委员长张寿篯(李兆麟);军事部委员长赵尚志、副委员长李华堂;外交部委员长周保中、副委员长刘振东;司法部委员长王德泰、副委员长胡仁;财政部委员长夏云杰、副委员长李福林;教育部委员长李延禄、副委员长高主任(按,似为第一军独立师政治部主任高国忠);顾问部委员长谢文东、副委员长宋德林;秘书处处长侯启刚。会议决定组建东

---

① 《周保中简短日记》(1936—1937年),载中央档案馆等编《东北地区革命历史文件汇集》甲40,第307页。关于汤原会议地址有兴隆沟、吉星沟等说法。兴隆沟为李延禄80年代回忆所说。1937年6月6日,李兆麟赴吉东邀请周保中参加北满临时省委执委扩大会议,与之交谈第三军情况,讲到汤原会议时,说是在汤原小柳树河(今伊春南岔附近)召开联军会议,周保中当天日记中有记载。

② 《东北民众反日联军军政扩大联席会议决议》(1936年1月25日),载中央档案馆等编《东北地区革命历史文件汇集》甲45,第408~409页。(按,25日为决议起草时间,通过时间应为28日。)

北民众反日联军总司令部,推选赵尚志任东北民众反日联军总司令,李华堂任副总司令,张寿篯(李兆麟)任总政治部主任。会议还制定了《东北民众反日联军临时政府政纲》,发表了《东北反日联军临时政府成立宣言》和通电等文件。

李兆麟作为这次重要会议的主要领导者——会议主席,他与其他与会者一起,认真地贯彻《八一宣言》精神,为会议的筹备和顺利召开做了许多具体工作,特别是执笔起草了各项文件,其中主要有:《东北民众反日联军军政扩大联席会议决议》《东北民众反日联军临时政府成立宣言》《东北民众反日联军临时政府成立通电》《政纲》《为对日作战通电》《为对日宣战的通牒》《欢迎中国民族武装自卫委员会来满指导反日工作通电》《致中华武装自卫委员会宋庆龄、李杜的信》《告"满洲国"官吏士兵书》等重要文件、文告等。①这些文件、文告在提交会议讨论后于1月28日予以通过。1月29日签署发布了这些文件、文告。在此次会议上,李兆麟当选为东北反日联合军总政治部主任,成为北满地区抗日武装力量核心领导人物之一。

这次汤原会议,由于当时的主客观条件的限制,也存有不足,主要是,会议上产生的东北民众反日联军临时政府在政权本质上还缺乏民众性,即没有在群众中、义勇军和山林队中做广泛宣传,解释、怎样拥护民众反日政权等工作,缺乏群众基础。又由于第一、二、五军等未有代表参加,会议无从征求未参加会议代表的意见,对临时政府的组织、各部领导人员安排,所作出的规定也不一定妥切。会议上产生的临时政府未经广泛选举,无群众代表参加,未能充分代表东北各地反日军民,对于如何发挥其职能作用,也不很明确。也由于参加会议的仅有第三军、第四军、汤原游击总队、民众军、自卫军的首脑人物,因此会议上所成立的东北民众反日联军总司令部实际上是北满地区反日联军总司令部。

后来李兆麟对此也总结了经验教训。他说:"在汤原所召集的联军会议,决定组织临时军政府。因为当时对于王康指示信了解得不够,在那决议的基本观点是'左'倾机会主义精神的存在,始终是企图跳过现在阶段。认为东北抗日联军几个领袖,就能组织了东北的初步政权,完全忽视了抗日群众及抗日山林队、义勇军来参加,特别是忽视采用民主集中制来实现这一任务。我们北满的军政负责同志完全不了解只有民主集中制,才能保障意识统一,政治行动一致。结果临时军政府终归流产。总司令部始终未形成各军的确切领导机关,还保留着浓厚的表面化及形式化的彩色。"②

此次会议召开后,汤原县委派交通员将《东北民众反日联军军政扩大联席会议决议》以及各种宣言文件送交上级(满洲省委留守人员)。1936年3月7日,上级以满洲省委的名义(实际是中共驻共产国际代表团)发出给汤原县委、游击队、尚志同志、延禄同志的信。信中对成立东北民众反日临时军政府、东北反日联合军司令部也提出一些意见。信中指出:"你们这次建立政府,一般的各地区民众均不知道,更没有民众的代表参加。在这种情形下,完

---

① 《东北民众反日联军临时政府成立宣言》《施政纲领》《对日宣战通牒及致中华武装自卫委员会宋庆龄、李杜的信》等文件,载中央档案馆等编《东北地区革命历史文件汇集》甲45,第403~442页。

② 《中共北满临时省委北满总政治部主任给三军四师军政负责同志的信》(1937年春),载中央档案馆等编《东北地区革命历史文件汇集》甲23,第115页。

全是我们的军队来包办的一个政府,尤其是'军政府'以各军领袖来担当政府工作,而实际上,各军并不能进行政府的工作,则这一政府与群众的联系将发生很大困难。"至于反日联合军司令部由于第一、二、五各军及许多反日军队未有代表参加,未能团结最广泛的反日军队,"因此现在我们的意见,抗日联军总司令部应作为临时的,称为'东北抗日联军临时总司令部',尚志同志为临时总司令。这一临时总司令部,应该成为号召与团结全东北反日军队的机关,特别是各军活动的范围内,根据王康指示信的具体策略,正确执行我党的新策略,在联合一切反日部队上,准备召开全东北反日军代表大会,以正式成立总司令部。现在既已建立起来,就应该以之来起以上重大的作用。"①

尽管如此,这次会议仍不失为东北抗日武装斗争历史上的一次盛会,特别是由于在以后全东北反日军代表大会没能召开,更显得此次会议具有十分重要的历史意义:

第一,汤原会议是北满地区抗日武装力量进一步团结、联合的会议。第三军、第四军、汤原游击总队、自卫军、民众军等众多首脑人物集聚一处,共商抗日大计,这在东北抗日武装斗争史上还是第一次。这次会议集结了北满各抗日武装主要首脑,即以后成立为东北抗联主要部队第三、四、六、八、九军领导人,这是绝无仅有的。会议召开的本身就反映了冲破日伪"讨伐"的胜利,体现了抗日武装联合的力量。

第二,汤原会议是北满地区各抗日武装响应中国共产党的号召,贯彻《八一宣言》《王康指示信》精神的具体的实际行动。会议按《八一宣言》建立国防政府的建议,在北满地区建立了"东北反日联军临时军政府",是践行《八一宣言》精神的实际举措。使《八一宣言》中关于建立国防政府的建议在这次会议上具体化,首先在东北得到落实。汤原会议决定成立的东北反日联军临时军政府,是"东北人民革命政府"未成立之前而成立的与伪满洲国对立的政权。虽然受当时的环境和条件的限制,该政府未能全面地实施其政纲及职权,但它的成立,所发布文告、号召,进一步唤起了人们觉醒,动员人们使之积极投入抗日斗争。

第三,汤原会议响应《八一宣言》建立统一的抗日联军号召,成立了东北民众反日联军总司令部。对于深入贯彻党的抗日民族统一战线政策,推动北满地区各种抗日武装的进一步联合,统一北满地区各抗日武装的领导及将其改编为东北抗日联军第三军、第四军、第六军、第八军、第九军以及在组织领导北满抗日部队广泛开展抗日武装斗争方面发挥了重要作用。

第四,汤原会议的召开使党的抗日民族统一战线政策更加深入人心,极大地扩展了共产党及其领导的抗日武装的政治影响。此次会议是党对北满广大军民的又一次抗日救国动员,充分体现了共产党是抗日斗争的中流砥柱、领导核心。

此次会议召开后,在陕北出版的中共中央机关报《红色中华》第263期以《独立发展着的东北抗日战争》为题予以报道。报道中对建立的这两个政军组织即"东北民众反日联军临时军政府""东北民众反日联军总司令部"予以高度评价,把"尚有国防抗日政府的组织""军事方面最高机关是关外抗日军总指挥部"视为"东北抗日部队的组织最近亦有很好的转变"的

---

① 《中共满洲省委给汤原县委和游击队及尚志、延禄同志的信》(1936年3月7日),载中央档案馆等编《东北地区革命历史文件汇集》甲21,第123、124页。

重要标志和例证。①

对于这次会议,日伪当局记载说:"赵尚志匪团昭和十年十二月逃避了讨伐跑到汤原县,他在那里与同时纠合在一起的谢文东、李华堂、李延禄、夏云阶等各匪团首于昭和十一年一月下旬召开了东北反日联合军军政扩大会议。出席者如下:赵尚志、李华堂、谢文东、张寿篯、夏云阶、李延禄、冯治纲。以上七名,张寿篯当选为主席,冯治纲被选为书记。鉴于在全满军事环境下领导反日民族革命的重要性,各反日军的联系极端困难,特别是第一、二、五军的代表陷于阻隔未能参加此次紧要的联合会议,上级机关的许多必要的参考文件也未能到来,又加上是军事环境,缺乏新闻材料以及对政治形势得不到充分分析等,的确是非常遗憾,可以明显地看出,这是在第一、二、五军代表未参加的情况下召开的。在这次会议上决定的重要问题是成立'东北民众反日联军临时政府'和'东北民众反日联军总司令部'。"②

日伪当局称汤原会议的召开,是抗日游击运动"划时代的发展",它"集结了反满抗日力量,在形式上一度完成了其组织化、系统化,其结果在政治匪活动占优势的北满地区很快地改变了过去的分散对立关系,组织在东北民众反日联军总司令部的控制下"③。由此可见,日伪当局对于这次会议是格外关注的,他们担心随着东北民众反日联军临时政府和东北民众反日联军总司令部的建立,抗日民族统一战线继续壮大,各阶级、各民族反日力量的大联合、大发展。

李兆麟是汤原会议的主席,会上与会人员选举他为东北民众反日联军总政治部主任并兼任即将成立的东北人民革命军第六军政治部主任(代理),从汤原会议开始,联军总政治部主任这一职务伴随他很长时间。他担任的这一职务,表明他是北满地区抗日联军政治工作主要负责人。任职期间,他潜心履职,认真负责,在此任上兢兢业业,做了大量工作,为北满抗联部队政治建设、提高政治素质做出重要贡献。

汤原会议在党的抗日民族统一战线政策下,团结、统一了北满地区抗日武装部队。其政治意义是有力地推动抗日事业向前发展,使北满抗日游击运动走上一个新的阶段,即更加广泛联合各种抗日武装共同抗日阶段。

二、留守在汤原

东北民众反日联军军政扩大联席会议结束后,与会的各军首脑率所部分头活动。赵尚志率第三军第五、六团去做西征巴(彦)木(兰)通(河)的准备工作。李延禄、谢文东、李华堂率部分别返回江南。

在夏云杰领导下,汤原游击总队于1936年1月30日扩编为东北人民革命军第六军。东

---

① 《红色中华》第263期(1936年3月16日)。
② 伪满军政部军事调查部编:《满洲共产匪研究》(1936年),中共东北党史研究室译,第451页。
③ 伪满军政部军事调查部编:《满洲共产匪研究》(1936年),中共东北党史研究室译,第35页。

北人民革命军第六军成立典礼大会和升旗仪式在汤原太平川温家屯举行。新成立的东北人民革命军第六军,夏云杰任军长。李兆麟任政治部主任(代理),李兆麟的这一任职,显然是为了加强新成立的第六军的领导。

东北人民革命军第六军是中国共产党直接领导创建的基本抗日武装队伍。这支队伍是由汤原子弟组成,其前身为汤原反日游击总队。汤原反日游击总队初创时,历经艰难,曾经过三起三落才建立起来。这支游击队在汤原中心县委和夏云杰同志的领导下不断发展壮大,开始由弱小的游击队发展为汤原游击总队,又发展为东北人民革命军第六军。第六军成立时约900人,在东北人民革命军第六军成立大会上,李兆麟在队伍前面庄严地宣读了《东北人民革命军第六军成立宣言》。《宣言》中说:"万恶的日本强盗占领我们东北四省已经有四年了,在这四年多残酷的黑幕里日本帝国主义一贯地执行其殖民地政策,轰炸了不知多少城市,烧毁了不知多少农村,屠杀了不知多少劳苦群众,掠夺了不知多少土地财产,强奸了不知多少妇女,整日的炮火连天,杀声震耳。日本强盗用尽了杀人武器,威胁我们全东北民众,使我们全东北民众,每天过着极不安的生活。同时日本帝国主义还狡猾的奴役我们东北民众,武断地说'王道乐土,日满共存共荣',欺骗我们东北民众在它这样的血腥统治中,永远做亡国奴,永远过着非人的生活。"《宣言》揭露了国民党蒋介石实行不抵抗政策,是日本侵略中国的"清道夫"的嘴脸,抨击了国民党卖国政府与日本订立《塘沽协定》,把华北奉送给日帝作为"第二满洲国"的罪行。《宣言》赞颂红军西征、北上与东北抗日部队遥相呼应,共同进行神圣的反日民族革命战争。

接着《宣言》指出:"四年多被日本帝国主义压迫下的东北民众,不但没有在当奴隶的统治中屈服着,没有甘心做亡国奴。反而激起了全东北反满抗日的怒潮日益澎湃起来。东北的人民革命军第一、二、三、四、五军及各反日游击队,各反日义勇军等,到处与'日满匪军'作长期的战斗,予它无数的打击,开展了广大的反日游击区,产生更多民众反日武装队伍及地方反日政权,最近汇合东北一切反日队伍,成立反日联军临时政府,号召全东北民众参加伟大的反日民族革命战争。"《宣言》中说:"我们汤原民众反日游击队,两年来在与敌人的血战中,已经获得许多光荣的胜利的历史了。如宝宝山之战,黑金河之役,凉子河之冲锋,三甲阵地中之解除敌人全体武装,关旅三营一连之全部缴械,与屡次的冲破敌人的大举'讨伐',真使敌人心惊胆战。同时在汤、萝、绥及富锦地域开展了反日游击区,号召与领导许多反日义勇军,团结组织与领导了下江广大的劳苦民众,进行反满抗日的斗争,实际上得到了民众的深刻同情与拥护。因此汤原的民众反日游击队的声誉和威信,在全东北日益高涨起来。但是,我们为了更有力的为东北民族解放而战、为收复东北失地而战、为彻底实现东北民族自由平等而战,还需要扩大与坚强我们的队伍。所以我们继东北人民革命军第一、二、三、四、五军之后,成立东北人民革命军第六军是万分的必要,并有非常伟大的意义。"①(该宣言签署日期为2月1日)

《东北人民革命军第六军成立宣言》是讨日檄文,它揭露了日本帝国主义侵占中国东北的罪恶历史;是民众心声,它表达了东北人民反抗日本侵略要坚决进行不屈不挠斗争的意

---

① 转引自伪满军政部编:《满洲共产匪研究》,第440、441页。

愿;是战斗号角,它号召全军指战员为民族解放、为恢复东北失地而血战到底!《宣言》发表后给抗日军民以极大鼓舞。

参加过这次庄严的第六军成立典礼大会和升旗仪式的刘铁石同志回忆说,东北人民革命军第六军授旗仪式在汤原县太平川温家屯(现旭日村)隆重举行。第六军将士怀着满腔喜悦,像过年一样高兴,迎接这个庄重的时刻到来。这一天,他起得特别早,换上洗得干干净净的军装,还特意刮了胡子,高兴地和几个战士围着新缝制的军旗,笑个不停。第六军的军旗是三角形的狼牙旗,红色的旗帜,黑色的狼牙锯齿,两条金色的穗带,旗帜上还有金黄色的镰刀斧头图案。上午十时,部队列队集合,代理军政治部主任张寿籛(李兆麟)在队伍前面,宣读了《东北人民革命军第六军成立宣言》。授旗仪式在庄严的《义勇军进行曲》中结束。①

东北人民革命军第六军成立后,在军长夏云杰、代理政治部主任李兆麟的领导下,以小兴安岭为依托,积极开展游击活动。在对敌斗争中,逐渐成为松花江下游一带的一支抗日劲旅。该军以勇于战斗、纪律严明、群众关系好著称,是一支深受群众欢迎、爱戴的抗日队伍。

东北人民革命军第六军成立后,联军总司令部考虑到,为了长期支持北满抗日游击战争,必须建立巩固的汤原后方根据地。为加强对根据地建设的领导,建立了第三、六军汤原后方留守处,并责成李兆麟担负留守汤原工作,令其兼任留守处主任。留守处主要任务是建设巩固汤原游击根据地,同时执行东北民众反日联军军政扩大联席会议的决定,筹建政治军事干部学校。

李兆麟负责留守汤原工作时,中共汤原中心县委为开辟游击根据地进行了不懈的努力。中共汤原中心县委管辖的区域分布较广,具体有:汤区(汤旺河)、格区(格节河)、鹤区(鹤立岗)、鸭区(鸭蛋河)、洼区(洼大岗)、通区(通河)、龙区(乌龙河)、帘区(竹帘)、力区(宏克力)、岗区(江南)等。在这些地区都建有党和抗日救国会的组织。

1934年春,汤原反日游击队创建初期,已在格区的太平川开辟有游击根据地。太平川位于汤原县城北部小兴安岭西麓平原地带,距县城17公里。这里是汤原党组织开展工作较早的地方,群众得到充分发动,抗日救国热情高涨。汤原反日游击队同太平川根据地的群众始终保持着鱼水关系。游击队的许多战士就是这里的子弟。这里又是农产区,盛产大豆、小麦、玉米等,是汤原县的大粮仓。周边有黑金河、格节河等金矿。这里可向东通往佳木斯、向北通往鹤岗、萝北。开辟这一地区为根据地,既能解决游击队的给养供应,又有较大的回旋余地,十分有利于游击队的斗争和发展。

为了开辟太平川游击根据地,中共汤原中心县委派出党员干部到太平川开展抗日宣传工作,争取了当地爱国青年冯治纲率领的抗日武装"文武队",成为党领导的队伍。同时,戴鸿宾根据县委指示做太平川伪自卫队队长张传福的工作,动员他率队起义。不久,张传福在汤原游击总队的接应下起义成功。之后,解除了伪警察署和反动地主的武装,扫除了建立游击根据地的障碍。汤原反日游击队由此开进太平川,受到当地群众的热烈欢迎。太平川从此成为"红地盘"——汤原反日游击队的可靠后方。

---

① 李伟、丛树春:《征途坎坷立铁石》,长春出版社,1992年版,第57页。

1934年7月，在汤原中心县委领导下，在格金河七甲的群众会议上，成立了汤原县抗日救国会。抗日救国会下设宣传部、肃反部（除奸部）、青年部、妇女部、儿童部、互济部和运输部等。在游击根据地内，抗日救国会积极组织群众承担为游击队侦察敌情，当向导，传送信息，运输战利品和其他物资，筹办粮食，募捐，制作军服，收容、护理伤病员等项工作任务。抗日救国会在当时实际上起到抗日政权的作用。

　　李兆麟做留守汤原工作后，更加重视汤原游击根据地的建设。他深知根据地建设是人民军队赖以生存、发展的基础。1934年2月22日中共中央给满洲省委指示信中专门强调建立根据地问题。指出："中央同意你们把磐石、间岛、汤原、绥宁、珠河五个游击区当作我们工作的中心。"并强调指出："满洲党必须把建立和扩大革命政权与革命根据地的任务，提到实际工作的日程上来。"[①]李兆麟感到在哈东游击根据地大部丧失后，辟建、巩固汤原游击根据地更是十分重要。汤原游击根据地地处小兴安岭山区，在这里抗日队伍可以依托小兴安岭，向东到依兰、宝清，向西到铁力、绥棱、海伦，向北至萝北等地开展广阔的游击战争，发展空间广，活动余地大。李兆麟做留守汤原工作期间，积极主动协助县委在原有基础上加强游击根据地建设。他强调发展抗日救国会组织，吸收各阶层群众、人士广泛参加。据统计，1936年，汤原县的抗日救国会会员达2万余人。抗日救国会在党的领导下开展工作，会长有的是党员，有的是抗日坚决的群众骨干。当时党组织处于秘密活动状态，抗日救国会一般实行公开活动。因此，抗日会被称为"表面区"，党组织被称为"里面区"。李兆麟说过："'里面区'为骨，'表面区'为肉，交通为筋。要通过'里面区'工作推动'表面区'工作。"他对根据地里的交通员十分关怀，交通员担负地方和部队通信、运粮、运送枪支弹药等工作，特别辛苦、危险。他曾说："在必要时，任舍肉，不伤筋。"[②]

　　经过艰辛的开辟和建设，以太平川、格节河、石场沟为中心的整个汤原县西北部、中北部地区已成为较为稳定、巩固的抗日游击根据地。1936年春，中共汤原中心县委在汤原南三甲召开了有300余人参加的工、农、商、学各界代表会议，成立了汤原人民政府，通过了人民政府施政纲领，选举王永昌为人民政府主席。

　　为使根据地向东发展，东北人民革命军第六军成立后，中共汤原中心县委即派人去松花江南岸的依兰东部开展群众工作。不久，人民革命军第六军即派部队渡江开辟依东游击根据地。依东游击根据地位于松花江南依兰、桦川县境内，以西湖景为中心向四周发展，北至宏克力、东到土龙山、金沙河，南至倭肯河的团山子、黑瞎子沟等地，形成了方圆近百平方公里的"红地盘"。汤原、依兰等抗日游击根据地的扩大，第六军壮大发展，为进一步掀起松花江下游地区抗日运动的浪潮创造了条件。

　　1936年夏，汤原格节河区区委先后将经过训练的青年游击连队员100余人输送至第六军部队。第六军有很大发展，主力部队400余人已经建成骑兵。7月间，第六军第二团团长戴

[①]《中共中央给满洲省委的指示信》(1934年2月22日)，载中共中央文献研究室、中央档案馆编《建党以来重要文件选编》(1921—1949)第11册，中央文献出版社，2011年版，第240页。

[②]《张景洲访问录》(1960年5月)，载中共黑龙江省委党史研究室编《访问录选编》(六)，第285页。

鸿宾率部进入汤西活动。之后,游击区又扩展至西部汤旺河流域的格金河、亮子河、大眼沟、佛爷砬子等地,建立了第六军汤西游击根据地。

同时,中共汤原中心县委派王永昌到绥滨县领导群众抗日斗争,在农村组织进步青年建立了青年游击连。由此形成了小兴安岭东麓与三江平原接壤的包括绥滨、萝北在内,与汤原太平川连成一片方圆500公里的汤东游击区和游击根据地,并建立了"连区"区委。

1936年9月,第六军参谋长冯治纲率领第五团,狠狠打击萝北、绥滨的伪军和伪警察据点,有力地配合了地方党组织开展抗日救国宣传的活动。

为加强汤原游击根据地建设,李兆麟协助汤原中心县委在游击区和游击根据地内,开展巩固已建立抗日政权,组建抗日群众团体和地方抗日武装——青年义勇军和游击连等工作。在抗日游击根据地内,凡适合加入游击队的青年,首先参加到青年义勇军和游击连等半脱产的武装组织中。青年义勇军和游击连作为机动兵力,有战事则集中,打击敌人,平时担负侦察、逮捕汉奸走狗、打击进犯敌人等保卫游击根据地的任务,并向部队输送战士。此外,还组建不脱产的农民自卫队,平时生产,发生战事则配合抗日军作战。

对于汤原游击根据地,日伪当局记载说:"在县委领导下的一般居民的赤化工作,随着游击队的活动,逐渐的有了发展,把居住于该县的鲜、满人的说法综合起来,该县第二、六区一带的格节河、太平川、西北沟、细麻沟、竹帘镇、洼边(丹)河、穷棒子沟等地的村庄完全形成了苏维埃区域。即组织了青年义勇队、暗杀队、反日自卫团等的武装组织和儿童团的谍报网相结合,担任着赤、白区域境界线的警戒,对不认识的人不允许通过,并立即给杀死,以期达到绝对严守内部秘密,而且使用专门的暗号,绝对不发给证明书等,若靠近了讨伐队的区域时把武器隐藏起来,打扮成良民等,使用一些巧妙的战法。"①这里敌人记载的显然有污蔑不实之词,但也反映出了游击根据地的一些情况。

在汤原游击根据地,广大人民群众与抗日部队结下了深厚情谊,形成了抗日部队保护人民群众、人民群众热烈支持抗日部队的军爱民、民拥军大好局面。

为破坏日伪当局建立的基层伪政权和伪保甲制度,汤原中心县委和第六军还通过争取教育具有民族意识、爱国良心的伪保甲长,使其成为"内红外白"人物,即表面应付日伪,暗中同抗日军保持联系,为抗日救国服务之人。

1936年秋,在汤原根据地帽儿山建立了第六军被服厂和后方医院。夏云杰之妻夏嫂、夏云杰之女夏志清、冯治纲之妻冯嫂、李在德、金伯文、李敏、朴英善、李桂兰、穆淑琴、张世臣等十几名抗联战士先后在这里辛勤劳作。她们用缴获及群众支援的布匹制作成别具样式的军装,军装颜色根据山外运进的布料决定,有灰色、草绿色、藏青色,如运进的是白布,则用黄菠萝或柞树皮煮染上色。上衣如同中山制服,裤子为马裤状,帽子是苏联红军布琼尼式帽,上面有五角星,帽顶呈圆尖状,上有一红疙瘩。指战员穿上军装倍感精神,士气旺盛。被服厂战士在完成大量缝制军服、军帽、子弹袋任务的同时,还协助医生护理许多伤病员,在其精心护理下,使之伤愈重返抗日斗争前线。

---

① 伪满军政部编:《满洲共产匪研究》,第442页。

日伪当局为加强对人民的统治，割断抗日军民的联系，极力推行"集团部落"政策，实行"归屯并户"。在汤原中心县委的领导下进行了反"归屯"斗争，广大群众说，"宁作地下鬼，至死不归屯"。在敌人强迫搬家"归屯"时，有的东藏西躲不搬家，有的明搬暗不搬，有的房屋被敌人烧掉，就在山边搭窝棚住，广大民众对日本侵略者的"集团部落"政策进行了坚决的反抗。

为支持长期抗日游击战争，赵尚志、夏云杰、李兆麟等第三军和第六军领导人，考虑到敌人极力推行"集团部落"政策，实行"归屯并户"，不断破坏地方党组织和群众抗日救国会等团体，在根据地一旦遭到破坏的情况下，必须广泛建设能够赖以休整的生存之基地。据此，第三军和第六军指战员在小兴安岭山区密林深处建立许多秘密营地，简称"密营"。

密营都建在比较偏僻、人迹罕至的深山老林之中。其位置多选在地势险要，靠近水源，进可攻、退可守的隐蔽之地，敌人一般不敢轻易进入。根据密营的地理位置、交通条件、规模大小，设置有党、军领导机关、交通站、兵营、被服厂、后方医院、军械修理所(兵工厂)、军校(干部培训班)、粮食仓库、物品仓库。密营附近还有屯垦地等。密营的形制有木刻楞式、地窨子式、马架子式、窝棚式，大都依山傍水而建，也有利用天然山洞作为密营的。密营内建有火炕，顺山搭有烟道。屋顶多用树枝、柴草掩盖，不易被人发现。密营周围皆修有战壕、掩体、瞭望哨位等工事，以利于密营的保护。

这些位于深山密林中的大量秘密营地，是东北抗日战争中广大指战员的一项创造，是特殊形式的根据地。李兆麟对密营建设一直十分重视。在1939年、1940年抗联斗争进入极端艰苦时期，他特别强调运用汤原密营建设的经验，加强密营建设，以利部队生存。密营虽然设备简陋、条件有限，但在敌人极力推行"集团部落"政策，实行"归屯并户"，原有根据地被破坏，日伪当局妄图把抗联部队困死、饿死、冻死的严峻形势下，为保存抗日武装实力，补充给养、休整部队、医治伤员、培训干部、议事决策，使之能够坚持长期艰苦的抗日游击战争，起到了十分重要的作用。

1936年10月，与李兆麟长期一起活动，共同领导第三军第一师的师长刘海涛被总司令部派往苏联，一方面向中共代表团汇报工作，另一方面向苏联寻求军援。刘海涛向中共代表团汇报有关根据地和密营时说："在黑龙江省汤原县者，兴安岭山脉，面积周围很大。这个山里有三千七百多家，对房子就是打皮子的，当地枪支很多，还有打围的(按，狩猎)，雪里人(按，指鄂伦春人)很多，金沟还有。我们计划着在里边建立军事政府、学校、小兵工厂、各种设备。这个山里就是日本知道，他进攻是很难的，也可说要与对房子和雪里人联合好了，日本就没办法进攻的了。所以派我来，主要为了要求帮助建设这个问题，化学做爆药，做子弹，无线电，防毒具制造、手榴弹、捷克式机枪、军用地图等等。"[①]刘海涛是珠河反日游击队早期队员之一，李兆麟的战友，他们二人曾领导第三军一团战斗约有一年多时间。他去苏联后，被送往东方共产主义劳动大学学习。1937年曾撰写出《论抗联游击战术》的小册子，详细阐述抗联游击战术，其中不乏他与李兆麟率领第三军一团在对敌斗争中总结出的经验教训。文中论述了游击队怎

---

① 《刘海涛关于满洲情形的报告》(1936年)，载中央档案馆等编《东北地区革命历史文件汇集》甲47，第166页。

样进攻城市及敌人防所、宿营地,游击队怎样袭击敌人行军及后方运输队,游击队设卡子及设埋伏是打击敌人的好办法,游击队在遭遇战时怎样解决以及进攻战、伏击战、遭遇战等其他共45个问题,还举出1934年打宾州、1935年打方正县城等战例个案予以说明抗联游击战术的具体运用。他在《论抗联游击战术》中还谈到毛泽东同志论游击战的意义。他说:"毛泽东同志论述这个战争有很多材料,请同志们在救国时报去看。因为这个谈话对我们反日战争中有不分离策略。"①刘海涛在《论抗联游击战术》中所谈到的毛泽东同志论游击战的意义,并倡导同志们去学习,应该说是东北抗联人员根据自己对日作战的实践、认识、理解来阐述、践行毛泽东战略战术思想的较早的一段重要文字。

刘海涛和李兆麟在抗日武装斗争中都得到锻炼和成长。他们的进步得到同志们的肯定。1936年初受组织派遣到莫斯科学习的小孟(韩光)同志在向中共驻共产国际代表团汇报珠河党组织和第三军工作,谈及干部问题时,举荐刘海涛、李兆麟二人是具有突击的精神和一般迎刃而解能力的同志,可以胜任该地区之任务、担负重任。刘海涛在苏联学习后,于1938年回延安,后由组织派往山东工作,曾任鲁中军区司令员。1941年春在反扫荡斗争中牺牲,这自然是后话。而李兆麟则一直战斗在东北抗日前线,以后也成为胜任重要工作任务的人。

李兆麟在做留守汤原工作期间,为建设小兴安岭汤旺河后方根据地耗费了大量的心血。这一后方根据地各项事业的发展,为支持北满的抗日斗争做出了重要的贡献。对于这一时期的工作,冯仲云在写给中央的一份报告中写道:"1936年春,抗联三军在赵尚志、张寿篯同志领导之下,远征下江与汤原反日游击队会师于小兴安岭南麓,成立了抗联六军。张寿篯同志担任一时期六军政治部主任而六军得到发展。"②可以说是由于第三、六军积极开展游击活动,先后解决了亮珠河金矿伪警察队和汤旺河伪山林警察队,于是占据了小兴安岭东部地区,进而以小兴安岭为依托活动于广阔的松江原野。也由于是李兆麟留守汤原,为小兴安岭汤旺河后方根据地建设呕心沥血,这一后方根据地不断巩固,各项事业不断前进,有力地支持了北满地区,特别是下江地区的抗日武装斗争的发展。在地方党组织的领导配合下,下江地区广大抗日军民展开了英勇不懈的斗争,在汤原、通河、依兰、桦川等地开始涌现新的抗日浪潮。

三、攻袭老钱柜

根据"汤原会议"的决定,东北人民革命军第六军成立后的主要任务在于扩大武装,扩大汤原抗日游击区和建立巩固汤旺河后方根据地。1936年2月,联军总司令赵尚志与汤原后方留守处主任李兆麟、第六军军长夏云杰专门研究了建立巩固汤旺河后方根据地,以使第三、六军活动有可靠依托的问题。

---

① 《张富民论抗联游击战术》(1937年),载中央档案馆等编《东北地区革命历史文件汇集》甲50,第367页。(张富民即刘海涛化名)

② 《冯仲云给中共中央的工作报告》(1939年10月12日),载中央档案馆等编《东北地区革命历史文件汇集》甲25,第102页。

为辟建巩固汤原后方根据地就要在游击根据地区域内彻底清除敌伪统治势力。当时,在汤旺河后方根据地区域内存在有驻于老钱柜(今伊春上甘岭区内)的伪汤原森林警察大队。赵尚志考虑到为贯彻汤原会议精神,辟建巩固汤原后方根据地,必须拔掉日本人控制的伪森林警察大队这颗威胁汤原后方根据地建设的钉子,坚决消灭横行在大森林里的日本鬼子。

1936年2月初,赵尚志率队西征途经通河时,以联军总司令部名义写信给联军总政治部主任兼第三、六军汤原后方留守处主任李兆麟,要他想尽一切办法,克服一切困难,组织力量,解除老钱柜伪汤原森林警察大队武装,以保证建立巩固的汤原后方根据地。

老钱柜原是给伐木工开饷、放粮的地方。汤原伪森林警察大队本部驻此,日本人的北进采伐株式会社经理部亦设立于此。

汤原伪森林警察大队队长名叫于祯,因其排行老四,枪打得准,人称"于四炮"。九一八事变前,他为汤旺河地区山林自卫团团长,负责小兴安岭林区的治安。汤原游击队成立后,为保证游击队顺利发展,夏云杰曾与之订立过秘密的互不侵扰的"攻守同盟"关系。1935年秋,日寇为全面控制小兴安岭,收编这支队伍,被编为汤原县伪森林警察大队。对此,于祯与夏云杰商量,夏云杰认为在敌强我弱的形势下,其编为伪森林警察大队,继续保持互不侵扰的秘密合作的"攻守同盟"关系,对游击队发展有利,因此同意于祯接受伪职。日伪当局为加强对小兴安岭的统治,在伪森林警察大队里派驻一些日本指导官,并扩充伪森林警察队。于祯虽接受伪职,但他"身在曹营心在汉",不甘受日本人的统治。

汤原伪森林警察大队,下属三个中队,分别扼守汤力川(今南岔)、岔巴气(今金山屯)和老钱柜等重要隘口,中队下设若干分队,控制整个小兴安岭地区。伪森林警察队由日本人掌握一切大权,是伪森林警察大队的"太上皇"。他们抓劳工、征马匹,掠夺森林资源,盘查行人,刺探情报,破坏抗联活动。镇压民众,为非作歹,无恶不作,为民众所痛恨。

李兆麟接受战斗任务时,正值第六军军长夏云杰率主力部队赴依兰以准备攻袭兴山(鹤岗),已经离开汤原之际。在这种情况下,李兆麟和第六军留守根据地的第二团团长戴鸿宾率第二团20余名,及洼区区委书记李凤林领导的洼区青年游击连80余名,并联合义勇军"阎王"部20余名,组成一支120多人的队伍,准备进行这次战斗。

伪森林警察大队大队长于祯(于四炮)和中队长宋喜斌、丁山、黄毛、张宝安等都是小兴安岭著名的猎手,熟悉山地,枪法极准。考虑到日军占领汤原后,大队长于祯和几个中队长都对日本的统治不满,于祯还与第六军军长夏云杰有过联系。根据这种情况,李兆麟、戴鸿宾和洼区区委书记李凤林研究认为,对这支队伍只能智取,不能硬攻,要采取巧妙的办法解除其武装,并争取多数队员参加抗日。

经侦察得知,伪森林警察大队大队长于祯3月中旬将回汤原为其儿子筹办婚礼。李兆麟认为这是不能错过的良好战机,必须立即行动。经过充分准备,李兆麟、戴鸿宾和李凤林研究制定了远距离奔袭智取的战斗方案,并筹足了给养、进军所用枪械、弹药、马匹、爬犁等装备。

战斗开始之前,李兆麟进行了战斗动员,分析了敌我双方的形势,敌方武器精良,我方差,但敌方队长不在本队,麻痹无防备,我方有充分准备。一定能够取得胜利。他的战斗动员很风趣,很有号召力。

他说:"同志们!你们听过武松打虎的故事没有?"

"听过!"战士一起回答。

"好!老虎厉害不厉害?厉害!老虎要吃人。可是老虎只会三招:一扑二掀三剪。三招用过就没办法了。武松只用一根哨棒,还打在树枝上打断了,就一跳一躲,终于抓住老虎脑袋一顿拳头给打死了。同志们,是老虎厉害,还是武松厉害?"

同志们回答:"武松厉害。"

李兆麟说:"我们要学习武松。伪森警队不过是一个虎崽子,大家别害怕他,我们打掉他是完全有把握的。"①接着,他要求战士们在战斗中,一定要遵守纪律,听从命令,相机行事。对此次战斗,李兆麟充满必胜信心,认为完全有把握打胜这一仗,感到稳操胜券。

3月17日晚,部队从浩良河出发。3月19日首战缴取岔巴气敌人武装,而后急行军200公里,于3月20日直捣老钱柜,我军未伤一兵一卒,取得战斗胜利。

对于这次战斗,和李兆麟一起率部攻打老钱柜的戴鸿宾②同志后来有如下回忆:

"赵尚志到通河时,来了一封信。信的内容大意是说:我走得很仓促,有件事没和你们商量,希望你们坚决地把汤旺河沟里的于四炮消灭掉!否则,我们的部队是不能进汤旺河沟里活动的。

当时我和李兆麟同志接到赵尚志的信以后,手下没有军队。六军的其他三个团都被夏云杰同志带去打兴山。于是我们就和地方党组织商量办法。汤原县委给我们配备了一个游击连,一个青年义勇军的一个连,李凤林③任游击连长。李兆麟同志同我们到格节河一带筹备了一些粮食,集合部队进行了三天的思想动员。于四炮当时在小兴安岭威风凛凛,不可一世,是众人皆知的神枪手,战前必须消除恐惧心理。思想动员是战胜于四炮的重要武器。我们进攻的准备工作结束以后,开始向于四炮所在的小兴安岭进军。

我们的作战计划是分两步走,先缴岔巴气,后缴老钱柜。根据我们侦察,得知于四炮不在沟里而是在汤原城里给儿子娶媳妇。我们在 −40℃严寒的冬天,在白雪皑皑的兴安岭森林里,急行军走了三昼夜四百里,到了岔巴气南山就看到有站岗的哨兵。

在我们进山的时候,把'阎王'部队20余名也带进山里。到岔巴气后,我们活捉两个兵,让他们带我们缴黄毛、丁山和宫四炮。我当面向他们交代任务,就是带我们先缴站岗的枪。他俩是白天来的不知口令,如果岗哨问是谁?就说是你们俩回来了。如果说不好,我们就立即枪毙你们。说好了,发给你们钱回家。当我们手枪队走到岔巴气营房门口时,站岗的问是谁,两

---

① 王钧回忆录:《血荐轩辕》,哈尔滨出版社,1994年版,第73页。

② 戴鸿宾(1911—1968),辽宁抚顺人。中共党员,历任汤原游击队小队长、中队长、东北人民革命军第六军二团团长、东北抗联第六军四团团长、东北抗联第六军代军长、军长、抗联第三路军第十二支队队长。抗战胜利后任三江人民自治军副司令员、合江军区副司令。建国后,任吉林省公路局局长、交通厅副厅长,吉林市政协副主席。1968年逝世。

③ 李凤林(1909—1937),辽宁海城人。中共党员,历任汤原鸭蛋河区委书记、太平川区委书记、洼大岗区委书记、抗联第六军保安团团长。1937年3月在战斗中牺牲。

个伪军答是我,后边哪来的那么多人,伪军答是'扒离子'(监狱)的人犯我带来了。我们解除了岗哨的疑惑以后,加快了速度,冲向站岗的哨兵缴除了他的武器。李凤林带队去缴张宝安小队长,刘吉杰带队去缴宫四炮公馆。李兆麟住在河南岸。我带着手枪队和抓来的两名伪军去缴黄毛和丁山,黄毛和丁山都是鄂伦春少数民族里最有威望的神枪手,是于四炮的台柱,被我们活捉了。

这次战斗共缴敌50余人。传令兵将胜利的情况都汇报给了李兆麟同志。我们得到了敌人的全部军需和给养。我们部队连夜换上了敌人的军衣。吃过饭天就亮了,我们乘胜坐五张爬犁,带着丁山、黄毛、张宝安、宫四炮去缴老钱柜。

我们计划在第二天拂晓前解决老钱柜,每小时走十余里地方能赶到,打着丁山、黄毛的大旗向沟里进军。此地得到的战利品必须有部队留守,经过商量,我们把阎王部队留在岔巴气。在我们临走前,再三地嘱咐他,卡住此要塞,只许进,不许出,封锁消息。如果敌人来进攻,边战边撤,使敌不敢往山里急进,这样,就能给我们前进的部队争取时间歼灭敌人。一切的注意事项都向他交代好了。凡是在路上遇到下山的爬犁都被我们截回来。在路上就碰上了一个老邻居姓陈,他说于五炮带四个兵下山。我们得到这个情报,就继续往前走,在中途恰好和于五炮相遇。于五炮举枪瞄准就要向我们开枪。张宝安、黄毛、丁山赶忙说不要打,都是自己人,大队长在后边。在说话之间,马爬犁飞速往前奔跑。爬犁到于五炮跟前时,李凤林跳下爬犁很快地就把于五炮的枪缴下来。我认识于五炮,我向他介绍了李兆麟同志。我说:五哥你受点委屈,绑上你到老钱柜去缴械。

我们急行军,很快到了老钱柜。门岗哨兵问是谁?五炮说是王队长回来了。门岗说,你怎么现在就回来了。他说,你别问。我们到门岗就把站岗的枪缴了下来。我带一部分队员去缴宋喜斌。宋喜斌把枪刚拉起来,我的手枪就对准了他。我说:'不许动!'他就把枪交给我们了。李凤林和刘吉杰另一部分人去缴森山指导官,我们的人进到森山屋里的时候,他还以为是他的士兵半夜起来给他烧炉子,还是在被窝躺着。当李凤林到墙上摘枪的时候,森山指导官就抱住了李凤林。他俩厮打在一起。李凤林让刘吉杰用枪打。刘吉杰在他俩拧成一团的时候不能用枪打,一打很可能两个人都中弹死亡。后来,李凤林猛力摔出了森山指导官,刘吉杰才用枪把森山击毙在地上。这次战斗共打死六个(按,应为七个)日本人,缴了三个队约一百五十人,得一台无线电收发报机。

战斗结束,我军已有五昼夜未正式休息非常疲劳,部队应很好的休整。我和李兆麟同志研究了情况,如果从山里返回,部队是非常疲劳的,于是我们又坐爬犁从汤旺河走了一天一夜又回到岔巴气。但留守在岔巴气的阎王部队不守信义,不辞而别,把战利品也都带走了。我们在岔巴气吃了早饭,把于四炮的兵营粮草全部烧掉。我们部队经岔巴气河往回走到亮子河南山的密营。在亮子河休整了两天。这时有伪军一千余人分两路,日军乘汽车顺汤旺河往山里进,伪军顺亮子河往山里进,来围攻我们。我们把日伪军甩在沟里。他们扑了空,我们又神速地转到格金河金矿。在格金河把金矿伪矿警队的王志请出来,让他带领我们缴了伪矿警队的械,拔掉了格金河的钉子。以后在吉兴沟,赵尚志和李兆麟同志经教育使于四炮投降我们,参加了抗日活动。我们地下党秘密地把于四炮的家属从汤原城里接出来。

我们的部队把汤旺河沟里有威望的于四炮的武装消灭之后,我军威望倍增。格金河王志的伪矿警队亦被我军消灭,我军在漫无边际的小兴安岭站住了脚。"①

参加这次战斗的王钧①同志回忆中还说道,战斗中李兆麟亲手击毙一日本军官。他说:"李凤林带我们几个机灵的小伙子去缴日本指导官的枪。李兆麟怕有一差二错,也带着几个人来了。李凤林带我闯进屋里,森山指导官正躺着抽大烟呢。李凤林上炕去摘他的撸子。'巴嘎牙路'森山爬起来,将李凤林拦腰抱住,我上去扯森山的腿。李凤林用力一甩将森山甩倒在地下烧透红的火炉子上,森山烫得像狼一样叫。李凤林挥手一枪送他见阎王去了。邻近房子的上尉指导官听到枪响从后门冲进来。拿战刀上炕冲向我来了,举起战刀向我砍来,我用左臂一挡,将我穿的伪军黄大衣袖子砍开花了,纸棚划一个大口子。砰的一声枪响,从我右耳边过去,打在那个上尉指导官脑袋上,把脑袋崩掉半拉。我回头一看,原来是李兆麟冲进屋来打了一枪。那五个日本鬼子也从后门冲进来了,被李兆麟和我们一顿匣子枪打倒在地下。我们将森山这幢房子点火烧掉。这所房子成了埋葬七个日本鬼子的坟地。"②

以上戴鸿宾和王钧同志的回忆中,由于年代久远有的具体细节存有些许不同,但总体一致,可以看出攻打老钱柜的全部经过:自1937年3月17日起,李兆麟和第六军第二团团长戴鸿宾率部队从浩良河出发,顶冷风、冒严寒、踏深雪,经艰难的行军,于3月19日到达伪警察大队的头道哨所岔巴气附近密林中隐蔽,由熟悉这里情况的李凤林带领侦察小队顺利地抓到2名伪警察,并由被俘的伪警察引导顺利地解除了2名警察哨兵的枪。未经战斗俘虏了中队长黄毛等40余名伪警察,缴获了大量枪支子弹。随后,被俘的黄毛、丁山经教育表示愿意协助第六军围攻驻老钱柜伪森林警察大队。3月20日,部队利用黄毛、丁山引导迅速到达老钱柜,俘虏了一队巡查哨兵。之后又利用中队长宋喜斌喊话,使已被包围在老钱柜的所有伪警官兵被迫放下武器,负隅顽抗的日本指导官森山德治郎(警佐)、警长近藤忠二等7名日寇被李兆麟、戴鸿宾所率部队击毙。这次长途奔袭老钱柜作战干净、利落,反映出李兆麟足智多谋,我军指战员英勇顽强,此战是以少胜多、运用智慧获得胜利的典型战例之一。

这次战斗共缴获轻机枪1挺、长短枪100余支、子弹4400余发、电台1部、粮食2万余市斤以及牛、马近百匹。

4月23日,外出汤原为儿子办婚事返回的伪森林警察大队队长于祯在第六军军长夏云杰、李兆麟教育下率所部100余人参加抗日联军,走上抗日救国道路。其所部编为第六军游击连(后为第三军独立旅,于祯任独立旅旅长。再以后于祯任第九军副官长,1939年初在方正牺牲)。他女儿于桂珍也参加了抗日联军。

奔袭老钱柜作战胜利后,小兴安岭汤旺河一带被人民革命军第三、六军完全控制,成为可靠的后方基地。抗联老同志李在德同志回忆说:"张寿篯同志是建立汤旺河后方基地的主要负责人之一。1936年3月,三军和六军各抽调一部分力量组成留守队,建立了留守处。在赵尚志

---

① 戴鸿宾:《回忆汤原游击队、抗联六军》(1962年11月)。
② 《血荐轩辕——王钧回忆录》,哈尔滨出版社,1994年版,第77页。

司令的部署下,张寿篯、戴鸿宾率领二百人的部队,解除了岔巴气、南岔和老钱柜一带伪森林警察的武装,击毙森山指导官等七名日系警官缴获大批物资。之后,在汤旺河一带建立了许多密营,设立了小型兵工厂、被服厂、仓库和医院,使这些地方成了三军和六军进行休整和训练的后方基地。"①

对于这段历史,冯仲云同志在所撰《李兆麟将军》一文中曾予以高度评价,他说:"寿篯同志到下江。当时汤原抗日游击队处于非常困难的状态中。日本人在汤旺河沟里,成立极大的采木公司,采伐小兴安岭的森林,在小兴安岭山脉,利用炮手猎人组织了森林警察队,以出名的炮手为四炮为队长,使一切抗日部队不敢进入小兴安岭一步。汤原反日游击队当时是非常弱小的一支游击队,不得不踌躇于小兴安岭的山边。同时,日寇又利用当地的走狗警察队廉方平四外出袭,一般说来,打日寇是容易些,但是和这类的地头蛇(警察队)作战却困难得多。当时寿篯同志到达松花江下游后,看到汤原反日游击队的这样情形,立即率领一支战斗力很弱小的部队(当时他们的主力已远离该地区)以轻骑快速战,深入汤旺河四百公里,给森林警察队以奇袭,全部将他们都解决了。获得了日寇们积储的大批粮食,小兴安岭遂成为松花江下游抗日游击运动高潮中,最重要的根据地之一。他旋又以闪电的快速,返回山边给与廉方平以严重打击,使汤原形势为之一变。"②

老钱柜一战,予日伪当局以痛击。日伪当局认为这是"三江省"成立以来发生的重大事件之一。伪满出版的《省政汇览》"三江省篇"把此次战斗称之为"袭击汤原警察队事件"。内中记载说:"康德三年三月十九日午前一时倾,共产系匪首戴洪宾、阎王、文武之合流匪百余名,袭击汤原县城东方叉八气森林警察队分驻所、翌二十日午前三时更急袭拉沁河森林警察队本部,与警察队员交战之匪贼遂闯入宿舍内,枪械其它金品被掠夺逃走,为此有森山警佐以下警察官四名、伐采业者三名战死者,烧失家屋六,枪械被服等被掠夺,蒙甚大损害。"③老钱柜战斗的确使日伪当局遭受很大损失,受到很大打击。这次战斗诚如冯仲云同志回忆所说:"从此,使汤原形势为之一变,小兴安岭汤旺河一带成为抗联第三、第六军的后方基地。"从此,第三、六军完全控制了小兴安岭汤旺河一带,建立了比较巩固的抗联第三、第六军的后方根据地,建立了指挥部、军校及许多密营,李兆麟、夏云杰领导第六军以此为依托,不断向小兴安岭东、西,松花江南北方向发展,扩展了抗日游击区域。

四、办校承重担

在汤原根据地建立联军政治军事学校是勃利青山里会议决定的一项重要内容,也是东北民众反日联军军政扩大联席会议即汤原会议的重要决定。随着游击战争的深入开展,军政

---

① 李在德:《松山风雪情》,民族出版社,2013年4月版,第84页。
② 冯仲云:《东北抗联中领导者之一—张寿篯(李兆麟)》,载《东北抗日联军十四年苦斗简史》。
③ 伪满国务院总务厅情报处编:《省政汇览》(三江省篇)(1936年7月),第206页。

干部奇缺及素质水平亟待提高的问题越来越突出。出身黄埔军校的北满抗联主要领导人赵尚志深感兴办军校培养军政干部,以满足斗争需要的问题迫在眉睫,必须予以解决。赵尚志认为一定要派得力同志负责领导落实这项工作。担任汤原后方留守处主任的李兆麟就是他看中能够担负这项重任的得力同志。

建立政治军事学校,这在抗联部队中算是首创,没有现成可取的经验,一切都要从头做起,白手起家。这对李兆麟来说既是繁重工作,也是一个严峻考验。他义不容辞地肩负起这一重担。

根据1936年1月东北民众反日联军军政扩大联席会议的决定,由张寿篯(李兆麟)任联军政治军事学校教育长,另有许多教务委员。但实际工作要由教育长李兆麟、政治主任教官侯启刚来做。建军校首先要选好校址。校址既要隐蔽秘密,又要适于学习和生活,有利发展。经选择,校址确定在伊松河畔(今伊春市内北大桥附近),这是李兆麟率队经过认真踏查而选定的地方。就在这依山傍水之处建立了东北抗日联军唯一的一所政治军事学校。应该说抗联其他各军也有建立训练班、随营学校的,但都为随军性质,而单独选址建校,具备一定规模者仅此政治军事学校一处。

抗联政治军事学校遗址(今伊春市内)

东北民众反日联军军政扩大联席会议决议记载:"为了教育和养成大批军政干部,政府之下,设东北民众反日联军政治军官学校。学校一切建设准备费用,由各部担负之。校长赵尚志,副校长李华堂,教育长张寿篯,政治主任、教官侯启刚,初级军事教官牛耕野,常识教官冯治纲。"①以上是"汤原会议"的决定。后来,负责学校具体教务工作的人员也有很大变化。教育长先是由李兆麟担任,后由冯仲云、侯启刚担任。李靖宇任总务主任,雷炎、张德②、王玉升、张文廉等任教官。学校的名称也由"东北民众反日联军政治军官学校"改为"东北抗日联军政治军事学校"。

李兆麟担任首任教育长,是政军学校的实际建校人。他按校长赵尚志的旨意,进行建校的具体工作,选择校址、聘请教官、制定校规、组织教学等。

万事开头难。李兆麟带领数人到伊松河(按,又称伊春河)畔寻找好适于建校的地址后,开始修建校舍、平整操场等各项具体工作。经过充分筹备,军校4月建成,第一期于1936年5月4日开学。学员50人,来自各军。据日伪资料《三江省共匪的活动》记载:"东北抗日联合军军事学校于昭和十一年5月4日成立于汤原县第三区伊松。第三军总司令赵尚志亲自开学,自任校长,任命三军政治部主任张寿篯为教育主任。学校设在汤旺河沟里(滚蛋岭东南约300满里),对年轻同志教育,每期约四五十名,由各队选择十八九岁、身体强壮的战士参加,学习定为六个月,有时缩为四五个月。学生各自带一支小铳(弹药50发),乘马一匹。"③

军校初建,学习条件很艰苦,一切都是白手起家。大家一起用木板制作黑板、课桌、坐椅和学习用具。没有纸张,就用桦树皮替代;没有笔墨,就用木炭棒顶替。办学首先要有教官,并且是高水平的教官。为聘请教官,李兆麟是费了些脑筋的。他考虑各军师团干部忙于军事斗争难以抽调,因此就考虑地方干部。军校教官侯启刚、张德等都是李兆麟亲自提名聘请选要的。侯启刚少年时读过"四书五经",青年时进入上海华东大学深造,在"社会科学研究会"工作过,曾任哈尔滨团市委书记、珠河县委秘书长、第三军第三团政治部主任,有丰厚的马列主义理论功底;张德来自莫斯科东方大学,是中共代表团派回东北任哈尔滨特委书记的。因他在哈尔滨被敌特跟踪,无法在哈尔滨工作,后到汤原工作。李兆麟对其进行详细考察,赵尚志西征巴木后,便共同决定将其留在军校任教官。李兆麟认为他了解掌握国内外形势和中共代表团提出的抗日方针政策,便鼓励他当好教官,发挥自己的聪明才智,结合东北抗日斗争实际搞好教学工作,培养更多抗联干部。

据时任军校教官的张德同志回忆说:"那时李兆麟同志还用张寿篯的名字,他和赵尚志同志已经接到我将到达的信件。见到我之后,李兆麟同志很高兴,他告诉我说:"我和赵尚志同志

---

① 《东北民众反日联军军政扩大联席会决议》(1936年1月25日),载中央档案馆等编《东北地区革命历史文件汇集》甲45,第421页。

② 张德(1910—1988),黑龙江哈尔滨人,又名陈维哲。中共党员。1933年末到苏联东方大学学习。1936年1月派回哈尔滨参加组建哈尔滨特委,后去汤原县抗日根据地,任东北抗联政治军事学校教官、抗联三军七师政治部主任。1938年经苏联去新疆。1954年任锦州市中心医院副院长。1988年6月30日逝世。

③ 卢德峰:《碧水箐山映丹心》,黑龙江人民出版社,2012年版,第256页。

商量了,要给你一项重要工作。现在抗日联军战事频繁,部队减员很多,尤其是军事干部更为缺少。我们的部队急需干部,必须把我们自己的抗联军政干部学校尽快办起来。我们计划在汤旺河沟里办这个学校,请你当教官。

我问:'教学计划制订了吗?有教材吗?'

李兆麟同志说:'都没有,不过那不要紧,我跟你一起去搞,给你当参谋,好在你从苏联东方大学学习回来不久,学习的军事、政治课还没有忘,让我们一块儿往出挤吧!'"

"在伊春河畔的这个大工棚子里,我们办起了抗日联军的第一所军政干部学校。

不久,陆续从抗联三军、六军输送来了五十几名学员,他们都是在抗战前线英勇奋战、经过战争烈火考验的各级指挥员。这个密林中的抗联军政干校,由赵尚志同志任名誉校长(按,应为校长),李兆麟同志任教育长(以后由侯启刚代理教育长),张文廉同志做秘书工作,我和雷炎同志任教官。"

"唯一的一个大工棚子,既是我们的教室、宿舍,又是俱乐部。伊春河岸边,大工棚外面以大森林做围墙的一块空地,是我们的操场,我们就在这空地上练习队列、射击、刺杀和搏斗。

教学计划,李兆麟同志是亲自帮助我们制订的,他要求我们教得好,也要求学员们学得好、学得快。

没有教材、没有课本,就凭我在学校里学到的政治课、军事课,一边回忆,一边讲授。

在困难条件下,到哪里去找黑板和粉笔?我就让学员们把大木板刨光,摆在大工棚的一头,我找来木炭在上面写字、画图,写满了、画满了,抬到河边刷洗干净,然后再写、再画,几块木板轮换着用,倒也非常方便。就是在这样的条件下,我们的军政干校讲授了'中国近代史',其中着重讲了鸦片战争、九一八事变等帝国主义侵华史;介绍了苏联十月社会主义革命的情况;分析了世界形势;宣传了中国人民抗日斗争的前景;介绍了中国工农红军北上抗日、进行万里长征的情况。我还记得,曾讲过长征途中,红军干部张清秋同志(按,应为张琴秋,女,时为红四方面军政治部主任)护送五百名伤员行军,几经艰险,终于胜利回到红军大队的故事。

干校的军事课,主要讲解游击战术,毛主席总结的"敌进我退,敌退我追,敌驻我扰,敌疲我打"的十六字诀;射击要领,利用地形、地物等。当时我们所使用的地图,多是从日本鬼子手里缴来的军用地图。在军用地图上辨认、识别图例符号。如识别什么符号代表山坡、河流、道路、桥梁、开阔地、翻浆地、沼泽地、针叶树、阔叶树等。"①

当时因教材缺乏,李兆麟鼓励教官联系斗争实际自己编写所需的教材。侯启刚将自己在从事反日斗争中编写出的《东北反日队伍的分析及义勇军改造策略》进行整理,形成完整教材。以后他在军校还编写出《关于统一战线问题研究》讲义。这两本讲义每本都有上万字,内容翔实,结合实际,系统完整,有理论深度,深受学员们欢迎。现在这两本讲义都由中央档案馆收藏。

据现存档案资料记载,政治军事学校制定有十分正规的教学章程,根据《军事教育纲领》规定:

---

① 张德:《在密林中办学》,载《黑龙江文史资料》第二辑。

"军事教育目的：在促进革命斗争中的军队作战基础上，达到以迅速敏捷行动消灭敌人，或避免意外的损失与牺牲为目的。

教育要旨：养成战斗员在战场上的各种战斗技能及技术敏活的、自动的各种战斗动作及战斗有关系的一切勤务（阵中勤务）。同时，养成干部人员作战指挥和统率能力。尤其在于适合游击运动的斗争要求及其特长，并养成正规军的一般基础。

教育类别：分步兵、机关枪、骑兵、炮兵之各兵种个别教练，一致混合教练。

教育原则：采用革命军事教育原理为根据，完全用启发自动性，多用示范和解释。在东北抗日联军没有规定出统一的陆军各兵种操典情况下，采取一般军队教育的原则、方法。

兵种教练：分基本教练、应用教练、技术教练。基本教练就是制式教练，应用教练包括战斗教练、阵中勤务，技术教练指射击技艺、轻重机枪操作法、枪刀劈刺术、升降跳跃、匍匐行进、障碍通过、游泳操舟、工事构筑、马术通信、防毒害、急救及简单治疗。

在军事教育上，由于在北满下江各地骑兵成为主要兵种，一般要注意建立步兵教育基础，骑兵部队的特殊教育，须有最低限度的进行。

教育要求：根据抗联部队的特殊性——正规军的形态基础，游击队的斗争生活，军事教育要注重实际效用，把常识与斗争经验教训连贯起来，除却形式主义。

教材：步兵操典、骑兵操典、机关枪操典、射击学、战史、简单地形学、经理卫生、空战及化学浅说及简易绘图、爆炸常识和战术有关书籍。

军校的《军事教育纲领》是完备的、全面的。在极端艰难的情况下，由于各种原因，这些计划、要求不可能全面实施，但可以清楚看出联军政治军事学校的正规性、规范性。

李兆麟在主持军校工作期间，和教官与学员一起进行教学活动。在教学计划实施中，注意室内讲授和野外演习结合，把室内讲授作为野外演习的准备，把野外演习作为实战的准备。李兆麟在汤旺河沟里，领导学员们学习爬山、渡河、瞄准射击，实际学习战术。他也给学员上过政治课，提高他们抗日救国的意志和政治上的觉悟。学员政治、军事素质的提高，这对于他们以后指挥对敌实战和从事政治工作起到了很大的作用。

在实施军事教育计划时李兆麟强调：按可能的教育时间、科目分配、规定最低限度与当前要求的科目施行教学计划；正确规定教学进度；决定教授者及助教；注意教育场所的警戒、防止危险。加强自习与互相教习，教育检查，临时和定期的检查，个别的测验和考试等。

在艰苦的对敌斗争环境下，当时军校的物质生活是十分艰难的。开学之初由于有从老钱柜缴获的伪山林警察队的粮食和牛马还不至于挨饿，一天吃三顿饭，赶到粮食快吃完时，一天只能开一顿饭，余以松子、榛子、橡子、蘑菇、木耳等补充。尽管军校的物质生活极其艰苦，但学员的精神状态都很好，在紧张的学习、训练之余，大家欢聚一堂，有时唱歌，有时讲故事，有时编演抗战戏剧。

由于学习条件越来越艰苦，加之敌人"讨伐"、破坏，这所学校几次迁徙校址。之后陆续在伊春双子河畔、乌敏河畔、翠峦河畔等地举办了三期。来自抗联第三军、第六军，及第四军、第八军、第九军和独立师（第十一军）的学员，在后方根据地的相对平稳的环境中，集中精力学习了战略战术,进行军事操练;学习政治课,提高了政治思想水平,进一步坚定了抗日救国决心;还学习了必要的文化课。这所学校先后为北满抗日部队训练和培养了近300名军政干部,第三、第六、第九军、独立师的许多团级干部和地方主要负责干部都曾在这里学习过。后来成为东北抗联第十一军军长的祁致中、第十一军政治部主任金正国、第六军一师师长马德山、第六军一师政治部主任徐光海、第六军二师政治部主任张兴德、第六军第三师师长王明贵、第六军第四师政治部主任吴玉光等都曾是这所军校的学员。

1936年7月,北满抗联还在巴兰河谷张木营子(今朗乡林业局新东林场内)建立一所联军电信学校,派由第三军于保合任校长和教官。学员有9人,分别来自第三军少年连、第六军和独立师。所用电台等器材都是李兆麟率部攻袭老钱柜时所缴获的。联军电信学校在极简陋的条件下开办,学员们刻苦学习技术原理,掌握了收发报技术,为抗日部队培养了专业电信人才。

李兆麟在政治军事学校担任教育长,主持训练了第一期学员,培养了一批军政干部。他在政治军事学校工作约三个月,即4至7月,之后他离开军校,到联军总司令部工作。他在军校工作期间经过辛勤努力,为学校日后工作打下了坚实基础。政治军事学校的创建是东北抗联斗争史上具有重大意义的建树。

五、巡视巴木通

1936年春,根据"汤原会议"军事活动计划,东北人民革命军第三军司令部决定沿松花江北岸西征,向江北通河、木兰、东兴(今属木兰)、巴彦等地进军,进而向铁力、庆城、海伦一带发展,以扩大抗日游击区。

1936年4月初,第三军部队经过筹备,赵尚志率领司令部直属部队和第五、第六团400余人,从汤旺河沟里出发开始进行西征。4月13日,首战攻袭舒乐河镇。4月19日,又袭击了竹帘镇。两次战斗,拔除敌人设在松花江岸的两个重要据点,打开了奔向通河、木兰、巴彦的通道。之后,第三军西征部队继续沿松花江岸向西进发。5月,赵尚志率部经通河进入木兰县境。之后,以木兰为中心,东向通河、西向巴彦、北向东兴广泛开展游击战,破坏敌人的"归屯并户"政策,攻袭"集团部落",摧毁敌人据点,收缴伪警察所和保甲自卫团的大批武器,并在群山叠岭、森林茂密的木兰县蒙古山建立了军事基地。在广泛开展游击战过程中,第三军团结联合抗日武装力量共同战斗,收编了"大东来""一抹脸""打五省""化民""长山"等三四十支抗日义勇军和山林队加入第三军。在与日伪开展的激烈斗争中,第三军直属部队及第五、第六团部队都得到新的发展。根据斗争的需要,赵尚志决定将第五团扩编为第五师,先由王德富任师长,后由景永安任师长。

赵尚志率第三军直属部队及第五、第六团在通河、木兰等地活动时,在山林地带建设许多密营,开辟了巴彦、木兰、东兴、通河新抗日游击区。1936年7月上旬,日伪军开始对这一地区进行"讨伐"。第三军司令部决定将第六团一部留在当地活动,以迎接后续西征部队的到来。以后,赵尚志率第三军直属部队及第五团、第六团主力部队拟经铁力返回汤原,筹备成立东北抗日联军第三军（按，抗联第三军8月1日宣告正式成立）。之后，由第三军第六团一部在团政治部主任祁占海带领下，在木兰、东兴、通河继续坚持开展游击斗争。

为了保证经过艰苦努力开辟出来的松花江北岸巴木通新游击区持续发展，解决抗日部队实际存在的问题，联军总司令部决定派李兆麟巡视巴木通，并领导那里的抗日武装斗争。

1936年7月，李兆麟离开政军学校率第六军一部来到巴彦、木兰、东兴、通河，开展巡视工作。在通河，他首先向第三军第六团政治部主任祁占海同志了解情况，知道巴木通新游击区持续发展的有利条件，鼓励祁占海同志要继续坚持贯彻抗日民族统一战线方针，联合团结周围的抗日义勇军、山林队，发展队伍与敌人进行共同战斗。

在巴彦、木兰、东兴、通河，进行巡视工作期间，李兆麟积极开展统一战线工作，主动去联合团结活动在这一带的抗日义勇军、山林队与敌人进行共同战斗。在木兰，他直接深入到义勇军、山林队中去，向他们宣传党的抗日救国方针、政策，讲解建立抗日民族统一战线，团结起来，共同对敌的道理。告诉他们当土匪打家劫舍没有前途，勒索无辜民众实属犯罪，应该拿起武器进行抗日，为民族解放出力；要与党领导的抗日部队相互团结，捐弃前嫌，以反日救国大业为重，共同对敌。要求他们改善与民众的关系，加强提高遵守群众纪律的自觉性。

当时，在木兰一带活动的"九江"队是一支较大的义勇军，受其影响的小股部队也很多。该队曾与第三军合作过，又曾反叛，掀起投降逆流。现在他又打出抗日旗帜。本着团结一切可以团结的力量（哪怕是动摇的力量）共同抗日的理念，李兆麟主动去做"九江"队头于海云①的工作，最终说服于海云，与第三军重归于好。为团结联合于海云抗日，赵尚志还曾与其结拜把兄弟。不久，以"九江"队为主，吸收其他义勇军、山林队参加，编成抗日联军第三军第七师，于海云任师长，后派军校教官张德任政治部主任。在赵尚志、李兆麟联名给中共代表团的信中说到"九江"队被收编的情况：受三军英勇活动胜利的影响，许多义勇军都投向三军，"九江"就孤立了。"1936年到巴木东各县，三军司令部西征，在广大山林队拥护三军的精神推动之下，才能收编了他（按，指于九江）的部队。他说：'别的队伍都服从三军领导了，我自己还反对作什么！'又说：'我是有过国民党救国会关系，现在已无望了，还是共产党有办法。'后改编为三军七师，其基本力量为一百多人，收编的队有三四百人，轻重武器都有，经过三军政治工作人员，克服于本人一切疑念的结果，他的队有相当整理。他个人逐渐走向对于国民党信仰减低，进一步走向绝望。对于三军司令部的威信提高而走向服从领导。其队有十余名党员，但幼稚得很，不起很大作用，于已介绍为候补党员，改造前途是好，但看吾党的工作来决定一切。"②这里所说对于"九江"队进行工作，使其克服一切疑念的政治工作人员，就是李兆麟。李兆麟对于海云进行许多思想工作，使他接受了党的抗日救国政策，重新参加到抗联队伍中来。

---

① 于海云（1881—1937），即于九江。山东人。九一八事变后组织抗日队伍，报号"九江"。曾与哈东支队联合活动。1937年，所部改编为抗联第三军第七任师长。同年10月，与日寇联络投降，接受受降旗帜。后被北满抗联总司令部决定逮捕处死。

② 《赵尚志、张寿篯给祥兄的信》（1937年7月17日），载中央档案馆等编《东北地区革命历史文件汇集》甲49，第144页。

1936年7月13日,李兆麟率第三军第六团一部及"九江"、"大东来"、"化民"义勇军、山林队等攻入东兴县新民镇,烧毁伪警察署,缴获轻重武器24件。接着,在木兰达河河口附近设伏袭击了日军江上巡逻队,缴获小炮2门及其他武器。此期间设在木兰的伪滨江省巴木东三县联合指挥所被赵尚志所率部队袭击,敌死者11人、伤者7人、被俘者9人,缴获轻机枪1挺、弹药846发、电话机1台及其他物品。8月3日,第六团在木兰县东北部南广利屯与日伪军一部展开战斗。在木兰县广利东突袭停靠在松花江岸边的伪江防军炮艇,击毙伪江防军30余人,缴机枪2挺、舰炮2门。8月14日,在巴彦张家岗与日军涩谷部展开战斗,击毙伪滨江省警务厅警长常盘嘉三郎。1937年3月,在拐把桥毙敌10余人。战斗中,代师长王子阳牺牲。

李兆麟在巴彦巡视时,注意开展社会调查,进行抗日宣传指导其开展工作。在巴彦,他利用老百姓对谶语的神秘性和预见性感兴趣,便与群众唠嗑讲故事宣传谶语说,有个预言家,讲当今世道是"浩劫当头日,俄顷满江红"。听者不明其意,不知何等言语。他就向大家解释:"浩劫"是说中国正在遭受巨大劫难,"当头日"是烈日当头,苦难是日本鬼子侵略中国,给人民带来的。"俄顷"是说时间很快,也是说苏联(俄国)能出兵帮助中国打日本,"满江红"就是日本鬼子早晚要完蛋,受压迫的中国人在共产党领导下能够取得抗日斗争的胜利。李兆麟通俗易懂的解释,给人们留下深刻印象,使人们增强了抗日胜利信心,也鼓舞了爱国志士义无反顾地投身抗日斗争。李兆麟在巴彦巡视期间整顿了巴彦的党组织,成立巴彦特支,由赵洪顺任书记,曲国恩任组织委员,赵云山任宣传委员。特支有八九名党员,在巴彦大地撒下了革命的火种。

李兆麟在巴彦巡视不久,在他主持下将第六团扩编为东北抗日联军第三军第六师。第六师由张光迪①任师长,蓝志渊任政治部主任。对此,时任第六师师长的张光迪同志回忆说:"1936年7月,我被赵尚志派到巴彦,找李兆麟接受新的工作任务。我到巴彦见到李兆麟,经介绍情况才知道,在我来巴彦之前,李兆麟已经组建了三军六师,下属七旅、七十三团和独立营。赵尚志任命我为六师师长,参谋长雷炎。蓝志渊任师政治部主任。七旅旅长是张光迪(兼)。七十三团团长赵庆山,政治部主任李忠义。独立营营长薛和,他是当地有名的炮手。七十三团是六师的主力部队。根据赵尚志的指示,我们六师的活动范围是巴彦、木兰、东兴、庆城、铁力、海伦等县。之后,我带部队从东兴出发沿巴彦山边往铁力方向行进。途中,遇到鄂伦春族猎手三老头的队伍。接洽后,三老头建议并自愿带队,我们去缴河南、河北两个伪警察署,阴历八月十四,按预定计划缴了河北的警察署,因为不慎响了一枪,惊动了河南警察署,所以缴两个警察署的任务未能全部完成。之后,我们绕道去铁力。"②

1936年9月,日伪军在木兰、通河、汤原等地展开秋季"大讨伐"。赵尚志率第三军第一、二、三师和第四军一师二团从汤原向铁力、庆城(今庆安)、海伦、通北等地远征。不久,第六师在张光迪率领下根据第三军司令部命令离开巴木通地区,向铁力、海伦进军。12月,第六师在

---

① 张光迪(1906—1986),河北广宗人。中共党员。历任珠河反日游击队分队长、秘书,人民革命军第三军执法处长,抗联第三军六师七旅旅长、六师师长,抗联第三路军六支队队长。抗战胜利后任海伦卫戍副司令。建国后任邯郸军分区司令员等职。1986年逝世。

② 《张光迪访问录》,(1982年11月26日)。

铁力与第三军远征部队会师北进,以后在海伦、绥棱、通北一带与日伪军展开游击战争。第六师在海伦、绥棱等地积极活动,建立海伦东部八道林子后方基地,为后来北满抗联部队在1938年西征开辟一个落脚点。

李兆麟在巴木通从事巡视工作时,对建立、加强地方工作也做了极大努力。在他的指导下,这一地区建立加强了抗日救国会、妇女会、儿童团等群众抗日组织。广大群众积极参加抗日活动,巴木通地区成为一个新的抗日游击区。

以后,李兆麟在其履历自传中记载他担负第六军政治部主任职务前后至赴巴木东巡视期间的工作情形说:"(1935年)在冬季敌人讨伐中,我和师长刘海涛同志曾配合友军支持牡丹江流域的活动,冬季各军联合到松花江北部活动,我负责联军总政治部主任(选举的)。一九三六年一月,我被党派遣到人民革命军第六军(汤原游击队)担负政治部主任,在巩固和扩大第六军的过程中,我进行了刻苦的工作。四月党中央指示东北一切武装部队,要以人民革命军作基础,组成统一的抗日联军,三、四、六、八、九、十各军组织统一抗日联军的时候,我仍被选举为总政治部主任。联军政治军事学校第一期,我担负该校的教育长,第一期我亲自领导三个月。我与全体职教员虽然缺乏教育经验,但是根据布尔塞维克传统的教育经验,这一批毕业的干部,在军政的素质养成方面是有相当进步。六月中共中央代表提出我作龙江省委员会书记的候选人,七月我派遣到巴彦、木兰、东兴去整理抗日义勇军,新被改编的于九江等部队,终于领导他们度过三六年敌人所布置大讨伐。"①

在李兆麟巡视巴木通期间,中共珠河、汤原中心县委和第三、第六军党委于1936年9月18日,在汤原帽儿山第三军被服厂召开一次联席会议。

自1935年,中共驻共产国际代表团将中共满洲省委主要领导人调到莫斯科后,珠河党组织和第三军司令部即依据中共满洲省委关于独立自主开展反日斗争的指示精神进行工作。在1935年秋至1936年秋,东北党组织先后收到由吉东转来的签署日期为6月3日的中共驻共产国际代表团王明、康生《给吉东负责同志的秘密指示信》(简称《王康指示信》或《六三指示信》),并进行贯彻。1935年11月26日,吉东特委又发出《给珠河中心县委及三军负责同志信》(简称《吉特信》)。1936年3月12日,吉东特委领导人吴平等以"中央驻东北代表"名义发出《中央驻东北代表给珠河党团县委及三军负责同志信》(简称《中代信》)。《吉特信》《中代信》是《王康指示信》的补充指示信。这些指示信分析了东北抗日战争形势和敌强我弱的基本特点,指出"现有的反日力量还不能将日本帝国主义从东北驱逐出去",目前还"不是最后决定胜负的时期,而是准备争取最后胜利条件的时期"。指出了"扩大游击运动与联合一切反日武装力量共同抗日"的任务,要"积蓄力量""准备大事变的基础",普遍地与各种反日队伍建立上层与下层统一战线,团结一切反日武装共同抗日。这对于反对关门主义,扩大抗日民族统一战线有着重要作用,但这些指示信也存有一定缺点、错误。《王康指示信》中对究竟什么是"大事变",怎样"积蓄力量","准备大事变的基础"没有讲明;信中把伪军士兵工作说成"占

---

① 《张寿篯独立活动经过(履历自传)》(1942年9月10日),载中央档案馆等编《东北地区革命历史文件汇集》甲64,第306页。

党的工作第一等的重要地位"，《中代信》对敌人并屯政策提出不要公开反对，甚至提出劝群众归屯；对伪军提出我们不应把满军与日军同样当敌人看待；对伪保甲长提出我们不应把甲长、牌长都视为日本的走狗，而把他们视为同情抗日的。《吉特信》也提出类似的意见。指示信中的这些内容过于单纯，笼统。北满同志在执行代表团发来的这些指示信中，感到它阐明了建立"东北全民反日统一战线"的必要性、可能性及其具备广泛的政治的、经济的基础，对反对关门主义有一定作用。但是这些指示信中提出的一些具体的对敌斗争方策也存有一些主观主义，不符合实际的问题。在实际贯彻执行时，这些不适合或错误内容产生了一定的消极影响。由于强调准备大事变，有的部队则插枪消极等待大事变到来。由于提出不公开反对敌人并屯政策，敌人建设"集团部落"的计划很快实现。在"集团部落"，抗联很难派人进去或让我们的人当保甲长，进行合法的与秘密的工作。在群众中产生了对斗争失望情绪。

应该说，对伪军、伪自卫团、伪保甲长，原则上应予解除武装、坚决打击，具体如何打击应根据形势不同，情况不同分别采取不同措施对待。1935年末、1936年春，北满同志陆续接到代表团这几封指示信时的形势，已与1932、1933、1934年大有不同，敌人的统治有了一定基础，多数伪军、伪保甲长成为日帝走狗、帮凶，伪军在日人长官的监督指挥下对抗联凶狠作战，伪保甲长迎合日军"讨伐"抗联。笼统地提出不应把满军与日军同样当敌人看待，把保甲长他们视为同情抗日的，事实上搞乱了敌我界限。对敌人的归屯政策，原则上应予粉碎，提出劝群众归屯显然是错误的。

由于吉东特委与珠河党组织是平行组织关系，中共代表团没有说过吉东特委可以给珠河党组织发文件、下指示，又由于《吉特信》《中代信》两封信都是出自一人之手，笔迹相同，但一封署"吉东特委"，一封称"中央驻东北代表"，而在东北，中共代表团从没有设过"中央驻东北代表"，因此北满同志对这两封信的来历及《中代信》的合法性存有怀疑。不仅如此，代表团还不经深入调查，让吉东特委通知各地党组织说满洲省委有奸细，让各地与其断绝关系。而满洲省委留守人员说，吉东可能有奸细。在这种情况下，北满党组织认为组织关系混乱。

北满党组织和抗联领导人，为研究应对即将到来的敌人冬季"大讨伐"及斗争路线问题，按中共满洲省委1935年4月5日，关于独立自主的进行工作的通知精神于9月18日在汤原帽儿山第三军被服厂召开了"中共珠河、汤原中心县委和第三、第六军党委联席会议"（按，此次会议简称"珠汤联席会议"）。参加会议的有赵尚志、冯仲云、张兰生及珠河、汤原中心县委等同志。珠汤联席会议分析了目前的斗争形势，提出斗争的策略和任务。会议对《王康指示信》《吉特信》和《中代信》等对形势的分析和所提出的斗争策略提出了批评，认为存有右倾错误，并特别提出《王康指示信》是右倾根源。会议根据北满实际，对敌人的"归屯并户"建"集团部落"、伪军、伪自卫团、伪保甲等提出了相应的斗争策略，对于反对日伪当局即将开始的秋冬"大讨伐"进行了部署。会议未按《中代信》要求成立松江省委（省委书记候选人有李兆麟），而选举成立了中共北满临时省委员会，选举冯仲云任书记，赵尚志任执委会主席。由于李兆麟在巴木通巡视指导工作，没有能够参加这次会议。会议在选举时，他被选为中共北满临时省委执行委员。

在李兆麟于巴木通巡视指导工作期间,联军总司令部根据《东北抗日联军统一军队建制宣言》精神,将谢文东领导的民众救国军改编为东北抗日联军第八军,曾任命李兆麟为政治部主任。并拟出以军长谢文东、政治部主任张寿篯(李兆麟)签署的《东北抗日联军第八军成立宣言》。①后因第八军归属吉东地区党组织和第二路军系统领导,李兆麟未能到第八军任职,而由吉东道北特委派第五军二师政治部主任刘曙华担任抗联第八军政治部主任。宣布抗联第八军于1936年9月18日正式成立。

1936年秋,日伪当局根据三年"治安肃正计划",调动大批日伪军开始在汤原、通河、木兰、方正、依兰、勃利和宾县、延寿、五常等县对北满地区抗联武装进行"大讨伐",妄图一举歼灭活动在这一带的抗联第三、第六军和其他抗日武装。在这种形势下,为冲破敌人的秋冬季"大讨伐",在中共北满临时省委和联军总司令部的领导下,于1936年秋,抗联第三、第六军部队再次西征铁力、海伦,开辟黑嫩新游击区,并以一部东征萝北、佛山(今嘉荫)以示策应,同时出击依兰、桦川,予以牵制敌人,以打破敌人集中兵力围歼抗联部队的图谋。

赵尚志率第三军主力部队再次西征历时约半年,行程1000余公里,经历了无数次战斗和艰难险阻。西征途中,部队仅在房屋中住过10天,无论战斗还是休息,都是在零下三十至四十度的冰天雪地中度过的。此后,赵尚志令第三军第六师一部在师长张光迪率领下留在海伦至铁力一带,承担起开展游击战和建立后方基地的任务。张光迪率领该师在通北和海伦边界一带积极开展游击活动,进攻徐家围子,截击日本运输汽车,攻打伪森林警察队,均取得胜利。

第三军主力西征后,留守汤原的第一、第五师和军部直属部队各一部,为策应西征,牵制敌军,分别实行出击。第五师一部在师长景永安率领下,联合义勇军一部东征萝北、佛山。11月30日攻打了佛山县城。战斗中,县城被攻破,击毙日伪军官兵12人,击伤8人,俘虏了伪县长、伪警察署长等,并缴获大量军需物资。全城居民悬挂红旗,一片欢腾。抗联部队向群众宣传党的抗日救国主张,筹集给养,3日后撤离。佛山战斗的胜利,鼓舞了抗日军民的士气和信心,震动了敌人。

1937年2月,李兆麟结束在巴木通巡视指导工作,回到汤原,见到省委同志,了解到上述斗争情况。当谈到他在巴木通巡视工作时,对其工作都给予充分肯定、好评。

六、转战小兴安

东北民众反日联军军政扩大联席会议之后,作为新任东北人民革命军第六军代理政治部主任的李兆麟积极支持军长夏云杰指挥所部开展游击战争。

如前所述,1936年3月中旬,李兆麟亲自指挥攻袭了老钱柜,取得了胜利。同时,活动在汤原的第六军部队在夏云杰领导下展开了一系列的战斗。

---

① 《东北抗日联军第八军成立宣言》(1936年),载中央档案馆等编《东北地区革命历史文件汇集》甲47,第143页。

3月31日，第六军一部在依兰县东南头道河子村同一支日军和宪兵展开战斗，毙敌10名，伤敌18名。4月2日，第六军第二团团长戴鸿宾通过社会关系争取了格节河金矿伪警察中队长王志，缴了伪矿警队的枪械。4月间，为扩大游击区，第六军军长夏云杰率领部队进攻兴山镇煤井事务所（今鹤岗市兴山区）。

对于新成立不久的第六军的抗日活动，日伪当局有如下记载："汤原中心县委领导下的反日游击队，自从康德二年十二月上旬东北人民革命军第三军赵尚志北上到汤原县方面以来，和他们保持密切联系，其活动逐渐活跃，于本年二月一日散发了第六军成立宣言的传单。夏云楷（按，楷字，似阶字之误，下同）、张传福、黄有、戴洪宾、阎王等担当了该军的重要职务，特别是三月十九日对汤原县森林警察队袭击成功以来，该共匪军的气势突然高涨，利用解冰期到县内各个地区逞凶跋扈。尤其是黄有、戴洪宾的合流匪四月二日用巧妙的手段欺骗格节河金矿自卫团给予解除了武装，夏云楷匪四月二十三日诱骗森林警察队使其进行了叛变，二十日袭击了兴山镇日军兵营煤井事务所。"并说："使该县内完全处于无警察的状态。"①从日伪当局的这段记载中可以看出新成立的第六军活动逐渐活跃的情况。

5月11日，第六军第二团和第三军第五师第一团共150多人，组成依东先遣队，在依兰县东北的西湖景附近暖泉子活动。此期间遭到多于我军人数三倍的伪军联合"讨伐队"的围攻。因敌强我弱难以突围，先遣队员几乎全部壮烈牺牲，队伍遭受严重损失。

为扩大游击区，第六军军长夏云杰曾率领第六军三个团500余人联合义勇军，于5月22日向兴山再次发起进攻。在抗日救国会员和爱国的矿警队员的配合下，部队分两路发起攻击：一路由夏云杰指挥，冲入煤矿事务所，击毙了日本官员山口为市、桥田德次和伪矿警大队长赵永富，解除了矿山伪警卫队的武装；另一路由参谋长兼第三团团长冯治纲指挥首先炸毁了吊桥和车库，用火力封锁了日军守备队和矿警第一队的营房。此次战斗缴获轻机枪1挺，步枪30支和6500余发子弹。战斗胜利后，第六军军长夏云杰在矿区群众大会上，宣传抗日救国道理，动员群众参加东北人民革命军第六军部队，支援抗日部队，打击敌人。

对于这次战斗，来东北考察抗日斗争情况的上海武装自卫委员会代表王克道曾撰文《鹤立岗底夜啸》予以记载。他当时随义勇军"大义字"参加了这次战斗。内中说："当我们的队伍冲到市镇外的时候，老夏底队伍已经一部分杀进去了。商团、保卫队、少数的'满洲国'军队，哪是这些英勇健儿们的对手？这些混账军队底主子，除了少数留守之外，都调往二零八号桥增援去了，他们都失去战斗力，在联军'中国人不打中国人'号召下，多数都缴了枪，降到联军中来。烈火烧醒了这个昏睡的小市镇。我们整个的队伍在雄壮的歌声中，把这个小市镇占领了两个小时。这短短的占领时间在火把熊熊的照耀下，还召开了一个群众大会。虽然，躲在炮台里的倭兵时时发枪向大会场射击，可是，这个大会还是很热烈的开下去。会场上有朝鲜队伍，联军队伍和'大义字'的队伍。士兵都悲壮底呼着口号，庆祝这次斗争的胜利。"②

6月，第六军第四团部队准备从汤原县城东尹家大院渡过松花江，到依兰东部一带开辟

---

① 伪满军政部编：《满洲共产匪研究》。
② 王克道：《从伪满归来》，独立出版社，1939年版，第85页。

游击区,突然发现一辆满载日军的汽车从汤原急驶而来。在团长张传福指挥下伏击这股敌人。此战击毙日军 20 人,缴获轻机枪 1 挺、掷弹筒 1 个、步枪 14 支、手枪 3 支。战斗中,第四团团长张传福负伤,被送回后方医院治疗。随后,第四团南渡松花江至依兰、桦川一带活动开辟抗日游击区。

7 月,第六军参谋长冯治纲带领第五团到达萝北县境内活动,一举摧毁了凤翔街的伪军炮台,解除了伪军迫击炮排武装,缴获迫击炮 1 门。

8 月,第六军军长夏云杰直接指挥的第七团,在依兰县宏克力东沟与一支伪军(300 余人)"讨伐队"展开激战,连续打退敌人的多次进攻,最后敌军撤走。

对于第六军的战事,李兆麟十分关注,为取得战斗胜利而高兴,对战斗失利、负伤的指战员更是关心,希望他们得到及时治疗,尽快康复。

自第六军成立以来,随着英勇对敌战斗的广泛开展,其影响逐渐扩大,使松花江下游的许多抗日武装纷纷向抗联第六军靠拢,抗日统一战线日益扩大,第六军得到进一步发展壮大。同时,推动抗日游击战争向周边各县及小兴安岭东部地区更为广阔的范围发展。1936 年 9 月,第六军党委根据《八一宣言》和《东北抗日联军统一军队建制宣言》精神,东北人民革命军第六军改编为东北抗日联军第六军,军长为夏云杰,代政治部主任李兆麟,参谋长冯治纲,秘书长黄吟秋。军部下辖七个团和一个保安连。第一团团长刘俊峰,政治部主任李云峰;第二团团长王秀芝,政治部主任关树勋;第三团团长张传福,政治部主任徐文彬;第四团团长戴鸿宾,政治部主任马德山;第五团团长郭复东,政治部主任周云峰;第六团团长黄名新,政治部主任尹喜长;第七团团长王居选,政治部主任吴玉光;留守团团长耿殿君。全军 1500 余人。

在一份党内报告中说:"1936 年初,抗联三军在赵尚志、张寿篯同志领导之下,远征下江与汤原反日游击队汇合于小兴安岭南麓,成立了抗联六军,张寿篯同志担任一时期六军政治主任,而六军得到发展。在三六军解决亮子河金矿局警察队及汤旺河山林警察队,于是占据了小兴安岭东部,而以小兴安岭为依据进出活动于松江原野。"①

1936 年 10 月,敌人部署的冬季"大讨伐"开始。抗联第六军部队在军长夏云杰率领下为冲破敌人"大讨伐",策应第三军西征,采取避实击虚的方针与敌人周旋。10 月初,第六军第四团在戴鸿宾团长指挥下在石场沟游击区打退了来自汤原县城的日伪军联合"讨伐队"。当时第四团指战员埋伏于山地密林中,当日伪军骑兵快速通过后,截击了后面的步行的伪汤原县治安队,毙伤敌 20 余人。第五团在团长郭复东指挥下,在太平川、景阳屯一带配合地方党组织动员群众,开展反"集家并屯"斗争。

10 月中旬,第六军一部袭击桦川县黑通屯伪警察所,毙俘伪警察 10 人。初冬,军长夏云杰率部返回汤原老游击区后,又继续派出第一、第四团去依兰、桦川、富锦,巩固和扩展游击区。

11 月 21 日,夏云杰在后方积极筹备给养和服装,在汤原石场沟丁大干房前附近突遭敌

---

① 《冯仲云给中共中央的工作报告》(1939 年 10 月 12 日),载中央档案馆等编《东北地区革命历史文件汇集》甲 25,第 102 页。

人伏击,身负重伤,于11月26日牺牲。李兆麟惊闻夏云杰牺牲的噩耗,深感悲痛,决心率队袭敌,为战友复仇。

1937年2月,李兆麟在完成于巴木通巡视工作任务后,回到汤原根据地。不久,根据联军总司令部的命令,李兆麟率领第六军一支200余人部队前往铁力作战。原来,在铁力神树日本侵略者新建一座大兵营,里面驻有许多日伪军,监督从各地抓来的大量劳工,采伐森林,修筑路基,准备铺设绥佳铁路。为摧毁这座兵营,李兆麟派出侦察人员了解敌情。在掌握敌情的基础上,李兆麟指挥部队采取远距离奔袭,乘夜急行军潜入神树,将敌哨兵解决后,大部队冲进敌兵营,击毙顽抗的日本指导官,伪军警举手投降。战斗中,缴获敌人大批枪支弹药,解放了数百名劳工。战斗取得了很大的胜利。

李兆麟率队获胜,给敌人以沉重打击,令人欢欣鼓舞。冯仲云同志回忆李兆麟事迹时说:"他的一切,我知道的都很详细,他是那样的一位英雄,他在作战的时候,是非常的勇敢沉着,甚至到了战机万分危急时,他也毫不慌张和动摇,并且还很泰然自如地去行动。所以他领着队伍吃敌人亏的时候很少有的。常常出奇制胜,以少胜多,虽在极端困难的条件下,如陷入敌人的四面层层包围中,他终能克服困难,想出种种的办法来突出敌人的包围。他对自己的部下的纪律是很严明的,然而又是非常地爱护他们。他和老百姓是非常地亲热,但是对于敌寇和汉奸们却是极冷酷无情的。"①

李兆麟在部队中十分善于抓政治工作,经常结合实际给战士们讲形势、任务,讲当亡国奴的滋味是难受的,国家灭亡是民族的最大耻辱,鼓励同志们坚持艰苦抗战,克服困难,争取早日将日本侵略者赶出中国去。李兆麟没有官架子,对同志循序善诱,热心帮助,和蔼可亲。

初见李兆麟的一位抗联战士对他的印象是什么样子?根据抗联老战士李敏②同志回忆录记载:(1936年冬)有一天,突然有位大首长来到了六军四师的驻地,马司务长偷偷告诉我说,这是来六军任政委(政治部主任)的大干部。张寿篯(李兆麟)政委身穿三军被服厂制作的中山服式的黄色军装,上衣有两个吊兜;头上戴着用兔皮缝制的棉军帽。他身材适中,头大眼大,显得威武严肃。来到营地后,他先和吴玉光主任谈话,战士们都显得很拘谨。这时,李桂兰在给战士们补衣服,我在帮马司务长做饭。我用雪水洗米淘沙,小米里的沙子可真不少,仔细地淘了两遍。大锅里的水一开,马司务长就把淘好的小米都下到锅里,不大一会,从大锅里喷发出了诱人的饭香。

"马司务长,今天的饭一定很香。"

"当然喽,是你淘的米么……"

我和马司务长高兴地小声唠着,又尝了尝已煮好的盐豆,盐豆也很香。

---

① 冯仲云:《东北抗联中领导者之一张寿篯(李兆麟)》,载《东北抗日联军十四年苦斗简史》。

② 李敏,1924年生,朝鲜族,黑龙江汤原人。原名李小凤,又名李明顺。1936年参加抗联第六军,在被服厂工作。1939年由青年团转为中共党员。1940年,在抗联教导旅任报务员。抗战胜利后,任绥化工委委员。新中国成立后,任黑龙江省文教办副主任、哈尔滨第一工具厂党委书记。"文革"中受迫害。"文革"后任黑龙江省总工会副主席、省民委副主任、省政协副主席。1993年离休。

"小同志,你做什么好吃的啦?"

我随声回头一看,不知什么时候张寿篯政委已经来到了自己的身边。他那严肃的样子,看着有点害怕,我头都没敢抬。

"嗯,嗯……做了小米饭和……"

没等我话说完,只听咔嚓一声,身边的马司务长打立正行军礼了。"报告首长,今天做的是小米饭加盐豆!"

我看呆了,马司务长真威风,真像个军人的样子。

"小米饭加盐豆,这很好么,山下的老百姓,连这个都吃不起……"张寿篯政委把话尾拉长,他接着又问我叫什么,多大了?

"我原名叫李小凤,昨天吴主任说我爸爸在地方工作,我也在地方宣传队演出过,为了保密叫我改成李明顺。"

"你喜欢这个名字吗?"

我眨巴着眼睛,犹豫了一下说:"听马司务长说,李明顺这个名字像男人的名字。再说,我家兄妹的名字按族谱规定都带凤字,我哥哥叫李允凤(李云峰),我有过弟弟叫李学凤,以前我爸爸还叮嘱过我们说,万一迫不得已离开家时不要改名。不然,将来找不到我了。所以,我不愿意改掉我的名字。"

张寿篯政委背着手,静静地听了我的话,他笑了。

"噢,我理解你的心情。可是,为了革命工作的需要,有时必须改名换姓。我们这些人都改过名字,而且改了好多次,暂时改个名字,没什么大不了的,将来再改回原来的嘛……"

"嗯,首长我懂了,我现在就叫李明顺了。"接着,张寿篯政委又说:"你哥哥李云峰学习工作都很好,是第一批政军学校的毕业生,现在分配到六军一师六团担任政治部主任。你哥哥不仅学习好,他的水性也很好,常在汤旺河游泳,顶水能游一千多米,他经常渡江去执行任务,你要好好向哥哥学习。"听着张政委对自己的教导,我刚见他时的紧张情绪,逐渐减轻了。

"次日,张寿篯、李福林、许亨植等领导同志要离开驻地了。张寿篯政委边走边和战士们握手,路过灶房时他把手伸给了马司务长。这下可把马司务长紧张坏了,赶紧往围裙上擦了擦手,和张寿篯政委握完手,马上行了个军礼。'谢谢首长,愿首长保重!'马司务长的声音兴奋得有些颤抖,但行礼的姿态很棒。我站在他身旁,很羡慕他能和首长握手。

"小同志,你有什么要求啊?"

呀!这是首长在问自己,我毫无思想准备,一下子被问住了。心怦怦在跳,嘴上不知说什么是好。

"小凤,你不是说过有重要的事儿要向首长汇报吗?快说啊。"马司务长提醒着我,但还是想不起来。

"你不是说刘志敏大姐让你们给雷炎师长捎话的吗?"

噢,我这才想起来,但又犹豫了。

"这……合适吗?"

"咋不合适,你快给首长说吧。"

马司务长生怕丢掉了这个机会,鼓励着我,催促着我。

"嗯……首长,刘志敏大姐是在地方工作的,她是我在地方时的好领导。我和李升爷爷上山时,她叫我们给她的雷炎哥哥捎个话……"我终于说出来了,听了我的话,张寿篯政委笑了,显得很高兴。"嗯,刘志敏同志我认识,是个很能干的好同志。她的话,我一定给雷炎师长捎到,我还要告诉他,是你这位小同志捎来的,好不好?'听了他的话,我脸红了,但心里却有说不出的高兴。"①

李兆麟就是这样随和、和蔼、可亲。战士们听了他的话,都感到非常高兴,令人鼓舞。

1937年2月2日,中共下江特委和抗联第六军在汤原格节河后方根据地召开了军政联席扩大会议,北满临时省委书记冯仲云出席会议予以指导。会议根据第六军不断发展变化的实际,因军长夏云杰同志已经牺牲,决定由临时省委提名戴鸿宾正式担任第六军军长一职;李兆麟调回联军总司令部,专任总政治部主任,由蓝志渊担任第六军政治部主任;参谋长由冯治纲担任。会议并确定由军长、政治部主任、参谋长形成决策会议,解决重大问题的集体领导机制;决定军队扩编,健全各级党委并加强领导;决定改善军民关系,加强军民团结,加强第三、第六军团结以及同其他各抗联部队的团结。会后第六军进行了整编,将原有7个团改编为4个师。第一师,师长马德山、政治部主任徐光海;第二师,师长张传福(养病期间由陈绍宾代理)、政治部主任张兴德;第三师,师长兼政治部主任周云峰;第四师,师长戴鸿宾兼任、政治部主任吴玉光。军部保安连扩编为保安团。

第六军整编后,李兆麟虽不在第六军任职,但他以北满联军总政治部主任身份仍然十分关心第六军的斗争和发展。

根据北满临时省委的指示,第六军以第一师和保安团东征富锦、宝清,继续拓展新游击区,另以第三师准备继第三军西征之后继续西征。

1937年2月,留守汤原的第四师袭击汤原城外的伪警察训练所,缴获服装近300件。第三师为准备西征筹集装备、给养攻入夏家大院,缴获驻守的伪警察、自卫团50余支枪、70匹马及大批粮食。之后在于家沟歼灭一支日本关东军测量队,缴获轻机枪1挺、掷弹筒1个和步枪10余支及地图和测量仪器等。3月,第三师再袭汤原伪警察训练所,缴枪20余支、警服200余套。第三师由步兵装备成骑兵。4月初,由依兰出发向绥棱、海伦进行西征。

1937年3月,第六军军长戴鸿宾率保安团和第一、第二师跨松花江至依兰、桦川活动,而后进至富锦、宝清。在宝清县城以南夹信子战斗中,缴获伪警察和伪自卫团40余支枪。3月中旬,戴鸿宾率军部直属部队返回汤原,途中将依兰暖泉子伪自卫团缴械。六月二十二日(农历),梧桐河矿警队80余人,在打入其内部的共产党员马克正②、陈芳钧的领导下举行起义,被编为第六军四师二十九团。

---

① 李敏:《风雪征程》,黑龙江人民出版社,2012年版,第192页。
② 马克正(1920—1949),中共党员。历任抗联第三路军总指挥部秘书、中共松江地区委员会委员等职,解放战争期间任第四野战军第三十九军副团长,1949年1月8日在解放天津战斗中牺牲。

同年4月，北满抗联总司令部根据义勇军"中侠""助国"的要求，将其编为第六军第五师。刘振声任师长、邱金海任参谋长，调第一师高玉斌任该师政治部主任。该师主要活动在松花江北绥滨县境。

1937年5月18日，抗联第六军留守部队在军参谋长冯治纲指挥下，进行了夜袭汤原县城的战斗。凌晨1时30分，在抗日救国会员王福林的接应下，攻城部队自城东北角突入城内，首先解除了北门伪警察分驻所十几名伪警察的枪械，然后兵分三路。第一路对付日军守备队，使之不得出击；第二路直冲伪县署和伪官员宿舍，解除伪警卫队武装。第三路进攻监狱和拘留所，营救出中共格节河区委书记张士俊和70余名抗日群众。此次战斗击毙县参事官宫地宪一、伪警务局指导官齐藤宽、警士竹木福太郎等敢于顽抗的日伪警察12人，缴获迫击炮3门、炮弹96发、轻机枪3挺、各种枪67支、子弹3.5万发，另缴战马35匹。抗联战士牺牲1人。拂晓，攻城部队交替掩护撤退，返回后方根据地。抗联第六军夜袭汤原的胜利是继第三军攻占佛山县城不久后的又一次攻城战斗的胜利，沉重地打击了日本侵略者，鼓舞了松花江下游抗日军民的抗日热忱。李兆麟得知夜袭汤原获胜，热烈赞扬第六军将士取得的重大胜利。

抗联第六军部队在1937年上半年，同其他抗联部队一起，对敌作战200余次，歼灭大批敌人，在对敌斗争中，不断发展壮大，至四五月，第六军部队达到2000余人，从而使抗联第六军在松花江下游地区成为一支抗日劲旅。

自1936年初第三军主力转至松花江北岸后，同第六军一起建立起汤旺河后方根据地，开辟了松花江北岸巴(彦)木(兰)通(河)新的游击区，与坚持在宾(县)珠(河)延(寿)方(正)五(常)老游击区斗争的部队遥相呼应。同时又积极向勃(利)宝(清)富(锦)地区伸张。部队已由原有的6个团扩大为7个师，活跃在北满近20个县，形成为东北抗日武装活动的中心之一。

1936年8月1日，抗联总司令部根据《八一宣言》精神和《东北抗日联军统一军队建制宣言》的要求，东北人民革命军第三军改编为东北抗日联军第三军。为加强东北抗联第三军的领导，根据北满临时省委、抗联总司令部的决定，李兆麟调任第三军政治部主任工作。第三军的建制是：军长赵尚志、政治部主任张寿篯(李兆麟)。司令部设政治保安师，师长常有钧；第一师，师长常有钧、政治部主任李熙山；第二师，师长关化新、政治部主任吴兴才；第三师，师长张连科、政治部主任吴景才；第四师，师长郝贵林、政治部主任金策；第五师，师长景永安、政治部主任蔡近葵；第六师，师长张光迪、政治部主任蓝志渊；第七师，师长于海云、政治部主任张德。抗联第三军成立之后不久，新建了第八、第九师。第八师，师长考凤林，政治部主任(暂缺)；第九师，师长李振远、政治部主任雷炎；1937年7月，又建立了第十师。第十师，师长高士魁。第三军部队总兵力约6000人，其中基干部队1500人，收编的部队为4500人。第三军广泛活动在小兴安岭山麓和松花江两岸地区。

李兆麟调任第三军政治部主任工作后，协助赵尚志加强第三军部队建设，从关心指战员学习、生活入手，抓部队政治思想工作，使全军政治、军事素质明显提高，进而推动游击战争的广泛开展。第三军军部少年连战士李东光同志多年后仍清晰地记忆着与第三军政治部主任李兆麟接触的情形。李东光[①]深情地回忆说:1937年初,我们游击大队从铁力山区返回汤原县帽儿山后,我被调到抗联三军军部少年连。这时我才第一次见到李兆麟将军。李兆麟同志长得身材高大,大眼睛,高鼻梁,相貌堂堂,一表人才,无形中他在我的心田里树起了一位抗日救国的英雄人物形象。我在他面前有些拘束,一见面总是规规矩矩向他敬礼,有时着急,没戴帽子也举手敬礼,可是李兆麟同志却微笑和我打着呼,一点没有责怪之意。

李东光同志回忆,一天,他们少年连负责到一村庄老百姓家取群众给部队制作的棉衣。

抗联第三军之一部

晚上,他们睡在老乡家的火炕上。李东光睡在炕头,因太热,他就拿棉衣当褥子铺在热炕上,由于白天过于劳累,睡得很死,结果棉衣被烙糊了。次日,连长发现后,狠狠批评并体罚了他,他感到很委屈。

李兆麟知道这件事后,便找到李东光同志谈心。他亲切地对他说:今天你受批评和挨打的事,不要太往心里去。第一,你不是故意破坏;第二,连长打你,这种方式实际是旧的军阀作风。当然,你也不是一点错误也没有。至少,你在铺棉衣时,就没有想到棉袄可能被烤煳。要懂得这些棉衣来之不易,老乡不仅花了许多血汗钱买布和棉花,而且家家户户用了多少时间才制作好。再说,一旦被敌人发现,老百姓的全家老小,甚至全村的人将会遭到屠杀。因此,我们要十分珍惜这些棉衣,要从心眼里感谢他们。李兆麟的一席话,既给人以安慰又使之受到教育,让人感到心里暖乎乎的。

接着,李兆麟转过话题说,小李,我给你改个名字吧。原来,李东光当时叫李喜生,同志们

[①] 李东光(1922—2010),黑龙江通河人,中共党员。任东北抗联第三军军部少年连战士,第三军九师七十五团战士、班长。1938年在苏联远东方面军边防部队任情报员,抗战胜利后回国,任东安市卫戍副司令员。1951年调南京军事学院工作。1958年任安徽大学外语系主任,1978年任哈尔滨工业大学党委常委,1981年任哈尔滨工业大学党委副书记。2010年逝世。

常拿他名字取笑,把"喜生"叫成"牺牲"。李兆麟说,"喜生"谐音"牺牲",牺牲就是死了,很不顺耳。我给你改作"李希才"怎样?希望你成为能文能武的人才。以后李喜生就更名为李希才(按,建国后改为李东光)。

李东光回忆说,李兆麟同志非常关心战士,爱兵如手足。部队在森林中行军,常有一种叫"草耙子"的小虫叮咬在战士裸露的皮肤上,异常疼痛。李兆麟见到战士要用手把他搜出来,便马上说不行,他拿来点燃的香头,对准"草耙子"后背一烤,"草耙子"立刻把尖嘴从肉里退出来。然后,他抓起"草耙子"扔在地上踩死,并对战士说,放心吧,这回没事了。他再三嘱咐战士们说,"草耙子"虽小,毒性可大,用手拨,它的嘴会断留在人的皮肉里,痒痛难熬,毒素会浸透全身,十分危险,严重可能会死亡。再遇到它,千万不能用手往外拔。李兆麟所讲让大家知道了一种防止"草耙子"叮咬的办法。

李东光还回忆说,李兆麟同志还给他们讲过,中华民族有五千年的文明历史,因为封建统治太久,加之晚清腐败,闭关锁国,战败割地,赔款伤民,弄得国瘠民穷。独夫蒋介石借口"攘外必先安内",连年围剿红军,对日本侵略东北一枪不发,拱手把东三省让给日本。东北人民过着牛马不如的生活。日本鬼子欺负我们,作为中国人怎能不奋起抵抗?但是实现民族解放又不是一件容易的事,要有多少人流血牺牲才能换得。他叮嘱少年连战士,要不怕艰苦,要刻苦学习,练好杀敌本领,勇敢战斗。要坚信最后的胜利一定是我们的。李兆麟同志的讲话对少年战士予以极大鼓舞,都表示要严格要求自己,努力锻炼成长,成为一名合格的抗联战士。要不怕流血牺牲,奋勇杀敌,为了民族解放,祖国未来,抗战到底。

由于部队政治工作的加强,第三军部队战斗力明显提升。自1936年10月到1937年6月这段时间内,第三军各部英勇出击,顽强作战,取得了许多胜利。从松花江下游沿岸的汤原、依兰、通河、方正、木兰、巴彦到小兴安岭山麓的铁力、庆城、绥棱、海伦、通北,从北黑铁路沿线的北安、龙门到黑龙江沿岸的逊克、佛山,纵横千余里,大小百余战,毙伤日伪军800余人,俘虏300多人,攻占城镇二三十座,缴获了敌人的大量轻重武器和弹药。在这期间,第三军也付出巨大代价,遭到很大的损失,远征部队牺牲了30余名军政干部和200余名战士。由于第三军各部采取西征东进,分头出击的战术,打乱了敌人的部署,冲破了日伪以宾、木、通、汤、依5县为中心的"大讨伐",保卫了汤原游击根据地,开辟了铁力、庆城、海伦新游击区,从而为第三军之后开展黑嫩、松嫩平原游击战争奠定了基础。

李兆麟调至第三军工作时间不长,又赴司令部总政治部独立工作。1937年5月,他受北满临时省委之命到吉东地区与周保中商讨有关抗日斗争的路线、方策问题。前往吉东途中他主动处理、解决了一些联军军队之间的矛盾。

第七章 孤军喋血战

一、心系各联军

东北抗日武装斗争的活跃,抗联部队的大发展使日伪统治者焦心积虑,东北抗日联军的英勇斗争成为威胁日本殖民统治的心腹之患。日伪当局深知,东北抗日武装斗争是在中国共产党各级组织的领导下发展起来的,为要消灭抗日联军、扑灭群众性的抗日运动,就要破坏共产党组织,消灭共产党。

自九一八事变以来,共产党组织一直是日本侵略者破坏的对象。1936年,日本关东军司令部制订的"三年治安肃正计划"就把破坏共产党的组织、捕杀共产党人作为"治安肃正"重要任务放在突出位置上。当年,就制造了"六一三"事件,逮捕、杀害王甄海、金剑啸等不少中共党员和抗日骨干分子,破坏了齐齐哈尔、牡丹江等地的党组织,继"六一三"事件之后,日伪当局于1937年又制造了"四一五"事件。从4月15日起,对哈尔滨、大连、沈阳、抚顺等城镇地下党组织进行一次大破坏。此事件中被逮捕482人,其中85人被处死,64人被判有期徒刑。致使东北大城市和城镇中的共产党组织被破坏殆尽。地方党组织频遭破坏使抗日游击根据地、游击区的党组织和抗日部队失去了城市党组织和抗日群众团体的有力支援。

当时,东北党组织、抗日联军领导人除面临应对敌人的"讨伐"、对党组织破坏,开展反"讨伐"斗争,恢复、重建党的组织工作外,还面临一个如何贯彻、对待来自上级党组织有关抗日武装斗争方针政策、指示的问题。如前所述1936年9月18日,中共珠河、汤原中心县委,第三、六军党委在汤原帽儿山召开的联席会议(简称"珠汤联席会议")通过的政治决议案,认为《吉特信》《中代信》在对待伪军、敌人"归屯并户"、保甲"自卫团"政策上有错误,而这种右倾错误的根源来自中共代表团的《王康指示信》;在组织决议案中未按《中代信》的指示成立松江省委而成立了中共北满临时省委。会后,派团临时省委书记朱新阳同志前往莫斯科找中共代表团汇报情况,请求指示。

由于《王康指示信》《吉特信》《中代信》都从吉东转来,北满临时省委于11月15日致信吉东党组织和第五军军长周保中,希望对珠汤联席会议决议案,予以"详细研究并提出意见"。

不久,吉东党组织和周保中接到北满临时省委来信和珠汤联席会议通过的政治和组织问题两个决议案,认为问题很严重。1937年1月25日,周保中致信冯仲云、赵尚志、李福林、包巨魁(张兰生),希望北满诸同志迅速召开一次北满党的会议,并表示他要按预定联络关系前去参加会议,以解决这些意见不一的问题。

在以后的日子里,北满临时省委与吉东省委之间围绕《王康指示信》《中代信》《吉特信》提出的抗日斗争方针、对伪军、对"集团部落"政策和保甲制度及1936年10月2日中共代表团《新政治路线信》中提出的"不要把抗日反满并提"(按,"反满抗日不并提",是把党在关内执行

的"反蒋抗日不并提"口号生搬硬套到东北,改为"反满抗日不并提"并作为党在东北的"新政治路线")等政策、策略问题采取书信往来的形式各自陈述自己的认识、意见,展开了激烈争论。

北满临时省委认为《中代信》《吉特信》提出的一些对敌斗争政策,特别是《新政治路线信》提出的"不要把抗日反满并提"的口号是错误的,混淆了党的政策、策略,是干扰破坏了党的"反满抗日"救国总方针。吉东的某些同志犯了右倾错误。

吉东省委认为"吉东特委和中央代表工作及路线运用上错误部分显然有的,但其性质与北满完全两样"。"北满及第三军同志一贯的'左'倾""珠汤联席会议"决议是"反国际,反中央"①。

总之,吉东、北满党组织对于一些政策、策略的理解存有歧义,在上述问题上各执一端,在来往信件中各述其理,相互指斥"左"倾、右倾,都说自己是站在中央正确路线上,难以说服对方。

对于上述在贯彻中共代表团发来的指示信精神过程中,北满与吉东党、军组织产生的分歧、争论,北满和吉东省委领导人都深感不安。因中共满洲省委已被中共代表团撤销,在东北没有能够解决此类涉及路线、方针、政策的重大问题的党的权威机构,因此,双方都向中共代表团反映情况,但中共代表团对吉东、北满、吉东争论的问题并没有很好予以解决,致使各地党组织和部队难以形成一致的认识和行动。

1937年春,中共北满临时省委通过第三军四师收到由中共驻共产国际代表团经过辗转递送的共产国际第七次代表大会的文件。经学习研究后,根据共产国际第七次代表大会关于建立广泛的反法西斯统一战线精神,总结、检查了过去在执行统一战线工作中存在的"左"倾错误。

3月31日,中共北满临时省委致信中共吉东省委和抗联五军领导人周保中阐述路线问题,信中说:"我们由郝师长处接得了共产国际七次代表大会各种文件,详细地研究了这些文件和你们的来信,以张寿篯同志由巴木东归来,共同协议的结果,在省委党委会得出如下结论:王康指示信虽然是1935年6月来的,时间性过去些,但如果灵活地运用王康指示信,仍旧是有效,是伟大和正确。'中央驻东北代表'给珠河党团县委三军负责的信,吉东来信等,在王康信了解上是犯了右倾错误,在具体工作的指示上因为不了解北满的实际情形,过分的肯定而有许多毛病和错误。"②信中希望吉东省委帮助北满临时省委解决有关路线及联军存在的问题。

为解决各种复杂问题,中共北满临时省委于1937年4月1日在依兰巴兰河谷省委驻地召开第四次常委会。出席这次会议有冯仲云、张兰生、李兆麟列席。会议研究了路线转变等和派人前往吉东地区研究、讨论路线及联军问题。最后,北满临时省委决定派李兆麟代表省委过江南,与吉东同志具体地、详细地研究、讨论有关路线方面问题,并以北满联军总政治部主任资格对各军及相互之间存在的问题做进一步解决。

4月9日,中共吉东省委和抗联第五军领导人周保中收到北满临时省委来信,表示同意并欢迎李兆麟来吉东。5月,李兆麟受命负责渡江与吉东负责同志解决路线及有关联军间的

---

① 《中共吉东省委给南满省委、道南特委、二军党委、二军二师党委的信》(1937年5月25日),载中央档案馆等编《东北地区革命历史文件汇集》甲28,第134页。

② 《中共北满临时省委给周保中的信》(1937年3月31日),载中央档案馆等编《东北地区革命历史文件汇集》甲23,第77、79页。

问题。不久,肩负重任的李兆麟过松花江前往吉东地区。李兆麟在前往吉东地区行进途中,路遇第六军、独立师、第四军、第八军等部队,发现这些部队中普遍存在一些亟待解决问题。诸如因活动区域、征收地亩捐等出现的矛盾,也存有一些收编队中因缺乏改造,引起部队内部不稳的问题等。这些问题都不同程度地影响联军的团结、巩固和发展。作为联军总政治部主任,对发现于各军中存在的问题极为关注,他没有置之不理、不闻不问,而是及时地一一予以解决。他心系抗联各军,关心抗联内部团结、巩固和发展,表现出了一位总政治部主任对工作、对事业负责任的精神。

他刚到江南时正值抗联第六军司令部在松花江畔舒乐镇一带活动。根据当时的实际情况,李兆麟不畏开江时节河水涨阻,改变工作次序,随第六军军部东去,他认为解决第六军工作中的问题,也是自己视察工作责任范围内的事。于是,他参加了第六军党委会和第一、二师党委会议以及第六军与富锦党活动分子会议,还有第六军军部各种主要会议。他传达省委对于第六军的工作意见,解决了第六军党政工作中存在的软散问题。

之后,他又着手解决独立师问题。独立师是祁致中领导的部队。这支部队在1935年艰苦斗争中,得到迅速发展,但也存在一些问题。李兆麟说,当其与第三军初接头时,当时祁致中的观念是"我也是一个人,你们能做的事,我都能做",他是站在这种英雄自豪的精神上,决心改造自己的部队去学习第三军。正因为他改造部队的出发点不正确,他就不愿牺牲自己的一切意见,首先就疑窦丛生,离开第三军,反对李、谢,自己孤立无援。在他碰壁当中,与第六军见面,第六军派金向奎(金正国)到独立师工作,任政治部主任。在1936年艰苦斗争中,独立师部队得到惊人发展,抗日斗争的新成就使隐藏在队内的坏分子不敢公开活动而暗中蠢动。但党在队内还未形成有系统的组织,许多优秀青年还未能在党的周围集中起来。庞大部队保留着零散不统一的严重问题。队内呈现出复杂性。第三军曾派周庶泛去独立师工作,由于他工作方法欠缺,对于统一战线的策略认识不够,不能灵活运用,加之个人工作中的缺点(好骂人),又不得不离开独立师。

李兆麟到独立师后,经过详细了解情况,开始解决独立师问题。他认为只要真正彻底执行党的政策策略,就能克服独立

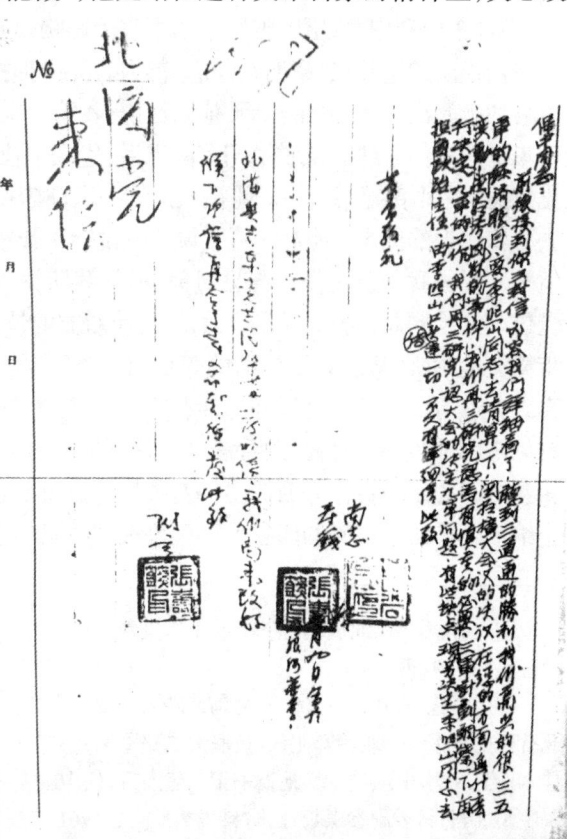

李兆麟与赵尚志致周保中信

师前进中的一切困难。他首先着手克服祁致中个人的一切疑念,传达省委对独立师的意见,指出其出路所在,使其觉悟到自己革命责任。李兆麟用十天时间与祁致中进行个别谈话,与独立师干部召开特别会议,总结斗争的经验教训。最后,洗刷出一部分坏分子出队,包括一个最坏的团长。对部队领导人员也做了调动,决定金正国任第一旅政治部主任,第二旅由祁致中兼任政治部主任,第三旅由李学忠任政治部主任。并将政军学校毕业的学员组织起来,在部队中发挥作用,进一步加强了思想政治工作。李兆麟对独立师的后方工作也帮助进行了布置安排。值得注意的是独立师在宝清七星砬子后方建有一修械所。这一修械所有十八九个工人,已经造成了一挺简单机枪及多量枪弹,经试放效果很好。对此,李兆麟予以鼓励。独立师提议将修械所改为联军修械所,大家用力量巩固之。此议得到李兆麟赞同。对于独立师的工作,李兆麟在给省委写的报告中说:"绝不像个别同志报告说得那样严重,好像朝不保夕,快反革命的样子。恰相反,更初步走向忠实于民族革命战争。"同时,他向省委反映了独立师的要求及建议:独立师要与省委及特委发生直接组织关系,并经常派交通员和派专做党的工作的同志。李兆麟在以北满抗联总政治部主任身份对独立师进行整顿后,独立师改编为东北抗日联军第十一军。

　　李兆麟整顿独立师后,又与第四军司令部接头,和该军领导同志会面,帮助第四军讨论、解决一些问题。主要是:提高第四军军部领导威信;在军事行动上、政治上、干部上帮助援助第四军;不许在群众中、队伍中破坏第四军政治影响及威信;不干涉第四军内部一切军政权力。对于李兆麟提出的这几点,第四军同志"都抱着无限拥护的热情"。①时任第四军军部秘书彭施鲁②同志参加了此次会面,数十年后,他回忆说:我第一次见到李兆麟是在1937年。当时他率领队伍来到集贤的嘉信子镇。抗联第四军闻讯后,代理军长李延平和政治部主任黄玉清立即率队前往求见。我作为军部秘书随行。他在该镇的一家商店接见了我们。他态度颇为诚恳地接待了几位过去不曾相识的同志。他对李延平说:"听说李军长刚从苏联学习回来,我很羡慕。"接着他对黄玉清笑着说:"我和黄主任未曾见过面,但是我听说过玉清同志是一位老布尔什维克,我还知道你是位朝鲜族同志,对吗?"几句话,顿时使双方的情感接近起来。在黄玉清讲话的时候,他始终面带微笑地倾听,从没有要插嘴的表示,有时还要给黄玉清的水碗里加点开水,劝他喝口水再讲,直到黄玉清讲完意见之后,他又问了一下李延平有没有补充意见。当黄、李二位全部表达自己的意见之后,他才讲出自己的看法。我感到他不仅口才好,而且对解决兄弟部队之间的矛盾,加强相互之间的团结协作方面提出一些很好的意见。这次会见,联军总政治部主任李兆麟的言谈举止给彭施鲁留下很深的印象。彭施鲁说:"我暗暗地佩服这位政治工作者的非凡风度。"③

---

　　① 《张寿篯给北满临时省委的工作报告》(1937年6月3日),载中央档案馆等编《东北地区革命历史文件汇集》甲49,第9页。

　　② 彭施鲁(1916—2009),河南武陟人。中共党员。历任东北抗联第四军四团政委、四军留守处主任、东北抗联第七军一师政治部主任、抗联第二路军第二支队一大队政委、抗联教导旅二营副连长。抗战胜利后,任佳木斯卫戍副司令、佳木斯地委书记。建国后,任中国人民解放军总参谋部学校管理部副部长、解放军体育学院院长、国防科委副参谋长、国防科工委顾问。1961年被授予少将军衔。2009年逝世。

　　③ 彭施鲁:《回忆李兆麟同志》,载政协灯塔县委员会文史资料委员会编《李兆麟将军史料专辑》,第63页。

李兆麟在帮助第四军解决问题后,离开第四军前往第五军军部。

在行进中,李兆麟历经千难万险。冯仲云回忆说:"他(按,李兆麟)曾率领抗联在木兰,通河,依兰,富锦,萝北各地活动过,也曾经在绥滨有一些战役,简直是使人们可以惊骇万分的。例如,在富锦的平川地带,他离开了自己所率领的部队,而到四军的某部队去解决某种工作问题。当时他带领一名传令兵在归途中,远远看见日寇宇佐美骑兵旅袭来,他立即回马返回四军,可是那时的四军正在退走中,敌人的骑兵个个都是人强马壮,黑色的马队,像一字波浪般地卷来,乱舞着战刀,杀声震天,寿篯以客人的资格,指挥部队且战且走,随时相机反击以阻止敌人的前进。当时如果不这样,全部队便都有可能覆灭的危险,我军马队行列的总长竟达四十里之遥,最后终于将部队脱出了敌人的长追。当然,此次战役曾有无数无名的英雄,光荣地牺牲了,然而终于保存了整个的部队。这一役,寿篯是血染征袍,征衣上也被子弹穿了好几个窟窿,那名跟着的传令兵也光荣地牺牲了。"①

经过艰难曲折的跋涉,于6月1日,李兆麟到达第五军活动区。6月3日,北满临时省委书记冯仲云给周保中、李兆麟、李熙山分别致信,通知要召开北满临时省委执行委员会(扩大)会议。信中指出:"尚志同志已由西北远征归来,不日当能抵此间,我们根据目前政治形势之必要,政治路线之彻底解决,组织问题之确定党内一致等,决定召开北满党执行委员会。这一会议用扩大形式来召集,期间决定端午节左右。因此,熙山、寿篯同志必须迅速回来参加会议。同时邀请保中同志及吉东党派代表出席,八、九军党委均须派代表参加会议。所讨论的问题:A、目前政治形势。B、政治路线问题。C、北满抗联总司令部之健全及各军如何向统一方向迈进。D、各军党的工作。E、今年秋冬季各军军事计划。F、地方工作问题及农民斗争。G、青年工作。望同志事先收集材料并准备提出意见。"②

李兆麟接到此通知后,按信中通知要求认真做好出席会议的准备,同时受省委委托邀请周保中同志出席这次会议。6月4日,李兆麟来到第五军军部四道河子(按,位于林口县三道通镇西北),传达北满临时省委邀请周保中参加北满临时省委执委扩大会议的通知。周保中当即表示愿意去北满,参加北满临时省委执委扩大会议。6月6日,李兆麟与周保中谈话,向他介绍北满地区抗日武装特别是珠河和抗联第三军斗争历史与现状。李兆麟介绍的内容周保中在当天日记中有较详细的记载。

李兆麟在第五军军部住有三天。期间在第五军了解到三个值得注意的事件:一是东满负责同志朱明(按,后叛变,充当日本特务),在政治策略上主张和平等待,说大事变到来革命自动成功。谁提出缴日满兵武装,就给予严重打击,认为是破坏统一战线;二是吉东党提出工会开展斗争问题,而工会负责人提出目前是准备大事变时期,不是领导斗争时期,应当保存实力。三是,第八军政治负责人说"不缴满兵,是中央正确路线""五军不缴满兵,大事变时,满兵都哗变,都能到五军来"。显然,这些都是由于《王康指示信》《中代信》《吉特信》等对准备大事

---

① 冯仲云:《李兆麟将军》,载《哈尔滨日报》(1946年2月18日)。
② 《冯仲云给周保中、张寿篯、李熙山的信》(1937年6月3日),载中央档案馆等编《东北地区革命历史文件汇集》甲23,第75、76页。

变、对伪军策略等讲的不够明确引起的一些误解和造成的不良影响。李兆麟认为这是"吉东党几年斗争中可疑的事件""是最需要即刻解决的事件"①。

随后，李兆麟于6月7日去第八军，后又去第九军军部视察工作，并约定于6月中旬在第九军军部与周保中会合，然后一同渡江去参加北满临时省委执委扩大会议。

李兆麟在去第八军、第九军军部视察工作中了解到，一段时间，第八军与第三军关系紧张。主要原因是第八军中一些封建落后分子不断制造事端，挑拨联军关系。一些宵小之人在谢文东面前不断散布谣言，说第三军要消灭第八军，使其难辨真假，谢竟听之任之。对此，李兆麟看在眼里，急在心头。他内心想的是，决不能任由一些人在联军内部搞分裂，削弱抗日力量。为解决问题，1937年6月20日李兆麟给第八军正副军长谢文东、滕松柏等写信，谈及第八军与第三军关系等问题。鼓励谢文东消除误解，同心抗日，此信感情真挚，说理透彻，现摘要引述如下：

"我经过长途的行军，抱着满腹的热情，想把我几年所积累的话，决定和诸位同志详细讲明白，以便详细讨论今后工作，可是我在五军军部等候五天，又在九军等候将近十天。我个人已经遵守我与谢同志所规定的半月的约会，但是望眼欲穿的我，还未看见诸位同志的影子，怅念！当那日我经过五道河子的时候，我诚意诸位同志能回来了，不想仅与我渴望见面的松柏同志，做半日的恳谈，亲爱的松柏同志握着我的手送到我江水的尽头处又恋恋不愿分离，情感浓厚的寿篯回想到几年中在民族革命战争中的往事，就引动我怅惘叹惋，由去年春季，到今天三、八军之间所演的一台大剧，我本想与诸位同志陈述北满共产党领导机关的一切意见，特别是寿篯自己准备要说的千言万语，不想今天接到文东同志的大扎飞来，捧读之余，不胜惊喜，更加我深叹。此次渡江又得到与去年夏季同样的结果，可恨东北抗日战争的紧迫的环境的摧迫，使寿篯个人与文东同志短期谈话的机会都不可能，现在我就必须在纸上简单谈谈。"

信中，李兆麟对第八军中坏分子所谓第三军要收买八军、消灭八军、想要八军的机关枪等破坏第三、八军关系的谣言进行有理有据的批驳。他说，"我首先声明，寿篯少年离开自己的故乡跑到各省飘零半世，我深刻认识自己的责任，我才不顾孀母盼念，邻里的诽议，×支的白眼相加，反动军阀的逮捕抓拿，有决心为中华民族的解放、领土完整而奋斗到底。我决不愿意做任何人的驱使的走卒，我更不愿意给谁做说客。与我共同工作的任何同志都是热心救国的'萍水相逢，他乡之客'，我愿意将抗日救国的主张深入到每一个中国同胞的脑海里，他好能与我携着手，共同去进行光荣的神圣事业，因之我基于自己的抗日的责任，也不能偏私某一部队，绝对站在整个抗日联军的利益解决问题，尤其是我个人在去岁已经脱离了三、六军的单独工作，可是八军同志还有错认我是三军政治部主任，或者八军下级同志还错认我是三军来八军做某种谈判，现在我想到八军与三军的关系，不简单有三军共同活动的历史，并且有三军的当中，患难相协助的优好关系，不但是我与文东同志在五影山上和尚志一见倾心，在神龛面前，青灯照耀之下确定了将来救国大计，并决定生死相依，抗日救国的真诚同志，及我引尚

---

① 《寿篯关于吉东党内部值得注意的三个重要事件》（1937年6月9日），载中央档案馆等编《东北地区革命历史文件汇集》甲49，第31~34页。

志同志与你见面那天起直到今止,我不是替尚志说话,他对于任何别人,始终无有对你那样优厚!最后尚志还得目前这样结论:八军有的同志说,尚志有计划收买八军队员,特别是收买关师长同志,以便消灭八军部队,现在我是文东同志的故乡土产的孩子,我们革命者,虽然不讲私人感情,我向你解释这个问题,三军协同八军渡江北去,更何等艰苦困难,在那种敌人'大讨伐',八军那时的队远不像今天大部分动摇,三军发零用费,能否不给八军发呢?三军司令说:关师长有担负保安团长的资格,那一种鼓动他的意识,假使这样的话,尚志知道最低限度他冤气攻心大哭一场来吐出他心中的怨气。"

信中批评了谢文东对部下调弄是非,破坏联军团结,装作不闻不见的态度,"我们今天忠实说:那年三军如果稍一放手,我保证还演五影山的情形,如果故意瓦解八军,又落到什么结果。不假,尚志脾气古怪有些错误,也不到那样程度。文东同志你是久经世代变迁创造了土龙山伟大暴动的领袖,首先批评你说话太不慎重了,你不要生气我好像给尚志辩护或者疑我给三军争理一样,其实我敢自信,我不是那样,我对于各位同志都一样看待。李福林同志有些不正确言辞,熙山同志有些冒昧的事情,你就前后都不看了三军亲密合作的历史,弃之九霄云外,关师长几乎与三军部队开火,你都装作不闻不见,三军收编的队,你也收下,别位同志忽视联军关系,文东同志你也应该注意这问题。四团的事件,你直到今天也未与尚志同志见面讨论一切。他能将缴白龙的武装,给四军无条件的归回,你又从什么人口里知道尚志是爱上你那支机关枪,我由去年七月与白景明同志分手,直到今天还未得与尚志见面,我在铁骊候尚志半月有余,也未能与之见面,直到学校才得着尚志给你的信,要不是周保中同志来牡丹江帮助解释一切,你们三八军将闹一场大笑话。"

最后,信中以情感人:"我听说老伯母回来,我乐的了不得,要求你派人去江北修几所房子准备将来好用。这山里今年冬季是成问题,你落马伤背,我很担忧,迅速请医生治好,你与华堂同志有什么事到一起讨论之,不必在信辩嘴,我们抗日军不是两家人,有事情讨论之,任何事件都能解决,一听传言疑念丛生,特此奉达,并候。抗日胜利!专请伯母近安,不另。弟张寿篯启六月二十日灯下。"①

信中所说的关师长,即第八军第二师师长关文吉(后叛变)。该人惯于调弄是非,曾在各军中屡造事端,破坏联军纪律,阻碍反日统一战线。1936年冬,他在方正大罗勒密强收地亩捐,几乎造成第三、八两军开火。1938年春在依东又出现关文吉挑拨是非,造成联军内部不团结。对此,谢文东曾采取姑息纵容态度。

之后,李兆麟与赵尚志于8月1日又联名致信谢文东,批评他听信宵小传言和挑拨:"自从我们听见三、八军的个别误会所引起的风波,自从我们听见你似乎受了宵小的挑拨和愚弄后,我们是天天在为你担心着,'一失足成千古恨',文东同志:你该有多么糊涂,你不应该受了个别干部的鼓动,不应该让他们抓住你的弱点,利用你的弱点来破坏反日的统一和一致阵容,甚或是中了日贼破坏反日的阴谋中伤的奸计。有人鼓吹你说是三军打算消灭八军,或者你也是这样

---

① 《张寿篯给谢文东、滕松柏等人信》(1937年6月20日),载中央档案馆等编《东北地区革命历史文件汇集》甲49,第59~63页。

说，那么我们先告诉你这一问题。究竟对不对？你想有些人和你背地说：三军好缴械。那么我们就历史的事实来证明罢！文东同志，你绝对比别个人在北满的声誉好，威望高，三军要把你缴除，北满谁能够同三军争雄，那么三军为什么不那样作，当你率领残败的部队不足三十人的时候，正是许多部队都离开了你的时候，你老母被捕正在动摇着的时候，三军胜利东来拥护你为军事委员长，攻方正、打罗勒密，游击宾县，我们亲爱的文东同志立刻又成为北满各反日部队的光荣的领导者，我们劝你改造队伍，光大土龙山举义的壮烈……"信中又就第三、八军几至演成开火问题说，"尚志、寿篯等何以自解，更使死者不瞑，生者寒心，国耻未雪，倭贼未除，走狗未诛，国人未安，便作私利之争，且竟发生于我亲爱的三、八军间，真个使敌人鼓舞，识者冷齿……"①

李兆麟给谢文东的信及他和赵尚志给谢文东的信，既有针对性，又有说服力。信中运用摆事实讲道理的方法，劝说谢文东不要听信宵小传言和挑拨，要保持正确观念，改正错误立场，不为奸人张目，坚持统一战线，抗日到底。这两封信说理充分，动之以情，晓之以理，谢文东阅后不能不受触动，也不能不有深刻感受。

此后不久，李兆麟与赵尚志又联名致信李华堂，分析抗日战争的形势，阐述党的抗日民族统一战线政策。李华堂饱有社会经验、军事斗争经验，但观点意识比较复杂，对共产党的抗日民族统一战线政策总是表示怀疑，认为是"耍手腕"，对"联军总司令部"工作抱旁观、不负责任态度。为帮助李华堂端正认识，李兆麟与赵尚志联名给李华堂的信中指出：中国共产党认为"只有驱逐日贼滚出中国，中国人民才会有生路，才会有自由、幸福。因之，共产党中央不断地真诚的提出：愿意与中国各党各派，各种社会团体，建立抗日救国统一战线。""中国共产党所提出的全民反日统一战线不是假的，是抗日救国唯一武器，共产党是诚恳的革命家，是慎重的政治家，不欺骗，不耍手腕的中国人民领袖。只有为自己私人利益，而企图与吾党耍手腕的国民党军阀中的日贼奸细、走狗才异口同音的说，'共产党耍手腕'，因为他的手腕是不能战胜党的正确抗日救国主张，所以他才给党造谣，说党耍手腕。"信中又说："北满党真诚号召领导之下的各级党部及党员，紧密的把握着抗日统一战线的正确策略，不允许作共产党员的耍手腕，谁要是耍手腕，谁就不是共产党员，并不断地揭破敌人的造谣，破坏抗日统一战线各式各样的阴谋行动。目前在东北抗日战线上的一切抗日部队、抗日团体，都必须亲密团结，为总的抗日利益而斗争，一切分裂与破坏，自己同室操戈的行动，都是帮助日本。"信中语重心长地说："希望华堂同志在这总的精神之下，坚决担负起副总司令的责权，在军事上布置一切军事计划，积极布置江南军事行动，以便支持江南艰苦局面。"信中也批评说："华堂同志对于'总部'一切任务，采取不负责任的态度，这是不应当有的，而且是应当纠正的现象。""华堂同志应当完全放弃过去对于'总部'旁观的不满，应该与总部同志团结一体，把握我们的工作，提高'总部'的威信。"信中说："你们应该明白这一点，在事物的旋涡外边去说话指责都是容易的，尤其是找毛病更容易，更说得风凉。"又说，"我们要为整个抗日事业来着想，东北抗日事业超过我们的生命"。对于"破坏我们抗

---

① 《赵尚志、张寿篯给谢文东的信》(1938年8月1日)，载中央档案馆等编《东北地区革命历史文件汇集》甲52，第251页。(此文件年代档案馆整理判定有误，应为1937年)

日阵营,分裂我们血的事业的各种把戏,这是我们应该警惕注意的事情。"①

李兆麟在这期间所做上述各项工作的意义是显而易见的,对于巩固抗日阵线、坚定斗争信念,打击破坏联军团结的坏分子,加强各军之间的了解和团结起到了重要作用;一些部队经过整顿、整理,提高了政治、军事素质。特别是活动在下江地区的抗联各军经过整顿,战斗力得到增强,都积极主动开展游击战争。5月18日,第六军部队在地方工作员配合下,将汤原县城攻破,毙日贼甚多,缴获大批枪支弹药等军需品。日伪统治机关悉数被焚毁,监狱"犯人"全部解放。6月,独立师及第六军部队袭击了富锦。②应该说,李兆麟在对下江地区的抗联各军的整顿、提高工作中,做出极大努力,取得显著成效。

如前所述,李兆麟到吉东与周保中交换有关路线、联军等方面问题意见后,诚恳地代表北满临时省委邀请周保中赴北满参加北满临时省委召开的执委扩大会议。

6月16日,周保中将第五军军部应进行的工作做了安排、指示后,于当晚6时乘骑北进,前往汤原参加北满临时省委召开的执委扩大会议。

6月24日,周保中与李兆麟由第九军骑兵护送前往北满临时省委驻地。6月25日夜,由马大屯渡过松花江。6月26日,沿八里河上行至十道河,探得北满省委及第三、六军负责同志驻地。6月27日,穿越崇山峻岭艰苦行军约90里。到达汤旺河西南岔第六军密营地被服厂,即中共北满临时省委执委扩大会议会址。在这里,李兆麟陪同周保中与赵尚志、冯仲云等北满党军负责同志高兴相会。6月28日,中共北满临时省委执委扩大会议召开。参加会议有北满临时省委执行委员、委员、团省委书记、地方代表等10余人。出席者为赵尚志、冯仲云、许亨植(李熙山)、黄成植③、李兆麟、魏长魁④、戴鸿宾、吴玉光⑤、于保合⑥、徐文斌⑦。周保中作为吉东党代表被邀请前来参加会议。会议由北满临时省委书记冯仲云主持。于保合、徐文斌做记录。

---

① 《赵尚志、张寿篯给李华堂的信》(1937年7月16日),载中央档案馆等编《东北地区革命历史文件汇集》甲49,第121~131页。

② 《周保中给三军四师郝贵林、金策的信》(1937年6月13日),载中央档案馆等编《东北地区革命历史文件汇集》甲49,第51页。

③ 黄成植(?—1938),朝鲜族。中共党员。曾任下江特委书记。1938年"三一五"事件,下江特委遭破坏随六军一师活动。同年5月,北满临时省委七次常委会上,被打成反党"左倾"关门主义分子,受撤职处分。9月去苏联海参崴找上级申诉,行至饶河边境不幸牺牲。

④ 魏长魁(1906—1938),山东德平人。中共党员。早年参加大连工人运动。历任全国总工会执行委员、大连市委书记、中共珠河中心县委组织部长、北满临时省委组织部长、抗联第九军政治部主任。1938年牺牲。

⑤ 吴玉光(1909—1938),朝鲜族,朝鲜庆尚北道人。中共党员,1933年参加汤原游击队任班长,后任东北人民革命军第六军四团政治部主任、抗联第六军第四师政治部主任。1938年牺牲。

⑥ 于保合(1914—1985),吉林伊通人。满族。中共党员。历任中共珠河中心县委秘书、东北反日联合军电信学校校长。抗联第三军第四师三十二团政治部主任、抗联第二支队宣传科长、电台主任。抗战胜利后,任长春卫戍司令部科长。建国后,任华北军区通讯处长、三机部副局长等职。1985年逝世。

⑦ 徐文斌(1908—1994),北京香山人,中共党员,曾任东北人民革命军第六军政治部宣传科长、第六军第二团政治部主任。1938年去苏联。任疏勒县县长、乌鲁木齐第一师范学校副校长、昌吉师范学校副校长。1994年逝世。

此次会议首先分析了国际、国内形势，着重从政治、经济、军事等方面研究了东北抗日运动的"现势"。会上，赵尚志以北满临时省委执委主席身份代表临时省委做了工作报告。在讨论路线问题时，赵尚志阐述了对待中共代表团数次指示信中关于"大事变""抗日反满不并提"、对待敌人的"集团部落"和伪军、伪自卫团、伪保甲长政策等问题的看法。会上，周保中对这些问题也表达了自己的观点，与北满同志交换意见。周保中认为代表团所发指示基本是正确的，应予拥护，维护组织原则，强调在组织上必须服从中共代表团的领导。周保中婉言相劝赵尚志放弃己见，但他的发言未能说服赵尚志。会议就这些问题进行了激烈的争论，未能达成一致意见。

周保中在其日记中记载："尚志同志认识王康指示信有右倾，因从吉东、东满二、五军工作推测，王康指示信仅从游击运动方面作了说明，而未说到全般反日问题。王康在指示信中并未对民众暴动的斗争写出具体办法。如果上级指示信不能适合下级要求，而落后于客观形势，则工作必发生困难的问题。"①周保中在发言中还就第三军在贯彻统一战线"左"的行为进行了批评，说缴了于九江的械以后，影响不好，山林队怕你们，不敢接近第三军。批评哈北司令李熙山在铁力、海伦攻打地主大院时，杀了不少地主，是违反政策，是"左倾"行为。与会同志认为这一批评是正确的。周保中还代表吉东省委就有人指责吉东党组织有奸细问题，进行了答辩说明，会议认为这纯属误会。

会议还对依兰地区救国捐征收、抗联第八军领导归属等问题进行了讨论。决定加强依东稽查处工作，合理分配征收捐款。会议决定抗联第八军归属吉东省委领导。还决定将东北抗日联军总司令部改为北满抗联总司令部。会议撤销北满临时省委书记冯仲云的工作，改组省常委，新常委：省委书记张兰生②、组织部长魏长魁、宣传部长冯仲云。

会上，由于赵尚志与周保中对于一些问题看法意见不一，争论很激烈。李兆麟基本保持沉默，发言不多，但他明显地表示支持周保中的观点，反对"左"倾关门主义错误。中共北满临时省委执委扩大会议开有十余天，会议宣布结束。

在这次北满省委执委扩大会议上，为充实第三军领导力量，加强第三军政治思想工作，决定李兆麟调回第三军任政治部主任（1936年末李兆麟曾不兼任第三军政治部主任，专任总政治部主任），对此，一份文件说，"（省执委）扩大会决定寿籛回三军担负政治主任，努力实现军部集体领导，加强巩固三军，以免尚志'跳单人舞'的现象。"③在省委执委扩大会上赵尚志还"把钱袋子也摘下来给寿籛带上了。"④即把经济大权交给了李兆麟，反映了赵尚志对他的器重和信任。

---

① 周保中：《东北抗日游击日记》，人民出版社，1991年7月版，第182页。
② 张兰生（1909—1940），黑龙江呼兰人，满族，原名包巨魁。中共党员，历任中共珠河中心县委宣传部长、县委书记，中共北满临时省委常委、宣传部长，临时省委书记，抗联第三军政治部主任，中共北满省委常委。1940年7月在战斗中牺牲。
③ 《赵尚志、张寿籛给祥兄的信》（1937年7月17日），载中央档案馆等编《东北地区革命历史文件汇集》甲49，第151页。
④ 《侯启刚呈中共北满临时省委的申诉书》（1939年5月9日），载中央档案馆等编《东北地区革命历史文件汇集》甲25，第287页。

李兆麟重新担负第三军政治主任后,认真地总结了第三军党的工作经验。他经过调查,指出第三军过去党的工作缺点,指出今后怎样进行党的工作,并以军党委名义给各师党委会发出指示信。要求军政负责人员不许兼党委书记,党委书记以选举的方式或由上级指定委派来决定;各班、排内成立很有力的小组,要加强领导。党员要在群众间真正能起领导核心作用。要在斗争中来考察干部,提拔干部;队内党与地方党组织应注意公开工作与秘密工作的联系,上下级党要密切联系等。①指示信传达到各师、团基层后,第三军的党的工作得到加强。

这次省委执委扩大会议对讨论、研究的问题虽有不同意见的争论,气氛十分紧张,但会议休会期间抗联战士于保合(满族)与李在德(朝鲜族)、吴玉光(朝鲜族)与李桂兰(汉族)两对新人结成革命伴侣也为会议带来了欢乐。与会的抗联领导人周保中、赵尚志、冯仲云、李兆麟为他们举行形式简单、气氛热烈的婚礼。李兆麟认为三个民族的两对新人结为伉俪,显示出各民族密结同心、一致团结、共同抗日,感到非常高兴,向他们表示热烈祝贺。

此次会议后不久,经省委批准李兆麟与第三军被服厂厂长金伯文②结为夫妇。对于李兆麟来说这是一件值得喜庆的大事。自1933年李兆麟离开南满以来就和家人失掉联系,根据当时联军部队内部婚姻简则第八条规定,"凡有家属关系之男子或女子,在其家属中业经确定婚配关系者,在部队内另要想行结婚、离婚者,必须得该家属婚姻关系方面同意,才能在部队内另行结婚、离婚,但若该家属婚配关系断绝三年以上者,则不受本条的拘束。"③就是说,若与家属婚配关系断绝三年以上者,可以另行结婚。李兆麟自1933年离家投身抗日救国斗争,已经有四年多与家庭失掉联系,与家属音讯皆无,符合《简则》规定。他与金伯文由相识到相知再到相爱,两人情投意合,提出结婚申请,得到省委批准,终成眷属。李兆麟曾说:"我在农民生活中,曾娶过一个妻子,我参加革命运动以后,与家族完全断绝一切关系。在一九三七年七月与韩国女同志中国共产党员金贞顺(又名金伯文)结婚,省委批准我俩婚约。"④7月中旬的一天,在第三军被服厂,李兆麟与金伯文举行婚礼。在李兆麟与金伯文结婚的喜庆的日子里,战士们从山上采来五颜六色的山花,把被服厂小屋及前面的一片空地简单地布置了一下。当时,省委机关有一台从敌人那里缴来的留声机,战士们拿来放起了歌曲,载歌载舞为婚礼助兴。婚礼由冯仲云和赵尚志主持,少年连的战士都参加了他们的婚礼,表示热烈祝贺。金伯文抗日坚决,吃苦耐劳,工作认真,温顺贤淑,是李兆麟忠贞的革命伴侣。

---

① 《东北抗日联军第三军党委员会给各师党委员会的指示信》(1937年8月1日),载中央档案馆等编《东北地区革命历史文件汇集》甲49,第219~225页。

② 金伯文(1918—2005),原名金贞顺。吉林汪清人,朝鲜族。中共党员。1932年在汪清参加共青团,后在东北人民革命军第二军参加抗日斗争。1935年转入第五军工作。1936年调到抗联第三军被服厂工作。先后任第三军被服厂党支部书记、厂长。抗战胜利后任北安县区委书记、县政府秘书。建国后任广东省文委办副主任、广东体委党组副书记、广东民族学院党委副书记、国家民航局科研所副所长等职。2005年逝世。

③ 《东北抗日联军部队内婚姻简则》(1935年),载中央档案馆等编《东北地区革命历史文件汇集》甲45,第349页。

④ 《张寿篯独立活动经过(履历自传)》(1942年9月10日),载中央档案馆等编《东北地区革命历史文件汇集》甲64,第308页。

二、暴动红旗扬

1937年7月7日夜,日本侵略者借口在卢沟桥参加军事演习驻丰台的一名日本士兵失踪,要求进入宛平县城搜查。这一无理要求遭到当地中国驻军严词拒绝。随即,日军便向驻卢沟桥之中国驻军第二十九军宋哲元部发动进攻,并炮轰宛平县城。日本侵略者制造了卢沟桥事变,发动了全面侵华战争。

人们看得十分清楚,自1931年日本帝国主义制造九一八事变,发动侵占中国东北战争,建立一个"满洲国"之后,它并不满足。1935年制造华北事变,实际上建立了第二个"满洲国"。日本侵略者步步紧逼,国民党蒋介石政府实行退让政策,一退再退,实属中华民族奇耻大辱。1937年7月,日寇又制造了卢沟桥事变,发动全面侵华战争,妄图彻底灭亡全中国。

面对日本的疯狂侵略,第二十九军广大爱国官兵不再像九一八事变时北大营的东北军那样忍耐、退让,而是拿起武器奋勇抵抗。第二十九军部队将士奋起抵抗日本侵略者,标志全中国的全面抗日战争从此爆发。

面对从关外到关里一片片大好河山丧失,被日本占领,国家民族危在旦夕的严峻形势。而与国民党当局实行消极退让政策相反,中国共产党代表中华民族根本利益,在七七事变的第二天,中共中央即向全国发出了《为日军进攻卢沟桥通电》提出坚决抵抗日本帝国主义的侵略。号召全民总动员,筑成民族统一战线的坚固长城,呼吁"国共两党亲密合作抵抗日寇的新进攻!驱逐日寇出中国!"

中国共产党从民族大义出发,在关系国家民族生死存亡的紧要关头,党的基本政策也根据形势的发展在不断调整变化,从反蒋抗日,到逼蒋抗日,再到联蒋抗日,经过了漫长、复杂的斗争过程。7月15日,中共中央向国民党中央递送了《中共中央为公布国共合作宣言》,提出国共合作的三项基本政治主张,即迅速发动全民族抗战,实行民权政治,改善人民生活。并重申了中国共产党四项保证,即愿为实现孙中山先生的三民主义而奋斗;停止推翻国民党政权和没收地主土地的政策;取消苏维埃政府,改称特区政府;取消红军名义及番号,改编为国民革命军。可以说,共产党为了民族利益及早实现全民族团结抗战,对国民党做了最大的让步。

8月上旬,应国民党邀请,中共中央派周恩来、朱德、叶剑英等人赴南京参加国防会议,就国共合作问题继续同国民党谈判。经协商,于8月18日达成将红军改编为国民革命军第八路军,并设总指挥部等协议。8月22日,国民政府军事委员会发布命令:将红军改编为国民革命军第八路军,任命朱德为总指挥、彭德怀为副总指挥。继红军主力改编为八路军后,于10月12日,南方红军游击队被改编为国民革命军新编第四军(简称"新四军"),叶挺任军长、项英任副军长。9月22日,国民党中央通讯社发表《中共中央为公布国共合作宣言》。次日,蒋介石发表了《对中国共产党宣言的谈话》,承认了中国共产党的合法地位。至此,以国共两党第二次合作为基础的抗日民族统一战线正式形成。

全国总抗战的开始、全国抗日民族统一战线的形成,极大地影响着东北地区抗日斗争。

七七事变爆发,中华民族面临一个极其严峻的形势。对于这一新的形势,在事变爆发不久后,北满党、军领导人赵尚志和李兆麟做过如下分析:"我们对于日贼占领平津和侵略察绥,华北各省的实际军事行动,我们曾详细研究与讨论,认为这次战争,无论国民党内部分化到如何程度,和其内部的奸细如何计划出卖华北和分裂联合战线,南京政府的上层领袖,如何对于抗日救国运动冷淡的旁观和对日抗战表现动摇,但是根据目前中共在群众的影响扩大,全民反日统一战线进步和开展,特别是人民红军站在他独立领导抗日战争的精神(根据目前环境是可能的),中日战争是不会中止的(根据日贼进攻华北的主动的决心和一贯计划),反会继续扩大,但是我们东北目前的工作精神,是估计到国内抗日力量,不能很快的直接援助东北,及日帝侵占全华与在东北镇压抗日游击战争巩固进攻中国革命,特别是反苏的战争准备,是不可分离的步骤。"①这一分析判断,是正确的。"中日战争是不会中止的,反会继续扩大",以后战局的发展事实正是如此,"关内抗日力量,不能很快的直接援助东北",这一论断也是如此。

全国抗战爆发后对于东北的影响确实很大,尽管关内抗日力量不能很快地直接援助东北,仍是孤军喋血与敌战斗,但随着全国总抗战的爆发,东北抗日斗争战略任务也发生了重要而明显的变化。这个变化即是由在沦陷区不断冲破日伪"讨伐",消灭日本侵略军破坏日本殖民统治的独立作战,转变为广泛开展游击战争,袭扰、破坏敌人后方,钳制日军入关,紧密配合全国总抗战。

七七事变爆发时,东北抗日军民与日本侵略者已经进行六年顽强的斗争,充分表现出中华民族是不甘屈服外来民族侵略奴役的。七七事变爆发后,中国抗日战争由局部抗战转为全国总抗战,进入战略防御阶段。在此阶段东北抗日军民继续与日本侵略者顽强战斗。各部队主动出击,破坏敌人交通通讯,攻袭日伪兵营据点。东北地区开展的抗日游击战争积极地配合了关内抗战。

这种情形正如毛泽东所指出的那样:"东三省的游击战争,在全国抗战未起以前当然不发生配合问题,但在抗战起来以后,配合的意义就明显地表现出来了。那里的游击队多打死一个敌兵,多消耗一个敌弹,多钳制一个敌兵使之不能入关南下,就算对整个抗战增加了一分力量。至其给予整个敌军敌国以精神上的不利影响,给予整个我军和人民以精神上的良好影响,也是显而易见的。"②

全国总抗战爆发后,东北各地党组织、抗日联军和反日团体先后发表文告,动员抗联各部和东北广大民众响应全国总抗战,积极投身民族解放斗争,在南满杨靖宇领导的抗联第一路军、吉东周保中领导的第二路军、北满赵尚志领导的抗联各部队主动出击,迅速掀起新的抗日斗争热潮。

为响应全国总抗战的号召,中共北满临时省委与北满抗联总司令部对所属抗联部队活动

---

① 《赵尚志、张寿篯给祥兄的信》(1937年8月28日),载中央档案馆等编《东北地区革命历史文件汇集》甲49,第317页。(按,"祥兄"为中共中央驻共产国际代表团代号,"祥"为中央的央之谐音)

② 毛泽东:《抗日游击战争的战略问题》(1938年5月),载《毛泽东选集》第二卷,人民出版社,1991年6月版,第416页。

做统一部署。第六军700余人部队根据省委和北满抗联总司令部的指示进行西征,在海伦东部八道林子与在那里的第三军六师部队会师。而后在海伦展开积极游击战争。7月27日,第六军二师部队在李刚烧锅与日军栗元部队交战,击毁敌人汽车2辆,歼敌30名,缴获重机枪1挺,弹药3000发。8月10日,第六军和第三军六师部队联合进攻了侯家碗铺敌人据点,解除伪自卫团武装,缴枪30余支。随后,占领克音河大桥,阻止敌人援兵。又展开了攻打叶家窝棚战斗及攻陷宋家车站战斗。第六军西征部队在海伦活动期间,还广泛进行抗日宣传活动,认真贯彻党的抗日民族统一战线政策,深入发动群众支持抗联的武装斗争,受到群众的拥护和欢迎。

在进行军事行动的同时,北满党、军还积极组织发动群众反日斗争。这一斗争是基于日伪当局不断强化的反动统治和广大群众的迫切要求而展开的。1937年日伪当局配合军事"讨伐",大肆烧杀沿山及山中农村居民,厉行保甲户口制度,实行照相居民证、劳动证制度,控制人民迁徙、来往自由。日寇在北满地区继续施行毒辣的"归屯并户"和"武装移民"政策,在松花江沿岸"风卷残云"式的"归大屯",实行"武装移民",建立"开拓团"。在汤原,日本"移民团"已经到达,在通河,日本鬼子开始收缴民众地照(土地执照)。"归屯并户"和"武装移民",实际是剥夺人民群众的生存权。对这一日本侵略者强占农民田庐、土地,令人倾家荡产,实行烧杀抢掠的暴政,使广大民众恐怖不安、极端不满,在群众中酝酿着强烈的斗争情绪。

对于这种形势,赵尚志和李兆麟经研究认为:"过去我们的工作经验非常薄弱,中央(按,指《中央代表来信》)关于并大屯的策略的单纯的指示,使我们很少经过斗争锻炼的同志'摸瞎'二年之久,始终无更正确的有效的办法回答群众的迫切要求,现在群众反武装移民的斗争,不但是日贼更加紧压迫群众的结果,同样是我们胜利冲破今年度'讨伐'的重要关键。"从这一认识出发,赵尚志和李兆麟说:"我们与北满党共同决定:抱着坚固信念,希这一群众斗争,反对过去所犯的一切右倾的动摇的、临时束手、畏怕斗争的失败情绪,及放弃斗争的时机,空喊斗争,脱离群众的中心要求,或过分的估计客观环境,夸大革命化的程度等等错误倾向。"他们还说:"除了地方党动员,党的大力去领导布置这一斗争以外,队伍要特别动员斗争情绪最好的部队,负责配合和援助这一群众斗争。"①这就是说北满党、军要决定组织发动群众掀起一个反归屯、反日本武装移民斗争的高潮,为使斗争取得胜利成果,要求部队给民众斗争以有力配合。这个决定是写在赵尚志和李兆麟给中共中央驻共产国际代表团的信件里面的。信中还说"其详细布置,及一切具体情形,下次交通再行带去。"显然,此信内容兼有汇报及请示工作的性质。

为配合全国总抗战,掀起抗日斗争新高潮,这一群众斗争以何种形式为好,赵尚志和李兆麟等北满党、军领导同志曾做过多次研究。

赵尚志认为,日寇去到乡村烧房子时,不过二三十或四五十人,当时有很多反日游击队和反日团体,为什么农民在游击队帮助之下,消灭一两部日寇的暴动不可能呢? 1937年8月

———————
① 《赵尚志、张寿篯给祥兄的信》(1937年8月28日),载中央档案馆等编《东北地区革命历史文件汇集》甲49,第325页。

20日至24日,北满党、军领导同志在依兰杨家沟召开联席会议,研究反日寇归屯、移民的具体措施。参加这次会议的有:中共北满临时省委执委主席兼北满抗联总司令、第三军军长赵尚志,北满临时省委书记张兰生,北满临时省委执委兼联军总政治部主任李兆麟,北满临时省委常委冯仲云及中共下江特委书记白江绪①,抗联第六军军长戴洪宾,抗联第六军参谋长冯治纲等人。会议分析了下江(松花江下游)地区抗日斗争形势和群众反日斗争情绪高涨等情况。与会人员认为,为配合全国总抗战,打击敌人归屯烧杀的嚣张气焰,在九一八事变国耻日六周年前后,以组织群众参加示威游行、破坏敌人交通通讯等形式,领导下江地区人民举行抗日反"满"暴动,造成声势,震慑敌人,以迅速掀起新的抗日斗争高潮。

"暴动"是20世纪30年代党领导武装斗争的一个词汇。这里说的"暴动"同民变或起义意义相同,当时,东北党组织习惯上将一部分群众一致动作起来武装反抗日寇的行动称之为"暴动"。这并不是要立即搞"总暴动",夺取"满洲国"政权的"左"的行动,而是反对日寇"归屯并户""武装移民"的实际的具体的措施,是正常的反抗日本侵略者的群众斗争。

根据中共北满临时省委与北满抗联总司令部召开的联席会议的要求,中共下江特委向所属依兰、桦川、富锦、汤原做发动暴动部署,得到响应,其中汤原中心县委接到了关于举行抗日反满暴动的指示后,于9月5日,由中心县委书记高雨春②于汤原县凤阳屯召开县委常委会议,具体制定了在格节河区(简称"格区")举行暴动的实施方案。抗联第六军第三师为配合群众的爱国行动,修筑了战斗工事,以防备敌人的进攻。

据时任第六军三师八团团长王明贵③同志回忆:"1937年9月1日,中共汤原中心县委书记高雨春在桦川县境内接受了下江特委书记白江绪关于领导人民群众举行暴动的指示后,于9月5日在汤原县凤阳屯高连科家召开了县委常委会议。会上,研究了领导群众暴动的具体方案。我三师师部根据军部的指示,制订了配合格区暴动的行动计划。具体分工是:七团进驻汤原以东、格节河以西地区,在汤原游击连的配合下,阻击从汤原县城出来增援的敌人;八、九团和师部在格区游击连的配合下,进驻鹤岗以西刘老岗至宝宝山地区,阻击由佳木斯经鹤立向刘佧屯、景阳屯方向的来犯之敌。"④从王明贵同志回忆中看,下江特委在汤原对于暴动的具体部署都是按赵尚志和李兆麟给中共代表团信中所说进行的。

北满临时省委的反日暴动指示下达后,针对部分群众对暴动的结局心中无底,县委和区

---

① 白江绪(1904—1979),山东日照人。中共党员。曾任中共珠河中心县委书记、汤原中心县委书记、下江特委书记。1937年去抗联第六军途中脱离队伍回家乡。1945年重新参加革命工作,任区生产助理,村供销社经理。1979年逝世。

② 高雨春(? —1938),中共党员。曾任中共汤原中心县委书记,1938年"三一五"事件中被捕,后被敌人杀害。

③ 王明贵(1910—2005),吉林磐石人。中共党员。历任东北人民革命军第六军连长、团长,第三师师长。抗联第三支队队长。抗联教导旅三营营长。抗战胜利后任齐齐哈尔卫戍副司令,嫩江军区司令员。1949年南下,任广西军政大学分校副校长、中南军区铁道运输司令部司令员。1955年被授予少将军衔。后任黑龙江省军区副司令员、黑龙江省政协副主席。2005年逝世。

④ 《忠骨》(抗联名将王明贵将军回忆录),白山出版社,2012年版,第83页。

委的同志就认真做群众的思想工作,列举日寇侵略的一桩桩罪行,说明没有国就没有家,国破家亡、人民遭罪的道理,在共产党员和抗日救国会员的带动下,在抗日救国会组织动员下,汤原格节河、汤旺河、乌龙河、鹤立河等各区村屯群众便积极行动起来,广大群众决心与日本鬼子大干一场。各区的群众都来赶制各式武器。妇女和儿童也都被动员起来,积极参加这场反日暴动。

反日暴动任务确定、下达后,赵尚志和李兆麟密切注视事态的进程和发展,及时予以指导,以保证暴动按时展开,并万无一失。

1937年9月16日,汤原中心县委领导同志对各区准备暴动的情况进行了检查,进而对行动路线、时间、行动地点做最后部署。9月17、18日,汤原县格节河区、乌龙河区、鹤立河区、汤旺河区数千名群众高举红旗,手持大刀、长矛、土枪和洋炮各种武器,举行集会,声讨日本帝国主义对中国人民犯下的滔天罪行。会后都举行了示威游行。在格节河区,9月17日夜,广大群众开始齐聚宝宝山。9月18日县委领导同志和地方武装游击连的负责人在群众集会上发表抗日反"满"演说,号召大家不忘国耻,行动起来,誓与日本侵略者斗争到底。会场上,人们挥舞着刀枪和拳头,高呼:"把日本帝国主义赶出去!""团结起来,共同抗日!"等口号。

为保护集会群众安全,抗联第六军三师派出一个连也随群众上了山。群众集会后参加暴动的人们举行示威游行。沿途,游行队伍散发了《告同胞书》等6种千余张抗日传单。为震慑敌人,游击连将死心塌地效劳日本人的格区伪甲长高某枪毙。暴动中,根据活动计划,反日群众在凤阳屯南六甲割断了通往汤原县城、莲江口的电话线,并砍倒数十根电线杆。当晚,又烧毁通往佳木斯的警备道上的三座桥梁。

连日来暴动群众在各村屯继续举行反日示威游行。在乌龙河区,反日群众于西二保套子屯集结,然后举行示威游行。在这次行动中,该区群众割断了西二保通往鹤立的电话线,砍倒20多根电话线杆。夜晚,又烧毁了通往鹤立警备道上的两座木桥。

在鹤立河区,暴动群众于半截河至莲江口一带散发了600余张反日传单,破坏了通往鹤岗煤矿的铁路桥梁,并砍断许多电线杆。

汤旺河区的群众在黄有屯也采取了相应的反日行动。

在汤原人民举行反日暴动之时,赵尚志、李兆麟于9月18日以联军总司令、总政治部主任名义,联名发出《东北抗日联军总司令部紧急通令》。号召北满人民为援助全国抗日战争行动起来,反对敌人劳役、征发粮食、征发人夫,反对日本移民"开拓团"、"归屯并户"和建立"集团部落",积极参加抗日队伍,破坏敌人兵站、仓库和交通,袭击敌人部队。

汤原县各区爱国群众的反日暴动,引起敌人极大的恐慌。驻守在格节河区丁家粉坊的日军守备队20余人,面对群情激愤的反日暴动,多次向外打电话寻求救援,但电话线被暴动群众掐断,无法与外界联系。暴动群众派人给日军守备队队长明越送信,让他出来较量较量。结果,慑于群众的威力,日军守备队队长明越丧魂落魄,不敢出动,龟缩在丁家粉坊据点里,于9月20日夜,率20余人逃跑。

暴动活动结束后,参与保卫群众的第六军第三师八团团长王明贵在宝宝山北与县委书记高雨春会面,建议他动员群众疏散回家,以免遭受敌人的围攻。第六军三师师部和八团转移到刘侉屯北,七团、九团转移到太平川北。当时,日军一个中队从鹤岗出发开到刘侉屯。王明贵率八团战士与之展开阻击战。敌人在飞机掩护下向八团阵地猛攻,八团迅速转移到裕德村,甩掉敌人的尾追。①

此次反日暴动,是在北满临时省委及赵尚志与李兆麟等精心组织部署下开展起来的。它充分显示了不甘做亡国奴的广大东北人民,不畏强暴、勇于抗争的爱国主义精神。这次斗争打击了日伪当局的殖民统治,同时也有力地推动了松花江下游地区群众抗日运动的开展。

这次反日暴动影响面很大,在关内任抗联总司令的李杜在向蒋介石报告东北情况时,专门提及此事:"二十六年(1937年)日伪军加紧肃正工作,逐次缩小活动地区,并加紧集团部落之结成,以期抗日军民分离,遂引起北满省委之暴怒,宣传反对集团部落,并屡以抗日联军实行袭击集团部落,拟用思想宣传力量,发扬抗日意识,极力奔走。遂在二十六年'九一八'纪念日以汤原、依兰、桦川三县为中心勃发救国会分子之大行动,对伪军警、自卫团等及士兵工作,以城市为中心之知识阶级获得运动等,向外廓之群众组织救国会之活动与武装活动之两方面发展。"②这里所说的"勃发救国会分子之大行动"就是这次反满抗日大暴动,从这份报告看,其影响确实深远、广泛、扩及各方面。

自七七事变全国总抗战爆发后,一时间,松花江下游地区,即伪三江省地区,抗日联军各部游击活动十分活跃,除抗联第一、二军在南满、东满,第十军在五常活动外,抗联第三、四、五、六、七、八、九、十一军及救世军、义勇军姚振山部等皆在此地区活动。他们攻城陷镇,袭击敌伪据点、交通通讯,使敌人惶恐不安,首尾不得相顾。日伪惊呼:"三江省已变成共产乐土!"

汤原县各区爱国群众举行反日暴动后,北满抗联总司令部于10月中旬就反敌人冬季"大讨伐"斗争进行部署,赵尚志与李兆麟详细研究了反"讨伐"斗争面临的形势。10月16日,赵尚志与李兆麟在王八脖岭以总司令和总政治部主任名义给抗联第六军司令部写信。信中说,"寿篯同志来后,北满整个工作总的计划虽无变动,但是对于东北敌人'讨伐'的估计,又仔细研究一次。""根据中日战争日益扩大的形势,日贼进攻东北抗日游击队,与进攻中国的侵略战争,是不可分离的步骤,所以今年度的'讨伐'一开始就表现出他'讨伐'计划的毒辣性、残酷性。首先是'满洲国'统一了'讨伐'指挥机关(军警机关合并,组织治安部),军事上放弃各县军警联防'讨伐',制定五省联防'讨伐'计划,由大黑河到吉林省城,甚而到南满,形成连亘数千里的敌人封锁线。这一封锁线的主要作用,是阻止东北抗日军向西开展,和步步为营向里包围,缩小游击范围,使抗日军驱于依东一隅,以便一举歼灭之。"③

基于对形势的这种分析,他们认为面对日益严重的日贼封锁线内的压迫,如果不突破封

---

① 《忠骨》(抗联名将王明贵将军回忆录),白山出版社,2012年版,第84页。
② 《李杜给蒋介石的报告》(1939年8月25日),载沈阳军区军事百科编辑室编《东北抗日联军大事记回忆史料参考资料》,白山出版社,2011年版,第497页。
③ 《总司令部给第六军司令部的信》(1939年10月16日),载中央档案馆等编《东北地区革命历史文件汇集》甲55,第403页。(此文件年代档案馆整理判定有误,应为1937年)

锁线,则想维持旧活动区域则是不可能的。"活路只有一条是:突破敌人的封锁线。"

赵尚志与李兆麟在信中说:"敌人不会给我们留一条活路,是要我们自己去争取。这一活路的争取,是奠定东北民族革命战争的命运好坏的一年。如果今年不能突破西方封锁线,开展这一新的局面,东北整个民族革命战争将受到严重损失,或能部分遭到毁灭。"

信中说:"这一个有历史意义的战斗任务,是摆在我们共产党的面前。民族革命战争的成败,也同样要共产党去负责。"又说,"这个任务的完成,要认清几个问题:第一,要我们知道东北抗日游击运动的利益高出各军中的某一军的利益。东北抗日军是在总的运动中扩大,某军不能离开总的形势而单独胜利,各军都失败了,某军不可单独多活几天,这是历史演进、事物变动的必然规律。因之共产党任何时期公益要高出私利;第二,共产党所以能战胜敌人,不是敌人很安稳将阵地让给我们,而是靠着共产党人伟大魄力,过人胸襟,富有牺牲精神,去应付暴风雨的环境;第三,共产党人所以能战胜敌人,是他能团结在共同遵守的决议、计划等的周围,就像爱自己的生命一样,团结如铁一样,在民主集中制推动之下,向一个方向走去,以便取得意识一致和行动统一,这是战胜敌人的唯一力量;第四,敌人进攻的加紧,那是说明两个问题,一个是革命力量的高涨,另一个就是敌人内部有新的变化,敌人为了保持最后死亡命运,作拼命挣扎,共产党斗争的关头、胜利条件就在这时期。我们不但不害怕这个伟大巨浪的抨击,我们共产党人要在巨浪中制造未来的光荣社会基础,和完成我们最后使命。"①

根据这些分析,赵尚志与李兆麟对突破敌人封锁线的斗争充满信心,并根据实际情况,对具体活动步骤进行了部署:总司令部根据自己的责任,实现自己的革命使命,即要通令各军远征,执行总的计划。具体是,将第三军一师五百人派遣四百西进巴(彦)木(兰)、突破西方中线,第三军除通令张光迪(六师)坚决支撑西方,静候增援(第三军将派队去)。第三军去年西方重创未复,今年的最后关头的斗争,仍将主力布置在最前线,主要阵地上,为完成历史任务而奋斗。前决定六军西征巴木之三百精锐,速于封江以前,束装西进,勿再徘徊歧途,犹疑不定,贻误计划,致干重责。"②

赵尚志与李兆麟对反"讨伐"斗争、突破敌人封锁线斗争的部署是属于战略性质的,具有重大战略意义。但是由于种种原因,这一战略部署在当时并没有完全实现。

1937年下半年,北满抗联各军积极开展游击战争。同时由于日伪当局为巩固其扩大侵略的后方基地,不断对活动在伪三江地区的抗联各军开展"大讨伐",致使1937年末抗联各部队在反"讨伐"中遭受严重损失,抗联部队大量减员,游击区域被大大压缩,抗日斗争出现困难局面,东北抗日游击战争逐渐进入极端艰苦阶段。

同年10月,北满临时省委为加强第六军领导力量,将李兆麟调至第六军兼任政治委员。11月,北满临时省委执委主席、北满抗联总司令赵尚志写信给苏联远东红军总司令布留赫

---

① 《总司令部给第六军司令部的信》(1939年10月16日),载中央档案馆等编《东北地区革命历史文件汇集》甲55,第406页。(此文件年代档案馆整理判定有误,应为1937年)

② 《总司令部给第六军司令部的信》(1939年10月16日),载中央档案馆等编《东北地区革命历史文件汇集》甲55,第406页。(此文件年代档案馆整理判定有误,应为1937年)

尔,请求军援和帮助东北党、军与中共中央取得联系。同年末,第六军第二师代师长陈绍宾[①]传来苏联远东边疆区党、军方面邀请北满抗联领导人赴苏联商讨重要问题的信息。1937年12月下旬,北满临时省委在依兰杨家沟召开临时会议,出席会议的有:赵尚志、张兰生、冯仲云、李兆麟、魏长魁,另有蔡近葵[②]、戴鸿宾、陈绍宾。会议听取陈绍宾的汇报,经过认真讨论,决定派遣省委执委主席、北满抗联总司令赵尚志赴苏联,与苏联远东边疆区党、军领导商讨重要问题,并约定一个月后从苏联回来时,由第三军、第六军部队到萝北江边迎接赵尚志回国。

杨家沟会议之后,张兰生、李兆麟、戴鸿宾等率队护送赵尚志奔赴萝北,1938年1月初赵尚志与同志告别,带五六人踏着积雪,走过坚冰封冻的黑龙江进入苏联境内。但事情往往是结果与初衷相悖、希望与失望相随,赵尚志此行很不顺利。他到苏联境内后,苏方否认有邀请中国东北抗联领导人赴苏商讨重要问题之事,并将其缴械,送往伯力远东边疆区内务部关押。

对于赵尚志被苏方关押的情况,北满方面毫无所知。在赵尚志过界赴苏一个月后,李兆麟和第六军军长戴鸿宾依然按原计划,分别率第三、六军部分部队去萝北准备迎接赵尚志从苏联回国,并接收从苏联带回的军援物资。李兆麟和戴鸿宾在萝北公义永屯召开第三、六军团以上干部会议,传达省委关于用胜利战斗迎接赵尚志归来的指示。会议决定由李兆麟和戴鸿宾分别率部于2月初攻打萝北县鸭蛋河镇(今凤翔镇)和位于黑龙江边的县城肇兴镇,以胜利战斗配合赵尚志在苏联的活动并迎接他回国。

2月3日,李兆麟所率第六军二师攻打鸭蛋河镇外围几个敌人据点,但由于按计划应来配合战斗的第三军第十师部队未能准时到达等原因,攻打鸭蛋河镇战斗未果,遂撤至都鲁河一带活动,后返回富锦。李兆麟在讲到此次行动时说:"本同志与六军二师执行西线(按,指率队攻袭萝北鸭蛋河镇)工作,因三军配合部队未到(炮未来到)和队伍内部的复杂及个别军事布置的错误,因之执行成绩未到(鸭蛋河防所未解决,都鲁河总局未攻破)。"[③]而后,李兆麟将第六军二师十团、二十九团、第三军九师一部部署在都鲁河一带活动,便率第六军二师师部及一部队伍回到富锦四区,在那里整饬了第六军所属各部队。

2月4日,戴鸿宾所率第三军一师、九师、第六军一部攻打肇兴镇战斗也不顺利,战斗虽然击毙日军板坂大佐以下18人,但抗联部队伤亡也较大。为免遭敌援兵围歼并安置伤员,第

---

① 陈绍宾(?—1942),亦为陈绍滨,曾任抗联第六军二师代师长、抗联三路军第九支队队长,1940年逃离抗联队伍从匪。被抗联第三路军总指挥部通缉。后被同伙所杀。

② 蔡近葵(1915—1974),黑龙江双城人。中共党员,哈尔滨政法大学毕业。历任珠河团县委秘书、东北人民革命军第三军军部秘书、抗联第三军五师政治部主任、第三军一师师长。1938年战斗失利去苏联后到新疆。任乌什、哈密等地税务局长。建国后任中国人民解放军骑兵七师政治部秘书、新疆生产建设兵团二十二团会计。1974年病逝。

③ 《中共北满临时省委给抗联六军的指示信》(1938年),载中央档案馆等编《东北地区革命历史文件汇集》甲24,第180页。(此文件是李兆麟所写,以中共北满省委书记张兰生、省委执行委员、联军总政治部主任、六军政治委员张寿篯名义发表。写作年代为档案馆整理判定(无月份),实际应为1938年3月。内中有"我与二师师部回到富锦四区,一月有余",李兆麟率队去攻打鸭蛋河是2月3日之事,因故未果即回富锦四区,"一月有余",当为3月。)

三、六军部队跨越界江进入苏联境内。同样意想不到的是,苏联边防军将过界的第三、六军近500人的队伍全部缴械。后来被苏方以避免引起日苏外交纠纷,不允许这支部队从苏联直接回东北,而被遣送至我国新疆。据曾参加攻打萝北县城战斗后入苏联,又去新疆的第三军第一师师长蔡近葵回忆:"一九三八年由李兆麟率三、六军各一部分打鸭蛋河,六军戴鸿宾军长率三、六军各一部(约五百余人)打萝北县。进攻萝北之部队全部是骑兵,有轻机枪二十余挺、迫击炮一门、步枪四五百支,于旧历年的正月初五到达萝北,分兵两路,由西门、南门进城,虽部队打进了西门,但第二日早晨,日寇由富锦用汽车运送援兵,我军随即退至城西北一带抵抗,第三天又退到北边抵抗,共战斗三天三夜,我军伤亡很重(约有五六十人),无法治疗,离根据地又远,不能安置。因此,第二天即决定将伤员送往苏联,后因退路被敌人截断,处于危险境地,部队全部过江入苏。"①当时,第六军军长戴鸿宾由于坚决要求会见赵尚志,被送至伯力与赵尚志一并关押。不久,也是到苏联请求军援而未果的抗联第十一军军长祁致中,被押解来,与赵尚志、戴鸿宾关在一起。

赵尚志赴苏求援不仅没有达到预期目的,反遭关押,且被关押时间长达一年半之久,究其原因主要是与当时日本特务机关阴谋活动及苏联肃反扩大化有关。1937年10月23日,苏联内务人民委员会发布00693号命令,要求逮捕所有越境分子,不论其动机和处境如何,而赵尚志致信的苏联远东边疆区红军司令员布留赫尔在苏联肃反中被怀疑是"日本间谍"。赵致信于布,肯定受其牵连。在反"讨伐"战争十分紧张之时,赵被调虎离山,又与戴、祁两位军长长期被关押,使北满地区反日伪"讨伐"斗争失去军事领导中心,给北满抗日武装斗争造成很大影响以致遭受极大损失。

三、提出意见书

1937年6月末召开的北满临时省委执委扩大会议虽然使吉东、北满两省委之间增进了了解,解决了一些问题,但党内争论并没结束。吉东、北满两省委之间仍用书信形式对有关问题进行论辩。

这期间,由对中共代表团来信解读不同而引发的党内的争论以及联军内部存在的问题,究竟怎样解决,用什么方式解决,这是一个十分重要、复杂的问题。

还是在1937年2月,李兆麟巡视巴木通回到汤原后,阅读了中共代表团的历次来信,审视了珠汤联席会议形成的各种决议案。他对内中的一些问题进行深思,认为在北满党内存在一种"左"倾关门主义与冒险主义的错误倾向。这种倾向,有碍于抗日民族统一战线的建立与争取群众多数,对抗日斗争的发展有一定影响。他对珠汤联席会议形成的决议案与中共代表团提出的指示不一致表示担心。

---

① 蔡近葵:《抗联三军斗争史片段》(1954年6月23日),载《东北抗日联军史料》(下),中共党史资料出版社1987年12月版,第530页。

1937年3月2日，李兆麟就组织工作、路线斗争问题给珠河、汤原中心县委转北满临时省委发出意见书。指出珠汤联席会议决议案这一文件的错误："由吉东密山县委转来之中共中央驻东北代表给珠河党团县委及三军负责同志的信,关于组织问题的指示与满省转中央关于组织四个省委的来信是正相吻合,你们就毫无根据在组织上否认中央驻东北代表来信是错误的,并在文件上公开提出理由是满洲省委既已取消组织,混乱如此。路线方面错误如此严重,因之就对于旧满省吉特中央驻东北代表都加以否认,实际上组织关系并不混乱,是你们自己小资产阶级神经过敏无端生疑。路线方面更无什么严重错误,中央老早就告诉我们策略路线要根据'王康指示信',假定路线错误严重的话,也是我们机械式的运用或盲目的曲解所得来的错误,总的国际路线是毫无错误的。"①李兆麟就珠汤联席会议有关组织工作、路线斗争问题给珠河、汤原中心县委转北满临时省委发出意见书,表述了他的观点、看法。他认为珠汤联席会议决议案存在严重"左"的倾向,偏离了中央路线。

1937年夏、秋,北满临时省委执委扩大会议后,党内存在的争议问题,一直未能得到解决。入冬,李兆麟又在开始考虑这个问题。他认为自珠汤联席会议之后,北满党组织和联军内部存有一条"左"倾反党关门主义路线。这条路线影响中央路线的执行,影响党的巩固。自己作为一名共产党员应当以革命利益高出一切,要执行党的中央路线,要巩固党,站在党员的责任上,对错误倾向不可再容忍下去。为此,他在1938年2月9日,又向北满临时省委提交一份意见书(即《二月意见书》)②。李兆麟的《二月意见书》提出后,由此为发端,在北满党组织与军队内部展开了一场扫清"反党左倾关门主义"的"反倾向"斗争。

这份《二月意见书》的主要内容是,揭发批判自1933年珠河反日游击队成立,特别是1936年珠汤联席会议以来,赵尚志的缺点、所谓"左"倾关门主义"反党"错误。《意见书》认为珠汤联席会议"左倾"分子乘北满党组织与党的上级关系不密切,开始进行"反党行动",赵尚志是"反共产党的阴谋家"。《意见书》最后说:"根据国内外政治情况的变动,关内抗战运动的紧迫,我东北党的工作还是落后在客观环境的后面,抗日运动仍是不平衡发展着。工人运动还是在可怜的狭小局部范围内停留着,大事变的准备工作的异常不够,党的中心工作抗日运动还是须要党用最大努力巩固与扩大之。在总的形势之下,王康指示信还是解决东北游击运动问题的主要武器。最近王明同志论中国共产党在现实环境中的任务,及毛泽东同志在中共苏

---

① 《张寿篯给珠河、汤原中心县委转北满临时省委的意见书》(1937年3月2日),载中央档案馆等编《东北地区革命历史文件汇集》甲48,第70页。

② 《张寿篯同志给中共北满临时省委的信》(1938年2月9日),载中央档案馆等编《东北地区革命历史文件汇集》甲51,第137~152页。此文件即《二月意见书》。据考察,在《东北地区革命历史文件汇集》甲23,第307~322页,另载有《张寿篯给中共北满临时省委的意见书》,签署时间为(1938年2月29日)。两份文件内容完全相同,但签署时间有异,是文件整理者疏忽,还是原件抄录笔误,不得而知。1938年7月5日在《张寿篯致周保中的信》中,写有"在一九三八年,二月九日,我提出给北满党省委的意见书"。(载《东北地区革命历史文件汇集》甲24,第116页),1938年7月31日在《张寿篯致周保中的信》中,又写有"在一九三八年,二月二十九日,我提出给北满党省委的意见书"。(载《东北地区革命历史文件汇集》甲52,第228页)。查万年历,1938年并非闰年,2月无29日。据此,可认定《二月意见书》当在2月9日形成。

区党代表大会上的政治报告提纲及结论,这是我们工作的主要根据。我提出这个意见书,坚决要求诸同志研究批准,马上毫不犹豫的开展这斗争。这是目前巩固党的先决条件。"①

李兆麟提出《二月意见书》后,在北满党内引起波澜。开始时,北满党主要负责同志对开展反对"反党倾向"斗争,表现相当犹豫。党内也有的同志表示对开展这一斗争存有疑义。下江特委书记黄成植发表意见书,认为"珠汤联席会议一般多数同志并没有故意有意、有计划反国际中央路线。"②金策提出意见书,指出寿篯同志对赵尚志的有些批评"不合于事实"。有的错误"全部推在赵尚志身上是不合乎当时实际环境"。有些错误不只是赵尚志有,别的同志也有。提出《二月意见书》的同志也作过他的"尾巴"。认为《二月意见书》在赵尚志不在现场远走后提出,是"调和与机会斗争方式"。对此,他说:"这种调和与机会斗争方式,不但不能克服与纠正不正确的倾向,而且帮助倾向,使党与联军内部造成更大的分裂。因此,金策同志首先不但不赞同,而且坚决反对这种斗争方式和观念,因为更加阻碍了一致统一。"③

1938年5月,中共北满临时省委在铁力召开第七次常委会议,李兆麟以省委执委身份列席了这次会议。会议接受了李兆麟意见书中的建议。会议做出的决议认为:珠汤联席会议是"反党左倾关门主义路线""反列宁主义系统。反党、反组织、反中央的精神和倾向之下,与中央路线对立的'左'倾关门主义系统"。"反党的'左'倾关门主义路线之形成"及珠汤联会"反党反组织的小组织行动",赵尚志是这一"反党左倾关门主义路线之主要负责任者"。④会议决定撤销赵尚志抗联第三军军长职务,同时被撤销职务的还有下江特委书记黄成植,他被定为"忽视中央的路线,赞助和推动反党的左倾关门主义路线扩大发展的主要分子。"决议要求北满全党开展"反对反党的'左'倾关门主义路线"倾向的斗争。会后,北满临时省委在5月15日发出《给全党同志的信》,要求"在三个月内,彻底扫除北满党领导之下的各级党所有一切反党倾向","凡属反党反中央路线,分裂党的意志等等倾向分子,都毫不留恋给以应有的纪律的制裁。"⑤据此,在6月于通河召开的北满临时省委第八次常委会上,以推行、拥护、标榜"左倾关门主义"路线之名撤销了第三军军长赵尚志、第九军政治部主任李熙山等7名同志职务。之后,还有几名因战斗失利赴苏受赵尚志牵连的同志"以扰乱国际和平""是左倾路线的恶果,尚志意识一体反映"必须受党的处分。接着,又开始批判侯启刚"右倾取消主义"。

---

① 《张寿篯给中共北满临时省委的信》(1938年2月9日),载中央档案馆等编《东北地区革命历史文件汇集》甲51,第142、149、152页。

② 《中共北满临时省委第七次常委会决议案》(1938年5月),载中央档案馆等编《东北地区革命历史文件汇集》甲24,第108页。

③ 《金策致北满省委、三六军党委和下江、哈东各特委的意见书》(1938年6月28日),载中央档案馆等编《东北地区革命历史文件汇集》甲58,第400、408页。

④ 《中共北满临时省委第七次常委会根据张兰生报告通过的决议》(1938年5月1日),载中央档案馆等编《东北地区革命历史文件汇集》甲24,第70、76页。

⑤ 《北满临时省委给全党同志的信》(1938年5月15日),载中央档案馆等编《东北地区革命历史文件汇集》甲24,第95、96页。

1939年1月14日,抗联总政治部作出"撤销启刚同志三军三师政治部主任工作,并报告省常委讨论启刚同志党籍"的决定。①1939年4月,省委召开第二次执委会议,此次会议赵尚志被确定为"系北满反中央的'左'倾关门主义路线主要责任者",在党内被撤销北满临时省委执行委员,给予警告处分;在军内被撤销联军总司令及第三军军长职务。批准北满抗联总政治部撤销侯启刚工作的决议,决定开除其党籍。②1940年1月,北满省委召开第十次常委会,决定永远开除赵尚志党籍。

李兆麟发表意见书,首倡开展"反倾向"斗争,其出发点应如他在意见书中所说是要巩固党、维护党的正确的抗日斗争的路线、方针、政策。他认为自己是站在整个党的工作利益上,关心党的工作,而反对"反党倾向"的。倒不是像有人所说"尚志走后北满党就没有了形成以一个人为中心的权威领导者,寿篯是有意识和无意识的想登上权威的领导地位"而发表《意见书》。③对于李兆麟发表的《二月意见书》,北满临时省委第七次常委会决议认为"寿篯同志的意见书并不是小组织的行动及派争的斗争,而是站在政治上、组织上、工作上必要的正确的意见书。"省常委在总的方面完全同意这一意见书的内容"。④这也就表明,李兆麟提出的《二月意见书》被北满临时省委接受后,"反倾向"斗争就并非是个人行为而成为了组织行为。

对于北满党内开展的"反倾向"斗争,从其积极意义方面讲,主要是:(一)分析了"左"倾关门主义的历史根源、"左"倾关门主义的实质、"左"倾关门主义错误的影响和危害;(二)强调传达了毛泽东在苏区党代表大会报告中关于"向着关门主义与冒险主义,同时又向尾巴主义做斗争,是执行党的任务的必须条件"的精神;(三)认识到"左"倾关门主义这是一种妨害建立抗日民族统一战线,与争取群众多数的恶劣倾向,提高了反对"左"倾关门主义的认识;(四)由于确定反对"左"倾关门主义为党的任务,使党内、军内对关门主义与冒险主义及尾巴主义有所警惕,抑制了党内"左"倾关门主义错误的发展。

应该说,李兆麟在北满开始提出反对"左"倾关门主义时,是从克服党内存在的"左"倾错误,以适应完成党确定的战斗任务的需要出发的。北满党和军队主要领导人赵尚志在工作中,在执行党的政策过程中,也确有"左"的错误,如缴过一些不该缴的义勇军、山林队的械,攻打城镇后,也有烧杀过重,损害群众利益情况发生,处理一些问题有时工作方式方法简单粗暴等。在1937年6月,省委执委扩大会议上,对赵尚志的缺点、错误已经做过批评。他表示予以接受,并提议把对他的批评整理成文,发到各级党部,以便帮助、督促其改正缺点、错误。

---

① 《中共北满临时省委致张寿篯的信》(1938年9月6日),载中央档案馆等编《东北地区革命历史文件汇集》甲24,第128~145页。

② 《中共北满临时省委执行委员会第二次全会决议》(1939年4月12日),载中央档案馆等编《东北地区革命历史文件汇集》甲24,第396、397、400页。

③ 《侯启刚呈中共北满临时省委的申诉书》(1939年5月9日),载中央档案馆等编《东北地区革命历史文件汇集》甲25,第328页。

④ 《中共北满临时省委第七次常委会根据张兰生报告通过的决议》(1938年5月1日),载中央档案馆等编《东北地区革命历史文件汇集》甲24,第76页。

据此1937年7月12日作出了《北满临时省委执委扩大会对赵尚志同志批评的决议》。在党内纠正北满党和军队主要领导人赵尚志民主作风缺欠，工作中存有的"左"的作风和方式及各种缺点、错误，无可非议。但是"河有两岸，事有两面。"《二月意见书》存有严重的片面性，它一开始就把赵尚志的错误定性为"反党"，说成是"反党'左'倾关门主义"，这就出现了偏差。

赵尚志是东北抗联有影响、有功绩的主要领导人，在领导抗日武装斗争中有很大贡献。他在贯彻党的抗日民族统一战线这一方针、政策时是认真对待，积极贯彻的。抗联第三军在团结义勇军、山林队共同抗日方面，是比较突出的，该军6000人，基本队1500人，收编队，即原为义勇军、山林队者4500人，占全军四分之三。这在抗联各军中十分突出。由他主持1934年3月建立了反日联合军总指挥部，在1936年1月又建立了反日联合军总司令部，组织、团结大批义勇军、山林队共同抗日，成绩是十分显著的。另外，抗联第六军的建立，及其前身为义勇军、山林队的抗联第八军、第九军、第十军、独立师（第十一军）的建立、发展，可以说都与赵尚志和第三军同志帮助是分不开的。当然，在贯彻党的抗日民族统一战线政策中，赵尚志也犯有一些"左"的错误，但他的贡献是第一位的。而对于所犯过的一些"左"的错误，他也在不断进行检查和纠正。不能把他在执行党的政策过程中，对上级指示提出不同意见和工作中的错误定性为"反党'左'倾关门主义"。

北满临时省委接受《二月意见书》后，把对"左"倾关门主义错误斗争演化成"反对反党倾向"斗争。这就把反对"左"倾关门主义斗争搞过了头，离开了正常党内斗争的轨道。"过错，过错，事情搞过了头就会出错。"北满开展的反对"反党'左'倾关门主义路线""反党小组织行动"的"反倾向"斗争，超出正常党内斗争范围，这种搞过头的斗争，具体表现在以下四点：一是提升了斗争性质。《二月意见书》把反对"左"倾关门主义提升为反对"反党'左'倾关门主义路线"斗争，使斗争性质发生了变化。珠汤联席会议不是"反党小组织活动"，赵尚志的缺点错误最多是"左"倾问题，而不是"反党"问题，错戴了帽子。二是扩大了斗争范围。《二月意见书》发出后把一些与赵尚志仅属工作关系的同志或对这一"反倾向"斗争有不同看法的同志视为"'左'倾关门主义分子"进行批判。"反倾向"斗争打击面过宽，被涉及打击者有二十五六名之多，一段时间，有的同志以为要"清党"，弄得人人自危，提心吊胆。三是"反倾向"斗争处罚过重。根据《二月意见书》提议，对人采取"严厉制裁"的组织处理办法，伤害党内不少好同志。在"反倾向"斗争中，省委对一些人处分过重，撤职10人，开除党籍者竟有12人。四是持续不断开展打击、批判斗争。在《二月意见书》发表之后，于1938年11月16日、17日又连续提出报告，指责、批评北满党内军内诸位领导同志。极不恰当地给戴上所谓"机会主义斗争方式""隔岸观火""以右倾反左倾""一贯的应付精神""一贯的错误倾向""不掌握着党路线"，甚至是"政治上动摇"的帽子。①

显然，这种斗争的方式、方法是不合适的。1939年1月28日，北满临时省委召开第九次

---

① 《张寿篯给北满临时省委的报告》（1938年11月16日）。《张寿篯关于北满省委工作中的错误及思想问题给北满省委的信》（1938年11月17日），载中央档案馆编《东北地区革命历史文件汇集》甲53，第130、131、148、149页。

常委会,重新审视临时省委第七次常委会所做决议,认为第七次常委会认定"珠汤中心县委及三、六军党委联席会议"为"反党小组织的行动"是错误的。"珠汤中心县委及三、六军党委联席会议,没有离开党的组织原则"。"寿篯同志在赵尚志过界之后,才提出自己意见书,是机会斗争方式"。第九次常委会议对第七次常委会的错误认定进行了修正。改变了珠汤联席会议是"反党左倾关门主义路线""反党组织的行动"等不正确定性。①

2月20日北满临时省委致信李兆麟,批评他对省委的同志无端指责,认为"这种对省委不信任和不尊重的态度,是不妥当的,对工作有害的,会造成不良影响的。"②对此,李兆麟也接受了批评,承认自己存有夸大自负的缺点、错误,同意省委给他的警告处分。

北满党、军内部开展"反倾向"斗争之时,正是日伪当局展开"三江地区大讨伐"最为激烈及北满党、军主要领导人赵尚志离开北满前往苏联之时,大敌当前,本应团结一致,全力应对敌人的"大讨伐",但北满党、军内部却用很大精力忙于开展内部"反倾向"斗争,分散了开展反对敌人三江"大讨伐"的精力,严重损害了内部团结,极大削弱了对敌斗争的力量。

北满党内开展"反倾向"斗争与当时党内广泛存在的"左"的错误影响有关。自党的六届四中全会以来,党内总是强调要无情地开展两条战线斗争。实际上,在"左"的错误思想指导下的"无情的两条战线"斗争往往是把问题极端化,搞机械的过火斗争。使党内正确的批评与自我批评,"惩前毖后,治病救人"被"残酷斗争,无情打击"所代替。甚至认为"不进行残酷斗争,想作到(好)革命工作,那除非是疯子。"③显然,北满党内开展"反倾向"斗争,是受到了党内机械的过火斗争的一定影响。

由于北满党内进行"反倾向"斗争持续时间很长,不是三个月,而是三年。致使上层领导之间人际关系变得极其复杂,被处分、批判者不服,是非矛盾不断,成见难消。开展"反倾向"斗争前后,北满省委内部、北满与吉东党军领导层之间围绕代表团所发来的指示信,争论不休,影响更远。④北满党内这场"反倾向"斗争,源自中共代表团撤销满洲省委,又不在东北设立统领南满、吉东、北满各省委的领导机构,打乱东北党组织领导系统;源自其所发出的指示信在对敌斗争策略中含有不切实际内容或不完善政策,源自中共代表团已发现北满内部出现不和谐问题而不予及时正确处理。当时北满和吉东省委都把这种争论问题报告中共代表团,但代表团没有派人来解决这个问题。其实,北满党内、军内各位领导同志在党的抗日救国总路线、总

---

① 《中共北满临时省委第九次常委会决议》(1939年1月28日),载中央档案馆等编《东北地区革命历史文件汇集》甲24,第248、249页。

② 《中共北满临时省委致张寿篯的信》(1939年2月20日),载中央档案馆等编《东北地区革命历史文件汇集》甲24,第328页。

③ 《张寿篯关于北满省委工作中的错误及思想问题给北满临时省委的信》(1938年11月17日),载中央档案馆等编《东北地区革命历史文件汇集》甲53,第151页。

④ 1982年6月中共黑龙江省委受中央组织部委托复查1940年1月北满省委开除赵尚志党籍问题,重新做出结论,撤销原决定,恢复其党籍、名誉。对因赵尚志问题被牵连受错误处理的同志予以平反。1985年7月,中央有关部门在丹东主持召开由20位抗联老同志参加的有关东北抗联历史问题座谈会,并做出座谈会会议纪要,终结了抗联历史上这场争论。

方针上是没有分歧的,都是忠贞爱国、真心拥护、认真贯彻党的抗日民族统一战线方针、政策的,他们都是坚定的共产党员,都是忠诚于党的事业、舍生忘死献身抗日大业、积极争取抗战胜利的人,他们都是党的好同志,都是抗日大英雄。他们之间只不过是对来自中共代表团的具体对敌斗争方策存有不同认识。按理说,这种认识的不同也是正常的。通过党内正常批评与自我批评,在民主集中制的原则下,以平和的态度,讲求合适的方法、正确的方式,根据斗争的实际情况终究是能够得到解决的。如,1939年末,周保中、冯仲云、赵尚志在第一次伯力会议上就通过交换意见,开展批评与自我批评的方式,消除了误会,在许多问题上取得了共识。

由李兆麟提出《二月意见书》而引发的北满党军内部开展的"反倾向"斗争,是在当时分散游击的环境中,对敌斗争形势十分复杂,党内生活很不健全的情况下发生的。对此,不应苛求前人。在当时的历史条件下,谁人都可能在斗争中出现各种失误。对于"反倾向"斗争造成的不良后果,应引以为历史的教训。

四、活动在下江

卢沟桥事变爆发之后,日本侵略者为使东北成为其扩大侵略巩固的后方基地,加紧"讨伐"东北抗日联军。1937年末、1938年初,日本关东军司令部调集关东军、伪满军、伪靖安军、伪兴安军约四五万人对抗联第三、四、五、六、七、八、九、十一军集中活动的三江地区(按,指黑龙江、松花江、乌苏里江下游地区)展开重点"大讨伐"。敌人到处安置兵营,四面堵击设卡,对抗日部队实行包围、长追。同时,极力施行"集团部落"政策,强迫民众"归屯并户",强化保甲制度,利用奸细、叛徒、特务诱降收编、分化瓦解抗日部队,破坏党的抗日民族统一战线政策,割断军民血肉联系,妄图把活动在伪三江地区的抗日部队,驱之一隅,以一举歼灭之。

面对严峻的斗争态势,为使活动在松花江两岸及伪三江依兰东部地区的抗联指战员认清形势、明确任务,1938年1月10日,李兆麟以联军总政治部主任名义就目前形势、抗日军事政治任务等问题致信活动在依东地区的各部队。该信件指出:"日贼大举进攻中国,中国总动员对日抗战,使战争烽火在华北华南普遍燃烧,这一战线不久将扩大整个太平洋沿岸各国,最近日寇增兵于苏联国境,日苏战争即刻有开始的可能。正因为战争继续,将演出更困难更残酷的悲剧,我们的敌人日寇就不能不计划清扫他的后方,更加紧进攻东北抗日部队。"信中指出:"今年度的'讨伐',日寇更演出许多新的花样,不但几年来在东北'讨伐'的经验,而且日寇对于所谓'三江省'区域,更采用了新的进攻方法,这一毒辣政策,现在就开始。"

为应对日伪当局新的进攻、"讨伐",信中针对依东地区抗联部队之间存在的各自为战、偏私、成见等实际问题,要求"在依东游击各部队,无论任何军司令部属下部队,都须即刻开始恢复亲密关系,开始一致配合行动,不允许各自为战,应在互相提携互相帮助的精神上各自克服本身一切偏私意识,只顾自己利益,不顾及整个东北抗日运动的各式各样的自私自利,分裂派争的观点和行动。开始经过依东办事处的关系,开始各军经济互相帮助,物质粮食互相提携,在紧急关头,各负责同志应当放弃原有一切成见,进行民主集中制集体讨论,在一致意见之下,进行工作,谁要不尊重共同联军规约,无论主观上或客观上都是帮助日寇,抗联就用一致力量来处理这种分裂行动,直到消灭这种危害抗日运动的各种倾向为止。时急势迫,勿再疑! 即刻在一致精神下布置行动,免中日寇分裂抗日运动的阴谋奸计。谁要因为经济枪支权力与自己友军发生冲突,或共同军事行动不积极参加,他就不算抗日军官,警之慎之。

信中指出,"抗日运动的扩大发展,是要在英勇向敌人进攻,才能争取胜利,困守山沟或是在山边打圈子,脱离广大群众等等行动,都是死路一条,那是抗日部队的可耻的没落现象。现在我们为了声援国内抗战,为了武装拥护苏联,为了恢复东北抗日阵容,为了实际领导配合广大群众反日抗'满'的斗争与实际组织武装广大群众,要完成当前的任务,首先要纠正以上这些错误和缺点。"信中又指出,"目前你们总的斗争口号是到广大群众中去,换句话就是抗日军要上大界去(按,指到平原地带去),在政治上加紧宣传工作,实际揭穿关于中日战争日寇夸耀胜利的阴谋和走狗奸细宣传日贼势力夸胜,说中国失败,恐吓中国人民等等撞骗行为,说明抗日救国基本主张和东北人民当前任务,实际号召人民反对并大屯,反对抽丁策略,反对征车征马,总同盟反抗日'满'法令,破坏日'满'交通联络兵营仓库。"

信中特别针对在依东地区一些部队对地方保甲长错误政策提出,"你们应当坚决反对过去地方甲长各种反动行为的忽视依东一带日寇亲信代理人就是反动甲长。"信中明确指出,"日寇已经指使这些东西有计划应付抗日军,另一方面忠实执行日'满'法令这种两面派,根本不是统一战线的对象。我们要联合广大群众,中立的对象是抗日的或同情抗日的豪绅地主,而且进一步站在全民救国的义务上,推动他们与我们走向亲密联合。"

信中就这一问题,进一步阐述说:"我们一部分同志误认阳奉阴违两面派日寇统治乡村的代理人甲长是抗日的联合对象,是非常错误的。目前日寇'讨伐'紧急,大部甲长开始反动,有的甲长孤立抗日军,有的甲长负日贼特务机关的使命,撞骗宣传日寇胜利,中国失败,在抗日军中进行鼓动投降工作,阴谋收降抗日军。有的甲长公开领取武装与本军开始武装敌对,这都是证明过去政策'此路不通',日寇就利用我们部分同志的糊涂,顺利进行消灭本军的政策。"此信中所说的"过去政策",是指1936年3月《中代信》提出的"不把伪甲长、牌长都视为日本走狗,而把他们视为同情抗日的"政策,实践证明这个"过去政策",是错误的政策,是"此路不通"的政策,正如信中所说是"日寇就利用我们部分同志的糊涂,顺利进行消灭本军的政策"。

根据现实情况,李兆麟提出要对过去实行的一些政策要"彻底转变"。信中说:"现在我们即刻就要彻底转变,在加紧宣传工作中,配合地方抗日团体,进行领导抗日各式各样群众斗争的领导工作,反并大屯,总同盟抵抗日'满'法令,取消'人民证'即刻行动起来,破坏日'满'乡村统治,烧桥梁、截电线、袭击日寇驻军防所,攻取市镇,为了扫清反动势力,逮捕反动甲长牌长,开始运用新的技术,以果敢精神袭击敌人,抓紧敌人弱点,细密布置,设伏兵消灭敌人。各队分头竞赛,夺取武装,焚毁兵站,马上放弃对于岗兵应付现象,不但警卫加紧,还要增添哨兵,严防敌人夜袭的危险,以便在紧急环境中,争取新胜利,保存实力,不坠日寇阴谋暗算。"①

李兆麟以联军总政治部主任名义发出的这封信件,是具有重要指导意义的信件。在这封信件中,李兆麟经过斗争的实践,明确认为在对待伪保甲长、"归大屯"等对敌斗争政策、策略问题上,"过去政策,此路不通"。提出了与《中代信》《吉特信》确定的对保甲长、"归大屯"等对敌斗争策略不同的政策。"亡羊补牢,为时未晚",李兆麟要求对过去对保甲长、"归大屯"等对敌斗争政策要"彻底转变",这是十分正确的。曾几何时,吉东、北满及北满内部同志围绕中共代表团发来《中代信》《吉特信》等信件提出的对敌斗争具体政策有过激烈争论。经过实践,李兆麟认为事实证明"过去政策,此路不通",这应该是对所争论问题的一个结论。在这一问题上,周保中也有同样的认识。1937年4月21日,周保中召集第五、第九军干部会议,针对敌人推行"归大屯"政策,决定坚决予以破坏,扫除开展游击活动的障碍。这已与《中代信》《吉特信》等信件让群众"搬家归屯"的政策截然不同。

还是在1937年末,北满临时省委又决定派李兆麟到第六军任政治委员工作。李兆麟得知这一决定后,他决意不被任何琐碎零星事务所阻碍,不畏敌人扰乱牵制自己行进速度,他度过冰封的汤旺河,进入敌人第二层"讨伐"线黑金河后,不断加速行进,直奔下江第六军主力集中地带——富锦。在"敌人准备抓一个活的张寿篯",各处堵击、猛追猛抓情况下,李兆麟巧妙地利用夜间行动,脱离了敌人的视线。之后,在富锦找到第六军部队。在那里他以坚持争取"党的意志一致,行动统一"的斗争立场和努力争取"联军统一"的精神,积极开展工作,处理了第六军第五师("忠侠"队)内部不团结等问题。

1938年3月,李兆麟以北满抗联总政治部主任和第六军政治委员名义在富锦对第六军工作做部署,并与临时省委书记张兰生两人名义发出给第六军戴军长同志(按,当时不知戴鸿宾等已经过界入苏)、第六军党委转各师负责同志指示信。②信中分析了抗日斗争形势,根据现实环境,确定了第六军当前的工作任务,指出:根据目前客观环境的要求,我们应以坚强的战斗决心来巩固扩大抗日联军;党组织要在加强各独立部队抗日救国教育训练中,巩固队员的战斗决心,提高党在群众中的影响,要以民主集中制迅速克服各军各独立游击部队之间的不统一的现象,党组织要通过参加民主组织(士兵委员会)启发推动广大士兵的积极性,实现联军的纪律化、组织化来巩固团结;各部队要加强群众工作,紧密配合地方党部抓住群众的每一个斗争的要求,帮助领导他们进行紧迫的斗争;要加强干部培养工作,各部队应积极建立随营学校或教导队,迅速解决人才缺乏的现象;要加强宣传工作,根据环境的不同要求,提出不同斗争口号和制定具体宣传纲领,领导队员进行有效的宣传鼓动工作,办好通俗的壁报工作,做好张贴传单、标语工作,群众会议的召集工作,特别是要揭破日贼的每个欺骗宣传。要求每个政治工作员、共产党员,甚至于队员,都把宣传工作作为自己的唯一重要任务。

---

① 《张寿篯关于目前抗日军事、政治任务给依东各部队的信》(1938年1月10日),载中央档案馆等编《东北地区革命历史文件汇集》甲51,第115~120页。

② 《中共北满临时省委给抗联六军的指示信》(1938年),载中央档案馆等编《东北地区革命历史文件汇集》甲24,第196页。

之后第六军各部按指示精神普遍加强党的组织建设和进一步巩固部队工作。工作中,他特别强调要做好群众工作,他说:"现在只怕我们不往群众中钻,钻进去就是日寇的'贴骨疗疮'的致命伤,是吾党的中心柱石。"他的意见,得到第六军多数同志的拥护。

1938年上半年,日伪当局调集大批兵力在伪"三江省"地区布置包围圈,开展"三江大讨伐"。敌人采取"治标"即军事讨伐、"治本"即"匪民分离"相结合的毒辣政策,妄图将抗联部队驱于一隅,聚而歼之。一时间,活动在三江地区的东北抗日联军在敌人"围剿"下遭受很大损失,承受着极大的压力。3月15日,日伪当局在伪三江省制造了"三一五"事件,对佳木斯、依兰、汤原、桦川、富锦、绥滨等地的地下党和抗日群众组织进行了大逮捕。此次事件致使328人被捕,下江地区地下党和抗日组织遭到大破坏,许多共产党员和抗日救国会员被杀害、判刑。下江地区一片白色恐怖。

这期间位于依兰四块石的抗联第六军被服厂亦被破坏。李兆麟在前往铁力参加省委召开会议途中,巧遇从被服厂跑出的几名女战士,其中有金伯文、裴成春、李敏、穆书勤等。后来得知,此次被服厂被破坏是叛徒带领敌人前来偷袭造成的。战斗中,被服厂战士夏嫂(夏云杰之妻)、韩姐、张世臣、李师傅等牺牲,李桂兰①为掩护伤员撤退与夏志清(夏云杰之女)被俘。李兆麟为牺牲的同志感到痛惜,为被俘同志表示担忧,也为活着的同志们感到庆幸。之后李兆麟向铁力方向前进。在八浪河(巴兰河)上游东岔河附近将所率小部队留下,就地宿营,他带警卫员王国良到省委驻地参加第七次常委会。省委派人把金伯文接到省委秘书处,以后她就在秘书处工作。

为了粉碎日伪当局布置的伪三江"大讨伐",突破敌围,中共吉东省委和北满临时省委都做出进行突围远征的战略决策。吉东省委决定所属部队第四、五军主力向五常远征(著名的冷云等八女英烈投江不投降的英雄事迹,就发生在远征归途中)。北满临时省委在1938年5、6月间,在铁力、通河连续召开第七、第八次常委会,会议在分析了北满地区抗日武装面临的急剧变化的严重形势后,决定为冲破1938年度敌人开展的"大讨伐",跳出敌人包围圈,北满抗联主力部队必须进行远征。会议决定:迅速组织抗联第三、六、九、十一军主力,突破敌围,穿越小兴安岭原始森林,向小兴安岭西部的海伦地区进行远征,以开辟新的抗日游击区,并选择时机打通与关内八路军联系。因远征目的地在西北方向,故称西征。

海伦地区位于小兴安岭西麓,黑嫩平原东北部。这里日伪统治较为薄弱,又有森林密布的山岭为依托。1936年冬和1937年春,抗联第三、六军曾远征到铁力、海伦一带,在群众中有一定影响。第三军第六师张光迪部仍在这里坚持斗争,并建立密营多处,储备大批粮食。因此,在这里适宜开展游击战争。

省委决定这次远征,由金策、魏长魁、李兆麟、冯治纲等同志具体负责。省第八次常委会议召开之后,省委向已赴下江老等山工作的李兆麟通报了会议决定,要求他与新任第三军政

---

① 李桂兰(1918—2008),满族,辽宁海城人,别名李亚洲。中共党员。历任汤原太平川妇女救国会会长、抗联六军被服厂政治主任。1938年,因叛徒出卖,被服厂被破坏,战斗中被俘。判处十年徒刑,在狱中坚贞不屈。1944年被提前释放。抗战胜利后在鹤岗水暖社工作。1983年恢复党籍。2008年逝世。

治部主任金策一道,整顿在下江地区活动的北满抗联部队,组织各部队分批进行西征。李兆麟成为领导这次向西北海伦地区远征并取得胜利的关键人物。

北满抗联总政治部主任李兆麟接到临时省委关于组织西征的指示后,从八浪河谷艰苦跋涉奔赴都鲁河畔的老等山(今梧桐河农场境内),组织集结第六军部队贯彻执行临时省委关于西征决定。老等山是抗联第六军后方基地。此地是方圆数十里的沼泽地带,因夏季有无数名叫灰鹭(又名苍鹭)的水鸟在这里栖息、觅食。灰鹭脖子长,觅食时可单腿站立几个小时一动不动,待小鱼小虾游来便迅速伸颈啄之,俗称"长脖老等"。此处有一岗地较周边沼泽地带为突出,故取名老等山。老等山建有密营,是为抗联第六军后方基地。

7月间,李兆麟在老等山抗联第六军后方基地召开了第六军第一、二师团以上干部和下江特委领导人参加的会议。会议讨论研究执行省委第七、八次常委会议关于进行西征的指示精神,部署第二批西征队伍准备远征行进的问题(第一批西征队伍已经由第九军政治部主任魏长魁率领于6月出发)。会上,李兆麟传达了省委两次常委会议精神,并作形势报告;研究今后对敌斗争策略;决定留下少数部队在原地坚持斗争,牵制敌人;决定大部分部队和部分地方干部进行西征。会后,各部队按李兆麟的部署、要求,为向岭西海伦远征做准备。

对于省委要求进行远征、冲破敌人开展的"大讨伐",跳出敌人包围圈,开辟新的游击区域的指示,李兆麟是积极拥护、赞成的。同时,他也向省委提出建议,执行远征计划,布置远征,我们应该知道过去所以没有执行计划之原因和缺点,如果我们不知道则无法布置。他建议:

(1)干部问题是执行远征计划非常重要的问题。领导远征的干部都必要有布尔什维克的顽强精神,实现远征计划不是靠英雄而是布尔什维克。

(2)实现远征计划,得吸引广大群众到自己周围。要把握全民反日统一战线政策,去粉碎日寇的"匪民分离"政策各种布置之铁线。在广大群众拥护之下实现自己的计划。

(3)要经过党动员广大队员去实现远征计划,增强队员团结心、奋勇决心。同时不能将收编队混入基本队伍而产生更多复杂和纠纷,否则那是取消了远征计划。

(4)在军事上不能采取冒险方式,那结果不等自己计划实现,首先使自己的力量受到创伤和零乱。①

他说:现在执行新的计划之下,要把这四个血的经验详细的研究。走出这四个错误之外,我们的计划就能实现,我们才能到达预期的地点。在远大的政治眼光之下,才能收到实际的效果,才能不受敌人的保甲制度等各种的束缚和敌人各种阴谋破坏,自己才能形成一个铁的整体,只有把握着这几个对策,远征计划才能实现。

李兆麟给省委提出的意见书,表明他对省委决定的进行远征的拥护和对于远征的关注,其意见书为省委所重视,许多意见、建议被采纳。

---

① 《张寿篯同志关于目前工作给省常委的意见书》(1938年),载中央档案馆等编《东北地区革命历史文件汇集》甲24,第443页。

李兆麟为贯彻省委关于进行西征的决定，在萝北县麻花林子第六军第五师密营召开活动在下江一带的各军干部会议，进一步具体部署西征工作。之后，各部队开始积极筹集粮秣等物资，进行动员，做进行西北远征开拔前的物资上和精神上的准备工作。

远征的途程肯定是极其艰苦的，途中将会遇到许多意想不到的困难。许多战士家在下江依兰、汤原、桦川等地，故土难离，不想离开熟悉的下江地区，而到人生地不熟的岭西去。再说远征前途未卜，胜败难以预料。因此，一些指战员对远征十分犹豫。为打通干部战士的思想，让他们明确西征的必要性，李兆麟做许多思想教育、说服动员工作，讲西征的必要性、西征的可行性、西征的胜利前景和重要意义。他强调西征是突破日伪当局布置的三江"大讨伐"的重大战略部署，干部、战士必须克服一切困难完成这次西征任务，夺取西征的胜利。为使同志们愉快上路，被服厂的同志给西征指战员制作了子弹袋、帽子、绑腿，缝补了衣服。李兆麟还让会理发手艺的战士李兴汉为大家理了发，同志们更觉精神焕发。

部队临出发前，李兆麟指示第六军军部在后方密营举行远征队欢送篝火晚会。欢送晚会上，李兆麟做西征动员。之后，各部队代表发言，表示决心。接着，战士演出节目开始，有独唱、合唱，还有京剧演唱、双簧等。军部留守的同志演唱了军部秘书徐紫英[①]同志创作的《送西征》歌曲：

"碧草潇潇夏日长，共为救国忙。

礼歌一曲送西征，从此各一方。

愿望同志肩重任，为国争荣光。

祝同志前途无量，进取莫彷徨！"

晚会还上演了李兆麟与干部们编导的一幕活报剧《王勤挂号》。活报剧演的是一个叫王勤的小战士畏惧远征，假装肚子疼，要挂号请假，不想参加远征，后经教育，认识到错误，积极要求参加远征的故事。演出中，李兆麟亲自扮演王勤这一角色。李兆麟扮演的小战士一出场，战士们一看是联军总政治部主任出演的，就立刻欢呼起来。只见小战士王勤一上场，满脸苦相，猫着腰，捂着肚子，假装肚子疼，嘴里不停地说："西征西征，我想不通。东藏西躲，这叫啥兵？不去不去，我就肚子疼！"台下顿时一片笑声。由保安团二连连长张维山扮演的大夫给他看病，说他是没病装病。接着扮演政委的演员(军部秘书处崔清秀主任)和房东二大爷(军部组织科长陈雷扮演)的演员相继出场，耐心做小战士的思想工作，最终解决了他的思想病。小战士王勤的肚子不疼了。只见他红着脸冲着大家说："明天西征，我打冲锋。为了胜利，我看谁敢肚子疼！"顿时，掌声雷动，大家为李兆麟的表演和演出成功而欢呼。[②]

李兆麟亲自演剧为西征队伍壮行，同志们非常受感动，大家都满怀信心，高高兴兴踏上西征的途程。

西征队伍出发后，李兆麟根据第八次常委会关于"在富、桦、同、宝你们同样应该有计划

[①] 徐紫英(1919—1940)，哈尔滨人。原为哈尔滨市第二中学生。曾任北满临时省委秘书、抗联第六军秘书。1940年牺牲。

[②] 王洪彬、赵守仁：《烽火》，中共党史出版社，2013年10月版，第163页。

的布置……支持(按,指坚持原有阵地)和突击(按,指远征)是两个工作方向,我们都必须顽强的达到"①的指示,他花费很大精力安排、部署了下江地区留守部队和地下秘密活动的工作。他认为江北小兴安岭山脉是开展抗日游击运动的最好隐蔽地,也是具有国际意义的战略区域,倘若大的战斗开始,抗日军保有汤萝绥,可以一举而威胁伪三江省,所以,对这一地区绝不能忽视,更不能放弃。为此,他在部署远征岭西工作的同时,还安排、部署了下江地区留守部队及地方工作。

他决定下江特委书记高禹民②为特派员负江北全责,与第六军一师师长徐光海③同志等形成领导集体,具体负责领导下江党组织、军队一切工作。曾任汤原县抗日救国会交通员的张景洲回忆说,1938年8月抗联总政治部主任李兆麟召开会议,部署远征。会后他告诫地方工作人员说:"这次六军要远征了。你们要隐蔽活动,一定要坚持到底,比如山中松柏,冬夏常青;不到树老常青去,也要到菊花九月寒。"④

1938年9月3日,李兆麟率部渡江横穿富锦"大界"(按,指平原地带)抵达宝清锅盔山第六军一师后方基地。他解决了第六军一师问题。经过考察,李兆麟认为第六军第一师政治部主任徐光海同志,是第六军政治工作员中一个比较稳重的有许多优点的干部,在富宝一带群众和队伍中有相当威望。在对敌斗争紧张的局面下,他能够担负起独立领导工作的责任,兼有许多地方组织的旧关系他都知道,一些城镇工作线索与他尚有直接联系,故决定由徐光海同志负责富锦、桦川、宝清一带游击部队全部领导责任,考虑到富锦党的组织遭破坏,决定徐光海并兼富锦县委书记,担任下江特委常委,参加领导工作。

此时,作为下江留守部队的第六军第一师在下江活动的有两个步兵团共八九十名。第六军一师一团骑兵部队由李兆麟亲自指挥掌握。为组织领导好第六军下江留守部队各项工作,他与第六军一师政治部主任徐光海、下江特委书记高禹民专门进行了研究,决定由徐光海、高禹民领导下江地区留守部队工作,部署了工作任务、确定了斗争方向。

此期间,李兆麟了解到第八军存在严重问题。9月26日,就抗联八军问题致信第二路军参谋处长王效明⑤,根据第八军最近许多事实表现——制造"民族派必须先消灭共产党"的蜚

---

① 《北满临时省委给张寿篯同志的信》(1938年9月6日),载中央档案馆等编《东北地区革命历史文件汇集》甲24,第144页。

② 高禹民(1916—1940),黑龙江依兰县人。中共党员。1936年至1940年,先后任中共依兰县委书记、下江特委书记、北满省委执行委员、抗联第三路军第九、第三支队政委等职。1940年在阿荣旗鸡冠山战斗中牺牲。

③ 徐光海(1907—1938),朝鲜族,朝鲜庆尚南道人。中共党员。历任抗联第六军第一师政治部主任、中共富锦县委书记。1938年冬在战斗中牺牲。

④ 《张景洲访问录》(1960年5月),载中共黑龙江省委党史研究室编《访问录选编》(六),第286页。

⑤ 王效明(1909—1991)辽宁昌图人,中共党员。历任东北抗联第五军教导队队长、抗联第五军第三师政治部主任、抗联第二路军总指挥部参谋长、抗联第七军政治部主任、抗联第二支队队长、抗联教导旅第二营营长。抗战胜利后,任吉林卫戍司令部副司令、东北野战军独立十一师师长。建国后,任海军炮校校长,五机部监委、顾问。1955年授少将军衔。1991年逝世。

言,反对政治部主任刘曙华①、缴第三军武装、汇攻勃利时的奸细行动等,认为是纯为有计划叛变抗日大业的行动。对此,他提议必须以最高的警惕精神注意这些问题,要以"快刀斩乱麻"的手段解决这些问题。他还提议迅速通知各军独立部队,即刻与第八军断绝关系,以免中敌人奸计,增加我党我军危险。要帮助第八军清查内部隐藏的奸细、日特,建立正确领导关系。如果不能将其内部日奸暗探肃清,八军可以解散。②抗联第八军自抗日斗争转入艰苦期以来,由于内部黑暗的封建势力的作用,加之敌特的打入和诱降,部队不仅涣散无力,而且不断出现叛降现象,已经趋向瓦解。李兆麟于此时提出要以"快刀斩乱麻"的手段解决问题,甚至解散八军不无道理。因为如果不扫除其内部的黑暗的封建势力与肃清敌探,只能给抗日事业造成更大的破坏。至1938年11月,第八军二师师长关文吉率部投降,只有八军军长谢文东等少部人员在牡丹江东部山里躲藏。

不久,李兆麟接到北满临时省委于1938年9月6日给他的信:"六军近来整理的如何?情形如何?我们希望寿篯同志以布尔什维克坚持精神能加妥善的整理。六军远征队究竟出发了没有?我们意见六军决不应猬集于绥滨一带国境地带,那是容易受到损失的或被迫而过境的(按,此时六军西征队伍已经出发)。"信中特别嘱托说:"我们很希望寿篯同志能坚持过去党的决定,一定能调动六军部队去。岭西是北满抗联军主要出路,如果六军远征计划不能实现,那么岭西部队向嫩江、讷河、西兴安岭突击,根据三、九军目前状况以及客观形势,这一前进将成为泡影。"③并说"如果六军能去岭西一部分队伍,则这一计划可能前进,但根据目前客观形势,如果和主观力量再幻想西大界突击会变成左倾空谈。事实上过去红军远征不得越渡西康大山,因此岭西之突击应该只能采取秘密的偷越方式。"又说:"在富、桦、同、宝你们同样应该有计划的布置。"④9月8日,金策就西征问题致信李兆麟,通报他和第三军第三师政治部主任侯启刚已经带领第三军第三师西征,并要求他督促第十一军李景荫师长⑤率部西征。信中说:"我和夏副官长振华同志、下特高同志(按,高禹民,后仍留在下江)、六军三师王师长(按,王明贵)同志及侯主任启刚同志,三军三师七十余名一同向西北开征了。你如返回到此处,尽可能督促十一军师长李景荫全部开西征。我在江南时,已和李景荫同志议好了,他不愿意离

---

① 刘曙华(1912—1938),山东济南人。中共党员。历任中共密山县委书记,穆棱县委代理书记,抗联第五军二师政治部主任,抗联第八军政治部主任。中共吉东省委委员、执委委员。1938年被叛徒杀害。

② 《张寿篯致王效明的信》(1938年9月26日),载中央档案馆等编《东北地区革命历史文件汇集》甲53,第2页。

③ 《北满临时省委给张寿篯同志的信》(1938年9月6日),载中央档案馆等编《东北地区革命历史文件汇集》甲24,第131页。

④ 《北满临时省委给张寿篯同志的信》(1938年9月6日),载中央档案馆等编《东北地区革命历史文件汇集》甲24,第131、143页。

⑤ 李景荫(1903—1969),黑龙江阿城人。中共党员,任东北抗联独立师参谋长、抗联十一军第一师师长,抗联龙南指挥部指挥、抗联第三路军第六支队队长。抗战胜利后,任富锦公安局局长。建国后任阜新矿务局局长。1969年逝世。

开原地远征,你了解十一军离开原地而远征是极重要问题。"①同日,金策还有一封给李兆麟的信,强调第十一军西征应由李兆麟直接率领。此信说:"现在十一军李师长景荫将队全部要开西北征,最好是你尽量督促李景荫部急速过江,须向西北出征,他已经拟定向西北开征。无论如何你直接或间接尽量促他快过江西走,最好是你直接领着走。"②金策来信对第十一军全部开赴西征要求很急迫,同时对李兆麟领导进行西征抱有很大希望。

此时已进入10月,天气渐凉,山野经霜,草木凋零,蛰虫伏藏。

还是在李兆麟赴第六军第一师时,得知第十一军一师李景荫部被日伪军包围在富锦老道庙山谷,遂立即率队前去救援,使该部顺利突出敌围。同时,针对该部存在的实际问题,对第十一军进行整顿,对该部进行西征工作进行部署,决定抗联第十一军的主力由该军第一师师长李景荫率领进行西征,第十一军教导队及三旅(天元部)及一切残部由第六军调任的第十一军一师政治部主任张兴德③同志与崔振寰、刘万库等负责在旧区整理。根据工作需要,调第十一军于天放④到第六军工作。对于于天放,李兆麟很关心他的党籍问题。于天放,1931年在清华大学入党,1932年与张甲洲等到巴彦组建反日游击队,曾任游击队特派员。1933年初巴彦游击队失败,与游击队领导人张甲洲到富锦中学,以教师身份为掩护继续从事抗日活动。1937年七七事变爆发后,他与张甲洲前往抗联独立师(后改编为第十一军),途中张甲洲不幸牺牲。于天放来到第十一军后任教育长。由于长期脱离组织关系,失掉党籍。李兆麟建议省委恢复其党籍,他说"最好由省恢复,我认为可以恢复"⑤(1939年8月23日,北满抗联党组织做出恢复于天放党籍的决议)。

第十一军问题解决后,李兆麟返回老等山第六军后方密营地,等待第十一军部队过江前来集结。之后,李兆麟即开始按省委9月6日和金策9月8日来信和西征工作计划要求,组织筹备第六军教导队及第十一军部队远征,即第三批西征工作。

1938年11月16日,他致信省委,汇报近期工作。谈到对下江地区工作安排,其中谈道:"目前我个人的工作方向,本来应由省委确定。听候省决定以后再开始行动,但是根据西方三、六、九军一致西进的情况,西方就成为北满党的生命线了。此次突击的好坏,成为决定北

---

① 《金策致张寿篯的信》(1938年9月8日),载中央档案馆等编《东北地区革命历史文件汇集》甲25,第213页。

② 《金策关于西征等问题给张寿篯的信》(1938年9月8日),载中央档案馆等编《东北地区革命历史文件汇集》甲25,第211页。

③ 张兴德(？—1939),朝鲜族,中共党员。任东北人民革命军第六军第三团政治部主任、抗联第十一军第一师政治部主任。1939年战斗中牺牲。

④ 于天放(1908—1967),黑龙江呼兰人,原名于九公。中共党员。就读清华大学。历任巴彦游击队特派员、东北抗日联军独立师随军学校教育长、抗联第十一军第一师政治部主任、抗联第六支队政治委员、抗联第三路军总部特派员兼宣传科长、抗战胜利后任黑龙江省军区副司令员、黑龙江省高等法院院长、建国后任黑龙江省人民政府副主席、副省长、黑龙江省政协副主席。"文革"中被迫害致死。

⑤ 《张寿篯给北满临时省委的报告》(1938年11月16日),载中央档案馆等编《东北地区革命历史文件汇集》甲53,第137页。

满抗日游击运动本身的命运问题,故我又十分必要去。特别是十一军部队,尚未稳定下去,李景荫本人,成为十一军的轴心,陈绍宾恢复军职不久,旧病尤存,如果我不亲自把握指挥,前途不堪设想。倘不是我以亲自领导来号召十一军远征,他们的远征困难实现,只有生死听天由命。因为这种原因,我认为从工作比重方面及工作利益的必须方面,只能如此。"在信中,他信心满怀地写道:"同志们,快到下半夜三点了,不写了再见吧,两边的青年战士,在吃松子、萝卜,棉衣不齐的环境中,都是欢笑的疲困,鼻息悠悠的入睡了。我正是无钱、无粮、无干部,过了四个月残酷斗争生活,今天正是身边一个铜元都花净了的日子,革命热情燃烧着我的精神,非常高兴向着抗日光明处狂奔呢!"①

"松柏临风挺且坚",李兆麟就是这样,无论在何种艰难困苦面前,他都无比坚定,毫不动摇,充满着抗日必胜的信念和革命乐观主义精神,主动、自觉完成党组织交付的各种工作任务,为争取抗日斗争最后胜利而战。

五、艰苦西征路

根据中共北满临时省委第七、第八次常委会决定,参加西征的抗联第三、六、九、十一军部队共约 800 人。鉴于敌人封锁严密,为避免目标过大,西征部队先后分三批从下江地区穿越小兴安岭,向岭西海伦进发。

如前所述,第一批西征队伍是由魏长魁于 6 月份率领出发的。第二批西征队伍是李兆麟部署、送行的,第三批是李兆麟亲自率领进行的。为全面反映北满抗联主力西征过程,这里将三批队伍西征情况分别做以简述:

参加首批西征的部队由抗联第三军政治保卫师和第九军第二师共 150 余人组成。指挥员为省委常委、第九军政治部主任魏长魁、第九军第二师师长郭铁坚②、第三军政治保卫师师长常有钧③。

1938 年 6 月,根据北满临时省委的指示,在依兰东部活动的抗联第三、第九军部队,开始准备西征。因第九军军长李华堂拒绝参加远征,并阻挠第九军第一师前往集结,所以第九军政治部主任魏长魁和第二师师长郭铁坚只好率领第九军第二师第四团、第五团参加西征。不久,第九军第二师西征部队渡过松花江,到通河小古洞、鹰窝一带与常有钧率领的第三军政治保卫师会师。两部队合编成一支队伍,开始经铁力向海伦方向西征。

长途行军,山高水急,草深林密,无路可寻。为避开敌人耳目,部队只得沿山边走崎岖小

---

① 《张寿篯给北满临时省委的报告》(1938 年 11 月 16 日),载中央档案馆等编《东北地区革命历史文件汇集》甲 53,第 142 页。
② 郭铁坚(1911—1941),黑龙江依兰人,中共党员。依兰中学毕业。历任抗联第九军第一师政治部主任、第九军第二师师长、抗联第三路军第九支队政委。1941 年在战斗中牺牲。
③ 常有钧(1911—1938),辽宁岫岩人,中共党员。历任东北人民革命军第三军六团政治部主任、第一师师长、政保师师长、新编第三师师长。1938 年被叛徒杀害。

路,隐蔽行军,战士们披荆斩棘,深一脚浅一脚向前行进,不时被倒木绊倒,树枝把战士们的脸划破,流出鲜血。服装被刮烂,褴褛不堪。露营时,战士们抱枪和衣而眠,天当被,地当床。随身携带的有限的一点给养很快耗尽,由于敌军围堵和封锁,粮食断绝,部队就靠野菜、野果充饥。远征队伍来到桃山、神树附近时,在家居桃山的向导鄂伦春族猎人陈山的带领下,穿过了呼兰河。渡河过程中,竟有两名战士被湍急的河水冲走而牺牲。该部行至苇子沟时遭到敌人突袭,魏长魁因在部队后面照顾队员,不幸被流弹击中,身负重伤。他艰难地匍匐前进。最后,为了保守党的秘密,不当俘虏,魏长魁毅然将随身所带文件焚毁,自刎殉国。

1938年7月,西征部队经铁力年丰、西长石,到达了庆城(今庆安)九道岗。部队刚进入王老板屯宿营,敌人便从东面包抄过来,战斗中,毙伤敌人十几人,西征部队亦有数名战士负伤。为避免陷入敌围,郭铁坚和常有钧分别率队迅速沿庆城、铁力山边向绥棱方向前进。常有钧部经过长途跋涉,终于在9月下旬到达海伦境内的第三军第六师后方密营,完成西征任务。

郭铁坚部60余人突出重围后,抵达绥棱张家湾时被洪水围困。当时,秋雨连绵,河水暴涨。可谓"无根之水天上来,江河横溢雨成灾"。洪水截断了部队的去路,部队只好隐蔽在山林里,并多次与当地伪自卫团和日本"开拓团"武装发生激烈战斗。他们边打边撤,来到偏脸张、疙瘩山一带休整。因部队刚趟过"塔头甸子",许多战士双脚溃烂,还有的人染上伤寒病,师长郭铁坚也病倒。疾病、饥饿,严重地威胁着这支部队。当部队辗转来到绥棱栾家烧锅附近山沟时,得到当地农妇张大嫂(徐秀)救助,使部队渡过了难关。10月份,部队继续西进。11月,郭铁坚所率第九军第二师部队到达远征目的地——海伦东部的八道林子抗联后方密营。

第二批西征队伍于8月上旬起程。第二批西征部队是由两支部队组成的。一支由抗联第六军教导队一部、第六军第一师第六团、第六军第二师第十一团200余骑兵组成,指挥员为第六军参谋长冯治纲、第二师师长张传福。①另一支由第三军第三师、第六军第三师第八团、第六军第二师第十二团、第六军第四师一部300余人组成,指挥员为第三军政治部主任金策、第三军第四师(原第三师)政治部主任侯启刚、第六军第三师师长王明贵。

时值雨季,第六军军部教导队、第一师第六团、第二师第十一团组成的西征部队,在李兆麟为其送行后,由冯治纲、张传福率领,从老等山出发,强行渡过梧桐河,向小兴安岭西部远征。为扫清前进路上的障碍,冯治纲决定袭击鹤立河东南的黄花岗。缴获驻地伪军步枪数十支和一批战马。之后,部队沿小兴安岭南麓继续西进。8月23日,远征部队行至汤原县黑金河西岔口露营时,遭到大批日伪军的袭击。第六军第二师师长张传福等8人牺牲,大批马匹、粮食散失。冯治纲面对严重敌情,率部队艰难地行进在原始森林、沼泽地、草甸子里。行军途中,由于给养被敌人夺走,战士们只好采集野菜、山果充饥。战士们因长时间艰苦行军,处于饥饿状态,骨瘦如柴,面带菜色。就这样,经过一个多月的艰苦跋涉,这支远征部队终于到达了西征目的地海伦东部的八道林子后方密营。

第二批远征部队另一支队伍是由第三军政治部主任金策组织率领的。1938年8月7日,

---

① 张传福(1902—1938),吉林公主岭人,中共党员。历任汤原反日游击队中队长、东北人民革命军第六军四团团长、抗联第六军第二师师长。1938年在战斗中牺牲。

为贯彻省委关于组织北满抗联主力进行西征的决定,金策在下江地区整顿了第三军第三、四、十师后,与第三军第四师(原第三师)政治部主任侯启刚和第三师第七团团长张凤岐①等率队从宝清出发渡过松花江,冒雨行进,向老等山第六军后方营地集结。到达老等山抗联第六军后方营地后,组织整理了第三、六两军参加西征的队伍,并与各部队领导人讨论筹集西征给养和行军路线等事宜。

9月6日,在金策、侯启刚和第六军第三师师长王明贵率领下,远征战士每人只带4穗玉米和少许粮食,从老等山出发。远征的头几天一直是冒雨行军。远征指战员全身被雨水淋透,双腿浸在没膝深的冰凉的水中。就在几天的行军中,竟有10名战士因饥寒病患葬身河边。部队行进在鹤立附近时,为夺取给养,袭击了王傻子屯伪自卫团。当西征部队行至刘佲屯附近时,遭到汤原县伪治安队300余名骑兵追击。鉴于大部队行军目标明显,不易解决给养,部队行进到汤旺河岸后,金策决定第三、六军西征部队分兵前进。侯启刚率领第三军第三师骑兵100余人顺汤旺河南下,经过柳树河口,沿铁力、庆城方向迂回向海伦前进。金策、王明贵率领第六军第三师等200余步兵绕道北上老钱柜,再西折向海伦挺进。两支队伍渡过汤旺河后,分别穿行在人迹罕至的小兴安岭密林中。忍饥挨饿,经过一个多月的艰苦行军,在10月上旬到达海伦,完成了西征任务。

第三批西征部队是李兆麟直接率领向西行进的。第三批西征部队由第六军教导队一部、第十一军第一师90余人组成,指挥员为北满抗联总政治部主任李兆麟、第十一军第一师师长李景荫。这支部队是在寒冬季节进行西征的。

1938年11月初,第十一军一师部队在李景荫率领下,由富锦过松花江到老等山与李兆麟所率抗联第六军军部教导队会合。之后,经月余筹集部分给养,节令已入冬寒,在极端艰苦的条件下,由李兆麟亲自率领由第六军部教导队及第十一军第一师组成的远征队,向海伦进发。

关于李兆麟率队西征,第六军军部秘书张中孚②有较为详细的日记记载。当时,根据李兆麟指示由军部秘书长张中孚负责记录军中日志(日记)(按,此日记后在战斗中遗失,为敌人所得,被译成日文,载于1942年12月由伪满治安部警务司编辑出版的《满洲党并抗联匪团关系文献集》中,抗联史研究专家李鸿文教授将其由日文翻译成中文,收录在由吉林人民出版社出版的《李鸿文著述选》一书)。张中孚记录的日记从1938年12月1日(原日记日期记录为农历)起至1939年5月21日(即农历1938年十月十日至1939年四月三日)止。内中对于李兆麟率部西征全过程有详细记载。考虑到此资料的重要,同时也为全面展现李兆麟领导、组织西征的全过程,现将反映他率部西征历程(12月1日至12月31日)有关日记内容摘录如下(为

---

① 张凤岐(1912—1988),黑龙江铁力人,中共党员。任抗联第三军第三师七团团长、第七十三团团长。抗联第三路军第三支队分队长、抗联教导旅排长。抗战胜利后,任鹤岗卫戍司令部副司令、松江省公安局警卫队代队长。建国后,任黑龙江省林业厅印刷厂厂长、哈尔滨园林处狩猎办主任。1988年逝世。

② 张中孚(1911—1943),辽宁开原人,中共党员。北平中国大学法科毕业。历任抗联独立师秘书长、抗联三路军总指挥部秘书长、抗联教导旅三营党委委员。1943年从事小部队活动,在战斗中牺牲。

阅读方便,在每日期后注明公历日期,需注释之处,加按语简单说明):

十月十日(公历12月1日)

此次的军事动员是为了贯彻西征计划,即在新的地区开始大规模的游击活动,以便鼓动西域群众的革命情绪,使之向着正确的潮流前进。一九三八年十月十日(按,农历)上午八时,在总政治部主任张寿篯同志的率领下,第十一军第一师及第六军军部教导队一行共九十余名出发。今天行军约十余里,首长张同志(按,张寿篯,即李兆麟。此日志中党政治部主任、首长张同志、张政委、政治委员,都是指李兆麟)发现了一般战斗员存在精神不振且畏缩前进等不良的思想动向。这时,耿团长(按,耿殿君①)提出了如下建议:"给养不充分的状况是事实,无论如何必须予以解决。为此,要首先选拔一部分精神饱满的队员,给以完整的服装和携带必要的给养先行出发。如果事先物质上的供应得到若干解决,将会清除一般队员的悲观和不堪目睹的丑态。"于是,立即按耿同志的建议,从第十一军中选拔十余名、六军教导队中选出二十余名战士共三十余名,作为先遣队先行开始向山外出发。其余则沿着原计划的方向前进。再行进不满十里,途经一所空房(此屋曾是以前六军被服厂),预定在此处稍事休息再继续前进,但由于马匹残弱无力再走,遂于此处宿营。本日行军二十里。

十月十一日(公历12月2日)

晨七时出发,无论行军速度和精神状态都比第一天稍有进步。经过的地方虽山岭重重,但人员均不感疲惫,只是马匹中行进困难的增多,致使途中倒下五头。午后五点半到达一幢住房,各种家具齐全,但房主不在。因天黑了,只好在此处宿营。此时,张政委下达命令,谓"此次行军给养不足,我们明日在此处停留,一方面大家修补服装,一方面派人返回宰杀遗弃在途中的马匹,以便补充给养"。上述各项决定之后,晚九时就寝。

十月十二日(公历12月3日)

上午八点半,杨副官长(十一军一旅)率队员十五名外出寻马。另由六军司令部的传令兵老解领十余名队员到北边的碓营(按,狩猎者,"打皮子人"居住小屋)去取给养,留守的同志从事各种各样的事情。午后四点传令兵老解等人首先归来,背回小米一斗、土豆一百余斤。继而杨副官长等人亦将途中倒下的马匹全部拉了回来。九时就寝。

十月十三日(公历12月4日)

上午七时出发,沿山麓行军,路途一般顺利。十二时午餐。午后二点再行前进,午后五时到达一木营,此处住有把头二人。晚饭后八点一过就寝。是夜,李师长(按,第十一军第一师师长李景荫)发布命令:明晨六时开饭,七点行军。

十月十四日(公历12月5日)

天色未明时,警卫营的排长来司令部报告,说班长李俞衷偕队员一名开小差,已逃走约一小时许,但未携带武器。负责同志商量结果,立即派李副官带人去追。然而出发不久即行归来报告,未发现任何踪迹。李师长便亲率勤务兵沿行踪追赶,不久,发现一名加以捕获,另一

---

① 耿殿君(1903—1939),山东掖县人,中共党员。历任东北人民革命军第六军留守团团长、十一团团长、十二团团长。1939年在战斗中牺牲。

名则未能发现。然而与发觉开小差事件同时,又有刘班长向负责同志提出自己坚持斗争到底有困难,申请离队。这时,指挥部张政委准许其申请,解除武装。待李师长等归来,提出对此等人员要一律解决的意见。即刘班长虽未开小差,但提出离队,他在行军中属于动摇分子,对军规的危害极大。况且不久前已经向一般战斗员再三征求了意见,并以决议:凡意志不坚者请自愿离队,每人可发给路费十元。现在就不容许此类行为发生。不久,即行将逃兵等枪决。

九时出发,十二点午餐,饭后沿察布气河前进。这条河冰面平坦,易于行军,而且两岸松林密布,峭石矗立,景色如画,人们赞叹不已。冰面的积雪上发现有老虎的足迹,极其迂回,使人记起"虎过雪地梅花开"的谚语。同志们此时精神颇为旺盛,一小时以十二里的速度前进,未几转过西北小岭,又向北方前进。此时天色渐黑,月雪映辉,如同白昼。晚六时,到达王把头的密营宿营。本日行程四十三里。

十月十五日(公历12月6日)

八点半早饭,饭后政治委员张寿篯令一师李师长率所部先行。到王把头的总密营(这里是六军收藏给养的场所)休息,设法与以前由此地出发的人会合。然后,张政委及司令部张秘书(按,张中孚,此行军日记作者)等三名留在此总营地,等候夏副官,并下令留守团第一连的刘连长率队前来,分配工作任务。各依命令开始行动。刘连长于午后五时到达。七点半,张政委向部队进行政治讲话,报告国内外新闻。与一师分开行军后一师于主任(按,第十一军一师政治部主任于天放)及解秘书到达王把头密营,令其立即开展政治工作,以期树立革命的基础,同时还令李师长务必督促这项工作。本日的工作分配大体如上所记。晚九时四十分休息。

十月十六日(公历12月7日)

早饭后,将至十点,夏副官到来。稍事休息后,亲手交付由政治委员给一些留守工作的同志的信件和传达口头指示。午后一点司令部由密营向李师长的休止地点进发。从行动开始用了三小时半才到达该地。晚饭后十点休息。本日行程约二十五里。

十月十七—二十日(公历12月8——11日)

自十七日至二十日为等候先出发的部队决定在此处休息。司令部令战士各自迅速修补衣物、鞋袜、搬运给养和其他工作。余暇由于主任做政治报告。至二十日上午六点,出发的部队以急行军速度归来。首先,耿副官到司令部报告工作,说此行工作顺利完成,解决了大量的给养和服装(粮二石、牛四十头、马三十七匹)。早饭后,由张政委下令整备所有马匹和行军中的一切事物,以便开始行动。在此地原想停留四天就开始行动,但因给养、服装、装备不足,便不得不以一部出发解决所有这些问题,一部在此待机。这就是远征初期的准备工作。此次耿团长带领十一军×营长解决了大量给养、服装,使全体人员都非常佩服。

十月二十一日(公历12月12日)

上午八点全体在王把头密营前集合,准备出发。出发前,由总政治部主任宣布有关军纪的训练和纪律上的几项条款。他的讲话,略谓:各位同志,今天是我们西征开始的第一天,我看到很多同志都表现出十分泼辣和勇敢的作风。今天我要讲的话,希望各位充分注意听取,切实加以遵守。首先第一点所要讲的是,各位必须了解此次西征将会有光辉的成就和历史意义。它是东北反日战线新的大发展的起点,是为了争取发展与扩大民族革命运动的胜利事业。其次，有关行军纪律的几项条款，希望各位必须无遗憾地牢牢记住并切实遵守。再次，行军时，一切军事计划和命令的行使均由第十一军第一师李师长担负全部责任，如若出现不遵守纪律者，或发生其它小问题，统由李师长处理。六军的耿同志任临时参谋长。部队行军分前哨与后卫，前哨的负责人是十一军一师的隋团长（按，即隋德胜），由他率十五名担负起这一任务，在一天之内遇有事故发生可当场先行处理，然后报告。后卫也以十五名组成一小队，由司令部教导队的一分队担任。给养的分配、马匹的管理由孙军需和王正茂负责。行军的日记由总司令部张秘书（按，即张中孚）担任。行军的卫生由王医官（按，即王耀钧①）担任。行军的纪律如下：一、（未见记载—日译者注）本日十二时开始行动，但因下雪，所有的活动都非常忙迫，行军二十里，在一山脚下露营。

十月二十二日（12月13日）

午前七点半出发，临出发时发现马匹丢失，遂留若干人寻找，大队先行出发，约行三十里用午饭。再出发后不久，后续者到达。预定今晚到碓营休息并讨论某一计划，但因向导的失误而未到达，只好又行露营。

十月二十三日（12月14日）

午前八点出发，不到一小时便抵达碓营，在此对一般队员下达做好饭后宰牛分配的命令，将牛肉冻起来以代长时间的食物。另外，在总政治部主任的监督指导下，将十一军一师的领导干部与队员进行了新的调整。晚八点休息。

十月二十四日（12月15日）

早饭后，师长李景荫同志召集队员讲话，内容大约如下：此次升任调整干部是为了清理某些消极分子。过去的种种弱点与错误此时已经再也不能容许拖延了，在此如不加以整顿，将会有贻误革命前途之虞。希望被免职者要奋发图强，新任者要倍加努力。

十月二十五日（12月16日）

晨三点出发，拂晓时已行军二十里。八点半早饭。乌库河畔的山全部平坦不高，树林也稀疏不密。午后行军约三十里，找到一处小树林（河边）宿营。

十月二十六日（12月17日）

晨四时出发，行数里，前哨的行军速度很快，后卫因事物的繁杂而失去了联络，相互看不到。相继派人联络仍不见踪迹，只好绕道追踪至十点半。自午饭后行军二十余里，到姚把头密营，此处有黄豆、苞米，补充了一些给养。晚八点休息，定明日早八点出发。

十月二十七日（12月18日）

整队出发时，发现一师的一个战斗员因自己不注意脚被冻伤，立即命人取水进行暂时处理，此事当然不能一时治愈，为不致延宕大队出发的时间，便由李师长、于主任及本人的连长张连长留下。我们出山后向西方进发，约十数里到达汤旺河岸。果然河流宽大，树木丛生。横过汤旺河后又西行上山，下岭后望见依松河口，这条河的幅宽与流长均非汤旺河能比。远望

---

① 王耀钧（1912—1943），辽宁铁岭人，中共党员，抗联六军医官，抗联第九支队、三支队医官。1941年战斗负伤后在齐齐哈尔成立秘密抗日组织，发展抗日救国会会员。后被捕入狱坚贞不屈，1943年牺牲。

树丛中拂晓生起的烟雾,好像城市里晨景一般。李师长等一行至午后三点半才赶上大队。下午四时在依松河口岸边露营。

十月二十八日(12月19日)

天明出发。先沿河前进十数里,之后上岸。冰面有寸厚积雪,不泞不滑正好行军,故速度大增。午后二时过后又转入河道行军,一师的军需孙同志不慎掉进冰裂缝中,全身像个落汤鸡冻昏了。遂令抬至树林中生起篝火取暖,又因给养不足,早早宿营。本日行程约四十里,此处距方把头密营约十数里。

十月二十九日(12月20日)

天亮的时候出发,沿河行十数里,再向西北沿山麓前进数里,抵方把头密营。有二间破马架,但人却不在。此时大队登山先行前进,司令部及师部十八人在屋里将雪溶化烧开水。张政委非常愉快地讲了一段往事,说"这条河的南岸以前曾是三军教导队训练处,建有五间木房子,在本屋之外还有仓库及厨房等设备,十分壮观。当时环境好,饮食也很丰富"。稍事休息后整队后追。岭虽平坦但绵延很长,到达山顶举目四望,只见长满密林的山岭重重起伏,水流蜿蜒曲折犹如白带,处于广阔的平原之间,堪称佳境。日出之际河中冷气蒸发、白色朝气生起真像村间晨起的炊烟,再配上河岸边柳丛的树挂,实在美观。在岭上走了二小时下到山麓的河岸边,就在这里午餐。我们围火笑谈。席坐逾久,只见岭上黑石陡耸,青松挺立,更呈凹凸万转,蔚为壮观。可惜过分称赞的隆冬,比之夏季绿荫弥漫之景,还是稍有逊色的。饭后一点出发,依然上岭跋涉,此岭虽称分水岭却不甚高大,但路程很长,到达山顶见一空房和几亩全然荒芜的耕地。稍事憩息后绕山下行数里,到达树木丛生的河岸并在此露营。时值午后四点二十分。当我们下山之际,远看今天露营之处,是附近山岭汇合之地,高低参差不齐,中间平地约五六亩,真是适宜生活的地点,在积雪掩盖之下真像白色的池沼,使人不啻有第二个西湖的想象。本日行程约五十里。

十月三十日(12月21日)

天明出发,牛在行军中成为拖累不堪之物,因在后面尚有未到达者,李师长前方等待,大队先行。今天的行程中有大分水岭。在向小分水岭前进的时候,先头部队已经到达解把头的密营,但后卫却落在十数里之外。日暮,道路又不好走,派人出去,先在沟膛里宿营,已无法全部集合。

十一月一日(12月22日)

早晨由司令部下令,将各部保管的牛除留下比较健壮的三十五头外,其它尽行宰杀。牛肉各自分带,以免耽误远征时间。在这里停留一天,进行整顿再行出发,部队在河边密林宿营。司令部及师部为了种种事情宿营于沿河南岸山上约三里多地的一间空房内。夜里,十一军一师一连连长赵同志患感冒,饮食不进,司令部卫生科王医官为他彻夜治疗、护理,病痊愈照常工作。晚八时四十五分休息。

十一月二日(12月23日)

因规定的工作未完,到上午十点才出发。司令部十时与大队会合。政治委员张寿篯同志检查教导队全体队员是否违反纪律,很快就发现七名队员烧坏了衣服。当即下令,谓:"你们这

种表现不仅破坏了军纪,还无形中帮了敌人,军纪森严,本军难容。"接着,各该队员再三恳求,而且表明下列意志:"我们抗日数年,尚未完成任务,由于一时的不谨慎而脱离抗日战线是无法忍受的,当然违犯军纪,必须改正。"并且由于全体队员保证今后不在违犯军纪,政委怒容稍微收敛,每人给予笞打二十的处分。然后,向大分水岭出发。此岭长达三十里,但岭势平坦,行军比较容易。日色将暮时,在一处岭上两侧有密林的地点露营。

十一月三日(12月24日)

向岭西大陶矿前进,路途上较为顺利。十二点午饭,午后二时出发,四时宿营。今天早五时,耿副官关于指挥部的警卫的问题提出必须特别予以注意的建议。因为指挥部是担负军政总责的机关,任务重大,日常不能有丝毫的疏忽。为此,组织警卫班,由六个人每天轮流值班。此议通过后,立即执行。

十一月四日(12月25日)

日出后开始行军,道路较以前平坦,气候亦温暖,行军速度也加快,向导说今天必能到达张家沟河口宿营。日没时到达预定的河岸边的林地准备宿营。警卫报告;在冰上发现木爬犁的轨迹,还听到许多人的喧闹声。耿副官迅即派出队员十名出去侦察,发现距此里许有木造小房两座,许多人的喧闹声即从此而出,便立即隐蔽归来报告。于是立即召集紧急会议讨论是否进行搜索,多数人主张立即派出二十人携机关枪一挺实行奇袭,然而也有人提议能否解决一部分给养和服装。此议为全体同志所同意,当即着手进行。我队行至阵地前约百步时,敌方岗哨发问是谁?干什么的?因我方回答勉强,敌人开枪。战斗约半小时,因无可乘之机立即下令撤出战斗。此次战斗我方军部教导队的队员李同志牺牲。考虑到行军的困倦,不再进行攻击,队伍返回,行至十数里在一山脚宿营。

十一月五日(12月26日)

天亮时出发,穿过了许多密林,翻越了若干小岭。

十一月六日(12月27日)

今日起身很迟,至八点以后才拟启程。临行前张政委命耿副官率队前进二十余里寻一相当的地点,设置二三天的宿营地。又令副官率队员五名前往会见部队的关系人。下午一点找一山脚地点设置营地,分别筑起茅草小屋作为住处。副官一小时半出发。

十一月七日(12月28日)

停留一天。医官忙碌异常,已经有十数人冻伤了脚,需动手术者五名,其他均令其用冰水洗脚后涂药。其余人都在缝补衣服,或分担其它劳动。一日之内没有干什么事。

十一月八日(12月29日)

一早耿副官率领队员归来,据报告已与关系会见。

通告:为通告事,近奉中央指示将三、六、九、十一军正式改编,成立东北抗日联军第三路军,并成立指挥部,望众所周知。查指挥部是军政重要机关,各种警卫事务防范宜严,是凡本路所辖各部队不论官兵如须到指挥部商讨问题时,事前须经警卫班问清事由,而后方能接待,否则一律不予接见。事关军纪不得忽视,谨此通告。

八日,十点向王师长(按,第六军三师师长王明贵)的密营行军,午后二时到达,分散宿营,司令部在东边的密营,一师在西边的密营。今夜司令部宿营的屋子因破漏只好在室内拢火,将屋子四壁烤焦,但结果并未着火。

十一月九日(12月30日)

教导队队员十名出发,由王师长的交通员引路去山麓背给养,翌日一早返回,取来给养。据他们报告那里仅余够两次吃的东西了。王师长率所部至大界去取给养,正欲返回时遭敌追击,队员死伤各一,给养三石尽皆损失。

十一月十日(公历12月31日)

早饭后接到张政委的信,令张秘书将军部保存的过去印刷的各种传单、个人的文件一一检点,全部送交军部。于是分别送至张政委的宿营处(执法处)。此外,司令部令王医官把一师冻伤最重者送执法处治疗。经王医官检查仅送去四名。另外,雷队长(按,第六军教导队队长雷炎)被任命为一师参谋长。①

至此,由李兆麟直接率领的第十一军第一师及第六军军部教导队进行的第三批西征胜利结束。

在上述日记中我们看到的是从1938年12月1日记起的。如果从12月12日李兆麟说:"今天是我们西征开始的第一天"算起,到12月31日止,张寿篯率第十一军第一师及第六军军部教导队一行进行第三批西征共用19天。但西征筹备所用时间更长。西征筹备工作12月1日以前无日记记载。据抗联老同志回忆,11月就开始筹备西征,当月中旬,十一军部队及六军教导队到达汤东"老白山"抗联后方密营(今伊春大丰林业局白山林场施业区)。当时部队还没有脱离敌人的封锁地带,几乎每天都要与敌人交火。不仅如此,当时天气已很寒冷,给养缺乏,战士还穿着单衣,难以保证西征顺利成行。李兆麟说:"天气已经寒冷,战士们还没穿上棉衣,怎么能穿过小兴安岭?"为保证西征顺利进行,他决定派出两支精干的小分队,一支搞给养,一支搞棉布和棉花。搞给养的小分队袭击了日本"开拓团",得到一批粮食。搞棉布和棉花的小分队趁夜越过封锁线,奔袭兴山镇(今鹤岗),从敌人仓库和日本人经营的商店缴获一大批棉布、棉花和针线等物品。有了粮食、棉布和棉花大家都很高兴。可是大多数战士都不会做裁缝针线活。李兆麟就号召大家自己动手做棉衣。先拿一件棉衣做样子,他和稍会做棉活的夏凤林、李祥两战士手把手的教大家做,经过三天努力,大部指战员都穿上了自己缝制的衣服。之后,李兆麟和李景荫率队顶风冒雪开始翻越小兴安岭原始森林向西挺进。当时正值严冬,天寒地冻,呵气成霜,滴水成冰,雪片翻飞,寒风刺骨。西征队员于雪地行军,无路可走,只得踏着过膝深的积雪,在密林中艰难行进,可谓步履维艰。棉衣被树枝刮得破破烂烂,褴褛不堪,难以抵御冬寒。

根据行军日记记载,12月1日至12月11日,还都在做西征筹备工作。其间,12月5日,沿察布气河前进,12月8日部队到达王肇凤密营,进行四天整休。战士各自迅速修补衣物、鞋袜,做好继续前进的准备工作。在这里,为了行动统一,李兆麟宣布,之后行军时一切军事指

---

① 《李鸿文著述选》,吉林人民出版社,2001年版,第541~553页。

挥均由第十一军第一师师长李景荫负责,第六军教导队副官耿殿君任临时参谋长。为了躲开敌人的阻击、袭扰,减少部队伤亡,部队避免与敌接触,经过一段时间休整和筹集给养。在12月12日以后,李兆麟率部冒着暴风雪,绕道北上。临出发前,李兆麟进一步做西征动员,讲"此次西征将会有光辉的成就和历史意义。它是东北反日战线新的大发展的起点,是为了争取发展与扩大民族革命运动的胜利事业"。并宣布了有关事项和行军纪律。12月18日,部队向西进发,抵达汤旺河岸,越过冰雪覆盖的汤旺河后进至伊春河口,而后沿河道西行,进入小兴安岭的原始森林。

在张中孚日记中反映出了森林雪地行军的艰苦状况。小兴安岭人迹罕至,古树参天,原始森林中,倒木横陈,上不能跨,下不能钻,只能绕着曲折而行,结果,于无形中增加许多路程。冬寒季节,大雪封山,气温降至 -40℃。凛冽的寒风中,李兆麟率部风餐露宿,在雪没膝深的冰天雪地艰难地向前行进。为了防备敌机和特务打探,他们白天分队前进,夜间集中宿营。仅几天,部队粮食就被吃光。寒冷和饥饿在严重地威胁着这支队伍。饥饿时,战士们只好杀牛宰马。每到夜幕降临寒冷时,战士们选择靠山坡密林背风处,点起篝火围坐取暖宿营。火在军旅生活中起到决定性的作用。正如第十一军一师政治部主任于天放所说有了火,吃得虽少,不觉太饿;有了火,穿得虽薄,不觉太冷。行军中,李兆麟和战士们的手脚被冻裂,衣服被树枝刮破,露出了棉絮,有些战士的棉衣变成单衣,难以御寒。朔风刺骨,大雪漫天的严冬景象真如唐代李华《吊古战场文》所描绘"蓬断草枯,凛若霜晨""积雪没胫,坚冰在须,鸷鸟休巢,征马踟蹰,缯纩无温,坠指裂肤"。西征途中,指战员们疲惫到了极点,有的战士走着走着突然倒下,不乏冻死者、病死者。为与死神斗争,减少牺牲,在极度艰难困苦中,为坚定大家的意志,李兆麟不断耐心地做战士们的思想工作,鼓励同志们克服困难,渡过难关,坚持到最后的胜利。

12月25日,部队在张家湾河边与敌军遭遇,经激战,冲破敌人的封锁和阻挡。接着又翻山越岭继续前进。这支西征部队终于在12月29日到达了绥棱境内的抗联第六军三师后方营地——白皮营。李兆麟派耿殿君率领先遣队与先期抵达的抗联六军第三师联系安排有关事宜。此时西征部队粮食断绝,急需救援。恰在岁末年初,抗联第六军第三师师长王明贵及时给第三批西征部队送来给养。第三批西征部队与王明贵所率第六军第三师会师,标志北满抗联主力西征胜利结束。

对于西征,冯仲云回忆说:"一九三八年敌寇残酷'肃正'松花江下游后,便决定将主力转移到小兴安岭的西麓,冲击西荒,开辟龙江广原和嫩江流域的反日游击区。这个指挥的责任落到寿篯的身上了。他指挥着三军主力之一部,到达小兴安岭的南麓。但是正值隆冬白雪纷飞,松花江下游的气候是那样寒冷,一下雪便没膝,朔风透骨寒。战士们由于敌人的烧杀和封锁,极少棉衣,又无给养,敌人又尾追甚急,情况非常困难。但是伟大的任务是必须要完成的。只有能完成这伟大的任务,才能挽救自己的部队,才能保全抗日的实力。这种万分困难危机的客观条件下,他动员了汤原抗日游击区的同胞,捐助了自己用以过冬的破烂棉被,才进入了小兴安岭。战士们披着破棉被,或者以树皮为线,用棉被改为棉衣,杀食他们那形影不离的征马,穿越了小兴安岭。不顾冻饿,力竭而死的无名烈士,死亡载道。他们沉重的脚步,是踏破了寂静的小兴安岭,几许的牺牲,多少的努力终于达到了目的地,而保存自己的实力。"①

东北抗联第三、六、九、十一军主力部队三批西征队伍,在中共北满临时省委的领导下,在李兆麟、金策等同志具体组织、率领下,前后历时6个多月,行程千余里,历经千辛万苦,终于完成了艰巨的西征任务。为了抗日救国,参加西征的指战员克服重重困难,表现出了中华儿女大无畏的不怕牺牲精神和坚定的抗战必胜的信念。李兆麟在贯彻省委指示,领导北满抗联主力部队西征途中,编写一首用古曲"落花"舞调填词的《露营》歌。这首战歌,是他一边指挥部队作战,组织部队西征,一边和当时在他身边的战友切磋写成的。(张中孚在12月20日行军日记里所记集中反映了《露营》景象。)这是反映抗联将士艰苦斗争生活和坚强旺盛斗志的壮丽诗篇:

"(一)铁岭绝岩,林木丛生,暴雨狂风,荒原水畔战马鸣。围火齐团结,普照满天红。同志们!锐志哪怕松江晚浪生。起来呀!果敢冲锋!逐日寇,复东北,天破晓,光华万丈涌。

(二)浓荫蔽天,野花弥漫,湿云低暗,足溃汗滴气喘难。烟火冲空起,蚊吮血透衫。战士们!热忱踏破兴安万重山。奋斗啊!重任在肩,突封锁,破重围,曙光至,黑暗一扫完。

(三)荒田遍野,白露横天,夜火晶莹,敌垒频惊马不前。草枯金风急,霜叶火不燃。弟兄们!镜泊瀑泉唤起午梦酣。携手吧!共赴国难,振长缨,缚强奴,山河变,片刻熄烽烟。

(四)朔风怒号,大雪飞扬,征马踟蹰,冷气侵人夜难眠。火烤胸前暖,风吹背后寒。壮士们!精诚奋发横扫嫩江原。伟志兮!何能消减,全民族,各阶级,团结起,夺回我河山。"②

《露营》文辞精美,激昂雄壮,构思巧妙。四段诗歌每段一、二句基本是写季节,第三句是写方位,第四句是写号召、写壮志。《露营》生动地反映了抗联战士在春夏秋冬不同季节,于东西南北征战的艰苦生活情景。它是抗联斗争真实生活的写照,充分表达了抗联指战员坚定乐观的革命意志、英勇顽强的斗争精神和光复祖国的坚强决心。《露营》经广泛传唱,歌声回荡在黑龙江畔,兴安岭上,鼓舞着广大抗联战士不畏艰难,努力奋战,为夺取抗日战争的最后胜利而奋勇前进。《露营》歌词生动,诗意浓郁,"火烤胸前暖,风吹背后寒"几乎是尽人皆知的反映抗联艰苦生活的诗句。这首战歌深为广大战士和民众所喜爱。1946年3月,李兆麟被国民党特务杀害后,为了纪念先烈,这首著名的《露营》之歌被定为抗联将领李兆麟将军的遗作。③通过对这首战歌进行广泛宣传,各阶层民众进一步了解到李兆麟等坚持十四年抗日斗争的东北抗联指战员艰苦卓绝的斗争历程,崇高的爱国主义精神,受到极大鼓舞、激励和鞭策。

在李兆麟、金策等领导下,北满抗联主力部队西征所取得的胜利,粉碎了敌人妄图把抗联"围歼"在伪三江省的图谋,落实了省委第七、八次常委会提出的向海伦地区进行具有战略意义

---

① 冯仲云:《李兆麟将军》,1945年2月18日《哈尔滨日报》。
② 东北抗日联军第三军政治部宣传科:革命歌集第二集《露营》,载中央档案馆等编《东北地区革命文件汇集》甲55,第151页。
③ 哈尔滨市李兆麟纪念委员会编:《纪念民族英雄李兆麟(张寿篯)将军》(1946年3月20日)。

转移的计划,达到了保存抗联主力部队的目的。北满抗联主力部队西征的胜利为在 1939 年以后开辟新的抗日游击区、建立游击根据地,开展黑嫩平原、松嫩平原游击战争奠定了基础。抗联第三、六、九、十一军部队西征的胜利成为北满抗日游击战争再发展的新起点。

六、嫩海新战场

1938 年,为冲破敌人的围剿,李兆麟、金策等领导抗联第三、六、九、十一军主力克服各种艰难险阻,成功地进行了西征,使北满抗联主力部队跳出敌人在三江地区布置的包围圈,到海伦、嫩江等地活动。为以后开展广袤的平原游击战争创造了条件。北满抗联部队突破敌人封锁线的斗争虽然在 1938 年下半年才开始进行,为时稍显晚些,但毕竟西征最终实现突破敌人封锁线,开辟了黑龙江省(当时简称"江省")西北部新的游击区,展开了黑嫩、松嫩平原游击战争,在东北抗日斗争进入极端艰苦阶段之时,不断掀起有重要意义的抗日斗争新的浪潮。

李兆麟对于艰难的西征曾说:"由于全体受过较长期抗日运动的严炼出来的民族战士的坚固团结与不怕艰苦困难和牺牲流血的战斗性的充分发扬的结果,所以才能在物质条件极端缺乏的条件之下,差不多都是横贯了兴安岭,'千里飞鸟寂,万径人迹绝'的崇山峻岭,才达到上级指定的目的地。现在已经顺利的构成了西北部队的坚固体系。但是我们永不能忘掉三、六、九军远征中的严重损失和许多血的经验教训,我们今后工作的开展就是生长在我们这些血的教训上,我们只有深刻的认识了这些教训,同时我们才能懂得今后的发展前途。"①

1938 年 10 月,就全国抗战而言,武汉会战后,中国抗日战争进入战略相持阶段。此时,先期西征到达海伦的北满抗联第三军、第六军部队,根据中共北满临时省委的指示,在海伦、通北、德都、嫩江等地展开了创建嫩海新游击区的斗争。10 月 15 日,中共北满临时省委常委、第三军政治部主任金策率远征队到达海伦东部八道林子后,考虑到海伦地区日伪统治与三江地区相比虽相对薄弱,但随着远征部队的到达,这里的日伪军也不断出动"讨伐"抗日部队。在这种情况下,如何应对敌人的"讨伐",以使远征部队在嫩海地区站稳脚跟是一个很大的问题。为解决这一问题,金策主持召开了各远征部队领导干部联席会议,决定为加强对远征到海伦的第三军、第六军、第九军部队的统一领导和指挥,筹备成立了江省西北临时指挥部。

12 月末,李兆麟率第六军教导队和第十一军远征部队到达海伦,他也认为西北部队统一问题是争取"江省"抗日游击运动顺利开展的先决条件,同时是解决和克服目前阶段困难局面的主要关键。因此他十分赞同成立江省西北临时指挥部。

1939 年 1 月 2 日晚,李兆麟在第三军第三师密营召开联军干部会议。主要内容是有关成立西北临时指挥部和组织等事项。不久,江省西北临时指挥部在海伦东部八道林子第三军第

---

① 《张寿篯关于西北部队的构成及其发展的报告》(1939 年),载中央档案馆等编《东北地区革命历史文件汇集》甲 58,第 108 页。

三师密营正式成立。李兆麟和许亨植(李熙山)分别为江省西北临时指挥部政治、军事负责人,许亨植任总指挥,指挥部内设政治部、参谋部。赵敬夫任政治部主任,冯治纲任参谋长,李景荫任参谋处长,张光迪、王明贵、郭铁坚、雷炎任参谋。期间,李兆麟与许亨植共同研究了指挥部下辖各支队负责人的任命和活动地域、战斗任务。江省西北临时指挥部的成立,对西征到海伦等地的北满抗联各军部队的统一领导和西北嫩海地区游击战争的开展起到重要作用。

日伪当局对北满抗联各军部队西征至嫩海地区及江省西北临时指挥部的成立评议称:"昭和十三年(1938年)后期,北满省委把一部匪帮留于三江省,此外尽将主力进入北安省,组成所谓西北指挥部,开辟遍及北安省一带、龙江省北部广大新区域,致使其与东边道地区并称为满洲国治安整顿之癌瘤。"① 可见,敌人对此也是极为重视的。这里说的"东边道地区"即杨靖宇领导的抗联第一路军活动的东南满地区。敌人是将李兆麟领导的北满抗联的斗争与杨靖宇领导的抗联第一路军的斗争一同视为"治安肃正"重点对象。

江省西北临时指挥部成立后,作为联军总政治部主任和西北临时指挥部政治负责人的李兆麟,即紧抓部队政治工作。在第六军密营,李兆麟于1月19日、20日、21日,主持举办临时干部训练班。此次训练班出席者6人,学习的内容是分析世界及中国革命形势,还有西班牙战争及中日战争两条战线的基因。分析东北目前的形势及过去各军出现某些失败的原因。讨论吴平于1937年9月18日在《救国时报》上发表的《全国对日总抗战与东北民族解放运动》论文中"将计就计,以毒攻毒"的意义极其对日伪"集团部落"政策的对策方针等。训练班的参加者通过学习,提高了对形势大局的认识,总结了斗争经验、教训。

1939年1月28日,中共北满临时省委在通河小古洞河上游鹰窝省委机关密营举行了第九次常委会议。出席会议的有省委书记张兰生、常委金策、冯仲云等。第九次常委会议是北满临时省委胜利领导西征到达海伦、北满游击活动重心转移到龙江西北部后召开的首次常委会。会议讨论、研究了面临的形势,总结了七次常委会以来的工作经验教训,明确了新的斗争任务等诸问题。

对于面临的形势,第九次常委会议认为:"卢沟桥事变之后,东北反日民族革命运动进入到新时期——第三时期,成为全国对日总抗战的有机组成部分。""中国国民革命军第八路军游击队及马占山将军挺进军,已经出关抗日,东北游击运动将形成新的阵容。但目前东北反日运动和国内抗争,是以不同的姿态发展着,且有相当的隔离性。同时东北运动本身还有局部

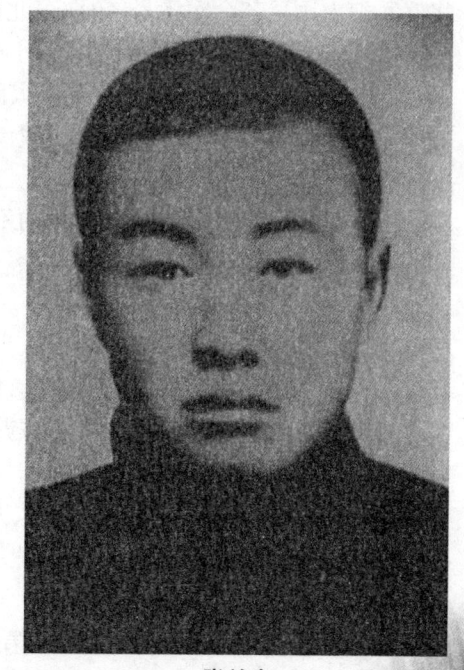

张兰生

---

① 吉林省档案馆编译:《东北抗日运动概况》,吉林文史出版社,1986年版,第99页。

的此起彼落的不平衡的发展。"会议确定我党的任务时说:"东北反日运动本身尚有许多优点和弱点,所以东北的革命巨浪,还有可能局部高涨和自发性的爆发。估计到目前的形势,还不是直接革命形势,而是长期耐苦的准备阶段。因此首先要把我抗日联军游击运动和民众运动配合起来,重新布置有战略意义的方向,并加强内部巩固,去克服局部性的不平衡的发展,争取局部形势高涨。克服与国内抗战的隔离性,加速东北反日游击运动由不平衡的、隔离性的、局部运动连接为全部性的运动。"北满临时省委第九次常委会号召:"北满全党同志,北满党要实现摆在目前的这一伟大任务,特郑重提出全党要为'面向群众''深入群众'而斗争!"北满临时省委第九次常委会分析了两年来北满反日游击运动的弱点和1938年反"讨伐"斗争所受损失的原因。会议根据形势的分析,确定了北满游击运动的新方针:"(1)争取北满军事领导统一,以便统一领导与指挥。(2)将北满各地适当的划分,并根据联军统一的行动纲领与规程,而分区集中,领导建立各区指挥部,统一各区的领导与指挥,与当地组织紧密配合。(3)抗联各部应以最高度的决心和突击精神去继续克服下江联军猬集现象,冲破敌寇'三江省'封锁重围,开辟新区,打通南满一、二军,欢迎八路军之挺进军与马占山游击师,以便与他们汇合打成一片。(4)加强与统一政治工作,将每个队员都引导到政治生活里。以千百倍紧张的精神去巩固和扩大队内党的组织,加强党支部领导,保障党的领导作用。(5)每个独立活动部队政治部,都应该去布置和组织该活动地带群众工作及伪军工作,组织他们领导斗争,配合和协助准备发动民变和兵变,努力争取建立东北的抗日联军总司令部。(6)要求中国国民政府,将联军编入国民革命军番号,争取东北代表参加国民大会。"①会议强调北满全党同志,特别是抗联第三、第六军党同志为实现以上光荣的历史任务,首先以第三、第六军为骨干,团结第九、第十一军及其它抗日部队去突破艰巨的局面。北满临时省委第九次常委会还总结了游击战争的战术运用问题,对民众运动、城市工作、青年妇女工作、少数民族工作、伪军工作、反奸细斗争、党的工作等都提出具体要求。北满临时省委第九次常委会所作出的决议、提出的要求、发出的号召,对北满抗日军民斗争的不断深入及黑嫩平原游击战争的开展起到推动作用。

李兆麟虽没有参加第九次常委会,但他完全同意、拥护会议通过的决议,认真贯彻落实会议精神和完成分配给他的工作任务。

第九次常委会统一了人们思想认识,认识到东北抗日游击战争虽然遭遇到很大困难,但在全国范围看,这毕竟属于局部问题。随着全国抗日战争和世界反法西斯斗争的开展,和敌我力量的消长,困难是暂时的、是能够克服的,东北抗日联军的斗争是能够取得最后胜利的。

第九次常委会议后,根据北满临时省委指示和各部队在不同区域活动的实际情况,江省西北临时指挥部决定将抗联第三、六、九、十一军西征部队及原在海伦、铁力、通河等地坚持斗争的第三军部队共 900 余人统一编为四个支队和二个独立师,以后又设龙南、龙北两个临时指挥部,部队整编情况如下:

第一支队,由第三军三师八团和第六军一师部分队伍组成。支队长张光迪、政治部主任

———————
① 《中共北满临时省委第九次常委会决议》(1939 年 1 月 28 日),载中央档案馆等编《东北地区革命历史文件汇集》甲 24,第 253 页。

陈雷①。该队远征到海伦后又向德都远征,故又称西北远征队。

第二支队,由第三军三师八团二连和第六军二师十一团、十二团队伍组成。支队长冯治纲(兼)、政治部主任赵敬夫②。

第三支队,由第六军三师八团一部、第六军教导队大部和第十一军一师部分队伍组成。支队长王明贵、政治部主任于天放。

第四支队,由第三军机枪连和第六军教导队一部、第六军十九团和第九军二师队伍组成。支队长雷炎、政治部主任关树勋、参谋长郭铁坚。

独立第一师,由第三军一师组成。师长任永富、政治部主任周庶泛。

独立第二师,由第三军三师七团和第十一军一师组成。师长马光德、政治部主任朴吉松。

第一、二、三支队归龙北临时指挥部领导指挥,负责人李兆麟兼任。活动区域为海伦、嫩江、讷河、德都、通北、北安、龙门、克山、克东一带。第四支队和独立第一、二师(亦称龙南第一、二支队)归龙南指挥部领导指挥,负责人由许亨植兼任(后由李景荫负责),活动区域为绥棱、绥化、庆城(今庆安)、铁力、巴彦、木兰、东兴一带。部队经过整编后做到了政治领导集中,达到了军事统一、指挥统一、经济统一、行动统一。

根据北满临时省委决定,为加强对西北嫩海地区部队及地方党组织的领导,成立了省委嫩海代表团,由李兆麟任负责人,成员有许亨植、侯启刚、王明贵等。省委嫩海代表团代表省委领导远征到海伦,活动在嫩江、讷河、德都等地的抗联部队以及地方工作。在地方工作中,比较突出的是建立了中共讷河中心县委。县委书记尹子魁③,工作分布在讷河、布西、嫩江、德都、克山、克东一带。之后,建立了中共龙江工委(肇州县委),书记张文廉④,工作分布在肇州、肇源、肇东、兰西、青冈一带。

李兆麟十分重视西北部队和西北游击区各项工作的开展。他说:"在全中国总抗战的条件之下,我东北抗日游击战争,是在敌人不断讨伐环境中生长着,西北部队乃是我北满抗日游击运动的主要的骨干部队,西北部游击区域,是我们北满抗日游击运动的生命线。"⑤为广泛开展游击战争,打击敌人,1939年3月16日(农历一月二十七日),李兆麟给金策、李景荫写信,对游击战争的开展提出建议:"最近我们为呼应西征部队,就须要在讷河、通北、克东许

---

① 陈雷(1917—2006),黑龙江桦川人,中共党员。历任抗联第六军组织科长,抗联第三路军第三支队宣传科长。抗战胜利后任绥化中心县委书记、黑龙江省政府秘书长。建国后,任黑龙江省政府副主席、副省长、省长、省顾委主任。2006年逝世。

② 赵敬夫(1916—1940),黑龙江桦川人,中共党员。历任东北抗联第三军第五师宣传科长、第三师八团政治部主任、第三军第三师政治部主任、抗联第三路军第三支队政委。1940年7月与敌作战中牺牲。

③ 尹子魁(1909—1941),辽宁东沟人,中共党员,历任汤原反日会会长、东北抗联第六军军部组织科长、第六军第二师政治部主任、讷河县委书记。1940年被捕,1941年被敌人杀害。

④ 张文廉(1913—1940),黑龙江宁安人,中共党员。东北抗联政军学校教官、抗联第三军军部秘书、第三军政治部宣传科长、中共龙江工委书记。1940年被捕后牺牲。

⑤ 《张寿篯关于西北部队的构成及其发展的报告》(1939年),载中央档案馆等编《东北地区革命历史文件汇集》甲58,第107页。

多县份里开展英勇的游击活动,以便能钳制敌人和调动敌人,以军事胜利来回答敌人的凶恶进攻""广大群众斗争的领导问题和对于群众利益的经常注意,不要在无意义的条件之下侵害群众利益,要保持与抗日群众的旧的关系和采取各种办法建立新的群众联系,特别是特殊关系(城市关系及采买关系等等)的建立。"李兆麟总是对各部队的活动不时发出指示,对工作提出的建议,都是具有指导性的意见,是部队活动的指针。

在江省西北临时指挥部的领导下,北满抗联各支队在加强后方基地建设的同时,采取山区游击战与平原游击战相结合、军事斗争与群众斗争相结合、巩固老区工作与开辟新区工作相结合、寻找敌人统治的薄弱环节,同日伪军展开激烈战斗。

第一支队,即西北远征队,在张光迪、陈雷的领导下,于1938年10月间就已从海伦东部八道林子出发,经通北、北安越过北黑铁路向德都五大连池远征。他们不被各种阻碍所牵制,曾在战斗中缴获3挺机枪。11月,部队在德都朝阳山活动时,接到西北远征队改编为第一支队的通知。不久,第一支队深入到嫩江北部站地活动。在松门山战斗中,部队伤亡较大,以后不断遭敌军追击,1939年2月北进至黑河地区,在上马厂过坚冰封冻的黑龙江,进入苏境略做休整,同年夏又返回东北抗日战场。

第二支队,在冯治纲、赵敬夫领导下,在德都讷谟尔河流域开展游击活动。1939年初,在德都田家船口与四倍于我的伪警察"讨伐"队遭遇。战斗中,日本警务指导官木黑俊一被击毙,活捉伪德都警务局长刘日升以下25人,缴获步枪30余支,得到群众拥护。而后在德都西部谷家窑与大批敌人作战,取得突围胜利。1月30日,第二支队长冯治纲从山外归来,向李兆麟汇报在德都活动情况。李兆麟听取汇报后,对第二支队取得的战绩给予充分肯定,而后就目前形势进行了详谈。他同意支持冯治纲关于到讷河、嫩江一带开展游击活动的计划。2月1日,冯治纲返回第二支队营地。

为加强第二支队工作指导,不久,李兆麟率第六军教导队前往德都,视察该队工作情况。他向第二支队指挥员在田家船口伏击战和谷家窑突围战斗中取得的胜利表示祝贺,使第二支队指战员受到鼓舞。他强调在敌强我弱的区域开展游击活动,千万不能固守一地,要实行机动灵活的游击战术,运用突袭、夜袭和远距离奔袭的战术,实现打击敌人,保存自己的目的。为了直接取得战斗的实际经验,夺取游击战争的胜利,李兆麟决定与第二支队活动一段时间。李兆麟随第二支队活动约一个多月,这期间,他及时指导第二支队运用游击战术开展对敌斗争,与战士们共同生活、战斗,朝夕相处,体现了官兵一致的人民革命军队的好传统、好作风。之后,第二支队向嫩江、讷河北进途中,抓住有利战机,主动出击,打击敌人。4月27日(农历三月八日)击破了龙镇附近紫霞宫伪警察分署,缴获步枪10支,手枪1支,服装给养许多。随即袭击龙门日军军用飞机场,击毙日军2名。5月5日(农历三月十六日),攻占龙门火车站,将5名路警缴械,处死日系工务段长以下4人。其余站长以下职员经过教育后,皆予释放。此战缴获枪械6支,服装给养甚多。①

---

① 《张寿篯给金策及省委负责同志的信》(1939年6月23日),载中央档案馆等编《东北地区革命历史文件汇集》甲55,第86页。

第三支队,在王明贵、于天放领导下,深入绥棱、海伦南部活动,频繁袭击日人经营的山林木业。1939年1月,袭击了绥棱二道河子、一棵松日本"移民团"森林采伐作业区,击毙日寇数名,缴获百余匹马,使步兵部队变成骑兵队伍。2月,三支队深入海伦东部李三麻子、四海店、拉拉屯等地进行抗日宣传,受到群众欢迎。对于第三支队的工作,李兆麟十分关心,他于2月24日和许亨植联名致信王明贵和于天放,充分肯定第三支队战绩:"最近的英勇活动,是充分证明你们已经扫除了由下江带来的失败情绪,相当克服了敌人初期压迫我们所产生的苦闷精神。"信里分析了"江省"形势、前途。信中坚定表示:"我们完全有把握地说:无论转入哪一个前途,都阻止不了抗日运动在江省的深入和生长。"信中要求第三支队:"你们必须依靠路线,依靠决议,坚持原则,耐心地前进。要以共产党的灵活的机敏的绕过横在目前的一切困难或暗礁,把每个支队在战斗烈火中,巩固成为有组织的战斗单位。将前方和后方一切不可靠的动摇力量,团结和搜集成为支队的骨干。独立的解决一切问题。要以抗日救国会作为组织广大群众的中心组织,以抗日救国后援会作为募捐、特捐和团结广大绅商地主的主要武器,欢迎马占山将军委员会,作为吸收旧的抗日力量的组织,但是党决定的其它群众工作仍要继续开展,这些组织不是对立的,而是联系起来的。"①

2月28日(正月初十)李兆麟赴铁力省委驻地开会途中,到达第三支队后方,对第三支队工作予以部署。第三支队在接到李兆麟2月24日来信和28日指示后,认真组织学习领会,并予以贯彻。部队进一步加强党政工作、群众工作、后方建设、提高队员的战斗技能,做到把各项工作联系起来,不断推进抗日斗争的发展。

第四支队,在雷炎率领下,由绥棱东山里穿越呼海铁路到四方台附近活动。1939年2月16日,第四支队70余人的部队在海伦、望奎两县交界的李老卓屯遭敌围攻,突围战斗中,雷炎等10余名指战员牺牲。李兆麟在铁力得知此不幸消息后感到非常悲痛。3月15日,李兆麟在给下江特委书记高禹民信中通报了第四支队队长雷炎牺牲情况,信中说:"革命战争日益开展,战斗异常激烈。于1938年旧历12月28日,我西北临时指挥部属下第四支队,因活动的英勇,求胜心急,轻举躁进,在绥化北部,呼海铁路西,与敌人发生激烈战斗,此役我方受到严重损失,共牺牲16名。我们的最敬爱的雷炎同志、支队长光荣牺牲了。自九一八没有一天脱离抗日战斗的、阶级的民族英雄,真使我们痛惜欲绝,但是我们应当踏着血迹前进,为烈士复仇,希追悼之,完成烈士未尽的革命事业的责任是我们的。"②信中对牺牲将士痛惜欲绝的情感,表达了李兆麟对革命先烈的痛悼怀念和无比深厚的情谊。他说的"我们应当踏着血迹前进,为烈士复仇!"是对抗联部队指战员的有力战斗号召。

在第一、二、三、四支队积极开展活动的同时,独立第一、二师遵照江省西北临时指挥部的部署,也在积极开展抗日斗争。他们"化整为零搜集情报,集中力量打击敌人",加强了对在

---

① 《张寿篯、许亨植关于黑龙江的工作及形势给王明贵、于天放的信》(1939年2月24日),载中央档案馆等编《东北地区革命历史文件汇集》甲54,第201页。

② 《张寿篯给高禹民等同志的信》(1939年3月15日),载中央档案馆等编《东北地区革命历史文件汇集》甲54,第263页。

平原地区开展斗争的领导,广泛开展平原游击战争,一度深入到绥化、海伦呼海铁路以西地区活动,并取得一定胜利。4月5日(农历二月十六日),李兆麟写信给龙南部队负责人李景荫及高继贤,通报"本同志已于正月十九(3月9日)到达通北(似应为庆城)行营",信中首先通报了第二、第三支队混合部队攻破孙家船口(额木尔站)战斗情况,而后鼓励说:"我国抗战事业处在猛烈开展中,东北抗日游击运动是在巨艰中奋斗着,这正是我抗日军人,牺牲一切,共赴国难,以便达到中华民族解放事业彻底胜利、经济复兴、政治复兴、民族复兴的历史任务。尤其是我们人民之望——共产党党员,应该了解我们在抗战建国中的骨干作用,特别是我东北抗日联军中的指挥者,继承了光荣死者的遗业,更应日夜努力,锻炼不可战胜的坚毅魄力,应对一切复杂环境的决心,友爱和团结自己力量的热情,正确执行职务的工作风格,这才是斯大林时代的干部。"信中对李景荫同志病情、高继贤同志的工作表示关切。盼望景荫同志的病能很快的痊愈。希望高继贤同志能很迅速改正自己各种缺点,"成为少有错误的干部"①。李兆麟总是时时关心同志的进步,运用批评的武器、展开批评的方法,诚恳指出同志存在的毛病,提出殷切希望,帮助、教育同志改正缺点、纠正错误,使之不断进步。

李兆麟在组织领导嫩海地区游击战争的同时,也十分关心下江地区斗争。1939年2月20日,他在写给下江特委书记高禹民、留守主任夏振华并转徐光海(按,此时李兆麟尚不知道徐光海已于1938年11月牺牲)和全体战士的信中,介绍了黑龙江省的客观形势和西北临时指挥部及各部队改编情况,指出:"关内抗战已经更形紧急,战斗当转入更长期,这是中共中央很早指示的'中日战争不是三五个月的战争,乃是三五年的长期持久的战斗',特别是警告我们共产党人不许急躁,应当认识我们的胜利是生长在长期战斗中,时间越长,胜利基础越发稳固,战争紧急、战机扩大的当前,是要你们沉着地、慎重地独立解决一切当前问题,不必等待上级、依赖上级。"

李兆麟十分注意观察、分析形势,进而对形势的走向做出正确判断。因为他深深知道,对形势的正确分析和判断是确定任务和下定行动决心的前提。李兆麟在给各支队领导写信时往往都要谈对形势的认识。如2月20日,李兆麟在给下江特委书记高禹民的信和2月24日他与许亨植联名致信王明贵、于天放的信都谈到形势。在2月24日信中说:"现在的黑龙江省形势,是根据中国政局的急转之下,是要不断地发生新的变化的,根据目前的状况只有两种不同的前途。第一种前途,是关内战争继续扩大,而日寇在内地战况继续恶化下去,而敌人在江省的'统治'继续脆弱下去。我们依据党的正确路线,猛烈开展工作,将有可能造成江省最广大抗日运动,如下江一九三七年的形势;另一种前途是,敌人在关内战线表现部分缓松,敌人当拼命,逞其一九三八年下江故伎,将厉行'坚壁清野'保甲制度,归并大屯,以比较重兵压迫,人民停止了春耕夏耘,我们将转入一个艰苦斗争的前途。现在我们完全有把握地说:无论转入哪一个前途,都不能阻止了抗日运动在江省深入和生长,现在我们就要提前准备解决工作前进中必然会发生的各种困难条件。"联系到西北地区的斗争,他认为联军西北地区的

---

① 《张寿篯给李景荫同志转高继贤的信》(1939年农历二月十六日),载中央档案馆等编《东北地区革命历史文件汇集》甲54,第170、171页。

军事分布完全符合目前阶段的要求,政治策略的决定,都是站在正确发挥中央路线的立场。

从上述信件中,可以清楚看出,李兆麟讲形势并不是单纯为讲形势而讲形势,他总是在讲完形势之后,要联系到本地的实际斗争。通过讲形势看到斗争的前途、远景,增添争取胜利的希望。明确形势对于正确提出任务、正确制定决策、正确部署斗争,具有重要意义。由于当时是在极端艰苦的条件下,所得外界材料甚少,只能通过有限的、经过辗转传来并不及时的《新华日报》以及日伪报刊所载消息来分析、判断形势,这是很不容易的。他能够对形势做出准确的分析和判断,并密切联系实际工作,为抗联指战员指明前进方向,这极为难能可贵。

3月上旬,阳气开始上升,天气乍暖还寒。此期间,李兆麟作为联军总政治部主任十分关心抗联第八、九军的情况。长期以来,第八、九军在敌人严酷"讨伐"下情绪不稳,领导人也表现出动摇不定。对此,李兆麟很是关心,他在庆城第三军司令部行营写信给李华堂、谢文东,鼓励他们坚定立场、抗日到底。1939年3月12日他写信给李华堂,信中说:在时局艰难的状况下,"吾等惟有以最后一滴血报答阶级、民族和全国人民""我个人的头发日益脱落,面纹逐渐苍老,我想你这'星星白发'的老斗士,也能健壮着,在不久将来,伟大民族解放斗争前途,就要生长在我们这里。""我们东北的民族战士、革命者,全体人民都像我一样爱护你的历史,希望你自己要把自己血的斗争历史,看作是宝贵的生命一样珍重。"①同时也语重心长地指出,要求他克服思想观念上错误,"再犹豫不决,还在怀疑共产党"是对于我们共同事业是有害处的,只有纠正思想观念上的错觉,才能克服各种困难,更加巩固抗日阵营,求得抗日运动的进步。3月13日他写信给谢文东,信中直言不讳地批评说:"文东同志不十分相信共产党的策略主张,而贯想依赖'旧的封建的黑暗势力'作八军的基本柱石,由于以上总的缺陷得来的恶果,使我八军内部不能巩固起坚强体系。"信中说:"我们是东北抗日联军的领导者,我们把东北民族革命的远大前途看的十分光明,同时要把我们过去的斗争历史看成为不可磨灭的革命宝贵结晶,因之土龙山民众暴动的义举成为抗日历史光荣的一页。我们应该爱护这历史。""要坚持我们在二和尚庙交谈时的精神""希望你珍重自爱"②。

由这两封信可以清楚看出李兆麟为争取、教育谢、李二人坚持抗日到底所费苦心。十分遗憾的是,谢、李二人辜负了李兆麟和广大抗日军民的期望。他们对抗日斗争丧失信念,思想发生动摇,最终屈膝于敌人。第八军军长谢文东于1939年3月19日率所部24人到依兰土城子向日军投降。不久,副军长滕松柏也投降。第九军军长李华堂于1939年7月20日携带其妻及副官等7人到方正大罗勒密向伪军投降(按,一说被俘后投敌)。他们曾举旗抗日,但有始无终,中途变节,成为民族的叛逆,沦为历史的罪人。

1939年4月3日,李兆麟从铁力开会回来经张家湾到达第三支队后方——海伦东部八道林子。他帮助第三支队加强组织建设,召集党员同志举行组织会议,成立党支部,选举支部

---

① 《张寿篯、金策给李华堂及九军全体同志的信》(1939年3月12日),载中央档案馆等编《东北地区革命历史文件汇集》甲54,第243页。

② 《张寿篯、金策给谢文东等同志的信》(1939年3月13日),载中央档案馆等编《东北地区革命历史文件汇集》甲54,第253页。

书记、宣传干事、组织干事。召集全体指战员作报告,讲话主题是关于中国的抗战精神和最近我国抗战实力的准备。最后对于东北游击运动问题进行了详细分析。4月9日,李兆麟召集三支队队长王明贵和政治部主任于天放等开会,详细布置了第三支队的军事行动计划、党政工作和地方工作等。①根据李兆麟的部署,第三支队分为三个作战单位,王明贵带领第一大队(按,原六军三师八团)在海伦、拜泉境内活动;于天放、高继贤带领第二大队(按,原十一军一师)在绥棱、望奎境内活动;范春元带领第三大队(按,原海伦义勇军)在望奎、兰西境内活动。其中支队长王明贵带领第一大队在海伦北攻袭了孙炮营伪自卫团,为教育争取伪自卫团团长、神枪手"孙炮"(孙广林),王明贵将他带到军部,5月6日夜,李兆麟亲自与其谈话,进行爱国教育,鼓励他投入抗日队伍中来。告诫他应该幡然悔悟,以取得抗日军民的宽恕。②

  1939年4、5月间,正是青黄不接之时,部队粮食短缺。仅有的一点粮食都节省着吃、掺野菜吃。由于长时间吃不饱,个别同志的情绪不大好。抗联老战士马云峰回忆说:有一回我们大伙和兆麟将军一块去挖野菜,忽然听到小鸟在树枝上喳喳地叫。李兆麟就借这个机会问大伙:"树枝上的鸟能不能饿死?""它能找食吃,哪能饿死呢!"小王先回答了。兆麟将军马上说:"对呀,饿不死树上的鸟就饿不死抗日联军。"还说:"困难就像黑夜似的,终究要过去的,黑夜过去了,不就是白天了吗?可困难只是像黑夜,不等于黑夜,我们要努力克服才行。"③李兆麟总是能够随时随地、见景生情式的教育大家。经过他的教育,同志们都增强了战胜饥饿的信心。大家也都记住了他的话:"饿不死树上的鸟就饿不死抗日联军!"到了冬天,大家也会说:"冻不死树上的鸟就冻不死抗日联军!"具有钢铁意志的抗联战士能够克服一切困难。以后,"饿不死家雀就饿不死抗联,冻不死家雀就冻不死抗联!"成为抗联指战员的口头禅。

  由于敌人严密经济封锁,粮食奇缺,解决果腹之食,保证部队生存,成为最大的问题。有些部队,每年最少有三分之一的时间无斤米粒盐。在异常艰苦的斗争环境里,树皮、草根、野菜、野果成为经常充饥之物。故此每年因饥饿、冷冻、病患而死者,不下于战场上伤亡之数。其处境之惨烈,生活之艰苦,是笔墨难以描述的。在艰苦的抗日战争年代,李兆麟在给领导同志、部下所发出的信件、指示有许多是强调解决粮食给养这一问题的。为解决粮食,抗联指战员采取许多办法:一、利用群众关系,收买他们种在山边的粮谷作物,由抗联战士自己去收割;二、委托可靠群众买粮,用大车或爬犁或用人背肩扛隐蔽运进山里;三、向在山里狩猎、打鱼、烧炭窑、伐木的群众收买粮食;四、由部队自己在深山密营地附近垦荒种植,争取收获粮食,实现部分自给;五、武装夺取日伪军警、伪自卫团和日本"开拓团"的粮食。当时夺取日伪军警、伪自卫团和日本"开拓团"的粮食,是取得粮食给养的主要办法。而这种办法是要靠战斗进行的,真可谓每粒粮食都是要用鲜血甚至生命换取。

  由于日寇在海伦东部不断派兵出动"讨伐",第六军密营大部遭到破坏、威胁,4月末,李

---

① 《张寿篯关于到达三支队后方工作情况给金策的信》(1939年4月18日),载中央档案馆等编《东北地区革命历史文件汇集》甲54,第369页。
② 《忠骨》(抗联名将王明贵将军回忆录),白山出版社,2012年版,第126页。
③ 文光:《在李兆麟将军的身边》,《哈尔滨文艺》1959年第10期。

兆麟决定率领第六军军部干部、战士从海伦东部八道林子山里向通北南北河方向转移。准备在南北河建立第六军后方基地,在那里指挥所属各部队有效开展军事活动。

在向南北河行军途中,为配合全国抗战、广泛动员民众投身抗日战争、推动抗日运动的发展,李兆麟以北满抗联总政治部名义起草了《东北抗日联军宣传纲领草案》,主要内容如下:

(一)全国对日总抗战的意义及其目前所达到的胜利阶段:1.日寇侵略中国的步骤及其最终目的。2.中国共产党、国民党新的合作和各地方政派的一致结成抗日统一战线。3.共产党的抗日救国新策略及其在实际行动中的具体表现和在全国的反映。4.前三个月英勇抗战中的中国状况。5.总抗战两年来新中国的新象征。6.全国人民今后的任务,及斗争前途之展望。

(二)东北是日军进攻我国北方各省的后方根据地及抗日运动的前途:1.东北四省在军事战略观点上的重要意义。2.七年来东北抗日运动之发展,与中国共产党在东北的策略。3.东北抗日运动中,共产党的成绩及其缺点。4.日"满"军几年来"讨伐"抗日运动的毒辣政策,及"殖民地政策"的实质,只有以英勇抗日斗争才能解脱东北人民所处的人间地狱。5.日"满"走狗官吏一贯出卖民族利益的基本原因(日本走狗官吏是敌寇的代理人,抗日军是中华民族的优秀代表)。6.怎样运用人民抗日救国的力量。

(三)东北人民今后的任务:1.东北人民解放运动基本元素——抗日游击运动与人民的联系问题(没有胜利的游击战争,就没有胜利的人民解放事业)。2.克服东北人民斗争中的基本弱点问题(东北人民不决心脱离动摇、犹疑、苟延一时的心理,同时就不能脱离死亡、流离的"人间地狱")。3.武装起义的基本内容和民变兵变配合抗日军的意义。4.扫清日寇在城市和乡村亲日分子的监视和"匪民分离政策"的影响及"保甲制度"的束缚问题,是全民自救的开端。5.各地抗日人民,真正不分党派、阶级、信仰、队头、民族、籍贯的一致团结。6.抗日救国的十大纲领及抗日军行动纲领,要以可能时间给群众解释。7.号召组织各地抗日救国会、救国后援会、马占山将军欢迎会、参加全东北人民代表会。8.组织各地抗日游击队及隐藏在生产中的不脱离生产的游击队(大刀会、枪会、自卫队),配合抗日军作战。9.不组织东北人民广大抗日运动,就不会有解放事业的新前途。10.如果没有暂时的部分牺牲,就不会得到东北人民自由幸福的新生活。①

这一宣传提纲是李兆麟在行军途中所写。第六军军部秘书长张中孚日记中记载:"三月十一日——三月十五日(按,农历。公历为4月30日——5月4日)为等待第三支队而在某地露营。政治委员起草关于政治工作(即宣传工作)纲领的若干条款。张秘书长写作小说《风暴》草稿。"②《东北抗日联军宣传纲领草案》内容简单明了,各项问题根据实际情况而提出,有明晰的回答,具有很强的针对性,是对抗日军民进行宣传教育的好教材。

李兆麟率部向通北、德都交界的南北河出发之日,时值雨雪交加,路途泥泞,十分难走。经过艰难行军,在十分困难的条件下,李兆麟率部于5月12日抵达南北河岸。5月13日渡过

---

① 《东北抗日联军宣传纲领草案》(1939年3月14日),载中央档案馆等编《东北地区革命历史文件汇集》甲54,第255页。(此日期为农历,公历为5月3日)

② 《李鸿文著述选》,吉林人民出版社,2001年版,第582页。

狂流急湍的南北河。对这段重要行程,第六军军部秘书长张中孚日记中有记载,现摘要如下:

"5月6日(农历三月十七日)将近正午,三支队返回,解决的给养共计二石有余。但目前的主要任务在于将孙炮台大排的武装解除。然而由于军事行动比较缓慢、先锋队不够勇敢的结果,未能完成任务。听说敌人死伤了二三名。同时带来了孙炮(孙广林)。张政委当夜进行了谈话,大意是'所有的人都负有救国的责任,如果你有中国人的热情,而且是忠实的,你就应当更进一步(投入抗日队伍中来),否则即使你回家,也难保生命的安全,你应当更加慎重的考虑这点。'又进一步就中日战况进行了深刻的交谈。支队长等也谈了若干问题。

"5月7日(农历三月十八日)上午,值班者发现敌情。支队长立即指挥堵卡桩子,向营地纵深转移。约一小时,见到满军六七十名、小背(按,民夫)二三十名,计百余名向老道庙走去。我方依然原地宿营。本晚,张主任对送来训练班的学员,作了第一次讲话,并定下了教学方案和讲师。

"5月8日(农历三月十九日)晨三时用饭,四时出发,行十八里,黑云四布,正午时雨雪交加,中途宿营。

"5月9日(农历三月二十日)午前八时出发,午后六时半到达游击团驻地,马上派二人到执法处去送信。总部在游击团的原驻地西山坡宿营。

"5月10日(农历三月二十一日)午前六时,派出的人员归来,了解到因刘团长正患疟疾不能行动,派姜处长到总部接见特派人员,听说给养仅能维持到四月上旬。总部马上发出两个命令,一个是给二支队的,如果有给养,望给游击团一些通融;一个是对十二团的后方下达了同样内容的命令。原定十二点出发,正当正午又下了雨。二小时雨停后起身。本日距出发地二十里的地点宿营。

"5月11日(农历三月二十二日)天亮天空虽阴沉仍马上出发,走了两小时便大雪纷飞。正午雪止。四时四十分到达大板房,立即派贾班长带一名队员给后方送信。

"5月12日(农历三月二十三日)午前七时贾班长归来,后方的苏排长亦同来总部面谈。在后方的工作分配后,询问渡河方法时说没有木筏不行。遂派王正茂和苏排长同去勘查。午后六时半到达河岸宿营。晚饭后,张政委召集全体训话。其大意是'这次的行军事关全局,必须迅速到达目的地。因此,同志们都要振奋精神,勇猛前进'。还决定明天上午渡过南北河。

"5月13日(农历三月二十四日)午前造好了木筏,首由孟把头指挥十二人渡河,并且命令登陆后到河东去取给养。十数分钟便到达对岸。于是于、王两同志划向西岸,不知为何,这条河水流急湍划到中流就向下游冲去,走了七八里才好不容易靠岸。总部一行十一名也渡了河。本日在东北山上宿营,去取给养的七人日落时归来,取来给养三斗多。

"5月14日(农历三月二十五日)午前七时出发,行军到达约二十里的地点发现宿营的痕迹和人马的足迹,遂尾追数里了,始知是二支队从南河向北河前进。午后八时会合。"①

从以上日记,可以看出这半个多月的行军路途的艰苦,李兆麟率领军本部干部、战士要在雨雪交加的环境中行进,时而穿山,时而过河,时而缺给养,时而遇敌情。在这短短半个多月时间里他主持开会一次。给训练班学员讲话一次。起草文件二份,其中有《东北抗日联军宣传纲

---

① 《李鸿文著述选》,吉林人民出版社,2001年版,第585页。

领草案》。跟"孙炮"谈话一次,发出命令二个、一给二支队、一给十二团。对全体训话一次。可见其工作之重要性、繁忙。在这次紧张的行军中,一路上触景生情,由情入境,不能不令人产生诗词创作的灵感。东北抗日联军第三军政治部宣传科1939年7月7日编印的《革命歌集第二集》中收录一首《行军》(落花舞调)歌。《行军》歌词壮丽,意境深远,与《露营》格调一致。《行军》全文如下:

"(一)冈峦起伏,嵯峨峥嵘,煦日和风,燕语莺歌相伴鸣。溪流复潺潺,山野一色清。齐争先!峰危岭险难阻我前行。听中原遍地杀声,敌血溅,倭头滚,风云变,民族庆复兴。

(二)湍湍激流,汹涌奔腾,战马嘶鸣,黑暗环宇阵阵起凉风。大雨倾盆下,坎坷路泥泞。当小心!谨戒跌仆行止须闻声。奋锐志,挺起心胸,身虽冷,热忱充,誓前进,晨曦启微明。

(三)气爽天清,霜寒月冷,雁阵惊鸣,野火燎原落叶满地红。渴饮甘泉水,饥餐伴西风。看山河,敌寇猖獗恣意肆辱凌。愤填胸,怒发冲,振臂呼,举壮征,齐奋起,万里乘长风。

(四)北风凛冽,雪深没胫,山野迷蒙,晚霞落日映青松。冰霜眉发结,征衣寒风冷。竞前行!不达目的疲惫何能停。起歌声,精神焕兴,脚步和,肩臂并,齐冲锋,粉碎万恶丛。"①

这首《行军》创作时间当在1939年7月之前,具体说是在1939年五六月间。《行军》虽没有署作者姓名,但从歌词内容、写作手法、词语运用、表现形式等方面看,应当是李兆麟所创作。

李兆麟是一个文武双全之人,他所写的书信、文件,时而会带出一二句诗的语言,如1939年在谈到艰苦的西北远征途中景象时,就说过:"在物质条件极端缺乏的条件之下,差不多都是横贯了兴安岭,'千里飞鸟寂,万径人迹绝'的崇山峻岭,才达到上级指定的目的地。"②这里的"千里飞鸟寂,万径人迹绝",是由唐代诗人柳宗元《江雪》中"千山鸟飞绝,万径人踪灭"演化而来。1939年9月7日,他给耿殿君信中有"寒夜客来茶当酒""家贫空四堵,聊将单衣当棉衣"。③"寒夜客来茶当酒"是宋代诗人杜耒(小山)《寒夜》诗中的一句。全诗为:"寒夜客来茶当酒,竹炉汤沸火初红,寻常一样窗前月,才有梅花便不同。""家贫空四堵"是从《史记司马相如列传》中形容传主家境贫寒"家居徒立四壁"而来。李兆麟谈当时所处的困境,用此诗、语句形容,却也很生动很形象。他的战友韩光同志也说过"李兆麟喜欢吟古诗"。④《行军》诗作的主题,非常明确,就是上面5月12日日记所述行军途中李兆麟召集全体同志训话的训词:"这次的行军事关全局,必须迅速到达目的地。因此,同志们都要振奋精神,勇猛前进。"训词中的"行军事关全局""迅速到达目的地""都要振奋精神""勇猛前进"等,在诗作中,均有体现。《行军》一诗与《露营》是姊妹

---

① 东北抗日联军第三军政治部宣传科:革命歌集第二集《行军》,载中央档案馆等编《东北地区革命文件汇集》甲55,第152页。

② 《张寿篯关于西北部队的构成及其发展的报告》(1939年),载中央档案馆等编《东北地区革命历史文件汇集》甲58,第108页。

③ 《张寿篯关于工作任务等问题给耿殿君等的指示信》(1939年9月7日),载中央档案馆等编《东北地区革命历史文件汇集》甲55,第259页。

④ 韩光:《民族英烈 血沃北疆》,载政协灯塔县委员会文史资料委员会编:《李兆麟将军史料专辑》,第50页。

篇,沉稳恢宏的气势与浓郁深挚的情感之抒发,给人以激励、鼓舞和力量。

李兆麟率部行进至南北河后,便在德都与通北交界的南北河、木沟河、二更河及土鲁木河一带指挥所部克服部队的零散状态、物资上的极端困难,不断加强部队的政治军事建设,努力把各部队整理成为有战斗力量的支队。

在各支队中,普遍建有士兵委员会组织,经常在政治指导员组织下讨论士兵自己权力内的问题,士兵中还建有各种教育组织,如军事组、政治组、文化组、俱乐组、宣传组等。李兆麟十分注重部队文化学习,他要求各支队要利用休整时间学文化,主要是识字、写字,不仅学写汉字,还学写新的拉丁化拼音文字。没有纸笔就用桦树皮当纸,用炭棒当笔,练习写字。不少战士坚持学习,能认识、书写常用字。李兆麟有时还亲自教战士写字。据抗联老战士马云峰同志回忆说,我过去没念过书,一天,政委指着传单上的字问我,我不好意思地说,不认识。李兆麟说:"不认识没关系,有空我教你,只要肯学就行。"他还鼓励说:"革命战士,有什么学不会的呢?"从那以后,一有空他就教我。那时,不用说黑板,就连一张纸也没有。他就剥了些白桦树皮,一大张一大张的,又找了些烧后的木炭块。就这样的教起我来了。我把字写好,就乐颠颠地捧着桦树皮找他,让他给批改。很快,我就能写简单的信了。张政委在北京念过大学,那时,他就懂得新文字。在萝北时,每隔几天,他就把指挥部的一些人员集合起来教我们一次。我头一次看见那样弯弯曲曲的外国字,打心眼里不愿学。政委看透了我的心思,就耐心地对我解释说:"咱们现在是打游击,用拼音字写,鬼子得去了,也不知写的是啥。"这下子,我想通了。起先,他领着我们一个字一个字地念,念熟了就往树皮上写,练拼音。直到现在,我还会拼写新文字呢。①

由于部队注重政治文化学习和军事训练,部队的党政工作不断加强,指战员的政治军事素质不断提高,抗日救国的目的明确,抗日的斗争积极性普遍增强。李兆麟曾说:"在全中国总抗战的条件之下,我东北抗日游击战争,是在日常艰苦的敌人不断'讨伐'环境中生长着,西北部队乃是我北满抗日游击运动的主要的骨干部队,西北部游击区域,是我们北满抗日游击运动的生命线。"②北满抗联在西北平原地区开展了广泛、英勇的游击战争。部队活动范围逐渐扩大,给日伪统治构成新的威胁。敌人惊呼:北满抗日联军开辟了"北从龙江省嫩江县南至北安省拜泉、望奎、绥化广大游击区"。北满抗联部队系统"在党军一体体制下,致力扩大与加强武装游击运动。开辟遍及北安省一带、龙江省北部广大新游击区"。敌人把北满抗日游击运动与东南满抗日游击运动一样并称为"满洲国治安整顿之癌瘤"③。这说明北满抗联在黑龙江西北地区开展游击战争、开辟新的游击区活动的极端重要性,对于日本侵略者这只野兽来说,东北抗日联军就是它的克星、消灭它的神枪猎手,党领导的抗日运动就是致日本侵略者死命的神圣力量。

---

① 文光:《在李兆麟将军的身边》,载《哈尔滨文艺》1959 年 10 期。
② 《张寿篯关于西北部队的构成及其发展的报告》(1939 年),载中央档案馆等编《东北地区革命历史文件汇集》甲 58,第 107 页。
③ 吉林省档案馆编译:《东北抗日运动概况》,吉林文史出版社,1986 年版,第 99 页。

第八章 统一指挥建

一、成立三路军

1939年3月9日和4月12日,中共北满临时省委在铁力和通河召开了执委会议,李兆麟作为省委执委参加了铁力会议,铁力会议出席者还有省委常委、宣传部长金策及省委执委许亨植等同志。通河会议出席者有省委书记张兰生、省委秘书长冯仲云及省委执委许亨植同志。铁力、通河两个会议虽属异时异地召开,但已包括现有全部省委执行委员,许亨植同志又参加了这两个会议。会议所讨论的问题,均为当时迫切需要解决的重大问题,因处于紧急的游击战争环境,难于在一起召开全体执委会议的情况下,省委将这两次会议汇合而称为"中共北满临时省委第二次执行委员会全体会议"。

北满临时省委第二次执委会议是一次重要会议。这次会议首先着重讨论了迫切需要解决的关于组织问题,决定了为了加强对抗日运动的领导,北满临时省委应与吉东省委合并,并以最大努力实现这一目标。在两省委一时不能合并情况下,则将北满临时省委改为北满省委,并改选省委常委;其次是决定成立抗联第三路军问题。为了加强对抗日联军部队的领导,北满临时省委考虑到在赵尚志赴苏未归情况下,将北满抗联总司令部与第二路军总指挥部合并,但与吉东党组织一时找不到关系,第二路军总指挥部早已成立,而且在军事布置上应以松花江为界分为两路,因之决定暂时放弃将北满抗联总司令部与抗联第二路军总指挥部合并的意见,而正式成立抗联第三路军总指挥部。对于第三、六军领导干部予以重新安排。

1939年4月,北满省委作出《中共北满临时省委执行委员会第二次全会决议》,主要内容有:(一)第二次执委会会议一致认为北满临时省委第九次常委会决议仍然是目前工作的指导方针,追认第九次常委会决议作为第二次执委会政治决议案。(二)将中共北满临时省委员会的"临时"两字去掉,改为中共北满省委员会。选举金策、李兆麟(按,当时名张寿篯,下同)、冯仲云为新省委常委,金策为书记、李兆麟为组织部长、冯仲云为宣传部长。(三)为重整北满反日运动阵容,更加巩固统一军事计划和指挥,以适应新的斗争环境的需要,决定正式改选北满抗联总司令部,而正式成立东北抗日联军第三路军,并成立第三路军总指挥部。总指挥由李兆麟担任,总参谋长由许亨植担任,李华堂担任总副指挥(暂不发表)。成立日为5月30日("五卅"纪念日)。(四)为重整北满反日新阵容,对第三、六军进行整理,许亨植担任第三军军长,张兰生担任第三军政

金策

治部主任。李兆麟担任第六军军长,冯仲云担任第六军政治部主任。(五)估计到下江斗争的艰苦和龙北地区工作需要,派冯仲云到下江地区担任省委代表工作、李兆麟到龙北地区担任省委代表工作。(六)补选周庶泛、徐光海二同志为北满省委执行委员。(七)原省委执委蓝志渊因叛变投敌,决定开除其党籍,并按国民政府公布的《危害国民紧急治罪条例》之"通敌叛国破坏抗战者处死"的规定,予以通缉,判处死刑;原省委执委周云峰①生活腐化,抽大烟,撤销省委执委工作。(八)会议还决定坚持在各种可能情形下实现吉北党合并,要以最大努力设法打通与党中央的联络关系等。②

中共北满省委第二次执行委员会对组织人事变动做出重要变动的决定,进一步加强、统一了对北满抗日游击运动的领导。第二次执委会改组成立新省委,使北满抗日游击运动有了新的领导机构,会议决定成立东北抗日联军第三路军总指挥部,为以后广泛开展黑嫩、松嫩平原游击战争和赢得抗日斗争的胜利,提供了可靠的组织保证。

北满省委第二次执委会议做出许多重大决策,其中成立抗联第三路军及总指挥部是重要一项。关于在东北地区将党领导的抗日武装东北抗日联军组建为各路军,有个较长的过程。

1936年2月,中共驻共产国际代表团发表《为建立东北抗日联军总司令部决议草案》,提出首先号召统一反日救国力量,组织东北抗日联军总司令部,领导和指挥全东北的民族革命运动。又提出"暂时我们自己军队和关系密切的友军成立三个方面军,南满一军活动区和二军一部活动区为第一方面军,二军和五军活动区改为第二方面军,三军、四军汤原等活动区改为第三方面军"。草案还提出以三个方面军活动区域为中心成立三个区域的指挥部,然后再成立总指挥部。另外指出,全东北抗日军队统一名称,改为"东北抗日联军"。其人选可以派代表到关内去邀请过去有威望并且在广大群众中有信仰的抗日救国领袖来担任,或者准备在东北选举在群众中有威信的同志担任。中共驻共产国际代表团关于《为建立东北抗日联军总司令部决议草案》的精神首先传到南满,1936年7月,根据实际情况,在南满,成立了东北抗日联军第一路军,下辖第一军、第二军,杨靖宇任总司令。1937年10月,在吉东,成立了东北抗日联军第二路军,下辖第四军、第五军、第七军、第八军、第十军等,周保中任总指挥。在北满,由于1936年初已经成立了东北民众反日联军总司令部(后改为东北抗日联军总司令部,1937年7月后又改为北满抗联总司令部),赵尚志任总司令,因而没有成立第三路军或第三方面军。

长期以来,活动在北满地区的东北抗日联军第三军、第六军、第九军、第十一军在北满临时省委和北满抗联总司令部领导下开展游击战争。由于北满抗联总司令赵尚志于1938年初赴苏联已一年多,尚未返回,使北满抗日斗争受到一定影响,对这个亟待解决的问题,北满临时省委第二次全委会议讨论决定:"估计到北满军事布置上,应该以松花江南北划分为两路,

---

① 周云峰(1900—1946),山东人,中共党员,任东北人民革命军第六军第三团政治部主任、抗联第六军第三师师长、抗联九支队政委。1943年2月被捕叛变,充当日伪侦探。1946年被哈尔滨人民政府逮捕处决。

② 《中共北满临时省委执行委员会第二次全会决议》(1939年4月12日),载中央档案馆等编《东北地区革命历史文件汇集》甲24,第395页。

二路军已经成立之历史意义及三路军之成立,在下层已有相当的宣传和组织工作,且系中央之指示。尤其因为重整北满反日阵容,更加巩固统一军事计划和指挥,以适应新环境之需要。因此,二全会特决定正式改选北满抗联总部,而正式成立东北抗日联军第三路军,并成立三路军总指挥部。总指挥由张寿篯同志担任,总参谋长由许亨植同志担任,李华堂同志任三路军总副指挥(暂不发表)。三路军成立日为五月三十日('五卅'纪念日),而必须使三路军成立成为广大群众运动。"①会议要求北满抗联各部队应该无条件地参加东北抗日联军第三路军,成为第三路军的骨干部队。

关于成立第三路军总指挥部,早在1938年上半年,北满临时省委就开始做筹备工作。为统一领导活动在北满地区的抗联第三、第六、第九、第十一军,很有必要成立第三路军总指挥部。1938年5月10日,中共北满临时省委在给中央的报告中写道:"我们决定于今年'八一'成立抗联第三路军,并与吉东省委讨论召集东北抗日联军代表会议,但路军人选问题我们此地无人,我们要求中央派遣或决定。"②之后,中共北满临时省委还致信周保中,信中写道:"现在我们正准备以三、六、九军组成三路军工作,担负路军总指挥的干部,是我困难解决的问题……希望你们在正确立场提出具体意见,来帮助我们。"③周保中接到来信后,给李兆麟和金策回信,建议道:"以三、六军为基干,九军、独立师各部编成第三路军,目前即须建立。总指挥由党中央派人,以国民政府中央宣布委任。李华堂可兼任副指挥,寿篯同志担任总政治部主任或政治委员……第三路军建立对各方面均意义重大,希望你们加紧完成这一工作。"④

自1938年夏开始,中共北满临时省委集中力量领导北满抗联主力部队进行西北远征,成立第三路军总指挥部工作无暇进行。关于成立第三路军总指挥部问题,于年末,省委同志又有酝酿。据张中孚日记记载,李兆麟率部西征快到海伦时,已由交通关系得知成立第三路军总指挥部消息。该日记12月29日记有:"一早耿副官率领队员归来,据报告已与关系会见。通告:为通告事,奉中央指示将三、六、九、十一军正式改编,成立东北抗日联军第三路军,并成立指挥部,望众所周知。"⑤

可见,当北满抗联部队西北远征基本胜利结束时,组建第三路军一事又重新提到议事日程。

1939年4月,在北满省委二次执委会上,决定成立抗联第三路军总指挥部。成立第三路军总指挥部关键是总指挥人选。周保中同志曾建议"寿篯同志担任总政治部主任或政治委员""总指挥由党中央派人,以国民政府中央宣布委任"。当时,由于关山险阻和敌人封锁,北

---

① 《中共北满临时省委执行委员会第二次全会决议》(1939年4月12日),载中央档案馆等编《东北地区革命历史文件汇集》甲24,第398页。

② 《中共北满临时省委给中央的报告》(1938年5月10日),载中央档案馆等编《东北地区革命历史文件汇集》甲24,第85页。

③ 《中共北满临时省委给中共吉东省委及五军党委的信》(1938年5月14日),载中央档案馆等编《东北地区革命历史文件汇集》甲52,第7、8页。

④ 《周保中给张寿篯和金策的信》(1938年9月4日),载中央档案馆等编《东北地区革命历史文件汇集》甲53,第15页。

⑤ 《张中孚日记片断》(译文)载《李鸿文著述选》,吉林人民出版社,2002年版,第552页。

许亨植

满抗联与党中央的联系早已隔绝,第三路军总指挥人选党中央很难能派人前来担任;"国民政府中央"从未支持过东北抗联的斗争,虽说当时是国共合作时期,但也不可能宣布第三路军总指挥的委任。按代表团所说总指挥"人选可以派代表到关内去邀请过去有威望并且在广大群众中有信仰的抗日救国领袖来担任",这也难以实现。因此比较现实的办法,只能是在现有东北抗联领导人中遴选,特别是在北满抗联现有领导人中推举总指挥。在北满抗联现有领导人中,担任北满抗联总政治部主任的李兆麟在军政两方面都比较突出,他所做的大量工作中,成绩显著,因此由他担任抗联第三路军总指挥部总指挥一职应该说是合适的,他是最佳人选。

中共北满省委第二次执行委员会召开后,于1939年5月发出《中共北满临时省委执行委员第二次全会通告第一号——成立东北抗日联军第三路军》:"北满省执行委员会第二次全会将遵照1935年度中央指令,呼应南满东北抗日联军第一路军,吉东东北抗日联军第二路军,而取消'东北'北满抗日联军总司令部,决定在民主条件下,在北满成立东北抗日联军第三路军。北满省执行委员会第二次全会一致通过东北抗日联军第三军、第六军、第九军、第十一军应该无条件的参加东北抗日联军第三路军,成为第三路军骨干部队。更决定在民主条件之下成立东北抗日联军第三路军总指挥部,而张寿篯同志担任三路军总指挥,许亨植同志担任三路军总参谋长。三路军应以最大的民族革命的热情、信心、勇气、毅力去实现第三路军内部的统一领导、统一指挥、统一军事计划、统一武装、统一待遇、统一纪律……站在互相尊重,互相信任,互相帮助,互相监督,共同负责,共同发展,共同胜利的立场,与一、二路军及马占山游击师及国民革命军第八路军东北挺进军及东北其它一切反日队伍配合呼应,准备成立全东北抗日联军总司令部。"

《通告》要求各部队内党部及各地党部要立即召集会议,详细研究、讨论抗联第三路军的成立在北满反日游击运动中的重要意义和作用,完成新的军事计划、工作计划及争取新的军事胜利,来庆祝抗联第三路军的成立。要发动队内及地方群众,自动召集庆祝第三路军的成立大会,指明第三路军成立的经过及未来的光明前途。北满抗联各部队要精诚团结在第三路军内,争取神圣的民族革命战争的胜利。《通告》最后说:"东北抗日联军第三路军要成为东北人民之望和民族之光,是我们的口号!"①

在1939年5月《中共北满临时省委执行委员第二次全会通告第一号——成立东北抗日

---

① 《中共北满临时省委执行委员第二次全会通告第一号——成立东北抗日联军第三路军》(1939年5月),载中央档案馆等编《东北地区革命历史文件汇集》甲25,第1~4页。

联军第三路军》发表同时,北满省委致信李兆麟,信中通知省委决定:"三路军于五月三十日正式成立。你担任三路军总指挥,亨植同志担任三路军总参谋长。省委希望你要以布尔什维克的忠诚、信心、勇气、毅力来担负起这一任务。""省委决定你不再担任六军政治委员而转任六军军长,而仲云同志担任六军政治部主任。你与仲云同志相互之间必须捐除一切成见、意气、感情。展开布尔什维克自我批评,精诚团结起来,使六军成为北满一支生力基干部队。仲云同志现去下江,担任省委代表工作,整理下江工作。你须与仲云同志保持密切交通联络,以便共同计议六军各种工作。省委同意你去龙北担任省委代表工作,不再担任驻下江特委省代表工作。"信中,省委对其提出要求和希望,"我们听到亨植同志谈到你最近性情陷于急躁,如时常说'毙''打'等,当然这还是寿筏同志其倾向,然而省委要求寿筏同志要注意这一点。在目前艰险的革命的惊涛骇浪中,每个党员必须注意到提高自己革命的涵养,耐心的去对待一切问题,这样才能有担保正确的执行中央路线,才能使工作胜利的开展。""我们热烈的同意你去龙北,我们切望你能以布尔什维克的动力,使已经呈现着新形势的象征的龙北,展开美丽的绚烂的反日民族革命火花。"①

根据中共北满临时省委第二次执委会决议和成立抗联第三路军的通告精神,为尽快实现北满抗联部队统一领导,1939年5月30日,东北抗日联军第三路军总指挥部宣布成立,驻地在德都县朝阳山后方基地。朝阳山位于德都县(今五大连池市)北部,隔科洛河与嫩江县相邻。朝阳山区山峦起伏,林木茂密,著名山峰有朝阳山、大横山、石荧山等,四周到处是丘陵漫岗、沟膛沼泽。东北抗日联军第三路军总指挥部就建立在大横山西北坡的山坳里。在朝阳山区,建有修械所、被服厂、军政干校(干部训练班)、后方医院、战备仓库等。

新成立的东北抗日联军第三路军总指挥部,李兆麟任总指挥,许亨植任总参谋长。第三路军总指挥部内设政治部、参谋处、军需处、秘书处、教导队(四个班),全军约900余人。②东北抗日联军第三路军成立时,发表了《东北抗日联军第三路军成立宣言》。

《东北抗日联军第三路军成立宣言》指出:"国内抗战烽火,普遍的在中原南北各地燃烧起来,现在已经近两年了。在这长期抗战期间,我国军民在争取民族解放的火线上,显示出无限的忠诚与英勇,不惜热血头颅,不避艰难困苦,冲锋陷阵,杀敌复仇,到处给日寇以严重打击,使日寇伤亡奇重,军心涣散,财政绌窘,人民怨恨,列强仇视,其垂死末路已迫眉睫,而我大中华民族之神圣解放事业,不久将来,必将获得最后之完全胜利。"

宣言还指出,"东北抗日游击运动,自王、李、马、苏(按,指王德林、李杜、马占山、苏炳文)等将军失机退败以后,我们在中国共产党正确领导下面,仍在东北各地,孤军转战各地,于兹六载有奇,幸而将士用命,同胞应援,虽未能逐强敌于境外,然竟不顾一切艰辛困难,拼热血

---

① 《中共北满临时省委给张寿筏的信》(1939年5月),载中央档案馆等编《东北地区革命历史文件汇集》甲25,第5页。

② 《中共北满临时省委给中央的报告》(1939年6月15日),载中央档案馆等编《东北地区革命历史文件汇集》甲25,第26页。(此报告1939年5月前后部队人数统计表,第三、六、九、十一军各部人数总计为854人。三军四师人数不详未统计在内。此第三路军总人数为估计数字)

头颅,进出于松江领域、龙江广原及北满各地,缴取大批武装,消灭无数匪寇,摧毁日'满'统治,解除同胞疾苦。使敌寇首尾难顾,日夜忧心,此我辈稍以自安并堪告慰于全国人民及烈士英灵者!

现在我们东北的抗日战争,已不像从前那样孤军无援了,已经得到了全国军民抗战的直接援助,成为全国抗战的有机组成部分,并且马将军占山奉国府命令率挺进军同国民革命军第八路军游击军出关杀敌。过去北满之东北抗日联军总司令部虽曾于民国二十五年领导与提携各军在北满开展了广大的抗日游击战争,建树了很多光荣的历史功绩,但尚未成为北满反日游击运动中巩固的统一的军事领导机关。当此紧急关头,我们为了适应新的环境,更加巩固统一的新的军事指挥与政治领导,现在比任何时候都为重要和迫切,因此,在我们三、六、九、十一各军全体指战员及东北人民的一致要求和同意下,在北满抗日救国总会的领导与指示下,并经国府批准,决定以三、六、九、十一各军为基础,继东北抗联一、二路军之后,正式成立第三路军。"

宣言号召:"站在中国人民抗日救国的责任上,光复东北的义务上,一致奋起,英勇向前迈进,争取全国抗日战争的彻底胜利!"①

同时发表的通电还有《张寿篯等为成立东北抗联第三路军呈国府电》《张寿篯、许亨植为成立抗联第三路军致马占山将军及第八路军游击师通电》《张寿篯为成立东北抗联第三路军致抗联第一、二路军之通电》等。在《呈国府电》中说:"东北沦亡,已逾七载,父老同胞,如陷深渊,爱是我辈揭竿以起,共赴国难,历艰辛,拼头颅,虽孤军转战,尤精神焕发。"第三路军指战员"一致宣誓,愿以热血头颅,在国民政府正确领导之下,以精诚团结精神,积极挺进之意志,配合呼应马占山将军挺进军及国民革命军第八路军游击军之北上长征及东北抗联第一、二军之活跃与突击,领导东北军民进行英勇反日斗争,破坏敌寇一切军政设施,摧毁日伪反动政权,响应全国总抗战,以争取东北及全国抗战之最后胜利。"②

抗联第三路军成立宣言和通电阐明了第三路军成立的必要性,满腔热忱地赞颂了在中国共产党领导下的东北抗日游击运动。强调七七全国总抗战后出现的抗日斗争大好形势,提出第三路军的战斗任务,向广大军民发出战斗号召。宣言表达了第三路军全体指战员誓与日本侵略者血战到底的决心,积极开展抗日游击战争,配合全国总抗战的坚定斗志和夺取全国抗战彻底胜利的信心。

在省委第二次执行委员会上,李兆麟任省委常委,成为省委党的领导核心之一。抗联第三路军成立时,李兆麟正在讷河、五大连池等地指导龙北各支队开展平原游击战争。10月中旬,他才得知已被任省委常委组织部长、第三路军总指挥、第六军军长、龙北地区省委代表。李兆麟深知省委对其寄予厚望,重任在肩,责任重大。他决心以布尔什维克自我批评精神,努力克

---

① 《东北抗日联军第三路军成立宣言》(1939年5月30日),载中央档案馆等编《东北地区革命历史文件汇集》甲55,第19页。

② 《张寿篯等为成立东北抗联第三路军呈国府电》(1939年5月30日),载中央档案馆等编《东北地区革命历史文件汇集》甲55,第24页。

服自身的缺点,改正性情急躁的毛病,不断提高自己,不辜负省委希望,肩负起党组织赋予的抗联第三路军总指挥的职责,把第三路军的各项工作胜利开展起来、完成好。

11月10日,李兆麟在通北南北河发表了《东北抗日联军第三路军总指挥就职誓词》,全文如下:

"东北沦亡,已逾八载,中日大战,行经二年。溯自抗战以还,即无日不在惊涛骇浪之中,似此巨艰局面,而能使敌寇处于穷途,卒寒贼胆者,皆赖我国军民之精诚团结奋勇杀敌之所致也,当斯战火遍烧全华之际,吾东北军民尤当揭竿蜂起,声援关内总抗战,共御外侮,为争取中华民族之彻底解放而奋斗始终者也。寿籛为抗日救国已与日寇血战六载,涉险第创,困厄不屈,兹奉北满抗日救国总会之指令,任命寿籛为东北抗日联军第三路军总指挥之职,深荷才力绵薄,难堪重任,复思战争之紧迫关头,历史命运之转换时期,寿籛愿以高度之革命热诚,忠贞不移之魄力,效命祖国,矢竭愚忱,并于北满抗日救国总会直接领导之下,广大爱国同胞积极热望之余,必须团结一致,勇敢杀敌。如不以强盗逐出中国领土之外,不将汉奸走狗完全肃清誓不为止!

本路军所辖各部指战员,对于群众利益绝不允侵及丝毫,与友军须亲爱真挚,对革命当坚忍忠实,倘有违反民族利益,愿受革命纪律之制裁,同志导之等责。谨此宣誓!

第三路军总指挥张寿籛谨启
大中华民国二十八年十一月十日"①

此就职誓词言语凝练,含义深邃,表明了李兆麟敢于担当、忠贞不移、效命祖国、矢竭全力、勇敢杀敌、逐日本强盗出中国领土之坚定决心。李兆麟履职后,即开始整理活动在北满地区,特别是在黑龙江西部地区的各部队,以期实行统一领导、统一指挥。为此,东北抗联第三路军总指挥部成立不久,便决定成立三个地区性指挥部:

龙北指挥部,由第三军军长许亨植任指挥(后由第六军参谋长冯治纲任指挥),省代表李兆麟担负政治方面领导责任。该指挥部领导第一、第二、第三支队。其活动区域为海伦、通北、龙门、讷河、嫩江、德都及向[布]西各县;

龙南指挥部,由第十一军第一师师长李景荫任指挥,政治部主任为周庶泛,参谋长为郭铁坚。该指挥部领导独立第一师、第二师以及第四支队所属第九军第二师。其活动区域为绥棱、庆城、铁力、木兰、东兴、巴彦等地;

下江指挥部,由第六军第一师师长徐光海任指挥,负责对活动在松花江下游地区汤原、萝北、绥滨、桦川、宝清、富锦、同江等地的北满抗联留守部队的领导(按,后因徐光海牺牲,指挥部未能正式成立)。②

第三路军总指挥部为第三路军最高指挥机关,各地区指挥部为地区指挥单位,各支队为战斗行动单位。第三路军总指挥部的成立意义重大,它使北满抗联部队实现了领导统一、指

---

① 《张寿籛就职誓词》(1939年11月10日),载中央档案馆等编《东北地区革命历史文件汇集》甲56,第17页。

② 《中共北满省委给中共中央的报告》(1939年6月15日),载中央档案馆等编《东北地区革命历史文件汇集》甲25,第29、30页。

挥统一、军事统一、纪律统一,内部更加巩固,有力地促进了北满抗日游击运动的深入发展。同时,抗联第三路军的编成,使之与抗联第一、第二路军形成北满、东南满、吉东掎角之势,三个路军遥相呼应,有利于配合全国抗战,共同打击敌人。

抗联第三路军总指挥部成立,李兆麟任总指挥,在以后的三四年间,他作为北满地区最高军事指挥员领导指挥北满抗联部队依托山林,活跃在黑嫩、松嫩平原,广泛开展游击战争,导演着生动多彩、威武雄壮的反侵略战争活剧。这期间,虽然东北抗日游击战争进入极端艰苦阶段,但北满抗联部队愈战愈勇,愈战愈坚,愈战愈强,在中共北满省委的领导下,在之后的日子里打了许多振奋人心的漂亮仗,沉重打击了日本侵略者。李兆麟也不断总结指挥游击战争和开展政治工作的经验,使他的领导艺术水平和军事指挥能力大大提升,成为一个能文能武、深受北满军民拥护的优秀的军事指挥员、抗日斗争领导者。

李兆麟就任抗联第三路军总指挥部总指挥后,写出了激动人心的《第三路军成立纪念歌》,即《抗联第三路军军歌》(反帝大同盟调)。《第三路军军歌》的歌声,鼓舞着抗联将士的斗志,他们都以铁血壮志,响应全国总抗战,厉兵秣马,果敢冲锋,广泛开展机动游击战,勇担救国重任,决心消灭日本侵略者,争取抗日战争的最后胜利。

此歌歌词如下: 　　第三路军成立纪念歌

(一)

绚烂神州地,白山黑水间,
八载还,强敌嚣张,铁蹄肆踏践。
中华民族遭蹂躏,惨痛何堪言,
骨暴原野血染白山巅。
义愤!填胸!揭竿齐向前;
誓驱!倭寇!团结赴国难。
民族自救,抗日军成,铁血壮志坚,
杀敌救国复河山。

(二)

驰骋吉黑边,横扫哈东南,
军威远,松江动荡,兴安亦震撼。
冰天雪地朔风吼,夜雨复霜天,
救亡壮志永矢兮弗谖。
鼓角!乍鸣!将士各争先;
杀声!四起!敌寇心胆寒。
六载于兹未稍懈,孤军喋血战,
伟哉豪气长虹贯!

(三)

机动游击战,突破嫩江原,

貔貅健,长驱挺进,到处得声援。
反日怒潮澎波起,爆发转瞬间。
响应我国对日总抗战。
消灭! 日贼! 走狗与汉奸,
精诚! 团结! 粉碎封锁线,
救国重任万家担,势急不容缓,
国耻血债血来还。

(四)

举国鼎沸兮,全民总抗战,
烈燃炽,战争烽火,延烧遍中原。
东北抗联齐奋斗,统一指挥建。
三路军成军民齐腾欢。
厉兵! 秣马! 慷慨赴火线;
果敢! 冲锋! 寇氛一扫完。
民族革命成功日,红旗光灿烂。
高歌欢唱奏凯旋。①

抗联第三路军总指挥部的成立,也引起敌人的注意,日伪当局称:"抗联第三路军系统匪帮以张寿篯为总指挥,以第三军、第六军为骨干,与第九军、第十一军综合组成,在遍于三江省、北安省继续进行游击活动……在北满省委领导下,愈加扩大且长期坚持激进果敢之抗日统一战线。"又说,"据此征兆,已明确省委及第三路军司令部于本期十月上旬左右从海东地区越过北黑线西进,以德都县朝阳山一带为临时根据地,疯狂奔走于德都、克山、讷河、嫩江地区进行赤化。将来于该地区农村经济深刻变化,伴随日本农业开垦农民之迁入和由此所带来之土地问题以及民族感情日趋尖锐,对彼等乘此时执于地下工作之进展,应予以极大重视。"②此日伪当局所称,虽系污蔑之词,但也充分说明第三路军的成立及其开展的抗日斗争,对于敌人来说,已经是一块很大的心病。

第三路军成立后,为适应斗争需要,以抗联第三路军总指挥部总指挥李兆麟、总参谋长许亨植名义发出通知:"因前东北抗联第三军赵军长尚志同志因公他往,所遗军长一职,重新任命第三路军总参谋长许亨植同志兼任,军政治部主任一职,任命张兰生同志担任。"③这一任命正式结束了抗联第三军一段时间因军长离开现职,此职实际空缺的状态。

---

① 《第三路军成立纪念歌》(1939年),载中央档案馆等编《东北地区革命历史文件汇集》甲56,第18页。(此纪念歌附在《张寿篯就职誓词》之后)《三军政治部宣传科编印革命歌集(第二集)》中也收录此歌,但缺第三段。个别文字稍有不同(见同《文件汇集》甲55,第148页。)

② 吉林省档案馆编译:《东北抗日运动概况》,吉林文史出版社1986年出版,第100、101页。

③ 《东北抗日联军第三路军指挥部关于任命许亨植同志兼三军军长的通知》(1939年6月25日),载中央档案馆等编《东北地区革命历史文件汇集》甲55,第97页。

抗联第三路军总指挥部成立不久，北满省委即针对过去部分部队党组织不够健全，政治工作较为薄弱的状况，从总结部队政治工作经验入手，强调要进一步加强党政工作。1939年6月15日，省委书记金策根据红军的《军事常识》和《红军生活状况》里面的党政工作内容抄选出重要条文，并结合北满实际情况编写了《关于党政工作问题》，以抗联第三路军军政训练处名义印发。

《关于党政工作问题》这一文件共17条，它提出了在新形势下党在抗日联军中的政治工作的基本任务、要求和办法。内中明确规定党在抗日联军中的政治工作的基本任务就是巩固与提高抗日联军的战斗决心和战斗力。部队中的政治委员及政治指导员必须是由忠实的和肯牺牲的共产党员来担任。每个党员及候补党员都应该在军队生活中，思想团结上、毅力坚定上，成为模范。在战斗时或平时，在连内、排内、班内，在战斗上、团结上，连党支部应当负重大责任，政治指导员在服务战斗、行军及勤务中，要不倦地加强领导支部，使党支部成为在群众队员中坚固的政治核心。《关于党政工作问题》强调抗日联军的军事训练和政治教育工作是建立在反日群众队员的团结和中国共产党政治领导基础上来进行的。根据北满游击运动的环境，军政指导工作中心应该移到连、排、班里面，党支部必须根据当时的具体条件，在各排、各班里适当分配共产党员及候补党员和青年团员，并在各排里有党小组长来进行党务和政治工作。①这实际与红军部队中关于"支部建在连上"的要求是一致的，充分体现了红军的建军原则。

《关于党政工作问题》这一文件对于加强部队党的建设、政治工作，保证党对军队的绝对领导十分重要，它充分体现了党领导下的人民军队的根本性质，对于充分发挥指战员的斗志，提高部队战斗力具有重要意义。该文件发布后，李兆麟积极拥护，要求抗联第三路军所属各部队根据其精神，进一步加强部队党政工作，健全政治委员和政治指导员制度和加强连队党支部工作，进而使党支部成为基层连队坚强的政治核心，使活动在北满的抗联第三路军党政工作得到进一步加强。

在第三路军军政训练处做出《关于党政工作问题》之后，抗联第三路军所属第三军第一次军部会议，于6月29日提出《关于党政工作的意见》。《关于党政工作的意见》紧紧结合第三军党政工作实际，总结了第三军在过去长期斗争中，党政工作的经验教训，指出"只有巩固的党和军队的组织，才能担负起严重的历史的迫切任务，而同时只有加强刻苦的党政工作，才能巩固起党和军队的组织，因此每个布尔什维克在工作转变中，应当以千百倍的坚毅精神勇敢地进行党政工作"。②抗联第三军军部根据《关于党政工作的意见》，提出的整顿党政组织工作的任务，健全了队伍内连的党支部建设；建立了独立游击队党政负责同志报告制度；加强培训党政干部；发挥党员在学习、遵守纪律、作战、劳动、群众工作等方面的先锋模范作用等。这一工作意见是对第三军党政工作的总结，它更为具体，更具针对性。它不仅适用于第三军，也适用于其他第六、第九、第十一军，是有利于加强党对部队的领导，加强部队政治建设

---

① 《抗联第三路军训练处关于党政工作问题》（1939年6月15日），载中央档案馆等编《东北地区革命历史文件汇集》甲55，第49页。

② 《抗联第三军第一次军部会议关于党政工作的意见》（1939年6月29日），载中央档案馆等编《东北地区革命历史文件汇集》甲55，第117页。

和提高部队的战斗力的重要文件。

同时,为进一步加强部队宗旨教育,明确部队行动规范,在李兆麟主持下,根据北满抗联部队在长期抗日武装斗争中形成的,体现党领导的人民抗日武装根本宗旨的一些基本原则和要求,编成《十大要义歌》(老三国调),让指战员们学唱,牢记于心,实际践行。《十大要义歌》内容如下:

"(一)拯救危亡,神圣天职,以身许国,誓死抗日。我军人第一要义。
(二)万众一心,坚如铁石,精诚团结,友爱朴实。我军人第二要义。
(三)舍己为群,忠贞坚毅,服从命令,遵守纪律。我军人第三要义。
(四)英勇杀敌,流血不惜,临阵争先,死不逃避。我军人第四要义。
(五)全军耳目,卫兵所系,戒备机警,保守秘密。我军人第五要义。
(六)枪械弹药,生命相辅,注重武装,爱惜公物。我军人第六要义。
(七)抗日联军,人民代表,爱护民众,不犯秋毫。我军人第七要义。
(八)积极上进,尊敬职责,热心学习,谨守军礼。我军人第八要义。
(九)公正自爱,不避艰险,行为纯洁,劳动勤勉。我军人第九要义。
(十)起居谨慎,饮食清洁,讲求卫生,衣物整洁。我军人第十要义。"①

《十大要义歌》里的十条具体要求,是每个抗联将士的行动准则,是抗联部队铁的纪律,全军指战员都要学习教唱,并按照"十大要义"执行。这"十大要义"词语通俗简明、易懂易记,要求具体明确。在特别重视歌曲在部队中宣传鼓动重要作用的李兆麟倡导下,广大指战员通过学唱《十大要义歌》极大地振奋了抗日救国到底的革命精神,有力地提高了部队政治、军事素质。

《十大要义歌》发布后,李兆麟带头遵守,严格要求自己,按十条要义认真去做。在艰苦的斗争岁月,李兆麟和战士们同甘苦,共患难,从不搞特殊化。据抗联老战士马云峰回忆说,当年我们常年生活在树海里,在树林里钻来钻去,衣服全破了。他穿的衣裳也是补丁落补丁。虽说破,可他穿得总是整整齐齐、干干净净的。他还总说:"笑破不笑补,只要补得好好的不露体就行了。"他的话,让每个同志都受到了教育。一次,被服厂送来了不少草绿色的军装。谁看见谁眼热。大伙眼巴巴地瞅着它。人多衣服少,每人只能摊上一件,摊着裤子就摊不到袄,得到袄就得不到裤子。总指挥是首长,我看他穿得实在不像样子,便背着他,要了一套。我拿了草绿色的新军装跑到他跟前。

"总指挥,发衣服了。"我把衣服递给了他。

他高兴地说:"封锁,清乡,想掐死咱们,可咱们不但有服装,而且还不坏呀!"他说:"我的衣服还行,你们先穿吧!"

"我们都有。"

"你们不都是一件吗?"

"你的破得太不像样了,给你要来一套。我们每人一件,可首长毕竟是首长啊!"

---

① 《三军政治部宣传科编印革命歌集(第二集)十大要义歌》(1939年7月7日),载中央档案馆等编《东北地区革命历史文件汇集》甲55,第149页.

"现在都很困难,谁也不能特殊,你如果明白了,就赶快送回去吧!"他严词拒绝了。

我接过他递给我的裤子,失意地送了回去。过了一个多月,他应得的那一件也送给了别人。他照旧穿着那套补丁落补丁的衣服。①这件事,马云峰同志记忆很深,多年未忘。他深有感触地说兆麟将军是真不搞特殊的人。

第三路军总指挥部成立后,根据李兆麟关于加强群众宣传工作的指示,进一步广泛地开展起抗日救国宣传。宣传工作包括对人民群众宣传、对部队干部战士宣传、对敌人士兵宣传等。宣传形式有散发传单、张贴标语、谈话讲演等。日伪当局对抗联第三路军系统开展宣传情况有如下记载:"在本期(按,指 1939 年)所见第三路军系统党匪之宣传情况,据宪兵所知总数62 件(不包括三江省地区)。

按类划分如下:

群众工作　38 件

士兵工作　24 件

按宣传对象分类如下:

群众工作对满人者　36 件

群众工作对朝鲜人者　2 件

士兵工作对满军警者　19 件

士兵工作对日本军者　5 件

按宣传方法分类如下:

以书面者　51 件

以口述者　11 件。"

"研究其内容为通过群众及士兵两方面工作,在对支那战线及诺门汗事件战况之反宣传,歪曲捏造日满国情,与此同时还特地抬出马占山以昂扬民族感情,致力于策动满军、警叛变,或争取群众参加支持抗日联军等工作。"敌人强调第三路军宣传工作"尤以抓住与该地区群众具有迫切关系之经济问题,收买日本开垦农民所用土地问题作为宣传对象""对此所引起之倾向应予以注意"。日伪当局所列举的宣传工作主要文献如下:

"(1)告黑龙江群众;

(2)为出师抗日告东北同胞;

(3)誓为马占山将军及其将士后盾之宣言;

(4)筹备欢迎马占山将军委员会宣言;

(5)对黑龙江各党派宗教团体宣言;

(6)致中国工人弟兄们;

(7)告在满朝鲜同胞;

(8)为日蒙战争对黑龙江同胞紧急宣言;

(9)东北抗日联军第三路军成立宣言;

---

① 文光:《在李兆麟将军的身边》,载《哈尔滨文艺》1959 年第 10 期。

(10)为中国抗战胜利告满军士兵书;

(11)东北抗日联军告满军士兵书;

(12)告满军士兵兄弟;

(13)为纪念九一八告满军书。"①

上述文献有汉文、朝鲜文,还有日文。宣传内容实际应时,受众比较广泛。

日伪当局的记载,虽然对抗联第三路军开展的宣传工作不乏贬低诬蔑之意,但从中也清楚看出敌人很注意北满省委、抗联第三路军的宣传工作在鼓舞民众斗志、振奋士兵精神、瓦解日伪军警等方面所起到的重要作用。

抗联第三路军总指挥部在注意开展群众宣传工作的同时,还突出地抓了干部培训工作。由于战斗中,许多干部捐躯沙场,也由于建立第三路军新的队伍迫切需要大量新干部,李兆麟认为无论面临的困难多么严重,也必须举办干部训练班,把那些经过战斗锻炼,有一定培养前途的同志培养成新的干部。为此,抗联第三路军成立不久,就举办两期干部训练班。

第一期干训班有学员30余名。培养目标是连长、政治指导员及同等军政干部和地方工作人员。第三路军总指挥部训练处制定了第一期干训班规则(共六条四十九项)。对于开办干部训练班,省委和第三路军总指挥部的领导都十分重视。第一期训练班就是由省委书记金策亲自主持在第三军第一师后方密营举办的。

第二期干训班集中训练龙南部队干部。李兆麟亲自在德都朝阳山第三路军总指挥部驻地主持训练班,讲授党的抗日救国十大纲领、抗日军人十大要义、彭德怀的《论战略战术》等课程,开展军政教育工作。在第二期干训班还进行了缴纳党费和征收反日特捐工作。通过这项工作的开展,进一步提高了党员的组织观念和对抗日事业积极、负责、勇敢斗争的精神。干部训练班的开办,对提高部队政治、军事素质,锻炼培训干部,以适应斗争形势的需要起到重要作用。

李兆麟长期担负部队政治领导工作,作为政治工作负责人,他特别强调:(一)树立指战员的抗日必胜的信心和勇敢斗争的决心,占据精神上的优势;(二)积极开展部队和群众的抗日救国宣传工作,启发战士、民众抗战建国的自尊心、自信心;(三)政治工作员要重视自己的职责,做好日常工作,克服把大部分时间用于代替军事指挥员工作上;(四)利用行军、宿营等一切可能时机采取讲演、讨论、谈话等多种方式开展政治工作,不应呆板地采取教书式的教育方式;(五)认真扩大党内民主,充分发挥党员自觉的积极性;(六)政治教育要避免行政命令方式,克服形式主义,要启发队员自动自觉精神;(七)政治工作要放弃官僚式、教条式陈腐的工作方式,代替为新的方法。

为加强部队党政工作,第三路军各支队普遍充实了政治工作人员,在政治部领导下,各连队普遍加强军事教育、政治教育、文化教育和纪律教育,成立了政治研究、军事训练、文化识字、经济管理、卫生和文娱等小组,并健全了士兵委员会组织。抗联第三军政治部宣传科继1938年编成的《东北抗日联军革命歌集》(共收录37首歌曲)之后,于1939年7月7日,全国抗战爆发二周年之际,又编印出《革命歌集(第二集)》,内中收录有著名的《三路军歌》《十大要义歌》《露

---

① 吉林省档案馆编译:《东北抗日运动概况》,吉林文史出版社,1986年版,第102、103页。

营《行军》等13首歌曲。在抗日战争的艰苦岁月,传唱这些反映抗日斗争的革命歌曲,对于抒发抗联将士的豪情壮志、振奋精神、鼓舞士气、激励抗联战士英勇杀敌,发挥了重要作用。

总之,抗联第三路军总指挥部成立后,通过一系列措施,加强了各部队政治工作和文化建设,广大指战员民族觉悟与思想觉悟增强,他们深知自己肩负的是抗日救国的重任,抗日救国就是自己的神圣天职,抗日到底的信心更加坚定。因而能够在任何艰难险阻面前都能够以足够的力量去克服,他们不怕流血牺牲,前仆后继,坚持抗日救国斗争。政治工作的加强,辅之以严格纪律,部队的政治、军事素质进一步得到提高,部队的战斗力也不断增强。

二、平原游击战

1939年,日本侵略者进一步加紧对东北人民的殖民统治。由于日本帝国主义侵略战争的战线不断扩大,加之1938年日本、朝鲜、东北南部因遭受旱灾,一半庄稼未收成等种种原因,日寇为了维持扩大战争的需要,对中国民族经济特别对农业方面,完全采取掠夺形式,小麦、大米全作军用食粮,黄豆、高粱、苞米、小米等粮食完全官制官价。苛捐杂税百出,商品昂贵,伪币毛荒,禁卖洋油,收买铜铁、破胶皮等。日寇还在海伦、绥棱等地取消"碾坊",不许农民拥有碾磨,米谷要由日伪当局统一统制。由于日本统治者在农村要粮要马、没收土地,在这种情况之下,广大贫苦农民还不上债、做不了冬衣、纳不起捐税。城镇小商民和农村经济破产,民众生活水平已经脱出常轨趋至极恶劣的水准点。城里工人生活亦是异常艰苦,减少工资、增加工时,有时押饷二三个月,有时发给"福膏"(按,鸦片)以代工资,并随意开除工人或裁减工人,工人无生活保障。日本侵略者变本加厉地推行移民政策,在北满地区自庆城(按,今庆安)、铁力、绥棱、海伦、通北、克东、龙门、讷河、德都等山边及铁路沿线都成为日本"移民区"。这些日本移民多是武装移民。他们野蛮地强占农民的土地、房屋、粮食、牲畜,农民被撵到土地贫瘠边远的地方,美其名曰当地农户"转勤",实际是掠夺农民土地、财产。日本侵略者利用这些移民占领中国土地,也用于防御抗联行动。他们广泛推行"集团部落"政策,把散居山边的村民赶到山下"大屯",编入保甲。把过去抗联在山边作隐蔽地的树林砍光,使抗联活动地域逐渐缩小,一些屯垦地被破坏。田园荒芜,房舍化为灰烬,保甲有如桎梏,大屯恰似人间地狱,人们遭受饥饿、寒冻、病疫、死亡的威胁,人们盼望拨开乌云,重见天日。

为反抗日本侵略者的残酷统治、镇压,抗联第三路军总指挥部成立前后,龙北、龙南等各部队根据省委、总指挥部关于广泛开展平原游击战的指示,以各支队所据山地为依托,走出密营据点,奔赴"大界"(按,指平原地带),在广袤的黑嫩、松嫩平原积极开展游击战争。

平原游击战争的广泛开展,与北满抗联主力部队从小兴安岭山麓西征至海伦、绥棱平原地带有关,同时也与当时日本关东军于中蒙边境挑起诺蒙坎事件①的形势密切相连。5月11

---

① 诺蒙坎(当时称诺门汗,有的材料译为诺门罕、诺门坎)位于中蒙边界哈勒欣河地区。1939年五六月间,日军在此地进攻蒙古军队,进行北进的反苏军事挑衅,制造了诺蒙坎事件。8月,苏蒙军队进行猛烈反击,日军失败。最后日本被迫与苏联签订诺门汗停战协定。

日,日本关东军在中蒙边境诺蒙坎地区制造向苏军挑衅事件。诺蒙坎事件爆发后,日苏军队发生战事,许多日军调往西部边境地区,第三路军所属部队利用这一机会,主动出击,积极开展平原游击战争,打击敌人。

为开展平原游击战争,北满省委和第三路军总指挥部强调部队与群众同心协力,必须加强与群众的联系,指出密切与群众联系是取得战争胜利的关键。第三路军总指挥部要求各部队既是战斗队,又是工作队。平原地区工作的群众对象是:广大工农民众、地主、资本家、宗教会道门信徒、朝鲜和蒙古等少数民族及伪军中具有民族意识的官兵等。

李兆麟要求部队每到一地,指战员都应对群众开展宣传工作,成为群众的宣传者组织者。遵照这一指示,第三路军指战员在各地深入了解群众的反日情绪,讲抗日联军是人民的抗日武装,讲抗日必胜的前途,诚心诚意与统一战线对象共生死、同命运,组织动员群众开展合法与半合法的反日斗争。

军事胜利在于取得群众合作与支持及实行机动灵活的游击战术。第三路军各部队是以骑兵为主的。骑兵部队行动迅速,机动灵活是其基本特点。各骑兵部队采取大步前进、大步后退的游击战术,突击、伏击、袭击、阻击、截击、追击日伪军,对敌人具有很大的杀伤力。第三路军在广大群众的支持下,平原游击战争广泛、深入地开展起来。

平原游击战争的有利时机是:青纱帐起、草木茂盛,易于隐蔽之时;群众对日伪统治义愤高涨、对抗日军热望之时;日伪统治薄弱环节突显,"讨伐"军趋于消沉之时;抗日部队意气旺盛,休整恢复战斗力之时。

在开展平原游击战争中,李兆麟注意积累、总结游击队在平原条件下进行活动的经验,探索规律,掌握有利时机,以克敌制胜。他不是驻守在总指挥部进行指挥游击战,而是亲自到战争前线,做到谋略在前,每一重要军事行动都要周密计划、部署;指挥靠前,在对敌斗争的战场上指导游击战的开展。他直接到在讷河活动的第二支队,鼓舞士气,和第二支队指战员一道进出讷河、德都、北安、克山等县,勇敢杀敌,打击敌人统治薄弱环节,攻袭了许多城镇和伪警察署、所,消灭许多敌人,取得许多胜利。

自4月27日第二支队与军部汇合后,即积极开展游击活动。该支队曾经长途奔袭,在通北境内解决一个伪警察署。但战斗中陷入敌人包围圈,遭到敌人追击,受到一些损失(牺牲2名,负伤3名)。对此,李兆麟帮助总结经验教训,认为:抗日军想集中主力,经过遥远的途程,盲目去解决某种任务,是异常有害的,因为这是违反目前东北游击运动策略基本原则的。在李兆麟的指导下,第二支队总结战斗经验教训,克服急躁冒进,实行稳扎稳打,仔细侦察,进而赢得袭击龙门紫霞宫伪警署和龙门机场、车站等战斗胜利。

5月27日(农历四月初九)第二支队在朝阳山与第六军二师十二团汇合。此时,敌人"讨伐"非常严重。每日都有飞机盘旋侦察、轰炸抗联部队,进山搜索的敌军有六七百人。为冲破敌人"讨伐",第二支队队长冯治纲率领骑兵西出讷河,夜袭三合屯敌人,将30名伪警察缴械,敌死1,我方伤1,缴敌捷克式轻机枪1挺,三八式步枪28支,手枪6支,子弹3000余发,服装若干。而后又经过数次战斗,第二支队大部分枪支换成三八式步枪,仅第六军部队有少数杂色步枪,第三军八团一律用三八式步枪,弹药得到补充,服装均改为黄色军衣,我军士气大振。①

6月下旬,根据第三路军总指挥部制定的行动计划,冯治纲率领第二支队在北安、德都活动。首先攻打了北安县李殿芳屯,并在周围村屯建立起抗日救国会,发展一大批抗日救国会会员。6月20日前后,袭击了德都县红霍尔基伪警察分署,俘虏4名敌人,其余闻声远逃。此战缴获步枪4支,弹药500发,服装若干,给养多数。接着又袭击了讷河县著名汉奸高四阎王院套,缴获步枪3支,子弹若干。高四阎王是汉奸地主,为民众所痛恨。第二支队打开这个院套,沉重打击了日伪在这一带的统治。而后,深入到讷河、嫩江平原地带活动。②6月27日(农历五月十一日),攻破曹乃修屯,尽数消灭敌人。7月末,再次攻袭德都县红霍尔基伪警察分署。8月15日(农历七月一日),第二支队再陷龙门火车站。

此期间,正在朝阳山行营的李兆麟,于6月23日致信金策同志。信中通报了第二支队近期活动情况。提出了龙江北部游击斗争的工作计划,指出龙江北部斗争应划分为两个阶段进行:第一阶段是以冰雪消融至树林繁茂,易于隐蔽的时期。第二阶段是禾稼菁丛至秋风萧瑟,草木凋零时期。规定第一阶段是英勇行动,解决敌人的时期,以××等地作三处军事据点(有隐蔽的地带),分别袭击摧毁敌人驻军防所,解决军需供应,加紧整理各队的党政工作。第二阶段的任务是深入敌人"统治"区域,在胜利行动中加紧接近群众,建立群众关系,准备冬防,巩固根据地等任务(冬防是指的棉衣、粮食、马匹、弹药等)。

特别关注国际国内形势的李兆麟在给金策的信中,通报了他通过研究近期得到的敌人报纸及伪警察的杂志上刊载的一些消息及他对国内外形势的分析。他说:"1939年春德国法西斯主义者,以疯狂的野蛮手段,以最短期占领了捷克后,更公开提出德波合并问题,威胁波兰,英法已经直接干涉,更无耻的以整个德国军队的主力干涉西班牙内战,欧洲政局马上发生了急剧变动。意大利便积极向东非进兵,以便对抗英法在东非的驻兵,法西斯蒂所以能如此疯狂,都是由于英帝国主义纵容政策的结果。""德意法西斯,因利害的矛盾,两国外相几次交涉仍无结果。日寇虽然在报纸上不断地鼓吹'德意军事政治协定成立',但实际仍有很多摩擦,一切协定仍未正式发表。最近意大利派法西斯义勇军九(个)营赴东非,继又派十个营,以便对抗英法派东非之陆海军取对抗,而德国仍无表示,总之巴尔干半岛已经是朝不虑夕的战云弥漫,英法公开援助中国……英日关系恶化到万分。"值得注意的是,这段文字是李兆麟在第二次世界大战爆发之前对形势的分析、判断。他看到欧洲政局发生了急剧变动,巴尔干半岛战云弥漫,英法公开援助中国,这是难能可贵的。

对于日本,他在信中指出:"日寇内部骚动非常严重""在日寇种种论据中,都能充分看出他目前不但对于应付国际事变无信心,即对于侵略中国也发生严重的动摇。前线上的兵士的

---

① 《张寿篯给金策及省委负责同志的信》(1939年6月23日),载中央档案馆等编《东北地区革命历史文件汇集》甲55,第86~87页。

② 《张寿篯给冷团长等人的信》(1939年8月22日),载中央档案馆等编《东北地区革命历史文件汇集》甲55,第247页。

骚动,国内不稳现象,影响到政府内部意见分歧"。

对于国内,他在信中说:"中国抗日民族统一战线在一九三九年三月有严重的变化","四五月的全国总反攻,得到很大结果,使日贼受到最大损害,首先是游击运动的开展,已经由自发运动,走向有规律进展,各战区独立作战指挥制度已经实现,各县游击队自给制度都普遍实现。每个战区总司令部领导之下,均一律有五十个新编师正在训练中,八九月总反攻,该五十个新编师均参加火线,以便与日寇作有决定意义的战斗"。"中国各处战争日益扩大,日军被封锁的现象更表现严重,简直彼此完全断绝联络。"①

李兆麟在信中的分析和通报,对于隐蔽在深山老林、少有外界消息来源的抗联领导人和部队指战员来说是十分重要的。通过日伪报纸、杂志报道可以从另一个方面了解外界消息,分析、考察面临的形势。然而要通过敌人报纸、杂志对国内外形势进行分析,就需要"反看",日伪说"皇军"在关里攻破了什么城镇,消灭多少"共匪",这就证明中国军队在那里正开展积极抗战,在进行高度的运动战,与敌人搏斗。对形势的明确认识,是正确行动的根据。正确认识形势,可以增强坚持抗战必获胜利的自信,增强投身反抗日寇侵略行动的自觉。对于确定斗争任务,明确行动方向和斗争方式意义更是重大。

之后,李兆麟在给战友、部下写出的一些信件中,都将国际形势的状况和他的分析,介绍或通报给大家。如9月8日给第三军第三师游击团团长刘青山的信,10月20日给冯治纲、张中孚的信,10月25日给许亨植的信等,都有对形势的分析、介绍。这种做法十分有利于各级指战员正确认识形势,坚定信心,明确任务,勇敢斗争。

李兆麟在组织领导各支队开辟平原游击活动区域的同时,十分重视地方工作的开展,还是在1939年上半年,他遵照中共北满省委为开展地方党工作的要求,陆续从第三路军所属部队中抽调干部,派出尹子奎(尹洪元)、方冰玉、陈静山(女)等从事地方工作。行前,李兆麟向他们交代工作任务,交授工作方法。据张中孚在2月5日军部日记记载,李兆麟"召集地方工作人员(方科长、耿指导员、小林同志)进行长时间的谈话。内容是有关工作布置的顺序,接近群众的方法,以及如何开展工作等"。②以后他们奔赴讷河、嫩江等地,按李兆麟的指示深入群众,进行秘密活动,开展工作。到同年夏季,讷河、嫩江等地的地方工作已有相当开展。8月,按中共北满省委代表李兆麟向嫩江特支发出的指示信要求,建立了中共讷河中心县委,尹子奎任县委书记。讷河中心县委工作分布在讷河、嫩江、德都,之后扩大工作范围到克山、依安、拜泉、布西等地。在讷河中心县委领导下,在讷河三马架、倭都台、南阳岗、天字十九号、讷南、马家窝堡、栾成海屯等地建起了抗日救国会组织。还建立一支地方武装——讷河青年救国军,队长刘景阳,拥有三四十人,后改名为讷河人民抗日先锋队。第二支队在北兴镇战斗取得胜利后,支队长冯治纲将缴获的枪支交给讷河人民抗日先锋队,进一步增强了地方武装的力量。这支地方武装在配合抗联部队开展平原游击战争,打击日伪在讷嫩一带统治发挥了重要作用。

---

① 《张寿篯关于研究敌人报纸杂志之消息后给金策及省委负责同志的信》(1939年6月23日),载中央档案馆等编《东北地区革命历史文件汇集》甲55,第87~91页。
② 《张中孚日记片段》,载《李鸿文著述选》,吉林人民出版社,2001年版,第565页。

自 1939 年 5 月，日本关东军在中蒙边界制造向苏联进行武装挑衅的诺蒙坎事件后，随着战事扩大大批日军奔赴诺蒙坎地区。面对这一突发事态，中共北满省委于 8 月 1 日，发出《告北满全党同志书》。文告分析了中国抗战新形势，指出目前中国总抗战，不仅更进一步的发展与扩大，而且直接带着国际的性质。外蒙古人民直接参加反日的自卫战争以来，东北反日民族革命运动形成了新的形势。文告强调在这紧急的关头，东北抗日的各党、各军及各抗日的团体，不仅响应国内抗战，响应挺进军出关抗日，而同时响应外蒙古人民反日自卫战争。现在这个自卫战争正在江省西北进行着。文告提出根据新的斗争形势和客观环境的要求，摆在北满党及东北抗联第三路军面前的、迫切的新的战斗任务是：动员民众，武装民众，扩大反日民族革命战争，响应国内抗战，响应外蒙古人民反日自卫战争。

中共北满省委决定：在新的形势与新的要求之下，以及敌人主力大部调往前线和边境地区，东北腹地敌人的力量布置不密的情况，各武装部队应该改变游击活动的组织形式和斗争方式，即将过去的活动方式——山边游击，必须以新的活动方式，在大界（按，平原）公开活动方式来代替，即将山边游击战争转为深入敌人腹地，广泛开展平原游击战争。坚决反对畏缩不进的倾向，采取积极的游击运动，破坏敌人的军事设备、桥梁、电线、袭击汽车，争取或大或小的军事胜利，牵制、打击敌人。地方白区工作要广泛的建立民众反日团体、农民救国会、工人救国会、市民反日会，青年、妇女等各种组织，准备与发动民变斗争，并与反日游击战争紧密结合起来，以推进反日斗争走到更高的斗争形式，以争取最后胜利。①

《告北满全党同志书》发出后，抗联第三路军各部积极响应此文告号召，根据省委指示积极开展游击战争，攻城破镇，摧毁敌人军事设施、桥梁、电线、袭击汽车、火车及围攻兵站据点，狠狠打击敌人。

为指导游击战争的深入开展，李兆麟于 8 月间从朝阳山来到讷河，再次亲临第二支队活动前线，靠前指导游击战争的开展。他确定北部部队的任务和行动准绳应该是："巩固现在力量，发展新的抗日武装部队，巩固现有群众关系，扩大新的群众基础的口号，来冲破敌人布置的所谓'黑、北、龙'三省汇攻计划。"②

8 月 16 日，李兆麟率第六军军部教导队来到第二支队，在姜家粉房他与第二支队所属第六军第十二团团长耿殿君会面，安排、部署了该团的工作。确定所率军部教导队与第十二团活动分工。随后，耿殿君根据李兆麟指示，率部南渡讷漠尔河开展游击活动。8 月 19 日，耿殿君率十二团渡过讷漠尔河，袭击日本"开拓团"，缴获马匹百余，部队由步兵改为骑兵。而后袭击了讷河县九井村伪警察分署，返回时在讷河东部三马架屯（今龙河镇境内）与孙强所率伪军龙江教导队展开激战，缴获轻机枪 1 挺、马盖枪 11 支、德枪 2 支。8 月 22 日，第六军第十二

---

① 《中共北满省委告北满全党同志书》（1939 年 8 月 1 日），载中央档案馆等编《东北地区革命历史文件汇集》甲 25，第 61~65 页。

② 《张寿篯关于北部部队活动情况给许亨植的信》（1939 年 11 月 19 日），载中央档案馆等编《东北地区革命历史文件汇集》甲 56，第 55 页。

团在团长耿殿君率领下攻破克山县北兴镇,顺利地解除了伪警察署和伪自卫团武装。"我们一倍兵力解决两倍敌人。"①缴获步枪50余支、大量弹药、还缴获了许多布匹、衣物等军需物资。

8月下旬,李兆麟率第六军军部教导队与讷河抗日先锋队在十二团南渡时向西挺进,到孔国村哈里屯(按,今孔国乡兆麟村)一带活动,发动群众、动员群众,投身、支持抗日斗争。期间,他曾多次与敌人遭遇,经与敌人巧妙周旋,皆化险为夷。一次在土城沟,夜幕降临即将宿营时,李兆麟所率第六军军部教导队遭到40余名日军、一大批伪军的袭击。经半小时战斗后,李兆麟率部主动撤至讷东三星堡,巧妙地躲过敌人攻袭。结果使日伪军互以为敌,自相接仗,死伤狼藉。对这一阶段活动李兆麟在一封信中记载说:"我自己领导之教导队配合先锋队在十二团南渡时向西挺进,到孔国村附近三里,广泛建立群众工作,得到一些收获。终于我们与十二团会合于蔡家窝棚,集体活动到嫩江北部。计划执行一部工作,因河水池沼的阻碍,不得执行原来的计划。在土城沟昼宿,将暮时与敌接仗,日军四十余配合满军半小时,因天黑骑兵不便,我们退到讷河县城东三十里三星堡而宿营,该处也是孔国村管。日暮日寇与满军自己接仗,打得'血肉横飞''枪炮齐鸣'真好看。"②

次日,第六军第十二团部队与伪军孙强部队展开战斗,李兆麟率第六军军部教导队前去援助,此次战斗异常激烈,敌我双方皆有伤亡。第六军第十二团团长耿殿君和白连长腿部均受轻伤。教导队机枪因子弹不良而炸坏。

在反敌人秋季"讨伐"斗争中,李兆麟率第六军军部教导队和第六军二师十二团在讷河东部共同活动一个多月时间。他深入到讷河县孔国乡哈里屯。在那里亲自召集群众会议,向群众宣传抗联的性质和任务,讲抗日救国的道理,讲抗联是中国共产党领导的人民抗日武装,是专打日本鬼子和汉奸、卖国贼的队伍,号召群众积极支援抗联的斗争。一次他在孔国乡村民会议上说:"每个有良心的中国人都有责任和义务支援抗联。把大家召集来,就是要你们有钱出钱,有物出物,有力出力,为抗日救国做点贡献。"在他的动员下,哈里屯爱国群众积极捐献棉衣、棉鞋、棉帽,使抗联第六军教导队及第三军第八团指战员的冬装得到解决。在哈里屯,他还深入群众,与老乡交朋友,带头给村民挑水、劈柴、扫院子、干农活,与群众建立密切关系,老乡把他看作是自己的亲人。至今,在革命老区还有许多关于李兆麟率第六军军部教导队在讷河活动的佳话在群众中流传(1946年李兆麟牺牲后,革命老区人民为纪念李兆麟,将此哈里屯改名为兆麟村)。

8月22日,李兆麟在讷河开展活动期间,以中共北满省委代表名义,向嫩江特支负责同志发出指示信。指示信中详细分析了目前关内外,特别是德都、嫩江一带经济政治形势,指出:"在关内战线上,日寇的主力遭受了大量的消耗,由于日寇'速战速胜'的阴谋毒计,被中

---

① 《张寿篯关于北部部队活动情况给许亨植的信》(1939年11月19日),载中央档案馆等编《东北地区革命历史文件汇集》甲56,第54页。

② 《张寿篯关于一般工作情况给治纲、中孚的信》(1939年10月20日),载中央档案馆等编《东北地区革命历史文件汇集》甲55,第414页。

国抗战力量给了彻底粉碎。日寇所沦陷的区域，抗日游击运动汹涌的开展，一切事实的推演，使日寇军事上陷于极端困难的程度。""日寇统治下的东北四省，特别是物资匮乏，纸币价值的堕落和紊乱，搜刮原料，人心恐慌，造成东北四省经常流行现象。尤其是最近日蒙国境所发生的诺门汗日寇挑战事件更给这一个象征新的推动。所以东北人民到处滋长着'对日寇的仇恨和不满'。这是日寇在东北统治的危机。"（按，东北四省指辽、吉、黑、热河）

"德、嫩这一地区，是龙江平原北部的中心区域。日寇对于这一地带产的豆麦等农产品，用尽了所有垄断掠夺的搜刮政策。最好的土地被日寇'移民团'强制的占领，青年被征兵，恐怖异常。强迫归屯，抓工筑路，成为不可幸免之事。同时因满币毛荒，物价高涨，生活窘迫，所以雇农要求增加工资的斗争，又成为最迫切的问题。""关内抗战影响，虽然日寇利用封锁新闻的方法，企图掩耳盗铃欺骗宣传，但中日大战的真相，是不难传到东北人民的耳鼓。东北抗日军的活动，虽然不能满足客观形势之要求，但是的确给人民抗日救国思想以有力推动，因之造成德、嫩一带抗日民族统一战线的顺利环境。""但是由于边疆地带人民知识落后，和过去对于革命影响之薄弱，斗争经验的缺乏，马占山失败影响的残余，再加上日寇恩威并施的欺骗政策的实施，在群众中的确造成民族思想异常薄弱的根蒂和国家观点相当麻痹的现象。有一部分落后的群众受了日寇利诱和麻醉，和乡村一部分豪绅地主，为了要求社会'秩序'安定，对抗日军抱着敌视，对于敌寇献媚现象，这都是统一战线顺利开展的阻碍。特别龙江北部民族革命运动进入高涨中的中心缺点。"

指示信根据这些优点和缺点，提出党总的任务："在目前必须不失掉一分钟的时机，去吸收群众、组织群众，去真正在各地方、不分党派、信仰、队头、民族、籍贯等等之不同，把各种所有一切抗日武装队伍，都团结在抗日联军之周围，并去尽量的扩大和补充现有的抗日联军，并组织新的游击部队，重新布置游击活动方向，用极灵活的战争方法，去破坏日满统治扰乱日军后方运输、电信……汽车路、铁路，并在武装起义，抗日客观条件具备的某些地方，组织民变和兵变，以与游击战争配合起来，并且与北方前线上的中国军队的抗战配合起来。""要把关内执行工作的经验教训、理论内容与东北每个具体特殊环境溶化起来。"指示信中关于组织问题提出："根据客观环境的要求，决定你们暂时（以）讷河、嫩江、德都作为工作中心标准，组织讷河中心县委。我们决定以尹洪元同志为县委书记，×同志为宣传部，欧同志如无非常问题，可担负组织部，努力开展群众工作。讷河县委是省委直接领导，暂由省代表领导。如此地军的领导干部他往时，该地队伍则由讷河县委领导之。"[①]李兆麟的这封指示信明确提出讷嫩地区近期斗争方针、策略和任务，决定组建中共讷河中心县委，具有重要指导意义。之后这地区党、军对敌斗争的工作基本是按此指示要求进行开展的。

在李兆麟的直接指导下，抗联第六军第十二团与讷河人民抗日先锋队积极开展游击活动。李兆麟在给冯治纲信中通报说："在领导上，先锋队刘中队长之胞兄刘耀廷（庭）出来抗日，伊（即，他）是比较稳重的旧军官，在军部充当副官，伊与王主任在一起活动。八团在嫩江

---

① 《中共北满省委代表张寿篯给嫩江特支负责同志的指示信》（1939 年 8 月 22 日），载中央档案馆等编《东北地区革命历史文件汇集》甲 25，第 74 页。

解决鹤山站,毙日人一名,得武装五支,服装给养若干。"①刘中队长即讷河人民抗日先锋队队长刘景阳,他家是讷河大户,其兄刘耀庭曾任东北军军官,在党的抗日号召下也投身抗日斗争,参加抗联部队,任第六军军部副官,与第十二团政治主任王钧在一起开展游击活动。9月7日,第六军第十二团与讷河人民抗日先锋队又在讷河县唐火犁屯与日伪混合部队展开战斗,缴获轻机枪1挺,步枪32支,手枪4支。战斗中第六军军部副官刘耀庭牺牲。刘耀庭为讷嫩一带抗日志士。他身先士卒、忠贞为国、勇敢冲锋,不幸为敌弹所中。李兆麟得知刘耀庭副官牺牲的消息,非常悲痛。数日后,为悼念在唐火犁屯战斗牺牲的刘耀庭同志,李兆麟签署了《抗联第六军军部关于召开刘耀庭烈士追悼会的通令》,通令要求"军直属教导队、先锋队、全体指战员一律追悼开会,佩戴黑背(臂)章一月,表示衷心不忘,愿为烈士复仇的决心。"②通令充分地表达了对为抗日救国而牺牲的烈士的痛悼、怀念之情,极大地激励了抗日将士英勇战斗为烈士复仇,为祖国雪恨的斗志。

这期间,李兆麟多次写信发出指示给龙北部队领导人。运用信件发出指示、命令是李兆麟经常使用的工作方法。由于部队远离总指挥部开展活动,不能经常召开会议,又要使他们的活动迅速有效,上级指示的及时发出和明确就显得非常重要。应用信件,一具明确性、准确性;二有文字根据。这要比口头传达指令有效得多。口头传达虽有利保密,但极容易走样、遗漏、不完整。在没有电台使用的情况下,为保证总指挥部所发有关命令、指示的信件安全传递,准确送达,李兆麟很注重对交通站的设置和对交通员的培养和教育。观其所发出的信件、指示,一般都具有原则性与灵活性相结合、原则指导与具体安排相结合的特点。这样的指示,及时、明确,便于执行。

在各部队独立活动过程中,难免部队领导人之间在工作中发生矛盾,李兆麟发现后都及时致信予以解决。第三军八团团长姜富荣与政委赵敬夫一度闹意气,两人常争吵,甚至闹到不愿在一起工作的程度。李兆麟对他们进行帮助教育,要求以革命利益为重,改正错误。李兆麟致信赵敬夫,诚恳地指出,敬夫同志经验薄弱,存有陈旧观念,工作方法有缺点,个性不好。他要求赵敬夫不要忽视自己的错误,要自己深切认识,在实际工作中纠正。③

对于部队的实际工作,李兆麟在考虑到有一些需要注意的问题,甚至是具体的实际问题,也都及时写出信件,予以指示,使下级在工作中有所遵循。9月7日,李兆麟致信第六军十二团领导人耿殿君、王钧等,指示:(1)设法与八团姜团长计议,给后方送给养。(2)与姜团长讨论敌人状况,一致地布置冲破敌人"讨伐",不要因为给敌人一些打击,就轻视敌人的力量。(3)号召新队员入队,补充人数,加强队员教育,提高救国信心战斗决心,迅速征收棉衣、

---

① 《张寿篯关于一般工作情况给治纲、中孚的信》(1939年10月20日),载中央档案馆等编《东北地区革命历史文件汇集》甲55,第415页。

② 《抗联第六军军部关于召开刘耀庭烈士追悼会的通令》(1939年9月16日),载中央档案馆等编《东北地区革命历史文件汇集》甲55,第287页。

③ 《张寿篯给赵敬夫同志的信》(1939年9月8日),载中央档案馆等编《东北地区革命历史文件汇集》甲55,第267页。

马拉(鞋)、皮帽,经过甲长、牌长,广泛推销马票。(4)寻求敌人薄弱环节,细心布置、英勇果敢袭击敌人。特别是火车站、无防备的小防所,敌人新编的"讨伐队"等。经过甲长有条件的借马匹,完全换好的。(5)与总部交通关系要保持密切。信中谆谆叮嘱:以上各点的正确执行,首先依靠你们加紧注意队伍活动的灵活性,不能死驻一处,要不断散开,使敌人无法追踪。保持夜间行军,白天要有准备的布置侦探,注意勤务,军官不许疏懒。要经常查岗,勤务多出。夜间行军要特别肃静,严禁喧哗、火光等。平时谨慎,遇事果敢,抓着战局,不要恐怖,临危逃跑是死路一条,切切不要。对于广大人民要加紧宣传工作,耐心解释工作,到处提高救国信心,及救国决心。到处建立抗日救国会的组织及一切个别的工作关系,把真正爱国人民团结在本军周围。不要轻易责罚人民,我们要做模范的说服人民,轻易给人民加上罪状是最危险的行为。特别是我们的眼光要远大,旧关系要好好保存,不要轻易放弃。又说,"军教导队及先锋队,不能单独活动,配合十二团活动时,可归殿君领导,配合八团活动时,则归姜团长领导之。"①

在这封指示信中,李兆麟特别强调建立与群众的联系。由于日本侵略者费尽心机,实施毒辣的"集团部落"政策,妄图割断抗联与群众的联系,致使抗联部队食无粮、穿无衣、宿无屋,遭遇难以生存的困难以至自消自灭。为克服这一困难,就要与群众恢复联系。对于恢复联系的办法,李兆麟提出深入群众中,加紧宣传工作,耐心解释工作,提高群众的"救国信心及救国决心。到处建立抗日救国会的组织""旧关系要好好保存""把真正爱国人民团结在本军周围"。并有针对性的指出,必须纠正过去有的部队因征集马匹、给养、服装而"责罚人民"的错误,特别指出"轻易给人民加上罪状是最危险的行为"。此指示信内容具体,要求明确,重点突出,简单明了,极具可操作性,便于执行。

1939年9月,龙北部队为贯彻北满省委关于要"加紧活动,破坏敌人后方,牵制敌人兵力"及李兆麟关于"寻求敌人薄弱环节、细心布置、英勇果敢袭击敌人"的指示,根据讷河中心县委关于讷河城内敌情呈空虚、薄弱状况的报告,决定与讷河人民抗日先锋队共同在东北人民最痛心的日子——9月18日那一天攻打讷河县城。

9月15日夜,抗联第三路军第二支队(第六军第十二团、第三军第八团)270余人,在冯治纲率领下从驻地哈拉巴岐山向讷河县城进发。9月18日夜,冯治纲指挥第二支队和讷河人民抗日先锋队兵分三路按时到达预定地点。夜11时,攻城部队突然向讷河县城发起进攻。各路攻城部队分别攻克了伪县公署、警务科、警训所,攻进伪警备队驻地北大营,击毙日本副县长本多彦次、日本指导官阪根满郎、训练教官森川直道等14人,俘虏伪军警100余名,活捉了伪军团长孙承义和伪县警务股长、特务科长、警察署长等伪官佐,打开了监狱,释放了狱中300余名"犯人"。砸开了弹药库、物品库、粮库,缴获大批武器及大批棉被、粮食等军需物品。次日清晨,第二支队在城内召开群众大会,进行了抗日救国宣传。当时,有数十名爱国青年参加了抗联部队。之后,第二支队乘缴获的敌人汽车撤离讷河县城,途中又采取化装成伪警察

---

① 《张寿篯关于工作任务等问题给耿殿君等的指示信》(1939年9月7日),载中央档案馆等编《东北地区革命历史文件汇集》甲55,第261页。

的办法,巧妙地解除了孔国村和龙和镇这两地伪警察的武装。

攻克讷河县城的战斗是抗联第三路军一次非常重要的战斗。一般地说,攻打县城十分不易,县城是敌人重点防守的据点,有大批兵力驻守,若没有充分的侦察,娴熟的游击战略战术和内应的配合是很难攻克的。抗联第二支队攻克讷河县城是东北抗日联军斗争进入艰难时期对敌斗争取得的又一次重大胜利。这一胜利轰动了北满各地,使敌人心惊胆战,惶恐不安,使广大群众兴高采烈、称赞喝彩。抗联第二支队的勇敢战斗精神、严明的组织纪律和威武雄壮的歌声给群众留下了深刻印象。群众纷纷议论:"伪满洲国的劫数快到头了","抗日联军才真是救国救民的队伍"。

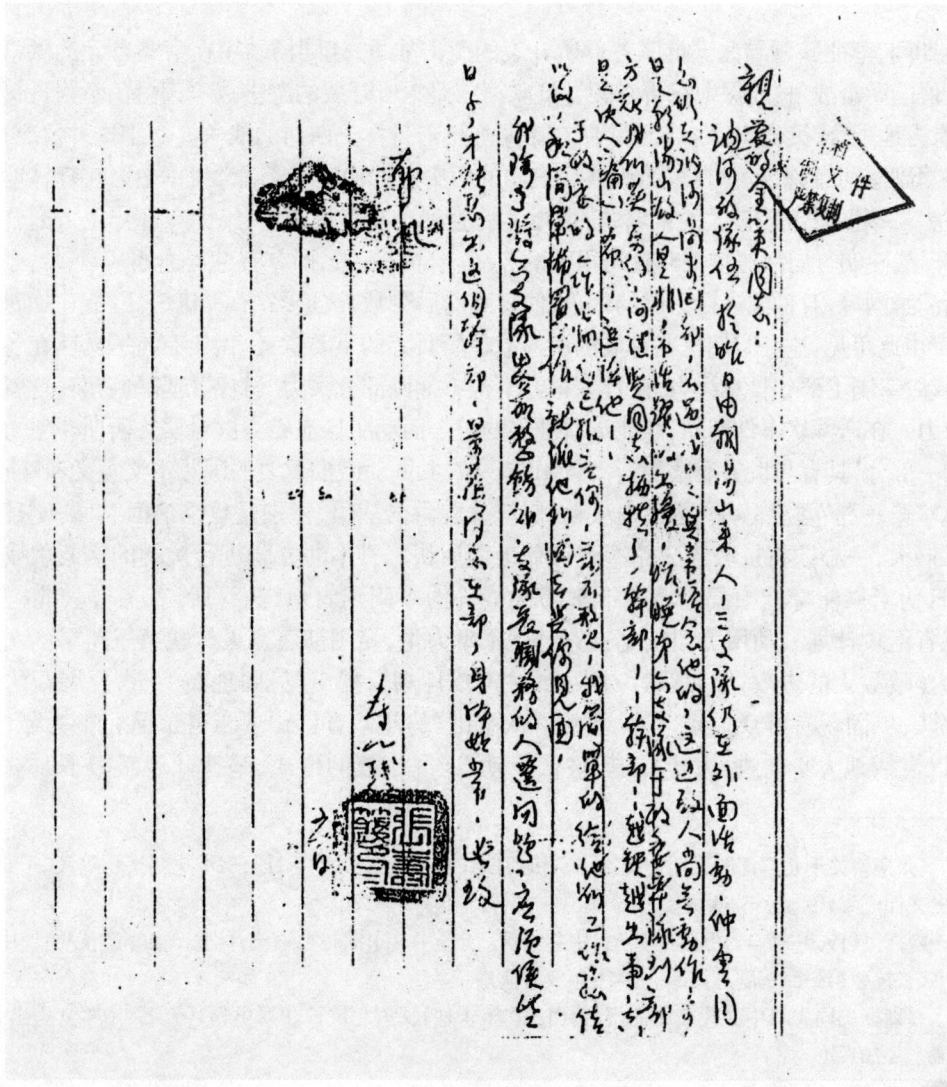

李兆麟致金策信

攻打讷河战役胜利后,李兆麟在给许亨植同志的一封信中,对此战记述说:"'九一八'纪念日攻陷龙江省中心城讷河县城,这个胜利是三七年以后的非常重要的战役,县署武装全部解决放狱,共得步枪130支、匣子100支、弹药30000发,活捉满兵孙团长、警务股特务科长、署长等重要满系官佐。'九一九'继续扫荡讷河乡村'统治',连攻破两处市镇——孔国村分署、龙河镇,这些行动中,我们坚持中央路线的原则立场,在群众中、豪户中、商号中、满军中都引起了强烈的反日好的影响。"①抗联第三路军龙北部队在第三路军总指挥部的指挥下,在讷河、嫩江广袤平原地带纵横驰骋,频繁袭击敌人军事据点、伪警察署(所)、交通运输线路、军用飞机场,北满地区广大民众看到抗联部队英勇与日本侵略者战斗,取得巨大成绩,无不暗自拍手称快。

此期间,李兆麟领导北满抗联各部所开展的游击战争,连同杨靖宇在南满领导抗联第一路军所开展的游击战争、周保中在吉东领导抗联第二路军所开展的游击战争,袭扰、牵制日军部分力量,有力地配合、策应支持了苏蒙军队在诺蒙坎抗击日本法西斯的战争。对于这种情况,抗联第一路军副总司令魏拯民②在写给中共代表团的信中说:"1939年春季,我军主力在森林地带实行了过去二军旧游击区扩大的策略,获得很大的胜利。在夏秋两季,集中一部分主力配合外蒙'诺门汗'战斗实行向敌进攻策略获得很大的成绩。在间岛(按,即今吉林延边地区)一带,当时我军横断满鲜国境,对日贼进行不停的猛攻,使日贼前后受敌,被迫缔结了'诺门汗'战斗临时停战协议。"③由此可见,这一时期抗联开展的游击战争所具有的重要意义。由于有抗联部队在各地的英勇活动,牵制了部分日军兵力,使日本军方不得不抽调部分兵力"讨伐"抗联的武装,这就使其分心散力。在诺蒙坎事件期间,东北抗联开展的游击活动明显地成为世界反法西斯斗争力量大联合的一部分,具有与世界反法西斯力量团结一致,共同对敌的重要的国际主义意义和性质。

抗联第三路军在黑嫩平原积极活动,广泛开展游击战争,特别是攻陷讷河县城,使日伪当局深感恼火,一心欲将抗联第三路军置于死地而后快。日本向苏联进行挑衅的诺蒙坎战争失败后,日伪当局便将在中蒙边境撤下来的大量日伪军调到内地,制订所谓"黑(河)北(安)龙(江)三省汇攻计划",动用黑、北、龙三省日伪军事力量,妄图彻底剿灭抗联第三路军。

为挫败敌人的进攻,李兆麟针对敌人的"汇攻计划",提出"巩固现在力量,发展新的抗日武装部队;巩固现有群众关系,扩大新的群众基础"的斗争方针,④要求各部队化整为零,分散活动,以灵活地大步前进、大步后退、昼伏夜动、迂回作战的形式,坚持开展黑嫩平原游击战

---

① 《张寿篯关于北部部队活动情况给许亨植的信》(1939年11月19日),载中央档案馆等编《东北地区革命历史文件汇集》甲56,第54页。

② 魏拯民(1909—1941)山西屯留人。中共党员。历任中共东满特委书记,抗联第二军政治委员、中共南满省委书记、抗联第一路军副总司令。1941年3月病逝。

③ 《魏拯民同志给中共代表团的报告》(1940年4月),《东北抗日联军史料》(上),中共党史出版社,1987年版,第201页。

④ 《张寿篯关于北部部队活动情况给许亨植的信》(1939年11月19日),载中央档案馆等编《东北地区革命历史文件汇集》甲56,第55页。

争,以冲破敌人布置的所谓"黑(河)北(安)龙(江)三省汇攻计划"。根据抗联第三路军总指挥李兆麟的部署,9月下旬,龙北部队第二支队经过暂短休整后,又活跃在讷河、嫩江一带。

据抗联第六军十二团政治部主任王钧同志回忆,在攻打讷河战斗后,李兆麟来到十二团。他到这里来,有两项任务:一是帮助部队解决一些实际问题,一是要视察一下地方党组织的情况,以做长远之计。他到了部队,就和战士们亲热地谈了起来。在我们谈话中,许多事他问得非常仔细。

一天晚上,在查拉巴岐山上,当同志们都睡下之后,李兆麟又和王钧谈了起来。对于十二团的斗争既有鼓励也有批评。他特别对王钧说:"有些事情,作为一个领导干部也应当想得周全些。""你比如说讷河人民抗日先锋队,成立不久,士气高是自然的,但缺乏实战经验,一下子拉出打硬仗,打好了,好。否则,刚一出头就受挫折是容易损伤士气的。那对以后的活动是不利的。"他说:"每做一件事情,都要想想好处和坏处,对以后的行动是有帮助的。"夜深了,他们的谈话还在继续着。李兆麟带着十二团在讷河五区活动几天,就又回南北河军部去了。临别时,他再三嘱咐:形势可能还要恶化,你们应当准备随时应付新的局面,要大胆谨慎,遇到事想不通了,多找下边人唠唠。李兆麟来第十二团及这次谈话给王钧同志留下深刻印象。特别是李兆麟所说"每做一件事情,都要想想好处和坏处","要准备随时应付新的局面,大胆谨慎,遇到事想不通了,多找下边人唠唠",他牢记在心,使其受益终身。①

在第六军十二团积极活动的同时,第三军八团在团长姜福荣率领下亦十分活跃。10月上旬,李兆麟率教导队与第三军八团一部为换马、解决给养,于回返朝阳山途中,在讷东三合屯(按,今友好乡境内)与北安日伪"讨伐队"250人遭遇,展开激烈战斗,一举击溃了4倍于我的优势敌人。李兆麟说,"此役主要是因为我着急进山,行动被急事限制了,警惕性不够,与大批敌军遭遇,我们被压迫在小河的边上,战斗是异常激烈。真是'兵置之死地而后生',因战士英勇将敌人日军官佐击毙,敌人溃逃,我们追出数里始回来。此役曹队长动摇擅离阵地,子弹打的不少,李子祥同志壮烈牺牲及八团王指导员轻伤(仍随队),其余无损失。"②

10月19日,李兆麟致信第八团团长姜福荣③,下达有关活动指示。此指示信内容与李兆麟于9月7日给十二团耿殿君同志那封信大体相同。信中强调加紧注意队伍活动的灵活性,不要死驻一处,要不断散开,使敌人无法追踪。对于广大人民要加紧宣传工作,提高救国信心,到处建立抗日救国会的组织及一切工作关系,把真正爱国人民团结在本军周围。信中说,"国家千钧一发,战斗如风雨般的紧急,我们(要)沉着努力,向前猛进。"④11月,第八团团长姜福荣根据李兆麟的具体明确指示,率部奔赴嫩江活动,攻袭敌人,缴获服装给养若干。

---

① 王钧:《李兆麟将军来了》,载《长春》1960年7月号。
② 《张寿篯关于一般工作情况给治纲、中孚同志的信》(1939年10月20日),载中央档案馆等编《东北地区革命历史文件汇集》甲55,第416页。
③ 姜福荣(?—1939),中共党员,抗联三军八团团长,1939年末与敌作战中牺牲。
④ 《张寿篯关于布置工作任务问题给姜团长等人的信》(1939年10月19日),载中央档案馆等编《东北地区革命历史文件汇集》甲55,第411页。

自10月中旬开始,大批日伪军集结于讷河东部,准备在讷河、嫩江、德都三县交界地带"讨伐"第三路军所属部队。此时,李兆麟回到朝阳山,为指挥所部开展活动,粉碎敌人的大"讨伐",他接连写出多封信件。10月28日,李兆麟以第三路军总指挥部名义发出密令,命令第三军第八团团长姜福荣加强对讷河人民抗日先锋队的领导,巩固先锋队,扩大先锋队,继续留在讷河、嫩江一带活动。为冲破和粉碎敌人的"讨伐"计划,要进行广泛的群众宣传工作,提高人民抗日救国的信心,救亡雪耻的决心,深入发动群众,并将群众组织起来,武装起来;巩固自己的部队,按照第三路军军政训练处所发《关于党政工作问题》文件,加强队内党政工作,注意保存实力,照顾好伤员、保护干部安全、加强干部教育、扩大工作范围等;积极开辟新区,努力争取军事胜利,派群众探听敌人防所、车站情报,灵活运用游击战术,采取迅速秘密的行军,解决敌人。加紧英勇活动,不许长期蹲山,革命军人经常是在万难中寻求活路,决不是坐吃主义。要上下一心,这是八团胜利的基础。密令强调:"灵活运用游击战术,多准备给养,提高队员生活。"同日,李兆麟又以第六军军长名义发出《东北抗联第六军司令部训令》,要求活动在讷河的第六军第十二团团长耿殿君、政治部主任王钧、副队长曹玉魁、杨副官及总部教导队加紧征收棉衣,调换精壮马匹;派民众侦察讷南镇及德都南部各小村镇敌人防卫情况,在11月上旬由姜家油坊东渡讷谟尔河,伸入河南岸,采取灵活的大步前进、大步后退的战术寻敌薄弱环节,巧妙打击敌人;加紧宣传鼓动工作,广泛宣传关内抗战胜利,进行组织召开马占山欢迎会工作(按,当时有消息说马占山将军组织挺进军先遣队要出关抗日);行动中注意敌人,声东击西,避实就虚,不拼消耗,要求加强群众工作,建立群众关系,提高民众的抗日救国决心。要加强队内党政工作,注意教育干部,扩大干部人员工作范围。旧历十月十日前必须到八团密营与总部见面,以便领取新的指示。训令中还特别强调解决好粮食问题:"每个队员除了马料以外,要准备大斗一斗以上的给养。"[①] 11月21日,李兆麟还致信讷河人民抗日先锋队队长刘景阳等同志,指出"人民抗日先锋队是讷河一带有志青年所组成的,一开始就参加了英勇的攻打讷河的战役,并在每次战争都是站在最前列"。信中表扬先锋队经受住战争的考验,证明先锋队是我军的可靠部队之一。信中指示:一、加紧宣传工作,到处给人民解释,把抗日救国真相告诉他们,号召他们组织起来,武装起来,参加抗日游击战争,援助中国关内抗战的神圣事业。二、加紧巩固先锋队,教育队员,使他懂得为什么拿着枪救国,提高军事纪律,启发队员拥护命令的自动性,提高他们战斗技术,开讨论会,研究每次作战的经验教训。三、领导人员互相帮助,在'国家第一,民族第一'的口号下,团结一致,经常研究国家大事,加紧学习军政常识。四、开始英勇行动,争取军事胜利,配合其它部队共同活动,要互相尊重,互相友爱、互相援助的精神下做工作,对于人民的态度要温和真挚,不妄动人民一针一线。[②]并决定派赵敬夫负责领导先锋队工作。

---

　　① 《东北抗联第六军司令部训令》(1939年10月28日),载中央档案馆等编《东北地区革命历史文件汇集》甲55,第440页。
　　② 《张寿篯关于巩固扩大抗日先锋队问题给刘景阳的信》(1939年11月21日),载中央档案馆等编《东北地区革命历史文件汇集》甲56,第63页。

上述李兆麟给第三军第八团、第十二团和人民抗日先锋队的命令、指示内容非常具体、明确。为其斗争指明了目标、方向。之后，第八团、第十二团部队根据第三路军总指挥部的部署，与人民抗日先锋队相配合，又连续展开一系列战斗。第三军第八团曾攻袭嫩江县鹤山车站，第六军第十二团袭击了克山县西城镇，讷河县讷南镇，九井伪警察分署。又在讷河东部火烧于屯与300余名日伪军交战，毙敌80余人。部队转移至通北后，又攻下石泉镇。随即第十二团又在德都县花园、凤凰山等地先后与敌军展开激战，予敌人一定打击。

李兆麟在总结这一阶段斗争时说："9月初，虽然敌人大吹大擂'五大连池会师'，但是经过我们很灵活的四次战役，又六军十二团在战役上解决龙江教导队1架轻机、11支步枪、2支手枪，讷南九井解决敌人，唐火犁屯战役，十二团又解决日军满警混合部队轻机1架、步枪32支、手枪4支，三合屯八团和六军教导队以一倍兵力击溃敌人四倍兵力的优势的敌人。鹤山站八团的胜利行动，最近十二团、军教队攻破额木尔河南、讷南镇，解决步枪五十支，总之在这些战役当中，敌人的'讨伐'布置已被冲破。"①这里所说的"敌人的'讨伐'布置已被冲破"就是敌人精心布置、大吹大擂的所谓"黑、北、龙三省汇攻计划"，"五大连池会师"被冲破，遭到破产。

在冲破敌人"汇攻计划"的反"讨伐"战斗中，龙北部队也付出重大代价。同年12月，第三军第八团配合第六军第十二团在克东县东南活动，由于大批敌人在飞机配合下大举进攻，我军行动迟延，战斗中，第三军第八团50余人损失一半，第三军第八团团长姜福荣和第六军第十二团团长耿殿君牺牲。

1939年11月，日伪当局又调动大批兵力在讷嫩地区展开对抗联部队的冬季"大讨伐"。为突破敌人对讷嫩地区的"讨伐"，11月8日，李兆麟在通北南北河第三军八团后方，主持召开龙北高级干部会议。会议检查、总结了一年来龙北地区的工作，分析了龙北地区的政治经济形势，根据党的总的斗争策略，对龙江北部游击运动全般工作做出新的部署。会议针对敌人正调动大部队对在讷东一带活动的抗日联军进行"讨伐"的局势，决定讷河县委、第六军十二团向克山、依安、拜泉转移，第六军教导队和第三军八团向德都、通北南北河一带转移，以避敌锋芒，减少损失。会议根据李兆麟于开展冬季反"讨伐"斗争深入部队进行军事活动月余，要离团回朝阳山后方，决定由冯治纲为龙北军事指挥部指挥。

在敌人进行疯狂"讨伐"的形势下，斗争趋于艰苦困难之时，李兆麟总是以乐观的态度分析形势，引导人们看到胜利的前途和希望。提出新的斗争策略和任务。他总是告诉战士们没有理由说明民族解放运动将走上失败的前途，眼前的困难是暂时的，只要积极发动群众，依靠群众，困难就能克服，新的斗争局面就会到来。12月20日，李兆麟以抗联第三路军总指挥名义发出《关于目前形势和战斗任务给各独立部队的信》，该信在分析国际国内形势和总结以往斗争经验的基础上，提出新的战斗任务：1.整理部队，巩固部队，创造新的部队；2.发动群众，武装群众，发挥群众力量扩大反日统一战线；3.凭籍军事胜利的开展，依靠后防建设的巩固，山

---

① 《张寿篯关于北部部队活动情况给许亨植的信》(1939年11月19日)，载中央档案馆等编《东北地区革命历史文件汇集》甲56，第55页。

林游击与平原游击配合一致;4.改造旧干部,训练新干部,创造战斗伟力最深厚之根源。[1]这是一封具有重要指导意义的信件。信中提出的四项斗争任务,都是进一步落实省委指示《告北满全党同志书》所必须完成的。

第一项,整理部队就是要把路军制之下的各部队,在组织系统上组成严整的、纪律化的、合乎战斗要求的、数量集中的战斗支队。巩固部队就要加强队内党政工作,加强队员的文化、政治、军事的日常工作,消灭对于抗战无坚定信心、斗争决心的现象。创造新的部队,强调要派遣优秀的工作人员秘密到群众中去,组织脱产或不脱产的游击队,不断充实现有的抗日联军。李兆麟认为整理部队,巩固部队,创造新的部队是在平原广袤地界开展游击战所必需的,是在敌人封锁线后面创造抗日的新根据地所必需的,是应对敌人"讨伐"所必需的。只有做好这项工作才能创造新的抗日阵容。

第二项,发动群众,武装群众,强调这不单是地方组织的任务,也是抗日联军主要功课之一。李兆麟提出一定要注意改善军民关系,依靠群众力量克服困难。要让战士清楚地知道,发动群众力量克服困难,是我们克服困难的最基本办法。要派有工作经验的干部到地方开展群众工作,发挥群众的伟大力量,建立各种支持、援助抗日军队的组织。由救国会、妇女会等民众团体发起各种拥护抗日军的动员、新战士入伍的动员、募捐粮食衣物等军需品的动员。根据群众的中心要求,灵活地揭破敌人的"匪民分离"政策。扩大反日统一战线,把群众组织起来,参加抗日自卫组织和抗日行动。

第三项,军事胜利的开展,是夺取全民族抗战胜利的关键。要坚决反对任何疲惫动摇的败落情绪,反对"蹲沟主义"、萎缩不进的等待主义,克服队员的沉闷状态。同时,坚决反对"盲动游击"、冒险的拼命主义。李兆麟在信中指出没有军事上的胜利,就没有军队存在的条件。军事指挥员必须善于启发士兵的积极战斗情绪,根据临时情况寻求胜利战机,运用游击战术的特长。要注意建设好巩固的后方,没有坚固的后方,就会使部队和整个工作失去依托。要利用森林要隘、河套苇塘建立根据地——秘密机关(被服厂、病院、办事处、重要机关),临时后方(学校、屯垦、交通栈),部队休息所(前方游击部队临时宿营地点,借以休养实力、骑兵设马操、建筑阵地工事)。

第四项,干部建设问题,要改造旧干部,训练新干部。必须培养在抗日民族革命运动中涌现出来的积极分子,对祖国关心负责、不畏困难的新战士为新干部,以适应民族革命战争的需要。对旧干部要加以必需的训练,开办干部训练班,克服他们不适于目前斗争需要要求的缺点、错误。通过给予必需的训练来充实我们的阵容。

该指示信发出后,各独立部队按信中的要求,普遍加强了部队政治、军事建设,加强了群众工作和干部的培养教育工作,使各部队的素质得到明显提升。

在对敌斗争中,李兆麟等抗联领导人总是能根据形势的发展,提出新的斗争任务,要求指战员完成。人们知道,东北抗联人数虽然不是很多,但由于它的存在和进行的游击战争,所

---

[1] 《张寿篯关于目前形势和战斗任务给各独立部队的信》(1939年12月20日),载中央档案馆等编《东北地区革命历史文件汇集》甲56,第142页。

开展的攻袭敌人薄弱环节,破坏敌人兵站、交通、通讯等活动,一直是日本侵略者的心头大患,使日本侵略者进行"大东亚圣战"的后方基地始终不得安宁。"前院失火,后院冒烟",其统治不可能稳定。它牵制大批日军兵力,使之不能入关南下,在配合全国总抗战方面起到了重要作用。

还是在1939年11月8日李兆麟在南北河召集的龙北高级干部会议上,提出龙北部队,要向嫩江西部地区进行远征,以配合马占山将军暨出关抗日挺进军先遣队的活动。为此,他以抗联第三路军总指挥部名义,正式决定由冯治纲担任龙北军事指挥部指挥。1939年末,冯治纲在龙北部队第三、六军中选拔120余名战士,组织一支骑兵队伍,组织成立"东北抗日联军第三路军欢迎马占山将军暨出关抗日挺进军先遣队",向嫩江西部地区进行远征,插入大兴安岭以开辟新的游击区域。

冯治纲率领这支骑兵部队,迅速进入甘南,跨越嫩江,而后在伪兴安东省莫力达瓦旗、巴彦旗、阿荣旗一带少数民族地区开展游击活动。这三个旗居住着鄂伦春、达斡尔、蒙古等少数民族。冯治纲率龙北部队经常采取寻敌薄弱环节,灵活穿插的方式,与敌人展开英勇斗争,广泛开展抗日宣传活动,认真贯彻民族政策,团结少数民族群众共同战斗。他们推动了这一地区抗日斗争的发展。1940年1月30日,冯治纲率领所部在阿荣旗长安堡活动时遭日军袭击,副官长齐宝贤牺牲。2月4日,冯治纲率部转移到任家窝堡时与日军、伪兴安军再次展开激战。战斗中,龙北军事指挥部指挥、第二支队队长冯治纲壮烈牺牲。冯治纲牺牲后,龙北远征部队在阿荣旗仍坚持活动一个多月后才东返,到达德都朝阳山后方基地。

1940年4月1日,李兆麟得知冯治纲牺牲的消息,深感震惊哀痛。他致信金策说:"4月1日那天,正是我焦虑各部队的工作,终天等候着各处的交通员,这天王主任钧同志果然来。才知道我们智勇双全的干部冯治纲同志在去年冬季十二月二十七日(公历2月4日),在甘南县五眼河战役误入敌卡壮烈牺牲了。"冯治纲同志的牺牲是抗联第三路军的重大损失。李兆麟总结其教训是"军事方面失去逐步伸张的慎重性,完全表现失掉互相呼应,互相钳制,互相调动的作用孤军深入;远征队伍不巩固,对于干部保护不够,表现部分左倾情绪;甘南地带,我们没有充分的准备工作,得不到群众相当的有组织的援助"。这一教训是深刻的。他在给金策的信中说"我们应该耐心的、坚毅的、镇静的进行自己的指导工作,不作任何危险的行为,思想上更不作任何带危险性的想象,工作中不应表示任何急躁和冒险。"[①]李兆麟非常看重冯治纲的战斗经验和工作作风。他讲过:"游击队的长官要精密地注意认识敌人的薄弱环节,精密地布置侦察工作,进行胜利军事行动,要把刻苦的组织工作作为制胜的先决条件。坚决肃清粗率的、冒险的、以简单军令当作具体布置的危险倾向,同时反对恐怖动摇,游而不击的吃混主义。每个军官都应学习故去的英雄冯治纲同志的非常果敢魄力,非常坚毅的信心,非常灵活机敏的行动,非常远大卓绝的见识,专能以少胜多,以弱避强的战斗艺术。应当以胜利行动压倒敌人的气势,利用它情绪的颓丧,作为增强我军抗战必胜的信念,严防由于部分胜利冲昏脑子的行为,细心准备长期的物资供给,巩固已经得到的胜利果实,这样来展开黑龙江省新的局面,创

---

① 《张寿篯给金策同志的信》(1940年4月30日),载中央档案馆等编《东北地区革命历史文件汇集》甲57,第218、221页。

造三路军新的生动力量。"①在这里,李兆麟是以冯治纲作为学习榜样,要求全军指挥员要向冯治纲那样工作、生活、战斗,做一名冯治纲式的领导者、指挥者。

抗联第三路军龙北部队积极开展游击战争,游击活动范围达德都、北安、讷河、嫩江、克山、阿荣旗等10多个县旗。李兆麟在亲自指挥开展游击战过程中,十分注意总结平原游击战争战略、战术的经验:即灵活地大步前进、大步后退、迂回作战,伺机袭扰敌人;在群众未发动起来的地方,采取远距离奔袭,寻找敌人薄弱环节,出其不意地歼灭敌人;在群众已发动起来的地方,采取深入敌人内部,里应外合的方式打击敌人。这些于抗日游击战争实践中形成的平原游击战略、战术在对敌斗争中发挥了巨大效力。

北满抗联部队在第三路军总指挥部的统一指挥下,在伪北安省地区广泛开展游击活动,与敌人展开积极、英勇、顽强的斗争,使日本侵略者遭到很大打击。对此,日伪当局称:"于本期(指1939年)观察活动情况,三江省残余匪帮为客观形势所控制未见其活动;在北安省内之西进匪帮益于愈恣意凶暴,不仅止于袭击警备力量薄弱之部落等,居然敢袭击县城、北黑线列车、车站等,匪势日益猖獗。""在北安省一带及龙江省北部地区,与诺门坎事件之进展相呼应,疯狂进行频繁袭击与对群众宣传抗日,致使治安不佳地区显著扩大,且使人心动摇。""其中尤以冯治纲、姜福荣、耿殿君、王明贵匪帮活动最为频繁,彼等善于忽聚忽散,纵横奔驰于游击区,肆无忌惮以'九一八'纪念日为期袭击讷河县城;又于11月13日北黑线小兴安车站胆敢袭击列车、袭击宁墨线鹤山车站及北黑线小兴安车站,恣意放火、杀伤、抢掠,另外袭击克山县西城镇,占领警察分所并收缴武器,袭击金融合作社,杀害日本人,掠去现款一万余元等,极尽恶劣凶猛之能事。"②敌人的咒骂和哀叹就是抗联部队取得胜利的明证。

在龙北部队广泛开展游击活动的同时,龙南部队根据抗联第三路军总指挥部的部署,避开日伪军的正面进攻,深入到绥棱、绥化、青冈、拜泉等平原地带,开展群众发动秘密宣传工作,积极开展游击战争,伺机打击敌人。

1939年春、夏两季,龙南部队所属独立第一师在政治部主任周庶泛③率领下在铁力县安邦河上游活动,之后到绥化县东部、庆城县西部地区活动,扩大了抗日联军的政治影响。独立第一师第一团20余名,在团长韩玉书率领下坚持在木兰县一带活动。龙南部队所属独立第二师在师长马光德和政治部主任朴吉松④的率领下,活动在铁力县马鞍山及依吉密河上游一带,经常出没于绥(化)南(岔)线铁路工地和日人经营的采伐林区内,日伪当局称,由于其"行动逐渐尖锐化"致使县内"治安恶化"。4月4日,独立第二师在铁力县马鞍山附近木营解决部分给

---

① 《张寿篯给王新林的工作报告的信》(1940年8月30日),载中央档案馆等编《东北地区革命历史文件汇集》甲58,第312页。

② 吉林省档案馆编译:《东北抗日运动概况》,吉林文史出版社,1986年出版,第104、77、106页。

③ 周庶泛(?—1940),朝鲜族,中共党员。任东北抗联第三军六师政治部主任、新编一师政治部主任。1940年被叛徒杀害。

④ 朴吉松(1917—1943),朝鲜族,中共党员。任抗联第三军少年连排长、抗联第三军三师七团政治部主任、抗联第三路军六支队十七大队政治指导员、第十二支队队长。1943年被捕入狱,后被敌人杀害。

养。4月6日,与追赶上来的伪森林警察展开战斗。战斗中,原第三军第三师师长张连科牺牲。同年夏,独立第二师师长马光德率部于铁力东北部山区活动,在马家屯战斗中牺牲。独立第二师所属原第十一军部队以绥棱县等地山岳地带为依托,避开日伪军的正面进攻,编成骑兵深入青冈、明水、拜泉、克东、肇东等县平原地带开展游击活动,宣传群众,组织、发动群众参加、支持抗日斗争,政治影响很好。他们开展的游击活动得到群众的广泛拥护,一些青年参加抗联,这一带民众的反日斗争情绪不断高涨。独立第二师政治部主任朴吉松率领第三军第三师第七团,于9月上旬袭击了铁力县北关门嘴子伪警防所,缴获步枪13支、子弹1200发,粮食3石多。

  入夏,龙南部队根据北满省委的指示和抗联第三路军总指挥部的部署,在1939年七、八、九3个月,利用青纱帐起的有利时机,采取昼伏夜动,集中兵力,设伏袭击等战术不断打击敌人。在第三军七团袭击了铁力北关门嘴子伪警察局(所)之后,第三路军总参谋长许亨植与第七团接头,检查并布置了第七团工作。9月25日,龙南指挥部指挥李景荫、政治部主任周庶泛、参谋长郭铁坚领衔发表龙江南部指挥部正式成立宣言。①随后,活动在龙南的第十一军部队避开敌人在庆城、绥棱、东兴、木兰等县的"讨伐",派出一支骑兵队伍深入青冈、明水、拜泉、望奎、海伦等县开展游击活动、政治宣传,在群众中影响颇好,受到当地群众拥护,一些群众自愿募捐支持抗联队伍。此期间,龙南部队在北满省委及第三路军总指挥部领导下进行了反奸细斗争,粉碎了敌人利用叛徒企图瓦解龙南部队的阴谋,果断处决了混在队伍里的奸细、叛变分子,使敌人策动独立一师部队叛变投敌的阴谋破产。

  1939年11月19日,李兆麟给许亨植去信,通报了龙北部队活动情况,同时对龙南部队工作提出意见和要求。信中首先肯定龙南部队开始新的行动并取得一些成绩。之后指出龙南部队"对客观环境的认识还是不够,因之在行动中,还仅是进行单纯的宣传鼓动工作和给群众颇好的影响,还没能将英勇军事行动与耐心的宣传鼓动工作,动员群众,组织群众的工作配合起来。""有的干部对于吾党的关于东北民族革命运动新时期——第三期的历史任务了解的不十分明确,(存有)不敢扩大抗日救国全民统一战线等倾向。"他说:"我们的干部是幼稚的干部,是政治理论经验缺乏的,同时还有浓厚的旧社会的习惯,我们在斗争中不应该轻视这些传统的反抗力量,必须以最顽强的、耐心的说服与布尔塞维克的正确同志态度帮助这些干部。"②李兆麟的这一指示对保证龙南各独立部队在各地积极活动、经济统一、武装统一、克服左右摇摆和无政府主义等缺点、不足,实现革命化都具有重要指导意义。

  李兆麟在直接领导、指挥龙北、龙南部队斗争的同时,也非常关注下江地区的斗争。活动在松花江下游地区(简称下江地区)的北满抗联部队,由于日伪当局不断强化所谓"治安肃

---

  ① 《东北抗日联军第三路军龙江南部指挥部成立宣言》(1939年9月25日),载中央档案馆等编《东北地区革命历史文件汇集》甲55,第307页。

  ② 《张寿篯关于北部部队活动情况给许亨植的信》(1939年11月19日),载中央档案馆等编《东北地区革命历史文件汇集》甲56,第52、53页。

正",以巩固其"三江省大讨伐"的战果,面临着极其严峻的斗争形势。第六军部队由于敌人严密封锁,在严冬之时,棉衣棉鞋尚未备齐,许多战士在大雪天还穿着单胶鞋。在残酷的对敌斗争中,牺牲和负伤的战士日益增多。在艰苦斗争面前,下江特委书记高禹民和第一连指导员马克正通过采取个别谈话、召集全队讲话等方式教育大家,做细致的思想工作,使第一团战士们振奋精神,继续坚持斗争。此前,在1939年4月举行的北满省委第二次执委会上,冯仲云被任命为抗联第六军政治部主任,同时以省委代表身份去下江地区担负领导工作。省委代表冯仲云来到下江,发现在给养断绝的情况下,部队为了生存,曾出现违反群众纪律解决粮食给养的现象。对此,冯仲云予以严肃批评,要求坚决纠正这种错误,不许采取破坏群众关系的方式解决给养。冯仲云及高禹民等抗联干部,时刻以积极的说服、教育,鼓舞起战士们的抗战必胜的自信心,"只要头尚在,血尚温,誓死抗日""我们要坚持到最后一个人"为行动口号,以同生死、共患难,以身作则的模范行动去影响下级,使下江地区抗日武装仅有的一点实力得到保存。之后,根据冯仲云的决定,在下江活动的部队由他和高禹民率领分别离开下江向嫩江、海伦一带转移,去找第三路军总指挥部。

对于北满抗联三路军开展的抗日游击战争,日伪当局称,活动积极、频繁,致使其损失巨大。据日伪统计,"1939年6月至12月,抗联第三路军在北安省作战(袭击、交战)6月份17次,7月份26次,8月份40次,9月份40次,10月份31次,11月份41次,12月份41次,共计236次"。①"仅袭击讷河县城所造成之损失即约18万元,袭击北黑线列车所造成烧毁车辆货物等即达77000元。由于警察方面被解除武装,以致被大量掠夺。据此等情况可以想象匪势猖獗之程度。"②日伪当局还记述说:"抗联第三路军系匪帮以张寿篯为总指挥,以第三军、第六军为骨干部队与第九军、第十一军综合组成,在遍于三江省及北安省两地区继续进行游击活动。"③由此可见,敌人也不得不承认以李兆麟(张寿篯)为总指挥的抗联第三路军仍在顽强地继续进行长期持久的抗日游击战争。

从1939年春到1940年初,抗联第三路军在李兆麟的指挥下,所属各部深入敌人统治腹地,在龙北、龙南大地广泛开展平原抗日游击战争。开展平原游击战争是抗联第三路军的一个创举。平原地区,抗联战士称之为"大界",在平原地区开展游击战争因其广袤无垠,一望无际,存有易被敌人发现等困难,但李兆麟与广大抗联指战员想办法变不利为有利,他们以小兴安岭西部山麓为依托,利用青纱帐起的有利时机,更利用骑兵迅捷的特点,在群众的帮助下,变步兵为骑兵,寻找攻袭目标,把握战机,长驱直入,大步前进,大步后退,运用游击战术,打击敌人,取得很大成绩。据中共北满省委1940年3月给中共中央政治局报告说:"据统计,自去年春期到现在,与敌接仗40多次,这里胜战有30来次,获取大小武器500多支、5架轻机枪、1架重机。攻袭城镇七八处,作战中缴敌械3次,破坏3个火车站,消灭敌人250名以上(日军占40%),缴取16处大排警察,俘虏伪军500以上,缴获子弹45000粒,发展人数180名以上。"报

---

① 吉林省档案馆编译:《东北抗日运动概况》,吉林文史出版社,1986年出版,第106页。
② 吉林省档案馆编译:《东北抗日运动概况》,吉林文史出版社,1986年出版,第108页。
③ 吉林省档案馆编译:《东北抗日运动概况》,吉林文史出版社,1986年出版,第100页。

告中还说:"北满游击队三八年、三九年度虽然受到严重的损失,虽然人数上不多,但质量上已经有相当进步的力量,这个力量,就是日本帝国主义不可战胜的力量。"①抗联第三路军在平原游击战争中,攻破了讷河县城及克山县的北兴镇、西城镇、讷河县龙河镇等,并深入至嫩西阿荣旗平原地区。抗联第三路军开展的游击战争,钳制敌军至少两个旅和许多伪警察队的兵力,冲破了敌人的沿山封锁线,开辟了新的游击区,发动了广大群众,得到群众的拥护,民众自动捐款捐物,支持抗联斗争,推动了抗日民族解放运动的开展。抗联第三路军进行的游击战争,沉重地打击了敌人,特别是北满重镇讷河县城被攻破,轰动东北各地,使抗联第三路军声威大震。

三、纪念红五月

"五月"是一个特殊的月份。因为有许多与革命有关的事件发生在这个月,五月有不少节日或纪念日。"五一"为国际劳动节,"五四"为青年节,"五五"为马克思诞生日,"五七""五九"为国耻纪念日,"五卅"为五卅运动纪念日。这些都与革命和鲜血有关,故称五月为"红五月"。1940年3月,北满省委为配合全国总抗战,响应将来国内对日反攻、抗战建国号召,开始部署纪念"红五月"活动,以掀起新的抗日斗争高潮。

在开展纪念"红五月"活动前后,北满抗联经历有四件大事:

第一件大事是,1939年12月末,吉东、北满省委代表在伯力召开一次重要会议。还是1939年8月间,因战斗失利入苏的西北远征队(第一支队)队长张光迪携许全禄等二人由苏联回到东北,见到抗联第三路军总指挥李兆麟。张光迪从苏联带回一个重要信息,在李兆麟给金策的信中说:"他们(按,指张光迪、许全禄)是受××(按,苏联)机关派遣,来我处是专为××日蒙战争发生事件,'调我(寿篯)与尚志、亨植三人中推选一人,到××处,有重要计划商讨,并限期由张光迪引导前去。"②显然这是一个重要信息。8月21日,李兆麟把此信息及时向金策同志予以通报。

长期以来,由于关山险阻,东北党组织和抗日联军与党中央的联系被隔绝,1937年末,与中共驻共产国际代表团的关系也断绝了。这种状况显然不利于东北抗日战争的发展,1939年末,北满党军领导人考虑能否通过苏联方面的关系打通与党中央的联系,同时也需要争取苏联对东北抗联的军援。但是北满地区过去没有与苏联方面的联络关系,赵尚志于1938年初过界赴苏求援遭苏方关押一年半才被释放回东北,所以贸然过界赴苏也是一件极危险的事情。因此,省委对张光迪带来的信息很慎重,担心再出现1938年初赵尚志过界被扣押问题。

---

① 《中共北满省委给党中央政治局报告》(1940年3月13日),载中央档案馆等编《东北地区革命历史文件汇集》甲26,第71页。

② 《张寿篯给金策同志的信》(1939年8月21日),载中央档案馆等编《东北地区革命历史文件汇集》甲55,第244页。

9月份,在下江工作的省委代表冯仲云同志提出建立交通线、交通站与苏联建立联系,并要求"与××(按,苏联)发生密切关系,冯要过去一趟。"①金策对此表示同意。之后,冯仲云以北满省委代表身份赴苏,到远东伯力。他要求苏方帮助建立与中共中央的联系,召集北满、吉东省委代表会议商讨东北抗日斗争等一切问题。1939年12月末,吉东、北满省委代表周保中、冯仲云以及赵尚志在苏联伯力会面,1940年1月中旬至3月下旬召开会议(亦称伯力会议)。会议第一阶段,在苏方代表的帮助下,总结了东北游击战争经验教训,并与苏联远东方面军达成有关支持抗联斗争的协议。

此次会议尽管李兆麟没有莅会,但会议最后由苏联远东边疆区党、军形成的《指示纲领》仍把他作为领受者。这个《指示纲领》的题目是:《对东北抗日联军第二路军总指挥周保中、副总指挥赵尚志②和第三路军总指挥张寿篯、北满党省委代表冯仲云的指示纲领》。该《指示纲领》规定:"我们是代表党和总指挥,在现时和平时期和军事时期中来指挥满洲游击队的运动(党的、政治、组织和军事)等问题。"会议根据东北斗争的环境和抗联部队的现状,要改变部队编制,各路军下设若干支队,支队下设大队。规定第一路军下辖第一、四、七支队;第二路军下辖第二、五、八支队;第三路军下辖第三、六、九、十二支队。《指示纲领》要求各支队要注意准备给养问题、建设好后方根据地。同时,对侦探工作、党政工作、群众工作、青年工作、少数民族工作、宣传鼓动工作及对伪军警等工作都做以明确规定。

第二件大事是,1940年1月28日,中共北满省委在庆城老金沟召开第十次常委会。李兆麟参加了第十次常委会会议,参加者还有金策、许亨植等。会议检查、总结了1939年度北满党军的全部工作,分析了目前东北的政治形势,确定了党的斗争策略、任务。第十次常委会指出:为了彻底完成抗战建国的基本任务,首先共产党必须坚决保持自己的独立政治面貌,保持马克思、列宁主义国家民族学说的真正科学遗产,同时必须无情的揭穿同盟者在民族革命火焰中,暴露出来的各种不彻底的动摇犹豫的倾向,必须刻苦地发动群众,以群众实际斗争来教育群众、团结民众、武装民众,来争取抗战广大开展与准备最后胜利。会议关于反日游击运动问题指出:游击运动是抗日民族革命战争最高斗争形式。为适应抗战的要求,坚持恢复旧游击区,开辟新游击区;肃清游击运动中的"萎缩不进"的状态,开展平原游击运动。同时要反对"左"的冒险主义;要利用敌人统治的薄弱环节,进行有计划的军事运动,扩大游击运动。会议号召各部队加强战斗性、团结性、依靠群众、克服一切困难,创造北满抗日游击运动新局面。③会议规定了1940年的工作计划。会议发表了《中共北满省委第十次常委会告全党书》,还以抗联第三路军名义发表了《告民众书》《告满军、满警书》《告日本士兵书》《告日本移民团农民书》。1940年各项工作的开展基本是按此次会议精神进行的。

---

① 《金策关于起抗日捐情况及答复下江同志的要求等问题给许亨植同志的信》(1939年10月12日),载中央档案馆等编《东北地区革命历史文件汇集》甲55,第396页。

② 此次会议决定赵尚志调到抗联第二路军工作,任副总指挥职务。

③ 《中共北满省委第十次常委会告全党书》(1940年1月28日),载中央档案馆等编《东北地区革命历史文件汇集》甲26,第15页。

第三件大事是,第三路军各部进行了整编,重新编为第三、第六、第九、第十二支队。中共北满省委在 1940 年 3 月制定出《东北抗日联军第三路军行动纲领》(共十一条)和《东北抗日联军政治工作暂行条例草案》(共五十二条),为抗联第三路军行动确定了明确方向,对政治工作提出了具体要求和规范。《东北抗日联军政治工作暂行条例草案》是在抗联第三路军政治工作经验总结的基础上概括、提炼出来的。它涵盖部队政治工作的各个方面。总则十二条,确定政治工作的目的、任务、内容、原则等,细则条例四十条,分别确定部队政治部的工作职能,党委、党支部的工作与任务,政治指导员、政治委员、政治部主任的任务、职责、权限等等。

第四件大事是,抗联第三路军组织开展学习毛泽东《论持久战》和《论新阶段》活动。金策于 1940 年 6 月 3 日,致信李兆麟强调:"毛泽东同志在六次全会报告的中国人民解放的道路,是我们的最宝贵的总指南,我们应当在这个总指南周围紧密团结起来,应当推动全党同志积极研究与讨论这个报告书,是有很大的裨益,我们应当号召全党同志,很快为贯通这个总指南而斗争。"①在金策、李兆麟、冯仲云等领导同志倡导下,第三路军各支队都开始认真学习毛泽东著《论持久战》和已经传到北满地区的毛泽东于 1938 年 10 月在中共中央六中全会上的报告《论新阶段》(1940 年 2 月已有吉东和北满中共委员会翻印本,名《中国人民解放的道路》)。1940 年 7 月 10 日中共北满省委专门发出给北满各级党部的指示信,提出要开展一个"新阶段讲座运动",强调《论新阶段》"不仅成为中国共产党党员的行动指南,而且成为中国人民的抗战建国的指路明灯。因此,不光是队内党部,而且地方党部也更积极的利用一切可能,来经常的广大的实行新阶段的讲座运动,使广大民众更加确信抗战必胜的前途。"②根据北满省委的指示,各支队和地方党组织都认真学习《论持久战》《论新阶段》,领会其精神实质,增强了斗争胜利的信心。"关于新阶段——毛泽东同志在六中全会上的报告,已经开始到下级去讨论,使每个党员及抗日战士对中国抗战建国的必胜,彻底认识。"③对于《论持久战》和《论新阶段》的精神,各支队指战员都能自觉地在抗日武装斗争中予以贯彻、运用。

以上四件大事对北满地区抗日游击运动都有很大影响。

还是在伯力会议结束后,1940 年 3 月 22 日北满省委代表冯仲云率领由 30 多人组成的一支部队从苏联伯力出发,踏着冰雪,跨过黑龙江,返回东北。冯仲云率领的小部队,在嘉荫和逊克交界的车陆村附近登陆,又历时三周左右时间,经过艰苦行军,终于到达通北南北河支流木沟河抗联第三路军总指挥部驻地。在这里,抗联第三路军总指挥李兆麟与冯仲云两位两年多未见面的老战友相见,都高兴异常,紧握双手,热烈拥抱。

"没有想到我还活着,你也活着,能在这儿见面。"这是两位战友久别重逢时李兆麟说的

----

① 《金策给张寿篯的信》(1940 年 6 月 3 日),载中央档案馆等编《东北地区革命历史文件汇集》甲 26,第 170 页。

② 《中共北满省委给各级党部的指示的信》(1940 年 7 月 10 日),载中央档案馆等编《东北地区革命历史文件汇集》甲 26,第 230 页。

③ 《中共北满省委给海路转中共中央政治局的报告》(1940 年 6 月 29 日),载中央档案馆等编《东北地区革命历史文件汇集》甲 26,第 218 页。

第一句话。在敌人"讨伐"、严厉搜捕抗联的情况下,能够很好地活下来并且见面,这是多么的不容易。大家感到格外亲切,会见时的情景更是十分热烈。

在两位战友会见中,冯仲云详细地传达了伯力会议精神;通报了目前政治形势——主要是欧战情况、国内抗战情况及苏联的和平政策。冯仲云谈了他对苏联的认识和印象;详细介绍了毛泽东著《论持久战》主要内容;讨论了苏方代表海路、王新林于3月19日提出的《对东北抗日联军第二路军总指挥周保中、副总指挥赵尚志和第三路军总指挥张寿篯、北满党省委代表冯仲云的指示纲领》,并按指示纲领的精神安排、部署了抗联第三路军的工作,特别是部队改编为支队及各支队干部人选等问题。

冯仲云

对于他们这次相会的情景,冯仲云曾做过这样的记述:"见了张寿篯同志,大家感到热烈、亲切。几年在部队的辗转和冰天雪地里的艰苦生活,虽然我们都还年轻,但已经显得老了。他也显得清瘦了,但是眼光炯炯有神。篝火的烟火使他的脸和手有点乌黑,头上也是同我一样秃着顶。但精神是快乐的,对前途还是充满着信心。他见着我,紧紧地握着我的手,几乎是热烈地拥抱,说:'老冯,好久不见了,没有想到我还活着,你也活着,能在这儿见面。这样说来,我们还能为祖国的独立战斗若干年!你给我带来了什么?''我给你带来了毛泽东同志的《论持久战》。这是我们往后抗战中的经典。这书得来不易。它是从中文翻到英文,从英文翻到俄文,从俄文再翻到中文,所以不是原文。我们是从苏联友人那里得来的。这里面有形势,有战略战术,有抗日战争的前途。这就作为我们今后东北游击战争的指示。还带来了一些和吉东党周保中等同志的会议决定。接着,我们坐下来详细地谈了一些问题。"①

李兆麟听到冯仲云关于伯力会议精神传达后,对会议决定表示完全接受。特别是听到毛泽东《论持久战》的主要内容传达,更觉对开展抗日游击战争有了指路明灯。《论持久战》是东北抗联得到的最为宝贵的中央文件。李兆麟如获至宝,和总指挥部的同志们如饥似渴地阅读着。大家一致认为毛泽东同志论述的战略方针是抗日制胜的法宝,一致表示东北抗联在战略上一定坚持持久战,斗争到底,决不动摇。

同时,因张光迪带来的派人赴苏的信息由冯仲云得以实现,李兆麟也为北满党、军与苏联远东方面军取得直接联系而庆幸。此后,第三路军总指挥部很注意利用与苏联方面的这一

① 冯仲云:《1940年及克山袭击》,载《东北抗日联军十四年苦斗简史》,2008年版,第232页。

关系,启用电台、派交通员向王新林请示、汇报工作,以取得其指导和支持。这在东北党组织和抗联与党中央断绝联系的情况下是完全必要的。

当时,为迅速传达贯彻伯力会议及省委第十次常委会议精神,李兆麟提议召开一次干部会议,冯仲云很是赞同。在李兆麟主持下,活动在龙北地区的抗联第三、六军部分干部会议于4月间,在第三路军总指挥部驻地召开。因会议地址在南北河故称之"南北河会议"。

出席这次会议的有第三路军新任政委冯仲云、第六军三师师长王明贵、六军一师代师长陈绍宾、下江特委书记高禹民、第九军二师师长郭铁坚、第六军十团团长边凤翔①、第三军八团政治部主任赵敬夫、第六军十二团政治部主任王钧等。会议传达了吉东、北满省委代表联席会议精神;学习了毛泽东的《论持久战》;传达了中共北满省委第十次常委会精神,部署了当前工作任务。

会上,李兆麟要求为了实现党的会议决议,完成党面临的新任务,部队和地方各级党组织要迅速召开党员大会,并吸收积极分子参加。当时,东北抗战已经进行了八九年,一些人存有急躁情绪,对抗战的长期性估计不足,希望速胜。也有的认为胜利的希望很渺茫,抗战何时能取得胜利? 对抗战胜利信心不足。对此,李兆麟运用《论持久战》批驳速胜论与亡国论的观点,引导大家树立持久抗战,抗战必胜的信念。并强调要进一步扩大抗日民族统一战线,集中物力、财力、人力支持抗联斗争,抗联部队要向敌人统治薄弱环节进行出击,以胜利的军事行动,提高民众抗日救国的信心和决心,创建北满抗日救国的新阵容。会议决定将活动在嫩江、松花江、黑龙江之间的抗联第三路军所属第三、第六、第九、第十一军部队按活动地域分别重新改编为第三、第六、第九、第十二支队。

会议期间,李兆麟整理了第三军八团党的工作,对第六军一师、三师和第九军二师郭铁坚部党的工作进行检查,组织党员干部开展批评与自我批评。他亲自找各师、团干部谈话,或训练、授课,指出干部的工作作风、领导风格、思想观念等方面的错误,指出形成错误的基本根源、危害,帮助、提高干部的思想认识水平。

参加南北河会议的王明贵同志回忆说,这次会议分为前后两个阶段进行,出席第一阶段会议的有王明贵、赵敬夫、陈绍宾、高禹民、边凤翔、郭铁坚等。这次会议开了三天,由始至终充满着团结、紧张的气氛。在会上,张寿篯、冯仲云先后作了报告,他俩所谈的问题理论性较强、涉及面较广,进一步指明了东北抗日救国运动的新策略。大家都感到明确了斗争的方向,增强了信心,受到了鼓舞。因为这次会议非常重要,在会上决定和讨论的一些问题至今在他的记忆里仍然还有很深的印象。当时学习和讨论了张寿篯、冯仲云的传达报告,特别是学习了冯仲云同志从苏联带回来的《论持久战》一书,完全赞同毛泽东同志论述的战略方针,我们一致表示:在政治上一定坚持抗战到底,绝不动摇;在军事上要深入到敌人心腹地带,展开游击战争。南北河会议开了几天,因缺给养暂时休会了,各部队的干部带领部队出去活动几天,打了胜仗,得到了粮食,又回到三路军总指挥部驻地继续开会。②

---

① 边凤翔(1912—1942),中共党员,曾任抗联第六军一师二团团长、十团团长,抗联第三路军第九支队队长。1942年12月,在北安、德都从事小部队活动,同行队员认为其有叛乱行为予以杀害。

② 《忠骨》(抗联名将王明贵将军回忆录),白山出版社,2012年出版,第139页。

南北河会议后,李兆麟和第三路军政委冯仲云分别在龙北、龙南主持部队整编为支队工作。为整编部队,李兆麟首先将集结在讷漠尔河、木沟河一带的龙北部队改编为第三、九支队。

第三支队由第六军教导队、第一师第十团、第二师第十二团、第三师第八团和第三军第三师第七团等部100余人组成,支队长王明贵、政委赵敬夫、参谋长王钧。下辖第三、第六两个大队。第三大队队长白福厚①、指导员姚世同;第六大队队长许宝和、指导员迟万君。第三支队以德都朝阳山、五大连池为后方基地,活动于嫩江、讷河、德都、甘南、布西、阿荣旗、扎兰屯、景星等地。

第九支队由第六军第一师、第九军第二师组成,共90余人,支队长陈绍宾、政委高禹民、参谋长郭铁坚、副官长边凤翔。第九支队下辖两个大队。第十五大队队长许世才、指导员尹君;第十八大队队长金永贤、指导员杜景堂。根据抗联第三路军总指挥部的部署,第九支队以通北县南北河为后方基地,在北安、通北、克东、克山、明水、甘南、布西、阿荣旗等地开展游击活动。

冯仲云在南北河传达完伯力会议精神后,为与中共北满省委书记金策会见,于5月20日从第三路军总指挥部又来到庆城(今庆安)老金沟中共北满省委驻地。在这里,冯仲云向省委干部传达了伯力会议精神,金策等省委干部同志完全同意和接受伯力会议确定的指示纲领,增强了抗战必胜的信心,并决定将这一指示纲领贯彻到实际工作中去,争取抗战的彻底胜利。

据北满省委的一份报告说道:"北省在五月二十日,仲云同志所带来的上级指示都已收到了。首先是省常委完全赞同这一指示,并且诚心诚意地把它实行在北满整个工作中去实行到底,因为这封指示的内容和实质都是正确原则和实际策略问题,就是说,这一指示正如我们所需要的空气一样!"报告说:"我们的仲云同志,很大庆幸的先到总指挥部,与寿篯同志共同根据上级指示,决定了队伍改编问题,金策同志大部分同意。金策、仲云两同志根据上级指示,同时根据寿篯同志的意见,决定如下问题。关于改编队伍和干部分配问题。队伍经过这个改编以后,更加统一化了,旧的体系和观点被取消,产生新的进步的体系和新的观念,主要依据大家自觉精神下面改编的,在(龙)北部队伍是寿篯同志亲自改编的,在(龙)南部队伍则为仲云、金策两同志负责改编的。"②

由于敌人正在庆绥一带正在开展"大讨伐",在难以集中召开较大规模会议的情况下,省委决定分头进行传达落实伯力会议指示纲领精神。于是,金策和冯仲云一起来到在庆绥地区活动的抗联部队驻地,把活动在此地区的抗联部队编为抗联第三路军第六支队。

第六支队由第三军第二师、第十一军第一师组成。支队长李景荫、代支队长张光迪、政委于天放、政治部主任朴吉松、副支队长高继贤,第六支队下辖第十六、十七两个大队,第十六大队大队长隋德胜,第十七大队中队长靳国风。第六支队由90余人组成,该支队以绥棱、铁力山区为后方基地,活动于绥棱、铁力、拜泉、明水、青冈、海伦、绥化、兰西、呼兰、通北等地。

冯仲云在向省委书记金策传达完伯力会议精神后,按金策指示又去铁力安邦河上游,对

---

① 白福厚(1913—1941),辽宁辽阳人,中共党员。1935年由伪军三十八团哗变参加抗联第六军,任一师六团连长、三团团长,抗联第三路军三支队第七大队长。1941年在孙吴与敌人战斗中牺牲。

② 《中共北满省委给海路转中共中央政治局的报告》(1940年6月29日),载中央档案馆等编《东北地区革命历史文件汇集》甲26,第217页。

那里的抗联部队进行整编,并布置工作。冯仲云在安邦河上游,见到了在该地活动的抗联第三军部队和第三路军总指挥部总参谋长许亨植、原第六军军长戴鸿宾等同志。在这里,冯仲云向他们传达了伯力会议精神和南北河会议决定的抗联第三路军各部的整编情况。随后召集该部队党的会议,整理了该部队党政工作,对部队进行了改编。将活动在安邦河上游的抗联部队改编为抗联第三路军第十二支队。

第十二支队由第三军一师和原十一军部分队伍组成。支队长戴鸿宾、政委许亨植(兼)。下辖第三十四、第三十六两个大队。第三十四大队长王殿阁,指导员吴世英①、支部书记钮景芳②;第三十六大队长关秀岩、支部书记高凤祥。全支队共有队员100余人。其中中共党员21名,候补党员12名;共青团员15名。该支队以巴彦、东兴山区为后方基地,活动于巴彦、东兴、木兰、铁力、庆城、绥化、望奎、巴彦、肇东、肇州、肇源等地。

北满抗联部队改编为支队后,按照《东北抗日联军政治工作暂行条例草案》规定,各支队都建立了党的组织——支队党委。第三支队党委,王钧任书记、白福厚任组织、姚世同任宣传。第六支队党委,朴吉松任书记、于天放任组织、隋德胜任宣传。第九支队党委,郭铁坚任书记、金永贤任组织、张荣任宣传。第十二支队党委,韩玉书任书记、吴世英任组织、钮景芳任宣传。支队党委下属各大队建有党支部。健全的党组织是对敌战斗胜利和各项工作正常开展的保证。各支队党委建立充实后,普遍加强了部队政治工作。同时,各支队的建立使各部队与总指挥部的上下关系更加密切,总指挥机关能直接接触各支队,过去支队间那种相互配合不够密切和山头主义残余问题得到解决。各部队间进一步加强团结,思想、作风得到改进,战斗力得到增强。各支队按北满省委和第三路军总指挥部既定计划在龙北、龙南广大地区积极开展平原游击战争和以杀敌竞赛为主要内容的纪念"红五月"活动。

为响应抗战建国号召,掀起新的斗争高潮,以配合全国总抗战,北满省委于1940年3月24日发出《关于红五月通告》。通告指出,目前国际形势空前紧张,国内处在对日总反攻的前夜。今年的五月正循着这样历史环境中来到。通告要求抗联指战员把反日民族革命历史赋予我们的重担,忠实担负起来,不管任何阻碍和困难,必须以镇静的、大无畏的布尔什维克的精神和意志开展英勇斗争,号召第三路军各抗日部队广泛开展杀敌竞赛活动,袭击敌人的城镇,破坏敌人的军事设备,以胜利的军事行动纪念"红五月"。③通告要求各级党组织、各抗日部队要"以实际与敌人作坚决斗争的行动纪念,首先采取胜利的军事行动来实际纪念红五月"。关于队伍的军事行动,通告强调必须根据当时当地的实际情形,尽量地采取胜利的军事

---

① 吴世英(1913—1940),朝鲜族,中共党员。1934年参加汪清反日游击队,翌年调等五军工作。1936年调等三军工作,任指导员。后任抗联第三路军十二支队三十四大队指导员。1940年在肇源与敌人作战牺牲。

② 钮景芳(1916—1993),黑龙江依兰人,中共党员。曾抗联三军司令部副官、抗联第三路军第十二大队三十六大队队长。抗战胜利后,任克山卫戍司令部副令、黑龙江军区警卫一团副团长。建国后任肇东县武装部部长,黑龙江省军区干休所所长。1993年逝世。

③ 《中共北满省委关于红五月通告》(1940年3月24日),载中央档案馆等编《东北地区革命历史文件汇集》甲26,第112页。

行动,攻破敌人城镇、防所和车站,破坏铁路、桥梁、电线等,夺取敌人武器、服装、经费,发展新队员,建立地方群众组织,发展青年团,征收新党员,召集纪念大会及群众大会和军人大会及士兵大会。通告要求龙南、龙北两指挥部,对以上计划必须按照当时当地的具体情形来规定自己的行动,一定照着规定去执行。省委机关刊物《统一》还编发了"红五月"专号,号召用我们的刺刀、枪炮、头颅和热血与敌决一死战。在抗联第三路军总指挥部的领导之下,在这统一计划之下,龙南、龙北两指挥部队,互相进行红五月竞赛,同时各支队中间,也开展"红五月"竞赛。4月1日,省委具体部署了这项工作。与此同时,第三路军总指挥部以总指挥李兆麟、政委冯仲云名义发布布告说:"最近,本路军开展龙江广垣、嫩江平野之游击,组织领导群众反正杀敌""凡我中国男儿,炎黄子孙,均应奋起从军,为国宣劳,一本国家兴亡,匹夫有责之大义,有钱出钱,有力出力,有人出人,有物出物,有粮出粮,有武装出武装,有专门技能出专门技能,援助与响应本路军之行动。以完成救国之大业。"①

省委纪念"红五月"通告及三路军总指挥部布告发出后,李兆麟根据省委部署,从4月到7月指挥第三路军各部主动出击,以与敌人展开猛烈战斗,以胜利的军事计划、行动和战果来纪念"红五月"。为推动各支队积极活动,6月间,李兆麟与许亨植在海伦东北部相会,召开积极分子会议,提出中心口号:"以坚决的游击队胜利活动来开展游击队活动。"研究领导工作分工。许亨植直接领导掌握第六、第十二支队,活动于庆城、绥棱以南望奎、绥化、肇州一带。李兆麟领导掌握第三、第九支队。第三支队活动区域为嫩江、讷河、西(大)兴安岭、甘南、布西一带。第九支队与总指挥部于通北、德都一带活动。各支队按通告精神积极地行动起来,展开争当"红五月"竞赛优胜单位活动。

1940年春,尽管日伪当局不断加紧对抗联部队进行军事"讨伐"、政治诱降、实行经济封锁,使抗联活动更加困难,但抗联第三路军所属部队改编为支队后,各支队指战员斗志昂扬、情绪饱满、精神旺盛,热烈响应省委关于纪念"红五月"的号召,根据省委关于开展纪念"红五月"活动的指示,利用山林开始繁茂,青纱帐起的有利时机,频繁出动,打击敌人,斗争异常活跃。他们都在采取灵活机动的游击战术,以积极开展游击战争的实际行动,不断争取军事胜利来纪念"红五月"。

4月间,第三支队队长王明贵率部首先攻破伪北安省警察"讨伐队"据点克山县北兴镇,而后又攻袭嫩江县沐河村。沐河村是伪嫩江县森林警察大队队长董连科的巢穴。土匪头子出身的董连科投靠日本侵略者后,极力效忠敌寇,与抗联为敌。严重威胁抗日联军安全。抗联第三支队决定在"红五月"活动中"活捉董连科,捣毁匪徒窝"。经侦察,得知伪森林警察大部外出执行"讨伐"任务,只有40多名伪森警留在队部沐河村。5月5日夜晚,繁星闪烁,夜深寂静。第三支队支队长王明贵率领战士涉过沐尼河,潜入沐河村。第三支队指战员在村内一少年带领下,进入伪森林警察大队后院缴了哨兵的枪械后,冲进屋内。在抗联战士"缴枪不杀"的喊声中,45名伪森警见有抗联战士站在面前,有如神兵天降,便交出枪支投降。这次战斗,

---

① 《抗联第三路军总指挥部布告》(1940年),载中央档案馆等编《东北地区革命历史文件汇集》甲60,第56页。

缴获1挺轻机枪、40支步枪、5支手枪和5000余发子弹及其他许多军需品。被俘虏的45名伪森林警察经教育后全部释放。①此战,因伪森林警察大队队长董连科未在村内,侥幸成为漏网之鱼。

5月13日,第三支队在讷河县湖山镇与伪军李桐部队80人展开战斗,毙伤敌18人,俘敌2人。缴获步枪4支,运送给养车及其他军需品若干。战斗结束后,王明贵率第三支队返回德都县朝阳山后方基地。

5月21日,第三支队从朝阳山后方基地转至黑嫩公路附近活动。当日,第三支队袭击了嫩江县四站(塔溪)。四站是伪军刘素部队驻地。这里驻有伪军伪自卫团100余人,伪警察20余人。夜幕降临时,王明贵率第三支队60余人,向伪军驻地、伪警察署及伪自卫团发起进攻。伪警察署和伪自卫团在第三支队攻击下,30人很快被缴械。伪军兵营系砖房,"满军大营因设置坚固,修盖宽敞,以致将敌幽囚屋内,手榴弹、机枪相应共击,敌人致死抵抗,最后将敌砖房燃烈,一部由屋内窜出,一部在斗室中反抗。其时东方已鱼肚将白,战斗已至四时左右,同时我们预想将不能得获全胜,故而退出。"②由于伪军依据坚固营房顽抗,此次战斗异常激烈。第三支队指挥员为减少损失,遂于天明时撤出战斗。此战,除将伪警察和伪自卫团30人缴械俘虏外,在伪军营房中缴三八式步枪3支、子弹500发,毙敌2人、伤敌4人(其中副连长1名),得战马2匹。战斗中第三支队也付出一定牺牲,吴中队长、赵小队长、刘焕章、蔡国卿等4名同志牺牲。

四站战斗后,于6月6日夜第三支队又袭击了嫩江县大椅山满拓青少年训练所施工工地。被俘虏的4名日本工头经教育后释放。此战缴获粮食4石、马14匹,解放劳工170人。之后,又攻打了讷河县天字二十号伪警察署。7月14日,攻打了嫩江县科洛村,打开了村公所,获得一批枪支弹药、粮食及油印机等其他物资。7月17日,攻袭了德都县双泉屯伪自卫团。

在"红五月"及以后游击活动中,第三支队积极主动,与敌人进行多次战斗。在与敌人战斗中,第三支队严守群众纪律,对群众丝毫无犯,与群众保持了良好的关系。1940年上半年,第三支队在同敌人斗争中吸收一批新队员,使队伍又有发展,到7月初又增编第九大队。队内党组织健全,政治工作突出,党委能充分发挥核心领导作用。各支部经常组织政治学习,开展教育活动。因第三支队在开展"红五月"活动中成绩突出,受到中共北满省委的表彰,被评为抗联第三路军纪念"红五月"活动的优胜单位。③

第六支队成立后,抗联第三路军政委冯仲云与第六支队指战员研究了贯彻省委关于开展

---

① 《张寿篯给负责同志并转中共中央政治局报告》(1940年12月8日),载中央档案馆等编《东北地区革命历史文件汇集》甲59,第138页。

② 《赵敬夫给张寿篯的信》(1940年5月30日),载中央档案馆等编《东北地区革命历史文件汇集》甲58,第140页。

③ 《中共北满省委关于红五月纪念运动总结》(1940年9月10日),载中央档案馆等编《东北地区革命历史文件汇集》甲26,第239页。

纪念"红五月"活动的指示问题,成立了"红五月"纪念运动筹委会,制定了活动计划。认真学习了毛泽东著《论持久战》《论新阶段》和伯力会议精神,执行第三路军总指挥部关于军事活动的方针,进一步坚定了长期抗战和抗战必胜的信心,确定了第六支队开展平原游击战争的任务。

第六支队根据抗联第三路军政委冯仲云指示,计划先在绥棱、铁力一带活动,入夏到拜泉、望奎、青冈、明水、林甸县平原地带开展游击活动,入秋青纱帐倒时仍回绥棱、铁力一带。同时,该支队还在后方山里密营开荒种地,以解决部队给养。

在纪念"红五月"活动中,第六支队积极响应省委号召,认真选择打击目标。根据纪念"红五月"活动计划,于4月5日在庆城县东南袭击一日本移民"开拓团",毙伤敌9人。4月19日,第六支队攻破绥棱县瑞穗村日本移民"开拓团"团部。

瑞穗村日本移民"开拓团"是日本侵略者在北满地区建立较早、规模较大的移民"开拓团"。"开拓团"团员大多数人为经过训练和实战的"在乡军人"(按,退伍军人),配备有精良武器,具有较强的战斗力。4月19日夜12时,抗联第六支队60余名战士在支队长李景荫、副支队长高继贤、政委于天放率领下,突然向瑞穗村发动袭击。经1小时激烈战斗,毙敌团长以下20余人,缴获轻机枪1挺、步枪10余支、手枪1支、匣枪子弹700余发、步枪子弹6000余发及一些货物。战斗中,六支队一名队员牺牲,副支队长高继贤负轻伤。①

这次行动极大振奋了指战员的精神、斗志。在金策给许亨植的一封信中说:"这次行动后,龙南一支队(即第六支队)上下级人员都很高兴,特别李指挥同志(按,李景荫同志)这次行动中更加强信念,队伍前后方人员的精神都很好,党政工作突飞的发展起来了。把红五月通告布置了,红五月纪念运动筹备委员会也成立起来了,委员共选十三名,都有系统的进行筹备了。天天召集训练班,与学校课程一样,各种文件及党章,《统一》(按,北满省委机关刊物)、红五月通告等差不多都通过了,现在队内政治水平大大的提高起来了,这是我们很大的成绩。"②

攻袭瑞穗村日本"开拓团"团部后,第六支队在5月3日于铁力县东南八里川汽车站截击保护运送木材的敌人,毙伤敌10人,缴获日本"移民团"和该县署役马39匹,将作恶多端的日本木业经理处死。不久,第六支队在副队长高继贤的率领下,于5月13日又袭击了庆城县东北宋家围子。5月20日第六支队在支队长李景荫率领下,攻袭了铁力县东部圣浪站的敌人,俘虏铁路伪警察5人,缴获步枪5支,没收现金8000余元。六七月间,在敌人出扰第六支队后方之时,第六支队指战员乘青纱帐起,勇敢地进出"大界",到望奎、青冈、明水、安达等县平原地区开展游击战争。7月7日,第六支队在副支队长高继贤率领下,在望奎县高贤村与伪警察游击大队80多人交战,击退敌军进攻,敌游击大队队长王玉喜及警长2人被俘,缴枪4支。战斗中,副支队长高继贤在追击逃敌时,不幸中弹牺牲。高继贤牺牲后,第六支队坚持于

---

① 《金策给张寿篯并转各负责同志信》(1940年4月24日),载中央档案馆等编《东北地区革命历史文件汇集》甲57,第207页。

② 《金策给许亨植同志信》(1940年5月1日),载中央档案馆等编《东北地区革命历史文件汇集》甲26,第140页。

海伦、北安、通北、绥化、绥棱、拜泉、青冈、兰西等县,开展游击活动。7月下旬,第六支队在克因河大桥附近设下埋伏,待一支日伪军进入埋伏圈时,予敌以一定痛击。8月8日,第六支队在支队政委于天放率领下,占领兰西县三合成并与日伪军400人(其中日军100人)交战后,退离该地。

在纪念"红五月"活动中,第六支队党政和群众工作得到进一步加强。部队每到一地,便向群众宣传抗日救国道理和抗日联军政治主张,通过宣传抗日救国道理,建立了良好的军民秘密合作关系,并以自己的严格组织纪律,赢得了群众的信赖,得到群众欢迎。支队党组织举办训练班,学习党章、省委和第三路军总指挥部颁发的各种文件以及省委机关刊物《统一》刊载的文章等,队内指战员政治水平大有提高。由于第六支队在纪念"红五月"活动中连续取得袭击瑞穗村日本移民"开拓团"团部、庆城县东北宋家围子和圣浪站等战斗的胜利,党政工作得到进一步加强,该支队被中共北满省委评为抗联第三路军纪念"红五月"活动优胜单位。①

第九支队,在纪念"红五月"活动中,于1940年4月26日,陈绍宾率部在通北县东方60公里小南河,夜袭伪森林警防所,毙伤敌60余人,其中有日本人2名。5月5日,第九支队在通北东方30公里地方与伪警察队60人展开战斗,因敌人有所准备,冒险袭击,第九支队牺牲2名大队长,1名政治指导员。7月间,第九支队队长陈绍宾携械逃离革命队伍,之后,由第九支队副官长边凤翔任支队长。还是在1939年3月间,李兆麟得知马占山将军将进出热河抗日,决定发起组织成立马占山将军欢迎会。为开展此项工作,要求各军凡属黑龙江省旧军官都调到西部工作,调曾为马占山部下黑龙江陆军第三旅中尉的陈绍宾到军部来,同时要求周云峰和一万(即,伊万,苏联人)都来军部。②陈绍宾在1937年8月6日曾被汤原宪兵分队逮捕,供述许多抗联情况。③他被释放后又混入抗日部队。后任抗联第六军第二师代师长。周云峰是原六军三师政治部主任(后叛变),"伊万"是苏联人,与陈在一起,来历不甚清楚。陈绍宾等到军部来没有起到什么好的作用。陈后任第三路军第九支队队长。李兆麟对陈的看法很不好,曾说他表现出"充分的封建英雄老兵混子的手腕"。④陈绍宾曾屡次犯过,是反复无常经常把他的"旧把戏换成新花样",不相信党。他逃离队伍影响很坏。1940年8月,北满省委做出开除其党籍决定。8月15日,李兆麟与冯仲云发出通缉令:"陈绍宾屡次犯过,本部姑念其抗战多年,一再教诲,而彼不知爱幡然悔改,而造谣惑众,携械潜逃,已成为抗战之逃兵。",因此本部特通缉逃兵陈绍宾在案,"捕获陈绍宾者立即解送本部按法处置"。

边凤翔就任第九支队队长后,为破坏日本移民政策和支队政委高禹民率队以日本"移民

---

① 《中共北满省委关于红五月纪念运动总结》(1940年9月10日),载中央档案馆等编《东北地区革命历史文件汇集》甲26,第240页。

② 《张寿篯给陈绍滨、周云峰同志的信》(1939年3月15日),载中央档案馆等编《东北地区革命历史文件汇集》甲54,第266页。

③ 《三警国特高密发第504号》(1937年8月18日)。

④ 《张寿篯给金策、李景荫同志的信》(1940年1月27日),载中央档案馆等编《东北地区革命历史文件汇集》甲57,第60页。

团"为目标展开一系列战斗。7月7日,第九支队袭击了通北县日本"移民团"。战斗中,击毙日本青年义勇队20名,缴获步枪5支、弹药300发。7月15日,第九支队在边凤翔率领下,在克山县杜保董村,与驻克山伪军、伪警察200人交战,击毙日本参事官1名,敌死伤18人。7月25日,参谋长郭铁坚率部袭击了通北县日本"开拓团"琦玉村十二部落,毙敌5人,缴获步枪4支、粮食若干。7月底,第九支队袭击了绥棱县南谷镇日本"移民团"。

  第九支队在边凤翔、高禹民领导下,在采取机动灵活的战术,伺机打击敌人的同时,支队党组织建设和政治工作也不断加强,注意充分发挥党员的先锋模范作用,以增强部队战斗力。

  第十二支队根据抗联第三路军总指挥部的指示,积极开展"红五月"纪念活动。许亨植在一份报告中说,关于"红五月"的军事工作,我们在军人大会上提出"红五月"内为部队完全换三八式枪、夺机枪两挺而斗争的口号,用全部力量来布置工作。4月5日,在庆城东南进攻一日本"移民团",敌死伤八九人。5月在八里川卡击敌军,敌死伤10余人。在宣传"红五月"的传单上,该支队有针对性的增加一个口号:"反对日本帝国主义没收土地的美名转勤"。①于六七月间,第十二支队举办了干部训练班,准备在青纱帐起之后部队向南移动,进行远征,到三肇地区(肇东、肇源、肇州)开展平原游击战争。

  1940年7月7日,第十二支队在第三路军总参谋长兼支队政委许亨植率领下袭击了木兰县三合店敌兵站,焚毁敌兵营四五十间,毙敌10余人,俘敌8人,缴获长短枪7支、子弹800余发,战斗结束后,召集群众大会,进行抗日救国宣传。

  自省委于4月开展"红五月"纪念活动以来,第三路军各支队热烈响应省委号召,认真组织学习《统一》第七期刊载的毛泽东、朱德等在"七七"三周年纪念关于抗战的论述,积极开展军事活动。按第三路军总指挥部的战斗部署转战于龙南、龙北各地的山林和平原,袭击伪警察署,攻打小城镇,频繁出击,取得显著成绩。1940年8月,中共北满省委和第三路军总指挥部在给中共中央政治局的报告中,对开展"红五月纪念活动"有如下报告:"省委对于红色五月纪念运动,自4月1日布置的,整个三路军部队都以紧张精神进行这个运动。4月28日庆城敌军60余名,袭击龙江南部第六支队的一部分部队,我方有负伤者2名,内有遗失文件者,被敌人侦知我们五月计划。同时,日本绥棱移民团(瑞穗村)被我袭击以后,乃大批动员向我'讨伐',匪军集中2000名,我六支队后方悉被破坏。茂林中各处大批搜索,我方物品、粮食、枪支损失一些,人员没损失。狗熊更坏,糟蹋许多粮食。敌人虽然布置这样大的'讨伐',给我一些困难和损失,但是敌人的损失比我们还大。第三支队在敌人的严重追击之下,与敌人野战两次击溃敌人,敌人死伤50余名,袭击沐河村,俘虏敌警察队40余名,又袭击四站(塔溪),俘敌20余。'红五月'斗争中,共获武装90余支,弹药8000余发(统计不详细),军需品很多,我三支队牺牲4名,伤1名。第六支队(原为龙南第一支队)在敌人严重'讨伐'之下,获得胜利3次。如瑞穗村日本移民团、庆城东北宋家围子,铁力东圣浪站(火车站)。虏获大小枪20支,1支手提机关枪,弹药7108发,没收敌人现款8900元,俘敌5名,敌人伤亡30余名,

---

  ① 《许亨植关于一师的工作给省委负责同志的信》(1940年5月17日),载中央档案馆等编《东北地区革命历史文件汇集》甲57,第256页。

获得军需品很多。我方损失牺牲1名,负伤4名,损失武装4支。第九支队,第十二支队与敌人都有战斗,我方收获较小,我们整个队伍都是异常兴奋的斗争的度过红五月。"①

在纪念"红五月"的斗争中,整个第三路军各支队取得的成绩,是与李兆麟的全身心的投入、精心的领导是分不开的。

1940年9月10日,中共北满省委做出《关于红五月纪念运动总结》。《总结》中说:"我们抗日联军第三路军忠勇战士,在北满党领导之下,在第三路军总指挥部领导下,在敌人大举'讨伐'的艰苦环境下,英勇举行了这一伟大的纪念运动。我们今年红五月纪念运动之所以具有重大意义,是不仅因为简单举行了纪念大会,而且因为以胜利的军事行动,来震动了敌人的统治,摧毁了它的军事与行政的建筑,获得了很多胜利。"《总结》详细地列举了自4月13日至6月7日,各支队在"红五月"运动中取得的战绩。据统计,红五月期间,共进行战斗13次,敌人伤亡116人,俘虏64人,缴获步枪128支、手枪5支、机枪2挺、手榴弹12个、子弹14308发,钱款8942元,服装456套,我伤亡21人。《总结》对第三路军在党政工作等各方面的进步予以充分肯定,指出:"今年红五月纪念运动,是使北满党全体党员总动员起来的有计划的纪念运动,使抗联第三路军全体将士,对敌施行总猛攻的模范战斗。我们的英勇战士,不顾任何困难,从从容容的不慌不抢,以革命比赛的精神,实行了上级赋予他们的纪念指示和自己的决议,使敌人魂飞魄散而心不附体的第一次纪念运动。抗联第三路军全体将士,经过这一斗争中,争得了许多。它在这个运动中,提高了自己的信心和战斗力,发挥游击战术,巩固了党在队伍中的领导作用,提高了指战员的积极性战斗决心。我们全体将士经过这一纪念运动,对政治,对学习,对纪律都有自觉的积极行动起来了。我们全体将士经过它锻炼出新的冯治刚——王铭贵同志,锻炼了很多军政双全的民族英雄。"②

"红五月"纪念运动的开展为胜利打击敌人提供许多经验,这就是:要胜利举行纪念运动,打击敌人,必须要有预先的精神动员和战斗动员,使指战员在精神上战斗决心方面,坚固的树立起来,使他们责成自动的参加与举行纪念运动,是最要紧的一件事;要胜利举行纪念活动,打击敌人,就必须要依靠广大的民众,建立群众反日组织。只要有民众的反日组织,有群众支援,才能成功举行纪念运动,取得对敌斗争的胜利;要胜利举行纪念运动,打击敌人,就要把动摇分子、悲观分子在内部清理干净,以便顺利的扩大反日战线。要胜利的举行纪念运动,打击敌人,必须铲除无益军事冒险和摇摆不定的倾向。如果不把它铲除无遗,那就不但不能获得胜利,反而招致严重损失;要胜利举行纪念运动,打击敌人,必须要做好侦察工作。无论任何军事行动,若是没有准确的侦察工作,那它就难免军事失败。要战胜敌人,必须是要有完善的侦察工作的。

抗联第三路军在"红五月"运动中,通过有效地打击敌人的军事行动,各支队指战员普遍

---

① 《中共北满省委和第三路军给中共中央政治局的报告》(1940年8月),载中央档案馆等编《东北地区革命历史文件汇集》甲27,第10页。

② 《中共北满省委关于红五月纪念运动总结》(1940年9月10日),载中央档案馆等编《东北地区革命历史文件汇集》甲26,第238、239、241页。

提高了抗战必胜的信心和战斗力,运用游击战术打击敌人,巩固了党在队伍中领导作用,提高了指战员的积极性战斗决心,各支队都积极地行动起来了。

"红五月"运动是增强抗联将士政治、军事、文化、纪律自觉性,主动性的纪念运动。

"红五月"运动是使敌人"魂飞胆散,神不附体"的一次纪念运动。

"红五月"运动是一所"伟大的战斗学校"。

四、血染朝阳山

在中国共产党领导下,东北各地的抗日运动到1940年已经到了第十个年头。各地的抗日运动的存在与发展成为日本侵略者的心腹大患。日伪当局尽管对东北抗日联军不断派出大批兵力进行"讨伐",但始终没能也不可能将其剿灭。当然,它也不可能将人民的抗日武装力量剿灭。抗日联军的游击活动一直使敌人坐卧不安,因此引起日伪当局的极大注意。

日伪当局为彻底镇压民众的抗日运动,剿灭抗日联军,在原有的保甲制度、军事"讨伐"基础上,又采取一系列新的野蛮政策和措施:

(1)大肆宣传"反共反苏",每个保甲都召开反共宣传会议,每家墙壁都得张贴"反共"传单、画报。

(2)实行"全满居民证明书"统一化,将所贴照片以指纹代替。强化各县区间谍网,建立按时报告制度。强迫民众站岗、搜查高粱地,报告"匪情",抓捕所谓"通匪"人员。

(3)在沿山和平原毗连地带,广泛建立"模范大屯"和"日本移民开拓团""日本青年义勇队训练所",在抗联经常活动的地方修筑警备路、汽车道,增加"讨伐"抗联的机动能力。

(4)对抗日民众实行屠杀、镇压政策。到处布置密探,监视群众与抗日军联系,派遣特务打入抗联内部,从事分化瓦解破坏活动。

(5)动员大批陆、空力量加大"讨伐"抗日联军力度,改变"讨伐"战术,把"分区屯驻,分进合击"改为"集中兵力,随时出动,各个击破";把"追逐主力部队为目标"改为"穷搜山林,打击领导机关为目标"。

在这种毒辣、野蛮政策下,敌人凶恶、残暴的进攻矛头,直接指向了北满抗日运动的领导机关——第三路军总指挥部。

1940年春,日伪当局为彻底"讨伐"抗联第三路军所属部队,调集日军一部以及伪兴安骑兵团、伪森林警察队、伪军一个团,在嫩江、讷河、克山、德都县一带疯狂追剿第三路军各支队。特别是虎视眈眈的在不断寻觅第三路军总指挥部,妄图一举歼灭之。其中,以驻在克山县北兴镇的北安省伪警察"讨伐队"最为凶狠。

面对严峻形势,为扫除开展平原游击战争的障碍,第三支队决定采取调虎离山之计,消灭这支伪警察"讨伐队"。

如前所述,1940年3月间,第三支队在王明贵指挥下,派一小队引狼出洞,果然北兴镇伪警察"讨伐队"寻踪尾追而来。至德都县境,遭到严阵以待的第三支队的伏击。此次战斗不久,敌人"讨伐队"仍在五大连池一带寻觅第三支队。为打乱敌人的"讨伐"部署，狠狠打击这股敌人，第三支队决定乘其留守处北兴镇兵力空虚之际，予以袭击。不久，李兆麟来第三支队巡视工作，支队长王明贵向他汇报了拟攻袭北兴镇及克山县城的计划，这个计划得到了李兆麟的批准。

4月5日，第三支队在支队长王明贵和参谋长王钧率领下直奔北兴镇。部队在距离北兴镇1公里远的壕沟边隐蔽待命。夜半时分，支队长王明贵下达战斗命令。根据进攻计划，第三支队指战员向敌人据点冲锋。部队从南城墙冲入后，兵分三路，一路由王钧率领进攻"讨伐队"后方，一路由大队长徐宝和带领进攻伪警察署，一路由另一大队长白福厚率领去缴伪自卫团的枪械。战斗中，第三支队活捉了伪自卫团长，因其抗拒投降命令，被就地处决；"讨伐队"后方留守处的几个伪警察被俘虏，伪警察署30人全部被缴械。部队进街后，打开监狱，解放了被关押的数十名爱国志士和无辜民众。战斗结束后，俘虏经教育后全部释放。此次战斗，缴获战马18匹、步枪50余支、子弹数千发。给敌人以一定打击。

1940年夏，第三支队积极开展游击活动，继5月5日袭击沭河村伪森警驻地、5月21日袭击嫩江县四站伪警察署后，于7月14日第三支队又攻打了嫩江县科洛村。第三支队的积极活动引起敌人注意。科洛村战斗结束不久，驻嫩江日军渡边部队和以董连科为队长的伪嫩江森林警察大队组成的混合"讨伐队"开始追剿第三支队。

在科洛村战斗中，第三支队从敌人手里缴获一台油印机、一批纸张和油墨等印刷用品。这些物品是抗联部队开展宣传工作十分需要的物品。得来不易，当属珍贵。当时，根据总指挥部指示，第三支队政委赵敬夫要去抗联第三路军总指挥部参加干部训练班学习，正好可以把油印机、纸张和油墨等这些物品顺便送给总指挥部。赵敬夫率十几名战士，用马驮着油印机、纸张和油墨等物品走小路奔赴第三路军总指挥部驻地德都县朝阳山。为保证其安全，第三支队队长王明贵率队在山边与尾追而来的敌人混合"讨伐队"周旋，以把敌人引走。参谋长王钧率领一部在山外监视敌人的动向。伪嫩江森林警察大队长董连科十分熟悉朝阳山一带地形。狡猾的敌人见有少数马蹄印、人脚印走向山里方向，认为山里有抗联后方密营，便舍却第三支队大部队，而尾随赵敬夫所率小部队足迹进山搜寻。而赵敬夫所率小部队竟没有发觉。在残酷的对敌斗争中，告诉人们，时时处处都必须小心谨慎、警觉警惕，否则就将遭遇不可想象的悲惨后果。果然，由于缺乏警觉，未能发现尾随之敌，狡猾的伪嫩江森林警察大队跟踪而至。

与尾追的敌人进行周旋的第三支队队长王明贵发现敌人未追上来，认为极有可能要进山偷袭第三路军总指挥部。为了总指挥部的安全，王明贵特派一名中队长和一名队员骑快马给总指挥部送信，报告敌情。这时，走小道进山的第三支队政委赵敬夫等已来到第三路军总指挥部所在地德都县朝阳山，将携带的印刷机和纸张、油墨等物品交给总指挥部，受到李兆麟的表彰，因为这是总指挥部在开办干部训练班印制讲义、文件正急需的物品。

1940年7月上、中旬，李兆麟不顾中暑生病，坚持举办干部训练班，给学员讲课。

7月19日下午4时，日军渡边部队和伪嫩江森林警察大队150人的混合"讨伐队"携带轻重机枪、迫击炮等武器也赶到第三路军后方基地朝阳山。在第三支队队长王明贵派人向总部报告敌情后,李兆麟等开始作转移准备。这时,日伪"讨伐队"已扑向朝阳山抗联第三路军总指挥部。随即日伪"讨伐队"偷袭了设在德都朝阳山地区的第三路军总指挥部。

当敌人战马嘶鸣声传到总指挥部人员耳畔时,敌人已来到总指挥部附近,李兆麟组织总部人员当即迅速撤离驻地,撤到森林茂密的大横山。敌人来到总指挥部驻地见无人后,继续以骑兵前后迂回追击。结果,凶狠的敌人追上并三面包围了在大横山的第三路军总部人员。当时,情况十分危急。因总指挥部只有30几名指战员,力量十分薄弱,显然寡不敌众。在强敌面前,刚到达总指挥部的第三支队政委赵敬夫和教导队队长曹玉魁一起率领战士向敌人猛烈射击,掩护李兆麟及总指挥部人员突围,赵敬夫为了保卫总指挥部,冒着敌人的炮火,冲到山上,接应总指挥部人员。这时总部教导队和总部首长一起回击敌军,打退企图抢占制高点的敌人。在敌人尚未组织第二次进攻之时,赵敬夫率领两名机枪手掩护李兆麟等首长由西南口突围出来。可是到山下一清点人数,才撤出5人。李兆麟决定必须冲回去,接应尚未冲出来的同志。李兆麟、赵敬夫与几名战士又冲回山坳,再次接应出6名同志。随后敌军便攻到大横山顶。山上的干部仍在猛烈地阻击敌军。这时赵敬夫让教导队队长曹玉魁迅速掩护总指挥李兆麟,由山下一条草塘向东山撤去。李兆麟走后,赵敬夫又率教导队战士返回接应省委委员张兰生和电台台长崔玉洙(崔清秀)同志。当他们正要顺山边沟塘向东撤离时,西面的敌军已全面包围过来。张兰生同志中弹牺牲。这时西面的敌骑兵已迂回到南面包围我教导队。从山上、山下、南、北、西三面,用钢炮、机枪向长满杂树高草的沟塘中猛烈射击,封锁我教导队东撤的通道。此时随同撤出的3名战士,也相继中弹牺牲。只剩下赵敬夫和崔玉洙二人。他们借滚滚硝烟作掩护,保护着电台向东奔去。不料,一发炮弹在他们身旁爆炸,赵敬夫应声倒地牺牲,崔玉洙也受了重伤。这时,崔玉洙从容将电台拆开,将零件扔到水沟草塘,宁可破坏掉,也不能让敌人缴去。当敌人奔他来时,他击毙一名敌人后,为不被敌人俘虏,开枪自尽殉国。

在这次与前来偷袭设在朝阳山的第三路军指挥部的日伪"讨伐队"战斗中,伪嫩江森林警察大队长董连科以下10余人被击毙。但终因敌众我寡,第三路军损失很大。激烈战斗中,北满省委委员张兰生、第三支队政委赵敬夫、第三路军总部机要主任兼电台台长崔玉洙等10名同志不幸倒在血泊中,壮烈牺牲,曹玉魁等8名同志负伤。第三路军总指挥李兆麟"身中数弹,仅打破衣服,而未伤肉"。[①]真是危险万分,李兆麟是与死神擦肩而过,真可谓是不幸中的万幸。这次激烈的战斗被称为"朝阳山保卫战"。

此战后,李兆麟暨第三路军总指挥部转移至通北南北河。

对朝阳山战斗整个过程,1940年7月31日李兆麟在给金策的一封信中有如下记载:"当我起身到朝阳山区以前,我曾电致上级,告知他们关于我的行动方面的一切,我就动身走了。我北去在行军中是很安适的,并且很迅速的与王明贵、赵敬夫等同志见面,比较顺利而完整的和他们讨论了工作,制定了夏秋的工作计划。这个工作计划的内容,是以首先造成几处稳

---

① 《张寿篯为反映自己工作情况给金策的信》(1940年7月31日),载中央档案馆等编《东北地区革命历史文件汇集》甲58,第431页。

固的抗日根据地（指的是广大群众组织的根基），逐渐伸张，有依据的，逐步的突入新的、辽远的地带去寻求胜利时机，而不是大普通的、无目的，跨过辽远地带的某一目标。首先是指定一二县份，造成相当群众依据，再逐步前进。地方组织一般工作状况是比较好，但是他们的工作只有四处中心，组织还不健全，其余的工作线索是很零散的。甚至于辽宁省，各处都有些关系。我派的交通员，本来是很熟悉的人，曾经是去过一次的，但不知因何原因，未能在限期内回来，我是焦躁的等候也不见回来。"

李兆麟在介绍事发前所布置安排的工作情况后，接着说："由于时期的关系，我决定不再等候，就计划回来，因为我到朝阳山以后，共完成了两个训练班，一个是干部训练班，三支队王参谋长及大队长、指导员、中队长共六个同志，一个是总部教导队训练班，第一个是我自己完成的，第二个是张兰生等同志帮助之下完成的。我准备七月二十二日起身回来，但是因为十四日三支队攻破嫩江科洛村，缴了日本铁道队三四名，都是自动交枪，日本人表示反战释放之。其余警署、自卫团都因三支队活动的勇敢，敌人将枪缴县，故都无武装，故未获武装，得军需品很多。但驻嫩日军与满匪混合部队百名尾追，他们不敢追大队，而反进山搜寻，三支队特派一名中队长和队员一名给总部送信，要求总部暂时避免敌人。这时三支队赵政委到总部一处来印刷宣传品，他说派人探一探，看敌人是否到这方向来，侦察结果，说敌人没有来。十九日下午四时，敌即到总部附近，我们听到马鸣，退走了。敌人到我们驻扎地以后，继续以骑兵追击，继而前后迂回追击，结果退出五里之余，而又遇战了，敌人特别凶恶，前后左右不断的冲锋，我众寡不敌，二十余名应战的我教导队，以高度觉悟，斗争精神，决心掩护总部退却，战到死的口号，巩固了它的抵抗火线，终于被敌侧袭，背袭而受了严重损失。结果赵敬夫同志，教导队队长负伤，政治指导员马克正，四个班长及以下队员共十余名战死了！仅退出我和军教导队及电报生十一名，还有五名负伤的，崔清秀临时动摇，插起电台不知去向，张兰生同志不知消息，我看他退出阵地，这个损失真是重大损失，而是总部有历史以来的致命打击。当时队伍退到各处出搜集不到一处，仅有四名队员随我走，但半为伤者，次日才搜集五名。但敌人并不退，因得总部的材料，继续搜寻。当时认为总部应为革命利益脱离朝阳山脉系，故于夜间潜回原后方，是役损失电台及书报很多，我自己的重要文件，一点未失去，都完全呢！这次经验证明，敌人是拼命的，'破罐破摔'的进攻，而是处处抓住我的弱点来进攻。第二必须有高度的政治觉悟的战斗部队，才会完成当前的紧急任务，如无教导队这勇敢的视死如归的队伍，总部必须完全消灭。第三，领导机关的组织必是集聚一些有经验的，有革命气节的人们才能克服万难，不是'头痛医头，脚痛医脚'，崔清秀已经退出敌人包围线以外，还将机器奉送给敌人。这次我有很大错误，一个是我依赖赵敬夫同志熟悉那一带情况，警惕性不够，而误入敌人暗算阴谋，简直是糊涂。另一个，任用崔清秀的不当，不应将龙南无法分配工作的一个庸俗的无气节的人，担负总部重要环节的工作。基于这两点，我们损失许多东西，特别是经过百战的有历史的干部牺牲，我诚恳要求，受到组织的处罚。"信中他还十分关心前去朝阳山总指挥部的冯仲云同志的安全："仲云同志来总部基地，并没有等我回来，我已经通知振华同志，八一以前回到此地。

但仲云同志未等我而去朝阳山,在中途由于路途的关系,我未与仲云遇见,他去朝阳山我担心得很,我悬念得很!"①

在李兆麟写给金策的信中,因当时对战斗一些具体情况还了解得不十分清楚,所以信中有的内容不够十分准确,如说政治指导员马克正"战死""崔清秀临时动摇,插起电台不知去向,张兰生同志不知消息,我看他退出阵地",实际上,马克正未牺牲,总部机要主任兼电台台长崔清秀也未动摇,省委委员张兰生等10名同志在战斗中已牺牲。

后来,李兆麟在给王新林的报告中,这样谈到朝阳山战斗:"我由于关心到三支队的工作,特别是失去工作关系已经半年的讷河党来信,要求指示和经费问题。因为你知道我这里没有其他干部可以代替我到另一地点去解决问题,当时冯仲云同志南去未回来,我自己才到朝阳山去,当你在电报上告诉我:'你应当再一次想一想,是否需要到朝阳山去',接到电报的当时,我已到了目的地。工作虽然进行到相当程度(布置了工作,完成两个训练班),准备七月二十一日返回原根据地,突于七月二十日被超过我们十倍优势的日'满'混合部队的袭击,敌人利用骑兵,使我陷于被包围。我教导队虽英勇,但众寡不敌,我方牺牲十名(三支队政治委员赵敬夫、张兰生,教导队班长四名均战死,电台长牺牲,队员三名),除我与五名队员未负伤,其余均负伤。此次战争,电报机器已经损失,指挥部主要文件和电报密码均未损失,还是很庆幸的。战斗到最后,我们才脱离了敌人的包围。"信中李兆麟做了检讨,他说:"经验教训了我们,敌人目前'讨伐'目标是针对着打击领导机关,搜查山里,这里边还有我个人轻视敌人'讨伐'的严重性,这是我个人应该负责的错误。"②

对于朝阳山战斗,时为第三路军总指挥部机枪班战士的马云峰回忆说:"当时由于战斗频繁部队连续遭受损失。三支队刚走,伪山林警察大队长率警察给日军引路直接进朝阳山包围我总指挥部,当我们发现敌人的时候,指挥部已被敌包围,敌我双方展开激烈战斗,我教导队四十余人一天打退敌人数次冲锋,赵敬夫三次送李兆麟同志突围,李兆麟宁死不肯离开指挥部的同志,赵敬夫第三次掩护李兆麟突围出去。赵敬夫开始往阵地返回时,我和王风山两个人也开始往山下撤退,赵敬夫和李国钧两人压住敌人火力,当我和王风山已经撤退到赵敬夫跟前的时候,赵敬夫只向我说了一句:'你们快走!'一句话没说完他就中弹牺牲了。王风山把赵敬夫的枪拿下来和李国钧两个人不停地跑下山去。这时我一只胳膊负伤了,一只手拖着机枪。走不远我躺在沟塘里,五六分钟后敌人就开始搜索战场,在我跟前走过去的有八十余日军七十余伪军。伪山林警察大队的陈庆(应为董连科)大队长在这次战斗中被我们打死。第二天我在小金河附近找到了李兆麟和余静波,下午王风山又会见了我们。我问李国钧到哪去了,他说李国钧找大队去,告诉指挥不要走。李兆麟让我和余静波回阵地找给养,只找回来半袋大黄米,其余的给养全给敌人搜去,我和余静波在找给养

---

① 《张寿篯给金策同志的信》(1940年7月31日),载中央档案馆等编《东北地区革命历史文件汇集》甲58,第265~269页。

② 《张寿篯给王新林的工作报告》(1940年8月30日),载中央档案馆等编《东北地区革命历史文件汇集》甲58,第318页。

去的时候,出敌不意用手枪和手榴弹打死几个敌人。天亮时才回到张指挥(李兆麟)那里。张指挥根据我们回阵地找给养看到的敌情,决定赶快离开。"①

冯仲云在谈到朝阳山战斗时说:"指挥部这次在朝阳山所受到的损失是极端严重的,这次受到打击的原因是寿篯同志因病后迟缓,听着敌人出扰的消息未能事先移动,而遭受十倍优势敌人追踪包围。朝阳山的地势和山林是非常不好,而敌人的马步混队是非常有利和迅速,而我军则重荷,行动迟缓,教导队战斗是英勇和尽责的。我军共壮烈牺牲十名,教导队六名,其中有四名班长,赵敬夫同志及其传令,张兰生同志、崔清秀同志是重伤后自刎的。轻重伤共八名,通讯器具及一冲锋机枪损失。敌人损失不大,但群众传说击毙讷河县警察大队长一名,然而是不幸中大幸,我、寿篯同志无恙归来。"②

抗联三路军总部朝阳山突围战是一场极其激烈的战斗,此战,伪嫩江森林警察大队长董连科以下10余人被击毙。但终因敌众我寡,在这场战斗中,北满省委委员张兰生,第三支队政委赵敬夫、第三路军总部机要主任兼电台台长崔清秀及教导队战士关永林、苏德、李毅、夏洪年、陈连型、马国良、奂××等10名同志在战斗中壮烈牺牲,长眠于朝阳山麓,曹玉魁等8名同志负伤。李兆麟等实现突围。正如冯仲云所说,是不幸中的大幸。这次战斗,如李兆麟自己所说,是总部有历史以来所遭到的致命打击。李兆麟认真地总结了沉痛教训,也深刻检查了自己轻视敌人"讨伐"严重性的错误。

8月17日,李兆麟在给金策的信中,沉痛地说:"朝阳山战役的损失已经确定了,我们有历史的张兰生、赵敬夫同志的壮烈牺牲,真是我们奇重的损失,希望通知六、十二支队追悼他们。"③

为悼念朝阳山牺牲的战友们,12月28日,第三路军总指挥部警卫部队根据中共北满省委和第三路军总指挥部指示,在大横山整齐列队举行了追悼会。追悼会上发表有祭文(马克正执笔,冯仲云修改审定)。冯仲云等写下献给烈士们的挽联,有的同志写下悼念诗词。

《祭文》如下:

"伏风浓喘,草木凄然浩浩嫩江之野。朝阳之麓,含笑瞑目,卸却责职,虽已鲜血流彻输入壮烈沧海,尤尚伟志未酬弗慰于九泉。嘻噫!壮兮伟兮!竭其忠也!

自我军创业以来,于兹今日,业已七载有余,虽倭寇未逐,满伪未覆,以我钝之刃,驽之马,驰骋于长白之北,黑龙以南,几乎于白山黑水,无处不然。敌寇闻名胆寒,望影鼠窜;而广大之民众,体会我军,如天如地。我军之所以如是者,其功莫不以先烈之为高也。

先烈之以头颅杀出血路一条,以已奠定今之础业,向前驶驱。为争取胜利,则必以拼命杀敌;为先烈复仇,则必以舍生刈寇。誓志亦坚,以慰忠魂。如渝此者,当午曒日,忠魂烈士,

---

① 《马云峰访问记录》(1964年1月30日)。

② 《冯仲云给金策同志的信》(1940年8月15日),载中央档案馆等编《东北地区革命历史文件汇集》甲58,第434页。

③ 《张寿篯给金策的信》(1940年8月17日),载中央档案馆等编《东北地区革命历史文件汇集》甲58,第440页。

如闻乎知乎,我彬彬齐齐,当烈辈之前,痛泣深祭,誓鸣复冤,共夺共励,望以领略虔诚,哀哉尚飨。"

冯仲云献给烈士们的挽联是:"
兰生、敬夫、清秀暨教导队朝阳山阵亡诸同志:
为民族争生存,数载苦斗,忠魂长绕朝阳巅。
求国家(谋)独立,千里转战,热血遍洒嫩江畔。
冯仲云敬挽
兰生、敬夫、清秀暨教导队朝阳山诸阵亡同志英灵谨献"

马克正等写有悼念朝阳山牺牲的烈士的诗文:
"你们英勇壮烈的牺牲在这一朝阳山上,
你们的血将灌溉着民族解放花怒放,
你们活泼健壮的身躯虽然现在已腐,
你们的精神气概永远是我们的榜样。
马克正敬
病院全体同志谨启。"

"朝阳山战役之歌
一、东北沦亡已九年,倭奴手段辣,同胞被宰割,团结起消灭它,保卫我中华。东北抗日军,奋斗未稍暇,舍身救祖国,誓死把敌杀,德都事变视死如归伤亡一十八。
二、朝阳山战役,悲痛无尽期,兴安岭血染赤,忠骨伴砂砾,干部多殉难,青年猛抗拒。卫护领导者,前赴又后继,壮烈牺牲民族典型万古美名题。"

"吊朝阳山牺牲之诸同志
同志们,亲爱的同志们!
顽徒路狭,鏖战于山峦荒林,
敌众我寡,离散于硝烟弹雨。
只道当时的为战所迫,
熟料竟作了长期永别。
悲夫!
同志的伟志未伸,宏才未展,
将有为之身躯消失于朝阳之峦。
壮哉!
同志的血铸红旗,名增烈史,
以甘死之英风震却嫩江之敌。

遗志我们替完成,
家庭我们替负责。
很快的将来,
我们即报复你们沉痛遗恨。"①

上述祭文、悼词、诗词充分表达了第三路军广大指战员对牺牲烈士的深切悼念之情。他们决心痛杀敌人为死难烈士报仇雪恨,为尽早争取民族解放、抗战胜利而斗争。

五、攻陷克山城

在1940年夏,日本侵略者为支持极力扩展的侵略战争,巩固其战略后方的局势,一方面更加疯狂地掠夺人民财产,没收群众粮食,每日每人配给八两米二两糠,还有取消碾磨等,为前线提供给养,逼得民众没有生存活路。另一方面调动大批兵力疯狂围剿"讨伐"东北抗日联军,不断镇压、屠杀反抗日伪统治的人民。面对这种形势,在"九一八"九周年即将到来之日,中共北满省委于7月20日发出《关于纪念"九一八"九周年的几点意见》的文件,要求在日本侵略者逼着民众最后走上有决定意义的反抗道路,"吾党坚决在'九一八'九周年纪念日号召各党派、军队、阶级、宗教以及全体民众,协同一致的盛大的进行'九一八'九周年纪念运动。"《意见》中说:"第三路军各支队的党委号召队内群众队员和反日战士预先有充分准备工作,在地方民众援助之下有生动的,把握的,极有灵活的,有计划的胜利军事行动,如攻破县城、码头、车站,袭击兵营、防所、电车,破坏敌人的军事设备等行动来纪念'九一八'九周年。"②

在此前后,李兆麟与冯仲云联名发布《东北抗日联军第三路军总指挥部布告》。布告说:"九一八迄今,现已几易寒暑,我东北同胞,深受日寇之蹂躏践踏,剥削压迫,最近日寇更穷极无赖,变本加厉,物价飞涨,纸币毛荒,加税征兵,垄断粮食,不胜枚举。苟不及时奋起图存,灭亡立至。本路军自事变以来即知亡国奴不如丧家犬于是纠集同志揭竿起义,开展游击战争。九载以来,纵横于松江之岸,兴安之巅,孤军独战大小数千仗,给日寇重大打击。"布告号召:"凡我中华男儿,炎黄子孙,均应奋起从军,为国宣劳,一本国家兴旺,匹夫有责之大义,有钱出钱,有力出力,有人出人,有物出物,有粮出粮,有武装出武装,有专门技能出专门技能,援助与响应本路军之活动,以完成救国之大业。"

为应对敌人的"讨伐",第三路军总指挥部决定,第三支队以德都县朝阳山为后方基地,活动在依安、克山等广大地区,并与龙北地区地方党组织相配合,展开游击战争,待机打开嫩江平原重镇克山县。克山县城正是"攻破县城"的目标。"攻破县城"固然进攻难度大,但对敌

---

① 《马克正等写有悼念朝阳山牺牲之烈士的诗文》(1940年),载中央档案馆等编《东北地区革命历史文件汇集》甲59,第379~381页。

② 《中共北满省委关于纪念"九一八"九周年的几点意见》(1940年7月20日),载中央档案馆等编《东北地区革命历史文件汇集》甲26,第234页。

人打击也大，其政治影响也更大。1940年9月25日，抗联第三路军第三支队按既定计划攻破了北满重镇克山县城。

为做好"攻破县城"的准备，5、6月间抗联第三支队在支队长王明贵、政委赵敬夫、参谋长王钧率领下，按照北满省委和抗联第三路军总指挥部的指示，努力开辟地方工作，发动与领导民众的反日斗争；积极展开抗日游击活动。

第三支队支队长王明贵同志回忆说：根据中共北满省委的指示，我三支队以毛泽东同志在党的六届六中全会上的报告为指南，紧握现有的武装力量，积极开展游击活动，争取新的发展。6月初，我部到了讷河县南阳岗屯，通过地下党员陈静山（女陈）与讷河县委宣传部长方冰玉会面了。因为部队不能在这里长时间停留，便邀方冰玉随部队活动，一起到哈拉巴岐山去。我们召开了两天会，向方冰玉传达了由李兆麟主持召开的南北河会议精神，即关于东北

李兆麟与冯仲云联名签署的布告

抗日战争敌我形势、东北抗联整编及加强地方群众工作等内容，并决定我三支队以朝阳山为后方基地，活动到松嫩平原，打击日本帝国主义，在适当时机打开克山县，给敌人在战争、军事、经济上以沉重打击。会上共同分析了嫩江平原敌我斗争形势，研究了地方党和部队紧密配合，积极开展抗日游击战争问题。在会上，王明贵说："克山县是日伪统治的重镇，敌人大肆

吹嘘'铁打的满洲国,模范的克山县,大东亚共荣圈,皇军不可战胜等',如果我们打开克山县,就等于把满洲国捅个大窟窿。让全国人民看看,满洲国不是铁打的,敌人的战略后方是不巩固的。"①会上对这个重大军事行动进行了认真研究,决定由第三支队实施攻打克山县城,地方党组织相配合,负责侦察克山敌情,支援第三支队军事活动。

1940年夏秋两季,抗联第三支队异常活跃,他们利用青纱帐起的大好时机,按省委《关于纪念"九一八"九周年的几点意见》、第三路军总指挥部布告及李兆麟关于"凭籍军事胜利的开展"的要求,积极行动。八九月间,抗联第三支队寻求有利战机,在支队长王明贵和参谋长王钧率领下,先后乘夜攻打了讷河县讷南镇(8月8日)、克山县通宽镇(8月15日)、讷河县拉哈镇(8月20日)。此外,还攻打了讷河县九井村、克山县蔡家窝堡等地的伪自卫团,共缴获步枪20多支,子弹2000多发。这些战斗的胜利,为攻袭克山县城打下了基础。

克山县地处小兴安岭西麓,松嫩平原北缘,是日伪军驻扎重兵基地。日伪统治者称此县是"满洲国的治安模范县"。地方党组织方冰玉、高木林转来敌情报告说,克山当时驻有伪军第十九团有千余人,日本铁路守备队100余人,伪警察训练队和伪警察约200余人。

9月初,抗联第三支队经过研究制订了攻打克山的周密作战计划。首先,针对敌人有在秋季青纱帐倒之前布防山边,阻止抗联进山企图。为将计就计,派部队在克山与讷河交界地区频繁活动,摆出要进山的姿态,把驻克山的日伪军主力引出;然后,待克山城内敌军减少之时,以主力部队突袭克山县城。

时值第三路军政委冯仲云、第九支队队长边凤翔、政委高禹民率第九支队主力与第三支队会合,力量大增。经过研究决定第三、九支队联合攻打克山县城。这次战斗由冯仲云担任攻城总指挥,王明贵担任军事指挥。

9月中旬,驻克山县城大部日伪军派往乡下进行"讨伐"。城内只有日军守备队、伪军、伪警察各50人,另有自卫队40人担任县城警备任务。城内敌人兵力减少,此时正是攻城的有利时机。为保证攻城战斗的顺利进行,地方党组织同志还派来进城向导。

9月23日晚,冯仲云、王明贵、边凤翔率领第三、九支队主力200余人从克山县北部的张老道窝棚出发,经过两夜的隐蔽行军到达城郊预定地点。在一切准备完竣之后,于9月25日夜攻袭了敌人在北满的重要据点克山县城。当夜22时左右第三、九支队指战员身着伪军服装,突进县城西北角,冲向北二道街十字路口,机枪班首先抢占中心炮台,其他各部也分别奔向各自进攻目标。按计划,第三支队主攻县公署,第九支队进攻伪军团部,另派中队长刘中学率一班人袭击银行,中队长修身带领一班人阻击和牵制西大营敌人。当第九支队来到伪军团部门口时,敌哨兵尚未弄清是什么人便被缴了械,院内伪军被突然发生的事变所惊呆,也纷纷举手投降。此时,第三支队在王明贵的率领下冲到伪县公署的后门口,因大门紧闭,战士们立刻搭起人梯,剪断电网,跃过7尺多高的院墙,跳入院内,向敌人猛烈射击、投弹,敌人死伤甚多,只有少数人逃脱。战士们冲进伪县公署,将一名日本警官击毙。经20分钟激烈战斗,第三支队全部占领伪县公署。随后,打开监狱,释放在押人员,同时打开军火库。其中一部分爱

---

① 王明贵:《智取克山》,载《东北抗日联军史料》(下),中共党史资料出版社,1987年版,第649页。

国者领取枪弹加入抗联部队,投入战斗。驻西门外的日本守备队得知我军攻入城内后,分乘两辆汽车向城内增援而来,我阻击队在中途予以痛击,致敌死伤过半,残余敌人欲进入伪县公署躲避,又遭痛击。

此战,捣毁了伪军第十九团团部,夺得了该县城街道中心炮台,击破了伪县公署、伪警察署、兴农合作社、"国立"种马场及仓库,占领了伪中央银行克山支行,毙伤俘敌100余名。

第九支队与第三支队一起攻打克山县城之后,向德都朝阳山转移。在短短5天时间里,与敌人进行七次战斗。李兆麟得知克山县城被攻克,十分高兴。不久,他和冯仲云联名致信金策,其中谈到克山战斗战果:"三、九支队八月二十四日(按,农历)攻破克山县城,击破县公

抗联第三路军第三、九支队攻打克山县城战斗遗址墙壁上留下的弹痕

署,释放监狱,缴十九团团部,得武装一百五十支,弹药二万发。其它军需品若干,归途被日寇追击,但我军退得速,未受大损失。克山撤退后,我军共作七次战役,我牺牲十一,伤十四人。"①

对于第三、九支队积极开展游击活动,日伪当局不乏污蔑之词:"支队长王明贵等70名所组成之匪帮,六月以来迄八月大抵横行于讷河、嫩江、德都等县内,袭击街村、警察分驻所、警察署等,极尽掠夺、放火之能事,于9月25日突然袭击克山县城,彻底践踏县公署、满军团部、监狱等。"对第三支队攻袭克山县城日伪记载说:"22时左右,王、边合并匪分成四队来袭,袭击当地日本守备队、中央银行、兴农合作社、满军团部、警察派出所、县警务科、警察署、监狱及国立种马场,极尽烧杀抢掠之能事,将警察署拘留人及监狱犯人计117名释放并逃走。"敌损失情况,日伪记载说:"击毙10人,负伤12人,步枪90支,步枪子弹5650发,手枪16支,手枪子弹250发,毛毯30条,马鞍4个,手表20块,现金300元,烧敌卡车1辆,释放逃走犯人106人,拘留11人。"②

第三、九支队攻打克山县城是抗联第三路军一次成功的、取得重大胜利的破袭战。抗联第三、九支队用巧妙的战术,施以突然袭击,攻下克山县城,使"治安模范县"县城被攻克,等于是"把伪满洲国捅了个大窟窿"。对此,百姓拍手称快,人们暗自相庆。王明贵同志回忆,打开克山县城占领县公署当下就有100多人报名参军。③此战极大地鼓舞了人民群众反日斗争情绪,沉重地打击了敌人。

在第三、第九支队攻打克山县城期间,在通北县南北河的李兆麟和总指挥部的其他同志刚刚渡过绝粮难关。

自入秋以来,李兆麟等总指挥部20余人(其中包括一些后勤人员和体弱病残的战士)因山洪暴发,南北河涨水,没有船只,无法渡河,被洪水困在南北河旁的一片森林里。一连断粮一个多月。李兆麟等总指挥部人员忍饥挨饿,以野菜、野果充饥,过着极端艰苦生活。

金伯文同志回忆说:当时,我们已经连一粒粮食都没有。为了生存,只好把自己开荒种的还没有包浆的玉米碾碎,用水冲了喝。由于种的玉米很少,仅维持了几天就又没吃的了。兆麟同志带着同志们在深山里靠挖野菜、拣榛子、采蘑菇和葡萄来充饥。东北的山区到了阴历八月天气已经很冷了,山上的野生植物也渐渐地找不到了,同志们肚子里没有粮食,时间一长,就打不起精神。这时,兆麟同志对大家说:"我们宁可饿死,也要忠于我们的祖国和人民,决不能动摇我们抗日到底的信念。"同志们听了兆麟的话,很受鼓舞,大家表示,我们活一天,就要革命一天,抗日决心绝不动摇。我在延边游击区时,曾吃过松树皮,这种东西的味道很不好,可事到如今,也只能吃它。于是,我们就到山里扒松树皮,把扒好的松树皮拿回来,先将外面的一层老皮去了,用刀将嫩皮剁碎,然后加进木炭灰水当碱水,把松树皮煮烂后,再用水泡上

---

① 《张寿篯、冯仲云给金策的信》(1940年11月1日),载中央档案馆等编《东北地区革命历史文件汇集》甲59,第35页。

② 吉林省档案馆编译:《东北抗日运动概况》(伪满档案史料选编),吉林文史出版社,1986年版,第172、175页。

③ 《忠骨》(抗日名将王明贵将军回忆录),白山出版社,2012年版,第163页。

一夜，同志们才能用水冲着吃。即使经过这样加工处理，松树皮仍旧很难吞咽，但是为了能生存下去，同志们也就强咽下去……这段时间，虽说大家生命危在旦夕，可是弄到野物，谁都不肯多吃一点，总是自觉拿回去交给兆麟同志去分配。而兆麟同志也总是照顾伤员，后照顾老弱，轮到他自己时只是一点点。①

在极端艰难的日子里，干部战士饿得站不起身，难以行走，只好躺在地上以减少体力消耗。此时，李兆麟一再告诫战士们，我们宁可饿死也绝不能动摇抗日到底的坚定信念。他鼓励大家要效法古代伯夷、叔齐，矢志忠贞祖国，永不变心。伯夷、叔齐是殷商所封孤竹君的两个儿子。周武王灭商以后，天下都归顺周武王。伯夷、叔齐认为那是可耻的。他们坚持气节，不吃周朝粮食，隐居在首阳山，靠采摘野菜充饥，最终直至饿死首阳山。司马迁所著《史记》中有《伯夷列传》专记述伯夷、叔齐不食周粟而死的事迹："武王已平殷乱，天下宗周，而伯夷、叔齐耻之，义不食周粟，隐于首阳山，采薇而食之……遂饿死于首阳山。"②李兆麟讲述伯夷、叔齐的故事是教育抗联战士要树立正确的人生观、苦乐观、生死观，誓死也要忠于自己的祖国，为中华民族的解放事业奉献自己的一切。同志们在总指挥李兆麟的鼓励下，焕发斗志，树立起克服困难的决心。同志们靠采野菜、捡蘑菇度日。当河水消退后，派出几个同志找部队找粮食，李兆麟与其他同志在山上收集榛子吃。之后，在平原活动的部队和交通员把粮食运来之后，李兆麟等总指挥部人员得救了。就这样，他们度过艰难的断粮难关，又经受了一次严峻的生死考验。

对于这段经历，冯仲云回忆说：他们突破重围后，第三路军便部署于小兴安岭西部沿山一带，在李兆麟的指挥下，展开了龙江广原的平原游击战，而坚持到"八一五"东北解放以前的艰苦斗争。在这个时期中他曾数度亲自指挥部队，在嫩江，讷河一带平川地带活动，在诺门坎日苏战争时，他领导着队伍在敌后，英勇地活动，曾经牵制了敌伪军数个旅的兵力，破坏和扰乱了敌人的后方。他曾经挨过五十天的饿，这是在1940年夏秋之间的事。当时讷谟尔河水一次又一次的泛滥，使他们无法渡河。有时能渡河，又因为沿山都是日寇们的武装"开拓团"，加以他身边的兵力太弱，无法冲破这严密的封锁线。所以他们在这许多天中，几乎只是吃些野草和藿薇度日。当秋风起后，他们煮着霜后枯草或采些榛子充饥。至于山里打猎，说来也真可笑，就是越到挨饿时候，野兽也显得越稀少，好像故意和人作对似的，但是他们有个坚决的意志，是"宁愿饿死首阳山"也决不忍屈投敌，这种不屈不挠的精神，是那伟大匡复祖国河山的崇高任务促使的，这是使我们决不可漠视而值得我们钦佩的。直到如今，他和他的战友们，都还有着因挨饿而生成的胃病。但是，却有一些幸运的事。他虽在多年的抗日游击战争中，他的征衣、背囊，虽然数次被子弹穿透，但是他并没有一次负伤，所以抗联同志都称他为"福将"。③

自克山县城北攻陷之后，日伪当局调动日伪军3000余人，分进合击，在德都北部山林地

---

① 金伯文口述，张卓娅整理：《我与李兆麟共同生活的日子》，载政协灯塔县委员会文史资料委员会编《李兆麟将军史料专辑》，第37、38页。
② 司马迁：《史记》卷六十一《伯夷列传》。
③ 冯仲云：《东北抗联中领导者之一张寿篯(李兆麟)》，载《东北抗日联军十四年苦斗简史》。

区进行大规模的"讨伐"。抗联第三、九支队在转移途中,多次与敌人遭遇,经大小战斗7次,涉过湍急的讷谟尔河,终于突破敌人的包围,摆脱了敌人增援部队的追击和飞机的轰炸,到达德都五大连池的卧虎山一带。

1940年10月,第九支队与第三支队回归朝阳山以后,在抗联第三路军总政委冯仲云主持下召开了第三、九支队军政干部联席会议。会议总结了第三、九支队于夏季在黑嫩平原开展游击战争的经验,分析了当前敌我斗争的形势,部署了今后特别是秋冬季的战斗任务。会议决定,因第三支队政委赵敬夫已牺牲,调第九支队政委高禹民任第三支队政委,以加强第三支队领导。第九支队政治委员由周云峰担任。会议还决定,为摆脱敌人围攻,第三、九支队分开各自独立活动。

会后,九支队在边凤翔率领下绕道返回通北南北河进行短期休整,而后根据总指挥李兆麟的指示,在南由绥棱、海伦起,北至小兴安岭车站(二站)一带活动。总指挥部要求该部以呼海铁路东部山林区和原有各个据点作依据,向西灵活伸张。

10月初,日伪军开始展开秋冬季"大讨伐"。第九支队根据总指挥部确定的中心任务和活动方向,采取迂回战术,乘骑向呼海路以东的山岳地带转移。途中曾消灭日本"讨伐队"竹下部队40余人,脱离敌人包围。10月上旬,第九支队进入呼海路以东地带活动。而后,第九支队活动在北安一带,于11月25日袭击了许占国围子,解决部分给养,缴获若干匹马,使支队变成骑兵。11月29日,第九支队袭击了北安县李殿芳村等3个部落。但在秋冬季敌人"大讨伐"中,第九支队中有20名战士先后在战斗中牺牲。李兆麟在给中央的报告记载说:"九支队在今年十月十三日由北部朝阳山系返回总指挥部,讨论冬季整个工作,总结了平原游击战的经验。落雪以前九支队的棉衣、皮帽,经过北安附近的群众组织,由城市采买的,大部分买齐。十月初,九支队在前方活动的骑兵六十五人,伤病已愈准备上前方的还有二十人,根本不能在冬季随队活动的伤病残十余人。该支队活动区域南由绥棱、海伦起,北至小兴安车站(二站),以海伦、拜泉、通北、北安、克东、龙镇,为中心活动标准,以呼海铁路东部山林区,我军原有各个据点作依据向西灵活的伸张。九支队中心任务,加紧巩固自己部队,提高军事技术和党政工作,巩固现有群众关系,开展新的群众联系,英勇的争取胜利的行动。加紧打击沿山封锁日本移民团、寇军监视哨、日本木业等,注意北黑、呼海铁路工人工作及侦探工作的建立。这支部队是在金策同志、仲云同志直接领导之下,帮助之下,来完成自己的工作计划。"①

对于抗联第三支队活动方向,李兆麟曾做出明确规定,他提出"第三支队集中一切力量,配合地方党部,建立甘南、扎兰屯以北,西兴安岭军事据点"的意见。②总指挥部为其确定的任务:是配合讷河中心县委在开展少数民族工作基础上,西渡嫩江,奔赴大兴安岭地区阿荣旗、

---

① 《张寿篯给负责同志并转中共中央政治局的报告》(1940年12月8日),载中央档案馆等编《东北地区革命历史文件汇集》甲59,第134页。

② 《张寿篯给金策的信》(1940年10月3日),载中央档案馆等编《东北地区革命历史文件汇集》甲58,第33页。

布特哈旗、巴彦旗等地，开辟大兴安岭新游击区，其游击活动方向趋于西偏南的重要意义还在于争取与在察北、热河边境活动的八路军打通联系，进而与党中央接上关系。同时，并坚持嫩江东部山脉的军事根据地，配合地方党部，巩固嫩江、讷河、克山一带的群众组织，创造各县新的抗日游击队，保持自己的生存力量，英勇地开展军事行动，冲破日伪秋冬季"讨伐"。

朝阳山会议之后，第三支队80余骑兵根据会议的决定，在支队长王明贵、政委高禹民、参谋长王钧率领下，摆脱敌人追击，绕道北上，横断嫩黑公路，向大兴安岭地区挺进。10月13日，第三支队在行进途中，袭击了嫩江县霍龙门车站。

霍龙门是嫩江县北部约100公里的一个火车站，这里设立有日本修筑北黑铁路的物资供应站，储备有大量军需物资。战前，第三支队队长王明贵、政委高禹民做了战斗动员，说明攻打霍龙门的意义和注意事项，并做战斗部署。10月13日晚，第三支队骑兵部队由工人带路，向霍龙门进发，奔向预定作战目标。夜11时，战斗开始。第八大队主攻伪军骑兵连，缴获其武器装备和马匹；第七、九大队牵制、阻击日军守备队，并占领车站，缴取火车站伪路警的武装；支队直属中队攻占日本"大柜"（按，经济管理机关）、伪警察署、铁路工程技术人员宿

抗联第三路军第三支队霍龙门车站战斗遗址

舍和没收仓库物资。战斗中,第七大队在大队长白福厚、指导员迟万钧带领下冲入霍龙门车站。第三支队将伪路警全部缴械。当与顽强抵抗的日军守备队交火时,中队长韩印堂在冲锋时牺牲。此次战斗缴获步枪13支、手枪1支、弹药1000余发,另有许多军需物资。①在烧炭工人协助下,将敌人仓库中的大米、面粉、服装、呢料、毛毯等大批军需品运出。日本侵略者铁路物资供应站变成抗联的物资补给站。此战击毙日军5人,俘虏日本工程技术人员10人,在给他们日文宣传单,进行教育后予以释放,他们都表示感谢。第三支队撤离霍龙门时,将日本大柜、妓院等房舍点燃。队伍走出十余里,仍见烈焰腾空,火光通亮,霍龙门变成"火龙阵"。

袭击霍龙门之后,第三支队根据第三路军总指挥部战斗部署西进跨越嫩江,到大兴安岭开辟新游击区。10月下旬,渡过甘河,到达巴彦旗。第三支队在这一带发动群众,宣传抗日救国道理,受到蒙古、汉、朝鲜、鄂伦春等各族人民的热烈欢迎。为贯彻抗联第三路军总指挥部关于打通与活动在察北和热河的八路军联系的指示,第三支队于11月末向博克图以南地区行进,经巴林站,穿过中东路,过阿伦河,向索伦方向前进,曾到达洮南、泰来、景星等地。但由于大批日军、伪军、伪兴安军和白俄雇佣军不断向第三支队进攻,为避敌追剿保存实力,第三支队回返德都朝阳山后方基地。

对于第三支队的斗争,李兆麟在给中央的报告记载说:"第三支队在克山战役之后,在总指挥部指示之下、冯仲云布置之下,该支队在十月初旬,由嫩江上游西渡嫩江,到布西、甘南这区域在1939年度,有很好的政治影响和工作关系,以便创造西兴安岭军事据点,我们估计到这支部队秋季西进,乘着匪军围剿朝阳山的机会,可能顺利达到目的。这支部队出征时,当时完全是骑兵,防冬棉衣均已齐备,弹药相当充足,惟有经费状况不好,只有三千伪币,根据伪币毛荒的程度,一用就完,这个支队在二年来的英勇斗争中,锻炼成为我军的模范支队。春季该支队的政治委员赵敬夫同志牺牲之后,党政工作蒙受巨大损失。这各支队的任务:是配合讷河县委在开展嫩江西岸少数民族的工作基础上,创造西兴安岭根据地,并坚持嫩江东部山脉的军事根据点,配合地方党部,巩固嫩江、讷河、克山一带的群众组织创造各县新的抗日游击队,慎重保持自己支队生存力量,英勇地开展胜利的军事行动,冲破日寇秋冬'讨伐'。我指示这个支队在四一年二月一定回到总指挥部,领取新的指示,嫩江解冻以前返回甘南、布西。"②

12月1日,第三支队领导人王明贵、高禹民、王钧率百余名队员于回返朝阳山途中,在阿荣旗境内鸡冠山露营时,突遭日军袭击,第三支队政委高禹民等7名同志牺牲。第三支队在掩埋了高禹民等烈士遗体后,回师北上,返回德都朝阳山。自第三支队进入大兴安岭之后,与超过我数十倍之敌辗转战斗两个多月,部队大幅减员仅剩60余人。因此队部决定,率队北上,跨越北黑线,去苏联远东地区,向在那里开会的第三路军总指挥李兆麟汇报工作,进行休

---

① 《抗联第三路军第三支队夜袭火龙门车站、渡嫩江、深入甘南平原经过》(1940年),载中央档案馆等编《东北地区革命历史文件汇集》甲60,第62页。

② 《张寿篯给负责同志并转中共中央政治局的报告》(1940年12月8日),载中央档案馆等编《东北地区革命历史文件汇集》甲59,第133页。

整。据此,第三支队向北进发。于 1941 年 1 月从爱辉县小五家子附近跨过黑龙江进入苏境进行整训。

为有效保存自己,打击敌人,李兆麟作为军事指挥员,十分注意战略战术的谋划。还是在 1940 年 8 月中旬,在敌人开始进行秋季"讨伐"时,李兆麟致信金策同志,曾提出自己的关于开展游击战争、反"讨伐"斗争的观点、意见。李兆麟认为:第三路军的斗争目标,确是我们应该争取的目标,但是我们应当仔细研究实现这个伟大目标的具体步骤,和它实施步骤的过程中所要做到的刻苦工作是什么?现在这具体实施的步骤,首先是我们加强部队的巩固,不遗余力的进展,冲破敌寇"移民团"的封锁,造成通、木、庆、铁、绥、海、德、克、讷、嫩一带的群众联系,讷、肇两个中心组织的强大,开展甘南计划的成功(现在各方面积极进行这个工作),这才能是我半数主力转到西兴安岭附近的客观的主观的具备条件。我们空望辽远前途,不注意脚下的羁绊,则一跌而不能再起。他说:"我任何时期都不赞成在恶劣不利的区域里'株守',同时我任何时期都反对不停脚的远征主义,这两种倾向都是死板的、急燥的、无信心的表现,都会引导我们去失败的。"①他还提出"改善游击战术,建立新的军事据点,在战术方面,我们要坚定的将死守据点打圈子的试探活动方法,改变为独立自主的,最大机动性的大踏步前进和大踏步后退(利用森林、草原、河流的隐蔽行动),采用'屯驻后迅速让避到另一地方,不拖延战争'的方法,多多采用奇袭、夜袭、设伏兵的战术,'给敌人以短促的急遽的打击和意外的偶然的打击',以便避免与敌人'在固定区域作战和根据地附近作战'。这样使敌人做大规模的行动很困难,'分进合击'也困难发挥效能,'分区讨伐'堵击和搜寻山林,不会起更大的作用。同时我们偶然突入平原和山林毗连的区域,敌人快速机械部队也困难发挥其威力,我们可以迅速集中,和迅速分散,灵活的保持自己的生存力量,果敢的猛扑敌人薄弱环节,注意转好外部的群众关系和加强队伍内部的巩固,注意克服临时发生的困难,我们有把握冲破今年度秋冬'讨伐'"。②李兆麟说:我们应当有充分的信心依靠群众、发动群众和加强巩固我们的队伍,准备冲破敌人的秋冬"讨伐",坚决进行英勇的反"扫荡"的胜利行动。李兆麟特别强调建立新的军事据点,改善游击战术问题,他以冯治纲、王明贵巧妙利用朝阳山山势出入,便于隐蔽,易于接触群众的优点,在嫩江、讷河、德都等地,广泛开展游击活动为例,说:"南河同样有这种优点,可惜这些优良的地理优点没有被我们干部领会和认识。首先是神仙落(按,在铁力)、老平岗(凤山北)可以接近凤山木业、通河,经过大肚川系,可以南出浓河西出一夜功夫接近木兰腹地,同时经过蒙古山系接近巴彦,经过黑山,接近庆城、东兴。"他说"过去中华民国时代,这些地带就是土匪的老巢,当政者以成师成旅的兵力不能

---

① 《××(张寿篯)给金策的信》(1940 年 8 月 20 日),载中央档案馆编《东北地区革命历史文件汇集》甲 58,第 300 页。

② 《张寿篯给金策的信》(1940 年 10 月 3 日),载中央档案馆等编《东北地区革命历史文件汇集》甲 58,第 34 页。

剿灭。考其经验，不但临险死守，特别是进出便当。现在我们就要利用这个条件了。"①李兆麟提出的"建立新的军事据点"，利用山区"山势出入，便于隐蔽，易于接触群众"的条件，即建立秘密营地（按，军事据点，简称"密营"），这在游击根据地丧失情况下，对于深入开展游击战是具有重要意义的。

李兆麟的这些观点、意见反映了作为一个军事指挥员的战略战术思想。他是把开展游击战提升至战略地位来考察的。他反对"不停脚的远征主义"，主张减少牺牲，保存实力，建立军事据点（按，密营），依靠广大群众，不断巩固部队。强调运用机动灵活的游击战术，多采用奇袭、夜袭、设伏兵的战术，给敌人以短促的急遽的打击和意外的偶然的打击等。他的这一观点、意见对于指导抗联进入极端艰苦时期的斗争是有着特别重要作用的。

抗联第三路军广泛开展的平原游击战争打击了敌人，并取得很大胜利。其所属各支队指战员坚持抗战必胜信心不动摇，坚持克服艰难困苦不后退，坚持开展游击战争不停歇，始终在不断地伺机袭扰敌人，打击敌人。第三路军在总指挥李兆麟领导下展开的英勇活动，取得的战斗胜利极大地鼓舞了广大被压迫民众的抗日斗志，妨扰、撼动着日伪当局的反动统治。

六、三肇烽火燃

1940年初，北满省委第十次常委会曾对抗联第三路军第六支队和第十二支队活动做出计划安排："如果甘南工作有开展，十二支队可以经过肇州到景星县一带活动，依据西兴安岭，进出扎兰屯，配合甘南部队""六支队到平原游击当中，如果客观顺利，可到扎兰屯附近活动"。对于这一计划，李兆麟曾做过认真考虑。他根据形势的变化，认为有改变原来计划的必要，因为孤军深入，冒险行动容易损失主力。同时，旧的区域还没有放弃的必要。因此他决定十二支队在肇州可留下一些干部和部分部队，以便创造新游击队，其余第六、十二支队在青纱帐倒以前仍回原根据地一带，听候指挥部新的指示。②

同年10月6日，第六支队在张光迪、于天放率领下，来到第三路军总指挥部所在地南北河。在此地召开支队干部会议，在总指挥李兆麟的直接指导下，详细检查了该支队平原游击战的工作，总结了经验教训，整顿了队伍，补充了兵员，重新审查、任命了干部。讨论制定了开展游击战争的计划。确定其工作任务是：恢复巴彦、木兰、东兴、凤山、通河、宾县群众关系，创造凤山南，浓河镇以北的军事根据地及蒙古山（巴彦、木兰毗连地带）、黑山（东兴与庆城毗连地带）的临时军事据点，利用优越的地理条件，灵活进出，争取军事胜利。

10月16日，第六支队在绥棱张家湾附近，袭击敌工棚，缴获帐篷5个，粮食若干。翌日，第六支队到达老金沟北满省委驻地，向省委书记金策汇报工作。金策帮助第六支队总结了平

---

① 《张寿篯给金策的信》（1940年10月4日），载中央档案馆等编《东北地区革命历史文件汇集》甲58，第382~384页。

② 《张寿篯给王新林的工作报告》（1940年8月30日），载中央档案馆等编《东北地区革命历史文件汇集》甲58，第313页。

原游击活动的经验教训,研究了执行第三路军总指挥部对第六支队的工作指示和第六支队近期军事行动及政治工作等问题。之后,根据金策和第三路军总指挥部的指示,开展军事侦察工作,曾派出侦察员,寻查木业、修道工人情况,以确定战斗目标。① 对于第六支队活动情况,李兆麟在给中央的报告记载说:"六支队于十月六日在张光迪、于天放二同志领导之下,到总指挥部详细检查了这个支队平原游击战的工作,帮助六支队总结了经验教训,整饬了部队,补充了兵员数目,重新审查了干部,开始南去。但是他们的棉衣是不完整的。他们的任务是恢复巴彦、木兰、东兴、凤山、通河、宾县的群众关系,创造凤山南、浓河镇以北的军事根据地及蒙古山、黑山的临时军事据点,利用地理条件的优越,灵活进出,争取军事胜利。由于十二支队西部损失关系,六支队暂时接收十二支队铁力南部的根据地作为前进的基点。根据十月二十日第六支队的报告,已经到达铁力北部,正在继续前进中。"②

10月下旬,一年一度的寒冷冬季悄然而至。在东北"一年四季半年寒",从10月下旬到第二年4月上旬,基本是冬天。冬寒季节,大雪飘扬,天寒地冻,对于开展游击活动十分不利。敌人也就利用这种冰天雪地的不利开展游击活动的自然条件开始对抗联进行冬季"大讨伐"。第六支队活动十分困难。第六支队于12月上旬,转移到通北县南北河一带休整。

为保持、加强抗联第三路军各支队武装力量,使所进行的活动取得实效,避免在敌人的打压下,活动区域逐步向北缩小,李兆麟在认真考虑各支队活动安排。他认为,第三、十二支队不但不应使其数量减少,同时应当由中间活动的第六、九两支队向第三、十二支队补充和增加他们斗争力量。最低限度要将第六、九两支队每支队抽调一个大队补充在第三、十二支队。要利用山林地理优势,进出便当,活动自如。使活动得到隐蔽,在活动中接触群众。同时要建立新的军事据点,改善游击战术。第三支队应集中一切力量,配合地方组织,建立甘南、扎兰屯北,西兴安岭军事据点。十二支队要建立木兰县、通河、凤山毗连地带的军事据点。以及黑山、蒙古山两处临时据点。以保障进出松花江流域,及某些时机,呼海铁路附近的活动。但此时第十二支队主力早已奔赴三肇(肇州、肇源、肇东)地区。

8月间,抗联第十二支队主力奔赴三肇地区,从事开辟新的抗日游击区斗争。由于第十二支队是孤军奔赴松嫩平原——肇州一带活动,故过于深入,具有一定冒险性质,但十二支队领导人对其充满信心。

三肇地区是松嫩平原的中心地带,这一地区的开发较早,人口相对稠密,比起庆城、铁力等地是多的,每县都在二十几万人以上。当地农民皆以耕种为生,江沿居民则有渔业者。"江湾地带"有最肥沃的土地,出产玉米、大豆、高粱。三肇地区在九一八事变后,有抗日义勇军李海青等部活动。义勇军斗争失败后,再没有大规模的抗日的运动。日伪当局采取严密的警察、保甲制度统治民众。每县有伪警察200余名,每村都有警察分驻所,驻有伪警察四五名到十来名不等。

---

① 《于天放给张寿篯、冯仲云的报告》(1940年10月20日),载中央档案馆等编《东北地区革命历史文件汇集》甲59,第1页。

② 《张寿篯给负责同志并转中共中央政治局的报告》(1940年12月8日),载中央档案馆等编《东北地区革命历史文件汇集》甲59,第134页。

1939年春,中共北满省委为开辟三肇地区工作,即派出高人杰、徐泽民①等地下工作人员到那里的农村开辟工作。以后,又派张文廉、高吉良②、刘海等同志来到三肇地区开展活动。经过努力,于1940年2月在肇州建立了中共龙江工作委员会(亦称三肇工委),张文廉任书记兼宣传部长、高吉良任组织部长、徐泽民为工作员,刘海为交通员。同年8月,工委书记张文廉被捕,高吉良任代理书记。10月,北满省委将龙江工委改为肇州县委,高吉良任书记。三肇工委成立后,广泛进行抗日救国宣传和发动群众工作,成立了抗日救国会分会,发展一大批反日会员。金策认为,肇州地方组织工作的开展,广大群众积极要求斗争,这些为抗联第十二支队到三肇地区开展游击战争创造了条件,决定第十二支队于夏季深入三肇平原地区开展游击活动。

1940年8月上旬,许亨植和支队长戴鸿宾率领抗联第十二支队70余人按计划从铁力安邦河上游后方基地出发,沿呼兰河南下,9月上旬,第十二支队进至龙江工委所在地——肇州朝阳村附近。9月4日,部队到达朝阳村西土城子屯,第十二支队领导人同龙江工委负责人高吉良、徐泽民等会面并召开会议,研究了敌人在三肇地区统治情况,确定了第十二支队在三肇地区开展游击活动的计划,并决定首先攻袭肇州县丰乐镇,以打击日伪统治,夺取军需给养。

9月12日夜12时,第十二支队联合山林队"双侠"等,攻袭了丰乐镇。此战,毙伤日伪人员6人,其中有日本青年训练所主事田中。烧毁伪警察署及署长公馆,砸开银行,捣毁鸦片烟馆,缴获步枪27支、子弹3360发、手枪4支、子弹230发、现款15万元、鸦片2000包、手表43块,另有黄金首饰40两,缴获颇丰。战斗中,第十二支队无一伤亡。第十二支队严格遵守群众纪律,受到城乡人民的热烈欢迎。进攻丰乐镇后,第十二支队又吸收内有张瑞麟同志参加的山林队"庄稼人"加入,队伍一度扩大到150余人。张瑞麟是原哈尔滨地下党市委书记,1937年"四一五"事件党组织被破坏后,继续从事秘密工作。为寻找党组织打入在三肇地区活动的山林队"庄稼人"队伍中,并对其进行改造工作。"庄稼人"加入第十二支队不久被编为独立大队,张瑞麟任政治指导员。之后,部队开始往肇东方向转移。

丰乐镇一战惊动了敌人。日伪当局派兵追剿第十二支队。第十二支队在与敌人周旋中准备再打一个胜仗。根据活动计划,第十二支队拟攻打肇东县昌五镇。但接近昌五后,发现有大批敌人驻守,难以攻入,便向宋站进发。决定攻打肇东宋站伪警察署,但因汉奸告密,部队在9月14日于四撮房突然受到来自宋站的大批日军袭击。战斗中,10余名战士牺牲,8名战士负伤,损失机枪1挺。在分散突围退却时,部队被敌人分隔,支队政委许亨植率16名战士辗转返回第十二支队设在庆城的后方基地,第三十六大队向西南撤走,与支队部失掉联络。支队长戴鸿宾、支队党委书记韩玉书及龙江工委负责人徐泽民率领第三十四大队向肇州县六合

---

① 徐泽民(1900—1941),辽宁辽中人。中共党员。九一八事变后参加义勇军邓文部从事抗日活动。1938年任抗联第三军参谋。1940年任抗联三路军十二支队代支队长。1941年被捕,于狱中牺牲。

② 高吉良(1914—2006),山东沂水人。中共党员,1932年参加汤原反帝同盟、共青团。任洼区团委书记。后任抗联第三、六军联合办事处主任、抗联第三军司令部宣传科长、九师政治部主任、龙江工委书记。抗战胜利后任三野24师171团军需。1949年转业回山东。1989年迁居汤原。2006年逝世。

村转移。9月15日晚,戴鸿宾脱离部队,部队失去军事指挥。此时,徐泽民、韩玉书考虑到队伍中负伤者过多,于是决定部队返回肇州。

对于第十二支队的斗争,李兆麟在给中央政治局报告中说:"十二支队在许亨植(李熙山)、戴鸿宾领导之下,在平原游击战中,作了冒险性质的深入辽远平原——肇州一带。在战役上我十二支队被日寇军袭击而被冲散。"又说"其余部队在韩玉书、徐德明(按,徐泽民)二同志坚持领导之下,继续在肇州一带活动,群众关系很好,不断得到地方党部的帮助。我们估计到肇州平原在冬季困难存留我们这支数量不多,内部巩固不足,群众组织薄弱的队伍,已经指示他们河水未解冻以前,要谨慎小心的,不准与优势敌人开火,巧妙荫蔽,大呼兰河封冻以后,要迅速编成骑兵,限以非常速度的行军,回转原来庆铁根据地。"[①]李兆麟对第十二支队孤军深入肇州一带开展活动,诚为其安危所担心,认为是脑子里压着一块大石头。

当时,第十二支队群龙无首,处境十分困难。9月下旬,经地方党组织关系,把分散的第十二支队第三十四大队与第三十六大队集合起来。在肇源南五家召集党员干部会议,决定由徐泽民任代理支队长、韩玉书任代理政治部主任。支队党组织在队员中认真进行思想教育工作,稳定了队员情绪。此次会议之后,第十二支队领导率领部队计划攻打肇源城。

肇源城是伪郭尔罗斯后旗旗公署所在地,吉黑两省交界处的重镇。

10月6日晚,第十二支队按预定计划,向肇源城方向进发。秋雨连绵,夜黑路滑,战士浑身湿透,行军速度迟缓,部队经薄荷台行至傲木台时,天已大亮,支队领导决定在傲木台暂住一天,拟于次日半夜攻打肇源城。不料由于汉奸告密,次日清晨,一支日伪军"讨伐队"向第十二支队展开进攻。第十二支队伤亡惨重。代理政治部主任韩玉书、第三十四大队长王殿阁、政委吴世英、第三十六大队长关秀岩等30余人牺牲。傲木台战斗结束后,仅有张瑞麟等19人突出敌人重围,途中又有3名重伤战士因流血过多而牺牲。所剩16个人中,有13人负伤。他们在松花江畔当地渔民的帮助下,得到妥善安置,经过月余治疗休养,逐渐得以康复。

10月下旬,在龙江工委书记高吉良的领导和广大群众的支持下,第十二支队代理支队长徐泽民把打散的队伍又重新集合起来36人。部队经过一段时间的休整,逐渐恢复了战斗力。此时,龙江工委认为第十二支队经过休整,战斗力也已恢复;肇源城敌军主力已撤走,兵力不多。第十二支队在冬季来临即将回山里休整之前,可联合当地义勇军艾青山部,攻打肇源城,狠狠打击敌人。同时还有一个有利条件,即肇源街内报馆、伪旗公署及退职警察中的爱国人士发展有抗日救国会员,他们可为内应,战斗有完全胜利的把握。可以实现省委在《关于纪念"九一八"九周年的几点意见》中提出的实施"攻破县城"、袭击兵营,破坏敌人的军事设备等行动的要求和第十二支队在三肇地区活动的预定攻战计划。

11月6日,第十二支队在肇源三站石家粉房附近的哈拉胡血喇嘛庙里召开干部会议,由徐泽民做战斗动员。会议认为,一个月来敌情有很大变化,日军主力已经撤至哈尔滨,肇源城内敌兵力量薄弱。我军力量虽小,但若用兵得当,可以出其不意,攻其不备,以少胜多,取得胜

---

① 《张寿篯给负责同志并转中共中央政治局的报告》(1940年12月8日),载中央档案馆等编《东北地区革命历史文件汇集》甲59,第135页。

利。会议决定攻袭肇源县城。会后，部队即开始行动，经一夜急行军，于11月7日拂晓前到达距离城垣仅8里地的大拉嘎蒙古屯休息待命。同时，派人前去进一步侦察敌情。他们与肇源反日救国会取得联系，证实敌人主力确实撤走，城内仅有100余名伪警察武装，集中驻在旗公署。这天，敌人正召开"三肇地区剿匪祝捷大会"，吹嘘傲木台一战已把抗联消灭。与会者有三肇各县日寇参事官、指导官和第四军管区及哈尔滨的代表。11月8日第十二支队做好战前准备，入夜第十二支队新老战士及艾青山部义勇军80余人急行军至肇源城附近。

亲自参加过这次战斗的张瑞麟同志回忆说：行进路上，肇源抗日救国会分会会长王秉章（《大北新报》肇源分社社长）等秘密出城迎接，他介绍了城里情况，与支队掌握的情况没有新的变化，更坚定了攻城的决心和信心。根据战斗计划，引领部队分头从城西北角突破口进入城里，直捣旗公署。10时左右，徐泽民下达出击作战命令。战士们从城西北角菜地翻过城壕，迅速向旗公署靠近。部队到了旗公署大门，被敌人哨兵发现。战士们不由分说，一拥而上，冲入院内，包围伪警察宿舍卡住所有房门。在"缴枪不杀！赶快投降！""中国人不打中国人"口号声和一阵枪响声中，将睡梦中的敌人全部缴械。同时，冲进日本人"公馆"，击毙从哈尔滨来的日本指导官等多人。张瑞麟率战士打开军用仓库，搬出一垛垛的军用品，其中有三八大盖枪、轻重机枪、成箱的子弹，还有各种各样的服装、饼干盒罐头食品等。同时打开旗公署院内的监狱，放出被关押的爱国群众100余人。他们以惊异的眼光看着战士们，张瑞麟告诉他们："我们是抗日联军，你们已经自由了！不愿当亡国奴，愿意参加抗日队伍的，我们欢迎。"结果，不少人表示愿意参加抗日部队。

此次战斗所得战利品甚多：大枪300余支、直把轻机1挺、中机1挺、冲锋式机枪1挺、手提式3支、手枪100余支、手枪子弹400发、大烟8箱，共8万份、全鞍马130匹、伪币2万元、服装200套，其他许多物品。①日伪当局记载此次攻袭肇源城战斗其损失情况："战死日人9人，重伤日人2人，轻伤日人1人，失踪3人，步枪271支，手枪46支，轻机枪2挺，匪枪3支，步枪子弹3万发，手枪子弹600发，马匹50匹，卡车2辆，未判犯人29人，帽子290顶，防寒大衣38件，冬服95件，夏服53件，雨斗篷35件，鸦片7万包，现金13000元，高粱40吨，苞米4.8吨，大豆129吨，大车10余辆，汽油大罐1。"②

11月9日晨，第十二支队在十字街召开群众大会，支队宣传部主任张瑞麟向群众宣传抗日救国道理，欢迎他们参加抗日联军。当时即有许多青壮年参加了抗联第十二支队。张瑞麟回忆说：通过这一仗，十二支队发展壮大，由40多人、19条枪的队伍，一下子扩大到200来人，而且真的变成了一支骑兵队伍。会后，又把城内的粮库打开，把粮食和过去需要"配给"的食盐发给群众。当天，部队骑着高头大马，身着一色黄呢子军装，胳膊佩带红布黄五星袖标，全部挎着三八式、大马刀的第十二支队指战员，在群众的帮助下，簇拥满载从敌人仓库缴获来的武器弹

---

① 《徐泽民给北满省委的信》（1940年11月14日），载中央档案馆等编《东北地区革命历史文件汇集》甲59，第61页。

② 吉林省档案馆编译：《东北抗日运动概况》（伪满档案史料选编），吉林文史出版社，1986年版，第176、177页。

药和其他军需品的一辆汽车和两辆胶轮车,高唱歌曲,浩浩荡荡地离开了肇源城。① 抗联第十二支队攻打肇源城后,又接连攻头台、破三站、袭托占、击古龙、拔除许多敌人据点。

抗联第十二支队攻克肇源城,战斗缴获战利品甚多,政治影响更大。第十二支队在三肇地区开展的抗日游击战争燃起"三肇"抗日烽火。攻袭肇源城战斗是在日寇宣传抗联被消灭,日伪当局在召开"祝捷"大会后进行的,第十二支队军事行动粉碎了敌人的谣言,极大地鼓舞了民众抗日斗志。据日伪资料《哈宪字第八九四号》记载:"抗联第三路军西北临时指挥部第十二支队长徐泽民率匪六十余名纠合附近土匪一百二十余名,为补充武器弹药的不足,掠夺物资,突于十一月八日二十三时三十分来袭肇源县城,击退和解除了我一百一十六名军警武装。""当夜多数警察和自卫团员均回家过宿,防守力量薄弱必然失败。"又云"匪团于八日夜晚从县城东门和正门侵入,次日七时将民众集会在一起,散布传单,进行赤化宣传和煽动,而后在齐唱歌曲声中从北门撤出。"日伪资料不乏污蔑之词,但不得不承认我十二支队攻城"动作迅速""战术巧妙"。②

攻打肇源战斗是1940年抗联第三路军继攻克克山后又一次攻打县城战斗,给北满广大人民以极大鼓舞。其影响甚至波及伪军内部。1941年1月初,哈尔滨王岗伪航空大队80余名学员举行抗日反满暴动,就是在第十二支队英勇斗争影响、鼓动下发生的。

哈尔滨市王岗伪第三飞行大队,成立于1939年10月。该大队设队部和两个连的编制。大队的正职军官及关键职务都由日本人担任。日本军官趾高气扬,残酷统治、压迫伪满士兵。因此,伪满士兵普遍对日本人不满,有的不忍日本人的欺压,便离队逃跑。曾在王岗伪第三飞行大队服役的刘永泰,逃跑后参加第十二支队独立大队(原"庄稼人"队)。他向独立大队政治指导员张瑞麟讲述第三飞行大队士兵遭受苦难的情况后,张瑞麟便将此情况向第十二支队代理队长徐泽民汇报。徐泽民决定派刘永泰去哈尔滨,通过王岗第三飞行大队的朋友组织该部起义。刘永泰秘密去哈尔滨后,找到他在王岗第三飞行大队的好友苏贵祥。刘永泰向苏贵祥传达了抗联第十二支队领导人关于动员第三飞行大队士兵起义的意见。苏贵祥同意组织志同道合的战士举行起义。之后,苏贵祥在第三飞行大队中,秘密联络龙国兴等,积极开展士兵工作。多次秘密研究起义事宜。最后决定在1941年1月4日举行起义。

1941年1月4日夜,在苏贵祥指挥下,起义士兵120名分头袭击了军士室、军官宿舍,击毙队内日本人雇员山浦圭治、高本政治郎及伪军官10余人。砸开兵器库,携带大批枪支、弹药、被服、军衣多套,并破坏了在机场上的飞机,而后乘汽车向三肇地区方向奔去。由于抗联第十二支队正与日伪"讨伐队"四处周旋,未能前去接应起义部队。这次起义部队遭到敌人追击、围剿。1月6日,日伪军在肇东县城南榆树林将起义军包围。战斗中,起义军毙伤日伪军21人。起义领导者苏贵祥、龙国兴等30人牺牲,45人被俘。起义遭到失败。1941年2月27日,张光迪、于天放向第三路军总指挥部报告第六支队和第十二支队工作时,提到王岗第三飞行大队士兵起义之事:"哈尔滨的航空队(90名、200名不定)于阳历年叛出,携机枪九挺、炮二门,弹药够够找我十二支队未果,被敌追击,损失严重,残余尚在大×左近活动。"报告中说,"由于无经验及缺乏正确领

---

① 《张瑞麟回忆录》,黑龙江人民出版社,1991年版,第97页。
② 《哈宪字第八九四号》(1940年11月16日)。

导,该航空队可能完全溃散殆尽矣。"①王岗第三飞行大队士兵起义发生在哈尔滨,给日本侵略者的打击格外沉重。日伪当局称:"王岗事件是国军历史上印下一大污点的不祥事件。"

1940年末、1941年初,日伪当局为消灭抗联第十二支队,调动日军子安部队、伪军刘兴部队等大批兵力在三肇地区展开"大讨伐",并制造了骇人听闻的"三肇大惨案",致使292名抗日军民被逮捕,72人被判处死刑,40人被判处无期徒刑,63人被判处有期徒刑。日伪当局的"大讨伐"、大逮捕、大屠杀使三肇地区抗日斗争受到严重摧残。②为了保存实力、巩固队伍,以利再战,抗联第十二支队于同年底退出三肇地区,转战于呼兰、庆城等地。

回望1940年,抗联第三路军各支队指战员在北满省委统一领导下,在总指挥李兆麟的指挥下,积极活动,主动出击,采取灵活机动的游击战术,以突然袭击和埋伏阻截等方法,先后攻打了克山、肇源两座县城及30多处"集团部落"、伪警察署、日本"开拓团"等日伪据点,突袭日伪军20余次,缴获一大批枪支弹药和其他物资,取得了很大胜利。1940年是东北抗日游击战争最为困难的一年,正值斗争处于极端艰苦时期。但第三路军各支队以朝阳山和绥棱以东的山区为依托,广泛地开展了黑嫩、松嫩平原游击战争,其活动范围,包括黑龙江省十七八个县份。大规模、广泛的平原游击战争的开展应该说是抗联第三路军的伟大创举。

抗联第三路军健儿不畏牺牲,到处英勇地打击敌人,接连获得的一系列胜利戳穿了日伪当局所谓"抗联已被彻底消灭"的无耻谎言,狠狠地打击了敌人,扩大了党和抗联的政治影响,抗联第三路军对敌斗争的胜利极大地增强了人民群众的抗日必胜信心。1940年11月,李兆麟在所做出的《关于抗联第三路军1940年度平原游击战的总结》中说:"三路军部队今年度的平原游击战,是处在日寇'讨伐'环境下开始的,是处在日寇野蛮政策镇压之下,探狗奸细监视之下进行的,是在物质困乏准备不充分的条件之下,在中共北满省委领导之下,三路军总指挥部指挥之下,在上下级一致拥戴之下,开始了有非常意义的行动。站在领导黑龙江广大人民武装响应关内总抗战方面起了实际影响与作用,这毫无疑义是中共伟大政策的胜利。""第三路部队在今年的平原游击的范围,是包括黑龙江省十七个县份。在这个区域里,我们的部队虽然在敌人成千成万的匪军前堵后追的扰乱之下,但是我军的指战员都是到处表现充分的信心与明确的高度的战斗决心,始终是占着精神上的优势,到处都是果敢的打击敌人,特别是在北部,灵活攻破了许多中心城镇(克山县、拉哈、讷南镇、通宽镇等等),相当补充了武装、弹药、服装。在群众方面,争取了广大群众对我军的同情和援助,初步建立了在人民中的抗日救国的组织,群众自动捐钱、衣服帮助我军,我军的政治影响提高了,启发了人民抗战建国的自尊心与自信心。"③这一总结对1940年斗争总的评估是合乎实际情况的。

---

① 《张光迪、于天放给总指挥部的信》(1941年2月27日),载中央档案馆等编《东北地区革命历史文件汇集》甲61,第89页。

② 《伪司法部刑事司思想科关于三肇事件的情况报告》(1940年6月),载中央档案馆等编日本帝国主义侵华档案资料选编《东北历次大惨案》,中华书局,1989年版,第342页。

③ 《张寿篯关于抗联第三路军1940年度平原游击战的总结》(1940年11月),载中央档案馆等编《东北地区革命历史文件汇集》甲59,第108、110页。

经过 1940 年的英勇斗争,李兆麟对第三路军各支队的斗争充满坚定信心,他说:"对于这些支队的斗争的前途会怎样,我们对这个问题的回答是具有充分信心的。第一,我们的各个支队是在东北抗日运动的巨浪中,开展和失败的过程中,考验又考验的力量虽然还有许多缺点,但事实证明,还能在艰巨局面中,杀开一条血路的。第二,我们的独立工作干部,对于目前复杂的客观环境的认识,能在任何艰苦局面下,稳固自己的脚步,能依据上级的原则指示,克服困难,他们是在斗争体验中了解这原则,而不是读熟了这些原则。第三,现在各支队分布的区域,无论地理环境,现有的群众关系,都根本没有使寇军消灭我们任何支队的条件。"①坚定的信心是取得斗争胜利的前提条件。李兆麟坚信:各支队是有充分保障,冲破日寇的冬季"讨伐"的,至于个别军事失败,还不足以影响整个工作,结论是抗战胜利一定是属于我们的。

李兆麟所述,向世人表明了抗联将士崇高民族气节和誓死光复河山的决心。1939 年、1940 年黑嫩、松嫩平原游击战争的广泛开展,东北抗日联军第三路军取得的辉煌战绩,沉重地打击了日本侵略者,有力地配合了全国总抗战,在中国抗日斗争的史册上书写了光辉的篇章。

---

① 《张寿篯给负责同志并转中共中央政治局的报告》(1940 年 12 月 8 日),载中央档案馆等编《东北地区革命历史文件汇集》甲 59,第 136 页。

第九章 红旗光灿烂

一、赴会进苏境

在1940年,日伪当局为维持其反动统治,置抗联于死地,继续推行"治安肃正"计划,加大"讨伐"抗日联军的力度。日伪当局纠集大批武装力量,不断对东北抗日联军进行疯狂军事"讨伐",强化军警宪特,对抗日军民进行残酷的政治镇压;厉行严密的经济封锁,妄图困死抗日联军,东北抗日武装斗争面临着险恶的严峻形势。

在日伪军对抗联进行所谓彻底"讨伐"下,抗联第一、第二、第三路军有相当数量的部队受到严重损失,抗联队伍人数急骤减少。由于敌人广泛推行"集团部落"政策,致使抗联与群众相分离,难以取得群众的支援,抗联部队的根据地大部丧失,特别严重的是游击活动地域缩小,游击区域逐渐被压缩到东部边境地区。抗联第一、二、三路军部队包括党的组织不仅与中共中央联系隔绝,而且相互间也几乎处于"失联"状态。

东北抗联虽然遭到严重损失,但不甘屈服的抗联指战员仍然在继续坚持战斗。东北人民一直没有停止反抗斗争。在南满,继1940年2月杨靖宇牺牲之后,魏拯民抱病出征,领导抗联第一路军在极端艰苦的条件下坚持斗争。在吉东,周保中领导抗联第二路军在乌苏里江左岸开展游击战,坚持打击敌人。在北满,由李兆麟领导的抗联第三路军在黑嫩、松嫩平原纵横驰骋,开展游击战争,攻城破镇,连续打进克山、肇源两座县城。

东北抗联的存在,所坚持不懈的抗日斗争,使日本侵略者的殖民统治始终不得安宁。1940年,日本关东军司令部制订的所谓"三年治安肃正计划"虽然已逾截止期,日本侵略者为巩固其南进北攻的战略,仍不断增加"讨伐"抗联的军事力量。日伪当局为彻底消灭东北抗日联军,调集大批日伪军在三江地区、北黑地区加紧"讨伐"活动在这里的东北抗日联军。吉东、北满各省委和抗联各路军领导人周保中、金策、李兆麟等面对严峻的抗日斗争势态,为研究、分析面临的斗争形势,解决有关抗日斗争路线、策略、方针等重大的问题,尤为急迫的是为设法打通与中共中央联系的渠道,以取得党中央的直接领导,决定召开一次东北党组织和抗联领导干部会议。而在当时敌人不断加大"讨伐"围剿抗联力度的情况下,这样的会议在东北任何地方召开都是不适宜的,只能效仿第一次伯力会议的做法,以取得苏联远东方面党组织、红军的帮助,在苏联远东地区召开一次东北党组织和抗联领导干部会议,或许有可能。

为了能够召开一次东北党组织和抗联领导干部会议,1940年7月23日,抗联第二路军总指挥周保中致信苏方代表王新林,希望能够得到帮助。王新林,即苏联远东方面军内务部长、少将留森科。王新林为俄名瓦西里之谐音,是第一次伯力会议确定的苏方负责与抗联部队联系、指导人员代表的中国名字。此后苏方与抗联部队联系、指导的代表曾更换为索尔金,但仍使用王新林这个名字,此化名始终未变更。

周保中给王新林的信中说:"我们要派遣党的代表到内地中共中央所在地解决东北问题,或者在您的帮助下,能从X城(按,指哈巴罗夫斯克,即伯力)接到中共中央的直接指示,要我们死守阵地,还是在极不利情形之下,应设法保存残余势力,以图再起。"①李兆麟也曾致信王新林,请求把他们的一切报告和文件转至中共中央,协助召开一次代表会议。中共北满省委书记金策致信苏方海路,信中说:建立东北抗日联军总司令部和东北党统一领导机关的任务,"这些问题北满党和三路军是不能解决的,必须在上级具体领导下面,东北各地党代表和各路军代表共同具体讨论而解决的问题。"他提议,"很快召集全东北性的会议,解决许多重要悬案及今后重要问题。同时北满党和三路军应当在这次会议中选举出自己的代表,若是上级同意召集时,及时到场参加会议。"②

周保中、李兆麟、金策的迫切要求——与党中央取得联系及寻求苏方援助召开一次会议,很快得到了苏方的回应,同意在伯力召集一次东北党组织和游击队干部联席会议。苏方为召开这次会议做了许多工作,其中有与中共中央联系,请派中共中央代表前来参加会议。

9月7日王新林致信李兆麟,其中第三项内容是:"关于你们之一切报告和文件均已转至中共中央,只等其代表到来到各地或是召集会议,以便讨论一切之问题。"③李兆麟接到由苏联远东方面派来的交通员栾继州递送的王新林来信后,即于10月4日给金策同志去信,通报这一情况及王新林来信内容。

9月30日,王新林给抗联各路军领导人杨靖宇(按,此时苏方尚未确知杨靖宇已于1940年2月牺牲)、魏拯民、周保中、赵尚志、王效明、张寿篯(李兆麟)、冯仲云、柴世荣④、季青⑤等正式发出指令:"在今年12月,将要召集党和游击队之干部会议,在此会议上并有中共代表参加,所以应在此会议上来解决党组织和目前游击队运动的一切问题。"指令中说目前环境中东北抗联的任务是:在极恶劣之环境中保存游击队的力量和干部,以便消灭日帝之"讨伐队";切实地维持各队中的政治和战斗关系,以便做最后的战争;严格的锻炼旧干部和培养新干部。指令说,"在十二月初中央代表就可来到,而召集党工作人员会议""解决党组织和目前游击队运动的一切问题"。要求"在十二月前一切军事领导者、政治委员和党书记或党委委员

---

① 《周保中给王新林的信》(1940年7月23日),载中央档案馆等编《东北地区革命历史文件汇集》甲57,第307页。

② 《金策关于第三路军的任务与行动及东北统一领导问题的意见书》(1940年9月15日),载中央档案馆等编《东北地区革命历史文件汇集》甲26,第277~278页。

③ 《王新林给张寿篯的信》(1940年9月7日),载中央档案馆等编《东北地区革命历史文件汇集》甲58,第441页。

④ 柴世荣(1894—1943),山东掖县人,中共党员。九一八事变后参加救国军,后参加绥宁反日同盟军。1936年任东北抗联第五军副军长,后任第五军军长,抗联教导旅第四营营长。1943年牺牲。

⑤ 季青(1911—1988),黑龙江依兰人,中共党员。曾任中共依兰县委宣传部长。1936年任东北抗联第三军团政委、教导队主任、第五军三师政治部主任、中共吉东省委下江三人团书记、道南特委书记。后任抗联教导旅四营政治副营长。1955年回国,任黑龙江省民政厅老革命根据地办公室主任。1979年后任黑龙江省人大副秘书长。1988年逝世。

要到达此地,同时将你们所选择的干部一块带来,现军事指挥和政治委员无机会来时,那末则派其代理人来参加此会,在此会上一定有您方面两人至三人出席。"①

吉东、北满省委领导人接到会议电报通知后,即分别开始向中苏边境方向移动。李兆麟自接到王新林的电报,即于11月初率部20余人从通北南北河出发,越高山,穿丛林,过洼塘,趟草甸,径向北方行进。在11月1日(农历十月二日)李兆麟在给金策的信中说:"总部与××联络电报,旧十月十五日准能通(最近有人来)。我个人应上级之招,最近出发矣!"②这里的××是指苏方。"上级之招"是指苏方代表电报通知。为摆脱敌人跟踪尾追,保守秘密,他们于途中风餐露宿,或昼宿夜行,突封锁,破敌围,经近一个月时间,历尽艰苦,终于在爱辉渡过坚冰封冻的黑龙江,过界入苏。

在接到王新林通知后,于11月16日已到苏联伯力的周保中在其11月25日日记中记载:"张寿篯已到边境,为疫检,待候入境。"③11月30日,李兆麟到达伯力城。

至1940年12月初,吉东党组织、抗联部队领导人周保中、赵尚志、崔石泉④、柴世荣、王效明,北满党组织、抗联部队领导人金策、李兆麟、冯仲云等陆续进入苏境,集合于伯力城。但南满地区党、军负责人却没有到会。南满方面原通知是杨靖宇、魏拯民为代表参加会议。而杨靖宇已牺牲,魏拯民患重病又断绝联系,不能与会。此时,恰值南满第一路军的金日成⑤、徐哲、安吉⑥等同志因战斗失利率部队撤至苏联边境地区。周保中根据柴世荣报告,了解到第五军政治部主任季青,第一路军的金日成、徐哲、安吉等同志已到苏联边境,苏边防部门将他们当成偷越国境分子关押起来。周保中得知此情况后,便于12月19日致信苏方代表王新林,请他设法找到季青、金日成、徐哲、安吉等同志并送到伯力,请金日成、徐哲、安吉等同志作为南满正式代表前来参加即将召开的会议。

因王新林的会议通知中说有中共中央代表参加会议,所以李兆麟等与会者感到能够参

---

① 《王新林为召开党和游击队干部会议给各军指挥的指令》(1940年9月30日),中央档案馆等编《东北地区革命历史文件汇集》甲59,第287~289页。

② 《张寿篯、仲云给金策的信》(1940年11月1日),载中央档案馆等编《东北地区革命历史文件汇集》甲59,第36页。

③ 周保中:《东北抗日游击日记》,人民出版社,1991年版,第538页。

④ 崔石泉(1900—1976),朝鲜平安北道人,1936年3月任东北人民革命军第四军第二师参谋长,同年9月任东北抗联第七军参谋长、党委书记、代理军长。1940年1月任东北抗联第二路军总参谋长。抗联教导旅参谋长。东北党委会书记。抗战胜利后,回朝鲜,被选为副首相、劳动党中央副委员长、最高人民会议常任委员会委员长、朝鲜国家副主席,1976年逝世。

⑤ 金日成(1912—1994),朝鲜平壤人。早年在吉林毓文中学读书,参加革命。九一八事变后在东满参加组织领导抗日游击战争。曾任东北人民革命军第二军三团团长、抗联第二军六师师长、抗联第一路军二方面军指挥、抗联教导旅第一营营长。抗战胜利回朝鲜后被选为朝鲜劳动党中央委员会委员长,后为总书记。1948年朝鲜民主主义人民共和国成立,任内阁首相。后任朝鲜国家主席。1994年逝世。

⑥ 安吉(1907—1947),朝鲜人。1931年在东北参加革命。任东北抗日联军第一路军第三方面军参谋长、14团政委,抗联教导旅第一营政治副营长。抗战胜利后回朝鲜,任朝鲜人民革命军参谋长。1947年逝世。

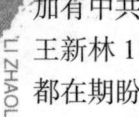

加有中共中央代表莅临解决东北问题的重要会议,都感庆幸。这位中共中央代表是谁?仅在王新林11月间给赵尚志拍发的电报通知中提及中共中央的代表"他名是陈台山"①。同志们都在期盼中共中央代表早日到达伯力城,希望会议能够解决东北抗日斗争面临的重要问题。

在等待开会的日子里,李兆麟于12月8日写出《给负责同志并转中共中央政治局的报告》,报告全面总结了1940年抗联第三路军各方面工作,主要内容有北满一带的经济形势和日寇的统治状况;广大民众对日寇反抗情绪的增长;抗联第三路军工作状况;各支队的状况及分布区域;干部状况;1940年战斗状况;已取得的成绩和现存的缺点与错误。此报告是在李兆麟于11月间所做《第三路军1940年度平原游击战的总结》基础上,又一次对第三路军工作的全面总结。此报告最后说:"以上,我们自己站在自我批评观点上觉察出来的,当然还可能有遗漏之处。我们有缺点不怕改正,希望负责同志们,彻底检查我们的工作,以便具体帮助我们们。"②

为开好这次会议,苏方委托周保中为会议的主要召集人。自北满党军的负责同志金策、李兆麟、冯仲云陆续到达伯力后,周保中即与之积极磋商,认真准备,就如何开好会议问题进行探讨。

12月10日、11日,由金发碧眼的苏联同志引领李兆麟到周保中寓所,进行谈话,交流吉东、北满半年来工作情况,并共同拟订准备会议需讨论的问题。

12月21日午后2时,在赵尚志寓所,苏联一军官与周保中、赵尚志会谈,共同商讨会议性质及召开方法。

12月23、24日,周保中在赵尚志寓所与金策、冯仲云、李兆麟同志会谈。据周保中日记载,"12月23日,晚六时三十分,余在赵尚志寓所与金策、仲云、寿篯同志会谈。一九三八年春,赵尚志越境经过,并问北满党是否照规定关系向苏联找赵尚志?张答:曾经五次向苏方探问,要求尚志回东北。"③

本来,周保中、赵尚志、金策、冯仲云、李兆麟这些抗联领导同志集聚一起开会,是个很好的交流思想、总结经验、弄清是非、加强团结的难得的机会,由于有同志揭发赵尚志于1940年10月在第二路军工作期间有"反党、分裂"活动,结果遭到批判。之后,赵尚志退出会议,丧失了抗联领导同志之间交换意见的机会,特别是赵尚志与其他同志间的成见、误解、是非自然也无从厘清。

12月30日晚,周保中与王新林等在李兆麟寓所谈话。这次谈话探讨涉及的问题较宽泛,方面较广,主要问题有:

(1)满洲党的最高组织形式、人员、地点。

(2)省委存在与否与军队党。

(3)军队党与地方党组织相互关系问题。

---

① 《抗联第二路军的两部分发电稿》(1940年12月),载中央档案馆等编《东北地区革命历史文件汇集》甲60,第45页。

② 《张寿篯给负责同志并转中共中央政治局的报告》(1940年12月8日),载中央档案馆等编《东北地区革命历史文件汇集》甲59,第149页。

③ 周保中:《东北抗日游击日记》,人民出版社,1991年版,第545页。

(4)军队党组织问题。

(5)地方党与游击队及上级党联系问题。

(6)党的出版与游击队。

(7)现阶段的任务。

(8)游击运动问题:游击队力量的收集与提高战斗力和巩固组织;遴选干部人员及教育准备以及专门人员的培养;游击队与上级的领导联系及总部对远东军的联系。

(9)物资保证办法,由远东军党政治领导帮助。需要帮助项目、日期、数量、交通输送办法。

(10)保持所有实力。游击队活动性质与方法。后方根据地建立等。

(11)与人民群众的关系及对日"满"军警的策略和工作问题。

上述问题基本上是这次会议要解决的主要问题,由于事前有交流沟通,这对在会议期间讨论研究这些问题,并达成共识很有意义。

1941年1月4日,周保中到李兆麟寓所又与金策、李兆麟、冯仲云交谈。具体内容是讨论了党的组织领导问题,现阶段党的任务和游击队力量的搜集、提高战斗力、巩固组织问题、游击队与上级领导的联系及总部对远东军的联系等问题。

在会议筹备过程中,李兆麟等人迫切希望会议及早召开。特别是最为吸引人的是苏方的会议通知说有中共中央代表参加会议。这是大家最为关心的和热切企盼的。但中共中央代表却一直未到。李兆麟、周保中等多次向苏方询问中共中央代表是否最近能来。周保中在其日记中记载道:"迫切盼望之中共中央代表能早日到达X城(按,即伯力)来,以使东北问题得到彻底讨论解决,但据某少校同志之回答称,中共中央代表是否最近能来,渠不能答复,并作来否未定之说,殊失余所希望者。"[①]十天后,苏方正式通知:中共中央代表不能前来参加会议。这一通知使许多同志深感失望。

在等待会议召开的日子里,苏方代表王新林在与抗联领导人等个别谈话时,以国际主义和世界反法西斯的共同性为由,提出了一个令人匪夷所思,颇感费解的问题,他说东北抗日联军应放弃独立性,把东北党和游击运动取消,组织按地区分属苏联远东方面军,无须保存自己的组织,应与苏军合并,由苏联人当总司令,抗联队伍全部撤退到苏联境内,重新编组再分派到东北搞侦察工作和搜集情报,并建议北满、吉东和南满的中共党组织应和抗联队伍分离开来。

在这一问题上,李兆麟一度同意王新林的意见。周保中等则对王新林提出的意见,表示坚决反对,断然予以拒绝,认为这是取消主义的做法,实际是要取消中共党组织的独立存在,取消抗联。李兆麟对此完全是一种误解。周保中指出如果像王新林说的那样做了之后,有朝一日苏日战争爆发后,在东北境内就不可能再出现一支东北抗日联军队伍。在抗日联军中的几百名中国共产党员和青年团员也无法形成政治上的核心力量来领导东北人民的解放斗争。中共党的领导机构领导自己的武装队伍是一项不可更改的原则,决不能使两者离开。由苏联人担任东北抗日联军总司令显然不合适,那将会是苏联干涉中国党的内部事务,是不符合共产国际所规定的兄弟党相互关系准则的。苏联远东方面军对东北游击运动的工作关系

---

① 周保中:《东北抗日游击日记》,人民出版社,1991年7月版,第543页。

的建立和领导是根据现阶段的革命任务做临时必要的指导，这种指导是在不变更中共党组织系统、不变更中共党的政治路线的大前提下进行的。

为统一思想认识，周保中和李兆麟等抗联各位领导同志交谈，阐述国际主义与爱国主义两者之间的关系，强调一定要坚持不能使东北党组织和抗日联军两者处于被取消状态的原则，要反对大国沙文主义，要坚持中国共产党和东北抗联的独立性。之后，李兆麟转变认识，同意应该把抗联与远东红军关系集中到"三月提纲"（按，指第一次伯力会议确定的"3月19日指示纲领"）原则性的基础上，苏方在指导工作时必须要经过抗联各路军总指挥，而抗联各路军总指挥则不是脱离中共党组织而自成另一工作系统，不能改变东北党历来领导与被领导关系的规定。大家都表示王新林只能站在兄弟党的工作关系而以政治上的提议和指示为限度，我们也是以对联共党应有的尊重基础上，接受其指示，而要由自己组织来解决问题。任何对于损害中国共产党和中国人民利益的意见都是无法接受的。

为正式表明这一严正态度，12月20日，周保中和李兆麟用书面形式写信向王新林提出"声明"：根据12月16日晚与你方负责同志会谈，知道中共中央代表是不可能参加这次要召开的会议。这样，与你方原来通知我们的会议召集情形不同。原来会议通知中共中央代表将参加会议，东北游击运动与苏联远东红军的工作联系，应由中共中央代表和你方来共同规定新的方针。现在既已经没有中共中央代表参加，我们只能继续执行"3月19日指示纲领"的原则指示，这样，也只有我们东北党组织领导继续讨论这些问题而加以批准才行。因为：第一，东北游击运动，不论其现在情势如何，它是中国共产党领导整个革命斗争不可分离的一部分。党组织领导游击运动，游击运动的一切问题必须由党组织决定。第二，东北游击运动接受你的直接领导，这是属于临时的特殊状态。第三，按照现实环境，不论为加强中国民族独立解放斗争，或为巩固工人祖国边防工作，东北游击队与远东红军间的关系问题显然有其重要性，不是单纯的。中国东北共产党组织，必须依据中共党的战略和策略的意义，去遵循自己的工作规定。

"声明"中要求王新林作为会议的召集人必须对这次会议的性质、任务及范围做出明确的规定，并提出一个要求：我们东北党和东北游击队的领导干部要预先开一次准备会议，集中讨论全东北的全部问题，以做正式会议的基础。

无疑，这一正当要求，反映了坚持中国共产党组织领导、坚持东北抗日游击战争根本任务的基本原则。这自然受到广大抗联指战员的拥护，也得到苏联远东方面军上级领导的支持。周保中在其日记里记载了苏方代表承认错误并向其致歉一事：2月24日，"上午十时，王新林代理人某中校同志来寓道歉。"①曾要取消抗联独立性的王新林（按，名叫留森科）一度把远东方面军与抗联的关系搞得很僵，会议召开之事也成了问题。苏方为更好地协调苏联远东方面军与东北抗联的关系，将原来那个要取消抗联独立性的王新林（留森科）调走，另派一名军官索尔金少将负责对抗联的指导、联络工作。为工作方便，索尔金代号仍为"王新林"。

新任王新林即索尔金的到来，一时陷入僵局的会议召开问题得到解决。索尔金将军态度谦和，通情达理，支持中国人民的抗日斗争，同情抗联境遇。索尔金将军说，我们对抗联遇到的困

---

① 周保中：《东北抗日游击日记》，人民出版社，1991年7月版，第572页。

难会依然伸出援助之手,由于敌情所迫而退入苏联境内抗日游击队,我们可以安排他们进行临时整训,并在他们认为有利时机再返回东北战场。这支队伍依然保持中国共产党的领导权。

对于召开会议问题,在中共中央代表不能前来参加会议的情况下,苏方代表王新林(索尔金)同意东北党组织和东北抗联领导干部预先开一次准备会议,集中讨论全东北的问题,为正式会议做充分准备,打好基础。

1941年1月5日,吉东、北满、南满省委负责同志周保中、金策、李兆麟、冯仲云、金日成、崔石泉、季青等举行会议。会议形成了以下诸项议案:

一、此次会议的性质是"满洲全党代表会议"。

二、参加会议的代表,共9名,吉东省委3人、北满省委3人、南满省委3人(按,实际会议各省委参加人数有变化)。

三、苏联负责同志参加指导。

四、下级党代表工人参加旁听。

五、召集会议的报告人:周保中。

六、工作报告:由各省代表报告各该组织工作。

a、报告内容:时期由1938年度开始报告。

b、问题性质:党的组织状况、路线执行程度、省委的工作计划及领导。今后满洲党的工作方向问题。游击队问题,军队编制情形,战略战术状况,军事、政治生活、群众关系、物质、兵员补充问题。

c、新的要求:1.集中领导问题、军队整理问题。2.今后游击运动方向与策略问题。3.干部、物资援助问题。

七、开会时期:1月9日以前开始,三天的会议(每天工作十二个小时)。

八、请求王新林同志指派精通纪录二名帮助工作。

九、议事日程:1.致开会词(追悼先烈),2.请苏联党同志致词,3.选举会议主席,4.通过议事日程,5.工作报告(北满、吉东、南满),6.讨论,7.提议及个别问题,8.总结(主席作总结),9.通过决议案。10.其它,11、闭会式(唱歌、呼口号)。①

1941年1月5日后,会议代表们又多次对会议所要讨论的问题进行交谈、协商,又经与苏方代表协商,1月28日"满洲全党代表会议"正式召开。

参加这次会议的共有11人,即北满代表金策、李兆麟、冯仲云;吉东代表周保中、季青、王效明、崔石泉、柴世荣;南满代表金日成、徐哲、安吉。

因这次会议是继1940年春在伯力召开的吉东、北满省委代表联席会议的又一次东北各地党代表会议,故以后也称此次会议为"第二次伯力会议"。

这次会议一致同意第一次伯力会议所提出的《关于东北抗日救国运动的新提纲草案》和所规定的抗日联军和苏联远东边疆党、远东方面军之间关系的几条原则,同意周保中和李兆

---

① 《中共吉东、北满、南满省委负责人谈话记录》(1941年1月5日),载中央档案馆等编《东北地区革命历史文件汇集》甲27,第109页。

麟联名于1940年12月20日向苏方代表递交的郑重声明。

由于此次会议原说有中共中央代表参加,但后来没有中共中央代表前来参加,会议只是在第一次伯力会议所提出的《关于东北抗日救国运动的新提纲草案》和王新林工作关系框架下研究了东北游击队军事、政治等问题。会议是采取座谈的形式进行的,没有主旨报告,各省委、联军代表,汇报各自工作,通报情况,共同研究探讨面临的形势,确定今后的任务。

此次会议对东北目前的新形势进行了分析,在此基础上,形成《满洲新形势估计和游击运动的前途及任务》的决议。

该决议共分两大部分,一是满洲新形势估计;二是游击运动的前途和最近的任务。在第一部分"满洲新形势估计"中,分析了反革命力量与革命力量的对比,认为日寇统治力量有相当的加强,但不是稳固的,而是动摇的。革命力量主要为农民、工人、城市破产失业小资产阶级,民族资产阶级力量弱小,地主、富农部分依附于日寇财阀为农村统治工具,但存在民族矛盾,有加入反日统一战线可能。反革命力量,统治阶级日寇财阀、军阀依据殖民地统治政策,企图造成社会基础、阶级力量,其实质是微弱的。日寇依靠武装移民来做统治阶级的有力工具,然而就现实的情形,日寇的移民和武装移民——屯垦军,毕竟不能达到稳固满洲殖民地统治的目的。决议指出:满洲现实继续存在着和增长着革命的条件,但缺乏成熟的革命形势。(1)民族矛盾加深。(2)经济生活普遍破坏。(3)长期抗战把日寇整个力量拖入泥坑,而且大量削弱他的力量。(4)帝国主义矛盾和日寇自己的野心阴谋——南进更是削弱自身,使在满洲殖民地统治力量减弱。(5)日寇国内政治的与经济的危机深刻化与革命反战情绪增长,使满洲日寇之统治力量减弱。(6)苏联和平政策的巩固与国际威望的提高。(7)中国共产党东北组织在东北人民群众之斗争领导及信仰。以上实为满洲现存之抗日救国革命斗争条件,直到今日,东北游击运动之所以能存在活动,亦即由于满洲有这些革命条件的存在。而游击运动之存在和继续,实又为满洲最重要革命条件之一。在满日寇的统治,今天还不是一推就倒,统治阶级的阵营还没有起大混乱、火拼厮杀。革命的阶级工农兵劳动大众,虽然表示难堪忍受压迫不能照旧生活,但只有革命的情绪,尚无革命的决心和行动(个别情形例外)。特别是革命的党——共产党东北组织自被敌人击败以来还没有恢复在人民群众中担负组织斗争领导应有力量。整个革命形势的成熟,有待于革命党——共产党和革命的人民的加紧行动准备。

决议第二部分"游击运动的前途和最近的任务"。关于游击运动的前途问题,认为:第一,根据中共中央政治路线——"全民抗日统一战线是战略的改变"和东北革命斗争客观趋势,东北游击运动的前途应发展成为广大群众的抗日武装斗争,形成以抗日救国为中心的国民革命军及以之为支柱而建立全中国统一性的三民主义的东北人民政权。第二,由于国际环境之突变,特别是国际帝国主义反苏联阴谋发动而以日寇为首,利用满洲进攻苏联远东时,则东北人民革命必与苏联直接构成一条联合战线。东北人民在苏联回击日寇条件之下得到直接之有力帮助。

关于任务问题,会议确定:

1.增强群众中之革命组织力量,恢复和重建以广大群众为基础之党组织,并加紧宣传工作。2.保持现有抗日联军游击队实力,使其活力扩大、增强。3.加强游击队之活动,不断地给予日寇军事上、政治上、经济上的破坏,妨扰与牵制,帮助内地抗战,动摇日寇殖民地统治,扰乱其进攻苏联。

为要顺利执行这些有连带关系的任务时,又必须首先讲求巩固现有党组织和游击队的实力作用,创造新生力量,准备向更大范围的革命斗争。同时在目前必须防止由于全民抗战中,民族资产阶级之动摇性及反动妥协投降等阴谋活动,或公开破坏之影响于东北游击运动。同时必须实行以下各工作办法:(1)党的基本组织和领导应建立于劳动群众身上,不再与游击队混合。应建立地方党的独立的、巩固的系统工作,主要的采取秘密工作方式,而利用可能半公开之环境。(2)游击队所发展之地方党与群众之组织,应于适当时期移交于地方党。(3)培养必需数目之干部人员,加强其阶级思想。(4)提高游击队政治教育和纪律生活,改造旧习。必须在游击队中养成新的生动的工作作风和加强军事学习。(5)保证党对游击队的正确及确切领导,指挥部与游击部队间应确保指挥掌握及工作领导之经常关系。各路军指挥部相互间与各游击部队相互间,应保持军事上和工作上的必要联系。(6)使地方革命群众组织,以及搜求同情抗日救国革命者来全力帮助游击队(人员补充及物资、情报调查)。(7)必须设计单独的创造所起的游击队。(8)恢复和建立与中共党中央及第八路军的联系。(9)求得和保持苏联远东方面之正确的有力的指导援助。①

这份决议案是在总结近一年多时间东北抗日斗争的基础上,根据所面临的新形势提出来的。对于指导今后的抗日武装斗争,推进东北抗日游击运动具有重要指导作用。这是包括李兆麟在内所有与会人员共同讨论研究所得到的此次会议成果。

第二次伯力会议由于种种原因未能建立起统一的东北地区党的领导结构。对于今后如何开展工作,李兆麟也进行过认真的思考。这反映在他与金策给魏拯民的信中。第二次伯力会议召开期间,李兆麟通过南满同志得知抗联第一路军工作情况及总司令杨靖宇已不幸殉国的消息,他与金策以抗联第三路军总指挥和总政委名义于2月15日致信第一路军副总司令魏拯民,表示"向革命先烈——杨靖宇暨东北无数忠勇战士宣誓:我们必须而且一定的,忠诚的在伟大的共产国际,中共中央旗帜之下一致地团结起来,为继承我们革命先烈的遗业实现到底而斗争。"同时,也希望建立第一路军与第三路军的联系。信中在谈到"东北党组织在失去上级领导关系情况怎样进行工作"时说:"首先是我们共同应当抱定一致的信念,坚持南满、吉东、北满有历史意义的游击运动。当然根据慎重保存实力的立场,'坚持不是死挺',而是避开某些不利的区域。转向有战略意义、有山林依据、敌人统治薄弱的区域,更不孤军坚持,而是和群众一起坚持,只要得到广大群众的拥护,尤其有组织的民众援助,游击队与群众共同去解决民众痛苦。只要采取新的灵活的新方法来坚持,游击运动的前途就会得到新的发展。这是一个很明显的真理。"②李兆麟和金策认为,这是在工作进程中寻求到的"适当的补救的办法"。

---

① 《满洲新形势估计和游击运动的前途及任务》(1941年),载中央档案馆等编《东北地区革命历史文件汇集》甲64,第286页。

② 《张寿篯、金策关于建立第一、第三路军联系致魏拯民等的信》(1941年2月15日),《中国人民解放军历史资料丛书东北抗日联军文献》,白山出版社,2011年版,第858页。

在此期间，李兆麟与周保中对随他们进入苏境的抗联指战员十分关心。他们在苏方一中校的陪同下，于1941年2月16日驱车到抗联战士北野营驻地巡视检查工作。鼓励指战员努力学习，积极训练，提高斗志。期间，李兆麟返回伯力后，在2月21日与冯仲云和第九支队队长边凤翔召开会议对开展大兴安岭游击运动问题进行了一次有益的讨论。会议认为大兴安岭地区日伪统治相对薄弱，地域辽阔，山形复杂，森林稠密，南接辽昂平原，北部国境迤逦，可以成为游击活动的重要根据地带。开辟这一游击根据地有重要意义。为开辟大兴安岭游击区，会议着重分析了第三支队内部状况，特别指出"新兵队员有不少系从八路军来"（按，在关内作战被日军俘东北来做苦工，逃跑出参加三支队者），认为第三支队有充分发展的条件，能够开辟这一游击区。会议决定其战斗任务和注意事项主要有：争取部队巩固、发展。采取灵活的游击战术，不和敌人做长时间正面战斗，每天都力争取得小的胜利。改善党的工作，吸收队内积极分子围绕党组织周围。在战斗中、行动中，培养、提拔干部。加强群众工作，注意金沟、木业、和山林居民的工作，对少数民族采取正确的党的民族政策。利用山林、苇塘建立根据地，要解决粮食问题，准备多数粮食。工作计划要灵活，要及时分散或集中活动。会议确定支队的高级会议参加者：王明贵、边凤翔、陈雷、冯仲云。队伍分开时，王明贵、陈雷在一起，王有最后决定权。边凤翔、冯仲云在一起，边对军事行动负责，冯对党政工作负责。①这一领导分工决定后来有变化，但王明贵领导第三支队开辟大兴安岭工作依然进行，会议确定的任务和工作中要注意的事项对开展工作意义重大。其中许多内容是李兆麟提出的。

之后，李兆麟又参加了于3月17日至19日召开有金策、冯仲云参加的北满省委常委临时会议。这次会议对常委工作进行分工和安排。会议决定：

"寿筌同志以省组织部责任，先回到北满，在中共中央具体指示之前，对地方党及队伍党领导上完全负责任，如对党内发生争执，对必须的移动干部，保守秘密时，以及工作方法上，暂时完全负责解决之。""金策同志应当以北省书记，代表北省等候中央关系，把过去北满党的工作经过详细向中央报告。""冯仲云在第三路军工作利益上，决定这次与寿筌一起回到北满，仍然进行自己的政治委员工作。"②（按，冯仲云后未与李兆麟一起回北满，被分配到北野营工作）

3月27日上午，李兆麟又参加了北满与吉东代表联席会议。与会者有金策、冯仲云，苏方代表王新林，吉东代表周保中等。会议讨论分析了北满地区斗争形势，研究各项工作问题。据周保中日记记载：李兆麟在会议上的发言要点是：

"日寇统治不巩固问题。许多以前亲日阶层，现在都有仇视与不满。工人被迫劳动，应认识工人阶级的全部情形。农民及城市小资产阶级生活困难，难将继续下去。

日本移民反日同情情绪增长，日移民有被俘者，说反日军阀，并代撒传单。

农民地主援助游击队，城市商会会长亦帮助。游击队伸入到人民群众中去，则协和会之

---

① 《西兴安岭游击运动的讨论记录》（1941年2月21日），载中央档案馆等编《东北地区革命历史文件汇集》甲61，第77页。

② 《中共北满省委常委临时会议决议》（1941年3月19日），载中央档案馆等编《东北地区革命历史文件汇集》甲27，第117页。

坏作用即失去其依据。

肇州游击队在地方,群众踊跃参加帮助。第十二支队得到损失后的恢复和扩大。甘南三支队与伪满军之好关系。

"满"兵抗日情绪之增长出乎人意料之外。

关于富农、地主阶层参加抗日游击队。

日本没收粮食不分富农地主。

游击队面向群众伸入平原。

群众根据地的创立——用新的方法。树林子不是根据地,创造新根据地的办法。

游击支队之整理。不同意王新林困难时期隐蔽起来。"①

上述仅是李兆麟发言要点,记载也比较简略,虽然如此,也可以看出所谈问题十分广泛,十分重要。诸如游击队面向群众深入平原问题,群众踊跃参加帮助游击队问题,群众根据地的创立问题,游击支队的整理问题等。这些问题都是当时继续开展游击战争必须解决的问题。这里特别是提到了他"不同意王新林困难时期隐蔽起来"的观点,很明显他是强调坚持与日本侵略者进行积极斗争。在对待日本侵略军问题上,他始终强调要坚持寻其薄弱予以坚决打击。

会议还根据第二次伯力会议精神,决定由周保中、崔石泉、李兆麟、冯仲云、金策、王效明组成东北党代表组,周保中、李兆麟、崔石泉组成三人团,负责统一领导东北中共党组织和抗联部队。

3月28日,李兆麟与周保中会见,就游击运动和群众工作等问题进行交谈。

第二次伯力会议后期,对于与会者都是很紧张的,大会套小会,还有会见、谈话,每个会议每次会见都有实际内容。李兆麟参加了不少会议、会见,对北满抗联部队的工作进行了安排、部署。

1941年3月下旬,东北党和抗联领导干部召开的"满洲全党代表会议"结束。与会人员开始准备返回东北。

光阴如白驹过隙,节气已过春分,天气乍暖还寒。东北党组织和抗联领导干部会议行将结束,李兆麟开始着手准备返回东北。在苏方的帮助下,为他组织了一支护送小部队,并为其配备相应的武器、给养和两部电台及一些电池。在准备返回的日子里,他归心似箭。

李兆麟的心早已飞回东北抗日战场。

二、支队出奇兵

1941年3月下旬,在苏联伯力召开的东北党组织和抗联领导干部会议(即第二次伯力会议)结束后,李兆麟立即根据北满省常委临时会议决议关于他先回北满的决定,立即动身起程返回东北抗日战地,肩负起对北满地方党及抗联第三路军队伍领导的责任,组织开展抗日游击战争。

---

① 周保中:《东北抗日游击日记》人民出版社,1991年版,第581页。

3月末,他率领曹玉魁(教导队队长)、张祥①(护卫战士)和刘铁石②(电台报务员)等共10余名抗联战士组成的小部队,携带两部无线电台,跨过黑龙江,经佛山县(今嘉荫),穿山越岭向位于绥棱东部第三路军总指挥部密营地前进。

途中,李兆麟和战士们一道身背装备、给养(武器弹药及供二十余天用的炒面),进行艰苦行军。

他们走的全是深山密林。时令虽已经立春,但北方仍然是冰雪覆地,他们穿着滑雪板在荒山野岭雪地中行进。途中天气见暖,积雪开始融化,难以使用滑雪板,便焚毁滑雪板,徒步行进。不料天公故意与人们作对,竟又连日下起大雪。春天,山里气候变化大,忽阴忽晴,忽冷忽暖,忽雪忽风,说变天就变天。由于山林雪深过膝,同志们不知摔倒多少个跟头。摔倒之后,因负荷过重,自己很难爬起来,需要有人拉一把才行。白天,在深山老林里艰难行军,夜里,筑起雪墙,点燃篝火,进行取暖,雪地当炕天当被,寒星当灯和衣睡。大家围着火堆打盹过夜。尽管这样艰苦,在李兆麟的鼓励下,没有一个人叫苦叫累。

经半月行程,他们走到汤旺河畔。此时,炒面已经吃了过半。一天,在休息的时候,李兆麟对大家说:"我要检查一下大家的粮食还有多少。"同志们都拿出自己的干粮袋,他看过后用低沉而稳重的声音看着大家说:"因为雪大难走,路程还没有走完一半,而我们的粮食却吃过一半了。在前面的路上还不知道会遇到什么情况,可能和现在一样不好走,说不定比我们走过来的路还要难走几分。大家要做好准备,即使前面的路好走,我们这点粮食也不够吃。因此,我们从今天起每人每顿只能吃三小勺炒面,够不够都是这么多。大家都一样,谁也不能例外,我来给大家分配。同志们有什么意见?"大伙异口同声地表示没有意见。

说完,李兆麟就亲自给每个同志分配炒面,每人三小勺,正好可搅一小碗浆糊。过去一顿吃十几勺炒面,而现在只吃三小勺,当然是难以充饥。但是没有一个人说什么,因为李兆麟和大家分的一样多。

又走了几天,到了汤旺河上游,河面虽然不宽,但河面上漂流着冰排,流速还很急。李兆麟一看这个情况,就指示大家放下背包,到上游下游看看是否有过河的倒木。于是大家分头查看,但没有发现有好过的地点。这时李兆麟果断地说:"我们不能在这里坐着等死,这条冰河挡不住我们,我们涉水过河,过河后马上生火烤,这里距离五营不远了,大家过河吧!"于是同志们背上背包一齐下了河。刚走出几步,水深就到了腰部,双腿被冰水浸冻得麻木了,大家互相搀扶着,艰难地前进,终于到了河的对岸。上岸后,同志们冻得浑身发抖,后来生起火,用

---

① 张祥(1919—1989),黑龙江汤原人。中共党员。1935年参加汤原游击队。历任抗联第三军班长、排长、连长、副大队长。抗战胜利后任巴彦卫戍副司令。建国后,任海军炮校大队长海军青岛防空兵副司令员、海军政治学校副校长。1989年逝世。

② 刘铁石(1904—1992),山东诸城人。中共党员。原任汤原县教育局长。九一八事变后辞去教育局长职务参加抗日,1934年任汤原反日游击总队军需官,后去苏联学习无线电业务。1943年任抗联教导旅无线电教官。抗战胜利后,历任沈阳市政府秘书长、电台台长、汤原县长、勃利县长。建国后,任吉林地质局副局长、顾问。1992年逝世。

了很长时间才把衣裤烤干。当晚在五营的河西岸宿营。

在以后日子的行军中,由于炒面日见减少,李兆麟又宣布:"每人每顿吃两勺炒面。"过了几天再次决定:每人每顿吃一勺炒面。由于在饥饿状态下进行长途行军,同志们都明显消瘦了,李兆麟瘦得更加厉害。他原来是一个圆形大脸盘,经过这段时间的艰苦生活已瘦成了细长脸,如同久病初愈的样子,但两眼仍炯炯有神。大家都很担心他的身体,一致请求他多吃一勺,但他很严肃地说:"我为什么要比你们多吃一勺呢?"大家说:"首长比我们年纪大,顶不住,饿坏了首长对革命不利。"他却说:"人瘦走起来轻快,年纪大骨头硬应该少吃些,同时我早已宣布过谁也不能例外。"不管大伙怎么说,他都坚决拒绝了,仍和大家一样,每顿只吃一勺炒面。

炒面越来越少,一时又找不到什么充饥之物。饿了就吃几把雪或咬小树枝的嫩皮,步履艰难地向前走。由于每行进一步,都要消耗很大体力,再加上吃不饱,行军的速度明显地减慢了。一天,走到一个小山岗上,前面的同志发现前方平地上有几只狍子在那里吃枯草。李兆麟知道张祥的枪法比较准,就轻声道:"张祥同志,上来打!"张祥不慌不忙地瞄准了一个大个的开了一枪,狍子挣扎了一下,向前一扑,就倒在深雪地上。大家一齐跑上去抬狍子。李兆麟风趣地说:"我们命大不该死,山神老爷给我们送来了狍子,大家剥皮,肠子肚子也别扔掉,要吃一顿,但不要吃饱,我们还有一段路程呢。"剥完了狍子皮,还是由李兆麟亲自给大家分配狍子肉。在分肉时,因张祥打狍子有功,分给他的那块肉大一些。张祥便提出来说,我的这块肉好像大了一点。李兆麟听了他的话马上风趣地说:"什么,你想要大点的?那是不行的。"大家听了后,大笑起来。李兆麟边分肉边说:"等抗战胜利的时候,我在哈尔滨大馆子请你们吃大块的肥猪肉。"同志们在欢笑声中憧憬着抗战胜利后的愿景。

大家看到李兆麟给大家分肉时,他那块狍子肉明显比别人的小。大家一致意见把那张狍子皮分给首长当褥子用。当时,他没有推脱。狍子肉本来不多,大家省着吃,三四天就吃完了。李兆麟又决定每人每顿吃一勺炒面,但没过几天,炒面也吃光了。一点吃的东西都没有了,但前面还有好些天的路程,可没有一个人气馁,整天咬着小树枝上的嫩皮走路。

一天到了一个小山沟里,李兆麟对大家说:"今天我请客!"他望着发怔的大伙,继续说:"我请客吃的是上海大馆子里都吃不到的好饭菜。"说着就把给他铺用的那张狍子皮拿出来,用棍子挑着放在火上,把毛烧掉后,用刀子割成小块,放在水里煮,并叫大家把炒面袋翻过来,向锅里打一打。大家看着那锅里腾起的热气,真好像准备饱餐一顿美味佳肴,口水直往肚子里咽。狍子皮熬好后,每个人分了一碗,大家饥肠辘辘,吃得都很香。这时同志们的眼睛里闪动着泪花,原来当初分给他当褥子用的狍子皮是留给大家食用的。坚强的抗联战士,一个个都是钢筋铁骨的人,压不弯、饿不死、拖不垮。

由于山里仍是积雪满山,路途不熟,一路竟走了40多天。在40多天的行程里,同志们忍受着极度的饥饿和疲乏,抵御着刺骨的寒风,仍一步步艰难地行进着。李兆麟的眼窝深陷,满脸胡茬子。大家也都疲惫不堪。一天中午,大家挣扎着攀上一个山头。李兆麟站在山头上,望着前面的一座远山,突然眼睛一亮,高兴地说:"我们饿不死了!过去前面那个山就是指挥部了,大伙加把劲,到了指挥部,我们就可以美美地吃上一顿了,走啊!"大家立刻精神旺盛,又

第九章 红旗光灿烂

311

走了起来。天黑后终于到达目的地——绥棱东部第三路军总指挥部密营地。

40多年之后，与李兆麟在一起雪地行军的张祥同志依然难以忘怀当时的艰苦斗争情景。李兆麟的模范带头作用深深地鼓舞着每一个人，他的一言一行，大家看在眼睛里，铭记在心坎上。他深情地做了上述回忆，并说虽然李兆麟同志早已离开了我们，但他和我们一起度过的艰难岁月的情景，和他那平易近人、与大家同甘共苦的精神却永远留在我们心中。①

不久，李兆麟又回到通北南北河第三路军总指挥部，按既定计划安排部署第三路军所属各支队在嫩江以东，北黑线以西广大平原地区开展游击活动。

1941年，东北人民在日寇统治压迫下已经历经十年。日伪当局进一步加强对民众的统治和剥夺，捐税如毛，物价腾贵，人民过着饥寒交迫的生活。"工人是被强迫劳动，在半饥半饱的水平上挣扎着，雇农是勤苦终年，不够购买棉衣，赤贫的生活状况，日益濒临到每个人的头上。人民生活走到无法继续生活的道路，即是过去较为富裕的中间阶层，也日益觉得生活不安。"因此，所有"苟安一时，维持现状"的思想都被事实粉碎了，日寇的统治压迫只能进一步促进广大民众政治觉悟的增长。

这年年初，日伪当局为彻底"讨伐"抗联，提出本年度"治安肃正方针"，避免使用大兵力大风一过式的"讨伐"，改由军管区选派一定数量的部队对固定目标进行连续追击，分割围攻抗日联军，以特设部队对重点地区进行攻击。抗联第三路军集中活动的北安省是敌人"治安肃正"重点地区之一。

3月，日伪当局为"讨伐"抗联，发布《高秆植物栽培取缔规则》，规定铁路两旁250米以内，公路两旁50米以内，禁止种植高粱、玉米、向日葵、麻类等高秆作物。防止抗联在青纱帐起时，以此为掩护攻袭敌人据点、破坏交通、截击出行的日伪军。4月《苏日中立条约》签订，对抗联活动有很大影响。5月，伪满公布修改后的《治安维持法》，加大对民众统治的力度。

日伪军为加强对抗联的"讨伐"，不断攻袭围剿抗联部队，抗联所遭到的损失越来越大，部队给养经常断绝，衣食无保障，甚至基本的生存条件都在逐渐丧失。人们知道，东北抗日游击战争是在极其艰难的条件下进行的。抗联指战员面对的敌人是极其凶恶、用现代化武器装备起来的日本侵略者，由于敌人的经济封锁和烧杀抢掠，他们不断采取军事"讨伐"、政治诱降，配合以极其毒辣的所谓"匪民分离"政策，围剿抗日联军。结果使游击根据地丧失，绝大部分之游击区内房屋化为灰烬，粮米也被抢光，长期以来，抗日联军整年整月食居无着。除此，自然环境也十分恶劣。春季，青黄不接，食物难寻，春寒料峭，冷气袭人；夏季，酷暑高温燥热难熬，暴雨狂风，栖居在潮湿的草地上，忍受着雨淋日晒，蚊虫肆虐，"蚊吮血透衫"毫不为过；秋季，肃杀之气，弥漫天际。入秋后，日伪当局强迫农民提前秋收，放倒青纱帐，妄图使抗日联军失去开展平原游击战争的屏障，置我军于死地；冬季，大雪封山，气温在零下三四十度，衣不保暖，食不果腹，昼夜坐卧于冰雪之中，北风凛凛，寒气刺骨，虽有木柴引火，"火烤胸前暖，风吹背后寒"，同时也担心火光和烟雾被敌人发现，也不是随意能点燃的。山中虽有獐狍野

---

① 张祥：《李兆麟同志和我们同甘共苦》，载政协灯塔县委员会文史资料委员会编《李兆麟将军史料专辑》，第137页。

鹿,但不敢轻易开枪猎取,因为枪声会招引来敌人。

在这样极端艰难的情况下,李兆麟总是强调,在艰难困苦的条件下要看到有利的形势,中国的抗战,在抗日民族统一战线的旗帜下,全国各民族、各阶级、各阶层都奋起与日本鬼子进行决斗,世界爱好和平的国家都同情支持帮助中国抗战,东北收复经过艰苦阶段指日可待。抗联各支队要紧紧依靠群众的支持勇敢地开展活动。敌人的嚣张在抗联指战员看来都是徒劳。他形象地比喻说:鱼少,水多,并且这鱼还有突击的精神,怎样好的网,怎样好的渔夫也不会捉住这个鱼的。①鱼就是抗联,水就是广大群众。这个生动比喻,经过斗争的实践证明是非常正确的。抗联指战员正是在群众的支援、配合下展开冲破敌寇"讨伐"斗争的。各支队根据第三路军总指挥部的部署,不断出动奇兵,打击敌人。同时,各支队英勇斗争的事实及关内总抗战的影响,又成为推动民众起来斗争的动力。

1941年春,抗联第三路军各支队继续有计划开展游击战,李兆麟亲自指挥军部直属教导队突袭北安县孙家船口及讷谟尔河车站。5月中旬,李兆麟前往通北南北河地区视察第九支队的工作,并对部队活动计划做以部署。这期间,李兆麟会见了张瑞麟同志。张瑞麟同志回忆说:1941年5月间,第三路军总指挥李兆麟将军从苏联回国后到第九支队视察工作时,我们意外地又见了面,和兆麟将军久别重逢,真令我欣喜万分。他仍像八年前在哈尔滨给我上党课那样称呼我老张,他还兴致勃勃地回忆起1933年给我上党课时的情景。更重要的是,他是我那段历史的见证人,有了他的权威证明,经他和许亨植同志研究决定,恢复了我的党组织关系。我又回到了党的怀抱,正常地过上了组织生活。从1937年"四一五"事件到此时,历时整整四年,我终又得到党的承认,真是无比兴奋呀!一个人的能力是微不足道的,一旦他投入党的怀抱,就会有使不完的力量。②

6月1日,第三路军总指挥部在海伦东方60公里的八道林子召开干部会议。出席会议者10名,李兆麟主持了这次会议。会议总结了1940年的工作,分析了面临的斗争形势,提出1941年工作计划。会议特别强调群众工作,把加强群众工作提高到一个特别突出的位置。会议提出"加强群众联系,组织群众,武装群众,在群众帮助之下,实现胜利行动""把部队的中心工作放在组织群众和武装群众上面""为实现部队中心任务,在独立部队里组成群众工作委员会,专门推动全体指战员进行群众工作"。③

会议根据1941年第二次伯力会议精神,布置了今后部队工作,为了具体体现上级指示的新内容和适应环境的要求,决定将第三路军的各部队现有的活动单位有计划的缩小,以便能更容易粉碎敌人的"讨伐",更容易发挥自己的战术优点,更容易接近民众。因之,李兆麟在

---

① 《马克正给张寿篯的信》(1941年1月4日),载中央档案馆等编《东北地区革命历史文件汇集》甲60,第172页。

② 张瑞麟:《李兆麟将军二三事》,载政协灯塔县委员会文史资料委员会编《李兆麟将军史料专辑》,第70页。

③ 《中共北满省委员会、抗联第三路军总指挥部给中共中央政治局工作报告》(1941年10月19日),载《东北抗日斗争史料》(上),中共党史资料出版社,1987年出版,第227页。

保持原来支队的组织形式下,将整个第三路军分成六个活动单位进行活动。

这六个活动单位是:王明贵、王钧领导的三支队分为二个活动单位;边凤翔与张中孚领导九支队一个部队,以拜泉、海伦作中心进行活动;郭铁坚与曹玉魁领导九支队另一个部队,以克山、德都、讷河作中心进行活动;朴吉松与周云峰领导十二支队以望奎、绥化作中心进行活动;张光迪与于天放领导第六支队,以巴彦、东兴、呼兰作中心进行活动。①

在这里,抗联第三路军各部队活动区域更加明确,根据各支队实力合理地分配了活动单位。会议上,李兆麟提出的"加强群众联系"是根据斗争的实际需要提出来的,也是根据过去一年斗争实践提出来的。在过去的一年,群众给予抗联以很大帮助和支援,民众冒死给游击队送食品几乎各地都有。通北县一农民因给游击队送饭遭日寇毒打,才由北安监狱出来不久,还是继续给游击队送饭。他说:"队伍能不吃饭吗?生死存亡在凭天命,怕什么呀!明天队伍不走的话,我还是送饭。"拜泉县兰凤久先生,为保护一个生病的游击队员,被日寇毒打,不肯说出生病的游击队员所在地,后被日寇杀害。临刑前,痛斥在场的伪警察说:"我为中国而死,比作日本走狗而死是光荣的!"群众积极援助游击队,深深感动着战士们。有的战士说:"过去,上级跟我们说,游击队脱离群众不能生存,我们心里都不相信,现在可看见群众帮助游击队的力量了,我们今年如果没有群众帮助,连一个人也回不来呀!"②可见"加强群众联系"已深入指战员之心,成为与衣食一样须臾难离的实际需要。

根据第三路军总指挥部的部署和指示,所属各支队在各自活动区域独立自主地开展游击活动和进行群众工作。其中第三支队成绩更为突出。

1941年3月初,以王明贵为支队长的第三支队80余人,在苏境经过两个月时间的休整,队员体力得到恢复,军事素质有了提高,同时,武器装备也得到极大加强。此时,第三支队跨越坚冰封冻的黑龙江返回东北。3月13日夜,抗联第三支队在王明贵队长率领下,从小兴安东山烧炭窝堡向北安县辰清(按,现属孙吴)前进途中,与日军木原"讨伐队"展开遭遇战,击毙日军1名,打伤1名。战斗中,第三支队受到一定损失,第七大队队长白福厚等4名同志牺牲。第三支队撤走后,向北进入孙吴县境,发现该县南方有一处日本人经营的木营,内有很多运输木材的马匹,遂于3月25日袭击了该木营,缴获马60匹、伪币4000余元、防寒器具20件、爬犁10张和一些粮食,然后撤到毛兰顶子山进行休整。时隔不久,天气渐暖,第三支队再次攻打了辰清站,成功地袭击了辰清站伪警察分驻所和伪"兴农合作社",缴获大量伪币和大批粮食。

4月25日,李兆麟从第三支队交通员汇报中得知有关第三支队活动情况,了解到第三支队与日军遭遇受到一定损失后,并未消极,而是顽强地袭击辰清车站并缴获大批粮食及许多物品,比较主动。他考虑到第三支队是抗联第三路军中心部队,为弥补干部损失,决定派陈

---

① 《中共北满省委员会、抗联第三路军总指挥部给中共中央政治局工作报告》(1941年10月19日),载《东北抗日斗争史料》(上),中共党史资料出版社,1987年版,第226页。

② 《中共北满省委员会、抗联第三路军总指挥部给中共中央政治局工作报告》(1941年10月19日),载《东北抗日斗争史料》(上),中共党史资料出版社,1987年版,第217页。

雷、赵喜林到第三支队担负政治工作,陈雷以宣传科长名义及职权进行工作。①

5月下旬,第三支队突袭小兴安火车站,后迅速越过北黑铁路,日夜兼程来到小兴安岭西麓——德都朝阳山地区。此时,敌人以重兵分路追击,第三支队转移到朝阳山外,开始进行西征挺进大兴安岭军事行动。这次军事行动是按李兆麟在伯力2月21日主持召开的关于开展大兴安岭游击运动的部署进行的。

这次抗联第三支队挺进大兴安岭地区活动,是继1939年12月至1940年3月冯治纲率队挺进大兴安岭活动,1940年10月至12月王明贵率队挺进大兴安岭活动的又一次挺进大兴安岭活动。这就是抗联历史上著名的"抗联三进呼盟"(内蒙呼伦贝尔盟地区)。

6月下旬,抗联第三路军总指挥部命令第三支队迅速开赴甘南县、阿荣旗等,开辟新的抗日游击区,破坏敌人后方,牵制日军。据此,第三支队发扬顽强的战斗作风,迅速向大兴安岭地区挺进。部队进入爱辉县境后,于6月22日袭击了罕达气金矿,包围了驻守的日军和伪矿警,缴获马步枪30支、毛瑟枪13支、子弹1.5万发、马34匹、现款1万余元、黄金10余两,还有许多大米、白面、食盐、布匹、衣服等其他物资。6月29日进攻了嫩江八站、腰站,缴获伪国境警察队枪械13支、弹药1300发、马7匹,另有军服等物品。八站战斗之后,第三支队西渡嫩江转向阿荣旗、甘南一带活动。

1941年7月,青纱帐起、草木丰茂,是开展山地、平原作战的有利时机。7月3日第三支队渡过古里河,吸收三名朝鲜族青年入伍。7月6日、9日,第三支队连续袭破"满鲜木业"五号和四号木营,缴获大批粮食和其他食品等物资。7月16日过甘河,而后过奎勒河、诺敏江、别力河。月末,第三支队在阿荣旗多布库尔河袭击了敌人仓库两座,并将库存粮食数万斤运到山里予以储藏。

而后第三支队进入毕拉河流域。这里是鄂伦春、达斡尔族集聚的地方。他们多以狩猎维生。第三支队深入到居住在那里的鄂伦春族部落之中,向鄂伦春族佐领盖山和少数民族群众宣传党的抗日主张和民族政策。第三支队的斗争得到鄂伦春族人民的支持。第三支队支队长王明贵、宣传科长陈雷等按照鄂伦春人的习惯,同他们的佐领盖山等结拜为兄弟。王明贵同志回忆说:7月26日,盖山佐领带着许多鄂伦春人来到部队营地,我们再次进行交谈,亲切地对盖山说,为了共同抗日,我们愿意与你们结义拜为兄弟,同生死、共患难。盖山表示同意。而后举行简单的结拜仪式,在林中一片空地上,燃起一堆篝火,陈雷用红纸写了"金兰谱",盖山、王明贵等十一人,插草为香,进行结拜宣誓:为抗击日本帝国主义,愿同生死、共患难,不投降、不叛变,为抗日救国结拜为兄弟,随后将金兰谱当场投入篝火烧掉。第三支队赠送给盖山等结义兄弟每人一支枪和一些子弹,盖山等异常高兴。②王明贵等与少数民族佐领盖山等结拜为兄弟,共同表示同甘共苦,生死不渝,携手抗日,成为东北抗联历史上的一段佳话。

之后,第三支队在少数民族兄弟帮助下在毕拉河流域开展多次游击活动。8月11日,第三支队在少数民族兄弟协助下,成功地袭击了日本益昌公司采伐作业区,击毙公司老板金清宪太郎,

---

① 《张寿篯、许亨植给金策的信》(1941年6月),载中央档案馆等编《东北地区革命历史文件汇集》甲60,第370页。

② 《踏破兴安万重山》(王明贵回忆录),黑龙江人民出版社,1988年版,第181页。

缴获白面60袋、大米10包、豆油1000斤、食盐300斤和其他日用品。而后第三支队骑兵变成步队,深入平原地区向西南运动。8月25日,攻克阿荣旗振威庄伪警察署,缴获11支步枪、千余发子弹、3.3万余元现款、多件军衣。第三支队利用缴获的一台油印机连夜刻写油印抗日救国宣传品在当地广为张贴、散发,使抗联第三支队抗日活动的消息很快传遍了各地。8月30日,第三支队攻克毓丰堡,9月6日,瓦解了许家围子伪警察所。9月16日,第三支队成功地攻破了宝山镇,俘虏了伪警察多名,击毙了伪警察署长。缴获步枪50余支、毛瑟枪2支、子弹2000发及大批军需物资,解决了部队的冬季服装。此后,第三支队又在平原地带活动六七日。日寇为消灭抗联,强令民众在三天内割倒高秆庄稼,以使我军无处隐蔽,并出动大批兵力"讨伐"抗联部队。

九十月间,为应对敌人"讨伐",第三支队又征集马匹,将步队变为骑兵,依据山边活动与敌人展开骆驼山、火勒气、石场沟、第二十六号站等多次战斗,袭击车站、捣毁据点、破坏木营,解放劳工,予敌人以一定打击。但由于敌人疯狂开展"讨伐",第三支队难以继续向西南前进,试图与在热河活动的八路军取得联系的愿望未能实现。而后部队返回毕拉河流域休整。

为了更好指导第三支队的工作,11月11日李兆麟与金策给第三支队发出秘密指示信。信中通报对国际国内形势的分析、判断,指出苏德战争开始后,世界整个政局受此震动很大,反法西斯战线不断扩大,英、美与苏联一致为消灭德国希特勒而进行战斗。中国抗战力量增加,日本更陷于疲困,对于中国,形势益趋有利。李兆麟、金策给第三支队的指示信中提出我们的任务是:慎重保持游击队的实力,以分组活动的办法,来应对敌人的"讨伐",积极与日寇进行群众争夺战,坚决把握党的政策,加强群众联系,准备群众武装起义的基础。加强侦察工作,隐蔽得力干部在人民中,以便做军事时期武装起义的领导者,迎接非常事变。信中要求第三支队,"应细心来讨论敌人的'讨伐'状况。如果有充分可能坚持冬季,冲破敌人'讨伐'的条件,则三支队尽可能坚持活动,特别是利用分组活动方法,来保持实力。继续争取群众、伪军的工作。王捷民(按,即王钧)、陈雷二同志,领导二十人至十五人,在原区维持群众关系,并负责侦探哈满路(扎兰屯)、嫩江一带敌人的动向,运输、收集材料,即用你们的工具来报告××处,至为重要。其余由王明贵同志领到××处去(去年去过的地方),去的时候,特别选适当道路,极秘密的,不许被发觉。"①

信中指示,王明贵同志领队到××处。"××"是去年去过的地方,指苏联。并要求去的时候,要选适当道路,秘密前往,第三支队按李兆麟、金策秘密指示信的要求注意保持游击队的实力,以分组活动的办法,为躲避敌人"讨伐",逐渐北进。12月上旬先后过诺敏江、奎勒河、甘河。12月12、13日,连续袭破"日满鲜木业"八大一号和杨奇营。之后,部队越过伊勒呼里山峰,进入呼玛县境内,12月21日,到达余庆金矿公司大乌苏门金场。

第三支队经长途行军后,在余庆金矿公司大乌苏门金场进行休整。休整期间,进行了政治、军事、文化学习,增强了对抗战长期性、复杂性的认识和抗战必胜信心。

1942年1月初,日军铃木喜一"讨伐队"已到达四道沟金矿欲攻袭第三支队。王明贵率领

---

① 《张寿篯、金策给第三支队的秘密信》(1941年11月11日),载中央档案馆等编《东北地区革命历史文件汇集》甲62,第23页。

部队立即撤离大乌苏门金场。转移途中,第三支队又解除五六个金矿场的伪矿警的武装,缴获大量军需物品。当第三支队从闹达罕撤出后,遭到铃木"讨伐队"追击,部队伤亡很大。在以后的日子里,第三支队与日军"讨伐队"辗转周旋,又进入巴彦旗境内,而后又沿倭勒根河上行时,在余庆公司老沟,遭到日军铃木"讨伐队"的袭击。第三支队牺牲20人,伤20余人。2月13日,第三支队在库楚河边准备宿营时,又被铃木"讨伐队"和伪警察队包围,突围战斗异常激烈,敌我伤亡均极惨重。第三支队伤亡60余人,只有16人冲出敌阵,付出巨大代价。而后,冲破敌人层层围困和追击,经20余天,过黑龙江边界进入苏境,到达北野营。

第三支队自1941年3月从北野营返回,在北满北部地区、大兴安岭地区,积极开展游击活动,到1942年3月初再到达北野营,为时整整一年。这一年期间,第三支队依照第三路军总指挥部指示的行动方针奔向大兴安岭开展活动。第三支队从夏季到深秋的整个行动中,认真执行了总指挥部关于伸展游击运动的范围、保存实力、发展队员的指示。对于经营大兴安岭根据地,曾进行了相当努力,特别在储藏给养装备方面是有成就的。同时第三支队能够巧妙利用敌人弱点,给予敌人打击,第三支队不畏艰险深入到中东路西线海拉尔、扎兰屯及其以北地区,给予敌人不少损害和破坏,具有重要意义。第三支队在1941年的小群游击战争中,取得了胜利。从6月到是年12月中旬,共进行大小战斗17次,计缴获轻机枪1挺,步枪140支,毛瑟枪20支,子弹1.8万发,粮食10万余斤,黄金10余两,伪币1.6万元,其它物品甚多;俘虏伪军士兵135人;破坏伪警察所5处,破坏木业10余处。①对此,第三支队在《一年来游击活动检讨及关于攻进罕达气、黑河国境警察队等22个战斗的军事总结》中有较详细记载。

第三支队之所以能够在极端艰难的条件下取得很多胜利,主要是第三支队指战员勇于斗争,不畏牺牲,遵循第三路军总指挥部关于"加强群众联系,组织群众,武装群众,在群众帮助之下,实现胜利行动""把部队的中心工作放在组织群众和武装群众上面"的指示,依靠群众,与群众打成一片,为民除害的结果。②对于第三支队的活动,抗联教导旅旅长周保中曾给予高度评价,他说:"第三支队去夏秋(指1941年夏秋)曾做了较大地域的有力的游击活动,在嫩江上游西方地带以及哈满线甘南一带不断打击敌人、破坏敌人的侵略设施,夺获了很多武器、弹药、粮食、资金、服装、军需品,俘虏了很多伪满兵,这是最有价值的活动。"③

1941年在北满地区第三路军第六、九、十二支队也在坚持斗争。这三个支队在江省各地皆有相当活动。在金策、许亨植的具体领导下,克服艰难的斗争环境,坚持在哈北线、绥佳线附近广泛地域开展游击活动和群众工作。

第六支队1941年上半年在庆城、东兴之间,在大罗镇、六合屯一带开展游击活动。在整

---

① 雨田:《第三支队一年来游击活动的检讨》(1942年12月),载中央档案馆等编《东北地区革命历史文件汇集》甲63,第171页。

② 《东北抗日联军第三路军第三支队一九四一年度的平原游击》(1941年11月),载中央档案馆等编《东北地区革命历史文件汇集》甲62,第274页。

③ 《周保中在留X党组织领导干部、A野营党委、小组长联席会议上的报告提纲》(1942年5月18日),载中央档案馆等编《东北地区革命历史文件汇集》甲64,第11页。

个夏季中,取得一些战果,但由于敌人不断开展"讨伐",第六支队活动受到很大限制。李兆麟在给金策的信中说:"第六支队因没有坚决执行总部指示,受到一些意外的困难。部队仍保持自己的生存力量。"①

第九支队在1941年冲破敌人"讨伐"战斗中,于2月上旬攻破额穆尔(孙家船口)。九支队指战员采取机动灵活的战术,避开敌人几次"分进合击"的攻击。支队党的组织做了充分的政治动员,党员发挥了积极的模范作用,使部队在异常恶劣的环境中得到保存,并进行两次整理训练,使部队的质量有所提高,在敌人"大讨伐"中该支队老弱残战士大部分光荣战死。第九支队于5月下旬,由通北的南北河地区南下,在绥棱、海伦县一带活动。

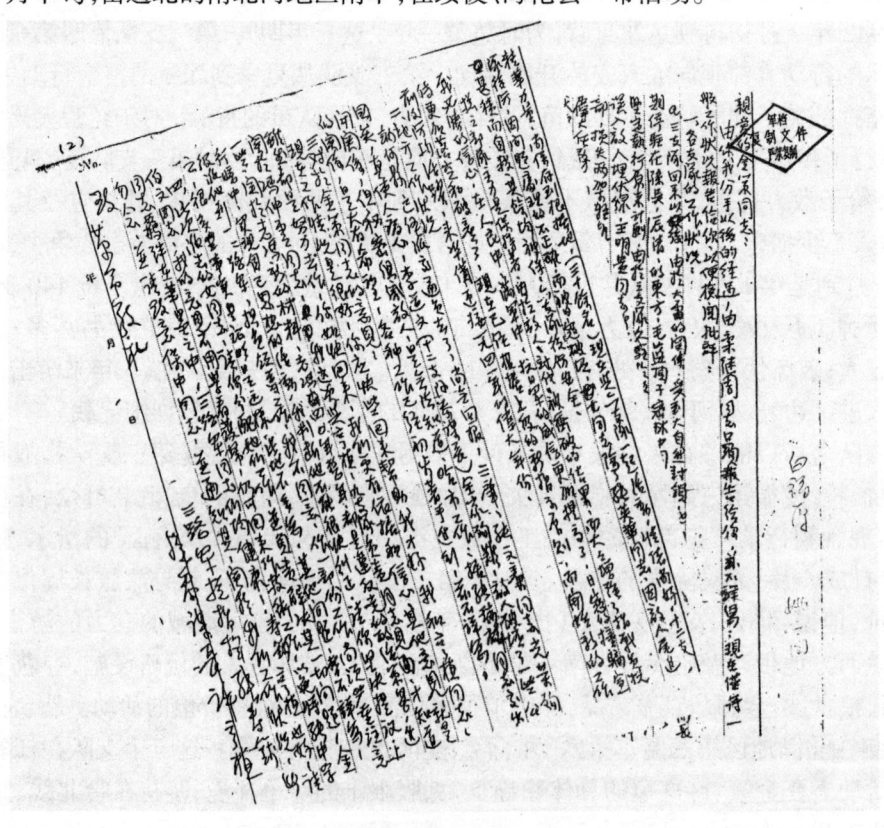

李兆麟与许亨植致金策信

5月间,李兆麟在海伦第三路军后方基地听取了许亨植关于南部地区部队活动情况的汇报,对南部地区部队斗争进行了部署。随即,李兆麟又到第九支队视察工作。此后,第九支队不断袭扰北安、通北、海伦等地的敌人。5月24日攻袭了海伦东方的安古镇日本"移民团",消灭日寇10余人。接着,解除北安附近的张钱部落的伪警察武装,袭击了大荒地"移民团"。7月

---

① 《张寿篯、许亨植给金策的信》(1941年6月),载中央档案馆等编《东北地区革命历史文件汇集》甲60,第371页。

26日,在张二把头村袭击了行进中的敌人,击毙日本官佐2名,俘警察1名,获许多军需物资等。而后实行分组活动,乃由边凤翔及张中孚率队伸入通北、拜泉,郭铁坚、曹玉魁率队伸入德都、克山、讷河。第九支队在拜泉组织发动群众,建立了新的群众的抗日救国会,击毙克东、拜泉日本警察科长2名及其职员日人2名,俘虏伪警察、自卫团若干名,随之灵活冲出敌人的包围圈,退到隐蔽地带。入秋,第九支队渡过嫩江,到江西活动。9月20日,第九支队在嫩江西岸莫力达瓦旗郭泥屯活动时突遭日军袭击,支队参谋长郭铁坚等20余人壮烈牺牲,第九支队实力受挫。之后,由大队指导员孙智远率其余战士突出重围,进入苏境。根据省委安排,第九支队政委周云峰在巴彦、呼兰、绥化进行秘密侦察工作。1943年2月,周投敌叛变。

第十二支队在三肇地区坚持活动一个时期,曾攻破头台镇、三站、古龙站。之后,转至安达一带活动,攻袭杏树岗日本移民"开拓团",焚毁拖拉机60多辆,致使日本侵略者损失奇重。之后,第十二支队从三肇地区撤出,深入泰康,后辗转回到庆城、东兴一带与六支队会合。

还是在1941年6月初,李兆麟就各支队及地方工作情况致信在伯力的金策同志。信中通报了第三、六、九、十二支队活动情况后说:"总之部队主力是保持着,由于敌人'讨伐'被冲破的结果,而大大增强了指战员抗战必胜的信心,在人民中、满军中,抗日军的威信更加提高了,日寇的撞骗宣传更加落空和破产了。现在已经根据上级的新指示原则,而开始新的工作。"信中特别说道:"现在工作情况是很好,你应快些回来帮助我才好,我和亨植同志虽然都是努力去作,你如快回来,我们更有依据和信心。"①1941年7月10日,经抗联野营党组织和周保中提议,苏方代表王新林赞同任命金策为第三路军政委。金策根据李兆麟的请求,于7月13日从苏联远东地区出发,经艰苦跋涉,至10月才到达抗联第三路军总指挥部所在地,与李兆麟会面。他们详细研究了面临的斗争形势,确定了今后斗争的策略。之后,李兆麟与金策共同领导第三路军各支队的斗争,他们给九支队党委写信,对其工作提出要求:一、你们要积极展开侦探工作,加强保守秘密工作:1.凡属与地方人员接头,不许任何非工作人员看见。2.任何时期,不许闲谈工作关系的姓名。接头谈话都慎重细心,不许泄漏我军秘密。以上各项,倘有违反,九支队负责同志当受党的纪律处罚。二、南河可能继续进行军事行动,在战术上要采取"分组游击",十余名一小队试行活动。估计到敌人的凶恶,应特注意掌握战役上的机敏性,战术上灵活性,注意克服主力消耗的危险。三、后防安置,残废的队员要迅速远送、避开敌人视线,多给他们粮食。四、加强党政工作。支队内党支部生活,要活泼紧张起来,每次工作或行动党要做充分的动员,党员和群众的教育任何时期不能放松。信中特别要求张中孚同志,一定要积极抓紧党政工作和地方群众工作,严格检查下级工作,并具体帮助解决工作上困难。要多考察人民群众情形。要珍重爱护自己的健康,爱护英勇战士们的健康,要坚持自己的斗争,按期归还。②信中既有对工作的明确指示,又体现了对同志的亲

---

① 《张寿篯许亨植给金策的信》(1940年6月1日),载中央档案馆等编《东北地区革命历史文件汇集》甲58,第145页。(此信签署年份有误,信中所说三支队攻破辰清车站白大队长牺牲,是1941年3月13日之事,故此信形成年份应为1941年。)

② 《张寿篯、金策给边靖环、张中孚及九支队党委的信》(1941年10月4日),载中央档案馆等编《东北地区革命历史文件汇集》甲61,第384页。

切关怀。10月25日,李兆麟、金策写信给第三路军参谋长许亨植,并派第六支队队长张光迪转达"必须采取暂时迂回办法""克服主力消耗的危机"的口头指示。许亨植接到总指挥部的通知后,把第六、九支队和原第十二支队的人员集中起来大约百余人,由第六支队政委于天放带领,越境入苏学习进行整训、休整,以保存实力。总指挥部及第三支队同另外三股小部队继续在东北坚持斗争。

在日伪当局严加"讨伐",抗联活动面临的困难不断增加的情况下,李兆麟率领抗联战士仍然在坚持战斗。这期间,李兆麟率总指挥部为避开敌人的骚扰,经常在深山里行军、宿营。在进行抗日游击战争,寻求民族解放的斗争年月,李兆麟等抗联指战员都把青春热血,甚至随时都准备把生命献给争取抗战胜利的事业。他们内心中没有谁去专门考虑个人生活。在极端艰难的环境下,李兆麟考虑的都是部队、集体、战斗、战士,他关心他人胜过关心自己。他同战士们一样穿着破烂衣裳。他爱人给他缝了又缝,补了又补。有时刚穿着补好的衣裤出去,等回来时,又是一身破烂不堪的衣服。原来,他把爱人补好的衣裤换给了战士,把战士的破衣服穿了回来。李兆麟关心部队,关心战士,关心别人的安危。第三路军老战士都知道李兆麟含泪抛爱子的故事。

当时在行军中,他爱人金伯文背着一个不满周岁的孩子,有时给养断绝,孩子没奶吃,哭闹不停。李兆麟为了部队安全,怕孩子的哭声招引来敌人,毅然把孩子抱起,扔到了几百米外的树林里,他爱人想把孩子抱回来,但李兆麟说什么也不让。此事,金伯文同志回忆说:这时部队仍然没有粮食,在这种情况下,大人没有吃的还可以忍耐,可是孩子小不懂事,常常饿得哭闹,弄得部队极不安宁。为了保证部队众多同志的生命与安全,有一天,兆麟同志到火堆旁,含着眼泪抱起了饿得大声哭闹的孩子,把他扔到了离我们住地几百米以外的树林。当时,我的心像被揉碎了,想起在这艰苦岁月里养到快满周岁的孩子,从生下来就没穿过一件新衣裳,没吃过一顿饱饭,跟我们遭了多少罪,现在居然活生生的把他抛弃,怎能忍心呢?我好像听到了孩子的哭声,看到了蚊子和瞎蠓把孩子的脸和手都叮出了血,我再也忍不住了,想立刻去把孩子抱回来。可兆麟却严厉地对我说:"你若敢把孩子抱回来,我就用枪把他打死!"作为父亲,有谁不疼爱自己的亲骨肉,兆麟同志也是有血有肉有父子感情的人,可是当时那种战争环境,为了保全众多战友的生命,兆麟同志宁可抛弃亲生骨肉。当时有个随部队活动的姓陈的老大爷,看到此情此景,实在不忍心,便偷偷地把孩子抱了回来。①这是一个真实的故事。当时,大家都被李兆麟这种为了保证同志们的安全,不惜舍弃自己骨肉的精神,感动得流下热泪。

1941年11月,李兆麟根据中共北满省委和第三路军总指挥部的决定,转赴苏联境内到远东抗联野营。这时,留在东北的第三路军小部队按李兆麟指示仍在英勇地与敌人展开激烈战斗。

第三、六、九、十二支队的大部走后,留下两支小部队继续在坚持活动。一支是原第十二支队支队长朴吉松领导的20余人小部队,在庆城、铁力一带活动。另一支是张瑞麟、钮景芳

---

① 金伯文:《我与李兆麟共同生活的日子》,载政协灯塔县委员会文史资料委员等编《李兆麟将军史料专辑》,第41页。

领导的小部队,在巴彦、木兰、东兴一带活动。这两支小部队由北满省委书记金策、第三路军总参谋长许亨植领导,主要任务是秘密发展抗日救国会等群众组织,筹备和储存粮食,侦察敌情等。

1941年冬,小部队战士通过可靠群众秘密串连,在东兴县内三道沟子一带建立了反日救国会,筹集了一些粮食和生活用品。1942年春,钮景芳小部队,在木兰县欢喜岭利用夜雨天,巧妙地袭击了一个日本"开拓团",获得一些粮食和布匹,解决了队员换季的服装。9月11日,朴吉松小部队袭击了木兰县大贵镇,攻进南门伪警察分驻所,夺取步枪9支、子弹300多发、手枪1支、子弹19发。10月间,朴吉松和张瑞麟、钮景芳两支小部队集中在一起,为筹集冬季的给养、服装而统一行动。10月14日,两支小部队20多人,经过周密计划,袭击了庆城县大罗镇伪警察署和村公所,伪警察和自卫团全部被缴械,共获大枪24支、子弹2500发。抗联小部队焚烧了伪警察署和村公所,放出被拘押群众9名。

此时,第三路军的朴吉松、张瑞麟等率小部队深入群众,在庆城、铁力等地秘密建立反日救国组织,发展会员,并积极储备给养。这两支小部队在极端困难的条件下仍在坚持斗争。

据日伪统计,1941年抗联第三路军"扰乱治安"情况为:交战67次,袭击等49次,共计116次。①由李兆麟领导的抗联第三路军各支队在1941年之所以能够坚持战斗,冲破敌人"讨伐",在军事上、政治上都能取得一定胜利,其原因是多方面的,其中主要是:由于第三路军中的全党同志有坚毅的斗争精神,在坚持游击运动的口号下,粉碎了日寇消灭第三路军的企图,打破敌人政治上妄图瓦解第三路军的阴谋。在军事上不断主动地打击日寇"讨伐队",而灵活地避免了敌人优势兵力的进攻,相当地保存了自己的有生力量。政治上争取了广大群众和伪军对游击队的同情,在实际行动中,加强了群众的抗日救国信心。同时,广大指挥员不断克服自己工作中的缺点,使各方面工作得到了进一步的完善。②对于第三路军这期间的顽强斗争,关东宪兵司令部在一份文件中记述说:"现在在北安省盘踞最有力的共产匪团,当推张寿篯所率领的抗联第三路军系共产匪了。此等匪团,因过去之东南地区及三江省肃正工作进展关系,乃遁入本省。且其过去富于实战经验,行动执拗果敢,最近更接受苏联的积极领导,特别努力于党军一体的活动,地下工作的展开及扩充。"③日伪当局的记载有许多诬蔑之词,但也不得不承认张寿篯所率领的抗联第三路军,是"最有力的共产匪团",所谓"最有力"就是组织最严谨,活动最频繁,攻袭最凌厉,对敌人打击最严重。抗联第三路军的英勇活动显示出了共产党领导的抗日部队的风貌和中华民族顽强斗争精神,也显示出这支抗日部队的指挥者李兆麟的卓越才能。

---

① 吉林省档案馆编译:《东北抗日运动概况》,吉林文史出版社,1986年版,第257页。
② 《中共北满省委、抗联第三路军总指挥部给中共中央政治局工作报告》(1941年10月),载《东北抗日联军史料》(上),中共党史资料出版社,1987年12月版,第226页。
③ 《康德八年度治安肃正计划书》。

三、野营与整训

1941年6月,苏德战争爆发。

7月,日本为配合德意法西斯在西方的侵略行动,妄图在东方进攻苏联,大量陈兵中苏边境,宣布"满洲处于战争状态",并展开所谓"关东军特别大演习",同时在北部、东部、西部国境线一带构建大量军事要塞设施,加强控制边境地带,形势越发紧张。至1941年11月,太平洋战争爆发前夕,东北局势更为险恶。东北抗联活动更加困难。为克服不利条件,保存实力,在北满地区活动的李兆麟以及王明贵、张光迪分别率队于箩北、乌云、黑河跨越界江进入苏联境内,与先期进入苏境的抗联部队一起开展政治军事整训工作。

先期进入苏境的抗联部队基本是1939年末、1940年初,在展开反"讨伐"中因战斗失利,医治伤病员,寻求苏联援助先后进入苏联远东境内的。根据1940年第一次伯力会议形成的"3月19日指示纲领"精神,苏方允许东北抗联作战部队在困难情况下可以秘密转移到苏境。之后也有一些零星抗联人员越境进入苏联边境。至1941年初,越境进入苏联远东地区的抗联部队已有500余人,之后又有增加,达600余人。

第一次伯力会议之后,有一部分抗联人员就在伯力郊区附近地带驻扎,进行休整、学习、训练。为加强对越境入苏的抗联部队的统一领导和便于进行管理,抗联领导人经与苏联远东方面军多次交涉,苏方同意帮助、支持已经越境的抗联部队在苏联远东边疆地区设立两个临时驻屯所,以便进行休整。也就是抗联在境外建立了两处营地——临时驻屯所,即"野营"。

这两处营地,一处位于哈巴罗夫斯克边疆区伯力东北75公里处黑龙江江畔费·雅茨克农庄附近,苏联称黑龙江为阿穆尔河,故称阿穆尔野营。阿穆尔(Амур)俄文字头为"A",所以也称之为A野营。因其地处伯力东北,故也称北野营。北野营驻扎的部队主要是随同周保中入苏的抗联第二路军总指挥部直属部队人员、第二路军第二支队越境部队及随同李兆麟入苏的第三路军总指挥部部分人员。

另一处驻屯所设在滨海边疆区海参崴以北26公里处的蛤蟆塘。因该地区属双城子军分区管辖,双城子俄文名称叫沃罗什诺夫城,故称沃罗什诺夫野营。沃罗什诺夫(Ворощилов)俄文字头为"B",所以也称B野营。又因其地理位置在伯力以南,又叫南野营。南野营驻扎的主要是第二路军第五军部队及抗联第一路军警卫旅,第一路军第二、三方面军越境部队人员。

南、北野营初建时是利用苏军闲置的旧营房。随着过境入苏部队人员的增加,队员们又建大筒子木屋。屋里都安装有用煤油桶改制的大火炉,以烧木桦取暖。后来,根据要做长期驻扎、开展野营政治军事训练的新情况,开始建设部队营房。南北野营后勤保障、所需物资则由苏方后勤部门提供,军事训练的指导则由苏方驻军协助。日常行政事务、思想教育等工作则由抗联自行负责。

开始时,建立野营只是临时措施,准备休整一段时间后,即要返回东北,继续开展抗日武装斗争。但情况很快发生变化。当时,苏联为避免东西方两面作战,于1941年4月13日和日本政府在莫斯科签订《苏日中立条约》,苏方考虑避免因东北抗联部队回国,在远东边境地区给日本造成向苏联抗议或挑起事端的口实,带来外交上的麻烦,便以环境不允许为由,暂时不同意抗联越境部队回国。结果迫使原订回国活动的计划不得不改变。

多亏第三路军总指挥李兆麟和支队长王明贵率第三支队是在《苏日中立条约》签订前,1941年3月离开苏境回东北的,不然,也会因此受阻难以率所部返回东北。不让抗联越境部队回国,这是预想不到的一个问题。显然与抗联越境部队初衷不同。抗联越境部队都是想在苏境做暂短的休整即返回东北继续从事抗日武装斗争的。为解决抗联越境部队返回东北开展游击战争问题,这期间,在苏联的周保中于5月10日写信给王新林说:为顾全大局,我们尊重苏方的意见,暂时不把主力派回东北,但不能完全"停派",大部队则可留在南、北野营中集中整训,小部队应允许派遣回东北继续开展游击战争。周保中的这一要求得到了王新林的认可。

这就是东北抗联部队之所以能在苏联境内较长期的开展野营整训的背景。显然,抗联过境赴苏这一措施,应该说是临时性的、策略性的,实际上抗联部队无久留苏联的意图。在当时的历史环境下,大部队停止派遣回东北,抗联指战员只能在苏联境内过野营整训学习生活。为了加强党对野营部队的领导,更好地进行休整、学习、训练,在野营部队成立了中共党的组织。面对现实,周保中等抗联领导人都认为必须组织好滞留在苏联的抗联战士有组织、有计划地进行军政训练和文化学习,这是必须认真对待的头等大事。后来,因东北抗日局势更加艰难,又有大批抗联部队越境入苏,他们也都进入南、北野营参加政治学习、军事整训。这种状况在某种程度上说,客观上是具有战略转移性质的。从1941年到1945年,抗联主要是以大部队在苏境进行野营整训为主,小部队回东北活动为辅,这种方式开展斗争的。

1941年12月5日,李兆麟率队到达伯力。同时到达野营的还有第九支队边凤翔所率32名战士。

12月8日,日本偷袭夏威夷群岛美国军事基地珍珠港。次日,美国对日宣战。苏德战争和太平洋战争的爆发标志世界法西斯阵线与反法西斯阵线形成。法西斯阵线必将遭受最后失败与全世界反法西斯阵线不断壮大,最后一定取得胜利的前景也进一步显示出来。

李兆麟到苏联伯力后,首先去见周保中同志。12月20日晚7时30分,在伯力伏罗希洛夫街63号寓所,李兆麟与周保中相见。两位战友再次在异国他乡见面自然高兴异常,相互问候,以致良好祝愿。之后数日他们连续交谈。李兆麟向周保中通报了北满及第三路军活动情况。据周保中的12月21日日记记载:寿篯同志谈:北满党省委决定:1.由寿篯到A向王新林同志报告一年来北满地方工作及游击活动情形。2.对于北满党今后一切问题凡能解决者,省代表

周保中

寿筏同志须根据王新林同志意见具体解决之。3.如有必要,王新林召集全满省大会或中共、国际召集会议时寿筏同志参加。4.关于第三路军一切问题,东北军事问题与王新林同志及其他路军同志负责共同解决。5.对三路军越境部队中之党组织和教育,寿筏同志直接负责。一切工作与王新林同志直接进行之,与保中保持密切联系。"①

经过连日谈话,12月25日,周保中和李兆麟就吉东、北满目前及今后的实际工作问题致信王新林。周保中当天日记记载:"与寿筏同志共同署名给与王新林同志信一件,将数日来谈话结果提出要点:1.保存六月二十三日信之原则。2.中共中央的联络问题暂时保留。3.关于A、B野营留X东北党组织关系、政治教育领导及东北游击队之工作进行,依照五月会议②记录及规定之原则。4.外部环境不断直接影响满洲,人民对日贼压榨不满特甚,东北革命斗争加重共产党任务。然而目前东北党和游击队群众运动的力量依然有极大困难和不可克服之障碍,希望在王新林同志更有力的指导援助之下,得到相当解决。5.对金策及王明贵部队之联络交通及经费补助。"③李兆麟与周保中的这次谈话很重要,所确定的几项基本原则成为以后开展野营整训工作的基本原则。

12月29日,李兆麟按计划去王新林同志寓所,与其会谈。通报东北抗日游击队活动情况,提出与周保中谈话结果要点,明确关于北满工作的迫切要求,由A野营编成交通小队,携带无线电机和材料,于最近期间,迅速派遣出发到金策所在地,建立对金策同志方面的无线电通讯连络。同时,给与目前工作必要的具体通知,并请求给予经费的接济。第三支队王明贵部队方面交通连络,也希望同意允许从X现地派交通员去找寻该部队,恢复连络。此次随李兆麟越境的第三路军人员中,负伤患病需治疗者,请给予A野营苏联负责同志确切指示,迅速给予治疗。后来这些要求基本得到满足。

此时已近年终岁尾。李兆麟夫人金伯文正因病住院治疗。12月27日,她病愈出院,与李兆麟相见,同住一处。翌日,金伯文被派赴野营。周保中给野营党委写信,介绍其党组织关系。

李兆麟与周保中通报交流情况后,就直接投入到领导紧张的抗联野营整训工作中。李兆麟对野营部队休整、学习、整训等工作十分关心,如前所述,在伯力会议召开期间,于1941年2月16日,他和周保中在苏方一中校及野营主管某少校陪同下到伯力东北的北野营驻地巡视,了解战士野营、起居、学习、生活等情况,勉励大家努力参加学习、训练。

这次,在年终岁尾之时,李兆麟与周保中在一起研究了野营部队休整、学习、整训等工作。在以后的几年里,李兆麟一直在苏联与周保中等领导抗联指战员进行野营整训工作,直

---

① 周保中:《东北抗日游击日记》,人民出版社,1991年7月版,第635页。
② 1941年5月26日,根据周保中的提议,滞留在苏境的吉东、北满省委干部金策、冯仲云、崔石泉、王效明等在伯力举行了一次会议。即"五月会议"。会议根据新的斗争环境,分析了全国以及东北的抗战形势,就如何对待《苏日中立条约》和停止派遣抗联部队回国以及今后东北游击战争的策略、开展学习整训等问题,进行了充分的研究和讨论并形成纪要。会议做出成立中共X(按,即伯力)临时特别委员会,周保中为临委书记的决定。
③ 周保中:《东北抗日游击日记》,人民出版社,1991年7月版,第635页。

至抗战胜利。

1942年1月8日，李兆麟抵北野营，与周保中研究野营整训工作。为加强对野营工作领导，周保中与李兆麟、崔石泉成立的吉东、北满两省委领导下的"三人团"，专做野营党的领导工作。周保中特别提到在他"离开野营期间，党的工作以寿篯、石泉及党委书记金京石组成临时三人团，冯同志参加。三人团按既定原则，进行A野营党的工作领导"。①显然，李兆麟作为"三人团"的成员，他已经是野营领导核心。"三人团"是在东北抗联越境入苏的特殊环境下，领导抗联野营全面工作的党组织。这一组织虽然属于临时结合性质，但在贯彻党的抗日救国政治路线、民主集中制的组织原则，保证野营工作正常有序进行等方面起到过重要作用。

关于进行东北抗联在苏境野营整训，B.伊万诺夫②在所著《战斗在敌后》一书中记载说："1941年，当转入苏联境内的游击队员的数量明显增加的时候，远东方面军司令部另外划拨了一些场所来安置这些逃来的游击队员，并在这些地方设置了相关的设备，这就成了在滨海区的南野营（B营）和在哈巴罗夫斯克边疆区的北野营（A营）。在南营集中了原抗日联军第一路军和第二路军的游击队员，他们从辽宁省和吉林省转移到了滨海边疆区。而在北营则集中了原抗日联军第三路军和第二路军的游击队员，他们从黑龙江省转移到了哈巴罗夫斯克边疆区、阿穆尔州和犹太人自治州。1941年在北营"A"营大约有400人，在南营"B"营大约有300人。转移到苏联的游击队员通常都由苏联的边防战士带领到上述两营。远东方面军司令部向两营提供了军用帐篷、建设物资、床上用品、医治病人和伤员的药品、食品、碗碟、肉食以及其他的东西。为了自给自足，游击队员们自己开垦了一块菜地，种植蔬菜，他们在原始森林中采集蘑菇和坚果，建造居住用的简易木房和其他生活设施，为营地修建一些公用设施，并帮助当地居民从事农业生产。抗日联军指挥部代表们也住在野营中，他们自己维持野营内的秩序，并对其予以监督。他们把游击队员们安置在各个帐篷和木屋内，组织开展各种业余文娱活动（评书、音乐会、戏剧等，通常这些都是有关日本人的讽刺剧本，描述游击队员和侵略者的交战以及游击队员们自己的生活）。在此期间，抗日联军指挥官们在营地里采取一些措施，恢复那些以前在东北活动的部队，使游击队员们尽快返回到满洲继续同敌人展开斗争，并为此向远东方面军司令部请求提供帮助，使自己的战士们做好战斗的准备，请求向游击队员们提供武器、弹药和制服，以便与侵略者开展斗争。"③

正如B.伊万诺夫在所著《战斗在敌后》一书中记载所说，抗联战士在远东边疆地区期间，抗日联军指挥官们在营地里采取措施，恢复那些以前在东北活动的部队，使游击队员们尽快返回到满洲继续同敌人展开斗争。这里说的"在营地里采取措施"指的就是进行野营整训。进行野营整训是进入苏境的抗联指战员的主要工作。当时野营整训分为军事训练、特别训练、

---

① 周保中：《东北抗日游击日记》，人民出版社，1991年7月版，第642页。
② B.伊万诺夫（1921—2014），军人出身，曾参加对德对日作战，在1945年3—5月间多次造访抗联教导旅，战后长期服务于苏联军队。1993年从俄联邦国防部退休，任俄中友好协会副主席。他所著《战斗在敌后》一书，对于研究抗联教导旅（独立步兵88旅），有一定参考价值。
③ B.伊万诺夫：《战斗在敌后》，2012年版，第74页。

体能训练、政治训练、文化学习及营建劳动等内容。

军事训练包括掌握武器性能及使用方法训练,学习各种机枪、火炮构造和使用方法。无论是指挥员或战斗员或政治工作人员都要研究步枪、手枪、轻重机枪、手榴弹、掷弹筒、狙击炮等各种武器的构造和机能。掌握步枪射击、手枪射击、手榴弹投掷等。关于军事训练要求学习掌握射击原理和法则,精心练习瞄准和实弹射击,做到百发百中。当时,训练时所使用的是苏联陆军武器装备。军事训练还包括队列教练、劈刺训练、夏季游泳训练、冬季滑雪训练等。军事训练是从东北抗日斗争的实战出发进行安排的。军事训练射击课,在1942年夏这段时间曾做5次步枪实弹射击、2次手枪实弹射击,步枪100米射击则有多半数的同志都在水平成绩以上。军事训练劈刺课,教官强调劈刺是决定战斗胜负的一个重要技术,故全体同志对劈刺练习都是拿出了全部精力的,在苏联教官直接教练下,在一个半月的过程中已有40名同志成为成绩优良者,他们都娴熟地掌握了劈刺技术的基本要领,成为勇敢的劈刺手。战术研究,是以班排为单位对于游击队的战术、战略和战法问题,正规军和游击队有联系的战法也都进行学习、讨论。对于侦察勤务、步哨勤务、传达勤务、军队内务,人事,经理,卫生等的原则方法及其意义用途和实际操作,都一并进行学习掌握。

特别训练,根据现代战争的需要,学习无线电报务以及划船、跳伞、攀崖等技术。同时,还研究日本关东军和伪军构成、部署、活动规律等。

体能训练,在林间、山地进行越野急行军,开展篮球、足球、排球、田径、游泳等体育活动,以增强体质。

以上这些训练、课程都是由苏军军官教授。为保证军事训练取得实效,除周保中、李兆麟等抗联领导同志经常检查训练情况外,南北野营还经常就军事训练、内务管理开展评比活动,表彰先进者,批评落后者。抗联指战员的学习积极性也都很高涨,表示应充分利用宝贵时间努力学习好军事、政治、文化知识,增长本领,为抗日救国多贡献力量。

自1941年12月8日太平洋战争爆发后,日本法西斯成为世界公敌,欧美、亚洲等许多国家对日宣战,国际反法西斯统一战线进一步扩大。中国人民的抗日战争同世界各国人民的反日斗争紧密汇合。抗联指战员战胜日本侵略者的信心和决心倍增。南、北野营党委号召抗联指战员"加紧学习,加紧准备",特别提出:"学习就是战斗""操场、课堂就是我们目前的战场,我们现在要多流汗,以便将来在战场上少流血"的口号。①1942年是中国抗日战争十分艰巨的一年。这一年,在野营的抗联指战员不断提高参加军事训练、学习的自觉性、积极性,按照要求刻苦从事军事训练,积极进行军事技能学习,提高自身本领。

李兆麟来到苏联远东后,野营整训除以前的军事训练项目外,又增加了爆破、防毒、防化、反坦克等内容。冬季滑雪也成了必修科目。滑雪不仅是冬季战斗的一种有利行动,而且还是最适宜的冬季运动,滑雪训练科目每天训练至少8个小时。同时对野营降落伞员或非降落伞员给予马术、驾驶摩托车、汽车的训练。对于女战士在学习降落伞同时,还进行"看护""医

---

① 《中共A野营党支部关于四个月党的工作总结报告》(1942年1月25日),载中央档案馆等编《东北地区革命历史文件汇集》甲63,第53页。

药知识"的学习训练。随着形势的发展,学习、训练的任务不断加重,李兆麟协助周保中领导抗联指战员努力做好军事训练工作,以保证抗联指战员的军事训练任务按计划完成。

在开展军事训练时,李兆麟注意督促党内同志、非党同志悉心学会武器的使用方法,战斗员要掌握基本操法、动作以及特种技术,指挥员政治工作员不断提高基本领导、指挥能力。进而使每一个同志在政治上、思想上都能养成随时准备出动赴战的精神,在军事素质上有显著提高。

在军事训练的同时,文化学习和营建劳动也是整训的重要内容。由于苏联国内处于紧张的战争环境,在一切为了前线口号下,远东地区军事部队一切所用所需都要自给。为搞好野营整训,要有必要的工作环境。依照实际工作的需要,野营营区建设要扩大,耕地要扩充,粮食要增产。本着自力更生的精神,抗联指战员自己动手建筑房舍,修筑汽车道,整备交通,安设电灯、电话及其他必要设备,以满足参加整训人员利用。此外还有整理营区环境等劳动。据北野营一份报告说,在野营初建这个时期曾利用课余时间从事的劳动工作,其中重要者:一、房屋之增筑;马厩、火油仓库、饲猪室及面包炉之修补。二、踏板制作二百零二付,爬犁三张,修理凳子三十二个,面包装具及书架五个。三、木材采伐在十月革命节时为保卫祖国(按,指工人祖国苏联)增加生产号召之下,在三日之内得桦子二百六十一米,除此以外每次之积累共有一六八米。①

1942年1月26日,苏方"功禹"政委、金城、李海等赴Ａ野营,巡视一周后,召李兆麟、崔石泉、冯仲云来本部,进行政治谈话提出野营新建设计划应加紧进行。对于干部与战斗员的训练,要注意思想教育。1月27、28日连续两天,李兆麟与周保中及苏方人员金城、李海共同讨论春耕及建筑营舍问题。

在南、北野营,抗联指战员都积极参加劳动,开垦荒地,种植农作物,争取达到粮食自给。同时种植蔬菜,组织捕鱼,以补粮食、蔬菜、副食供应不足。按计划,"春耕新辟面积以能供一百二十人食粮为标准,并决定种植种类,房舍建筑亦决定。"②开荒种地一直是野营整训期间重要工作。野营领导对此十分关切,并亲自过问。1943年周保中、李兆麟给王效明的一份电报专门说道:"我处需要各种大批籽种,白菜、黄烟、萝卜、豆角、香瓜、黄瓜、葱、韭菜、茄子、麻籽。希望你们设法采办妥当,分别装置,标明种类,迅速派朴洛权、杨清海送到我处来。"③这一电报充分说明周保中、李兆麟对此项工作的重视。

在组织领导野营整训工作中,政治训练、文化学习是李兆麟的主要工作,他肩负着这方面的责任。为安排组织好政治训练、文化学习,他在以前工作的基础上,以积极认真的态度努力抓好这方面工作,进而协助周保中做好整个野营整训。

---

① 《北野营中共党支部委员会关于四个月的工作总结报告》(1942年1月25日),载《东北抗日联军史料》(上),中共党史资料出版社,1987年版,第234页。

② 周保中:《东北抗日游击日记》,人民出版社,1991年7月版,第646页。

③ 《周保中、张寿篯给王效明同志的电报》(1943年2月14日),载中央档案馆等编《东北地区革命历史文件汇集》甲65,第99页。

政治训练、文化学习，原来是根据文化程度和认识水平不同而采取不同方式、方法。具体分为甲、乙、丙三个班来进行学习。李兆麟到野营后，继续按此方式、方法组织学习。甲班由政治认识、文化水平较高的有相当基础的同志组成，有15到20人。甲班用研究和讨论的方式，多搜集材料，利用教本，向纵深的有系统的方向去进行。乙班，由能读书识字看文件、能自修的同志组成。乙班人数较多，分为几组。乙班对政治问题的教育，半用研究讨论，半用讲授。亦须由甲班人员辅助乙班学习。丙班，由识字不多的或初学文字者组成，人数亦较多，分为数组。丙班主要对于上述政治问题，采用讲授方法，简单明了，不求过多过广，只需给予概念的与基本的知识。而丙班同时须做扫除文盲，将学习理论与识字结合起来。

在学习内容方面，政治理论学习有以下七项内容：

1.中国革命历史和政治经济地理、社会经济生活和现行政治制度；2.一般的社会形态发展与阶级斗争；3.中国工人与中国共产党、中国农民问题、中国国民党与三民主义、共产主义与三民主义的区别及前途、抗日民族统一战线的历史阶段及其发展、中国民族革命战争的历史阶段及胜利条件、现在的抗日战局、东北游击运动的历史条件及其发展、经验教训及其前途；4.日本帝国主义法西斯的生长与侵华战争、日本统治阶级及工农劳苦群众、"以华制华"和南进政策、日本帝国主义法西斯之走向没落；5.两个世界——社会主义苏联与资本主义国家、社会主义建设成功与向共产主义迈进、苏联和平政策、苏联是世界革命的堡垒、第二次帝国主义大战概观、变帝国主义战争为国内战争、资本主义的没落、民族革命战争与被压迫民族解放问题；6.游击队中实际的政治工作方法方式问题；7.秘密工作方法，地下党的工作方法。①

以后随着时局的发展，又增加一些学习内容：1.中国革命历史及党史的研究；2.现代兵略问题；3.德国问题；4.西班牙革命斗争问题；5.同盟国与英美集团政治经济特点；6.苏联第十八次党代表会议决议案等。

总之，政治训练的内容是很丰富的，并随着时局的发展并不断更新学习的内容，学习内容既有连贯性的也有随时增添补充灵活性的。

对于政治训练特别是对指挥官的教育培训，教导旅领导人周保中、李兆麟都非常重视。B.伊万诺夫著《战斗在敌后》一书记载，第88旅（按，即抗联教导旅）指挥部非常重视对指挥官进行培训，尤其是对排长和连长的培训，他们认为，这些人是未来在敌后领导部队、联军、游击队及地下组织的关键人物。他们讨论了关于游击队与根据地建立和保持联系的方法，讨论了关于自己根据地和参谋部的警卫问题和安全保障问题以及从自己的队伍中和当地群众中查明并揭露日本间谍和破坏分子的问题。不仅苏联各军种专家及远东方面军军官对这些问题进行了研究而且游击队指挥官，其中包括周保中、张寿篯等人也对这些问题进行了研究。②B.伊万诺夫的记述是比较客观实事求是的。在教导旅进行政治训练学习时，周保中、李兆麟确

---

① 《周保中给野营游击部队全体同志的信》(1941年2月20日)，载中央档案馆等编《东北地区革命历史文件汇集》甲61，第66页。

② B.伊万诺夫：《战斗在敌后》，2012年版，第84页。

实是积极领导政治学习和认真研究国际反法西斯和国内抗日斗争实际问题的。

在进行政治学习时,周保中、李兆麟等领导同志经常给同志们作报告,讲专题。1942年2月1日,李兆麟就在A野营全体党团员大会上,给大家宣读讲解谢尔巴科夫(联共政治局委员、莫斯科市委书记)关于列宁逝世十八周年在莫斯科党和苏维埃大会上的报告。同月,周保中写出《政治问题提纲——关于苏联反法西斯战争及中国抗日战争等问题》,对苏德战争的性质、中国抗战现势做出明确分析。之后,野营领导人周保中、李兆麟根据共产国际传来的文件和中国革命及东北抗日游击战争的实际确定若干学习专题,如《中国民族解放战争的历史阶段及胜利条件》《全国抗战的形势》《东北游击运动的发展前途》等。通过抗联领导人的倡导、引导,抗联指战员的政治学习得到进一步加强。

1942年6月22日下午3时半,李兆麟与周保中同乘汽车去北野营,晚9时半到。参加北野营召开的苏联反法西斯德国大战一周年纪念会。7月7日,是七七抗战五周年纪念日。全野营召开纪念大会。在野营进行整训的抗联指战员参加了大会。会上周保中作了《伟大中国抗战五周年》报告。李兆麟作了《关于纪念"七七"抗战五周年的报告》。李兆麟在报告中首先回顾了卢沟桥事变爆发及以后日寇侵华状况及全国抗战的形势,他用洪亮的声音说:1937年7月7日,中华民族的死敌——日寇发动卢沟桥事变,同时不可分离地就展开中华民族为反抗侵略的自卫战争。从这一天起,中华民族就走上了神圣的民族解放的伟大斗争时代。"这一天是中国人民领袖——中国共产党长期斗争中所要实现的'对内争取和平,对外实现抗战',得到成就的日子,同时也是我们批评和检讨自己工作的日子。今天,中国抗战已经过去整个五年,而开始走向胜利的第六年,在过去五年的英勇战斗中,我们不仅给日寇以致命的消耗与损失,使它的泥足愈陷愈深,同时我们已经创造出中华民族必胜的基础,而成为世界反侵略战线一支强大劲旅,就是说中华民族在血渊骨岳的斗争中,已经站立起来了。"

接着他满怀激情地说:"在这样伟大时代的面前,我们回想在这解放斗争的洪流里,有成千万的爱国志士为国捐躯,从容就义,使我们深痛欲绝,誓必完成烈士的遗业,数百万抗战将士坚毅卓绝,在前线上英勇苦斗,使我们无限同情,势必与之永久站在一条行列,战斗到最后胜利。热心群众省餐节食,踊跃献纳,海外侨胞关怀祖国,毁家纾难,使我们兴奋致敬;战区父老妇孺横被蹂躏、摧残轰炸,使我们对敌寇深恨入骨,誓必雪此奇辱;少许汉奸、民族败类助敌张焰,破坏团结,险恶无耻,使我们更加警惕自勉。"报告中说:卢沟桥事变的当时,敌寇侵略全华的野心已经判明。卢沟桥事变接连着就是八一三上海的侵略战争,"但中国军队在战略退却中,丝毫没有放弃战役上的积极反攻""中国军队到处都与敌人展开激烈战斗。在每次都粉碎了敌包围消灭我军的企图,相反给寇军极大消耗,如台儿庄大捷,平型关的胜利,这都是事实上光荣的例子是很多。正规军虽然后退了,八路军、新四军及游击队是前进了,更加深入敌人后方,英勇打击敌人。以后虽然武汉、广州相继不守,但敌人的兵力分散,人力与技术的消耗,已经使敌人的'速战速决'根本破产了。"

李兆麟在报告中还站在世界反法西斯战争的视角环顾二战局势,指出"太平洋上日寇侵袭英美以后,世界范围内侵略战线与反侵略战线的确是最后分明了,一方面是侵略者,德、

意、日,另一方面以中、苏、英、美作中心的二十六国,中国抗战已经进入新的时期。""目前英美积极援助中国"中国在"增强自己军事力量,已经不是孤军作战了。英美过去的所谓绥靖、不干涉政策,已经转为积极援助行动了,在中国抗战的面前呈现出必然胜利的真实远景。"

李兆麟在报告中在谈到东北的抗日斗争时指出:"东北抗日民族解放运动是中国抗战有机组成部分之一,在'七七'抗战以前,东北的抗日游击运动在影响上有推动全国抗日统一战线的作用,在事实打击当时'中国无力抗日'的谰言的作用。'七七'抗战以后,东北抗日联军曾在全国总抗战的局面下,积极展开英勇行动,来配合和响应总抗战的行动,特别是第一、二两个年份,我们曾给敌人很大的牵制作用。虽然艰苦备尝,浴血牺牲,从来是按照中共党已确定的革命政策原则基础上,忠贞不贰,继续支持与克服任何方面所遭受的严重局面。勇敢的去迎接困难,克服艰巨。因之在东北广大人民中造成不可磨灭的威信。"

最后,李兆麟在报告中说:"我们认为过去含辛苦斗,是每个中共党员与优秀的炎黄子孙必须有的态度。未来更伟大的斗争,更是当仁不让。虽然目前我们武装力量残存有限,群众联系隔绝到惊人的程度。但是根据目前东北广大人民抗日情绪猛烈上升,日寇的血腥'统治'益趋糜烂,什么力量也压不倒继续发展着的抗日新潮水。另外,抗日联军和中共在人民中的影响是继续存在和生长的事实。这正是说'细流可以汇百川'。我们既不应轻视以上的事实,我们就要勇敢担负起党和人民所给我们的任务,我们即经认清客观环境的复杂,革命责任的重要,我们就应该加紧学习革命导师的理论武器和革命先驱的经验教训来武装自己。加紧党的团结和群众的一致性,抛弃游击主义习惯,力求生活行动的正规军化。就是说,要加强自己的战斗性,来纪念伟大'七七'五周年的最好办法。"①李兆麟在纪念"七七"五周年大会上的这一报告,使同志们对国际、国内形势有了新的认识,连同周保中的报告让全体抗联指战员进一步明确了面临的任务和肩负的历史责任,看到抗日必胜的前途,大家都很受鼓舞。

1942年5月,《新华日报》(重庆出版)转载刊发的《加强党性锻炼》传到野营。周保中特别强调要学习好这份文献,提出今后政治学习必须依照《加强党性锻炼》一文的原则指示,处处顾及东北党的组织和游击运动的实际情形与前途,实事求是,反对形式主义,反对自由主义,反对自由行动,力求组织统一,领导集中,注重集体领导集体工作,严格划分所担负的责任和适当的分工。周保中强调说"这不仅是留在现地的党组织是如此,现存东北党组织完全要如此。"②李兆麟积极赞成这一要求,主动协助周保中同志抓好《加强党性锻炼》一文的学习。

1942年党中央决定在全党范围内开展整风运动之后,在苏联进行整训的抗联指战员开展了整风活动。抗联教导旅也进行了"整顿三风"的学习。当时尽管在苏联远东地区进行野营整训的抗联指战员与党中央失去组织联系,他们还是自觉的通过《新华日报》得到的整风文献,开始进行整风学习。周保中、李兆麟具体领导教导旅的同志们开展了整顿党的作风工作。

---

① 《张寿篯关于纪念"七七"抗战五周年的报告》(1942年7月7日),载中央档案馆等编《东北地区革命历史文件汇集》甲27,第157、167页。

② 《周保中在留X党组织领导干部、A野营党委、小组长联席会议上的报告提纲》(1942年5月18日),载中央档案馆等编《东北地区革命历史文件汇集》甲64,第14页。

据周保中1943年3月23日日记记载:"1.思想。2.党内外关系。3.语言文字。学风,主观主义。文风,党八股。党风,宗派主义,教条主义与经验主义。惩前毖后,治病救人。研究现状、历史,马克思、列宁、斯大林。应用——实践,理论与实际统一,主观主义,把感想当政策,反党性;历史唯物论,辩证唯物论,实事与客观,详细占有材料,了解情况与掌握政策"。①

在教导旅进行整风学习期间,李兆麟协助周保中组织学习在报刊上得到的党中央整风文献。在学习中,重点学习了毛泽东有关整顿三风的著作以及《中央关于增强党性的决定》(1941年7月1日),《新华日报》转刊的《解放日报》社论《加强党性锻炼》等重要文献。期间,李兆麟作为政治工作首长积极主动做好政治思想工作。他经常找同志谈话,解决思想上、工作上存在的问题。这次学习,通过理解文件的精神实质,开展批评与自我批评,对于党员、干部党员增强党性,克服个人主义、英雄主义、无政府主义等起到很大作用。提高了广大党员、党员干部的思想觉悟,都能做到个人利益服从于整体利益、全党的利益,进一步增强了完成民族解放任务的责任感、使命感。

在整风学习中,李兆麟于1942年9月10日撰写出《张寿篯独立活动经过(履历自传)》,

李兆麟履历自传

---

① 《周保中简短日记》(1943年3月23日),载中央档案馆等编《东北地区革命历史文件汇集》甲43,第173页。

对自己"独立活动经过"即参加革命经历进行认真的回顾,联系自己的实际,严格解剖自己,总结经验教训。他在履历自传中写道:"一九三八年春,我积极的支持省委改正过去错误的政治路线,在北满省委七次常会上,我因过去的调和的机会主义的错误,受党给我警告的处罚。一九三八年整个严重的年份,我以省委代表和军政治委员,负责松花江下流部队和地方党部的领导责任,我坚决执行党的指示,转移部队的主力,到黑龙江省的远征,同时支持原区的游击斗争。一九三八年十一月,我到黑龙江省海伦附近,为创造黑龙江省新抗日游击区的任务,领导整个区域的工作。一九三九年春季我在龙江北部指挥游击队,哈尔哈河战争时,我指导北部各游击支队突入敌人腹地,展开平原游击战争。十月我得党部的通知,我在一九三九年春被选举为第三路军总指挥和北满省委常务委员工作,一直继续到今天。"接着,他写道:"我厉行革命工作已经十余年,无论在秘密工作中和游击斗争中,都犯过错误,受过党六次警告,二次严重警告。都是政治上的错误。但未发生过任何动摇,在任何艰巨环境中,都保持自己积极忠实去实现党的指示和命令的原则。"①他所写的"独立活动经过(履历自传)",以整风精神,详细、认真地对自己参加革命的经历进行反思,总结经验教训。着重检查自己在不同历史阶段如在组织义勇军第二十四路阶段、在奉天特委和满洲省委工作阶段、在北满抗联部队阶段的缺点错误。他在这一履历自传中很少讲自己的功绩,他注意加强党性锻炼,严格律己,严于剖析自己的好作风为抗联指战员做出了榜样。

在整训学习中,为提高抗联指挥员的军事理论水平和指挥能力,全体干部都按领导要求,重新系统地学习毛泽东的《论持久战》,并每周集中一天时间学习毛泽东的《中国革命战争的战略问题》。学习从报刊上得到的有关国际、国内形势内容。学习中强调要在自学的基础上,分专题进行讨论,加深理解认识,担任课程教学任务的教员必须认真备课,生动地进行讲解,以取得很好的学习效果。

在此期间,李兆麟十分关心在东北坚持战斗的金策、许亨植等同志,在通信联络通报战斗工作情况的同时,还注意交流对政治形势的分析看法。1942年6月25日,李兆麟致信金策、许亨植等同志,讲述他在苏联通过学习《共产国际》月刊(1942年1月出版)、斯大林"五一命令"和《中央关于增强党性的决定》所了解、认识到的国际、国内形势及党内整风要求,谈自己的分析和工作建议,并给他们送去有关目前各种最主要的参考材料。在这封长篇信件中他写道:要紧紧把握当前政治形势演变的枢纽,把送去的材料当作了解问题的根据。关于国际形势认为:"现在世界性质的反法西斯统一战线是已经结成了,以苏联、英、美、中,作中心的联合力量,是决定将来全世界人民命运的力量。"信中具体分析了苏德战争状况,英国、美国、法国、南斯拉夫等国反法西斯力量的作用。

对于日本,针对太平洋战争爆发后形势,他在信中说道:"目前世界性质的战争的总结的,'不是局部关系所能解决的,甚至于如果不在主要的战线上而是某一局部的即使得到相当成功也不能够解决的,目前很显然,日寇所企图的是速战速决',所得到的仍然是持久的消

---

① 《张寿篯独立活动经过(履历自传)》(1942年9月10日),载中央档案馆等编《东北地区革命历史文件汇集》甲64,第307、308页。

耗战,日寇所要求的是'各个击破',所得到的是四面八方作战。日寇目前在一个'十字歧途上'徨彷着,就是集中力量来夺取欧洲,深入印度,围攻中国,闪击苏联,这四个对象要选择一个,以便在危险中去进一步冒险,处处困难,罢手不能的情势。"

李兆麟对日本发动太平洋战争后政治形势的分析是充分的,后来日寇逐渐走上失败道路的历史发展证明了这个分析的正确性。

对于日寇在东北的统治和东北抗日游击运动的形势前途,他在信中写道:"根据现地材料,日本全国兵力处在第一线的共有一百个师团,其中三分之一驻在满洲和朝鲜。就此来说日寇侵华政策是始终不变,攻苏的阴谋紧张酝酿,日寇对东北的统治更加横暴,企图以东北作它最后的根据地。若是日寇不遭受整个崩溃的以前,则东北人民所受的压力仍须加深。根据现时东北人民所处的水深火热的,残酷压迫、恐怖屠杀、贫困饥饿,人民抗日情绪是空前的增长,伪满军警与日寇的矛盾的加深等等事实,东北人民的解放斗争问题,要求中国共产党长期的进行艰苦工作,去组织和领导广大人民,开展东北的抗日民族解放运动。我们必须加强党组织性的锻炼,成为锐敏的识别客观环境,稳固的政治立场的战斗的党,才能担负起东北历史斗争中的任务。"

在信中,李兆麟引用《加强党性锻炼》一文中毛泽东关于"没有调查,没有发言权"的著名论断说:"'没有调查,没有发言权,党的政策决定是根据周围环境详细情形来决定的。特别是在战争环境中,尤其要详密地明了和研究敌友我三方面的情况'的指示,我们必须执行。目前东北的情形下,我们对于多年侵占东北领土的全部情形,必须采取各式各样的方法随时随地加以详细侦察和研究,这是东北党组织和党同志斗争任务之一。应当将每个地方党组织改为群众运动与侦察工作二位一体的斗争组织。每个游击队目前必须把坚持发展秘密抗日群众组织,特别是武装组织,来繁殖游击战争的任务,与积极进行侦察工作的任务,紧密联系起来,谁对侦察工作松懈忽视,谁就是不认识目前形势,不相信革命力量的狭小顽固分子。"

信中还指出:"为了更顺利保持自己有生力量和准备力量起见,要尽可能不受敌人侵害,繁殖我们的潜势力,避免无意义的惊扰敌人出扰。因为根据我们的力量和敌寇的疯狂,我们一方面坚持武装的游击斗争,特别是运用非武装的——秘密非法的到群众中去,恢复和扩大党在东北人民中的历史的影响。利用一切可能加强宣传工作和组织工作及秘密的武装组织,消除党对群众的隔离现象,力图群众斗争基础的再建立起来,例如进攻××车站(按,原文如此)的行动,当然这次是可以作,下次就不可以继续作了。因为要:解决军需困难,要保持精神和政治影响,我们有算定拿稳的胜利把握,给敌人以偶然的意外的打击而收胜利之成果,这当然是可以而又必要的。但是切戒接二连三的'平推'观点和因胜利而骄纵轻忽。"①信中还针对金策同志有关斗争方策的意见做以答复和纠正。

李兆麟给金策和许亨植的信件,反映了他在野营整训中,通过学习对形势的深刻认识和当前斗争策略的转变的理解,具有一定的重要意义。这是给金策和许亨植等提供的极其重要

---

① 《张寿篯给金策和许亨植的信》(1942年6月25日),载中央档案馆等编《东北地区革命历史文件汇集》甲64,第121~131页。

的具有工作指导建议性文件。对于在东北进行艰苦斗争,很难了解到外部世界形势、情况的同志来说,这是很难得的。

1943年以后,在野营的高级自学班的干部较系统地学习了哲学、政治经济学,还学习了《联共(布)党史简明教程》、中国革命史、党的建设理论等,并阅读《共产党宣言》《论列宁主义几个问题》等著作。

在野营整训期间,李兆麟除组织政治文化学习和讲课作报告外,还协助周保中加强对新参加整训的游击队员的教育和考察研究工作,注意培养提拔进步向上的同志做工作、学习的先导、骨干和纪律生活的模范。在野营整训时期,李兆麟与周保中等都十分重视积极开展部队文化生活。在南、北野营都办有图书室、广播室、俱乐部、小报、壁报等;抗联指战员经常利用节假日如五一节、十月革命节举行讲演会、文艺晚会、电影放映等活动。野营文化生活的开展,特别是自编自演文艺节目,有力地激发抗联指战员革命乐观主义精神,提高了知识水平和促进了思想的进步。

在政治学习教育中,遵守纪律教育是一项重要内容。在野营训练期间,存有个别同志违纪现象。为了提高遵守纪律的自觉性,李兆麟和周保中特别强调遵守革命军人必须严格遵守革命的纪律,提出明确的纪律要求,加强遵纪教育。使同志们认识到各种违纪现象的出现,是与抗联战士长期从事分散活动,习惯于游击战争生活,不适应野营学习训练生活有关的。违犯纪律、破坏纪律就等于破坏战斗胜利。经过不断学习、教育,抗联教导旅的干部战士提高了遵守纪律的自觉性,过去散漫、无纪律现象有很大转变,违反纪律的现象大为减少。

总之,东北抗联野营通过学习整训,在政治、军事、文化、纪律、秩序等方面都得到加强,有力地提升了广大抗联指战员的政治、军事、文化素质,造就了一批优秀的政治和军事骨干。这些经过军政整训的抗联指战员为最后战胜日本帝国主义、收复东北失地做了充分准备。

四、派遣侦敌情

在周保中、李兆麟的直接领导下,南、北两个野营经过整顿,部队指战员的思想认识进一步统一,大家积极参加整训,都充满胜利的信心,准备重返东北抗日战场。根据实际斗争的需要,在野营整训期间,决定除把一部分伤残和有病体弱人员留在苏境治疗和休养外,将越境到苏联的抗联指战员组成小部队分批派遣返回东北,从事侦察敌情、了解社会状况、建立活动据点、开展抗日斗争工作。

进行军事侦察工作,弄清敌情,是有效打击敌人、开展抗日武装斗争的重要手段。李兆麟作为第三路军总指挥,对此项工作格外重视。1940年11月,他就建立侦探工作机构,开展侦察敌情问题专门发出过训令。训令中说:"为了彻底战胜日寇,侦探工作成为有决定意义之一环。侦探工作不但能知道敌人的计划,同时还能调查敌人的弱点,对于军政工作意义,诚为重要胜负的关键。不但优良时机、胜利条件不能让过,同时困难条件的克服,基本实力的保存,都有重要关系。同时侦察工作还是巩固我军与群众联系的唯一武器。各支队即刻建立专门侦探机关（侦探部），设侦探长专司其职，选择善良、诚恳、机警、有经验的干部，实际进行工作。开侦探训练班（根据军事常识内载关于侦探工作的材料，配合实际经验），尽一切可能在行动中，来寻找和物色人才及侦探线索。以相当的人力、财力、精力，来建立城市、机关、乡村、兵营、交通线和从事敌人要塞中的侦探工作。各支队任何临时后方，应有侦探分部，以便切实进行工作。临时消息、必须材料（如敌人驻军防所、军事行动、文件地图、兵士和官佐的文件手牒、兵库、飞行场、道路、桥梁、兵营等图），不但总指挥和上级需要迫切，即支队本身亦成为重要需要。"训令中说："敌人的官兵，每次在俘房中，必须精细审问俘房，都应找出有价值的消息和材料。不允许多用严刑拷问俘房，经常在严刑之下是得不到真实的材料，但是不可免的有时也要用刑。严防敌人侦探混入我们的工作部门中，提高反敌人奸细的警惕性。"①李兆麟在所发训令中，要求以上各项，务必认真执行，不得故意玩忽。

　　在野营期间，在特定的历史条件下，派遣返回东北进行军事侦察工作一直是在严格的组织系统下，按计划有效开展的。早在1941年2月，李兆麟致信王新林："绥化部队，我暂准备以乔书贵担负队长，靳国风、夏凤林、刘锦章、葛万财（葛是跳伞员，乔也是）为队员，张文涛为电报生，请你研究决定。"②此信说明李兆麟对派遣小部队从事侦察工作接触还是比较早的。

　　当时，开展侦察等各项工作是与苏方不断协商后而进行的。因受苏方要求限制，一次派遣返回东北人数不能过多。苏方考虑一方面要支持东北抗联的抗日斗争，另方面也要考虑由于苏日签有中立条约，不能因支持中国人抗日而造成给日寇攻击、抗议苏联违反条约规定的口实，引起外交上的纷争。所以被派遣返回东北的小部队人数是有严格限制的。每支小部队的人数，多者二三十人，少者三五人不等。活动时间，短的有十几天，长的有二三个月，最长的有达一年以上者。各派遣小部队所担负的主要任务是：（1）侦察日伪当局统治情况，以军事设施为主，特别是边境地区要塞工事。包括敌人兵力配备、部队调动、机场、要塞设施、交通通讯等方面情况；（2）建立临时据点，经营在必要时期游击部队临时活动场所；（3）潜伏于地方，开展群众工作，秘密联系群众，恢复原有的党组织和各地反日会组织，发展新队员，对群众进行口头的、文字的抗日救国宣传；（4）寻找、收拢与抗联各总指挥部断绝联系以及失散的抗联部队；（5）伺机破坏敌人军事设施和交通、通讯，袭击敌人。

　　各小部队的成员都是从野营中经过挑选的忠诚、勇敢、能够独立完成任务的抗联战士。小部队的队长一般都由曾在抗联部队担任过连长、营长的、经过斗争考验、意志坚定的同志担任。小部队内还建有党组织，设有党小组。小组长负责政治领导。各小部队各自行动，避免互相联系。各小部队由周保中、李兆麟等直接领导。小部队的武器和军需品的配备是周保中与王新林商谈由苏军帮助装备的：每人配备有手枪、马枪或自动步枪各1支，手榴弹数枚及充足的弹药；日军、伪军等军装；每队配有无线电、望远镜、指南针、地图以及帐篷、炊具等，从

---

　　① 《抗联第三路军总指挥部第十九号训令》（1940年11月1日），载中央档案馆等编《东北地区革命历史文件汇集》甲59，第39页。

　　② 《张寿篯给王新林的信》（1941年2月22日），载中央档案馆等编《东北地区革命历史文件汇集》甲61，第80页。

事军事侦察必需用品、生活用品,所带全部物品必须擦掉、磨掉或砸掉上面的俄文字样,以免一旦被日军缴获引起外交上的麻烦。

派遣小部队回东北侦察敌情,一直是抗联部队整训期间的一项主要活动。抗联领导人周保中、李兆麟始终把此项工作摆在重要位置,予以特别重视,经常派出小部队(几人、十几人不等)秘密回到东北,深入中苏边境地带,乃至接近腹地,开展侦察活动。根据目的和要求的不同,派遣小部队回东北做侦察工作,有的要完成多项综合性任务,如侦察敌情、开展群众工作、寻找失散部队等;有的则只完成单一专项特定任务,如侦察某一敌人据点,了解某一情况、形势、动态。建立游击活动据点,监视所在活动地区的铁路、汽车路运输情况,依照特别指示考察建立飞机着陆场等。侦察日伪军驻军活动情况,了解地形地物、铁路桥梁分布、守卫情况,与群众接触,做反日宣传教育工作。

1942年初,南、北两野营的派遣工作安排计划中,南野营拟定派出5个小分队回东北,到南方面及东南开展活动。具体是:第一小队部队长及干部人员金日成、朴德山,工作员12人。活动区域,敦化、延吉地区;第二小队部队长及干部人员安吉、崔贤,工作员12人。活动区域,珲春西北、延吉、汪清北方;第三小队部队长郭池山,工作员6人。活动区域,桦甸、安图交界地区;第四小队部队长柴世荣,工作员10人。活动区域,宁安东南方、绥芬大甸子西北;第五小队部队长及干部人员季青、陶净非,工作员10人。活动区域,宁安西北及五常、汪清、额穆地区。周保中对这5支小部队无线电通讯联络都做出了明确的规定。

北野营拟定派出6个小分队回东北,到北方面及东北方面开展活动。具体是:第一小队队长金光侠,工作员7人。活动区域,林口、勃利;第二小队队长李景荫,工作员6人。活动区域,穆棱;第三小队队长高万有,工作员6人。活动区域,密山、宝清;第四小队队长王文发,工作员6人。活动区域,富锦,同江;第五小队队长郝永贵,工作员6人。活动区域,北黑铁路东侧孙吴、北安;第六小队队长夏振华,工作员8人。活动区域,德都、北安、克东、克山、讷河等地。同时,对上述6支小部队无线电通讯联络都做出了明确的规定。①

计划要求南方面派遣部队3月15日以前派遣完毕,北方面派遣部队3月31日以前派遣完毕。

这一计划在具体执行派遣过程中,也有所变动,如南野营原计划派遣5支小部队,后来实际派出大、小12支。北野营所派6支小部队不变,但人数略有减少。除上述南、北两野营计划内的派遣外,还有特殊派遣,这在2月份就已经开始进行。

1942年1月29日,周保中与李兆麟与苏方工作人员金城、李海共同讨论派遣小队准备工作等问题后,在北野营召集全体人员会议,由周保中报告最近中国抗战形势,提出东北游击运动的历史任务和目前工作及对派遣部队的要求。2月8日,周保中与李兆麟部署完派遣工作后,乘汽车从北野营返回伯力。此后,他们常住在伯力城,根据工作需要再前往野营进行巡视,检查指导工作。这时,南、北两野营也开始按拟订的计划开展派遣工作。

---

① 《东北抗日联军游击部队分遣计划表》(1942年1月22日),载《周保中抗日救国文集》(下),吉林大学出版社,1996年10月版,第472页。

1942年2月中旬,考虑到在北满地区活动的省委书记金策同志身体状况不好,也为保护干部、研究工作方便起见,苏方人员金城来到周保中住处,共同决定派遣于天放率小部队前往北满地区寻找并更换金策,请其来伯力。2月19日晚,于天放率6人小部队回东北北满地区寻找金策同志。3月19日,于天放率小部队在铁力找到了金策,向他传达野营领导指示,但金策认为由于他担负的北满地区抗日救国工作任务的需要,暂时还不能离开东北,因此未能按要求去伯力。之后,于天放率小部队一直在北满地区海伦、绥棱、绥化一带坚持活动,建立秘密据点,组织抗日救国会。

4月初,乔书贵、李忠义所率6人小部队被周保中、李兆麟派遣到达巴彦、绥化、庆城地区,并与在这里坚持斗争的许亨植、张瑞麟小部队取得了联系,开始侦察日军从哈尔滨至绥化之间铁路的兵员和物资运送情况。8月,乔书贵小队除寻找朴吉松小部队外,继续执行侦察任务,吸收忠实勇敢的五六名新队员。

李兆麟对在艰难环境中坚持东北斗争的金策、许亨植十分关心,对其领导的小部队工作也曾提出建议。继1942年6月25日给他们写出的关于政治形势分析和强调"着手给我们同志纠正忽视和轻视侦察工作的倾向"的注重开展调查研究的信件之后,于7月5日,李兆麟再次就部队活动问题致信金策、许亨植。信中指出:"我们面向这种环境应当了解而不是焦急暴躁,也不是消极等待,而是有多少力量做多少事,实事求是,去埋头苦干。所以我们就应当在夏季和秋季,利用一切可能条件,将一切危险关系联系起来,不但给以当时工作的布置,还要给以非常时期的工作指示。"信中具体布置各种工作:"天放同志及克正等可以利用青纱帐的便利条件,将海伦以北所有群众关系整理好,并有新的线索。亨植、吉松将南部工作弄好,在落雪以前就要结束与地方组织的联络关系,布置五个月或七个月工作计划,冬季就不必发生关系,避免破坏。"信中特别强调建立根据地工作:"关于根据地问题,必须有深谋远虑的准备,根据今年敌人在绥、铁、庆的疯狂出扰,你们今年冬季以前要早做准备,应当在敌人注意的目标以外,去建立自己的根据地。亨植同志可在通河、凤山、木兰找自己的根据地。派一定数目的人,利用森林(利用大深山里)、河套、苇塘(接近居民区域)等不同的地理条件,储备粮食。金策同志不要在绥棱、海伦长期立足,应向北移动,少数人深居不出,粮食用品早日准备。"对于侦察工作,强调"去艰苦执行并特别注意到武装侦察,总不如利用群众去侦察"。关于目前时期游击运动的行动原则,他在信中着重指出:"由于环境等种种关系与过去要有改变,主要的要避开敌人的凶恶的视线,避免战斗,多多了解敌人的情况,多多准备自己的潜力量。慎重保存现有力量,准备迎接大的战斗。"[①]在这里,李兆麟特别强调为实现完成将来伟大任务,必须爱护现有仅存的力量,要把保全实力放在极其重要的位置。金策、许亨植接到信后,基本根据上述信件的建议、原则,布置安排各项工作,加强政治教育、军事训练、纪律教育,做好解决给养、服装的工作,不断巩固队伍,领导在北满地区活动的小部队继续坚持斗争。

从1942年初开始,许亨植经常冒险绕过敌人的层层封锁,穿越兴安密林,来往于各小部

---

① 《张寿篯给金策、许亨植的信》(1942年7月5日),载中央档案馆等编《东北地区革命历史文件汇集》甲64,第144页。

队间指导工作。1942年初夏,许亨植向在苏联的抗联第三路军总指挥李兆麟报告:朴吉松和张瑞麟等小部队在庆安、铁力和巴彦、木兰、东兴一带深入群众,发展抗日救国会组织,会员发展到200余人,为小部队活动准备了较多的粮食、物资并利用森林、河套、山中建立了密营等情况,受到李兆麟的赞扬。

1942年8月初,第三路军总参谋长许亨植带警卫员前往东兴到张瑞麟、钼景芳小部队指导工作,详细了解了小部队在头道河子、二道河子等山边地区发动群众,秘密建立抗日组织,发展百名余救国会员等情况。之后返回总指挥部,途中,在庆城县青峰岭山下宿营。8月3日清晨,伪警察搜山队发现炊烟,布下包围圈。待许亨植和警卫人员发觉后已无法冲出,虽经激烈反击,终因众寡悬殊,许亨植和警卫员壮烈牺牲。许亨植的牺牲是抗联第三路军的重大损失。

为避免无谓牺牲和加强即将成立的教导旅的领导,周保中和李兆麟经研究后决定金策在接到命令后应立刻回到教导旅。8月1日,李兆麟给金策、许亨植写信,信中强调说,"要求你们特别注意,估计到当前的整个形势的急剧变化的可能,你们要慎重准备支持现在活动的局面,筹办冬季的各种必须条件。但同时要切记,凡属得到我们的命令,调你们到我处来,就马上执行,不允许丝毫犹豫。"①此信发出后不久,李兆麟获悉许亨植同志已在庆城牺牲的噩耗,为失去一位好战友深感悲痛。

8月7日、27日,李兆麟又连续致信金策,要求金策处全体同志在黑龙江封冻时返回野营,并要求及早做好粮食、必需品的准备,行军中注意安全避免损失。

8月13日,周保中、李兆麟联名致信乔书贵:"一、我处已得知许亨植同志在庆城区牺牲的消息。你们的分队目前应紧张注意行动,一面执行侦察工作,一面寻找朴吉松部队的连络。要他们全体人员和金策同志方面的全体人员目前即须来我处集合。二、你们的分队现在应继续在绥化区域努力进行有效力的侦察工作,并且要建立确实可靠的地方关系。三、你们如果得到了冬季活动困难的时候,可以迅速归还我处。但须征收忠实有用的新队员五六名带来,这些新队员应该保留关系和居住证明条件。"②同日,李兆麟又专门写信给金策、于天放、朴吉松,要求:"你们把南北各活动区部队集合一起,由金策同志直接领导,迅速全体归还我处来。"10月28日,李兆麟再次致电金策,要求分派忠实可靠人员到北安、绥化、庆城、铁力一带执行联系群众、侦察敌情的工作任务。同时要求"除了分遣工作同志以外,你率领于天放、朴吉松等一切人员迅速直接归回我处"③,即回教导旅。

---

① 《张寿篯给金策、许亨植的信》(1942年8月1日),载中央档案馆等编《东北地区革命历史文件汇集》甲64,第189页。

② 《周保中、张寿篯给乔书贵的信》(1942年8月13日),载中央档案馆等编《东北地区革命历史文件汇集》甲64,第193页。

③ 《张寿篯致金策电》(1942年10月28日),载中央档案馆等编《东北地区革命历史文件汇集》甲64,第229页。

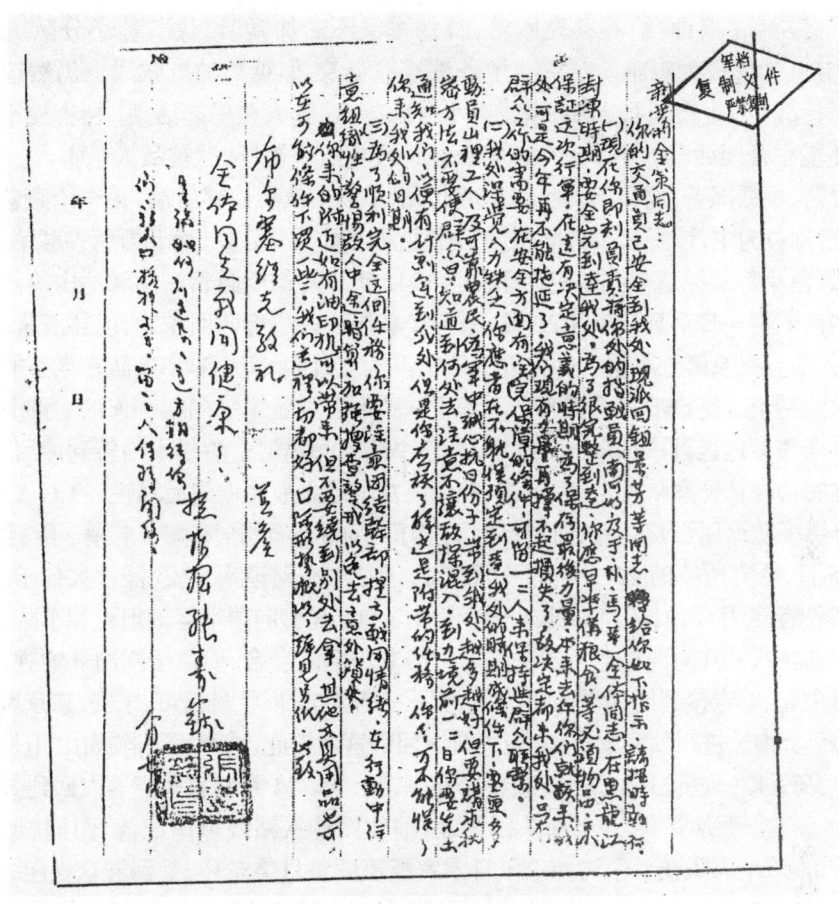

李兆麟致金策信

1942年10月末,金策在庆城县南山里主持召开龙南地区小部队干部会议。参加这次会议的有朴吉松、张瑞麟、于天放等人。"龙南会议"决定把第三路军在北满的小部队50人编成3个小分队。于天放小分队在海伦、绥棱一带活动;朴吉松小分队在铁力、庆城两县山边一带活动;张瑞麟、钽景芳小分队在东兴、木兰蒙古山一带活动。抗联小分队不畏艰险始终在开展抗日斗争。他们连续袭击绥佳铁路站房、满警、路警、"开拓团"等。据日伪当局统计,1942年北满地区抗联(日伪称"匪帮")"扰乱治安"次数为:袭击65次;交战15次;谍报(思想)工作21次,共计101次。日伪当局认为"就此数字而言,可以认为本地区依然为全满治安状况最坏地区"①。对整治"绝不容偷安"②。

---

① 吉林省档案馆编译:《东北抗日运动概况》(伪满档案史料选编),吉林文史出版社,1986年版,第357页。

② 吉林省档案馆编译:《东北抗日运动概况》(伪满档案史料选编),吉林文史出版社,1986年版,第355页。

由于严冬降临,粮食、给养补充困难,日伪军又不断加紧"讨伐",各小分队之间缺乏联系,致使小分队处境极为艰难。尽管斗争条件日趋艰苦,但英勇的抗联战士仍然按总指挥部的指示在坚持战斗。金策与张瑞麟、钮景芳小分队等八、九人在一起活动。朴吉松小队也在异常艰难的环境中开展活动。不幸,1943年9月朴吉松负伤被俘,后被敌人杀害。

在南野营,根据部署,也在不同时间,分别派出小部队从事侦察活动。由于南野营驻抗联第一、二路军指挥员为主,该野营小部队派遣工作主要由周保中负责。而北野营多驻第二、三路军指战员,该野营小部队派遣李兆麟过问多些。1942年3月初南野营派出郭池山等6人小队回东北,到延吉、图们一带活动。3月20日,派陶净非等5人小部队回东北,前往五常、老爷岭一带活动,任务是寻找原第五军第二师失散的队伍。六七月间,陶净非小部队在老爷岭西找到了第五军第二师赫子臣连长带领的五六个人和第一路军警卫旅第一团第一连的一部分人。他们曾在五常县老爷岭地区开展活动。8月,陶净非率队由海林河上游杨木沟转到冲河沟里,遭到冲河和五常的伪森林警察队袭击,陶净非、赫子臣在与敌人战斗中先后牺牲。9月5日,该小部队成员刘忠臣率队返回野营驻地,向周保中汇报了小部队活动情形和陶净非、赫子臣牺牲的经过。

3月25日,季青所率的12人小部队回东北,前往中东路道南宁安、汪清大甸子一带活动。侦察该地区敌情。5月中旬,还侦知日本侵略者由图们江秘密向国境运输坦克和军队等情况。季青小部队计划在八九月间西进老爷岭一带与陶净非小部队会合,但由于陶净非牺牲,计划未能实现。10月中旬,季青接到周保中通知,叫他留下三名队员,以牡丹江市、宁安、东京城及图佳铁路线为中心目标继续进行侦察工作,其他人员返回野营。据此,季青留下陈德山(组长)、张锡昌(电台站长)、马秀珍(队员)3人小队继续在宁安一带活动。11月9日季青等人回到野营驻地。

4月27日,崔贤所率10人小部队回东北,前往图佳铁路线以南汪清、图们、延吉一带活动。10月下旬,该小部队在罗子沟捕杀了日本宣抚班的头目吴东环,受到群众欢迎。11月上旬该小部队返回野营驻地。5月13日,朴德山所率11人小部队回东北,通过图佳路、吉会路,到达延吉天宝山一带活动。7月3日,朴德山带领姜渭龙等4人到中朝国境附近的开山屯一带寻找旧关系及侦察敌情。之后,朴德山向周保中和王新林电告了在延吉县老头沟、铜佛寺一带侦知的敌人驻军和军粮、军需物资的储备情况。朴德山小部队还进入朝鲜境内侦察了会宁日本驻军以及飞机场、飞机架数、起降次数和飞行规律等情况。10月28日,该小部队返回野营驻地。5月29日,安吉所率12人小部队回东北,到汪清、珲春一带活动。该小部队在汪清县绥芬大甸子在当地农民的帮助下侦察敌情,了解到日伪在大甸子火烧铺增修汽车道和大甸子大规模修理飞机场并在杜荒子开始建筑大兵营等军事情报和社会民情,并拍电报及时报告所侦知的情况。该小部队于11月5日返回野营驻地。12月17日,安吉给周保中和李兆麟写出专题报告,汇报了五个月来在东北活动的具体情况。7月17日,柴世荣所率8人小部队,被派遣回东北,到图们、汪清、珲春及桦甸、敦化一带活动。柴世荣小部队建立了一些地方关系,调查了敌人对群众的统治手段以及敌人军事设施情况。该小部队于11月返回野营驻地。

除按原计划派遣外,1942年南野营还于2月16日派出李致浩的4人小队回东北,去汪清一带活动。3月15日派出玄哲的5人小队去延吉一带活动。11月份派出金润浩的5人小队到牡丹江市东南、宁安以东地区活动。这些小部队都是执行军事侦察任务的。

在北野营,根据部署,金光侠小部队和高万有小部队于同年4月合并,被派往到林口、勃利、密山、宝清地区活动,任务是监视牡丹江、林口之间,密山到虎头之间的铁路沿线敌人军事部署及运输情况。该小部队按总指挥部要求,工作取得较大成绩,完成了既定的侦察任务。4月间,还派出孔绍礼所率5人小部队到铁力、庆城、绥化一带活动。7月,边凤翔所率6人小部队被派往在北黑铁路线两侧地区活动。8月30日,原抗联第三军总指挥部秘书长张中孚被派遣回东北,在北满地方以对坚持斗争的北满小部队进行指导,同时从事对城市侦察和情报工作。1943年张中孚在从事小部队活动中不幸牺牲。年底,北野营派出陈雷所率7人小部队回东北,在孙吴、辰清一带北黑铁路两侧开展侦察活动。将火车车辆的来往次数、车种、通过时间以及有无敌人运送等情况及时电告总指挥部。一个多月后,该小队返回北野营。

安排派遣回东北小部队工作并不是简单发布军事命令,是需要军事命令与细致的政治思想工作相结合。要向被派遣人员交任务、交方法,做好思想动员工作,做好各种准备工作,要树立克服困难、不畏艰难险阻、坚决完成任务的信心。

据周保中日记记载,许多被派遣回东北的小部队成员,特别是北野营同志临行前,李兆麟都与之谈话,交代任务,叮嘱注意事项。6月16日,"寿篯近日必须与边凤翔、李景荫、栾继舟等谈话。"①6月17日,到边凤翔处谈话,指示其忠实执行职责。6月19日,去李景荫处,与之谈话。李景荫于7月初与周其书、田玉富等五人小部队被决定派遣回东北,此次谈话与派遣工作有关。6月22日,李兆麟与周保中乘汽车从伯力去北野营,与即被派遣的边凤翔等谈话。6月26日,返回伯力。6月30日晚9时,他又赴张中孚处,与之谈话。7月2日,前往陈雷处,与之谈话并接见田玉富等小队派遣人员。7月6日,按周保中来信要求接见交通员李进才并派回。12月初,与陈雷谈话,派遣他率一小队回东北从事侦察工作。

陈雷同志回忆说:"1942年冬天到来了,大雪纷飞,天寒地冻。一天,张寿篯找我谈话。我料定又有新的战斗任务要我去完成,这是在我去伯力学习时就料定的。果然,张寿篯同志告诉我,要我带一支小部队返回东北,再次进行武装侦察工作。我有心不想去,但我说不出口。作为一个共产党员,一个军人,我认为和组织讲价钱是可耻的。不管在什么时候,组织派我去做什么工作,都要绝对服从。于是,我无条件地服从了组织的分配。"②显然,这是经过细致的思想工作后,才愉快地服从组织分配而去做侦察工作的。类似这样的谈话还很多,通过李兆麟细致的思想工作,使被派遣人员都充满必胜信心,带着李兆麟的赠言,高兴地离开营地,肩负起重要使命前往目的地,从事艰苦的侦察工作,直至完成任务。

派遣回东北小部队活动时间较长的有与王效明相联系的郭祥云小部队、刘雁来小部队。1942年5月17日,以郭祥云为队长、朴洛权为副队长的8人小部队出发,被派到吉东地区饶河、虎林与宝清交界地带寻找王效明小部队。6月3日王效明致信周保中,汇报郭祥云等小队

---

① 《周保中简短日记》(1942年6月16日),载中央档案馆等编《东北地区革命历史文件汇集》甲43,第52页。

② 陈雷:《征途岁月》,黑龙江人民出版社,1991年版,第252页。

安抵现地及饶河民众生活和第二支队活动情况。之后，王效明率领12名精壮人员组成小部队，在冬季继续留在原地活动，并分出两个三人组监视佳、勃、富、宝、密一带日寇行动，进行系统的侦察，不断电告总指挥部。该小部队在一年多时间里的艰苦斗争，提供了许多有价值的情报，取得了可喜的工作成绩。根据总指挥部指示，该小队不辞劳苦，继续坚持斗争到1943年春。

早被派遣回东北饶河的刘雁来所率小部队除继续在密营地附近开荒种地外，增加了军事侦察任务，并和被派遣回东北的王效明小部队取得了联系。该小部队在一年多时间里又发展了几名新队员。该小队克服种种困难完成各项任务。1943年4月，王效明带朴洛权、杨清海、郭祥云及其他人员返回野营。

南、北两个野营多次派遣小部队回东北开展军事侦察活动。小部队侦察工作取得重要侦察成果，搜集到许多有价值的军事情报，提供给苏联情报部门，普遍按要求完成艰巨任务。野营派出小部队开展侦察活动，是在十分复杂的情况下进行的。抗联战士在军事侦察活动中，冒着生命危险，利用无线电侦听、火力侦察等手段，依靠群众帮助等方法，了解到日寇沿边界线筑垒区的军事意图，敌人的军事设施，如码头、飞机场、飞机架数、机库数量、交通兵站基本情况、重要情报。许多从事小部队军事侦察工作的同志在执行任务时献出宝贵生命。据不完全统计，从1941年春到1943年夏，抗联野营教导旅派遣小部队回东北开展军事侦察工作，牺牲者在30名以上。

东北抗联指战员军事侦察工作为夺取东北抗日战争的最后胜利和世界反法西斯战争的最后胜利做出了重要贡献。抗联小部队开展的军事侦察工作意义重大。这种派遣工作坚持很长时间。在野营整训期间教导旅派遣的小部队300多人次。其活动区域遍及东北的北部、东部边境地区。这项活动的意义大大超过小部队本身活动的范围：一、侦察了解到敌人军事部署实际情况，为苏联红军进军东北，摧毁日本关东军提供了极有价值的军事情报。二、锻炼了抗联干部、战士，掌握了军事侦察技术，充实、扩展、践行了军事训练的实际内容。三、粉碎了日伪当局关于抗联被消灭的无耻谰言，抗联小部队的活动说明中国共产党领导的抗日联军并没有被敌人消灭，其反抗日本帝国主义侵略的斗争始终没有停止。四、小部队在接触群众过程中，使之深受反日救国教育，提高了群众觉悟，增强了抗日必胜的信心。五、对抗联进入苏联整训，误认为抗联跑到苏联不会回来的说法，以小部队活动的事实给予了有力的驳斥。六、小部队的活动及与苏联远东方面军及有关部门的联系，体现了中苏两国人民是在反法西斯战争中相互协作、相互支援，共同对付日本帝国主义的。

五、成立教导旅

1941年第二次伯力会议后，抗联在苏联进行野营整训。野营整训初期，抗联部队分属于三个省委领导，部队分属三个路军指挥部指挥。这种状况显然是不适应已经到一起进行政治军事整训的抗联部队实际需要。随着东北抗联野营的政治军事整训的开展，在不断取得一些成绩的同时，一个长期要解决而一直未能解决的问题凸显出来。这个问题就是东北党的组织不统一,抗联部队的领导不统一,现存的三个省委、三个路军系统缺乏统一领导。

由于南、北野营中,各路军人员交混一起,即南野营,有第一路军人员,还有第二路军人员;北野营有第二路军人员,还有第三路军人员。南、北两个野营虽建有党的组织,但在军事领导上仍分三个路军系统,这就给管理、指挥带来一些不便。对于这种状况,南、北野营同志都有意见。

1941年5月14日,北野营以东北抗联训练处党临时委员会名义,发出《致北满、吉东、南满省委并转中共中央负责同志意见书》。《意见书》中深刻地指出:"东北的敌人是统一的,敌人以统一的领导及统一的军事、政治进攻来进攻我们;我们则不能够以统一的计划来反击敌人,那样环境之下所受到的损失难道说是可以避免的吗?"《意见书》总结过去几年来的经验教训说,"1937年是我们东北游击运动的发展壮大的时期。但是,可惜因为当时我们党及我们游击队之没有统一领导""使得党和军队完全陷入分裂状态。整个党及军队每天为内部的纷争纠缠不清""1938年整个联军及全东北地方党组织之受到严重挫折,谁也不能否认党和军队的不统一是其主要原因之一"。①《意见书》中在要求迅速与国内抗战队伍八路军及中共中央取得联系、建立关系的同时,还强调说东北党及军队首先统一起来是必要的。希望上级领导机关对这一问题详细研究,并在实际工作上做答复。

1941年11月,李兆麟来到伯力。又深入领会1940年3月19日王新林指示纲领(按,即《对东北抗日联军第二路军总指挥周保中、副总指挥赵尚志和第三路军总指挥张寿篯、北满党省委代表冯仲云的指示纲领》)精神。周保中、李兆麟对抗联指战员渴望实现军队的统一、党的领导机关的统一的迫切心情十分理解。他们在认真考虑采取什么办法、何种形式解决这个问题。周保中、李兆麟等抗联领导人认为为了使抗联部队的训练与国内外反法西斯战争形势的需要相适应,应该制定一个长期的、集中统一的训练计划。因此把两个野营中的抗联战士集中起来,即把南野营的抗联战士全部迁到北野营来,成立一个统一的领导机关,以便加强管理,提高军事政治训练的水平就成为形势所必须。

当时,周保中和李兆麟把这一设想向苏方代表王新林(索尔金)提出,希望这一建议能够得到苏方支持。对此,王新林完全同意,也得到苏联远东方面军司令部的认可。苏联远东方面军司令部制定一个组建东北抗日联军教导团的方案,上报苏军最高统帅部审批。1942年7月16日,苏方代表王新林、远东方面军政治委员Π、李海同志(苏方具体工作人员)来到野营,传达苏方同意将现有A、B两野营扩充整理的方案,统一编为东北抗日联军教导旅的指示。据说这一方案曾送达斯大林的手中,斯大林说,一个团的机构,经费有限,教导团应该扩大为教导旅,授予苏军正式番号,按苏军标准保证供应。据此,王新林与周保中又重新修改了方案,制定出组建东北抗日联军教导旅的方案。

为什么要使用苏军番号?王新林解释说,授予苏军正式番号一是为了保密,不使东北抗日联军教导旅这样的字样出现在苏军上下公文之中,免得被日本人得知,抓住攻击的口实,引起外交上的麻烦;二是为了保证供应,今后这个旅的军需财务、武器供应都将列入苏联远

---

① 《东北抗联训练处党临时委员会关于建立东北党及抗日联军统一领导机关之意见书》(1941年5月14日),载中央档案馆等编《东北地区革命历史文件汇集》甲61,第188页。

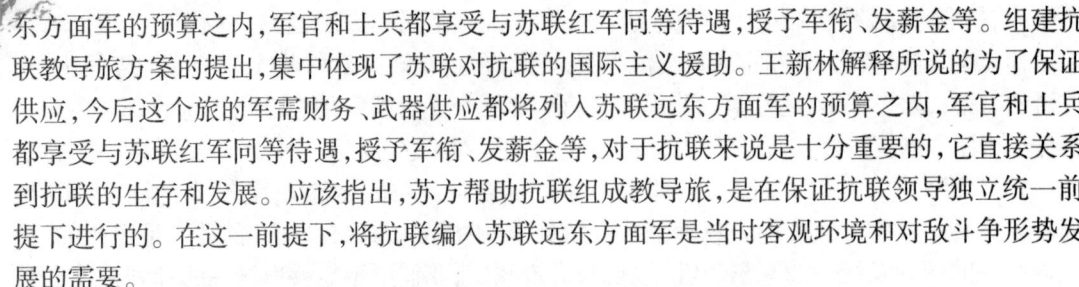

东方面军的预算之内,军官和士兵都享受与苏联红军同等待遇,授予军衔、发薪金等。组建抗联教导旅方案的提出,集中体现了苏联对抗联的国际主义援助。王新林解释所说的为了保证供应,今后这个旅的军需财务、武器供应都将列入苏联远东方面军的预算之内,军官和士兵都享受与苏联红军同等待遇,授予军衔、发薪金等,对于抗联来说是十分重要的,它直接关系到抗联的生存和发展。应该指出,苏方帮助抗联组成教导旅,是在保证抗联领导独立统一前提下进行的。在这一前提下,将抗联编入苏联远东方面军是当时客观环境和对敌斗争形势发展的需要。

对于成立教导旅,周保中提出我们东北抗联只有近 700 人,与一个旅的兵员相距较远。王新林说,我们将会在入伍的新兵中把远东地区的东方少数民族战士补充在教导旅之中,还会将华裔侨民士兵调进来一些,可以使教导旅的兵员达到 1500 人左右。

对成立教导旅,周保中在 7 月 16 日的日记中有较详细的记载。他的日记写道:"瞩目今后形势之发展,××(按,指苏联)方面决定将现有 A、B 两野营扩充整理,编为东北抗日联军教导旅,旅司令部以下分编四个教导营、二个直属教导连(迫击炮、交通)。现在东北各地活动中之部队亦编入教导旅,人员数目,先规定一千名为标准。

目的:组成全东北的抗日救国革命军事、政治干部。

任务:在东北转入直接战争的新环境时,发动东北之积极游击运动。

中共党组织与政治路线不变更。今后不但不限制独立活动性而且加强独立活动性。

旅长以下干部人员悉由东北抗日联军现有干部人员担任之。

以第一路军人员为基干,编成教导第一营。营长金日成、政治委员安吉。

以第二路军第二支队人员为基干,编成教导第二营。营长王效明、政治委员姜信泰。

以第三路军人员为基干,编成教导第三营。营长许亨植、政治委员金策。

以第二路军第五支队人员为基干,编成教导第四营。营长柴世荣、政治委员季青。

旅长由余(按,周保中)担任。余并向王新林建议,得同意以张寿篯同志为旅政治委员,副旅长、旅副政治委员、参谋长、副营长、营副政治委员由苏联同志担任。

全部人员除东北抗日联军现有人员外,此次饶河伪满军反正抗日之全部编入。以召服务红军中的少数民族(蒙古人)一部拨入,远东中国工人一部召集补入。

根据王新林同志之指示:不日将召集金日成由 B 来 X。若柴世荣同志尚未出发,亦同来 X。相当时期 B 野营人员全部移 A 野营集中、整编训练。目前需要急速建筑营舍。旅编成以后,全部军队生活、教育训练,准苏联红军。又,各级干部人员亦应规定称号(官阶)。"①

从上述日记中可以看出,苏方代表王新林等传达的现有在苏境及在东北各地活动的抗联各部队统一编入教导旅其目的、任务是非常明确的,这目的就是在于培养东北抗日救国游击运动的军事政治干部。任务是在东北转入直接的战争的新环境时发展积极有力的游击运动。成立教导旅,中共党组织关系和中共政治路线不变更。今后工作活动不但不限制活动独立性,而且要加强活动独立性。旅长以下主要军事政治干部悉由东北抗日联军现有人员充

---

① 周保中:《东北抗日游击日记》,人民出版社,1991 年 7 月版,第 658、659 页。

任。教导旅编成后,全部军队生活教育训练,准苏联红军,各级干部人员亦应规定官阶。明确这些事项是极为重要的,这对于保证党对教导旅的领导和独立性起到关键性作用。同时也可以看出,周保中对李兆麟是器重的,是他推荐李兆麟任教导旅政委,并说"得同意以张寿籛同志为旅政治委员"。日记中所说"此次饶河伪满军反正抗日之全部编入"是指7月7日饶河县东安镇小佳河驻屯伪军为反抗日伪统治举行反日暴动,杀死日寇指导教官,退至苏联的71人。这些人请求苏联援助,要求抗日救国。7月18日,远东红军有关部门将饶河起义伪军71人送至A野营,依照王新林的决定,该部编入教导旅。该起义部队到来,增加了即将成立的教导旅的力量。7月19日,召集全营举行露天欢迎反正新战士大会。周保中和李兆麟出席会议并讲话,欢迎他们光荣起义,参加抗联。

自7月19日起,野营部队开始为组建教导旅做准备工作,主要是修理营房、建大寝室、设置帐篷等。考虑到教导旅建立后,南野营人员迁入北野营,又吸收许多苏联东方民族战士编入教导旅,随着部队人员增多,营建工作必须加强。为扩建新营房,修筑汽车道路,整备交通,安设电灯电话、无线电收音设备及其他必要设施,以满足需要。在周保中和李兆麟的直接领导下,野营第二期建设工作开始。抗联指战员努力投身建设,很快第一、二号大型营舍建成,之后又陆续建了军医处——医院、军官宿舍、图书室、车库、仓库、菜窖、营门、卫兵室等。

1942年7月20日晚,王新林、苏联远东方面军政治委员П·李海同志来到周保中寓所,将东北抗日联军改编为教导旅一事进一步向周保中和从南野营前来的金日成进行了说明。要求尽快做好成立教导旅各项准备工作。南野营最近期间即将北迁,集中到北野营。在东北活动的抗联人员,继续在东北坚持活动,必要时再集中。

7月22日晚7时,王新林来到周保中寓所。传达远东红军司令部总司令阿巴纳申科大将关于教导旅领导人的任命:正式任周保中为中国特别旅旅长,军称号(军衔)少校。李兆麟为政治委员。金日成、王效明、许亨植、柴世荣,军称号(军衔)大尉。分任各教导营营长。安吉、金策、季青、姜信泰为各教导营政治委员。王新林传达完远东红军司令部的任命后,于当晚8时,陪同周保中、李兆麟、金日成前往远东红军总司令部,与苏联远尓红军总司令阿巴纳申科和参谋长奈采夫相见。

据周保中日记记载:"午后八时,由王新林同志导引,余与寿籛、金日成前往远东红军总司令部,谒见总司令A、参谋长H,谈话约四十分钟。A总司令同志有以下指示:

1.中国旅(东北抗日联军教导旅)之成立在于培养中国东北各省之民族革命军事干部,一旦满洲大变转处于新环境时,中国特别旅应起重大作用,成为远东红军与中国红军之连锁,使中国东北各省人民从日本帝国主义压迫下解放出来。因此,旅的建立必须加速训练,完成任何时期的战斗准备。

2.对于旅的指挥员、政治工作人员的培养,不但须领会战略战术与游击运动的原则与经验,同时必须精通现代各种兵器之技术技能。

3.构成战斗的神经系统的通信联络,必须特别注意。因此,旅应培养数目众多的无线电通讯技术干部。

复次,总司令同志说:旅的全体成员应是将来东北建立大军之基干,希望努力完成此项任务。

最后,总司令同志祝贺新受委任者,导引入大办公厅,在张挂之大地图前询问东北抗日联军在满洲各地域的活动状况,由余与寿篯、金日成依次在地图上指明回答。"①

谈话中阿巴纳申科对建立中国旅(东北抗日联军教导旅)在培养中国东北各省的民族革命战争中的军事干部抱有很大希望。他阐明了教导旅所肩负的任务和成立的意义。他的讲话得到了周保中、李兆麟、金日成的拥护。

7月23日午后1时,周保中、李兆麟、金日成乘汽车去北野营,午后5时抵达。北野营着手进行内务秩序整理,发放新服装。抗联指战员着装一新,面貌大变。

据B·伊万诺夫著《战斗在敌后》一书记载,"1942年7月16日和20日(按,根据周保中日记记载应为7月22日)远东方面军司令部的 И·阿帕纳先科将军同抗日联军领导人——周保中、张寿篯和金日成举行了会谈。在举行的一次会谈中,指挥官们报告了满洲游击运动的情况以及自己今后的计划,他们表示,希望得到远东方面军的帮助,以便使游击队员们做好今后与日本侵略者战斗的准备,解放中国东北。И·阿帕纳先科将军回答说:和日本关东军作战需要做好非常认真,非常仔细的准备,并建议他们加入远东方面军,来做这些准备工作。在得到游击队领导人的同意之后,远东方面军司令部提议在远东方面军内组建一支独立的部队或者联队,这些部队将主要由来自中国和朝鲜的游击队志愿者组成,以便对其培训,使其根据抗日联军司令部的意愿采取行动。远东方面军各军种的相关军官将对他们培训,将为这支新的军队的组成上提供帮助,提供必要的驻扎场所和训练场所。"在这次会谈后不久,"远东方面军司令部决定组建一支独立的国际旅,其主要由中朝游击队的志愿者组成,其中1/3的成员是应召加入红军的苏联人,其中包括中国人、朝鲜人和那乃人等。""他们受远东方面军参谋部副部长 H.索尔金少将的总领导。在得到苏联国防人民委员会的命令之前,国防人民委员部副部长 E.夏坚科(工农红军指挥官管理总局局长)在Noopr·/2166号决议关于把'8461作战部队以第88步兵旅的番号'列入远东方面军战斗编制并直接隶属于远东方面军军事委员会上签署了同意意见。"②这是曾在第88步兵旅做过军事教官的 B.伊万诺夫所著《战斗在敌后》一书关于抗联教导旅成立过程的记载,对于研究这段历史有一定参考价值。

7月24日上午6时半,召开全野营大会,周保中宣布远东方面军总司令部关于组建东北抗联教导旅及各级指挥员、政治工作人员的委任命令。

7月25日,南野营全体抗联指战员搬迁到北野营。同时,教导旅副旅长石林斯基、军需长等苏联军官来到旅部营地开始就职。当日,远东红军总司令部派一中校同志来野营巡视,就教导旅人员组成、武器、战具、军需物品定额、建筑营舍、仓库及工作计划等问题予以议定。

1942年8月1日,抗联教导旅组建工作全部完成。8月5日,远东红军总司令部参谋长奈采夫来教导旅,全体军官及政治工作员集合,通知总司令有要事暂不来巡视。他讲到旅的

---

① 周保中:《东北抗日游击日记》,人民出版社,1991年7月版,第661、662页。
② B.伊万诺夫:《战斗在敌后》,2012年版,第74、77页。

建立任务重大,"从昨天起即属于旅之教育开始,今后注意指挥员之训练养成。"8月18日苏联远东方面军总司令阿巴纳申科在王新林的陪同下来到野营巡视教导旅。全旅指战员表示欢迎。届时举行了分列式。阿巴纳申科对于旅的建立,旅的各项任务要求均予指示,一再勉励。目前野营建设旅的各项需求,面令随同前来巡视的司令部各部处长给予应时援助。

东北抗联教导旅成立以后,苏方授予部队番号为8461作战部队,又称中国特别旅,苏联工农红军独立步兵第八十八旅。教导旅旅长周保中、政委李兆麟(1943年后,苏军实行一长制,各级政委改任政治副职,李兆麟改任抗联教导旅政治副旅长)。副旅长石林斯基、参谋长杨林(沙马尔钦克)、副参谋长崔石泉。旅以下共编四个步兵教导营,两个直属教导连(无线电连、迫击炮连)。每营两个连,每连三个排,正职均由抗联人员担任,副职由苏联人担任。教导第一营,营长金日成、政治委员安吉、副营长马耶切夫、副政治委员瓦列采夫;教导第二营,营长王效明、政治委员姜信泰、副营长阿达莫夫、副政治委员科尔钦;教导第三营,营长许亨植(许牺牲后由王明贵继任)、政治委员金策、参谋长李季南(沙波夫尼克)、副政治委员克拉夫采夫;教导第四营,营长柴世荣(后由姜信泰接任)、政治委员季青、副营长奥斯特罗阔夫、副政治委员阿法纳斯金。

根据抗联教导旅各种工作职责,旅政治委员领导各营正、副政治委员工作。旅、营政治委员后改为政治副旅长、政治副营长。抗联人员任正排以上干部授予军官衔,薪金等待遇亦与苏籍军官相同,副排以下授军士衔,待遇亦与苏籍军士相同。周保中和李兆麟为少校军衔,一年后周保中晋升为中校军衔。抗联教导旅在野营组建时共有官兵471人,之后发展至1000多人。

抗联教导旅的武器,按苏联红军步兵规格装备,每排有轻机枪1挺,每班有冲锋枪两支,其余为步枪。部队所需物资供给、生活必需品、服装等均按苏联红军陆军官兵供给标准供应。

抗联教导旅的成立应该说是抗联历史发展的又一个阶段。抗联历史发展经过游击队阶段、人民革命军阶段、抗日联军阶段和教导旅阶段。各阶段并非人为划分。而是由形势消长变化,部队发展伸缩等情况使然。抗联教导旅是在特殊形势、特殊情况下成立的。它是抗日联军历史阶段的继续,又是新的发展。它有以前各阶段的基因,更有以前各阶段不同的特质。突出的是接受苏联远东方面军总部的直接指导,进行现代化、正规化军政训练,这是在抗联历史前几个阶段所没有的。

抗联教导旅接受苏联远东方面军总部的指导,是在当时的历史条件下,为保存抗联实力,积蓄潜在力量,以待发展所必须。尽管它编入苏军序列,但是在内部还保持着抗联的独立性,保持抗联由中共领导的单独的组织系统,坚持执行抗联的独立的抗日救国战斗任务,派遣小部队返回东北进行游击战争。抗联教导旅的建立,是以坚持中共政治路线,保证中国共产党领导的组织系统,保留东北抗日救国战斗任务、传统,即在政治上、领导上的独立性为前提。抗联教导旅在形式上列入苏军的编制序列,在当时的历史条件下,这样,也只有这样才可以和苏军一样得到军需供应,保有久经艰苦奋斗之后"硕果仅存"的东北党组织和抗日联军,并以利自身的生存、发展。

抗联教导旅建立后,李兆麟作为政委(后为政治副旅长)积极协助旅长周保中做好旅内政治学习、军事训练、文化学习、生活安排等方面工作,使抗联教导旅各项工作得以正常运转,使抗联教导旅成为一所培养军事政治干部的学校,为后来抗联队伍的进一步扩大准备骨干力量。抗联老同志彭施鲁回忆说:"抗日联军在苏联整训期间,我担任过政治指导员、连长和参谋等职务,一直都是在周保中、李兆麟的直接领导下工作。这时,我们游击队的生活和工作方式与苏军的正规化训练制度要有一个适应期,中国同志与苏联同志之间,在抗日联军内部,也有中朝同志之间和不同部队之间的许多人与人之间的关系要处理好,训练工作中的许多思想认识问题都要及时解决。这些通过李兆麟不懈的工作,一个个都处理的非常好,相互间的关系一直是密切的,训练工作的成绩也是显著的。"①

东北抗联教导旅的建立,使东北抗联有了统一的指挥领导机关。教导旅的主要领导周保中、李兆麟、崔石泉曾组成"三人团",负责处理东北党、军工作领导问题,进而使东北抗联最后归于统一。此后,在中共党组织的领导和苏联远东方面军的帮助下,采取各种有效措施努力将教导旅中的抗联人员培训成为未来战争中的政治军事骨干,优秀的指挥员,以便在未来战争中发挥更大的作用。

抗联教导旅建立后,党的组织统一集中领导的问题也就提到议事日程上来了。

早在1937年夏,北满与吉东党组织就探讨研究过党的组织统一问题。这个问题的产生是自1936年初中共驻共产国际代表团决定撤销中共满洲省委之后,在东北地区就失去了一个集中统一的党的领导机关。东北地区建有三个省委领导机关。加之东北党组织与中共中央隔绝了联系,1937年末以后,中共代表团又不再领导东北工作,东北党的组织与上级领导关系处于非正常状态。为加强党的集中统一领导,北满与吉东两地中共党组织提出过应该合并统一为一个省委,领导北满与吉东的抗日斗争。李兆麟曾说:"关于吉东党与北满党合并问题。这个问题是一九三七年夏在九军密营,曾经一度研讨一次的问题。我个人是愿意在斗争中来实现这一任务。"②对于两省委合并这一问题,李兆麟是赞同的。当抗联大部队到苏联进行野营整训之后,党的统一领导问题更加突出,在野营急需确立一个统一的党的领导机关。

为了统一领导在苏联境内进行野营整训的全盘工作,在1941年5月26日,吉东、北满省委干部会议上决定成立了由领导干部参加的"中共X(按,即哈巴罗夫斯克,伯力)临时特别委员会",又称"留X东北党领导干部临时支部",推定周保中为临委书记。此后,党的组织系统,南、北野营党委及"中共X临时特别委员会"与吉东省委、北满省委同时存在。出现了野营各支部党组织、党员既要受野营党委,又要受原省委(吉东或北满省委)双重领导的局面。很显然,这种东北党组织的领导方式和旧有的组织形式,是不适应实际工作需要的了。

---

① 彭施鲁:《回忆李兆麟同志》,载政协灯塔县委员会文史资料委员会编《李兆麟将军史料专辑》,第65页。

② 《张寿篯致周保中的信》(1938年8月2日),载中央档案馆等编《东北地区革命历史文件汇集》甲24,第120页。

但在统一的组织领导问题没有解决之前，还不能不暂时保持原有的吉东省委和北满省委的组织领导系统。北满省委要继续领导原来北满地区及抗联第三路军第三、第六、第九、第十二支队的党组织。吉东省委依照原来的决定，除领导吉东地区及第二路军第二支队、第五军的党组织外，对南满党组织和第一路军第一支队党组织负有直接的领导责任。而对于1941年5月因在野营学习训练需要而成立的领导干部参加的"中共X临时特别委员会"，还必须继续保留下去。这是因为当时东北党组织省委领导干部有多人留在伯力，这个由省委代表、省委委员或省委代表所派有关同志参加的留X临时支部组织工作和组织生活也就必须加强起来。但是这一组织还不是东北党组织的统一领导机关。

1941年12月25、26日，周保中与李兆麟在一起商谈东北党组织集中统一领导、吉东、北满两省委合并的问题，由于在有些问题上，意见还不统一，结果对于东北党组织的集中领导问题，只能"暂时保留不讨论"。在当时两人联名致信王新林信中，对于他们的讨论情况说："我两人经过数日的谈话，关于北满、吉东和南部以及留X的A、B两野营的一般状况，都已相互通知过了，并且谈到了一些关于劳动祖国大战和中国的抗战的政治消息和见解。关于政治见解方面，有些问题，须要继续讨论研究。同时我们谈过了关于北满、吉东以及其他方面的目前今后的实际工作问题。我们谈话的几点总结：

（A）今年七月二十三日以保中、金策为首的留X吉东、北满党的负责同志共同签名，呈递给远东军总司令同志的信，按照这信内所提到的原则意见，以及得到你的赞助允许来进行对东北抗日游击运动的指导，和进行保护劳动祖国有关的工作，这是我们认为正确和满意的。目前必须继续下去，现在我们认为没有变更的必要。（B）关于东北党组织对于中共中央的联系问题和东北党组织的集中领导问题，在目前情形之下，我们认为暂时保留不讨论。（C）巨大事变之不断影响满洲，以及满洲中共党的革命任务更见增加其重要性之现时，而我们党的力量和游击队的力量的保持和发展，仍有许多困难，甚至局部的继续处于严重情形之下。尤其是群众工作运动还不能顺利回复和开展，这是极繁难的问题。我们希望在你的指导原则推动之下，采取各种可能办法，能够有新的好转向。（D）关于留X中共党干部的组织关系、游击队工作关系，以及A、B两野营中共党组织关系的领导及政治文化教育训练，我们同意保持今年五月二十八日留X东北党干部会谈所议决的，以及由你从来统一规定的原则办法为基础。现在我们认为不必变更，但若因工作上有变更的必要时，在你的指示商讨下解决之。①

以上是周保中、李兆麟谈话要点，对于有关党的组织问题，李兆麟总是认为此类问题应等到尚在东北地区的北满省委书记金策来伯力之后再讨论为适宜。然而，金策同志在东北从事领导抗日斗争实际工作，暂时还不可能前来教导旅。时不我待，解决东北党组织统一领导问题已经是一个很急迫的问题。1942年2月2日至2月7日，周保中与李兆麟在一起又讨论东北党组织问题，经多次探讨，对于东北党组织的集中统一问题，意见趋向一致。李兆麟赞同吉东、北满两省委合并，集中统一领导，但无具体意见。因金策同志不在，无法商讨，李兆麟也不能越

---

① 《周保中、张寿篯致王新林的信》（1941年12月25日），载中央档案馆等编《东北地区革命历史文件汇集》甲62，第129页。

俎代庖,擅做主张。他同意"三人团"之组织,又说须写信询问王新林同志的意见。2月15日,周保中与李兆麟又在一起讨论东北党组织集中领导问题及路军工作、现地党的工作及干部问题。因金策未能来伯力,仍在北满地区领导抗日部队活动,东北党组织集中领导问题又搁置起来。但这时按照东北斗争环境与旧有的三个省委组织的党组织形式是既不符合于斗争环境的要求,也不符合工作的实际情况,合并各省委,组织全满党组织领导集中机关已经成为势在必行的迫切的实际需要。实在不能因金策同志在东北未来伯力,而使此问题的解决长期耽搁。

关于东北党组织集中统一领导问题,几经曲折,终于达成一致意见。据此,1942年4月20日,周保中和李兆麟联名提出《党组织彻底改组与集中领导的报告》。报告一开始就讲:问题的发生还在1940年、1941年,那时问题并未得到适当解决,直到现在,东北革命斗争环境更加迫切要求东北中共党组织必须有领导适于群众斗争的新的组织形态。报告分析了东北各省委组织的历史过程和最近组织状况,阐述目前东北党组织的任务。报告中说:目前东北党组织的任务,就全部东北党组织现状来说,党组织脱离了广大群众,组织本身缩小,党员数量不多。组织性薄弱,对党员及时的斗争教育不够;党的领导思想不集中、不巩固,与中共党中央联系长期隔绝。这些情形形成东北党组织的严重危机,然而我们决不能否认东北党有这样的事实:A.现在所有的党员在东北所处的环境虽然还不同于中国大革命时代,但数量上超过当时,质量方面是以工农成分为骨干,在工人阶级中共布尔塞维克旗帜下,久经民族解放斗争考验和具备相当斗争能力。B.党的领导干部对于工人阶级革命理论水平具备有最低限度的认识程度和斗争锻炼,对于列宁斯大林事业是忠实的。C.中共东北党组织为人民的解放事业的先导作用和艰苦斗争。在广大群众中留有深刻的印象,群众是信仰和希望着党去领导他们。在最近的实际工作中也可以证明这点。D.中共东北党不仅在东北人民解放事业上有血肉相关的意义,就拿以往的斗争历史和作用来说,对全中国民族革命事业亦保有其相当重要影响。例如:直到去年九一八十周年纪念在重庆、在延安,东北抗日联军的斗争的问题还占着相当重要的地位。中国人民各政派都明白东北抗日联军就是共产党的政治领导和牺牲血肉所造成的。总的来说:东北党组织在长期斗争过程中,自身有不少的严重缺点和一些错误,但他的组织缩小,脱离广大群众,陷于极困难,甚至生存都成问题,这是由于斗争的对象是疯狂强大的日本强盗帝国主义,在斗争形势的基本关系上已有必然因素,使东北党组织走入今日的状态。若无C方(苏方)的援助,则其情形更见险恶。

上述报告着重指出东北党组织虽然存在着组织本身缩小,党员数量不多,组织斗争薄弱和长期与中共中央联系隔绝的缺陷,但是现有党员数量上超过大革命时期,质量上基本成分是以工农成分为根干,在工人阶级中共布尔什维克旗帜下,久经民族解放斗争锻炼,政治上是可靠的,党员和党组织是有相当的革命经验和强固的斗争能力,党的领导干部具备一定理论水平,东北党组织必须继续成为东北人民解放斗争指导的组织。报告充分说明了解决东北党组织的统一和集中领导问题的必要性、必然性,此报告提出解决此问题的三项具体主张:

第一项主张,改组党和集中领导。要实现使东北"硕果仅存"的党组织进一步在思想上、政治上、组织上成为完全巩固的布尔什维克党组织,使意志统一、行动统一,那么必须改组现有的领导及恢复中共中央的直接关系。关于改组方面：第一个办法是：暂时保存吉东省委和北满省委组织；而在两个省委组织关系上产生领导统一集中的东北党委工作三人团。第二个办法是：在吉东、北满两省委及南满党基础上建立新的中共东北党组织临时委员会，同时，废止现在的吉东、北满两省委。第一个办法是不完全适合于现实的要求的，不彻底的。他的缺点，不但是含有临时结合性，并且实际进行上依然使党在组织思想、在政治领导上不能得到真正的集中统一，只是一时期工作救济性而已。因此，我们认为第二种办法比较切实、适当，我们应该主张第二种办法。现存的吉东省委和北满省委，必须改组为统一集中的党的领导机关——中共东北党组织临时委员会。保证中共政治路线之进行，全满党组织工作计划进行，宣传策略大纲，政治的组织问题的解答及解决，干部工作人员的调遣分配等，统由新党委依照党组织民主集中的原则及必要性全权处理。

第二项主张，要恢复同党中央对东北的联系。如果完成党委领导之同时，必须尽一切可能恢复中共党中央对东北联系，如果不能够顺利地完成改组，那么更需要恢复东北党对中共中央的联系，而求全部问题得到解决。恢复中共中央联系，完全依靠于C同志（按，指苏方同志），并且不与三月提纲的基本原则发生抵触。我们接受C同志的指导和援助，只有巩固保持，不能丝毫动摇。在布尔塞维克以往的任何斗争历史上来看，从来没有像中共东北党领导组织这样的畸形现象，既同自己的党中央长期隔绝，现在又和基本群众实际斗争工作隔绝。这样的现象如果再延长下去，那么东北中共党组织便不成为其为中共党组织有机构成部分。中共党有过下层的"化外党"，但不应该有使东北党组织变为头不顶天、脚不着地的孤悬党，以至不成其为党。因此我们认为，迫切地希望C同志帮助我们恢复党中央的联系，由我们派遣代表到中共中央机关去，或者到共产国际去，不能进行时，那么，最低限度的办法，请同志把我们中央交通员派回给我们，以便我们从东北方面自己设法恢复中共中央的联系。

第三项主张，地方党组织和群众组织与抗联游击队分开。东北党的领导中心应是东北广大的基本群众，抗联游击队只是重要部分之一。五年来不可讳言的，领导单纯的成为"军党"而不是广大群众中的领导党，我们认为这个问题的具体办法，只有党领导的改组和中央联系的恢复，才能够得到最后解决。①

总之，报告强调必须改组现行党组织领导机构，恢复同中共中央的联系，解决目前东北党组织同党中央隔绝，同广大群众脱离的局面，不能使东北党组织变成"头不着天，脚不着地"的孤悬党、化外党。上述报告对解决党组织的改组与集中领导问题的重要性有了更进一步的认识，并提出解决这一问题的重要性和解决的具体途径。周保中、李兆麟将报告提交给王新林后，王对此答称：将从共产国际执委会中共代表团方面寻求解决办法。

1942年8月，吉东及北满党代表、东北党干部临时会议做出了关于党组织问题的决议草案及教导旅党组织简则。提出为加强党性及巩固党的领导起见，由吉东和北满两省委合组"东北党委员会"，统一吉东、北满和南满党组织的领导。旧有吉东、北满和南满省委在未得到

---

① 《党组织彻底改组与集中领导的报告》(1942年4月20日)，载中央档案馆等编《东北地区革命历史文件汇集》甲63，第319、326、329~332页。

党中央直接联系以前,暂时保留其存在。凡吉东、北满、南满各党组织的组织问题,政治问题,东北抗日联军及游击运动问题,党的干部分配、教育训练,党的经费问题等,统由东北党委员会集中讨论和建议其原则方针,负责指导工作,经过吉东省委和北满省委,经过各省区特派员执行。东北党委员会由吉东代表三人、北满代表二人、南满代表二人(暂定一人)组成,由东北党委员会委员中推举常务主席一人。会议决定,东北党委员会追认周保中、李兆麟两同志担负教导旅领导责任。教导旅政治委员李兆麟领导教导旅内中共党组织,应保证教导旅中共党组织严格执行中共中央政治路线。教导旅政治委员接受东北党委员会的领导,忠实执行决议和指示。在教导旅的中共党员,依照部队系统建立中共党组织,成立教导旅党委员会。教导旅党委员会执行委员五人,候补委员二人,由教导旅全体党员大会选举,经东北党委员会批准。教导旅党委员会在旅政治委员直接领导下进行旅内党的领导工作。教导旅党委员会任期为半年,党委员会的按期改选或延长改选起,须经政治委员批准。①

9月5日,苏方代表王新林在伯力同周保中、李兆麟等同志谈话,讨论建立抗联教导旅的党组织问题。周保中日记记载:"午后五时三十分,王新林同志及C政治委员、王翻译同志来寓。为旅的建立中共党东北组织问题。在旅内之党组织应包括野营及现在东北活动之各部,使之成为东北党组织的新基础。"②

1942年9月13日,抗日联军教导旅召开全体中共党员大会,决定成立"独立步兵旅中共东北党组织特别支部局"。会上,周保中做了《关于留C(苏)中共东北党组织总结状况及改组的报告》。报告中说:1940年冬,一方面由于东北游击运动环境的继续危恶不利,另一方面是王新林同志依据三月十九日提纲召集东北抗日联军游击队干部会议吉东和辽吉边区地带的游击部队和北满的部分部队都越境入劳动者祖国远东边疆,王新林同志给我们许多便利,使各游击部队得到保存实力和整顿修养、物资补充和教育。在党组织的关系上,得到可能来进行建立组织。在王新林同志的积极援助和指导下以及东北党组织领导干部的正确领导下,使曾处于东北抗日游击运动遭受失败和革命斗争环境极度困难条件下的共产党员和游击队得以保存党的干部,保存游击队的力量,团结和锻炼成为更有力的和加强布尔塞维克质量的党组织。保证了中共党组织有革命继承性,保证了中共党东北组织在东北人民解放事业上能继续其历史任务。报告中,对党组织为什么改组,怎样改组,旅党组织的组织法等都做了说明。指出随着教导旅的建立,必须重新改组A、B两野营及东北抗日联军游击队的党组织,使之适合于新环境,担负起新任务。

现在需要建立旅党的组织,"独立步兵旅中共东北党组织特别支部局",必须提出以下几点原则问题:

a.中共党组织底基本不改变(按,即特别支部局中共党组织关系和中共政治路线不变更);

b.旅中共党组织包括在营和出发派遣的党员,旅特别支部对原有的中共东北党组织关系不改变;

---

① 《东北党组织问题的决议草案及旅党组织简则》(1942年8月),载中央档案馆等编《东北地区革命历史文件汇集》甲64,第37页。

② 周保中:《东北抗日游击日记》,人民出版社,1991年7月版,第672页。

c.领导这个"旅中共特别党组织"的是旅长(中共党员)和政治委员(中共党员),党支部局的工作领导旅政治委员(按,以后部队实行"一长制",政委改为政治副旅长)直接负责;

d.保持中共党革命斗争条件下的相当的党的秘密;

e.对旅内联共党的关系是兄弟党的关系,保持工作上的紧密联系与合作,如公开大会和党的积极分子会议可以合开和相互作必要的通报。

报告中对于特别支部局的任务做了明确规定:

a.在旅长和政委指示下,在旅内发挥先锋队的作用,在准备时期内完成军事政治技术的教育训练,推动工作,提高党员质量,发展党和巩固思想和党纪军纪;

b.在战斗时期完成旅长和政委交付的战斗任务;

c.防止奸细暗探和保守国家的、军事的、党的秘密;

d.党组织——党支部局和党员,只能执行旅长和政委的原则指示,不能改变,不能无根据的讨论中共政治路线问题和中共组织问题等。

报告中对于特别支部局的组织法也作了明确规定:

a.党组织由旅长和政委领导下的党员大会选举执行委员和候补委员;

b.支部局执委会以下以营和直属部队为单位,建立党小组;

c.党内选举实行民主;

d.支部局党执委选举,出发派遣者有被选举权;

e.支部委员会一年改选一次,党小组亦一年改选一次,必要时得由旅长和政委延长或缩短其改选期。①

大会上,李兆麟做了关于《党组织的改组与集中领导》产生经过的说明。

在这次会议上,正式成立了中共东北党组织特别支部局。会议通过了《抗联独立步兵旅中共党员大会决议草案》,与会全体同志一致拥护对于独立步兵旅的建立和旅内"中共东北党组织特别支部局"的成立及原则规定,并表示坚决执行党组织确定的革命战斗任务。

会议依据特别支部局组织法,选举了特别支部局第一届执行委员和候补委员。执行委员11名:周保中、李兆麟、崔石泉、金日成、金京石、彭施鲁、王明贵、金策、王效明、安吉、季青。候补委员2名:王一知②、沈泰山。(按,其中金策、王效明、安吉、季青等同志在东北执行战斗任务未能参加会议,仍被选为执行委员。之后,卢冬生③被增补为执行委员。)

---

① 《周保中关于留c中共东北党组织总结状况及改组的报告》(1942年9月13日),载中央档案馆等编《东北地区革命历史文件汇集》甲64,第53~55页。

② 王一知(1916—1987),黑龙江依兰人,中共党员。1937年参加抗联第五军。历任部队文化教员、吉东省委秘书处秘书、抗联第二路军总部秘书、吉东省委候补委员、抗联教导旅无线电营政治副营长。抗战胜利后,任吉林省委妇委委员。建国后,任云南省妇联主任、北京市工商局副局长。1987年逝世。

③ 卢冬生(1908—1945),湖南湘潭人,化名宋明。中共党员。1927年参加南昌起义。曾任红二军团第四师师长、八路军一二○师三五八旅旅长。后到苏联伏龙芝军事学院学习。毕业后,到抗联教导旅任组织干事。1945年11月任松江军区副司令员。不久被苏军违纪士兵枪杀牺牲。

9月14日，东北党组织特别支部局委员召开第一次会议，选举特别支部局的书记和副书记，确定各委员工作分工。经选举，特别支部局书记为崔石泉，副书记为金日成。金京石、王明贵、王一知负责组织工作；彭施鲁、沈泰山负责宣传工作；王一知兼管妇女救国会工作；沈泰山兼管抗日救国青年团工作(按，金策、王效明、安吉、季青等同志，因在东北执行战斗任务，旅内职务暂不分工)。

中共东北党组织特别支部局成立后，作为抗联教导旅政治副旅长的李兆麟认真贯彻执行特别支部局的各项决议，努力做好旅内政治工作，以不断加强旅内政治建设，提高指战员的政治军事素质，适应、准备将来反攻东北战争的需要。

9月15日，周保中与李兆麟联名致信王新林，通报9月13日独立步兵旅召开全体党员

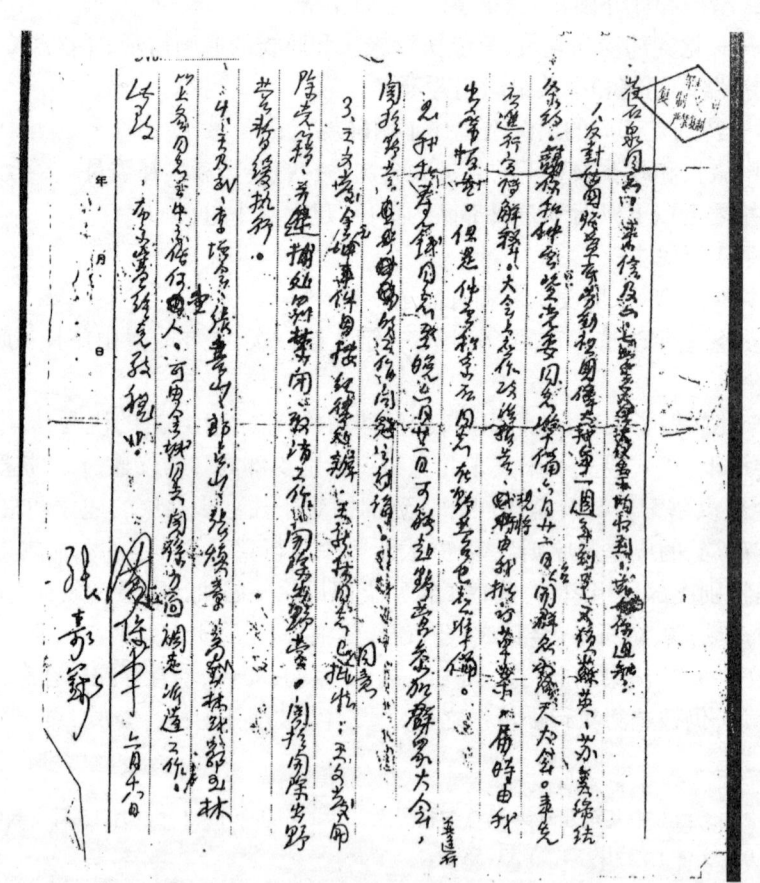

李兆麟与周保中致崔石泉信

大会成立中共东北党组织特别支部局经过。中共东北党组织特别支部局成立，应该说，是与苏方代表王新林的帮助是分不开的。自两次伯力会议之后，苏联对抗联的帮助、支援是大力的，多方面的，其中主要有：一、苏方和失去与中共中央联系的东北党组织和抗日联军建立了工作指导关系；二、苏方为过境入苏的抗日联军提供住宿营地，建立了南北两个野营，为保存抗

联有生力量提供可靠场所;三、苏方为抗联提供了粮食、服装、用具等生活、文化、工作必需品及战斗所需武器装备等军需品;四、苏方为抗联政治军事整训,配备教官,教授政治、军事、技术等知识,帮助进行军训,有力提高部队素质;五、苏方协助东北党军召开一些必要会议,解决政治、组织等方面问题;六、苏方协助抗联成立教导旅,使部队军需供应、正规化训练有了可靠保证;七、苏方协助东北三省党组织建立了统一的党组织领导机构;八、苏方为抗联开展小部队活动提供一些便利条件;九、苏方协助抗联安置一些老弱幼残人员、医治伤员,使之康复归队;十、苏方协助安排抗联部队参加反攻东北战争等。对于苏联对抗联的国际主义援助,周保中、李兆麟等抗联指战员是牢记于心、永存感激的。

新成立的中共东北党组织特别支部局亦称东北党委员会。中共东北党组织特别支部局即中共东北委员会(时称"东北党委员会"),是在东北党组织同党中央隔绝联系的情况下,全东北党组织的临时最高领导机关。但因未经中共中央批准,吉东、北满和南满三省委没有撤销,三省委组织仍然保留其原地方组织的领导资格。特别支部局一方面负责抗联教导旅的党务工作,教育党员发挥先锋模范作用,使支部发挥战斗堡垒作用,在配合旅长和政治副旅长搞好军事训练、政治教育工作,督促、检查训练任务及小部队侦察活动的完成方面起了保证作用。另方面它又因为它的组织原则规定特别支部局的成员同原来东北各地党组织的关系不变。之后,随着大部分部队到野营,编入教导旅,三省委(按,实际是吉东、北满两省委)作用逐渐被特别支部局即中共东北委员会替代。

中共东北党组织特别支部局的成立,使得野营和留在东北各地活动的抗联部队中的中共党员、干部统一组织起来,这有利于加强对抗联部队领导,开展整训、军事侦察和游击活动,迎接大反攻,夺取抗日战争的胜利。中共东北党组织特别支部局即中共东北委员会的成立在实际上最终统一了东北党组织的领导。

六、迎接大反攻

经过多年的整训,广大抗联指战员企盼斗争新形势尽快到来。1942年上半年,世界反法西斯斗争形势已经出现新的转机,国内的抗日斗争也有新的进展。广大抗联指战员盼望抗日战争能够尽快呈现出反攻形势。

为适应斗争形势的需要,抗联指战员本着对正规军的要求,结合东北抗日游击战争的实际,进行刻苦训练和特种技能学习,以迎接大反攻的到来。

1942年6月,抗联主要领导人周保中制定出《东北抗日联军游击部队在非常时期计划表》。该计划表将东北划分为哈尔滨以东地区、绥宁南区、绥宁北区、敦延地区、兴东地区、松江右地区、下江地区、岭西区、黑龙江腹部地区、江省北部地区、滨北铁路线东西地区、滨北铁路线南区、嫩江上游区、通汤区、辽吉边区、东边道区、吉南区等若干游击地区,每区都安排有游击部队领导机关或领导者、游击部队人员名单、游击部队所需武器装备、任务及实施着眼点、根据地、隶属关系及通信联络等。其中基本任务是袭击破坏敌人据点、铁路运输、飞机场、仓库、通讯设备、侦察活动区域敌情、指导民众运动、组织矿工暴动、开展抗日武装斗争等。根据这个计划表，抗联部队可随着形势的变化，在非常时期到来时，就能及时、主动开展游击活动，进行反攻。很显然，这个计划表是为迎接抗联反攻东北做准备的。

李兆麟在抗联教导旅主要负责思想政治工作，是政治工作的负责人。但他也十分重视教导旅的军事训练工作。他深知政治工作的目的是保证军事工作的正确开展、战斗任务的胜利完成。在周保中和李兆麟的领导下，抗联教导旅按苏军远东司令部颁布的《步兵训练大纲》进行了系统的现代化、正规化军事训练。

自1942年8月抗联教导旅成立以后，抗联将士的军事训练工作则是更有计划、有系统地按照正规军的要求进行的。训练的内容都是从实战出发，结合战时需要，加强特殊技术和技能的学习。除一般军事训练外，还讲授进攻、防御、狙击战、军事供给、卫生、工兵、防化战等课程。在特殊技术和技能训练方面，主要是空降训练。值得注意的是，抗联教导旅的军事训练是中共领导的革命部队一次具有重要意义的现代化军事训练，其中防化战、空降训练是过去从来没有的。

空降是现代化战争在战略进攻中不可或缺的主要手段。通过空降可以快速将先头兵员、后续兵员运送到目的地，占领战略要地。在1942年9月21日至10月11日，抗联教导旅利用20天时间进行了伞降训练。这次伞降训练，参加者共354人。李兆麟和大家一道积极参加训练。第一营67名降伞员中，获优等者35人。第二营60名降伞员中，获优等者23人。第三营61名降伞员中，获优等者13人。第四营47名降伞员中，获优等者25人。交通连62名降伞员中，获优等者57人，其中女队员11人。迫击炮连40名降伞员中，获优等者38人。救护排7名降伞员中，获优等者6人。经理排6名降伞员中，获优等者6人，旅部降伞员4名（按，旅部及各营部军政指挥员除外，只计算排长、班长及以下战斗员）。①在这次训练中，参加训练的抗联指战员取得了优异的成绩。据统计，有203人成绩优秀，受到奖励。其中参加训练的20名女战士，获奖者为11名，占女战士一半以上。可以说教导旅的空降兵是中共领导的革命部队中首支有女战士参加的空降兵。这些勇敢顽强女战士，是中国航空降落伞术的历史上第一代女兵。她们是：政治指导员王一知，排长金成玉，班长王玉环、李素贞，队员李明顺（李敏）、金玉顺、金伯文、庄凤、柳明玉、郑万金、邢德范、赵素珍、胡秀珍、金玉坤、徐云卿、李桂香、金顺姬、张景淑、朴景玉、李英淑。②这20名女战士应该名列中国空降兵光荣史册之中。特别是李兆麟夫人金伯文，是身怀六甲之人，仍坚持伞降训练，实属不易，令人敬佩。

抗联教导旅期间，抗联指战员在周保中、李兆麟的直接领导下，积极主动参加正规化军事训练，虚心向苏联教官学习，经过全面学习训练，普遍掌握了应该掌握的现代军事技术，大大提高了军事技能。

为准备反攻，抗联教导旅的小部队的派遣工作也加大了力度。1942年10月以后，抗联小部队的派遣工作，随着形势的发展也发生很大变化。派遣工作，以专事军事侦察为主。在派遣方式、

---

① 《抗联特别旅中共党支部局航空降落伞学习总结报告》（1942年10月12日），载中央档案馆等编《东北地区革命历史文件汇集》甲64，第63页。

② 周保中：《东北抗日游击日记》，人民出版社，1991年7月版，第675页。

方法上也有很大改变。过去多为抗联各部领导人与苏方代表协商决定，而以后有许多是由苏方单独决定的，主要是执行军事侦察任务。苏方直接派出的军事侦察人员，北野营由苏方人员杨林负责调动并直接交代任务，南野营是由苏方人员瑞金负责调动并直接交代任务的。1942年11

东北抗联教导旅的指战员

月25日，中共东北党组织和抗日联军教导旅发出指示:"(1)现在因为时局要求，我们留在苏联的同志，除重伤重病外，可以派遣必要的人员，一律的分别派遣回各游击区活动，各部都要支持今年冬和明年一九四三年春天的活动。(2)凡以前派在苏联边防机关做个别特别派遣工作的同志，现在决定仍然留在该机关关系方面受苏联负责长官同志之指导，继续执行工作。"并强调说:"你们不论冬天、春天必须尽心努力的去执行工作。现在你们应该舍弃个人的要求去忠实履行给你们所指示的工作，你们的工作劳苦和成绩，都是有益于我们的整个抗日联军革命事业的。"①

此期间，周保中、李兆麟等抗联领导人对苏方在抗联部队中选派得力人员从事军事侦察工作一直是十分关注并予以配合的。苏方直接调动的抗联人员，有根据王新林通知在抗联各部队从队伍中选派优秀人员学习必要的侦察手段，如绘图、照相的。有参加苏联远东方面军情报机关在海参崴与双城子之间的26公里处举办的无线电收发报技术训练班学习的。有过去零星分散的抗联过境人员，苏联边防军对其加以审查、训练后，派回东北进行军事侦察工作的，这部分人由苏联远东边防军情报部门直接掌握。据周保中于1943年1月10日给王新林的一份报告记载，仅由南野营派出担负苏联边防个别派遣侦察工作人员约有70名以上，从监狱清理后

---

① 《周保中给南部特别派遣队工作人员的信》(1942年11月25日)，载中央档案馆等编《东北地区革命历史文件汇集》甲64，第250页。

（按，指抗联战士越境被苏联边防拘留者）解放出来由南野营直接派出做边防侦察工作的约有50名以上，由北野营派出做边防侦察工作的约有60名以上。① 三项合计180名以上。显然，这些派遣工作都是为适应战略反攻阶段斗争的需要而安排的。自抗联教导旅派遣的小部队回东北开展军事侦察工作以来，抗联指战员搜集到大量日伪军的设防情况、军事工事的位置情报，日军飞机场位置、飞机场的面积和飞机架数、停放飞机的型号的情报，铁路、公路的运输能力情报，他们还把东北地理、地貌与日军兵力部署情况制成各种图表。这些情报为1945年8月苏联远东红军对日作战，摧毁日本关东军在边境地带军事设施提供了重要依据。东北抗联指战员的军事侦察工作为夺取东北抗日战争的最后胜利和世界反法西斯战争的最后胜利做出了重要贡献。王一知同志回忆说："我清楚记得，当时有我军供给苏军的各种情报，与苏军从各种渠道收集的情报一起，分门别类制成手册，连同标有敌人防御工事的地图，在1945年7月份发至苏军连以上军官人手一册。苏军能在远东战场上，在极其艰难的地理条件下和广阔的区域内，能够击破精锐的关东军防线，是同我国抗日联军作出的贡献和牺牲分不开的。"②

随着形势的发展，现代化战争究竟如何进行？训练工作怎样能够更好适应将来战争的实际需要，是抗联领导人急需欲解决的问题。周保中和李兆麟对此渴望已久。

1942年11月16日，一位苏军少校到教导旅向周保中和李兆麟传达王新林通知，请周保中和李兆麟前往伯力城远东红军总司令部，参谋左林同志随行。

当日午前8时30分周保中和李兆麟乘汽车出发，10时40分到达伯力城。午后3时，他们二人赴远东红军总司令部。在这里，远东红军总司令阿巴纳辛克与之进行了亲切谈话，向他们两人介绍了世界反法西斯斗争的形势，北非同盟国英美方面军事局势的发展，斯大林最近答复美合众社记者情况及日寇在太平洋屡受挫折，前途悲观的信息。阿巴纳辛克还在地图上指示最近世界反法西斯战争局势。同时询问了教导旅情况。问到教导旅无线电消息灵通否？旅属人员若干？教育进行及纪律秩序状况。对此，他们一一做了回答。阿巴纳辛克总司令说，他要到南线驻屯军巡视，现诸兵种联合的军队正在冬季演习中。此次到南线巡视要带你们旅长、政委随同前去，可用心见学。周保中、李兆麟听此消息自然很是高兴，因为学习、观察现代化大规模军事演习对于将来在抗日救国抗击日寇反攻东北战斗，解放人民事业中，有利于指挥大规模对日作战，有利于组建扩大人民军队。

1942年11月16日当晚8时，周保中、李兆麟二人随苏联远东红军司令阿巴纳辛科乘火车，前往远东苏军沿海州驻地。翌日晨8时半，抵沿海州什马科夫卡站。随后，转乘汽车前往检阅当地245旅部队军事演习。参观该部队步兵营、坦克车营、迫击炮营、交通营、侦察队、掷射队、反坦克炮营的攻击、占领高地、歼灭防御该高地之敌的军事演习。

11月18日，午后四时三十分，周保中、李兆麟和左林参谋乘坐总司令的副车，驶往245旅驻屯所，参观各营。午后六时总司令召集全旅200多名军官讲话，先听副总司令检查该旅

---

① 《周保中给王新林的信》（1943年1月10日），载《周保中抗日救国文集》（下），吉林大学出版社，1996年版，第614页。

② 王一知：《"八一五"前后的东北抗日联军》，载《辽沈决战》（上），人民出版社，1988年版，第158页。

总结报告,然后总司令训话。七时半,乘汽车驶回什马科夫卡车站,总司令回驻屯休养所。当日,总司令由什马科夫卡休养所前往斯帕斯克军区。周保中、李兆麟和左林参谋随副总司令乘专车于十一时开车南行。

11月19日,上午九时到达斯帕斯克车站(在兴凯湖东四十公里),此地为一重要驻军区。午后三时乘汽车去卫戍军驻屯区参观营舍。午后五时,总司令回至专车,车南开。

11月20日,午前二时,车抵B城车站。后转乘汽车南行约三十公里,午后一时到达海岸边防军驻屯区域,该地区驻军一个军团。午后二时午饭后,随同副司令前往南山巡视第八旅旅部和第二营、反坦克炮营、交通营、侦探连、炮兵营。

11月21日上午,周保中、李兆麟二人随同切尔米索夫将军检阅第八旅驻C各部队制式教练和战斗教练,由单人教练到班、排。并检阅扩大排(步兵一排,附重机二,迫击炮二)的高地攻击战斗演习。午后三时,检阅军官教练。

此行从11月16日起到11月21日止,共六天。这次,周保中、李兆麟随同阿巴纳辛克总司令到沿海州245旅驻地检阅了245旅团攻占某高地、歼灭假想敌的演习。检查参观了245旅营舍,听取了总司令的训话。之后又到距兴凯湖东约40公里的斯巴斯克军区巡视了卫戍军驻屯营舍。又到哈桑湖附近视察第8旅,观看了第8旅各部队的制式教练和战斗教练及占领某高地的战斗演习。巡视期间所见所感对周保中、李兆麟启发很大。他们看到了抗联教导旅军事训练上与苏军部队的差距和不足,苏军部队训练的经验使教导旅指挥员的指挥工作实现转型,即由善于指挥游击战到善于指挥运动战、阵地战,具有重要意义。这次巡视周保中、李兆麟增长了见识,开阔了眼界,学习了经验,对于领导教导旅工作的进步、发展都大有裨益。特别是使李兆麟看到未来反攻战争的壮大局面,他相信有强大苏联的军事力量的援助打败日本侵略者是不成问题的,这只是时间早晚的问题。

1943年,国际、国内呈现出有利反法西斯阵线斗争的大好形势。德国希特勒强盗侵占地和他的后方到处燃起人民抵抗运动和游击战争的烈火。西欧大陆反对希特勒匪徒的第二条战线已开辟并在向前发展着。希特勒和墨索里尼倒台的日子已经为时不远。在太平洋战场上,日本侵略者陷入更大困局,日寇海上的行动和要巩固它的掠获地,受到具有强大优势的英美海空军的控制。中国抗战有利的趋势日渐增长,从1943年7月,战局开始进入战略反攻阶段。进入局部反攻阶段的国民党军正面战场,连续实施会战攻势,牢牢牵制了日军主力。世界反法西斯斗争的局势表明,西方希特勒法西斯溃灭之时,就是东方日本法西斯崩落倒台的开始。

李兆麟与周保中一样深知,东北抗日联军的再起,东北人民的解放,其机运系于世界反法西斯战争全局的发展,有着广阔的胜利前途,但夺取彻底的胜利还要做各种积极努力奋斗。1943年,抗联教导旅进一步加强了派遣小部队的军事侦察工作。如1943年5月4日,郭祥云、李中彦小队接受新的工作任务,决定5月6日派遣他们与电台站长夏立廷和崔常万等四位同志去饶河刘雁来处,传达组织小部队开展活动指示:即在饶河组织二支小部队。第一分队由李永镐任队长,李中彦任副队长,夏立廷任电台站长,工作员有8名。第二分队由刘雁来任队长,郭祥云任副队长,于保合任电台站长,工作员有10名。具体工作任务是:分别担任佳木斯、勃利、宝清等地的敌情侦察,同时对群众开展抗日救国宣传、组织工作。并要求李永

镐小队 5 月末必须到达指定区域开始活动。

对于这一时期派遣回东北的小部队的工作，教导旅的领导同志周保中与李兆麟更是格外关心。1943 年 2 月 14 日，李兆麟和周保中联名发出给陈雷同志的电报，电文如下：

"陈雷同志：

你的活动状况，此间获悉。金策、于天放、孙国栋、马克政（正）各部活动情形如何？现在何处？你可就近侦察明白并设法联络，收容到我处来。

周保中、张寿篯同印"①

此电文虽短，但表明抗联教导旅的领导同志周保中与李兆麟对派遣回东北的同志的关切。如前所述，在北满地区活动的抗联第三路军小部队由金策直接领导。因金策腿部患有严重关节炎病，行动不便，第三路军总指挥部决定由于天放接替金策在东北的工作。1942 年 2 月 20 日，于天放率小部队从苏联返回东北。3 月 19 日，于天放在铁力山区会见了金策，转交了总指挥部的信件，口头传达了总指挥部请他赴苏指示的要点。金策表示要继续留在东北工作，并将于天放一行 6 人小分队同时留在东北。

1942 年 12 月 23 日，金策所在铁力安邦河上游密营遭到敌人袭击，所幸金策等人均冲出敌围。但电台、武器及所有文件、书本皆被敌人缴获，密营储存的粮食、马铃薯、萝卜、布匹等物品被敌人掠走。1943 年 1 月 4 日，朴吉松在庆城福合隆屯被叛徒出卖，战斗中负伤被俘，8 月在北安遭敌人杀害。1943 年春，日伪当局制造"巴木东"事件，逮捕抗日人员 552 人，66 人被判死刑，60 人被判无期徒刑，235 人判有期徒刑，民众抗日斗争受到严重镇压、破坏。在木兰蒙古山一带活动的张瑞麟、钮景芳等 6 名，因敌人阻碍厉害，而不得已放弃该处密营地，之后与金策带领的几个人相遇会合，在一起活动。同年 3 月，金策派钮景芳、刘铁石去苏联向周保中、李兆麟汇报工作情况。金策带张瑞麟等六七人继续在铁力坚持活动。同时，金策致信李兆麟，信中特别通报了去冬 12 月，由于叛徒告密，后方密营遭敌人破坏情况，说到其保存的文件、书信、电台、机枪、衣物、粮食等物品皆被敌人缴获，损失巨大。信中，金策检查了自己警惕不够的错误，并说，"请上级及组织应该照情给我处分"②。

1943 年 7 月后，在东北活动的小部队还有玄哲小部队（4 人）、单福臣小部队（3 人）、郭池山小部队（3 人）、姜胄龙小部队（5 人）、延龙国小部队（5 人）、金允浩小部队（3 人）、方兴堂小部队（2 人）、张永和小部队（4 人）、王培振小部队（3 人）、徐洁忱小部队（3 人）等。此外，还有李永镐小队、刘雁来小队及单独工作人员金光山、王德新等 10 余人。同年 12 月 14 日，刘雁来小队 15 人归旅，周保中、李兆麟与王新林等到其驻地看望他们，举行座谈。对他们在极度困难条件下，能按照旅部指示方向力行不倦，取得成绩给予充分肯定，对刘雁来同志忠诚勤奋、坚贞不拔予以表彰。

1943 年 10 月，钮景芳带 6 人根据教导旅领导指示从苏联返回东北，接省委书记金策等过境入苏。金策、张瑞麟等经过长途跋涉，历尽艰辛，终于于 1944 年 1 月到达苏联远东边境，

---

① 《周保中、张寿篯给陈雷的电报》（1943 年 2 月 14 日），载中央档案馆等编《东北地区革命历史文件汇集》甲 65，第 100 页。

② 《金策给王新林转张寿篯的信》（1943 年 3 月 19 日）载中央档案馆等编《东北地区革命历史文件汇集》甲 65，第 172 页。

进入抗联教导旅参加整训。金策回到教导旅，李兆麟与之相见，老战友相逢都非常高兴。金策的到来，使教导旅增加了领导力量。

1944年1月，周保中、李兆麟又派遣刚回到教导旅的张瑞麟重新组织一支小部队回国执行"新的任务"。原来金策、张瑞麟等来到苏联后，第三路军留在北满的抗联小部队只剩下于天放小队，张瑞麟等的新任务就是把他们接到苏联。张瑞麟率新组建的6人小部队携带电台回国执行寻找于天放小队的任务。他们于春寒料峭时节，突破敌人封锁线，奔赴于天放小队活动的绥棱县，虽几经寻找，但未见踪影，途中还有战友牺牲。经过给抗联领导发电请示，领导回电立即返回苏联。

张瑞麟等回到抗联教导旅后，向李兆麟做了汇报。后来他回忆说，一天，一辆辆吉普车将他拉到李兆麟住处。李兆麟站在门口欢迎他。这是他与李兆麟第三次见面。张瑞麟向他汇报了被派遣回国寻找于天放小队的情况。李兆麟对其汇报感到满意。对其在异常艰难困苦条件下，信念坚定，长期坚持斗争，给予充分的肯定和鼓励。他说："你们虽然没有完成这个艰巨任务，那是客观原因造成的。你们六位同志坚决执行了东北抗联领导的指示，无所畏惧，孤军深入敌后，为完成任务尽了最大努力，作出了牺牲，这是难能可贵、值得学习和永远记忆的。"[1]他鼓励张瑞麟一如既往，坚定必胜的信念，努力学习，准备力量，迎接祖国解放的伟大战斗。

原来于天放小分队继续在北满坚持斗争，先后在绥棱县的振东村、克苏村、新华村、前六村、靠山村等地建立秘密活动据点、发展抗日救国会员。1944年，于天放小分队在绥棱、庆安一带活动，发动群众，秘密发展抗日会组织。同年12月19日，由于坏人告密于天放、于兰阁在宋万金屯小学和抗日救国会会员王明德一起商议工作时，被敌人逮捕。同时，孙国栋、杜希刚等人也分别被敌人逮捕。1945年7月12日凌晨，于天放在狱中同狱友赵忠良配合，打死看守，逃出敌人的监狱。东北光复后，他重新投身到新的斗争，并著有《牢门脱险记》一书，专门记载这期间的艰苦斗争。孙国栋在日本帝国主义宣告无条件投降前一天，即8月14日，被日伪杀害。临刑时，高呼"打倒日本帝国主义！"表现出共产党人英勇无畏的豪迈气概。抗联战士杜希刚、于兰阁等被捕人员则在八一五日本投降后才重见天日。

1943、1944年，在东北还有不少从事小部队活动及个别在隐蔽战线活动的同志，为使他们克服实际存有的急躁情绪，教导旅领导人周保中曾发出下列指示：现在南满北满各地抗日联军游击队各领导干部都集合在我处受特别的军事政治训练，并且有各种工作准备。一旦东三省的革命环境有良好时机到来，我们留在社会主义祖国的一切同志都要有组织的集合起来，一同回到东北战场上去的，谁都不能落伍掉队，都要回东北去和被压迫的人民一块作解放斗争。只是目前时机还不适宜，我们只能继续忍耐。指示中说，希望你们继续在原地积极工作下去，不可以盲目的着急。我们东北抗日联军的再起，东北人民的解放，其机运系于全局，有关于全局之发展，我们有胜利的前途，我们还要作各种努力。[2]这一指示对于稳定从事小部

---

[1] 《张瑞麟回忆录》，黑龙江人民出版社，1991年版，第165页。

[2] 《周保中给东北抗联第一、五支队游击队等的信》（1943年7月7日），载中央档案馆等编《东北地区革命历史文件汇集》甲65，第209页。

队活动和在隐蔽战线工作的指战员情绪，迎接即将到来的反攻起到很大作用。

部队政治工作是李兆麟负责的重要工作。1943年4月8日到10日，伯力军区总部亚科夫列夫少将、政治部上校尤乌阿普托夫来教导旅巡视检查政治工作。经检查，政治部上校尤乌阿普托夫评价说："政治精神状况好、党初级组织好、工作进行好、党的生产工作好。"①同时也指出一些不足。4月11日，周保中、李兆麟召集全旅积极分子会议，通报此次总部检查情况，总结到，旅的政治精神状况和纪律秩序是好的，有可能随时出战。在纪律方面还有若干缺点，须切实改正。为进一步加强各营政治工作，李兆麟不断总结政治工作经验，指出政治工作的注意点，首先要明了教导旅是由各种不同民族成分组成的特点，要互相学习语言，生活融为一体，应洞悉中间的矛盾性，进而引导之向正确方向发展。他善于利用一切时机做思想政治工作，强调加强政治工作的重要性。

1943年6月21日，教导旅举行露天大会，庆祝野营开幕典礼，周保中、李兆麟先后讲话。祝贺营建工作包括建筑、垦荒取得的新成就，同时，号召全旅同志要保障教导旅教育计划的实施；巩固民族团结，提高组织性、警惕性、纪律性。敌人不消灭之前，就必须时刻紧张地准备着。要做好战斗准备，达到为战争准备所必需的一切要求。

6月27日，李兆麟报告各营各项工作情况，肯定工作成绩，着重指出不足。他指出无线电营政治营副缺乏工作计划。第一营，政治课照课程表进行，党史课学到第七章。识字班二十余天只上一次课，鼓动员谈话只一次。第二营，政治课按期进行，党员大会、小组会召集各营按期进行。第二连表现民族不协作是个别现象。第三营，政治营副有工作计划，但不给予连政治副，只临时指示，连工作不算坏。连召集过两次鼓动会议，识字班工作积极。第四营，政治工作有进步。季青工作有主动性，对下级领导密切。识字班、政治课按期进行。②政治工作状况如何，对于大反攻影响巨大。在准备大反攻的日子里，抗联教导旅进一步加强了政治工作，这与李兆麟的努力是分不开的。

1943年11月，在十月革命二十六周年即将到来之际，11月6日教导旅举行纪念会。李兆麟作报告。到会者有各营各直属区队军官及士兵代表。12月22日晚，全旅官兵召开庆祝斯大林六十四岁寿辰大会，李兆麟做中文报告。

1944年1月16日，旅内联共召开第一次代表会议，中心议题是在红军中党政各种的改造与中央总政治部〇一〇号指令执行的结果。2月4日，成立旅党小组，成员有：周保中、李兆麟、崔石泉、卢冬生、冯仲云、陈雷。2月5日，旅内中共党组织召开全体党员大会，由李兆麟报告关于实行中央总政治部〇一〇号指令执行的结果。③此后，旅党委工作得到加强，日常工作多陷自流现象得到克服。

在准备反攻的日子里，军事训练不断加强。1943年和1944年，李兆麟和同志们一道积极参加组织抗联教导旅的军事训练、演习。教导旅加紧军事训练，按实战要求着重训练破坏铁

---

① 周保中：《东北抗日游击日记》，人民出版社，1991年7月版，第718页。
② 周保中：《东北抗日游击日记》，人民出版社，1991年7月版，第737页。
③ 周保中：《东北抗日游击日记》，人民出版社，1991年7月版，第775页。

路、桥梁、汽车道、通讯、隧道、机场、仓库,颠覆车辆,袭击运输队等。并加强夏季渡河、冬季滑雪训练、利用地形地物和伞降训练。据彭施鲁同志回忆:"1943年全旅转入了紧张的训练工作。全旅经火车运输到双城子附近的空降兵训练基地,进行了为期两周的伞降训练。在短期的空降训练之后,全旅转入了正常的步兵训练。主要科目为队列训练、步兵武器射击、刺杀、投弹。班以下战术,辅助科目为工兵作业、爆破作业、地形识图等。每周还有一部分文化课和政治课。随着时间的增加,步兵战术学到了步兵连的攻防战术。每年的夏季和冬季,游泳、武装泅渡、滑雪课,都成为重点课。在每年的秋季,远东军司令部都派出考核团到88旅进行考核。以队列、射击、连以下战术等为重点考核项目。每个冬季全旅要进行野营拉练、滑雪行军、雪地宿营、野外射击、战术演练等。在1944年的冬季,还进行了步兵营进攻和步兵连防御的实兵演习,由王新林亲自导演。总的来说,经过几年的训练,成绩非常显著。"①

1944年,抗联教导旅进一步加强训练,特别是战术、武器研究、克服障碍等方面的训练,并强调提高熟练程度。8月4日是大雨天,全旅官兵演习武装泅渡。

在加强军事训练的同时,进一步加强政治学习,组织纪律教育。特别加强军官教育。据周保中日记记载,军官教育分三个组,教育内容主要是:领导者责任和工作领导、领导者责任和工作方式及工作纪律。军官教育分组名单如下:

周保中、李兆麟

政治教育李兆麟、周保中、冯仲云、季青、彭施鲁。

第一组:1.金日成、2.崔石泉、3.王效明、4.安吉、5.季青、6.姜信泰、7.金策、8.王明贵、9.宋明(卢冬生)、10.王一知、11.冯仲云。

第二组:1.金光侠、2.陶雨峰、3.朴德山、4.彭施鲁、5.张光迪、6.金京石、7.张锡昌、8.刘铁石、9.徐哲、10.李永镐、11.于保合。

第三组:1.崔铭锡、2.许奉孝、3.范德林、4.朴洛权、5.沈德山、6.柳三孙、7.董崇彬、8.朴英顺、9.金铁宇、10.崔贤、11.国如阜、12.周岩峰、13.齐连升、14.崔春国、15.乔书贵、16.高万有、17.崔勇进、18.隋长青、19.杨青海、20.刘雁来、21.沈泰山②。

由于教导旅领导对政治学习教育的重视,全旅同志对政治教育计划都热心执行,特别是对战争现势问题的学习都有极大兴趣,并有正确的认识。

加强部队编制管理,各营、连、排干部配置。至1944年8月,教导旅人数增加不少。据统计中国人组,军官26人,军士66人,兵士284人,合计376人。朝鲜人组,军官22人,军士29人,兵士49人,合计100人。俄国人组,军官70人,军士60人,兵士43人,合计173人。伊那依次人组,军官1人,军士81人,兵士274人,合计356人。总计,军官119人,军士236人,兵士650人。全旅总人数为1005人。③

---

① 彭施鲁:《东北抗日联军往事》第24页。
② 周保中:《东北抗日游击日记》,人民出版社,1991年7月版,第791页。
③ 《周保中简短日记》(1944年8月17日),载中央档案馆等编《东北地区革命历史文件汇集》甲43,第424页。

1944年9月，周保中考虑着手编写《东北抗日游击运动史略》问题，做出《东北抗日游击运动史略工作计划》，并在周保中主持下成立了编审委员会，周保中任主任、李兆麟为总编辑之一、审查委员会成员之一。下设四个编写组，李兆麟任第一分组主编，任务是收集和编撰珠河、汤原游击队、抗联第三、六军及第三路军历史。经努力，编出一些基础资料。但后因形势发展，反攻东北的战略任务在即，此项工作未能继续进行。

随着反法西斯战争的进展，新的战斗即将展开。1944年11月6日，即十月革命节纪念日前一天。全旅指战员列队集合，接受苏联最高苏维埃主席团命令，由远东红军总司令部向教导旅旅长周保中授予苏联工农红军独立步兵第八十八旅军旗。苏联一少将宣读命令并授旗。授旗仪式上，气氛热烈，歌声掌声，响成一片。军旗猎猎，光辉灿烂。抗联指战员雄姿英发，斗志高昂。

1944年12月11日，远东红军总部副参谋长C将军率领军政考试监察团来到教导旅，进行军政考试考核。经过数日监督考试，12月15日监察团做总结，认为教导旅党团组织能起核心作用，政治水平得到提高。战士总评好，军士总评好，军官总评好，旅的总评好。考试考核的结果是：战斗教练，本部和政治部军官好。一营、三营、四营优等。射击教育，军官22人优等，全旅军官好。步枪全旅及格。轻机，一营、二营优等，全旅好。自动枪，80%好。迫击炮，好。制式教练，全旅好。滑雪，全旅好。全旅政治教育考试好。火力全旅好，地形全旅好，制式全旅好，筑垒全旅好，体育全旅好，无线电台好。经过考试、检查，远东军总部副参谋长C将军对考试考核结果表示十分满意。他说："高度精神政治情绪保证了军政教育。兵士、军士、军官表现出热忱、自愿自信。"①

这次考试考核是对抗联指战员几年来政治军事训练情况一次全面大检阅。"全旅政治教育考试好"的评价，包含着李兆麟所进行的辛勤细致的思想政治工作花费的心血。由于有细致的思想政治工作，使全旅指战员能以高度的革命精神，饱满的政治热忱从事军政训练，进而能够取得优良的好成绩。

李兆麟与广大指战员都满怀信心，迎接抗战决胜一年的到来。

---

① 周保中：《东北抗日游击日记》，人民出版社，1991年7月版，第800页。

第十章　救国复河山

一、抗战终获胜

1945年上半年,世界反法西斯战争战局发生巨大转变,德、意法西斯战败投降,日本法西斯内外交困,陷于极端孤立境地,其灭亡之日即将到来。

1945年2月4日,苏、美、英三国政府首脑在苏联的克里米亚半岛雅尔塔举行会议,会议期间三国政府首脑就苏联参加对日作战问题进行磋商。秘密签署了在一定条件下,苏联在德国投降及欧洲战争结束后两个月或三个月内,参加同盟国方面对日作战的《苏、美、英三国关于日本的协定》即《雅尔塔协定》。这是继1943年11月中、美、英三国首脑发表《开罗宣言》之后,签订的又一反法西斯战争重要协定。雅尔塔协定的签署增添了反日的斗争力量,苏联参加对日作战指日可待,将大大地缩短对日战争取得胜利的进程。

随着世界反法西斯力量的剧增,同盟国军队在各战区节节获胜,捷报频传。

1945年1月,苏联红军向德军发起强大攻势。3月,美国、英国军队渡过莱茵河,攻入德国腹地,逼近柏林。4月28日,意大利法西斯头子墨索里尼被意大利人民逮捕并处死。4月30日,德国法西斯头子希特勒畏罪自杀身亡。5月2日,苏联红军攻占德国首都柏林,5月8日法西斯德国宣布无条件投降,苏德战争结束。

随着德、意法西斯的覆灭,陷于孤立境地的日本法西斯拼命作垂死挣扎。同盟国各国决定进一步加强合作,三四月间,美、英等国军队继续进攻,先后攻占小笠原群岛和冲绳岛,日本的海空军一败涂地。

在中国正面战场,自1945年3月下旬起,相继展开豫西鄂北会战、湘西会战。国民党第二方面军向南宁迫近;第三方面军沿黔桂铁路追寻敌寇,克德胜、收宜山、占柳州、收复桂林;第四方面军击宝庆、攻衡阳。中国军队向前推进350公里,将广西全部收复。

在中国解放区战场,八路军、新四军和华南人民武装力量根据中共中央"削弱日伪,发展我军,缩小敌占区,扩大解放区"的方针,开始在华北、华中、华南各战场向日、伪军发动大规模的夏季攻势。各根据地部队共发动40多次较大战役,收复县城上百座,攻下据点近千个,消灭大批敌人。切断了日伪军用以封锁和包围解放区的几十条重要交通线,日伪军被迫从许多孤立的小城市撤退。

1945年4月23日至6月11日,中国共产党第七次全国代表大会在延安召开。七大召开时,中国共产党领导的解放区已有19个,人口近1亿。毛泽东在"七大"会议上所做《论联合政府》和朱德所做《论解放区战场》报告要点传到苏联后,抗联指战员认真地进行学习。深入理解党的"放手发动群众,壮大人民力量,在我党的领导下,打败日本侵略者。解放全国人民,建立一个新民主主义的中国"的政治路线,明确了我党我军在军事上的中心战略任务是要准备

迎接抗日大反攻,扩大自己的军队,广泛地发展抗日武装,直接配合同盟国作战,收复一切失地。抗联教导旅指战员从无线电中收听到七大召开消息和毛泽东、朱德在会议上的报告摘要后,即开始准备迎接新的战斗任务。

对于在未来战争中抗联部队如何行动,周保中、李兆麟等研究了新形势、新任务,动员主力部队和分散活动的各小部队全体指战员、政治工作人员,在一致行动计划下,加紧准备参加即将到来的全国总反攻的伟大战斗。

俗语有云,"掘井见泥,离水不远"。东北抗日军民经过十四年艰苦卓绝的斗争,已经看到了中国抗战和世界反法西斯战争胜利的光明就在眼前。

1945年5月,苏方代表王新林即远东方面军情报部长H.C.索尔金少将向周保中旅长转达了远东第二方面军司令M.A.普鲁卡耶夫大将的指示:预想对日本将有相当时期的残酷战斗,八十八旅随苏军进展,在东北可建立10万人的军队,参加解放东北和内蒙。据此,抗联教导旅在周保中、李兆麟的主持下制订了具体的反攻作战计划,决定"以抗日联军现有干部为领导骨干,准备计划建立6万人到10万人的军队,以便参加大规模对日作战和开展敌后活动。"①而后便加强了在东北的各小部队的派遣侦察活动和迎接降落敌后游击部队的准备工作。

从1945年上半年开始,抗联教导旅为了反攻东北,军事训练科目增多,训练强度明显加大。训练内容,着重进行解放东北迫切需要的侦察训练、工兵训练、无线电通讯和空降的训练。每项军事训练都是从实战需要出发的。全体指战员精神饱满、全力以赴以适应大运动量训练。训练时,李兆麟和周保中总是鼓励、要求大家刻苦、积极参与,提高战胜敌人的本领,要战胜艰难困苦,经受考验。教导旅指战员为了战胜日本侵略者,光复祖国,吃大苦,耐大劳,都胜利地完成了训练任务。

自6月以后,抗联教导旅的同志就不断听到从伯力来的同志讲,苏联向远东地区调集大批兵力、武器和军用物资。无疑,此为战争即将开始的前兆。果然如此,6月2日,周保中、李兆麟到伯力与苏联远东第二方面军总司令普鲁卡耶夫将军会见,提出准备参加反攻行动的五条纲领:"一、在中国共产党中央政治路线下在满洲行动,满洲是中国的一部;二、东北抗日联军再建立;三、东北抗日救国总会与全民抗日统一战线;四、东北党组织的恢复。指导各地方运动和组织;五、与中共中央在满洲发展地下的工作合一或直接联络。作战计划,军队战线和敌后(工作)。"②这五条行动纲领是为了适应新时期斗争的需要而拟定的,是东北抗联配合苏军进攻东北行动的指针。同时,苏联远东第二方面军总司令普鲁卡耶夫将军已向他们传达苏军在不远的将来要进军东北对日本关东军作战的意图。他们根据苏方的要求介绍了东北各大城市的地理、交通及日军装备、部署等情况。6月3日,李兆麟回到教导旅总部。

---

① 周保中:《东北的抗日游击战争和抗日联军》,载《访问录选编·周保中同志专辑》,中共东北地方党史资料,第157页。

② 《周保中简短日记》(1945年6月2日),载中央档案馆等编《东北地区革命历史文件汇集》甲43,第466页。

此后一个时期抗联教导旅的训练、演习都是在苏军统帅部统一部署下进行的,强调东北抗联同苏联远东红军在进攻东北参战各军兵种在战斗中的协调一致,在作战中互相配合和协同动作;训练的重点则是培养指挥大规模的现代化的进攻战的各级指挥员,使之适应于客观形势发展的需要,而不是重复训练过去熟悉的游击战原理、原则等内容;训练和演习的指导军官许多是从苏德战场上新调来的指挥官,他们有丰富的反法西斯战争实战经验。显然,这样的训练、演习对于抗联指战员学习苏联红军进行反攻作战的新经验是具有重要意义的。之后,按照第二方面军司令官的命令,教导旅开始有目的的物色能够胜任军事向导、翻译、空降侦察任务的人员,并加紧进行军事训练,主要是实战演习,检查武器装备,按夏季教育训练大纲予以实施。6月9日到11日,抗联教导旅连续三日全旅紧急集合进行演习,召集军官检查武器,进行制式动作训练和军事项目考试,包括单人步法操练、单人持枪操练、分队纵横队形演练、5公里急行军等。考试内容有武器结构须知包括使用、保存、弹道性能及制式教练、地情须知、器械操练、独木桥行进、悬绳升降等。可见,在临近反攻东北的日子里,军事演练愈加紧张。同时,抗联教导旅指战员的生活发生很大变化,部队伙食明显改善,提高到第二线标准,已经接近前线作战部队的一线标准。

1945年夏季期间,教导旅的军政训练是极其紧张的。自7月25日起,抗联教导旅的教育训练工作,依照远东红军总部批准的战时训练大纲,在部队一般军事训练的基础上,又加强了特别训练,旅内人员多有调动,去接受特别训练。建有特别训练班,进行防谍、无线电发报及翻译训练等。同时集中时间进行阵地突破战术科目讲授。通过政治教育、纪律教育,指战员的精神状态、思想情绪良好。部队纪律秩序井然,过去有私自出营的,经过教育和严格要求这种现象已经杜绝。7月下旬,教导旅提出停止休假,禁止外出,随时准备集合。这些都是根据所拟订的作战计划,从实战需要出发的。这一切都是为了即将进行的军事反攻所做的充分准备工作。

随着反攻东北斗争形势发展的需要,中共东北党组织特别支部局即中共东北委员会召开全体会议,总结了留X东北党特别支部局成立三年来的工作,同时决定对支部局进行改组,组成新的中共东北委员会。通过选举,由周保中任书记,委员有李兆麟、冯仲云、卢冬生、姜信泰、金光侠、王效明、彭施鲁、王明贵、王一知、刘雁来、王钧。会议决定中共东北委员会将设在长春,负责领导全东北各地党组织,其下设12个地区委员会,计有长春地区委员会,周保中负责;哈尔滨地区委员会,李兆麟负责;沈阳地区委员会,冯仲云负责;嫩江地区委员会,王明贵负责;海伦地区委员会,张光迪负责;绥化地区委员会,陈雷负责;北安地区委员会,王钧负责;佳木斯地区委员会,彭施鲁负责;牡丹江地区委员会,金光侠负责;吉林地区委员会,王效明负责;延吉地区委员会,姜信泰负责;大连地区委员会,董崇斌负责。会议还决定由中共沈阳地区委员会负责人冯仲云就近与关内打通关系,负责同中共中央恢复联系。会议决定另由朝鲜同志组成朝鲜工作团准备反攻朝鲜,朝鲜工作团金日成为团长、崔石泉为党组书记,成员有金策、安吉、徐哲、朴德山、崔贤等。

上述决定是在返回东北之前做出的。中共东北委员会根据形势发展的需要进行改组,设立12个地区委员会,对于实现反攻后,开展"三建"(建党、建军、建政)工作、建立巩固的根据地异常重要。而李兆麟负责哈尔滨地区责任更是重大,由教导旅的政治副旅长负责哈尔滨地区责任,显示出这一地区政治地理位置的重要性和在这一地区开展工作的重要性。

至1945年7月末,抗联教导旅指战员精神百倍、信心十足,为配合苏联红军参加进军东北的战斗,已经做好各种准备。东北抗日联军经过五年的集中整训,特别是经过1945年上半年的临战前的军事训练和演习,周保中、李兆麟和教导旅全体指战员以高昂斗志,整装待发,等待参与战斗夺取抗战最后胜利的日子尽快到来。

1945年7月间,以华西列夫斯基为总司令的苏联远东红军总司令部组成,下辖远东第一、第二和后贝加尔三个方面军,准备向日本占领地——东北进攻。抗联教导旅被编入远东第二方面军总部直属部队。抗联教导旅将随第二方面军军事行动的进展,担负进攻佳木斯地区的作战任务。

按计划,在7月下旬,从教导旅陆续抽调派出340名指战员作为第一批先遣队进行统一的军事训练后,被分派到第一、第二方面军和后贝加尔方面军去,担任苏军向导或执行特殊的战斗任务。之后,又有一些抗联战士陆续被调离野营,有的到苏军部队担任进攻东北的向导,有的承担空降侦察任务。这些同志的调离,虽然是在秘密状态下进行的,但大家都在议论、分析远东时局将会有重大变化,苏联即将要对日开战。

7月26日,中、美、英三国发表《波茨坦公告》,促令日本立即无条件投降。但日本法西斯仍妄图垂死挣扎,拒绝投降,要进行所谓本土决战。8月6日、9日,美国分别向日本广岛、长崎各投下一枚原子弹。8月8日,苏联政府根据《雅尔塔协定》,宣布"与日本进入战争状态",表明苏联对日宣战。8月9日零时10分,由苏联远东红军总司令华西列夫斯基元帅指挥的150万远东红军以强大优势(兵员为日军的1.8倍,大炮2.6万门、坦克和自动火炮5500辆、飞机5000架)越过中苏、中蒙边界,从西、东、北三个方向出兵东北,开始进行远东作战,向日本关东军展开全线进攻,与之进行最后决战。

苏联对日宣战后,毛泽东、朱德致电斯大林,热烈欢迎苏联对日宣战。8月9日,毛泽东发表《对日寇的最后一战》的重要声明,声明指出:"8月8日,苏联政府宣布对日作战,中国人民表示热烈的欢迎。由于苏联这一行动,对日战争的时间将大大缩短。对日战争已处在最后阶段,最后战胜日本侵略者及一切走狗的时间已经到来了。"声明指出:"中国人民的一切抗日力量应举行全国规模的反攻,密切而有效力地配合苏联及其他同盟国作战。八路军、新四军及其他人民军队,应在一切可能条件下,对于一切不愿投降的侵略者及其走狗实行广泛的进攻,歼灭这些敌人的力量,夺取其武器和资财,猛烈的扩大解放区,缩小沦陷区。"声明号召:"中国民族解放战争的新阶段已经到来了,全国人民应该加强团结,为夺取最后胜利而斗争。"①接着,延安总部朱德总司令向各解放区武装部队一连发布七道受降和大反攻的命令。

8月9日晨,无线电广播公布了苏联对日宣战的消息,抗联指战员听到后都欢呼雀跃,十分激动。因为返回东北的日子终于被盼来了。8月10日,教导旅召开了全体人员大会,周保中在会上正式宣布苏联对日宣战的消息,并做了题为《配合苏军作战,消灭日本关东军,争取抗

---

① 毛泽东:《对日寇的最后一战》,载《毛泽东选集》第三卷,人民出版社,1991年6月版,第1119页。

战最后胜利》的报告。报告中阐述了世界反法西斯战争胜利在望的大好形势和抗联经过整训、学习后已经适应反攻战争需要,可随时参战的现状。报告明确提出东北抗联打回东北的三项任务:一、占领城镇,迎接党中央和八路军、新四军,会师东北;二、如果国民党在美帝国主义支持下抢占了东北,我们要深入农村,发动群众开展游击战争,配合八路军、新四军粉碎国民党的进攻,解放东北,解放全中国。三、万一八路军、新四军为反动势力所阻隔,不能进入东北,东北完全被国民党占领,则要做好上山继续在东北开展长期游击战争的准备,坚决反抗国民党的反动统治。报告中,感谢和欢迎苏联政府对日宣战,感谢斯大林和苏联人民、苏联红军对东北抗联的帮助。他号召大家随时准备出发反攻东北,同苏联红军并肩战斗,解放东北,光复家乡,完成抗日战争的历史使命。

最后,在报告中,他反复强调,反攻东北后,要坚决服从党中央的领导,尊重中央干部,听从八路军、新四军领导同志的指挥。要与八路军、新四军协同作战,要服从分配、听从指挥、树立为革命做马夫的思想。①周保中的讲话代表了包括李兆麟在内的全体抗联指战员的心愿。

东北抗联教导旅为配合苏联远东第一、第二和后贝加尔三个方面军进军东北的军事行动,计划把教导旅的成员分成两部分,一部分参与苏军正面进攻,担当向导,配合苏军作战。另一部分是派伞兵到敌后降落,其任务是恢复旧有组织、寻找旧关系、扩大组织、建立军队、支持部队作战等。此期间,李兆麟协助周保中做了大量组织安排、派遣分配工作。他与抗联战士谈话,讲清即将担负的任务,明确要求,仔细叮嘱要注意的事项。据李思孝同志回忆,李兆麟找他谈话说:"旅党委决定你作为第一批先遣支队的队员到苏军执行特殊任务,到苏军远东军参谋部担任军事参谋参加对日本关东军的战役,希望你们向着胜利勇敢地前进!"②李思孝同志愉快地接受分配,表示坚决完成领导交付的工作任务,不辜负组织的希望。

为完成反攻东北的战斗任务,为保证抗联指战员不忘革命宗旨,遵守纪律,严格要求自己,迎接新的战斗,周保中和李兆麟召集营以上干部会议,宣布:整装待命,时刻准备出发。周保中还制定出《政治备忘录》《组织备忘录》《行为备忘录》,其核心内容是要求抗联将士坚定立场、遵守纪律、尊重人民、团结同志、谨防金钱酒色引诱而堕落,严防敌特破坏暗算而受损失。

对于苏联远东方面军的作战部署,最早进行配合的是教导旅派出以地面和空降方式进入东北的先遣部队。如前所述,7月下旬即抽调了340名指战员到苏军进行统一的军事训练担任向导或执行特殊任务。而后,中共东北委员会、教导旅又决定派出290人空降到东北。其中有55人空降到东满地区,有65人空降到松(花江)牡(丹江)地区,有90人空降到北满黑龙江地区,有80人空降到南满地区,潜入敌后进行战前侦察。③空降小分队一般由4人组成,其中

---

① 王一知:《"八一五"前后的东北抗日联军》,载《辽沈决战》(上),人民出版社,1988年10月版,第159页。

② 江玉章:《金戈铁马 浴血关东》,黑龙江人民出版社,2009年版,第424页。

③ 王一知:《"八一五"前后的东北抗日联军》,载《辽沈决战》(上),人民出版社,1988年10月版,第159页。

一名为小组长,一名为电台电报员,两名战士。他们都配有手枪、转盘冲锋枪、弹药、电池和足够一周所用的食品,还有反攻东北的宣传单等必须物品。

空降的抗联游击队员所执行的任务异常艰巨,有的还付出宝贵的生命。参加空降配合苏联东部战区远东第一方面军部队行动的李铭顺小分队,在牡丹江海林拉古空降时,战士孙吉友因降落伞发生故障不幸牺牲。徐雁辉、郭喜云小队共4人,8月10日从苏联起飞,在东宁县大肚川空降时,有两人被日军炮火击中而牺牲。为了民族的解放,在黑暗即将过去,迎接黎明的战斗中有许多同志献出宝贵生命。

从抗联教导旅调到苏军中担任向导的人员其任务同样艰巨。分配到苏军各部担任向导的抗联同志因熟悉所担负任务区域的地理情况,又有很高的政治觉悟和军事技能,年轻力壮,机智灵活,都很好地完成了工作任务。抗联战士李思孝等被派到苏军远东第一方面军中去担任向导,完满完成战斗任务,表现突出。李思孝同志,曾荣获斯大林于8月23日命令通报表彰对日作战发挥作用出色的嘉奖证书。王乃武、陈忠领、王庆云等9人到苏军远东第二方面军中去担任向导。在他们引领下,苏军战士乘水陆两用军车向富锦、佳木斯、饶河、宝清、勃利进军。这些在苏军对日作战开始时就担任向导的抗联战士都有效地完成了所负艰巨任务,普遍受到苏军指挥官的好评。他们有的在完成任务后于8月下旬返回了抗联教导旅。有的在执行任务过程中牺牲了。

原在东北各地坚持游击战争和执行侦察任务的抗联小部队,根据周保中、李兆麟和苏军远东各方面军总部的命令和指示,执行了与溃退日军作战的任务。在穆棱县执行侦察任务的孙鸣山小分队于梨树镇附近公路上发现停有两辆日军军车,便及时电告派遣总部,立刻有苏联飞机前来,把满载日军和弹药的两辆军车炸毁。他们还动员群众组织数百人的武装,配合苏军进攻八面通和梨树镇,迅速将日军击溃。在延边活动的抗联小部队配合苏联远东第一方面军从东线向日本关东军进攻,出击日军补给线,收缴溃散的日军武装,发挥了重要作用。

苏联对日宣战后,隐蔽在各地做地下工作的抗联人员也纷纷行动起来,发动群众,组织武装部队,收缴溃散的日军武装。被教导旅派遣回东北进行敌后侦察和长期潜伏任务的原抗联第十一军第一师师长李景荫在苏军对日宣战后,先后在绥化、延寿等地率领小部队积极配合苏军作战。在北满黑嫩平原,由抗联小部队扩建起来的队伍接连出击。在松花江下游和乌苏里江流域坚持游击活动的抗联小部队配合苏军,参加了饶河、宝清、同江、富锦和汤原地区的战斗。被派遣回东北穆棱潜伏的王杰忱、冯淑艳夫妇在苏联对日宣战后,很快在当地组织起一支100余人的队伍,他们在当地群众的支持下,砸开日军仓库,于穆棱泉眼河击溃了一支300余人的日军,收缴全部武装。苏军到达穆棱县后,他们与之取得联系,派人当向导,配合苏军在中东路东线一带打败了顽抗的日军。被派遣回东北潜伏,待机活动的原抗联第一路军第三方面军警卫连战士常维轩在汪清县金仓村组织农民会,组建起一支千余人的抗日武装,定名为东北抗日联军第一路军第三方面军独立团,常维轩任团长。在和苏军取得联系之后,他讲明了自己的抗联身份,配合苏军在汪清一带歼灭日伪残余势力,并与苏军接受日军受降。一直在延吉一带潜伏的朴更芝小部队,在短时期内发展一批队伍,有力地配合了苏军作战。

在抗联空降部队和其他小部队与日本关东军开始交战之时，抗联教导旅的主力部队也积极准备根据原计划，同苏联远东第二方面军总部直属部队一起挺进佳木斯地区，在进攻佳木斯战役中完成预定的作战任务后，再向哈尔滨方向挺进，同时进行扩军，动员东北人民就地参军参战。8月11日1时，苏联远东红军总司令部命令教导旅"全旅移驻同江。"但由于战争进展迅速，计划很快发生变化。8月12日决定，教导旅"暂停原地，不移动"①准备接受新的战斗任务。8月14日教导旅领导人打电报给前线C少将转总司令"请示本旅尔后之行动"。8月15日，C少将回电答复："因缺乏船运，移转暂停原地，守候总司令召唤。"②这样，周保中、李兆麟等抗联指战员只能继续等待上级命令。

抗联教导旅参战计划的改变，是与苏军出兵东北后，战争形势的迅速发展有直接关系的。当初苏军在确定反攻作战计划时，预想对日本关东军作战将会持续一年之久，最乐观的估计也得是半年左右才能把日本关东军全部消灭在东北战场上。然而，在英勇苏联红军的沉重打击下，日本关东军迅速土崩瓦解。

自苏联政府对日宣战后，苏联远东三个方面军即后贝加尔方面军、远东第一方面军、远东第二方面军分别实施进攻战役。苏联红军冲破绵延4000公里的边境线，以摧枯拉朽、排山倒海之势以钢铁巨拳迅速摧毁布满中苏边境地带的数十个坚固军事要塞。后贝加尔方面军实施了兴安岭—沈阳进攻战役，远东第一方面军实施了哈尔滨—吉林进攻战役，远东第二方面军实施了松花江进攻战役。苏联远东三个方面军如同秋风扫落叶一样，对日本关东军展开全线进攻。

战局的发展之迅速，出人预料。苏联出兵东北，战争仅仅进行一个星期，六七十万日本关东军被消灭，十三四万伪军被解除武装。日本天皇的王牌军队关东军的覆灭，表明其大势已去，加之关内抗日军民的大反攻，日本侵略军节节溃败，"大东亚圣战"的迷梦，最终宣告破灭，时局迫使日本政府无条件投降。8月15日，日本天皇裕仁以广播"终战诏书"形式，宣布日本无条件投降。8月18日伪满洲国皇帝溥仪在通化大栗子发表"退位诏书"，宣布伪满洲国垮台。日本侵华战争从东北开始，历经十四年，这场罪孽深重的战争在东北结束。

日本帝国主义发动的整整十四年侵略战争宣告失败，惨遭十四年蹂躏、压迫、奴役的东北人民获得彻底解放。

当日本宣布无条件投降的消息传到教导旅后，教导旅的营房一下子沸腾起来。周保中、李兆麟和全体抗联指战员兴奋异常，他们载歌载舞，热烈欢呼十四年的艰苦奋斗终于获得胜利。十四年的漫长岁月，是极不容易走过来的，东北抗日联军的将士们在孤悬东北，毫无支援的情况下，受到日伪军事上不断的"讨伐"、政治上的压迫、经济上的封锁，特别是日本侵略者厉行所谓"匪民分离"政策，在各地实行"归屯并户"，建立"集团部落"，使抗联部队无法与民众联络，进而陷于衣食无援、居无处所的苦难境地。此外，敌人不断实施派遣奸细和招降纳叛政策，破坏抗联部队内部团结，以达到消灭我军之目的。这一切阴谋毒辣的政策，都使党领导

---

① 周保中：《东北抗日游击日记》，人民出版社，1991年7月版，第817页。
② 周保中：《东北抗日游击日记》，人民出版社，1991年7月版，第818页。

的抗联部队的斗争遭遇到极大困难。东北抗联指战员在"一年四季半年寒"的东北大地,在长达十四年的漫长岁月里,年年冬季要爬雪山,年年夏季要过草地,在极端艰苦恶劣的斗争环境中,在与关内隔绝失去联系、毫无外援的情况下,用最简陋武器与世界上最凶恶的日本侵略者进行斗争,并能坚持到底,实非易事。他们在"中华民族到了最危险的时候",在那极端艰难困苦的抗战年代里,敢于冒着被杀头的危险,不畏战死、饿死、冻死、病死拿起武器抗击日本侵略者,投身于抗日运动都是英雄,而那些能够坚持长期抗战,有卓越贡献的抗日游击战争的指挥者、抗日运动的领导者杨靖宇、赵尚志、周保中、李兆麟、冯仲云、魏拯民等都是大英雄。抗联斗争的最后胜利是党的坚强领导的结果,是广大抗日军民英勇不屈、顽强战斗的结果,是苏联红军及世界爱好和平人民援助的结果。

"八一五"日本投降后,原定抗联教导旅随第二方面军投入佳木斯战役,向哈尔滨进军的计划已失去实际意义。周保中和李兆麟认真研究分析了新形势下东北党组织和抗联面临的任务和方针。他们认为在日本关东军迅速失败、伪满洲国已垮台的形势下,抗联部队的作战计划和发展计划必须做根本改变,以适应新的形势发展的需要。至8月22日,苏联红军已经占领了东北的沈阳、长春、哈尔滨、旅顺、大连、齐齐哈尔、佳木斯、牡丹江等许多大中城市。随着日本关东军的失败,伪满洲国各级政权也随之土崩瓦解。在这种东北时局急剧变化,佳木斯战役已经结束的情况下,抗联教导旅的斗争任务已是如何在苏军占领区发挥其应有作用的问题了。因此,远东苏军和东北抗联教导旅总部不能不采取相应的新对策。

据远东苏军司令部供应部、第二方面军司令部侦察部一份报告记载,至1945年8月25日,教导旅(第88旅)人员状况为:军官149人;军士358人;士兵847人;总计1354人。民族属性:中国373人;朝鲜103人;那乃(按,在苏联的少数民族)416人;俄罗斯462人。对于部队分派情况,这份报告说:"请从由中国、朝鲜、其他北方民族、俄罗斯等民族组成的第88旅中派878人供第二方面军使用。请派215名中国游击队员、64名前满洲士兵(按,指原东安镇伪军起义人员)前往满洲工作。其中,115人担任卫戍司令部副职,153人为地方护卫队和其他机关成员。从94名在苏联的中国人中挑选最优秀者担任红军部队翻译,其余上了年纪的人复员。派98名朝鲜游击队员、15名在苏联的朝鲜人前往朝鲜,从事如下工作:47人担任卫戍司令部副职、15人任翻译、37人为地方护卫队和其他机关的成员。"[①]

1945年8月26日,苏联远东红军总司令部军事委员希金中将召见了抗联教导旅旅长周保中和第一营营长金日成,下达远东苏军总司令华西列夫斯基的指示:88旅现有中国人员、朝鲜人员和苏联人员要分别行动。苏联人员暂时不动,朝鲜人员随远东第一方面军进军朝鲜,中国人员要随苏军各方面军分别占领东北战略要点,并准备接受驻各城市苏军卫戍副司令的任命,规定8月29日前报送出军官提级授衔名单。同时规定中国东北抗联返回东北的行动任务是:(1)帮助苏联红军维持占领地的革命秩序,肃清敌伪残余和一切反革命分子,提高苏联红军在中国群众中的威信,促进中苏人民友好;(2)利用军事管制的合法地位建立党组织,开展群众运动,在苏军主要的占领地以外建立人民武装和建立根据地。

---

① 《远东供应部侦察处处长丘维林关于第88旅人员组成和分派情况的报告》(1945年8月25日)。

很明显,这两项任务与周保中、李兆麟经认真研究分析确定的东北党组织和抗联面临的任务基本相同。周保中日记记载:"确定工作任务、范围、职责、作用。A.主要为军事、行政、社会秩序、保安工作、揭发奸宄、监督经济,宣传和教育群众。中苏友好同盟、提高苏联国家和军队威信,侦探工作关系问题;B.中共党东北组织之恢复和发展;党组织集中范围,群众运动和组织;党工作独立负责;恢复同中共联系,党内联络,联络行动的允许。政治方针问题。时局发展中的准备。统一建国——民主自由——中国。"①这段日记中,虽然是写的一些简短词语,但也能清晰看出当时所确定的任务究竟是什么。

8月27日夜半,周保中到苏联远东第二方面军总司令普鲁卡耶夫大将寓所,具体商谈了派遣人员分配和呈送请领奖章、勋章,颁发抗日有功人员等问题。

苏联最高苏维埃根据东北抗联教导旅在与日本法西斯斗争中的突出贡献,授予周保中、李兆麟等苏联红旗勋章。红旗勋章是1918年苏俄最早设立的功勋奖章,授予直接参加战斗、表现最坚强、勇敢功勋卓著的人。勋章中的红旗图案上写着:"全世界无产者,联合起来!"李兆麟获得这一勋章,不仅是他个人的荣耀,也是全体抗联指战员的荣耀。

8月28日下午3时,周保中回到本队,召集抗联教导旅各营长、党政工作人员及连长、指导员会议。周保中解释说明本旅不直接参加反日作战的原因:战局急转直下,日本倒台迅速,出人意外。部署出发准备工作,宣布旅内中国人员与苏联人员分理办法,临时编为两个营。宣布了关于联络系统,联络工具(主要是无线电)使用的规定,叮嘱大家根据苏联远东红军总司令的指示和中苏双方商定的方案,东北抗联人员预定在12个地区的57座大中城市和军事要地担任苏军驻各城市的卫戍副司令等职务,确定了工作任务、范围、职责作用。

据此,确定在新形势下的新的斗争方针、任务:必须使抗联教导旅尽快进驻苏军占领地,发展扩大自己的武装,发挥自己应有的作用;帮助苏联红军维持占领区的革命秩序,肃清日伪残余和一切反革命分子;进行建党、建军、建政工作;发动群众建立主要交通线以外的军事根据地,迎接党中央派来的领导干部和八路军、新四军进驻东北;如国民党占领东北,则继续开展游击战争,坚决反抗国民党反动派的统治。这期间,李兆麟根据形势的发展和面临新的战斗任务,为使干部战士适应这种新的形势,积极开展思想政治工作。在组织领导抗联指战员配合苏军进军东北和迎接新的战斗任务的日子里,李兆麟把做好指战员的思想政治工作放在重要位置。彭施鲁同志回忆说:"1945年8月,苏联对日宣战,抗联教导旅全体人员要立即进入东北境内参战,但是任务各有不同,很多同志要被派到敌军后方以三五人为一组独立作战,也有些同志单独被派到苏军第一线部队任向导和翻译,要和许多素不相识的苏联人相处。李兆麟为了做好思想动员工作,日夜不息地和许多抗联同志单独谈话,既明确交代每个人的任务,又提出纪律要求,当五十七个工作组即将奔赴东北各大中城市开展工作之时,李兆麟又对各组的政治任务提出要求。抗联教导旅回东北后要开展'三建'工作,这些任务是十分艰巨的,并不比直接参加对日作战为轻,这与直接对日作战同样是具有重大意义的。李兆麟对抗联指战员的这些指示,对回到东北进入各大中城市开展工

---

① 周保中:《东北抗日游击日记》,人民出版社,1991年7月版,第820页。

作的抗联同志十分重要。"①彭施鲁同志深情地回忆说,当遇到了许多眼花缭乱的情况之时,就更加体会到它的正确性。

1945年9月2日,在东京湾美国战列舰"密苏里号"举行的正式日本受降仪式上,日本政府代表在投降书上签字。消息传来,使周保中、李兆麟和他的战友们欢欣鼓舞,无比兴奋。抗战胜利,这是经过14年艰苦斗争取得的胜利,是用数千万抗日军民的鲜血和生命换来的胜利。在这艰苦卓绝的争取独立、自由的斗争的漫长岁月里,抗日军民高举抗日救国旗帜,英勇斗争,付出多么大的牺牲,斗争胜利的取得实属不易。在人民取得胜利的时刻,周保中、李兆麟和他的战友——抗联指战员都热泪盈眶。这是多么值得庆祝的大喜日子,它标志东北锦绣山河的光复,华夏五千年悠久历史的重光。日本政府代表在投降书上签字,表明日本彻底战败投降。为纪念抗日战争的胜利,9月3日被定为中国抗日战争胜利纪念日,同时这一天也是世界反法西斯战争最后胜利的纪念日。至此,中国人民的抗日战争终于获得了最后的胜利,长达14年之久的抗日战争宣告结束。

二、积极搞三建

日本帝国主义投降后不久,330名东北抗联干部战士在周保中、李兆麟、冯仲云率领下先机进入东北。

东北三省幅员广阔,北靠苏联,东接朝鲜,西邻蒙古。自然资源丰富,有粮食,有煤炭,有木材,有钢铁。中共中央对东北是极为重视的。毛泽东早在1945年5月31日中共七大的讲话中就已指出,我们这次大会提出注意大城市,注意东北。他用"大东西"比喻东北,说明东北的重要性。他说:"大城市是一个大量的普遍的东西,东北四千万人口也是一个大东西。"所谓"大东西"是说东北地区有大地盘、大城市、大工业和铁路发达、物产丰富、人口众多、邻国友好等得天独厚的条件。东北是具有极其重要的战略地位的地区。确实如此,如果我党我军能够控制东北,就能在经济上占据很大优势,为全国解放战争提供巨大人力、物力、财力的支持。6月10日,毛泽东又讲到东北的重要性,他说:"东北是很重要的,从我们党,从中国革命的最近将来的前途看,东北是特别重要的。如果我们把现有的一切根据地都丢了,只要我们有了东北,那末中国革命就有了巩固的基础。当然,其它根据地没有丢,我们又有了东北,中国革命的基础就更巩固了。"他还反复强调说:"如果我们有了一大块整个的根据地,包括东北在内,就全国范围来说,中国革命的胜利就有了基础,有了巩固的基础。"②毛泽东此议完全是战略家的眼光、见解,极具深谋远见。东北历来为兵家必争之地,在中国历史上,以东北为基地,而后举兵南下,入主中原,问鼎华夏者,不乏前例。"得东北者得天下",夺得东北,就取得平天下的主动权。共产党代表人民利益占据东北,就为人民打天下,执掌全国政权奠定了可靠的、巩固的基础。

---

① 彭施鲁:《回忆李兆麟同志》,载政协灯塔县委员会文史资料委员会编《李兆麟将军史料专辑》,第65页。

② 《毛泽东在七大的报告和讲话集》,中央文献出版社,1995年版,第219页。

苏联对日宣战后，8月11日，延安总部朱德总司令在发出的第二号全面反攻命令特别指出：一、原东北军吕正操所部由山西绥远现地，向察哈尔、热河、辽宁进发；二、原东北军张学思所部由河北、察哈尔现地，向热河、辽宁进发；三、原东北军万毅所部由山东、河北现地，向辽宁进发；四、现驻河北、辽宁边境之李运昌部，即日向辽宁、吉林进发。朱德下达的命令要求这些部队迅速向东北挺进，与苏联红军相配合对日军展开作战，并准备接受日军和伪满军队的投降。

对于东北这一重要战略基地，国民党蒋介石也很重视，确定了"寸权必夺""寸利必得"的方针。抗战刚胜利，就决定要派重兵到东北与中国共产党争夺抗战胜利果实。但他们的军队远在西南、西北大后方，无力马上抢占东北。在这种情况下，国民党蒋介石便想通过苏联的支持来"接收"东北。1945年8月14日，国民党控制的中国政府和苏联政府在莫斯科签订了《中苏友好同盟条约》及《关于苏军进入东北三省之协定》等照会协定。按文件规定及口头协议，苏军占领东北期间由其实行军管，苏军于日军投降三周后撤出东北，三个月撤完后由国民党政府接管东北。由于苏联政府受《中苏友好同盟条约》的约束，不能公开让共产党接收东北。一时出现复杂局面。东北成为一个三国（中美苏）四方（共党、国党、苏方、美方）斗争的漩涡、焦点。

抗战胜利后，中共中央即做出向东北大举进军，建立巩固的东北根据地的战略部署。与东北距离较近的冀热辽军区党委接到命令后，立即决定由李运昌率领部队分西、中、东三路挺进东北。8月中旬，李运昌所部即开赴东北。其东路，冀热辽军区第16军分区4000余人由曾克林、唐凯率领，于8月30日与苏军会师，解放了雄关重镇、关内外咽喉——山海关。9月4日，曾克林、唐凯率部进入锦州，与在锦州的苏军会师。接着于9月5日，曾克林、唐凯率主力3000余人乘火车抵达沈阳。

9月中旬这段时间，八路军、新四军虽已挺进东北，但东北的多数战略重镇尚未被占领。在这种情况下，东北抗联在苏联红军的帮助下占领东北各战略要地就是最主要的任务。当时形势发展很快，甚至出于意想之外。根据改变参战计划和新制定的配合苏军占领东北战略要地的方针，周保中、李兆麟等抗联领导人提出，必须抢在国民党之前，控制长春、沈阳、哈尔滨等12个中心城市以及部分中小城镇57个战略要点，广泛争取群众，重建各地党的组织、人民政权和人民武装，牢固地控制东北，以迎接八路军、新四军和党中央所派进驻东北的干部。因为抗战的胜利是抗日军民用鲜血和生命换来的，自然人民苦斗抗争换得的权利、果实，决不能轻易丧失，必须用斗争来捍卫。东北党委会通过了周保中的提议，成立了进驻12个中心城市、57个战略要点的工作组，中等以上城市有十人以上组成，大县城有三至五人组成，小县城至少一人。其任务是寻找我党的地下工作者，与党中央取得联系及开展建军、建党、建政"三建"工作。

8月末、9月初，周保中和李兆麟召集全旅指战员大会，周保中向指战员宣布返回东北的行动方案指出，我们返回东北首先要准备与国民党进行长期的斗争，要有第二次上山打游击的思想准备。他还提出，各工作组人员回东北后，先一律不脱苏军服装，都参加苏军卫戍司令部工作，各工作组组长同时担任苏军驻地卫戍司令部的副司令员职务。

抗联老战士王钧同志回忆说："八一五日本宣布投降，大家喜笑颜开，准备回东北，东奔西跑忙个不停。而我在1942年初与日军作战时左腿负的重伤一直没有痊愈，走路离不开拐棍，行军作战有很大困难,所以几位领导打算不让我随大部队行动,要我留在营地,管理伤员和家属。一听到这个消息,我心急如焚,立即找到李兆麟同志,实心实意地请求:我从年幼就离开了父母和家乡,寸步不离组织,和鬼子斗了十几年,盼星星,盼月亮,这回可算胜利啦,说什么我也得上前线,你们怕我蹩脚,我保证不落后,你们只要把我带上前线,我爬也要跟上你们!李兆麟同志被我磨得没办法,最后到底同意了我的要求。因为我过去多年在北安一带打游击,组织上便派我带一名同志到伪北安省省会北安工作。"①而后,王钧同志被分配到北安任卫成副司令。

在抗联教导旅指战员回国前夕,许多同志都根据形势要求和工作需要,改名换姓。据此,周保中改名为黄绍元、张寿篯改名为李兆麟、冯仲云改名为张大川。因为教导旅指战员既是东北抗日联军指战员,又是苏联红军人员,在统一作战编制中,他们都具有双重身份,所以在占领地既能够以苏联红军身份合法活动,待苏联红军撤出后又可以抗联人员身份接管城市。这样,于中苏两国政府签订的《中苏友好同盟条约》的规定既不相违背,又能够保证东北各大中城市顺利地回到人民手中。从9月5日至9月10日,抗联教导旅330名抗联干部在周保中、李兆麟率领下,按原定进驻12个中心城市、57个战略要点的部署,陆续分批由苏联乘飞机或坐火车返回东北,捷足先登,到达长春、沈阳、哈尔滨、齐齐哈尔、佳木斯、牡丹江等地。

据周保中9月5日日记记载:"派出张寿篯、金日成、王效明、姜信泰等170名,分赴哈尔滨、吉林、延吉、高丽地区。"李兆麟是属大部队中第一批回东北的抗联人员。9月7日、8日又有两三批抗联人员回东北。教导旅中的朝鲜同志由金日成率领新组成的部队,返回朝鲜。

在迎接胜利、即将与共同战斗的朝鲜战友分别的日子里,大家真有些难舍难分。在长期对日本帝国主义的斗争中,李兆麟与金策、崔石泉(崔庸健)、金日成等朝鲜战友建立了深厚的情谊。李兆麟在这些朝鲜战友心目中有很高威望。金日成在其《与世纪同行》回忆录中写道:"国际联军时期的政工干部张寿篯,也是我亲密的中国战友之一。在北满的时候,他是第三路军的军长(按,应为总指挥)。他还有个名字叫李兆麟。他和冯仲云是莫逆之交,和金策也是肝胆相照的挚友。他品质优秀,谦虚和忘我精神是他特异的品质。也许是因为这个缘故,我们一见面就成了挚友。有好事,他都让给同志,有困难,他一身独揽。他的这种品质,使我对他产生了深厚的感情。共产国际保存的游击队指挥员鉴定文件,称赞他是优秀的组织者,是英勇无畏、精力充沛、富有创造性的游击队指挥员。"②这是朝鲜战友对李兆麟的评价,应该说是中肯的,感情是真挚的。

按规定,抗联部队先机占领的战略要地共有12个中心城市,这些城市是:(1)长春,由周保中负责;(2)哈尔滨,由李兆麟负责;(3)沈阳,由冯仲云负责;(4)吉林,由王效明负责;(5)延吉,由姜信泰负责;(6)齐齐哈尔,由王明贵负责;(7)北安,由王钧负责;(8)海伦,由张光迪负责;(9)绥化,由陈雷负责;(10)佳木斯,由彭施鲁负责;(11)牡丹江,由金光侠负责;(12)大连,由董崇斌负责。

自1945年8月15日,日本宣布无条件投降后,苏联红军根据中苏友好同盟条约对我国东北实行军事管制。上述各地负责同志都已担任当地卫成副司令。

---

① 王钧回忆录:《血荐轩辕》,哈尔滨出版社,1994年版,第208页。
② 金日成回忆录:《与世纪同行》第8册,朝鲜外文出版社,1996年版,第232页。

李兆麟到哈尔滨时,苏军已经占领哈尔滨,并已经实行军管。哈尔滨是北满地区的重要大城市,为北满政治、经济、文化和军事中心。哈尔滨也是东北的水陆交通枢纽和物资集散地。中东铁路东西线与南线在此交会,南通旅顺、大连,东、西分别至绥芬河、满洲里可入苏境;北部连接北黑铁路(北安、黑河),东北部连接佳木斯的铁路干线。建埠以来各国列强无不把哈尔滨看成宝地,纷纷在此地投资,开厂(工厂)建店(商店)设行(银行)。抗战胜利后,接收哈尔滨这座北满大城市具有重大的战略意义。

苏联红军进驻哈尔滨,占领火车站

苏联红军刚进驻哈尔滨时,市内形势十分复杂。许多伪满军警宪特等敌伪残余,由汉奸摇身一变成了所谓"正统",各种名号的国民党"挺进军""先遣军",特务组织及国民党"市党部""区党部""区分部"纷纷冒了出来。他们制造谣言,蛊惑群众,搞破坏,扰乱社会治安,反动气焰嚣张,活动猖獗,为中共党组织的活动开展造成极大困难。

根据苏军安排,1945年10月1日,滨江省政府在哈尔滨成立,谢雨琴(按,原滨江省民生厅厅长)任省长,张廷阁(按,原哈尔滨市商会会长、哈尔滨双合盛面粉厂经理)任哈尔滨代市长,李兆麟被任命为滨江省副省长兼任哈尔滨卫戍司令部副司令。李兆麟协助苏军维持地方治安恢复社会生产、生活秩序,着手接管松江省和哈尔滨市日伪政权,肃清敌伪残余势力,恢复社会秩序,振兴贸易和安定民生。同时利用滨江省副省长、哈尔滨卫戍司令部副司令合法身份和有利条件,从事建立民众团体,恢复、发展中共组织,并抓紧时机开展建党、建军、建政工作。

为从事"三建"工作,李兆麟还根据组织决定成立了"东北抗日联军驻哈尔滨办事处"(按,原址位于哈尔滨火车站前铁路医院门诊部),亲任办事处主任。其任务是协助苏军稳定

社会秩序,接收日伪机关、企业、军事、文化设施及财产,维护社会治安,积极筹集武器装备,迎接和转送党中央派往北满、西满地区的大批军队和干部。

李兆麟在东北抗日联军办事处召开的抗联干部会议上讲话说:"必须抓紧时机,'抢形势,搭架子',利用公开的苏军合法身份,迅速到各市、县开辟党的工作,建立我党领导下的军队和武装,清剿日伪残余势力、匪特组织,粉碎国民党控制北满的阴谋。"他对与会干部们说:"为了建设我们的政权,你们到各市、县后,肩负着祖国和人民的重任,肩负东北人民的希望,工作的进展,关系到党中央派来的干部和部队能否在东北站住脚跟。所以,你们要善于在困难条件下独立作战,依靠党和人民群众,战胜敌人。我们开辟的工作,具有伟大的历史意义,这项伟大的任务将是民族革命走向全面胜利的基础。"会上,李兆麟为即将赴任的抗联干部核发了介绍信,宣布了具体分工。其中派江子华(李思孝)、李青山、马克正等到哈东地区和阿城、一面坡,任命江子华、李青山担任阿城县苏军卫戍副司令。李忠义、赵有才到玉泉,薛兴启、郝世昌去哈尔滨,李德永去宾县,李胜玺去苇河,马克正去珠河,姜玉富去牡丹江,派张祥、单立志等到巴彦等地开展工作,发展建立人民武装。①

当时,李兆麟是中共在哈尔滨市唯一以中共党员公开身份代表共产党讲话的人。由于是苏军实行军管,中共组织尚未公开,只能秘密活动。此时,苏军还是很热情支持中共的各种工作,虽说不允许中共组织公开进行活动,但对一般群众性活动,组织群众团体等还是予以支持的。为了进一步取得苏军对我党我军的支持和援助,宣传中苏友好,以利于开展与国民党反动派的斗争,经上级党组织的同意,李兆麟联合哈尔滨市各界民主人士谢雨琴、张廷阁等于1945年10月,共同筹建了中苏友好协会。党中央对成立中苏友好协会这一群众组织表示赞赏,10月23日电示东北局:"望努力发展中苏友好协会,遍及各省县。做得好,可起大作用。"②

哈尔滨中苏友好协会旧址

---

① 江玉章:《金戈铁马 浴血关东》,黑龙江人民出版社,2009年版,第457页。
② 中央文献研究室编:《彭真年谱》(上卷),中央文献出版社,2002年版,第301页。

11月18日，哈尔滨中苏友好协会（按，原址在哈尔滨市委机关一号楼）成立大会在大光明电影院召开。会议议程共有五项：一、报告筹备经过；二、市民代表控诉日伪在东北的暴行和表达对苏联解放东北的感谢；三、宣布中苏友好协会成立和宣读理事成员名单；四、李兆麟讲话；五、苏联来宾致贺词。大会宣读了中苏友好协会理事会名单和分工，李兆麟被选为会长，副会长是谢雨琴、李国钧、孙耕野。协会下设总务部、文化部、对外联络部等。

李兆麟在大会上的讲话中，引用孙中山的遗嘱说："我们要与世界上平等待我的民族合作友好。哪个国家真心诚意帮助我们？那就是苏联。今天，我们宣布成立中苏友好协会，就是要开展友好工作，希望广大市民支持我们的工作。"随后，松江省肇东、呼兰、阿城等县成立了中苏友好协会分会。友协成立初期会员发展很快，有3000余人入会。

由于东北人民被日本侵略者统治十四年，加之受国民党欺骗宣传影响，东北光复之初民众中正统观念很深，对共产党及其领导的军队真实情况缺乏了解。针对抗战胜利初期，严峻、复杂局势，李兆麟说："东北沦亡是由蒋介石的不抵抗主义造成的，整个抗战期间，国民党没有派一兵一卒在东北抗战，因之国民党没有理由到东北当家作主，我们应该是无情地揭露国民党出卖东北的真面目，不许他们欺骗东北人民。"李兆麟来到哈尔滨，首先抓住舆论工具，把东北沦陷十四年来党领导东北抗联艰苦奋战的业绩告诉人们，争取、团结广大群众。在百忙中，他紧紧抓住广播电台的工作。

哈尔滨广播电台，建于1923年。1932年日本占领哈尔滨后，改为伪满"哈尔滨放送局"。日本宣布投降后，电台的日本人要破坏电台，经电台广播员赵乃禾等的斗争保住了这座电台。苏军接收后，建成哈尔滨广播电台。哈尔滨广播电台台长赵乃禾回忆，李兆麟对他说："敌人垮台之前，他们自己动手把北满地区各地的广播电台都破坏了，能把哈尔滨这座电台完整的保护下来太好了，现在咱们还没有自己的报纸，通过电台，要尽快地把广大群众组织起来，团结咱们的周围。"①在李兆麟指导下，这座电台播送了毛泽东著作《新民主主义论》《论联合政府》，使广大听众直接了解到共产党的主张和政策。9月中旬，赵乃禾被滨江省政府任命为哈尔滨广播电台台长。10月，经李兆麟介绍，赵乃禾加入中国共产党。哈尔滨广播电台成为中国共产党领导的第一家地方广播电台。12月间，在李兆麟的直接干预下，使报社已被苏军拆卸的七八台印刷机未被当作战利品运走，为党报创办提供了必要条件。接着，李兆麟又着手创办了中苏友协机关报《北光日报》，由马英林任社长。李兆麟在该报发表了许多篇文章。广播电台、报社在宣传东北抗日军民在中国共产党领导下进行的十四年艰苦卓绝的抗日斗争历史，表彰抗日烈士，宣传八路军、新四军及其他人民军队坚持抗战的英雄业绩，树立正确的舆论导向，纠正所谓"正统"观念等方面起到很大作用。

抗联部队进驻哈尔滨后，李兆麟即以抗联驻哈办事处主任和苏军哈尔滨卫戍司令部副司令的身份，开展建党、建军、建政即"三建"工作。如前所述，他在主持召开抗联干部会议讲话中特别强调说："必须抓紧时机，'抢形势，搭架子'，利用公开的苏军合法身份，迅速到各市、县开辟党的工作，建立我党领导下的军队和武装，清剿日伪残余势力、匪特组织，粉碎国民党控

---

① 赵乃禾：《难忘的人》，载政协灯塔县委员会文史资料委员会编《李兆麟将军史料专辑》，第141页。

制北满的阴谋。"

李兆麟要求到各地从事"三建"工作的同志:"你们到各市、县后,肩负着祖国人民和党的重托,肩负着东北人民的希望,工作的进展,关系到党中央派来的干部和部队能否在东北站住脚跟。所以,你们要善于在困难条件下独立作战,依靠党和人民群众,战胜敌人。"之后,在哈东、哈南、哈西、哈北等北满广大地区广泛开展起建党、建军、建政工作。

首先是组建党的组织。按照中共东北委员会的部署,组建了中共松江地区委员会,李兆麟任书记,委员有马克正和张祥等。其工作分布在北满广大地区。而后,按李兆麟部署被派遣到阿城、宾县、呼兰、巴彦、双城等地抗联干部,组建了县委。当时建立的县委是秘密的,党组织不公开,对外称"民运工作委员会"。

1945年9月15日,中共中央决定成立东北中央局,以彭真、陈云、程子华、伍修权、林枫为委员,彭真为书记。东北局在沈阳成立后,北满的各项工作按东北局的统一部署有条不紊地开展起来。

在刚开辟"三建"工作期间,李兆麟还接待了"中共哈尔滨工委""中共北满临时省委"负责同志。"中共哈尔滨工委"是由伪满时期隐蔽在哈尔滨的地下工作者、关里派来与党失掉联系后秘密潜伏下来的同志组成,由胡铁桥任书记。"中共北满临时省委"是日本宣布投降后出狱的中共地下党员、干部组成,地址在哈尔滨道外区"东光寮"(按,原日本人设在道外区的一处住所)。由周维斌任书记,张观任副书记。王景侠负责组织、李光复负责宣传、刘忠民负责军事、樊继光负责青运、廖春潮负责学运。李兆麟对"中共哈尔滨工委""中共北满临时省委"的同志大胆启用。本着"用人不疑,疑人不用"的原则,让他们参加"三建"工作。"中共哈尔滨工委"书记胡铁桥同志回忆说:"我们找到随苏军回国、驻在哈尔滨的党的负责人李兆麟同志,正式接上了党的组织关系。兆麟同志和我们一一握手,热情地接待了我们。听取了我们哈工委地下党三年工作报告,审阅了党员的全部名单,承认并接纳了我们哈工委所发展的党员与建立的党组织,并对我们过去的工作给予肯定。对今后的工作做了具体的指示,告诉我们:不但成立游击队,还要大量组织正规军队,在党中央的干部和部队到来之前,能够把哈尔滨整个控制起来。当他听到我们没有一点活动经费,生活十分艰苦的时候,当即给了我们一麻袋高粱米,五六百元苏军流通券,还单独送给李秀峰同志一个几斤重的长面包和几桶罐头。兆麟同志还歉意地说,暂时我们还没有多少东西,只能拿这点表表心意罢了。和上级党接上了正式的组织关系,我们的地下的中共哈尔滨工作委员会已经完成了他的历史使命。"①之后根据李兆麟的指示,胡铁桥等为组建正规军队进行了积极的筹备工作。他们将发展的40名党员和近千人的武装队伍,统归上级党组织调遣使用,成为哈尔滨保安总队,中共松江工委特务队,三棵树公安分局的骨干和基础力量。"中共北满临时省委"负责同志周维斌、张观等曾到沈阳找到陈云汇报请示工作。陈云代表东北局指示他们的任务是:"接收政权、建立武装、发动群众、收集敌伪物资。"同时指示他们在东北局派干部开辟哈尔滨及北满工作前,回哈尔滨要在李兆麟领导下开展工作。10月1日,他们到哈尔滨后即向李兆麟做了汇报。之后,遵照

---

① 胡铁桥:《回忆中共哈尔滨工委情况》,载《哈尔滨文史资料》第七辑,第64页。

东北局的指示,在李兆麟领导下,开展党的工作。他们根据李兆麟的意见,举办两期训练班,发展一批党员。他们在宣传党的方针政策、发动群众、保卫国家财产、建立人民武装、收缴敌伪物资等方面做了大量工作。

当时,王明贵、张瑞麟等同志从苏联伯力乘飞机到长春后,经周保中分配到齐齐哈尔开辟工作。周保中指示他们:"没有自己的武装力量不行,将来苏军一撤,没有军队,接收政权就困难了。因此要做好思想准备和物资准备,有机会就要组织、训练'自卫军',掌握枪杆子。"他们在离开长春前赴齐市途中路过哈尔滨,李兆麟高兴地接见了他们。他们在向李兆麟汇报了周保中同志对开辟工作的意见后,李兆麟表示支持并嘱咐大家:"到地方以后,一定要依靠群众开展工作,离开这一条,就无法完成任务。"①他特别强调依靠群众对开展工作的重要性,这给王明贵、张瑞麟留下很深印象。之后,王明贵、张瑞麟等同志到齐齐哈尔,依靠群众开展工作,建立反帝大同盟,很快打开西部地区工作局面。

10月中旬,受中共中央派遣,钟子云、王建中、何延川、于林、刘铁男等20多位军队和地方干部从关内来到哈尔滨,同李兆麟取得了联系。随后,撤销了"中共北满临时省委",成立了中共滨江地区工作委员会和哈尔滨市委,钟子云任书记,李兆麟参加市委工作。当时市委委员有李兆麟、聂鹤亭、周维斌、张罗、张观等。10月25日,中共滨江地区工作委员会发出《告全体同胞书》,提出"我们首先要在全中国的范围内,建立全国民主统一的联合政府并选出真正代表人民利益的地方政府,建立新民主主义的政治制度"。为加强北满地区工作,11月5日,中共中央东北局遵照中央11月2日电报指示,决定成立"北满分局",陈云任书记,11月16日陈云到哈尔滨。12月5日东北局报中央决定陈云、高岗、张闻天、李兆麟、张秀山为分局委员。②1946年1月6日中央复电同意。

李兆麟作为北满分局委员、松江军区副政治委员,其任务是在北满分局领导下与哈尔滨市委一起主管哈尔滨市和苏军的交往工作,参与组建松江省委、军区及领导所属14个县党、政、军工作。根据北满分局指示,滨江工委派遣大批干部和武装人员分赴14个县,深入开展"三建"工作,成立了哈东(阿城)、哈西(肇东)、哈南(双城)、哈北(呼兰)4个专区和地委。在部分县成立了秘密县委,有的县份还成立了党的外围组织反帝大同盟,从事发动群众、配合党组织建立政权、发展武装等工作。

在建军方面,由于日本已宣布投降,人民军队的任务已不再是抗日,而是保卫抗日战争的胜利果实,因而东北党委会决定将东北抗日联军改名为东北人民自卫军,由周保中任总司令兼政委。早在1945年10月下旬李兆麟就在中共滨江工委的领导下,同苏军军管当局协商,以滨江省政府的名义,成立了由共产党领导的哈尔滨市保安总队。哈尔滨保安总队是以滨江省政府名义在"中共哈尔滨工委""中共北满临时省委"组建的武装部队基础上,经扩编成立的。哈尔滨保安总队,由王建中任总队长、钟子云兼任政委、刘铁男任政治部主任。总队部设在哈尔滨原伪满第四军管区司令部(按,今哈三中校址)内。保安总队曾发展到4000多人。保

---

① 《张瑞麟回忆录》,黑龙江人民出版社,1991年版,第176页。
② 中共哈尔滨市委党史研究室编:《中共中央北满分局》,黑龙江人民出版社,1998年版,第565页。

安队的武器装备是从苏军控制下的日本军需品仓库中解决的。为解决保安总队财政和物资上的困难，李兆麟还召集哈尔滨的士绅开会，成立"哈尔滨市保安总队后援会"，组织爱国人士捐款，解决了保安总队经费困难。10月24日，李兆麟又以省政府的名义任命周维斌为哈尔滨市公安局局长，张晓岩、刘世范等为分局长；同时撤销国民党建军头目舒秋石、赫文苏的局长、副局长职务，把公安大权掌握在共产党手中。人民武装的建立、公安部门的控制，对打击国民党当局派遣的敌特分子，镇压地痞流氓和不法分子，清剿哈尔滨周边的土匪起到很大作用，维持了哈尔滨的正常秩序，保护了全市人民的生命和财产安全。

当时，国民党分子也成立一个"保安总队"，妄图与中共抗衡。滨江工委发现后，将其解散。在建立哈尔滨保安总队过程中，由于哈尔滨市处于苏军军管区，加之国民党政府与苏联政府签有条约，在这种形势下，中共的许多事情都要通过苏军同意才能解决。为争取苏军同意，李兆麟出面与苏军负责人交涉，以便得到他们的支持。在这方面李兆麟做了大量工作。

在哈尔滨保安总队建立的同时，阿城、巴彦、一面坡等地也组建了一批自卫军人民武装。哈尔滨保安总队及各地人民武装的建立，在形势复杂的特殊条件下，担负着保卫哈尔滨市和周边各地安全的重任。

在建军工作中，李兆麟总是注意从全局出发，在抓哈尔滨建军的同时，他还积极协助关内来的干部开展建军工作。1945年10月下旬，王堃骋、陈大凡等19名干部从晋察冀边区来东北工作。东北局分配他们到北安（黑龙江省）开辟工作。在组建人民武装时，因缺乏武器，工作遇到困难。李兆麟得知这种情况后，便利用自己在苏军中担任一定职务的条件，与苏军联系，从日军武器库中搞到一批武器，用火车运到北安，使北安组建人民武装工作顺利展开。1945年10月31日中共中央决定成立东北人民自治军总司令部，东北人民自卫军统一编入自治军（1946年1月4日东北人民自治军改称东北民主联军）。

北满地区的建军工作在李兆麟和其他同志的努力下，取得了显著成绩。"截至1945年12月，北满地区（当时划分为松江、合江、黑龙江、嫩江4省）已发展新部队25300余人，其中松江7500人、合江2800人、黑龙江5000人、嫩江6000人（哈尔滨市保安总队人数未计在内），并有轻重机枪200挺。"①

在各地开展"三建"工作中，由于局势错综复杂，"三建"工作并不顺利。李兆麟对此极为关注，及时对所发现的问题予以解决。以绥化为例，抗联干部陈雷等在绥化开辟工作，建立党领导的地方武装过程中，受到大恶霸汉奸常栋彝（外号"常八"，原黑龙江省省长常荫槐之侄）的破坏和阻挠。"常八"在伪满时任绥化县"矫正院"院长，是日寇帮凶。日本投降后，当上县地方维持会会长。他与土匪头子于化鹏相勾结发展反动势力。"常八"还暗中私通苏军翻译于长青。于长青在伪满时是日本宪兵队特务，他妹妹于凤兰是日本军官的姘头。日本投降后，于凤兰靠上一名苏军上尉。利用这一层关系，于长青摇身一变，成了苏军翻译。"常八"与他相勾结，并骗取了一名苏军军官信任，图谋不轨。一次，土匪头子于化鹏被我捕获，"常八"却串通于长青，向苏军军官行贿求情，释放了于化鹏，造成严重后果。为了开辟工作，建立地方武装，

---

① 《陈云文集》第一卷，中央文献出版社，2005年版，第466页。

建设根据地，绥化同志认为必须铲除"常八"这个祸根。县委召开会议决定消灭大恶霸、大汉奸"常八"。根据县委决议，我警卫一旅战士将"常八"逮捕，经审讯，于1946年2月1日将其处决，并张贴布告。"常八"被处决震动全县，人民拍手称快。此事，事先未告之苏军司令部，怕苏军军官从中作梗。事后，苏军驻绥化卫戍司令大发雷霆，非要赶我党我军出城不可。陈雷同志与苏军驻绥化卫戍司令几次交涉均无效。这时，陈雷同志奔赴哈尔滨向李兆麟进行汇报。李兆麟当即向苏军驻哈司令部反映这一情况，提出要求。三天后，苏军驻绥化卫戍司令被解职调走，绥化遇到的棘手问题顺利解决。此事使陈雷感到李兆麟作为上级领导，在下级工作遇到困难时，他全力支持，帮助解决，使他对自己的老领导兆麟将军更感衷心佩服。陈雷同志深有感慨地说："从此我觉得真正领导者的一个重要职责是帮助下级解决问题、克服困难，这对我是个实际教育。"①

在建政方面，抗战胜利后，国民党反动派要与人民争夺胜利果实。日本投降不久，各县原伪满政府变为维持会，汉奸们争先恐后投靠国民党，并以"建军参政"为资本，迎接国民党中央军接收。哈尔滨周围各县纷纷成立起的维持会建立了保安队，打着维持地方治安、保护人民的幌子，控制着当地大权，妄图与共产党、人民军队对峙。当时，苏军由于受《中苏友好同盟条约》的制约，对中共的活动也进行一些限制，但李兆麟也利用抗联人员兼任各地卫戍副司令的条件，顺利接管哈尔滨周围一些县份政权。以哈东重镇阿城为例，在这之前，8月19日，苏联红军已经进驻阿城，在阿城县糖厂建立了苏联红军阿城卫戍司令部。在阿城设立了哈东苏军司令部。抗联干部江子华在那里任卫戍司令部的副司令。10月24日，李兆麟、钟子云召集何延川、王景侠、胡起、樊继才等人开会，会议决定：由何延川任哈东专署专员、王景侠任哈东地委副书记、胡起任阿城县县长。任务是在抗联干部的协助下，共同接收哈东地区的阿城、宾县、珠河、苇河、延寿、方正等县政权。10月26日，何延川、王景侠、胡起等16名同志按照滨江省副省长李兆麟的命令，与阿城卫戍司令部的副司令江子华联系接收阿城政权事宜。他们向驻阿城的苏军卫戍司令出示了李兆麟同志的指示信，请求协助接收政权。江子华和苏军卫戍司令进行交涉说："我奉上级命令，由上级派来的领导同志接收阿城政权，请求您的帮助。"开始时，苏军司令说："上级没下通知接收政权，出现问题怎么办？"江子华说："我已经接到上级的命令，任务紧迫，希望得到您的帮助，一切后果由我负责。"苏军司令同意了接收政权的要求。而后江子华从卫戍司令部抽调苏军一个班战士和警卫连一个排，协助何延川、王景侠、胡起等接收阿城政权的工作。10月27日，何延川向伪县长温继桥和警务科长宣布了滨江省副省长李兆麟对哈东地委、哈东专员公署专员、阿城县长、县公安局长的任命令。并当众宣布副省长李兆麟的命令：解散敌伪一切组织和武装，成立阿城县民主政府。所有伪军政人员，只要拥护民主政府一律宽大，愿意工作的继续留用。不愿意的可以回家。伪县长温继桥听到这一命令后，拿出官印，表示愿意交出政权。接收后的民主政府向全县发出布告，宣布阿城县民主政府正式成立，胡起任主席。②就这样较顺利地接收了阿城县政权。其他地方政权接管情况

---

① 陈雷：《征途岁月》，黑龙江人民出版社，1991年版，第296页。
② 江玉章：《金戈铁马 浴血关东》，黑龙江人民出版社，2009年版，第468页。

大体如此。

　　1945年11月下旬，国民党接收大员来哈尔滨前夕，中共党政军机关撤离哈尔滨，来到宾县。根据陈云同志指示，又派出一批干部到各县接收政权。1945年冬至1946年春，北满地区大部分县建立了县级政权。新政权实行的施政纲领是：（1）刷新行政组织；（2）减租减息，安定农村；（3）确保治安；（4）打倒土豪劣绅；（5）取消反动党派；（6）消灭汉奸；（7）发展工商业；（8）振兴普及教育；（9）稳定物价，确保民生；（10）进行区村建设。县级政权的建立表明执掌人民群众命运的大权回到了人民群众的手中。北满人民从此实现了翻身解放的夙愿。

　　在进行"三建"的同时，李兆麟继续关注舆论宣传和群众工作，根据陈云同志的指示，在他的支持和关心下，中共地方党组织相继在哈尔滨创办了《松江新报》《哈尔滨日报》等报纸，宣传党的方针政策，还组织了工会、妇联、学联等群众组织，开展群众工作。在李兆麟与中共滨江工委同志的共同努力下，中共党组织基本控制了苏军管制下的哈尔滨，有力地打击了国民党反动派的势力。

　　李兆麟等抗联同志由于先机进入东北，很快地在工作上打开了局面，特别是他们的实际工作在一定程度上限制了国民党的各种活动，因此，为八路军和新四军的进驻东北创造了有利的条件，这为争取在东北建立巩固根据地做出了应有的贡献。

　　在李兆麟回到东北，在哈尔滨开展"三建"工作时，他的家人知道了李兆麟的消息，自然都非常高兴。李兆麟的长子李玉①很快来到哈尔滨，父子相见，情景动人。李兆麟看见自己的儿子已经长成一个十八岁的小伙子，心中高兴万分。年轻的李玉终于见到朝思暮想的父亲更是激动、兴奋不已。两人有说不完的心里话。对于他们父子会面，李玉同志有如下回忆，从此篇回忆中可以看到李兆麟在那时的繁忙工作情形和他的精神风貌及思想情感：

　　1945年日本投降了，我们全家十分高兴，抗战十几年的父亲一定会很快回来！听说苏联红军的军车每天都向大连方向进军，我就跑到十多里外的公路上张望，看看有没有中国的抗日队伍路过，有没有父亲的身影。在焦急盼望与等待中，一天傍晚有一位老伯骑着毛驴来到我们屯，说是受朋友之托，前来送信。原来送信人是李靖宇叔叔的同乡，他得知我父亲在哈尔滨的情况后，就派人找到了我家。我同表叔魏承顺到沈阳找到李叔叔，才知道父亲已改名叫张寿篯，又叫李兆麟，在哈尔滨苏军驻哈卫戍司令部担任副司令。

　　李玉同志回忆说：在哈尔滨找到父亲后，他叫我先当勤务员。再次见到父亲，他从拎兜里掏出事先准备好的一瓶红葡萄酒和几根红肠，说："为了祝贺我们十多年的第一次见面，咱爷俩干一杯！"说着，与在场的哈尔滨市委书记钟子云、哈尔滨保安总队司令王建中等几位领导轮流碰一下杯。这是我有生以来头一次碰杯！我享受人间的天伦之乐，尝到了父爱的滋味！当夜，我和父亲睡在办公室的地板上，抵足而眠。到哈尔滨以后，由于父亲很忙，平时我根本见不到父亲。有一次开会，勤务员不准上楼，父亲就让我临时去送茶水，并向各位叔叔介绍："这是我的小孩，今后开会就让他准备茶水吧。干革命先从勤务员做起。"

---

　　① 李玉原名李振宇，1928年出生。1948年参加工作，1949年4月加入中国共产党。1954年考入东北农业大学，毕业后留校担任教师。曾先后担任该校园艺学院政治辅导员、系主任、党总支书记等职。1989年离休。

后来,父亲说:"现在抗战胜利了,将来为人民做事就要有文化,你要好好学习。等时局稳定了,我送你到军政学校去。现在跟你冯叔叔(冯仲云)学习数学,他是大学教授。"我记下了父亲的教诲,有空就学习,还向电报员学收发报和译电文等方面的知识。

李玉同志回忆说:父亲每天都工作到深夜12点多,早出晚归。我向秘书提出,要求和父亲住在一起。父亲同意了我的请求,把我接到花园街26号居住。当时时局很紧张,我军正准备撤离哈尔滨,国民党接收大员关吉玉、杨绰庵、余秀豪等将进驻市里。关内来的我党干部日益增多,开会频频。尽管父亲经常半夜才回来,仍不休息,有时候问我家乡的一些情况。我告诉父亲,1933年中共奉天特委遭到破坏后,许多同志被捕入狱。姑母李兆宾和姑父被抓进监牢,李超全叔叔牺牲,堂叔李超一、表叔杨兆利一去无消息。杨寿天爷爷、杨兆卓大伯和关永玉三爷转入地下活动,秘密宣传抗日,他们日夜盼望着父亲早日返乡领导革命。父亲听后,心情极为沉重。他说:"当年在沈阳和辽阳一起工作的那些叔叔,转移到北满以后,在艰苦卓绝的斗争中大部分牺牲了。我还活着,一定要安葬好为国牺牲散露在北满大地的烈士遗骨,赡养、抚养好烈士们留下的老人、儿女。""振宇(按,李玉的原名)!你要记住,革命的后代一定要忠于党、忠于人民。我们要比别人更加热爱来之不易的革命事业。"

李玉同志回忆道:父亲在生活上很节俭,从不用公家钱买生活用品。他会抽烟,但一般都没时间抽烟。他没有专门的炊事员,每天与战士们同吃高粱米,同吃土豆炖大白菜。警卫战士轮流做饭,有时战士把饭做夹生了,父亲从未露出不悦之色。他的住处简陋至极,两个箱子拼在一起,就算是床,"床"上放个草垫子。有时来客多了,他干脆就睡在地板上。当时,他身边有两名苏军副官(中尉军衔),他们睡了几次地板,觉得太苦了,唉声叹气,搬到别处去了。有一次,一位警卫员看别人穿新衣服,和父亲说也想买一件。父亲劝他:"天下还不太平,老百姓还很穷,不要忘了,咱俩第一次见面时,你穿件露了棉花的棉袄,靠着大树坐着。"没等父亲说完,警卫员笑了,再也不提买衣服的事了。

李玉同志还回忆说,1945年12月底,我和表叔准备回老家。临行前,父亲给全家写了一封长信,大意说自己重任在身,离不开工作岗位,暂时不能回去,请大家原谅。他特地告诉我曾祖父:"在家时我学会了治家,革命后学会了治国",为老百姓办事。他还向母亲深深表示歉意:"听表弟讲你在沈阳被捕死于敌人狱中,经过组织批准我再婚,请你原谅。"走时,父亲让秘书把他有生以来头一次领到的薪水捎回去,分给曾在沈阳、辽阳救过和掩护过革命同志的老人如邸老太太、魏姑奶奶。父亲说:"她们都老了,过去为革命做过贡献,不能忘了她们。你多买些水果、点心去慰问一下他们。"此一别,成了我和父亲的永诀。①

从上述李玉同志的回忆可以看出,刚从苏联回国的李兆麟过着极艰苦的生活,为创建革命根据地,开展"三建"工作在永不停歇地忙碌着,他是一心一意地在为革命事业而奋斗。

1945年11月,哈尔滨乃至东北的形势发生变化。国民党为要接收东北,要求苏联红军予以配合。苏军为履行《雅尔塔协定》《中苏友好同盟条约》,准备把东北各大城市、省、市政权交给国民党接收。苏军对中共态度大变,对我支持明显减弱。苏军通知东北局,要求中共机关和东北

---

① 李玉:《我的父辈》,载《新民晚报》,2011年6月29日。

人民自治军撤离各大城市,要把中长路沿线及各大城市政权移交给国民党政府。驻哈苏军提出让中共领导的军队和公开的党、军领导机关必须限时撤出哈尔滨市,并要求我军不要在有苏军驻守的地区与国民党军作战。李兆麟、钟子云、陈云等先后与苏军驻哈部队的主要领导人斯莫林科夫交涉,但是都没有结果,苏军执意要求我党政军机关撤出哈尔滨市,到周边县区去。

1945年11月中旬,苏军将滨江省和哈尔滨市交给国民党政府接收。11月23日,中共北满分局和我党政军机关及人民武装部队转移至宾县。1946年1月1日,国民党正式接收滨江省(改称松江省)和哈尔滨市及所属各级政权。此后,根据上级党组织的指示,李兆麟辞去滨江省副省长职务,专任中苏友好协会会长。在协助苏军进行各项工作的同时,以中共哈尔滨市委代表的公开身份,与国民党"接收大员"们打交道。这期间,他为争取人民民主和自由做出积极的努力。

三、奋力争民主

抗战胜利后,中共中央立即派出大批干部和军队进入东北,与我党原在东北的抗日力量汇合,消灭日寇和伪满残余,建立各级地方政权。

"丧失东北有罪,收复东北无功"的国民党蒋介石为独占东北,夺取抗战胜利果实,对共产党先机占据东北十分不满。国民党蒋介石一方面向苏联政府施压,要求苏联履行《中苏友好同盟条约》,让中共机关、部队撤离大城市,为其接收东北给予方便。一方面破坏中共的威信,对中共极尽诬蔑之能事,胡说中共把持东北,捣乱东北。同时,国民党蒋介石在美帝国主义的援助下从西南向东北运兵,准备大举进军东北,抢夺胜利果实。

抗战胜利后,中国面临两种前途和命运,为了争取光明的前途,摒弃黑暗前途,中共主动提出建立和平、民主、自由、幸福、富强的新中国的政治主张,并应蒋介石之邀,由毛泽东亲赴重庆与之谈判,共商国是。对于东北光复后的形势和斗争方针,中共中央是十分明确的。中共对东北的主张与对全中国的主张一样,就是"和平、民主、团结、建设"八个字。中共并不反对国民政府派人接收东北主权,但为实现"和平、民主、团结、建设",中共反对接收东北主权的机构不含东北民意,由国民党一手包办,而应吸收各党派、无党派、民主人士参加;反对由国民党军队独自占领各地,应承认东北现有抗日民主部队,与之共维地方治安;反对国民党不承认现东北各地民主政权,应承认代表民意、经民主选举产生的人民政权;反对国民党收编东北、华北伪军来接收东北主权,应由人民军队接收东北主权;反对大批国民党军开入东北,开入的军队应在一定数限之内,以利减轻民负。这样的主张完全是合情合理的。

在东北光复之初的日子里,李兆麟经常出席各种群众集会,接触群众、宣传共产党的"和平、民主、团结、建设"的政治主张和有关政策。1945年9月,他参加了在哈尔滨市八区广场召开的全市各界人民庆祝抗战胜利大会。会上,他发表讲话,高度评价了抗战胜利和东北光复的伟大意义,同时指出摆在东北人民面前的任务是建立和平、民主、自由、幸福的新东北。为此,就必须动员起来,壮大自己的力量,扫除一切障碍,实现自己的迫切要求。就必须建立自己所需要的秩序,使一切权力归于人民。同月,李兆麟出席了在哈尔滨话剧院召开的哈尔滨市知识分子代表大会。他号召知识分子要在工人阶级的先锋队——中国共产党的领导下,奉献出全部知识和智慧,献给我们伟大祖国的建设事业。

在一次"国父纪念周"(按,即"总理纪念周"。1940年4月1日,国民政府尊奉孙中山为国父,原"总理纪念周"改为"国父纪念周"。每周星期一举行纪念会)滨江省职员会议上,李兆麟做一番讲话,他说:"我们全中国国内状况说是处于相当严重时期,胜利的果实是由忍苦耐劳的军民斗争所得。我们的力量与日本比较相差很远,幸赖友邦援助获得最后胜利,谁是我们的真朋友,我们都会看得清楚。今天的局面是由中国人民在各种各样艰辛苦难中获得的。……我们所希望的就是和平,保持胜利后的和平,国内有内战危机,要反对内战。有的同仁早就听说接收大员来临,可是现在没有来,有些烦闷,其中固有许多原因。可是我们的朋友不要忘了,要牢牢记住东北的领土总是属于中国的一部分,中国是中国人自己的。"会上,他向省府职员们提出三点要求:"每一个人每一个职员要站在自己职务和岗位上为人民服务,不可敷衍,要贯彻始终工作下去。一定会有成果的,这是第一点。第二,不要听信荒诞的谣言,我们应当实事求是对一切问题应冷静分析,不要听信道听途说。第三,今天最严重问题,在各职员生活上,各种问题,要设法解决,要为人民继续苦干下去,我们今天的辛劳不会白费,会被人民了解的,希望我们的朋友迈开大步,勇往直前。"①

他的讲话对政府职员们正确认识形势是很有意义的。他对政府职员们提出的三点要求,特别是"站在自己职务和岗位上为人民服务,不可敷衍,要贯彻始终工作下去",是抗战胜利后政府职员改变日伪时期欺压人民的官衙作风所必须遵循的。所说"不要听信荒诞的谣言,我们应当实事求是对一切问题应冷静分析,不要听信道听途说"更是有针对性的,这是针对当时的形势、针对国民党制造的反共谣言所说,是对省府职员提出的希望和要求。"要解决各职员的生活问题",体现了共产党人对光复后政府职员生活的关心,"要为人民继续苦干下去"与第一点希望一样,这是真正为人民执政的工作人员应该遵循的"宗旨"问题。

由于苏联受与国民党政府签订条约的限制和美、英等国的影响和压力,许诺让国民党接收东北各大城市,而强令中共党政军从各大城市撤出。11月20日,陈云、李兆麟等参加松江工委和哈尔滨市委联席会议,研究部署撤退工作。11月22日,陈云率中共中央东北局北满分局、松江省委、松江军区机关撤至宾县县城,领导松江省各县进行建党、建政、建军、土改、剿匪及反奸除霸等各项工作和斗争,以建立哈尔滨周围地区巩固的根据地,准备与国民党进行长期的斗争。如前所述根据工作需要,组织上决定李兆麟留在哈尔滨市以共产党人公开身份开展工作。

11月30日,陈云主持起草的给东北局转中共中央的电报《对满洲工作的几点意见》中,指出:"苏联力量的存在,对我在满洲的工作方针,显然起着决定的作用。根据三个月的经验,我们已可看出,苏联对满洲的政策基本上包括两方面:一方面,把沈阳、长春、哈尔滨三大城市及长春铁路干线交给国民党;另一方面,援助我党在满洲力量的发展。"《意见》中同时指

---

① 《李兆麟在国父纪念周对滨江省全体职员讲话》(1945年10月),存东北烈士纪念馆。

出:"我们今天必须大胆主动地撤退,同时迅速地把我撤出以后三大中心城市的工作放在应有的地位。在那里,我们必须与苏军取得密切的合作,继续争取资财,克服我们在城市的过'左'措施,不使苏联在应付国民党方面发生额外的困难,并使他们增加对我们的援助。"①根据这一《意见》的精神,留在哈尔滨市的李兆麟就担负着做好被"放在应有的地位"的北满中心城市哈尔滨工作这一重要任务。他尽力做好、维护好"与苏军取得密切的合作""继续争取资财""克服我们在城市的过'左'措施"。由于李兆麟的努力工作,在北满地区与苏军取得了密切的合作,使他们增加了对我党我军的援助。

12月9日,李兆麟的夫人金伯文携带一双儿女立克和卓娅从苏联回到哈尔滨。金伯文要求参加工作,但因当时环境复杂,孩子又小,组织上不让金伯文外出工作。为让金伯文适应环境,李兆麟就找来一些书籍让她阅读,学习文化知识和政治理论,并说,我们这些共产党人不但能吃苦会打仗,也要学习文化,学习革命理论,到将来还要学会建设。经李兆麟的劝说,金伯文也就塌下心来,安心学习,操持家务,使李兆麟尽心尽力工作,免去后顾之忧。

12月下旬,国民党当局派员来哈尔滨接收省、市政权。12月26日,市长杨绰庵等来到哈尔滨,驻"荣屋旅馆"(按,原址为今哈尔滨铁路局招待所)。1946年1月9日,省主席关吉玉等来到哈尔滨,驻原东省特别区行政长官公署。当接收大员关吉玉、杨绰庵等来到哈尔滨接收时,由于哈尔滨实际政权仍然掌握在苏军手中,这里又有抗联干部存在,许多地方由抗联干部(按,有的任苏军卫戍副司令)在控制,他们到达哈尔滨后无法真正实施政令。于是国民党当局就一方面利用民众中存在的"正统观念"和苏军在纪律方面存在的一些问题,大肆制造反苏反共舆论;另一方面,四处收罗惯匪、兵痞、日伪特务、警察等秘密建立地下军、杂牌军等,积极策划破坏中共正在进行的"三建"活动。

根据中共中央东北局北满分局的决定,已公开的中国共产党领导下的党政机关和军队暂时撤离哈尔滨市到宾县之后,从和平建国的大局出发,便于国民党派员接收,李兆麟根据组织决定辞去滨江省副省长职务。12月26日,李兆麟在省府会议上,正式宣布辞去滨江省副省长职务。他在会上说:"自日寇降伏,东北光复后,感谢人民的爱戴与信任,而毅然担起收拾残破机关的大任,在短短的三个月的过程中,所做的事情并没有达到各方面的意愿,除各种原因外,实因个人能力浅薄所致,故对全省人民要感到惭愧而感激的。"他说,"本人虽辞职,仍愿以人民地位私人立场与人民在一起工作,为大众事业继续奋斗下去。"接着,他深切地提出三条希望说:"一、东三省最重要的,也是全中国最重要的就是和平统一,制止内战问题。这个要求的实现,需要人民大家起来共同努力,使中国达到真正的统一与民主,中国前途会更光明。二、惩处汉奸与确保治安肃清盗匪问题,必须积极进行。社会治安稳定,人民才能安居乐业。当今之际凡为以前的大汉奸们则各寻途径,钻营谋划,五花八门,利禄升官,扰害人民的小汉奸,从匪的特务腿子们则各持枪横行,为匪为盗则改换面目,另找出路,继续危害人民,形成盗匪猖獗,破坏社会秩序,对扰害人民的大小汉奸、特务,应严厉予以惩处。三、实行民主,改

---

① 《对满洲工作的几点意见》(1945年11月30日),载《陈云文选》,人民出版社,1984年版,第221、222页。

善人民生活问题,目下因未启发人民之民主精神,如此,想彻底改善人民之生活是办不到的。要实行民主,改善人民生活。为争取民主、和平而斗争。"①最后,他号召大家要站在自己的岗位上,以建设和平、民主、自由、幸福、富强的新中国为大前提而一致团结起来,共同努力奋斗。他的讲话,阐明了共产党对时局的主张,也表明他的共产党员的坚定政治立场。

李兆麟这样的一位对抗日有功,一心为民的副省长要辞职,政府职员们备感惋惜。

李兆麟辞去副省长职务后,在《北光日报》发表了"离职感谈"。"离职感谈"内容与在省府会议上的辞职演说大体相同。李兆麟"离职感谈"表明他虽然离职,但还要始终坚持不懈地为和平、民主而进行斗争。

李兆麟辞职后,专事中苏友好协会工作。众所周知,哈尔滨市中苏友好协会这一合法群众组织既有党内人员,也有党外人士参加。中苏友协在国民党接收哈尔滨市后,在事实上已经成为中共北满分局和市委在哈尔滨开展各项工作的秘密指挥部。它在宣传中苏友好与苏军交往、宣传中共的和平建国、争取民主政治主张、团结各种进步力量、代表中共与国民党接收大员打交道等方面起到重大作用。为了争取民主、扩大宣传,李兆麟以中苏友协作为进行战斗的基本阵地,广泛开展党的各项工作。

一次,他在哈尔滨中苏友协今后的任务讲话中说:"第二次世界大战是已经成为历史上的过去。这个战争范围之巨大是人类历史上所未曾有的。全球居民五分之四都在某种程度上参加了这次大战。交战的双方营垒中被动员的人数竟达一万万一千万以上,战争使人类受到了空前未有的浩劫。由于爱好和平自由的联合国诸国人民之共同努力,结果东西两法西斯德日侵略者最终被歼灭了。并争得了全世界的长期和平。在这个英勇的战争中苏联人民显然是起着决定的作用。战争的进程中诸般事业都充分证明了这一点是千真万确。"

他又说:"欲求中国之独立自由民主繁荣富强,中国民主革命之彻底胜利,必须巩固中苏友好。哈尔滨中苏友好协会是基于中苏友好同盟条约而建立的。其宗旨是实现中苏友好同盟条约巩固中苏两国人民永远亲密的友谊及实现中苏两国政治经济文化及其他各方面之交流。中苏友好协会的同仁们深知此目的之达到对于中国的民主进步、建设独立自由富强的中国和东北、繁荣的哈尔滨是有巨大的意义。""我们的信条是学习、学习、再学习。""要清除十四年来遭受了最大束缚的萎靡、溃颓、缄默。死气沉沉的生活陋习,提倡我民族历来的活泼、愉快、有生气的、毫不拘束的生活传统,让我们自由的生育在每个角落里,和高吟新生的赞歌吧!进而为着建设和平、民主、自由、幸福、富强的新中国和巩固中苏友好的世界永久和平而奋斗到底!"②

中苏友好协会在李兆麟的领导下,在抗战胜利后、我党创建革命根据地初期做了大量工作。一是宣传群众,组织群众,教育群众。它起到宣传共产党主张、发动群众开展对敌斗争的重要阵地作用。二是培养大批干部。通过办训练班、养成所等方式,培养一批为人民服务的干部。三是创办了《北光日报》、控制哈尔滨广播电台,有效地利用报纸、广播等新闻媒介宣传共

---

① 《李兆麟在滨江省职员大会上的讲话》(1945年12月),存东北烈士纪念馆。
② 李兆麟:《中苏友好协会今后的任务》(1945年11月),存东北烈士纪念馆。

产党的方针、政策。四是组织、团结一批爱好文艺的青年,开展宣传活动。五是积极为我党我军筹措开展活动的资财。六是成为掩护中共干部的秘密中转站、联络站。中苏友协这一群众组织成立正值国共和谈时期,在当时特殊的条件下,它以合法群众组织的地位,掩护中共哈尔滨市党组织有力地开展了党的各项工作。

在开展党的工作中,李兆麟特别重视舆论工具的重要作用。当国民党接收大员要接收哈尔滨广播电台时,他坚决制止了国民党当局这一接收企图。终使哈尔滨广播电台成为党和人民的喉舌。哈尔滨广播电台赵乃禾回忆说:"李兆麟同志告诉我,电台这一阵地,不能让国民党插手,不理他们。如果有人来问,就说有事找红军去。"他还回忆说:"李兆麟在百忙中,亲自抓广播电台的工作。在他安排的节目中有毛主席的《论持久战》《新民主主义论》《论联合政府》,每晚按规定时间播出。广播电台当时还没有现在这样的录音设备,播音员对着话筒直接播出稿件。记得那天晚上,当我播完《新民主主义论》最后一章的结尾,刚从播音室回到办公室,激动的心尚未平静下来,就有人给我挂来电话质问:'为什么不播蒋委员长的《中国之命运》?为什么总播毛泽东的文章?你还要不要脑袋了?!'此后,还曾接到过几封恫吓信,其中有一封写道:'如不悬崖勒马,幡然悔悟,莫道严惩不贷,悔之晚矣!'信封里还装有一颗子弹。我把这些情况报告给兆麟同志,他严肃、镇静地鼓励说:'被敌人反对是好事!他们骂得越狠,越说明我们的工作做得很有些成绩!'我听了受到莫大的鼓舞。"①

李兆麟坚决制止国民党接收哈尔滨广播电台后,在他倡议下组成了中苏友好合唱团,演唱、播放革命歌曲。通过广播电台,积极宣传中国共产党实现和平民主、建设新中国的方针政策,扩大中国共产党的政治影响,在宣传群众、教育群众方面发挥了重要作用。同时,李兆麟运用所创办的中苏友好协会机关报《北光日报》,宣传中国共产党的方针政策,揭露国民党反动派妄图发动内战,重置人民于水火的丑恶面目,以教育群众,引导群众。《北光日报》从创刊到停刊,共出 123 期。期间刊发许多新华社电讯稿,发表了李兆麟、周保中和冯仲云撰写的反映东北抗联十四年斗争历史的文章,使人们认识抗联、了解抗联、同情抗联、支持抗联、热爱抗联。刊发了一些揭露国民党接收真相的通讯报道,如《沈阳重陷恐怖统治中》《长春税捐局接收内幕》,反映伪满汉奸走狗纷纷登台的状况。帮助人民擦亮眼睛,认清国民党究竟代表什么人的利益。

在国民党接收哈尔滨市政权后,李兆麟作为中国共产党在哈尔滨市公开出面的代表,利用中苏友好协会会长的合法身份和参加一切会议、接触群众的机会,根据党的政策,争取国共两党继续合作。同时,与国民党当局展开了针锋相对的斗争,揭露了国民党反动派玩弄假和平、真内战的面目,抨击蒋介石在和平烟幕下发动内战,进攻解放区,妄图消灭共产党的阴谋。

1946 年 1 月 21 日,李兆麟在纪念列宁逝世 22 周年大会上发表讲话。李兆麟热情赞颂列宁作为无产阶级领袖进行革命斗争的历史功勋,号召人民为巩固中苏两大民族的友好,争取国内彻底和平,实现民主建设而努力奋斗。在哈尔滨市李兆麟经常会见各界爱国人士,宣传中国共产党抗日战争胜利后的政治主张,痛斥蒋介石搞假和平真内战、假民主真独裁的反革命

---

① 赵乃禾:《难忘的人》,载政协灯塔县委员会文史资料委员会编《李兆麟将军史料专辑》,第 141 页。

企图,号召各界人民团结起来,为实现中国共产党提出的建设和平、民主、自由、幸福、富强的新中国而奋斗。他的讲话受到被会见者的欢迎,扩大了共产党的影响。

2月7日,李兆麟在《北光日报》发表《告会员书》,呼吁建设和平、民主、自由、幸福、富强的新中国。2月23日,李兆麟又出席纪念苏联红军建军节集会,在会上发表讲演。在发表讲演的同时,他还写出有关文章。这期间,李兆麟积极开展统战工作,与各界爱国民主人士建立了良好的关系。通过宣传中国共产党的政治主张,广泛地团结了各阶层的爱国民主人士和大批进步青年,使之成为我党我军的可靠朋友,为争民主、争自由增添力量。

国民党接收哈尔滨市政权,约两个多月后,李兆麟在奋力争取民主权利的斗争中,经过详细观察和认真研究,与市委副书记杨维同志于1946年2月10日向东北局写出报告——《国民党接收哈尔滨时社会情况》。报告中对我军队撤退,国民党接收要员来哈尔滨前后的形势、社会各阶层的对国共两党态度的变化做了全面、详细分析并提出应对这个情况的建议。这一报告因距其被害仅一个月时间,内容很重要,人们可从此报告中了解李兆麟对时局的认识、判断及所提出的对策,故在此多做引述。该报告中写道:

"哈市近日情况:近日有相当大的变化。变化过程是,在我们军队撤退后国民党接收要员来之前后,一般群众中间势力,商工业资本家,都对国民党中央抱很好的幻想,认为国民党政府是正统,能解除他们的痛苦,能降住毛子兵,故在任何场所听到中央军中央政府来了就好了,工人生活没办法也说中央来了就有办法了。国民党乘机宣传中央接收人员来迟,是八路军共产党之过,形成当时一般人的反共反八路军的空气。到国民党市长省主席来哈正式接收后,他们的狗尾巴露出,反动政策实行,情况就开始变化。"

报告中具体讲述了接收大员来后的所作所为,各阶层对国民党态度变化的具体情况:

机关职员对接收大员来后的所作所为的不满。"首先是从接近他们的机关职员开头,见到他们接收大员的卖官贪污,优越感,看不起本地人,大吃大喝不干正事,又见到他们同苏军关系,不能办正经事,提倡并亲自干起下流无耻的事情,如杨绰庵提倡男人要闯,女人要浪,给两女护士六千元令买高跟鞋、丝袜子穿,学美式女子服装篮球赛,关吉玉五万元卖县长等,由失望到部分起而反对,由于他们实行通货膨胀物价暴涨,伪满洲国时代的苛捐杂税在'八一五'后已经废除的,而在国民党市长来后又实行征收,在'八一五'后不能见容于群众的警察特务,在国民党来后又被用为统治人民的工具。"

市民、学生、工人中的不满。"这相继在小市民中学生中引起很大的不满,工人大失其望,加上我们军队在哈市四周各县剿匪的胜利、军纪的严守,对群众服务的忠实的态度,外县来哈的群众对我军均满口称赞。有的人说从来没看见过这样好的军队。我们军队服装及枪支并不下国民党军队,国民党建立新军受到许多阻碍(群众在市内看见的从关内来的中央军)对比之下,故在各阶级、各阶层中都起相当明显的变化,这些变化对我们是有利的。"

报告引用具体实例、材料说明群众对国民党看法的变化。"现将各阶级阶层变化的片面的零碎的材料简述如下:

机关职员在铁路第四段总务科某科长及其影响下,十余职员在国民党接收人员未来前

只是光打电话问长春何时来,当来时他们兴高采烈地说,'中央来了他们有光明的前途了',过年后则愁眉苦脸不再说什么中央了。我们同志问他们中央来了怎样?咱们能找碗饭吃吗?他们说别提了,再提就骂人啦,不要再找倒霉了,只要毛子能要咱们就行了,否则连职业也不保了。他们把咱东北人当亡国奴看,不拿咱们当人待。他们哪个不卖官弄女人,与'满洲国'时代一样,类似这样情形,各机关职员是比较普遍的。市政府内部分职员则公开地指问反对杨市长的时装比赛及提倡美式化。省政府个别职员过去是反对我们的,现在也找兆麟同志诉苦,说把他们当仆役了,少数在过去受过反满抗日革命影响的,在社会有职业的知识分子则希望我们当政。

青年学生一中、二中等省、市立中学校现尚未开学(放寒假),工大学生一般对起用旧警察特务不满,认为国民党征的苛捐杂税和'满洲国'一样,尤其是受国民党影响的学生,认为蒋介石是好的,三民主义好,只是这些接收人员坏,少数开始怀疑国民党蒋介石,有的人则提出睁开眼睛看,研究中国情况及中国近百年史。

一般小市民、小商人是反对国民党苛捐杂税,尤其不满国民党来后的物价暴涨,起用旧警察特务欺压他们。骂大官来了贪污,大奸商随便提高物价,但还有不少人说来的这些是假的,真的中央人好。从解放区搬来的和哈市周围各县人民有密切联系的部分人对外面有些了解,则羡慕解放区人民生活安适,希望八路军来。在街上最近发现'欢迎八路军',及'想中央,盼中央,中央来了恨中央'的标语。

工业资本家则由于看到北平、天津工业资本家的命运、看到国民党的政策对发展工业不利,想找出路靠国民党不成,但对我们不相信,想利用我们对抗国民党对他们不利的政策及行为,所以现在又接近我们,如王守先到中苏友好协会找兆麟同志问东北人起来如何干,如何管理东北办法,说明将来东北人都要被排挤,张廷阁表示好感,有些人接近我们。大商人尤其最近投机发财的大商人满意现状靠近国民党,大资本家过去与敌人有密切关系者,今天则听从依靠国民党买官造势,如马子元、马子宽等,多数的上层和财主都在观望着。

工人阶级对国民党的反动政策,具体感觉到的是物价暴涨影响到生活,捐税负担加重,现在铁路工人每月所得工资最高五百元,最低的二百元,以五口之家计算,每月至少三千元左右,去了铁路上给的样子及煤也得二千多元,工人不得不大偷工厂的各种物资,小职员也过起典当生活。因而工人们反映是工资虽然比八一五前涨了,过年都拉了债,都挨饿受冻。他们都要求增加工资,不敢大胆组织起来斗争,但他们已经想要起来为改善生活而斗争了。铁路各工厂工人们正要开始组织起来向路局要求,一般工厂的工人在老巴夺工人罢工斗争胜利的影响下,他们也都想组织起来争取改善生活,如某面粉工厂工人正在酝酿罢工斗争,要求我们领导,一般工人虽然也有不少人迷信国民党蒋介石,但绝大多数是主张谁能给他们改善生活,使他们过平安日子,他们就拥护谁。

各阶层群众因苏联红军纪律不好,反苏空气依然未变,一般群众都希望红军走,国民党则利用此点,扩大红军纪律坏的宣传,造反苏的空气。国民党内部斗争近日也尖锐起来了,主要是飞来的(中央派)与地下的(本地国民党)的矛盾,原因是中央派优越感和露出他们的贪污腐化本质,极度专权,引起地方派的反抗,建军失败,中央派不能给地方派解决建军经费、官位,被我们打的没有地方住等。"

报告在做上述情况介绍后,提出具体对策意见及建议。"我们根据以上材料对哈市情况初步认识是:哈市群众对国民党有些认识并有离开国民党的变化,这是我们取得群众最好的机会,但对我们的认识很不够。由于我们主观力量太小,宣传工作及群众工作近日做得很不够,群众尚未有意识地依靠我们。一般群众对国民党中央、蒋介石还有很大的幻想,如有付对联,"上重庆多言民间疾苦,下东北少带接收大员",对我们则说八路军共产党好是好,就是没民族国家观念,随了老毛子了。十四年来人民对日斗争,有民族斗争经验,有民族斗争传统,有阶级斗争的传统和经验,故今天的形势虽然有利于我们,但不经过引导群众,启发群众阶级觉悟,群众不能马上接受我们所领导的东北人民自治运动,很难打破他们的正统观念,离开国民党。因此:对待工人问题,要没收敌产救济失业工人。在改善生活斗争中组织工人成立工会,进行阶级教育,启发阶级觉悟,领导哈市自治民主建设斗争。目前以中长铁路工人增薪运动为中心,集中力量突破几个工厂,创造经验,以此来破坏国民党企图以狭隘民族观念挑动工人反对苏联的罢工阴谋。

在青年学生中基本是教育问题。惩办战犯、汉奸、走狗,使他们眼光放大,组织读书会、文艺研究会等。同时,组织他们参加自治运动。问题是这些学生知识太贫乏,不加强理论教育,不会成功。今后文化食粮的供给,文教工作的加强,实有重大的意义。

一般市民、小商人主要宣传苛捐杂税是由于封建社会制度造成的,提出反对某几种最为一般人所不满最不合理捐,如住户捐等,宣传没收敌产惩办战犯汉奸走狗,没收敌产救济灾难民,引导大家感觉到需要自治,自己当家好,但由于我们没力量,只能是提出宣传而已。

至于利用工业资本家想利用我们对抗国民党的不利于他们的政策,同他们合作对抗国民党,能够孤立国民党,以及利用国民党内部矛盾扩大其内部矛盾,争取其中较纯洁青年离开国民党,也是值得注意的问题。

然而,由于我们主观力量太小,所得材料片面零碎,只是把材料反映给你们,同时把我们初步认识也报告你们,盼你们研究指导。我们目前是以现有力量集中领导中长铁路工人职员增资运动和对工大学生工作。"①

以上报告充分揭露了国民党接收大员来哈尔滨后的所作所为,他们无和平建国、为民众谋求福祉之意,倒有当官做老爷,盘剥人民,作威作福之心。他们"卖官贪污""大吃大喝不干正事",恢复"苛捐杂税",致使"通货膨胀,物价暴涨",反映了一些民众开始时对国民党抱有幻想,能帮助解除他们的痛苦,由"想中央,盼中央",到"中央来了恨中央"的过程。对于国民党,工人失望、市民失望、学生失望、工商业者也失望。并由失望,到怀疑,到反对,对国民党的正统观念逐渐被打破,相反人们期待共产党、八路军来,希望中共、八路军当政。

报告中反映了因苏军的纪律不好,群众对其不满,希望他们走,也反映国民党中央派与地

---

① 李兆麟、杨维:《国民党接收哈尔滨时社会情况》(1946年2月10日),载中共哈尔滨市委党史研究室编《中共中央北满分局》,黑龙江人民出版社,1998年版,第36~40页。

方派之间存在的矛盾。特别是报告中提到的"一般群众对国民党中央、蒋介石还有很大的幻想""十四年来人民对日斗争,有民族斗争经验,有民族斗争的传统,有阶级斗争的传统和经验,故今天的形势虽然有利于我们,但不经过引导群众启发群众阶级觉悟,群众不能马上接受我们所领导的东北人民自治运动,很难打破他们的正统观念,离开国民党",这个认识是实事求是的,说明形势虽然对我们有利,但不经过努力工作,引导、启发群众阶级觉悟是不行的。

报告从对哈尔滨市各阶层情况而得到的应对策略初步认识,即对工人、学生、市民、工商业者等应采取的相对的措施,对上级做出正确决策是具有重要意义的。哈尔滨解放后(4月28日)在反奸清算运动中,上述意见建议基本被采纳,如惩办战犯汉奸走狗,没收敌产,救济失业工人和难民,成立工会,启发阶级觉悟;在青年学生中加强理论教育;对资产阶级(工业资本家)采取正确政策,与工业资本家合作对抗、孤立国民党,利用国民党内部矛盾扩大其内部矛盾,争取其中较纯洁青年离开国民党,也是值得注意的问题等。

这篇报告写于李兆麟牺牲前的一个月。这是他对国民党接收大员来哈尔滨仅两个月所做观察的结果。他站在共产党的立场上,迫切希望壮大我党力量,争取群众,使群众摆脱国民党的影响。这份报告说明李兆麟对当时形势的认识是清晰的,对国民党的本质的认识是明了的,对哈尔滨情况、针对各阶层状况所要采取的对策也是正确的,是很有价值的。报告反映了一个共产党员的坚定立场和真知灼见,一个革命者的深邃政治洞察力和政治远见。

四、坚决斗敌顽

抗战胜利后,国民党蒋介石在美国的支持下,要独霸东北。当时,苏联与国民党政府签有条约,执意将东北交国民党政府接收。中共在东北虽然有一定政军实力,但无合法地位,因而接受国民党蒋介石军队进入东北接收主权。由于蒋介石轻视中共在东北的力量,认为可以不费大力即能击溃东北共军,控制东北。因此,蒋介石集团拒绝与中共谈判和平解决东北问题的建议,拒绝承认中共在东北的合法地位,仍想以武力解决东北问题。于是,国民党反动派便屡屡制造事端,甚至挑起武装冲突。国共两党的斗争日益尖锐,内战危险逐渐增加。

当时,国民党政府在美国的支持下,向东北调兵遣将,将其精锐部队从大西南调往东北。在东北呈现出国民党军积极准备大举来犯的局势。一时间,东北抗战胜利果实究竟应该属于谁?东北抗日军民应不应该享有抗战胜利果实的权利,东北抗日联军合不合法成为当时著名的所谓"东北问题"。

为反对国民党顽固派无视东北民意,独霸、抢夺东北抗战胜利果实,维护和平团结,避免东北内战,陈云同志于1945年12月12日,电告东北局并转中共中央建议:"为揭破国民党关于中共把持东北或捣乱东北的说法,为转变东北人民对我军的旁观的态度,为加强东北我军的政治地位与士气,再次建议,我们应以抗日联军领导人周保中、张寿篯及吕正操、万毅、张学思三位东北籍共党将领及冀热辽李运昌名义发表文告,说明抗日联军十四年与东北人民一起艰苦抗战的历史及东北籍共党军与李运昌部八年抗战,解放东北的意义。并声明目前对东北的主张,避免东北内战,倡导东北及全国必须和平团结,东北必须有民主的联合政府,及彻底消灭日寇、汉奸的专制剥削,改善生活。"①1946年1月30日彭真同志发出电报:"东满、北满及西满之北部,应即以东北抗日联军及地下抗日军所组成之自卫军出面力求控制,并由李兆麟向行营声明,九一八后抗联浴血抗战十余年,始得有今日之解放,因此最有资格、最有权力代表国家、代表国民政府接收该地区政权。"②对于国民党所谓关于抗联合不合法的及东北抗日军民应不应该享有抗战胜利果实的权利的问题,无疑是坚持艰苦抗战十四年的东北人民和东北抗日联军最有发言权,他们的言论最有说服力。

为使哈尔滨青年了解国际国内形势、清除敌伪奴化教育和盲目正统观念的影响,经过一段时间的筹备,李兆麟于1945年12月15日主持开办了为期半个月的"哈尔滨中苏友好协会会员养成所",宣传中国共产党和平、民主、团结的政治主张和基本立场,讲述抗联与东北人民一起艰苦抗战十四年的历史,使青年受到深刻教育和正确引导。

同时,根据陈云、彭真同志的指示,抗日联军领导人周保中、李兆麟、冯仲云等都撰写出宣传抗联历史的署名文章。李兆麟撰写的署名文章题目:《东北抗日联军苦斗史》,发表在1946年1月11日《北光日报》上,此文不长,全引如下:

"'九一八'日本强盗侵占我东三省,因为当时中国内外部的环境和其它种种原因,就使日本帝国主义能无限制的来施行他的血腥恐怖暴行和无耻欺骗麻醉政策。使多难的东北人民就陷入水深火热之中,受着奴役,剥削,压迫。'九一八'事变是日寇侵华的开始。

然而,东北人民并未甘心忍受敌人之宰割,并没有不战而退,他们采取各种斗争形式来为祖国而战,为东北人民解放而战,无论是秘密的地下斗争,公开的武装斗争,在监狱中断头台上,苦工营中,在北方严寒的条件原野和森林中,英勇的血战中,却都表现出东北人民特别是青年们的热情、爱国、团结、勇敢、忠诚、自我牺牲的优良素质。他们从伟大祖国历史上所灌输给他们的民族自信心和自尊心,把这一个长期的,残酷的,顽强的,全民性的斗争坚持到祖国光复,东北重新回到中华祖国的怀抱为止。

在中华民族为自己祖国生存而战的年份中,东北人民是与关内同胞不可分离的,受到了这一次严重的考验。优秀的炎黄子孙,他们虽然站在公开秘密不同的岗位上,他们虽然彼此相信着原则上有别的三民主义、共产主义,但是他们总是相互息息相通,在监狱中、断头台上,苦工营中,战场上总是把鲜血和热泪流着一起,要求祖国独立自由的呼声总是同声一致的。

东北抗日联军,它是一贯的表现这个真理。它就是在民族反日统一战线基础上,以共产党作中心领导,在敌后于国内长期隔绝孤苦血战了十四年,在摩天岭的岩石上,长白山的巅顶,与兴安岭的峰峦间,到处都打击敌人,宣传组织人民开展长期喋血战斗。他们虽然曾受无

---

① 陈云:《建议发表文告声明我对东北的主张》(1945年12月12日),载《陈云文集》,中央文献出版社,2005年5月版,第464页。

② 彭真:《致各分局、林彪并报中共中央电》(1946年1月30日),载《彭真年谱》第1卷,中央文献出版社,2012年版,第387页。

限牺牲遭到人类所未受到的苦难,仍能矢志忠贞,长期苦斗。这正是象征东北人民的英雄气魄,反映着人民坚决斗争的意志,同时表明他们是大中华民族的优秀子孙,东北人民的豪气。

现在东北人民是解放了。大家都在庆欣着光明的前途和将要到来民主自由的新生活。但十四年来牺牲的东北抗日联军的烈士们,都在默默无言的枕卧着祖国的芳草,年深代久受着苦风凄雨的摧残。殷红的血迹已逐渐褪色。遗族孤苦流离,历史上的遗迹,已经日渐被人们遗忘了。十四年艰苦奋斗而幸生人世的将士,虽然现在他们仍然为祖国的和平统一,民主进步事业而斗争着,尚不能得到普遍的谅解。而过去十四年来助敌叛国,毒害中国同胞,或在日寇参谋部、特殊机关、宪兵队内,终日计划,把中华民族解放事业推进血海中去的大人将军们,今天在改头换面,奔走钻营,阿谀奉承,建军参政,大投其机,而未受到我国法律制裁。

前蒙东北行营参谋长董延平将军和哈尔滨市长杨绰庵先生当面指出'东北抗日联军为国流血的英雄们,应载诸史册,孤儿寡妇应受到抚恤'之公正意见,因此本人希望政府及各界人士,能对东北抗战之烈士加以追悼和纪念,孤苦之遗族,加以访问和抚恤,伤残病号者应受到抢救,继续为国家、民族服务者应给予尊重和安置。使东北人民之望,民族之光东北抗日联军之死者有所瞑目,生者有所自容,这是国家的责任,这是人民的义务。"①

李兆麟在这篇文章中,控诉了日本法西斯的罪行,揭露了日本侵略者的残暴压迫和无耻欺骗,满腔热忱地讴歌了东北人民、东北抗联十四年苦斗的英勇事迹。文章赞颂了中国共产党倡导和组建的抗日民族统一战线,严厉地抨击了那些"改头换面,奔走钻营,阿谀奉承,建军参政,大投其机""过去十四年来助敌叛国,毒害中国同胞,终日计划,把中华民族解放事业推进血海中去的大人将军们"。这里的"助敌叛国,毒害中国同胞""大人将军"虽然只是指其事,而未点其名,但文内所指,人们一看便心知肚明。文中要求国民党接收大员对东北抗战之烈士加以追悼和纪念,孤苦之遗族,加以访问和抚恤,伤残病号者应受到抢救,继续为国家、民族服务者应给予尊重和安置。使东北人民之望、民族之光、东北抗日联军之死者有所瞑目,生者有所自容。李兆麟的这篇文章是距其被害前两个月所写,文中所表达的意向,针刺所指,受者为谁,十分清晰,所提出的正义要求反映了人民的心声。

在这期间,李兆麟与国民党派到哈尔滨来的"接收大员"围绕真和平还是假和平,真和平建国还是假和平建国进行了有理、有利、有节的坚决斗争。

和平建国是政治协商会议提出来的。1946年1月10日,中共代表与国民党政府代表正式签订停战协定。同时,政治协商会议在重庆召开。经过20余天,1月31日政协闭幕。会议通过了《和平建国纲领》《关于政府组织问题的协议》《关于国民大会问题的协议》《关于宪法草案问题的决议》《关于军事问题的决议》等五项决议案。对于停战协定和政协五项协议,中国共产党是决心严格遵守和履行的。政协会议闭幕后,2月1日,中共中央即向党内发出《关于目前形势与任务的指示》,指出,政治协商会议"已经获得重大结果","从此中国即走上了和平民主建设的新阶段","我党即将参加政府","我们的军队即将整编","中国革命的主要

---

① 李兆麟:《东北抗日联军苦斗史》,载《北光日报》(1946年1月11日)转引自政协灯塔县委员会文史资料委员会编《李兆麟将军史料专辑》,第157~158页。

斗争形式,目前已由武装斗争转变到非武装的群众的与议会的斗争,国内问题由政治方式来解决。党的全部工作,必须适应这一形势"。①这一刘少奇起草的指示要求全党全军做好同国民党合作建国的思想准备。

基于政治协商会议上蒋介石做出保障人民自由、保障各党派合法地位、实行普选和释放政治犯等许诺,中共方面表示欢迎,认为"和平民主新阶段"已经到来。1946年1月26日,中共中央对东北工作方针问题做出指示。指示在分析了目前形势后指出:"我党目前对东北的方针,应该是力求和平解决,力求国民党承认我党在东北一定合法地位的条件下与国民党合作实行民主改革,和平建设东北。在目前国际、国内形势下,只有这个方针才是正确的,行得通的。"指示要求"对国民党派到各地之接收人员,一方面应有足够的警惕性,同时要表示合作协助的诚意,不要一概加以拒绝,尤其不要加以危害,设法建立下层合作以推动上层合作"。指示特别提出"对国民党军队官兵及官吏进行和平攻势,并设法公开某些负责人(如李兆麟等)设法找国党谈判。组织地方绅士去与国方接洽"②。1月30日,彭真电告各分局:"对于北满、东满之土匪,李兆麟应以代表抗日联军及东北人民之立场,无情地揭穿这些土匪不但大部系过去屠杀抗日联军及东北人民之伪军伪警察,而且多有日军从中支持,必须全部缴械,并严厉惩处匪首及其中之汉奸、伪警与日人。"③并明确指示李兆麟担负统战舆论工作。

在中央关于东北工作方针及东北局指示下达后,李兆麟正是按照中央、东北局的指示精神和要求去做的,以合作协助的诚意,设法找国民党谈判,力求国民党承认我党在东北一定合法地位条件下与国民党合作,实行民主改革和平建设东北。

李兆麟表明东北抗联、东北人民最有权力接收东北。东北是东北人民的,东北人民应该参与接收东北的工作。但国民党接收大员秉承其上峰旨意,并不愿意承认我党在东北所应有的一定合法地位。对此,李兆麟立场坚定,态度鲜明,与国民党接收大员进行着坚决斗争。

在与国民党派到哈尔滨来的"接收大员"的接触中,李兆麟是本着诚恳的态度,真心诚意寻求和平与合作的。当时,李兆麟按党的指示与国民党做统战工作,认真贯彻政协决议,谋求和平、民主,但国民党接收大员所作所为,不仅令工人、市民、学生、工商业者失望,也让李兆麟大失所望。

尽管如此,在当时特殊复杂的环境下,李兆麟还是出于真心诚意谋求争取与国民党人合作。这期间,李兆麟进行过多次讲演,如苏联最高苏维埃选举日(2月9日)的讲演,红军节(2月23日)庆祝大会讲演等。在这些讲演中,他总是联系当时局势,宣传党的方针、政策,呼吁和平、民主、团结,认真贯彻政协会议决议。在苏联最高苏维埃选举日讲演中,他讲道:"民主政治协商会议开幕了,在这次会议中有很多重要决议,使中国民主事业提高一步,走上新的

---

① 《中国共产党创业三十年》(1919—1949),中共党史出版社,1991年版,第594页。
② 《中央关于目前东北工作的方针问题给东北局的指示》(1946年1月26日),载中央档案馆编《中共中央文件选集》第16册,中共中央党校出版社,1992年版,第57、60页。
③ 《彭真致各分局、林彪并报中共中央电》(1946年1月30日),载《彭真年谱》,中央文献出版社,2012年版,第1卷,第388页。

步骤。国民代表大会已经定期召开,我们将要迎接这一次全国范围的选举,发挥民主的精神。但是在中国的民主事业中还有着汉奸蟊贼,他们还想统治我们人民,还想站在我们青年头上,妨碍青年的文化思想的发展。今后我们应当掌握现实,要求实现民主,决不能让人民公敌上台。"①他的讲演强调发扬民主精神,也抨击汉奸、蟊贼,博得了听众的热烈掌声。自然,那些"汉奸蟊贼"听到这些话语会深感刺耳、汗颜。试想,他们听到这些话语心里会感到舒服吗?他们听到此语能不痛恨讲演者李兆麟吗?

除讲演外,李兆麟还利用中共哈尔滨市委机关报《哈尔滨日报》和中苏友协机关报《北光日报》两个舆论阵地,宣传中国共产党和平、民主、团结的主张,揭露国民党反动派破坏和平、妄图挑动内战的罪恶行径。进而使长期曾被日伪统治的哈尔滨人民受到了革命思想的教育,纠正了一些人心目中的盲目正统观念和对国民党蒋介石不切实际的幻想。

李兆麟作为中苏友好协会会长,经常参加各种社交活动,与接收大员会见,作为中国共产党在哈尔滨唯一公开活动的代表,他多次代表中共党组织与国民党省市当局谈判。在所有这些活动中,李兆麟始终执行党中央确定的路线、方针、政策,坚持党性原则,同国民党反动分子进行有理有利有节,而又坚决的斗争。当时国民党松江省省长关吉玉找李兆麟说,准备三千便衣进城,苏军退后,即占哈市,望我方不要再派便衣。对此,李兆麟则表示要在哈尔滨设抗联办事处,木兰被匪占领,我军将进剿。毛诚同志(按,时任市委社会部长)回忆说:"李兆麟同志是我党杰出的领导者。当时我党还不能公开,只有他一个人代表我党以中苏友好协会会长的身份与国民党周旋。他有极好的政治素养、党性强,有组织观念、极好的口才,善于做各阶层群众的工作,宣传党的政治主张。在接收哈尔滨短短半年时间里,他从哈尔滨为我党筹到大量资金、物资、武器弹药、药品和情报,为我党解放东北争取了时间。"

政协五项协议的通过,本来可以使中国走上和平民主建设的新阶段,但是国民党反动派并不愿意履行这五项协议。政协五项协议一公布,国民党内部即有分化。政治协商会议闭幕后,在国民党中央常务委员会会议上,一些顽固分子放肆地诋毁政协协议,认为政协这些协议不利于国民党,国民党吃亏了。他们说:"政协决定不利于国民党""系国民党的失败",有人甚至认为国民党"几十年奋斗现在完事"。也有人提议,要监察院弹劾国民党出席政协会议的代表。蒋介石本人也说:"我对宪草也不满意,但事已至此,无法推翻原案,只有姑且通过,将来再说。"②显然,这表明国民党对政协达成的协议大有后悔的感觉。

中国共产党为了维护停战协定和政协协议,针对国民党统治集团内部的反动派倒行逆施、肆意破坏各项协议的行为,进行了针锋相对的斗争。2月7日,中共中央发出《关于争取蒋介石国民党向民主方向转变,暂时停止宣传攻势》的指示。指示指出,国民党内部已起分化,一派主张和各党派合作;另一派则反对政协决议,认为政协是国民党的失败。以上两派正在形成,斗争已开始激化。我们应努力孤立国民党内部的反动派。为执行上述方针,中央决定暂时停止对国民党的宣传攻势。2月8日,中共中央又发出指示,要全党全军保持清醒的头脑,

① 《李兆麟在苏联最高苏维埃选举日讲演》,存东北烈士纪念馆。
② 中共中央党史研究室著:《中国共产党历史》第一卷下册,中共党史出版社,2002年版,第701页。

一方面要尽量争取和平民主新阶段的到来,哪怕时间很短也对人民有利,一方面要积极做好迎接内战的准备。

2月10日,重庆各界人士在校场口举行庆祝政协成功大会。国民党右翼势力指使特务捣乱会场,打伤民主人士郭沫若、李公朴、施复亮、章乃器等多人,制造了"校场口事件"。在此前后,国民党当局还在各地镇压群众的游行集会,策动反苏反共活动。国民党内部起分化,右派分子大搞反苏反共活动是当时社会政治形势重要方面。这也是之后不久李兆麟被国民党特务杀害的大背景。随着蒋介石撕毁停战协定和政协协议的形势发展,中共中央也很快改变了关于"和平民主建设新阶段"的估计。

政协会议召开后,国民党蒋介石在美国的支持下,为了独霸东北,不顾国共两党在1946年1月签订的停战协定,坚持东北地区不在停战范围之内的谬论,并调兵遣将,准备大举向东北解放区进攻,妄图独吞东北抗战胜利果实。

这一切都表明内战危险严重,东北形势极其严峻。

为使广大青年学生认清形势,明确和平需要用斗争去争取,要有思想准备,不要松懈斗志,要敢于和困难做斗争,李兆麟在做哈尔滨青年工作中,曾到军医大学为学生作报告。他高度评价同学们的护校斗争,为同学们取得的胜利表示祝贺。同学们与李兆麟也建立起友好的亲密关系。军医大学为原伪满陆军军医学校。原来伪满陆军军医学校的中国学生共约百人,由于我党的思想影响,在伪满时期就有不少人参加了阅读马列主义进步书刊的秘密读书活动。"八一五"日本投降后,在"跟着共产党,走革命的路"思潮的引导下,共同驱逐了日本教职员工和学生,留下来开展了轰轰烈烈的护校活动,准备将一所设备完善的军医学校保护起来,整个交给祖国,交给共产党。军医大学老学员回忆说:刚刚光复的那几天,斗争形势十分复杂,旧的机构已经被砸烂,新的秩序还未建立起来,党的活动也是秘密的。领导我们开展护校活动的共产党员孙平化同志(按,新中国成立后任中日友协会长),就是以教员身份为掩护开展工作的。在孙平化同志领导下,成立了秘密的20余人的"新知识研究会",公开的"学生自治会",作为同学们团结的核心。护校活动搞得有声有色,但也遇到一些问题急需解决。比如,国民党反动派在造谣、挑拨破坏,敌伪残余在捣乱,一些不法歹徒在搞盗窃、抢劫活动等等,更重要的是大家十分关心我们的前途,要求有一个正式的公开的领导。为解决这些问题,我党组织的地下外围人员董连铭同志(按,后来任广东省安全厅副厅长),与我们一起搞护校活动的原学生队连长,通过孙平化同志的关系,找到了李兆麟同志,向他汇报了学校的情况和面临的问题。

李兆麟听到汇报后,对学校所遇到的问题当机立断,亲自动手给予解决。据董连铭同志回忆说:第二天一早,李兆麟同志领我到苏军司令部找人——驻军政委。他进到一个小屋里,不大一会儿,与那位政委一起走出来,看样子他们很熟悉。那位政委热情又豪爽地说:同志,你好,学校我们不要了,给你们了。我问有个别的苏军战士去拿东西怎么办?那位政委和李兆麟同志用俄语交谈一阵子,当即写了一份《通告》给我,并告诉我把它贴在大门上。回来后,我们就照办了,还真是有效果。

从苏军司令部出来后,我跟李兆麟同志说,你到学校去看看吧!学校挺不错的。他找个车就和我一起来到了学校。我陪他把整个学校看了一遍。李兆麟同志很高兴,很兴奋,他说这个学校很好,要保护好,我们要办大学,招一两千学生,多培养点干部,我们急需干部啊!我跟他说,看看学生吧,讲讲话。他表示同意,当即把同学们召集起来,他发表了热情洋溢的讲话。

李兆麟同志讲话的主要内容是,高度评价了同学们从日本人手中接管了学校并武装保卫学校的行为。他说:你们的护校斗争很有意义,我为你们取得的胜利表示祝贺,也为你们有了坚定的革命信仰而高兴。他还谈及国内形势,他说:日本虽然投降了,但斗争并未结束。告诫我们和平需要用斗争去争取,要有思想准备,不要松懈斗志。他还提醒大家,目前和今后还会有很多困难,要敢于和困难做斗争。要好好学习马列主义和中国革命的经验,下决心把革命进行到底。

李兆麟在讲话中特别强调和平需要用斗争去争取,要有思想准备,不要松懈斗志,要敢于和困难做斗争,要好好学习马列主义和中国革命的经验,要下决心把革命进行到底,这在当时是十分重要的,确实为广大青年指明了斗争、前进的方向。

根据李兆麟的决定,废止原伪满陆军军医学校的名称,正式命名为东北军医大学。数日后,他又派了同他一起从苏联回来的陈述同志来学校任校长。在李兆麟同志的关怀下,东北军医大学同学们受到了极大的鼓舞。东北军医大学建立后,学员的任务也由护校活动转而走向教学、实习,逐步发展壮大,走上了正轨。①

1945年11月,根据中共中央东北局北满分局的决定,东北军医大学和其他我党政军机关一起撤离哈尔滨前往宾县。据老红军、来自延安的时任松江军区卫生部长的涂通今同志回忆说:1945年11月中旬的一天,松江军区副司令李寿轩同志和滨江省副省长李兆麟同志找我谈话。李副司令首先说:"东北局决定成立松江军区,要你担任军区卫生部长。"李兆麟副省长补充说:"成立松江军区卫生部,你看需要什么?需要什么人和什么药,开个单子给我。"谈话后,我找到李寿轩的爱人张子英同志,她也是一个医生,在延安认识。我们一起商量,很快就开出一个所需药品和器材的单子送给李省长了。回头一想忘了要人。到了11月23日,大约在下午三点钟左右,李兆麟同志又找我谈话。他说,情况紧急,要我立即带上50辆大板车和5辆大卡车把驻在哈市郊区的东北军医大学(原伪满军医大学)迁往宾县。到宾县后,一方面要我抓紧成立卫生部,另一方面要我把军医大学安顿好,争取早日复课。②在李兆麟的关怀下,军医大学如期开学。

1946年2月10日,李兆麟原定去宾县参加医大毕业典礼并讲话,但因故未能成行,为勉励学员,他给东北军医大学全体同学写了一封信。全文如下:

军医大学全体同学们:

在我们离别短短期间中,兄弟我是无日不在想往着一群天真活泼,进步有为如小弟弟一样的你们。我多次准备往访你们新建设起来的校址,并和小弟弟们在一起畅谈畅谈,但这种

---

① 《李兆麟将军与东北军医大学》,载《哈尔滨日报》2006年3月8日。

② 涂通今:《回忆初到北满的时候》,载《涂通今医学文集》。

意图,终归在工作繁忙、脱不开身子的形势下而遭受阻拦,这不能不使我为之遗憾。

同学们!你们现在已毅然踏上了进步的途径——探求真理的大道。在这漫长的路子上,你们也将要遭遇到不可避免的凹凸不平和滋长着荆棘难走的地方,但这一切呈现在你们面前的困难,你们都会毫不畏馁的,以自己坚忍不拔的精神消除和克服下去,在革命的路途上大踏步迈进。诚然,目前的国内局势在政协会议之后稍有转机,我们也将或取得合法生存和可能民主的权利,然我们决不能以此微微的胜利冲昏自己的头脑,我们要加倍警惕变成盲目乐观的牺牲者——要屹立在还没有完全为之肃清,仍然有着强大势力的反动者们的面前继续斗争下去,在斗争中来巩固既成之和平,更在不断的斗争中取得真正民主,和实现我们远大的理想。

这里,在我们共同信仰的旗帜下,我们该提示给同学们,你们要本着——"学习,学习,再学习"的信条来充实和武装起自己的头脑——不仅在业务上,同时也要向政治、军事、经济、文化……一切进步的科学知识钻研。

同样的,在你们实习的和工作的岗位上,你们更应具备着为革命、为人民服务的信念,不可掩辩的多种多样的困难是会在你们的工作中接连不断地发生,例如:那些生活上的艰苦,待遇上的低劣,医药器材之缺乏,有时首长对你们关心照顾的不够,病院里个别伤病员由于认识上的缺陷和伤势疾病的苦痛,对你们发牢骚,说怪话,甚至讲出使你们听了刺耳的诅咒句子。特别是在你们与伤病员的关系上,会使你们有时感到不愉快,但是,你们应该知道,这种关系是会在你们的积极努力下逐渐改进的。在你们的革命医学事业上,你们不仅要给予他们以医药上的治疗,而更加施以精神上的治疗,你们要帮助和教育他们,使之很快弥补起存在在认识上的缺陷,这样才算述尽你们应有之职责,也只有这样才会使你们与病员之间的隔阂消除和胜任愉快的去工作。

最后,我应向同学们提出,你们的学生自治会应急速的、积极的把同学的意见汇集一起,向上级领导提出自己的主张和要求,在条件允许下使你们的困难尽可能的减少,并积极领导全体同学为革命的事业做出更大的努力。

谨祝

全体同学胜利前进!

李兆麟手书
一九四六年二月十日①

1946年2月底,李兆麟在去宾县向北满分局和陈云汇报工作时,还视察了东北军医大学,看望全体学员,表达对学生学习、进步的关心。李兆麟亲笔致信军医大学学员、两次看望同学们,是对同学们的莫大关怀和鼓励,也是对学校思想政治工作的有力推动。以后,东北军医大学搬到兴山(鹤岗),1946年8月15日正式同延安迁来的中国医科大学合校,成为我军培养医务人才的重要基地。东北军医大学的建立与李兆麟同志的领导、关怀是分不开的。

李兆麟除关心军医大学之外,还利用一切机会如参加市内上层人物集会、各界人士召开

---

①《李兆麟给哈尔滨军医大学毕业生的信》(1946年2月10日),载政协灯塔县委员会文史资料委员会编《李兆麟将军史料专辑》,第159页。

的座谈会及个别交谈,积极开展统战工作,广泛团结各阶层的爱国民主人士,争取国共两党继续合作的努力。同时,向进步爱国人士宣传中国共产党的主张,揭露蒋介石"假和平,真内战",进攻解放区,妄图消灭共产党的阴谋。

1946年2月,哈尔滨市青年和知识分子代表大会召开,李兆麟以中苏友好协会会长身份,代表中共公开宣传中苏友好和苏军帮助我们打败日本侵略者的功绩,宣传我党我军艰苦斗争的历程及我党建立新中国的主张,揭穿蒋介石假民主真独裁的反革命面目,号召各界人民团结起来,为实现中国共产党提出的建设独立、民主、自由、富强的新中国而奋斗。他讲道:"知识分子是建设我们伟大祖国的宝贵财富,是通往共产主义的重要桥梁。在工人阶级的先锋队——中国共产党的领导下,捧出你们的全部知识和智慧,献给我们的伟大祖国的建设事业。"①他的讲话博得与会广大知识分子代表的热烈拥护和赞扬,共产党的威信在群众中日益提高。

李兆麟非常关心青年人的学习成长,时时注意引导青年进步,成为青年人的良师益友。曾在中苏友好协会工作的陈堤同志回忆说:"他知道我是文学青年,总是垂询我的学习和生活,让我读《中国革命和中国共产党》《论联合政府》,还让我读《在延安文艺座谈会上的讲话》。"②他除赠送学习资料、文学作品等书刊、报纸给青年人外,还耐心回答青年人提出的问题。一次,青年代表赵乃禾问:"说共产党人是特殊材料制成的,具体怎样理解?"李兆麟形象具体地回答说:"比如冬天到了,三个人只发给两件棉袄,其中第一个人未加任何考虑,立即把棉袄让给了战友;另一个人,经过一番思考,也把棉袄让给了战友;第三个人,摆出许多理由,证明首先他应该穿上一件。假如你是三个人中的一个,你怎么办?"③李兆麟虽然没有直接回答赵乃禾提出的问题,但他启发式的反问,使青年们知道了具有高尚道德情操、舍己为人,毫不考虑个人得失的第一个人就是用特殊材料制成的共产党人!这样的人就是大家应该学习的榜样。赵乃禾听后,感慨不已。

这期间,为了揭露国民党反苏反共、破坏和平、摧残民主、进行内战、坚持独裁的反动阴谋,彭真曾两次致电陈云,要求与李兆麟等速写并报送有关材料。2月27日电文如下:"望你和兆麟即来并请带以下材料:一、北满各地抗日联军八一五以前活动情形(干部姓名、人数、时间、地点)及八一五后发展经过。二、现任团以上军政干部姓名、简历。三、县长、专员、参议会议长姓名、简历及选举经过。四、国顽勾结土匪、警特、日寇扰害地方及国特破坏活动、暗杀的具体材料、证件、证物等。"④3月5日电文如下:"为了打击国民党法西斯分子反苏反共运动及其关于东北问题之反宣传,需要有系统地将我党在日本投降前,在东北之各种抗日活动,特别是武装活动及地下军向全世界广播,请你即搜各种材料摘要电告。并请李兆麟、冯仲

---

① 赵乃禾:《难忘的人》,载政协灯塔县委员会文史资料委员会编《李兆麟将军史料专辑》,第142页。
② 陈堤:《在李将军身边工作》,载黑龙江省文史研究馆编《龙江文史》第五辑。
③ 赵乃禾:《难忘的人》,载政协灯塔县委员会文史资料委员会编《李兆麟将军史料专辑》,第142页。
④ 彭真:《致陈云电》(1946年2月27日),载《彭真年谱》第1卷,中央文献出版社,2012年版,第400页。

云等同志速写材料送来(先将其主要内容摘要电告),以便尽快广播。"①李兆麟是否接到此电报并按此电报精神速写材料,送至东北局,现在无资料说明。但此电文充分说明东北局领导同志十分重视李兆麟等在打击国民党法西斯分子反苏反共、国特破坏活动中所发挥的重要作用。

当时,在与国民党反苏反共、破坏和平、摧残民主、坚持独裁的斗争中面临的一个重要问题是选举国大代表问题。1946年1月,在重庆召开的政治协商会议上决定,将于5月份召开国民代表大会,制定宪法。会后各地开始酝酿、推举国大代表。按规定哈尔滨市将产生6名代表。国民党市政府制定的"国大代表产生法"规定这6名代表,区域代表3名,职业代表3名(含妇女1名)。推举办法先由各职业团体和各区推举36名,再由市政府从中确定18名报至重庆国民政府后,再从中确定6名。"产生法"公布后,令人不解的是国民党省市接收大员竟取消了中苏友好协会这个在哈尔滨市参加人数最多、影响最大、最能代表民意的群众团体的推举候选人的资格。显然,这是国民党接收大员在限制进步力量,无视进步力量、压制进步力量。对此,许多进步人士非常愤慨,认为国民党还是在搞一党专政那一套。

在这一问题上,李兆麟当仁不让,据理力争中苏友好协会推举代表候选人的资格的名额和这一人民团体的合法地位。为此,李兆麟多次与国民党接收大员接触、谈判,面对秉承国民党当局旨意的接收大员的倒行逆施,表示坚决抗议,要求国民党当局莫违民意,不能取消中苏友协推举代表候选人的资格。与此同时,他多次组织召开哈尔滨教育界、文艺界、新闻界、工商界的座谈会,市民各界群众讲演会,发动群众通过合法斗争的途径,向国民党松江省、哈尔滨市当局提出合理推举代表候选人、肃奸清匪、改善民生、和平民主等要求。

1946年3月7日,为纪念三八国际妇女节,李兆麟写下了"女同胞们!团结起来为自己的解放而奋斗"的亲笔题词。

翌日,哈尔滨市举行妇女节庆祝大会。参加会议的有国民党省长关吉玉、市长杨绰庵,哈尔滨市中苏友好协会会长李兆麟也应邀与会。

会上,国民党省主席关吉玉讲了些孔孟之道、三纲五常之类的陈词滥调。市长杨绰庵讲话中,讥讽这里的人们"当了十四年的亡国奴!"人们听了他们的讲话颇有反感,普遍反映接收大员怎么这样讲话?省主席讲话与共产党倡导的妇女解放,走向社会不同,市长讲话看不到东北人民十四年与日本侵略者的艰苦斗争,人民对日本侵略、统治的反抗。

第三位发表讲话的是李兆麟。他在讲话中说:"各位代表,我代表中国共产党哈尔滨市委员会,热烈祝贺你们有生以来第一次过你们自己的节日!""在东北沦陷的年代里,在敌人的刺刀下,我们过的是任人宰割、牛马不如的悲惨生活!如今,侵略者是被我们打败了,我们是胜利了!但是,就在我们今天在这里开会的时候,就在我们东北家乡的一个角落,又响起了枪炮声!在杀人的炮火中,敌人继续制造父母失去儿女、妻子失掉丈夫、丈夫失掉妻子的罪恶……"李兆麟在讲话中控诉了日本法西斯的罪行,痛斥了国民党蒋介石集团要发动内战将给

---

① 彭真:《致陈云电》(1946年3月5日),载《彭真年谱》第1卷,中央文献出版社,2012年版,第403页。

人民特别是给妇女带来的灾难,号召妇女要走出家门,走上社会,加入革命斗争的行列,争取自由解放。①他提出了哈尔滨妇女解放斗争的三项主要任务:"第一,在今天中国社会里,虽然有少数的贵族女性已摆脱了封建的枷锁,但这毕竟是极少又极少的现象,还有大多数的生存在劳苦黑暗里的劳动阶级的妇女,她们更迫切希望合理生产和解放权,真正的男女平等。第二,目前全国已走上和平民主团结建设的今天,我们需要担负起更重要责任,过去已有过出色的妇女政治家辈出,最近的国大代表,全哈的妇女代表希望他发挥全体妇女的意见,代表全体妇女们在大会上发言做事,不久哈市参政会成立后也希望妇女积极参加选举。第三,提高子女教育和个人文化程度。过去沦陷期中的教育是妇女学习扎花抽朵、做饭烹茶,教育限制了女性发挥天才的机会。妇女们也要同男性同一步伐,肩负时代所赋予的任务。所以我们要努力学习,武装我们的头脑,勇往向前,使我们祖国的未来繁荣富强。"②

李兆麟的讲话,赢得了妇女同胞阵阵掌声。他的讲话虽然简短,但观点鲜明,论理深刻透彻,与国民党省主席和市长讲话

李兆麟为纪念三八国际妇女节题词(1946年3月7日)

内容显然不同,并且针锋相对。他的讲话深受与会者的欢迎,使人们受到教育。当年参加这次会议的赵乃禾同志回忆李兆麟讲话时的情景说:"兆麟同志的讲话,总共不超过五六分钟,无情地揭露了蒋帮妄图发动大规模内战的阴谋。他激动地离开话筒,快步走向台边,两眼迸发出愤怒的火光,振臂领呼口号,当时会场里的情景,群情似火山爆发,喊声有如翻江倒海。"③十分不幸,李兆麟的三八节讲话竟成为他给人们留下的最后的遗言。

如前所述,1945年9月李兆麟根据东北党委会的指示,率领抗联战士进入哈尔滨市,组织人民自卫武装,建立人民政权。入城后他任苏军军事管制下的滨江省副省长和中共北满分

① 赵乃禾:《难忘的人》,载政协灯塔县委员会文史资料委员会编《李兆麟将军史料专辑》,第142页。
② 刘枫、李颂鸾:《李兆麟传》,黑龙江人民出版社,1989年版,第240页。
③ 赵乃禾:《难忘的人》,载政协灯塔县委员会文史资料委员会编《李兆麟将军史料专辑》,第143页。

局委员、哈尔滨市委委员、哈尔滨市中苏友好协会会长等职。1945年九十月间,国共两党在重庆经过谈判,签订了会谈纪要,即"双十协定"。此后,中共在全国范围内,开展了与国民党更为广泛的统一战线工作。因此,在哈尔滨,中共方面与国民党交往也日渐增多。当时,由于国民党政府与苏联签订条约,所以,中共方面遇到的问题也就很复杂。

在哈尔滨,中共要与苏军、与国民党、与地方士绅等打交道,而这些往往都要由李兆麟出头露面去应对。因为他有中共北满分局委员、市委委员、苏军卫戍副司令和滨江省副省长的官衔。这就使李兆麟担当了特殊而又重要的角色。这种角色确实也很难担当,有时办事顺利、成功、达到预期目的,就会感到很欣慰、很荣幸;有时办事不顺利,甚至遭失败,也就感到很闹心、很遗憾。在与国民党打交道时既要讲求运用合适、合理的方式进行应有的针锋相对斗争,又要讲求统一战线、国共合作、和平建国,做应做的工作。正因如此,他也常被一些同志误解,因与接收大员常接触,被说成与国民党走得很近,是"右倾";在与苏军打交道时既要积极争取协助,又要按苏军命令、要求予以服从,因此,他也常被同志说成是"净听老毛子的"。总之,在与国民党、苏军打交道时他要通盘考虑到国家利益、民族利益和中共的利益即人民的利益。

当时,李兆麟是哈尔滨市唯一以中共公开身份进行活动的领导人。他在中共北满分局、哈尔滨市委领导下,利用合法身份,与国民党接收大员进行有理、有利、有节的斗争,揭露了国民党当局的反动面目。同时,他也做了大量争取国民党接收大员杨绰庵趋向进步的工作。应该说,在那尖锐复杂斗争的日子里,李兆麟不辱使命、任劳任怨,是很好地完成了组织交付给他的任务的。

对此,他的战友,市委书记钟子云(王友)同志回忆说:"驻在哈尔滨市的市委在中共北满分局直接领导下,要做的工作很多。首先是要和苏军驻哈市的领导机关保持密切联系,因为当国民党接收哈市政权后,哈市委能公开半公开的坚持工作,是与苏军的热情帮助分不开的。当时,兆麟是苏军任命的正式军官(少校),是随红军一起进入哈市的。他对苏军的各级领导都比较熟悉。而我是作为党中央、八路军总部的委派代表和苏军进行联系的。以后陈云同志来哈成立了中共北满分局,兆麟同志和我仍是他们的联络员。凡是遇到和苏军交往中的一些比较重大的问题,陈云同志都派我们进行联系和传达。在这方面,兆麟同志做了大量工作。其次是'双十协定'签订之后,和国民党进行两个方面的斗争,一是在农村发动农民,建立巩固的根据地,扩大武装力量,积极开展大规模的武装斗争;一是在城市与国民党进行各种斗争。当时,在哈市这种特殊的情况下,我们党需要和国民党公开来往,相互协商在哈市地区一切可以合作的问题,同时利用这个机会向我党所组织的各种团体,如工、农、青、妇和工商会等公开宣传我党的各项方针政策、全国的战争形势等,以广泛争取社会各界群众来拥护我党的方针政策。因此,市委决定兆麟同志,以中共代表的身份,公开与国民党的接收大员交往,而我以中共哈尔滨市委书记的身份,有时也和兆麟同志一起接见他们接收大员中的主要负责人。如国民党松江省政府主席关吉玉和哈尔滨市长杨绰庵等,而日常更多的和国民党的交往主要是兆麟同志。"

钟子云还回忆说:"我和兆麟同志相处时间虽短,但他为党的事业勤奋工作,勇于坚持原则,同国民党进行针锋相对斗争的精神,却给我留下深刻的印象。至于当时由于大家对执行党中央的路线、方针、政策等认识不同,对他也有些议论,但我认为他在哈尔滨这段工作时间内,对执行党中央的方针、路线和具体政策是无可非议的。""他在哈市几个月和国民党大员接触来往中,在政治上并无任何背离党的政策和组织上的决定的行为。他在和国民党接收大员的直接谈判中,对许多重大原则问题,是针锋相对、寸土必争的。"[①] 钟子云同志对李兆麟在特殊形势下,贯彻中共既定方针政策,与国民党斗争的这段历史评价是客观公正的、实事求是的、正确的。

五、鲜血染冰城

哈尔滨因冬季漫长、冰雪履地、天气寒冷而有冰城之称。1946年的3月,春寒料峭,冰雪未融。自然界的天气忽冷忽暖,政治上的气候也十分险恶。

国民党反动派为了破坏中共在东北建立巩固的根据地,不惜采取各种卑鄙手段,派遣特务运用暗杀领导人、进步人士的办法以配合国民党军队抢夺东北。

当中共北满分局、松江省工委撤至宾县后不久,国民党军统局特务张渤生[②]策动我新建部队叛变,围攻北满分局、松江省工委,叛匪将手榴弹都扔到陈云同志的住地,妄图炸死中共领导人。军统局属下的"中央锄奸团"团长张兴邦还派遣女特务,妄图杀害北满分局领导人陈云和松江省工委领导人张秀山,但敌人的罪恶图谋都未得逞。

罪恶深重、凶狠毒辣的军统局,是国民党政府"军事委员会调查统计局"的简称。军统局是国民党最大的特务组织之一。1938年3月成立。其前身为1932年成立的"复兴社"(也称"力行社")特务处。主要头目是戴笠。(1946年3月17日戴笠因飞机失事摔死于江苏江宁,以后军统由郑介民、毛人凤接替领导。)军统局在全国各地设立特工组织,并向国民党军队、警察及行政机关、交通运输等部门派遣特工人员,专以对中国共产党人、爱国民主人士和反蒋派进行侦察、绑架、审讯、暗杀和残害等反革命的特务活动为能事,被其暗杀、残害的共产党人和进步人士计有上千人。

当时,由于国民党派员接收政权,我军主力都已随党政机关撤离哈尔滨市,分布在外县。敌特感到中共军事力量在外县力大势优,从事暗杀活动有困难,于是把杀害目标转移到哈尔滨市内。

由于李兆麟在哈尔滨市以共产党人身份公开活动,其影响甚大。他在与国民党接收大员

---

① 钟子云:《纪念李兆麟同志诞辰八十周年》,载政协灯塔县委员会文史资料委员会编《李兆麟将军史料专辑》,第61页。

② 张渤生,山东蓬莱人。军统特务。1945年潜入哈尔滨,组建特务组织"滨江组",从事破坏活动。1945年12月24日中共哈尔滨社会部协助苏军将其逮捕,押解苏联。1956年我国政府将其引渡回国,1962年病死监狱中。

谈判中,对许多重大的原则问题都是针锋相对的。他多次讲,东三省最重要的也是中国最重要的是和平统一,制止战争问题,要实现这个要求,需要人民大众齐心努力。他多次说,要警惕汉奸、卖国贼上台。他的讲演及各种活动深受民众欢迎,同时也使国民党反动派深感不快,如芒刺背。他被国民党反动派视为眼中钉、肉中刺,维护反动秩序的一大障碍。为使李兆麟在和国民党接收大员的谈判中妥协让步,敌人竟用装有子弹的恐吓信威胁他,但他毫不畏惧。党组织对他的安全十分关心,同志们提醒他要注意,要小心。但他却说:"如果我的鲜血能擦亮人们的眼睛,唤起人们的觉醒,我的死也是值得的。"此时,国民党特务组织已经把李兆麟的名字列入共产党负责人黑名单中,并列为第一名,①准备对他暗下毒手。

1946年3月9日,国民党军统特务在哈尔滨市杀害了李兆麟。制造了举世震惊的大血案。

李兆麟谋杀案是国民党军统特务滨江组所为。"八一五"后军统特务张渤生受军统局长戴笠直接派遣来哈尔滨从事收集中共情报、组织暗杀、收编日伪残余土匪,组织建军活动。张来哈尔滨后很快结识伪满中校军官林再春,伪满江上军上尉连长阎钟璋。之后,以伪满江上军中下级军官、伪满宪兵警察和土匪为基础组建了军统特务组织"滨江组"。滨江组内设庶务科(管理本组机关事务,科长何士英)、情报科、军事科、财务科和直属行动队(负责暗杀,队长阎钟璋,副队长伪满江上军上尉马健胤)。行动队分四个班。第二班班长孙海镜。

滨江组成立后,在组长张渤生阴谋策划下,决意杀害李兆麟。1945年10月,在滨江组一次会议上,张渤生说:"不能让跟苏联红军来的那个姓李的走了。"又说:"军统局勾人,凡与国民党两个心眼的,军统局都有权勾,勾错了,也没关系。"②为阴谋杀害李兆麟,滨江组特务煞费苦心,秘密地策划了多种谋杀方案。张渤生曾说:"滨江省副省长李兆麟在省内各地布置工作,发展中共武装部队,他是我们斗争的目标,在必要和适当的时机,可以对他采取行动。"军统特务之所以把李兆麟列为首要杀害目标,是因为军统特务滨江组组长张渤生曾接到军统大特务头子戴笠的指示,要他"擒贼先擒王"。李兆麟是东北抗日联军著名将领、中共北满分局委员、哈尔滨市委委员、滨江省副省长、苏军驻哈卫戍副司令、中苏友好协会会长。在中共领导机关撤离哈尔滨市后,他是唯一公开身份的共产党领导人。在敌特看来他自然属"首领""王者"之列。张渤生说:杀李兆麟,一是因为他名为中苏友好协会会长,实际是共产党在哈尔滨举足轻重的大头目,要往共产党致命的地方捅;二是因为他虽然是共产党,但不是关内来的,更不是延安来的,杀了他可能引起共产党内的互相猜疑,挑起派系纠纷;三是因为他是从苏联回来的,与苏联关系密切,杀了他,还可能挑起苏联红军对延安派的怀疑;四是杀一儆百,而且有利于策反其他共产党人,特别是东北籍的干部。③由此可见敌特计谋之阴险、计划之狠毒。它不是"一箭三雕",而且是"一箭四雕"。

为谋杀李兆麟,滨江组的特务制定几个方案,根据张渤生布置,特务多次行动。监视中苏

---

① 《李兆麟血案获破》,载《东北日报》(1946年8月13日)。
② 马健胤:《我在国民党军统局滨江组》,载《哈尔滨文史资料》14辑,第200页。
③ 马英林:《李兆麟将军血荐轩辕》,载政协灯塔县委员会文史资料委员会编《李兆麟将军史料专辑》,第93~94页。

友好协会驻地,伺机暗害李兆麟。1945年12月8日,在中苏友好协会附近路上,特务阎钟璋开枪把体态特征酷似李兆麟的《哈尔滨日报》社职员、中共党员李钧打死,误认为大功告成,结果不是李兆麟。

就在敌特阴谋杀害李兆麟之时,也是国民党接收大员来哈尔滨前夕,中共哈尔滨市委社会部于1945年12月24日,协助苏军将破坏社会秩序、影响社会安定的国民党军统特务滨江组组长张渤生秘密逮捕。张渤生被逮捕后,滨江组特务们一度陷于慌乱。滨江组副组长林再春从长春特务组长刘精一电报中获悉,来哈国民党接收大员警察局长为军统分子。12月26日,国民党军统局特务余秀豪①以哈尔滨市警察局局长身份随国民党接收大员哈尔滨市市长杨绰庵来哈。据曾任军统局东北办主任文强回忆说:"余秀豪,名义上对外是警察局长,实际上是要求余秀豪借警察局的掩护,建立特务组织,余秀豪是负责双重任务的。"②余秀豪一到哈尔滨,滨江组副组长林再春便同滨江组庶务科长何士英去接收大员驻地荣屋旅馆(按,今铁路局招待所)拜见他。林、何向余秀豪报告组长张渤生"失踪",请求工作指示。1946年1月13日,在滨江组别动队宣誓集会上,林再春介绍余秀豪是军统局少将,哈尔滨的最高负责人。余秀豪给特务们训话时明确说:"今后警察局所不能做的事,要靠你们来做。哈市有危害治安之不良败类分子,可以尽量除掉,出了事情由我负责……"他监督特务们宣读"做无名英雄,效忠于党国"的誓词,并发给滨江组5万元活动经费。③以后,副组长林再春因张渤生失踪被军统局调去锦州审查,暗杀李兆麟行动便由余秀豪直接领导,由滨江组庶务科长何士英和别动队队长阎钟璋组织实施。

由于余秀豪的授命,特务何士英布置种种暗杀阴谋计划。

他们在中苏友好协会及李兆麟的住宅附近,布置特务机关,企图施行暗杀未成。他们想制造交通肇事,在李兆麟行车路线上待其下车,予以枪杀。但由于司机不断改变行车路线而未得逞。还想在中苏友协附近利用土匪制造混乱,乘机杀害,但友协防范严密,未能得逞。特务们还准备在李兆麟到十一道街的一个饭店吃饭时将其杀害,后因李兆麟因故未去而未成。之后,又阴谋在马迭尔旅馆的一次群众集会上刺杀,但由于苏军警戒森严,阴谋未得逞。敌特还收买了原抗联叛徒子弟葛新民,准备潜入中苏友好协会实施暗杀,但终因警卫严密,结果也未成。

敌特多次暗杀李兆麟行动未果,实不甘心,必欲将其置于死地而后快。后来敌特又炮制出一套新方案。这套方案的特点是以李兆麟当时最为关心的选举国大代表候选人一事为诱饵,利用能够接近李兆麟的人,将其骗到指定的地点然后予以杀害。在物色能接触李兆麟的人选时,他们选中了国民党市政府人事室女办事员孙格龄。

孙格龄,中苏混血儿。在市政府当职员,市长杨绰庵与苏方打交道时任过俄语翻译。能经常接触上层人物。有条件利用工作机会去中苏友协与李兆麟接近。她又是滨江组特务刘明晨

---

① 余秀豪,广东人,时年42岁,美国加州大学警察行政博士,军统局特务少将军衔。
② 文强:《我在东北的特务活动》,载《文史资料选辑》第130辑。
③ 《李兆麟将军被害始末》,载《哈尔滨市志》附录5。

姐姐的同学,有可能被拉进来。故何士英让刘明晨做孙格龄的"工作"。2月初,刘明晨"工作"成熟后约孙格龄到自己家与何士英会面。何士英指示她要伪装进步,在"不要人生疑的范围内与李兆麟接近",曲意逢迎,并明确指示:"你的任务就是把李兆麟调到一定的地点。"

诱骗人选确定后,何士英先亲自向孙格龄布置具体任务,毒害李兆麟。为配制毒药,何士英动用潜伏在医务界的特务高喜元、阎力维、南守善等研究毒药配制。高喜元说"氰酸钾锂毒性最大"。何即令南守善通过南岗百灵制药厂的杜忠忧购买了500克氰酸钾锂,由张立钧研成细面,装入小瓶以备随时使用。何士英唯恐投毒不成,又命特务阎钟璋通过隐匿在松浦警察分局的特务刘希贤负责物色杀手,以事成后给20万元赏钱的许诺,收买了土匪高庆三、孟庆云充当凶手。特务刘明晨还将保存多年的猎刀拿出,作刺杀工具。①在这里可以清楚地看出敌人施用的计策是经过周密策划的,是极其狠毒的。

自从孙格龄接受何士英指派的任务后,就想办法接近李兆麟。2月间,她先是利用在市政府开会任接待人员的机会认识了与会的李兆麟。然后便诡称自己是烈士子弟,对国民党表示不满,对李将军表示敬仰,希图获得李兆麟的好感。2月中旬,孙格龄以借书为名两次去中苏友协。第一次由友协总务部长郭霁云接待,孙格龄坐了一会即辞去。第二次去,李兆麟接见了她。

孙格龄诱骗李兆麟的活动有一定进展后,特务们开始费心寻找谋害地点。最初选特务阎钟璋家(河沟街10号),但因楼下是警察派出所,特务何士英、孙海镜、刘明晨等都去看过,感到不合适未用。继而又选了巴拉斯旅馆三楼。孙格龄认为此处来往人多容易遇到熟人,不合适。最后确定了离中苏友协较近的道里水道街9号特务孙海镜的家。

3月7日,特务们在巴拉斯旅馆集合开会,何士英探知"三八"节开纪念大会李兆麟到会讲话,即命孙格龄于3月8日下午把李兆麟"邀请"到水道街9号实施谋杀。

3月8日"三八"节纪念大会上,孙格龄作为会议工作人员,迎接与会领导。她见到李兆麟后,乘机说有"重要事项",并谓省府关主席邀其去谈国大代表问题。但李兆麟因事已有安排未去。之后孙又打电话邀李兆麟于9日下午前去水道街九号。于是特务们将暗杀计划改在9日。

3月9日下午1时左右,李兆麟乘车去南岗车站街(今红军街)1号参加中共哈尔滨市委召开的会议,三点多钟的时候,他向市委书记钟子云说自己四时有一约会,就请假先行离开。路上,汽车发生故障,不能行驶。李兆麟便让警卫员李桂林帮助司机卢德才修理。这时,遇到《哈尔滨日报》社的马车,他便乘马车回到中苏友协。

他进办公室后说:"今天天气好冷啊!"

"会长没有坐汽车回来吗?"秘书于凯问。

"车坏了。"李兆麟答。李兆麟脱帽坐约10分钟,即立即欲出。秘书问:"会长出去吗?""是的。"他对秘书说:"我到水道街9号,李桂林回来后,你告诉他,那个地方离华丰楼不远。"秘书问:"李会长要李桂林去接你吗?"李兆麟说:"我最多一个小时回来,你告诉他就行了。"之

---

① 《李兆麟将军被害始末》,载《哈尔滨市志》附录5。

后,便徒步前去。①特务孙格龄在约定时间之前来到水道街9号等候。将李兆麟引领到楼上。孙格龄将含有毒药的一杯茶水,递给李兆麟。李兆麟喝进后,孙格龄用事先约定的暗语向厨房示意,她的任务已完成。这时,埋伏在厨房的凶手阎钟璋、高庆三、孟庆云窜入室内,连向李兆麟刺7刀。阎、刘、孟见李兆麟已死,即动手将尸体盖上大衣推于床下,锁上门后,便扬长而去。

据《东北日报》报道,"特务在九日的谋杀,布置的更加周密,正午时,特务们先在×××集合,然后到了孙家,由刘希贤和对面驻军铁石部队×连长取得联络,互相策应。特务刘文升在水壶中下了毒药,当场由何仕英指挥,擦去地板上的脚印,将女特务孙格玲留在房内,杀人犯阎钟璋、高庆三、孟庆云则隐藏在邻室的厨房里,另外布置马健胤、刘希贤、刘文升等匪徒在外巡风,担任捉拿李兆麟将军的警卫员。这时也正是李兆麟将军由钟子云同志处出来,他曾说自己赴要员'×××约会'。途中由于汽车损坏,留下警卫员看着修理车子,他坐了马车回到中苏友好协会后,匆匆的仅交代他的秘书一句:'我到水道街九号',就坦然不疑前去,只身陷入了特务们的圈套。这时约在四时半左右,他先被毒药毒倒,特务们约定以喊'再喝一碗吧'和敲门为记,阎钟璋率领孟庆云、高庆三等匪徒,就由厨房出来,搜去了兆麟将军的手枪,倒在地上的兆麟将军已经毫无抵抗能力。而杀人不眨眼的万恶特务凶徒,都拿起利刃,在他身上连刺七刀(八孔),我赤胆忠心为国为民,身经百战,没有死在敌人的枪林弹雨中的一代民族英雄,就此痛遭暗害,横身血泊,牺牲在国民党特务的魔手里。"②

对于这一事件的过程,李兆麟的警卫员李桂林同志回忆说:"那是1946年3月9日的上午,兆麟同志照例处理完了中苏友协的工作,下午1点钟去南岗区红军街1号,参加中共哈尔滨市委召开的会议。3点多钟散会后,我陪着兆麟同志乘汽车返回道里中苏友协办公处。当车行至地段街距协会办公处只有几十米远的地方时,出了故障。我和司机小卢下来修车。兆麟同志坐在车里等候。恰在这时,《哈尔滨日报》社社长唐景阳坐着自己专用的马车路过此处去市中苏友协办事。由于车夫与我们很熟,便停下车来打招呼。唐社长得知我们的车坏了,就请兆麟同志坐他的马车走。兆麟同意了,让我留下来和司机修车,便跟他们走了。我一直目送他进了中苏友协院子里,才放下心来跟司机继续修车。

车很快修好开回到中苏友协办公处。我赶紧跑进办公室去看兆麟同志,但他不在。我马上问秘书于凯,他对我说,兆麟同志到水道街9号开会去了,并说兆麟同志让我回来后到那里去找他。于凯同志还把一封孙格龄给兆麟同志的信递给我看。我打开信一看,上面写着下午三点请兆麟同志去水道街9号,商谈关于'国大代表'的事情。我感到有点纳闷儿:兆麟同志没跟我说今天下午有这么个会要去参加呀。再说,就是要去开会,也应该等我回来一起去,这是规定啊!我越想越没底儿,便急急忙忙跑着去了水道街。水道街离中苏友协不远,所以很快就到了。我到水道街9号一看,是一座楼房,临街是一家服装店。我走进去打听是否有人在这里开会,店主说不知道什么开会的事。我只好退出来,然后通过旁边的门溜进了院子里。只见院里边有

---

① 《兆麟将军被难经过》北光报记者采访中苏友协副会长孙耕野,载李兆麟将军纪念委员会编《纪念民族英雄李兆麟将军》(1946年3月20日)。

② 《李兆麟血案获破》,《东北日报》(1946年8月13日)。

三个男人,我便走上去询问:'请问,你们看没看见刚才进来一位穿洋服大衣的男人?'他们说:'没看见。'这时,我有些急了。马上返回中苏友协。正巧,碰上我党打入国民党市公安局当督察长的马亮同志。我把情况跟他一说,他也感到事情不妙。便立刻和我一同又折回水道街9号在去寻找。可这时院里一个人都没有了。我们找了一会儿没有结果,便只好返回中苏友协。我和马亮给市委打电话,可电话就是打不通。没办法,我们只好坐车去市委面述了。

市委书记钟子云同志听了情况汇报后,马上派宋兰韵同志和我一起去苏联红军驻哈尔滨卫戍区政治部报告情况。苏军政治部的马主任听完情况汇报后,用十分流利的中国话让我们同一名苏军军官及一个班苏军士兵,马上再去水道街9号仔细搜查。我们在水道街9号楼上楼下挨门仔细询问、搜查。但由于住户与苏军语言不通,搜查和询问都很费劲。我们一直干到半夜两点钟,还没有搜查询问完。我心里又气、又恨、又急。十分烦躁、恼火,不时发脾气,可这又有什么用呢!领导根据实际情况,决定暂停搜寻工作,等天亮再说。为了防止敌人乘机破坏,制造混乱,苏军决定在这一带设流动岗严加防范。天刚亮,领导又让我马上去南岗大直街124号,向冯仲云、金伯文(李兆麟夫人)汇报情况。到了冯仲云处我才知道,是领导上怕我年轻气盛,控制不住自己的情绪而莽撞行动,给敌人留下制造事端的口实,所以才让我离开搜查现场。冯仲云同志一面安抚我,要我冷静,一面把我的手枪要了去,并让我独自一个人在房间里,还从外面把门锁上,省得我再回到现场去。过了好一阵子,我总算冷静了下来,还向首长作了保证,决不鲁莽行事,不上敌人的当,不让敌人利用。10号这一天上午,苏军卫戍区司令部还给国民党的哈尔滨市警察局长余秀豪下了命令:马上追查李兆麟的下落,即使人死了,也要看到尸首!"①

由于李桂林去水道街九号去找没找到,又与马亮去找又没找到。到天黑,四处打探无消息,到10日晨亦无下落。至此,人们开始断定李兆麟会长可能发生了意外。10日晚,进一步搜查,在水道街九号二楼一室内床下发现李兆麟的遗体。李兆麟被刺身亡,成为事实。

李兆麟遗体被发现后,市委领导写了一封信即让李桂林去通河面交陈云同志。苏军派出一辆汽车送李桂林到通河。李桂林见到陈云同志把李兆麟遇害事情的前后汇报了一遍。

自3月9日敌特将李兆麟杀害后,便考虑如何将李兆麟遗体尽快运出水道街九号,以消尸灭迹。据以后被逮捕的凶犯阎钟璋交代:"刚刚杀完了李兆麟,负责卸尸的阎力维还在外边警戒没进来,我们去找他,一出门就碰到了李将军的护兵李桂林。他不认识我,我可认识他。因为我跟踪李将军很久了。一见到他,我当时吓出了一身冷汗,赶紧让孟庆云他们离开,别的什么也顾不得了。"9日晚,阎钟璋想去偷尸,拟肢解扔入松花江冰窟中。但由于苏军将水道街一带包围戒严,进行全面搜查,凶手毁尸灭迹的计划未能实现。李兆麟被杀害后,何士英命刘希贤向余秀豪汇报暗杀成功情况。罪魁余秀豪恐阴谋败露,极力策划掩盖罪行。他对刘希贤说:"你告诉何士英他们,要做好准备,第一,要隐藏好;第二,藏不住就逃出哈尔滨;第三,实在不行就自裁,谁要暴露了机密祸及全家。"接着,何士英按照余秀豪的指示,让刘文升烧毁所有文件,并让特务肖文哲给刘文升送去三万五千元红军票,以作为各凶犯外逃路费。在余秀豪的

---

① 李桂林:《李兆麟将军被害真相》,载《退休生活》,2000年第8期。

指挥策划下，绝大部分刽子手逃离了哈尔滨。①

但在广大群众要求和苏军司令部数次催促破案的压力下，国民党军统特务、哈尔滨市警察局长余秀豪一面拖延安排、掩护特务潜逃；另一面假意指挥侦缉人员寻找、捕捉凶手，以应付苏军及缓和我党及广大人民群众的愤怒情绪。

余秀豪把特务们安排隐蔽好后，在紧张的搜捕凶犯过程中，作为公安局长的余秀豪不得不派出警察假意搜查。当时以督察长身份打入国民党哈尔滨市警察局的中共地下党员马亮参加了这次搜查。10日晚，搜查工作在水道街九号逐楼层、逐房间搜查。在查遍一楼没发现任何踪迹，刚踏上二楼，马亮发现东北角临水道街和东10道街拐角处有个房间紧闭着，门上着锁。带路的派出所警察说那是一个存放乱东西的仓库，没人住。马亮说，就是没人住，也要进去查一查。马亮大声呼喊找钥匙开门，更夫说："不知房主，没有钥匙。"马亮就爬上门去，用砖头砸开门的"上亮子"，探身从里面把暗锁打开，大家涌进了房间。他进入屋里卧室，发现床下露出一双穿着皮鞋的脚。马亮、宋兰韵立即动手把床抬开，只见地板上横躺着一具尸体，头朝里，脚冲外，身上盖着大衣。掀开大衣，尸体还围着一床线毯，上面沾满了血污。打开线毯一看正是李兆麟的尸体。马亮当即命人维护现场，立即向苏军司令部和中共哈尔滨市委负责人汇报。②

随即，苏军司令部人员和市警察局人员来到现场，进行验尸、照相。身中七刀八眼的李兆麟尸体卧于血泊之中，惨不忍睹。在现场搜查中，于他被害的屋里，即特务孙海镜的家中，发现了一本军统滨江组特务的记事本。记事本记载着以下内容："1.张组长十四日赴长春……；2.林副组长训话……林赴荣屋旅馆；3.一月十三日全体开会，余局长监誓，黄督察长训话……；4.去局长公馆……；5.……局长报……6.介绍高野九三……7.辽阳街廿一号余黄电话三七一九，余公馆三八二六……"。③记事本中的张组长为军统局滨江组组长张泓生，林副组长即林再春，余局长即余秀豪。这一记事本的发现，为分析此案、确定侦察方向提供了重要依据。此外，在现场还发现刺杀用的猎刀和留有氰化物的茶杯碎片。由于有这些证据，初步判定李兆麟之死是国民党军统滨江组特务所为。

据当时曾和市委领导同志一起参与寻找过李兆麟的郭霁云同志（中苏友好协会总务部长）回忆说："兆麟同志从省委回友协，半路汽车坏了。他让司机、警卫员留下修车，并告诉秘书于凯，他先到水道街九号去一下，车修好后去接他。大约一小时后，车修好了，开到水道街九号。这是一座三层公寓式楼房，进门是一条长长的走廊，光线很暗，敲开一户家门询问，人家说没见过，又不便挨户去问，大家怀疑是不是于凯听错了？于凯肯定地说没错。大家都紧张起来。当警卫员又返回会址时，省市委领导立即派人领着苏联红军赶到那里，包围了整座楼，挨户搜查。只有二楼有一房门上着锁，门前横着一架木梯子。邻居说，那原来是江上军（伪满军）一军

---

① 马英林：《李兆麟将军血荐轩辕》，载政协灯塔县委员会文史资料委员会编《李兆麟将军史料专辑》，第107页。

② 马英林：《李兆麟将军血荐轩辕》，载政协灯塔县委员会文史资料委员会编《李兆麟将军史料专辑》，第108页。

③ 《李兆麟血案获破》，载《东北日报》（1946年8月13日）。

官住的,人早搬走,房一直空着。大家相信了,没有破门搜查。第二天一早,我们去找松江省主席关吉玉和哈尔滨市长杨绰庵,要他们交代李将军的下落。同时又通知了我们打入警察局当督察长的马亮同志。下午,马亮带人到了现场,看到了上次没搜查的那个房间,门前不光是横一木梯,还摞上许多砖头,来人立即砸开门锁,进房看到桌椅歪倒,满地杯盘碎片。地上有一身材魁梧的人,脸朝下伏在血泊里。马亮估计可能是李将军,马上给我们打了电话。我们一路奔跑赶到现场,看到死者大衣、中山服、皮鞋都染上了鲜血,但依然可以辨认出是李兆麟同志。揭开大衣,脊背上还插着一把锋利的匕首,手掌凝结着紫色的血块,手心有多处刀痕。这表明兆麟同志曾与凶手进行过激烈搏斗。在场的几位党领导决定,由我回友协安排,丧事要由国民党市政府负责办,遗体送往医院缝合、整容。这件事唤醒了不少对国民党抱幻想的人。反动当局十分惊恐,唆使一些特务、流氓造谣惑众,说李将军是死于情杀,那时在街上,只要国民党的人一贴出造谣的宣传品,就遭到正直群众的激烈反对,常发生争斗。后来真相大白,是国民党反动派慑于李将军声威而策划的这起谋杀。特别通过国民党市政府工作人员孙格玲,打电话约李将军到水道街九号会面,说有要事。正好车坏了,他单独前往。孙倒了两杯热水,这是特务配好的毒水。她见李将军已喝下,就把自己手中的杯子摔在地下。隔壁中冲出歹徒,持匕首刺向了他。李将军虽多处受伤,仍举起木椅欲砸向歹徒,这时一歹徒从背后给了他致命的一刀。"①上面资料与当时到现场找过李兆麟的几位同志对此事件所述基本一致。

李兆麟遇害,绝非偶然!显然是一起政治谋杀案,是国民党军统特务所为,在李兆麟遇害地特务孙海镜的家中搜查出来的记录国民党军统特务活动内容的记事本就是确凿的铁证。

1946年3月12日,《北光日报》在第一版特大字通栏标题《人民公敌中国法西斯特务分子的残暴罪行》下,刊登了李兆麟将军被害消息、李兆麟同志的遗照和哈尔滨中苏友好协会的通知。通知沉痛宣告:"一九四六年三月九日下午四时,在哈尔滨市内,哈尔滨中苏友好协会会长,前东北抗日联军第三路军总指挥,为中国人民的解放和平民主和巩固中苏友好奋不顾身的战士,李兆麟先生惨遭中国反动分子的杀害。李兆麟先生之死,乃是全中国人民,一切真正的民主人士的重大损失。"

李兆麟被害的噩耗传出后,哈尔滨市各界人士都感到十分震惊,深感杀害抗日功臣,有违天理,丧尽天良,强烈要求缉拿凶手。北满分局书记陈云得知李兆麟遇难情况后,对事件进行认真缜密分析,做出明晰正确判断。于3月13日,为李兆麟被刺杀事件及时发出给北满分局各省工委电报,此电报全文如下:

各工委:

(一)李兆麟同志于本月九日下午四时许,被骗至哈市道里水道街九号楼上被刺杀。李同志系三时半离市委驻地,说是应国民党松江省关主席之约请谈国大代表问题(未说会面地址)。到中苏友好协会后,稍坐数分钟,即云到水道街与他见面,三十分钟即回来(此时未说去会何人)。约十分钟即派人去找,见该门窗上锁。次日经搜查后,始在楼上屋内发现尸体,背、

---

① 郭霁云:《李兆麟将军被害前后》,载中共哈尔滨市委党史研究室等编《中共中央北满分局》,黑龙江人民出版社,1998年版,第373~374页。

头部共有刀伤七处。

(二)李被刺杀经过及李同志略历亦在日报发表。

陈云关于追悼李兆麟同志给各工委电报抄稿

(三)李同志被害是国特反动派在目前反苏反共高潮下,企图破坏政协决议及全国和平民主的阴谋行动。我们一定要教育全军:对国党阴谋估计不足、公开的负责干部日常警卫疏忽、李同志在九日时未带人颇不对。

(四)该事件处理方针:在群众中说明李同志是东北抗战英雄,坚持东北抗战十四年;光复后,又积极维持地方治安,主张国共合作与东北实行民主和平,为北满人民所爱戴,国特分子有意忍心暗害,以此争取广大社会人士同情及反对国特分子反民主、反人民的罪行。须经酝酿后，在哈市可争取广大中间阶层参加。与苏方商量，各省派一部队（徒手的）来哈参加追悼会，较大追悼会各省应等我们或王友同志通知后才开（合江、嫩江较远，可借用松江、龙江部队）。合江、嫩江召来部队领导，由黑龙江代印一批嫩江自卫军符号，松江代印一批合江自卫军符号，以备应用。日期待与苏方交涉后，再行通知。在追悼会上，人民政府提出要求，惩凶抚恤，取消特务组织，保障人民生命安全，实行民主，承认共产党合法，实行政协决议，和平解决东北问题。哈市追悼会后，各省县也应召开同样追悼会，以便扩大宣传。

（五）建议由保中同志领导，用抗联将领联名通电，除要求惩凶抚恤、取消特务组织等项外，并联系和平解决东北问题及承认抗联。

陈云寅元"①

陈云给北满分局各省工委发出的电报及时表明中共对此重大事件的分析、判断和态度。指明事件的性质："李同志被害是国特反动派在目前反苏反共高潮下，企图破坏政协决议及全国和平民主的阴谋行动。"提出对事件的处理方针、办法。特别强调："在群众中说明李同志是东北抗战英雄，坚持东北抗战十四年；光复后，又积极维持地方治安，主张国共合作与东北实行民主和平，为北满人民所爱戴，国特分子有意忍心暗害，以此争取广大社会人士同情及反对国特分子反民主、反人民的罪行。"电报所提出的分析判断、处理方针是正确的。对于人们认清事件本质、国民党阴谋，教育全党全军是非常必要的。

李兆麟被杀害后，中共哈尔滨市委发表《为李兆麟同志被害告哈市全党同志书》，内容如下：

"同志们：

三月九日下午，法西斯集团特务匪徒残杀了兆麟同志。反动分子这一个暴行是有长期准备，严密组织，详细计划和有系统领导的。

这是我党及东北人民的一个巨大损失。全党同志闻此噩耗后，皆万分悲痛愤激，都纷纷要求为兆麟同志复仇。这充分表现我共产党人伟大的阶级情感及对兆麟同志的热爱。对反动分子破坏和平、民主、中苏友好事业的无限憎恨。

但是我共产党人之处事精神不是凭借着情感，而是依据着理智。对这样的惨痛事件不是报复，而是与反动法西斯特务匪徒开展残酷无情的斗争。因此，我们要继承他的遗志，完成他未竟之业，为和平、民主、团结、建设，而不屈不挠的奋斗。

兆麟同志自九一八事变以前即为党工作，为了党的利益，人民的幸福，在敌人追踪通缉艰险环境中，坚持过地下活动。在党的指示下，以文弱之躯当过煤矿工人埋头苦干过。在十四年东北孤悬的游击战争中，物质条件万分困难，敌军百倍胜我的条件下，统帅着抗联军队，与敌英勇搏斗。始终忠实于党和祖国，而成为东北人民的英雄和领袖。造成了党在东北人民面前英勇奋斗坚持抗战十四年。

八一五事变后，兆麟同志更积极执行我党的方针，为和平、民主、中苏友好事业，不怕艰险、困难，在党的指示下坚持奋斗。为政则大公无私，清正廉洁，诲人不倦，克己奉公。从事社

---

① 《陈云为李兆麟被刺杀事给北满分局各省工委的电报》（1946年3月13日），载《陈云文集》第一卷，人民出版社，2005年6月版，第518~520页。

会事业则谦逊诚挚,实事求是,努力认真,奋不顾身。因而获得为党内同志拥护和哈市人民的爱戴。兆麟同志是我党模范的优秀党员和领导干部之一。

追悼兆麟同志,要协助当局积极破案反对反动的特务暗杀组织,为兆麟同志申冤。此外要提高警惕性,防备反动分子的明攻暗袭,发动群众起来痛斥反动刽子手的无耻暴行,要求当局保证人身安全和根绝反动匪徒的活动。

追悼兆麟同志,要学习他那种诚恳朴素的工作作风。英勇,刚毅,善战,不屈不挠,忠实于党,忠实于祖国,忠实于人民,及其他一切共产党人所具有的优良品质。我们要成为兆麟式的党员。兆麟同志被暗害了,这是我党的损失,但是我们相信在这个损失中会产生出千百个新的兆麟式的党员来弥补这个损失的。"①

哈尔滨市委发表的《为李兆麟同志被害告哈市全党同志书》揭露了国民党反动派的阴谋、罪行,彰显了李兆麟同志的优良品质。号召人们学习他,继承他的遗志,完成他未竟之业,"成为兆麟式的党员",为和平、民主、团结、建设,而进行不屈不挠的奋斗。

由于当时处于贯彻政协会议精神,谋求国共合作时期,《告哈市全党同志书》说是"法西斯集团特务匪徒残杀了兆麟同志",未提"国民党"三字,而其实"法西斯集团特务匪徒",就是国民党特务匪徒,这一点在此案全面告破,真相大白后得到证实,李兆麟被杀害就是国民党的特务机关所为。

3月19日《东北日报》刊发李兆麟将军被害消息,标题为《前抗日联军三路总指挥李兆麟被国民党特务暗杀》,报道东北军民得此噩耗莫不表示义愤填膺,强烈要求缉拿凶手。

在此期间,广大人民群众通过游行、发表演说等各种方式表示要缉拿真凶。中共和苏军司令部方面不断与国民党方面进行交涉,要求尽快捉拿凶手,同时派出专人调查此案。在这种

《东北日报》刊发李兆麟将军被国民党特务暗杀消息

---

① 《中共哈尔滨市委会为李兆麟同志被害告哈市全党同志书》,载中共哈尔滨市委党史研究室等编《中共中央北满分局》,黑龙江人民出版社,1998年版,第74页。

情况下,为了掩人耳目,国民党当局表面上也"积极"参与案件的侦破工作,成立了"李兆麟将军被害案搜查部"。事件发生后,根据水道街9号住户王兰证实,有一个二毛子女人领李兆麟上楼。余秀豪便将一名叫顾荣均的中俄混血妇女逮捕,交苏军司令部充当罪犯,当替罪羊,妄图把水搅浑。但经苏军审查顾与此案无关予以释放。

与此同时,反动当局背地里却放出各种谣言,恶意中伤、诋毁李兆麟。当时主要的谣言有四种:一是说什么李兆麟之死是"因为共产党内部倾轧而成";二是说什么李兆麟之死是"情杀""桃色事件";三是说什么李兆麟之死是"中共与共产国际的摩擦所致";四是说什么李兆麟之死是"苏军想造成政策上交涉的口实"等。这些种种的谬说、无耻的谣言,无外乎是两个目的:一是妄图混淆视听、搞乱侦察、破案方向,以达到使国特逃避杀害李兆麟罪责之目的;二是往李兆麟身上泼污水,破坏共产党人形象,损害共产党在人民群众中的威信,掩盖国民党反动派破坏和平建国、阴谋发动内战的企图,诋毁苏联红军对解放东北的贡献。然而这些谣言不久在案件告破后即被事实戳穿。

对李兆麟被暗害一案,东北局、北满分局、松江省委、哈尔滨市委都十分重视,为此做调查,发动了党在哈尔滨市的一切力量,并从宾县调来一支侦察队,由社会部领导开展秘密侦察、破案工作。

3月18日下午3时许,市警察局侦缉队于道外十六道街新发包铺缉捕高长江匪团时,将孟庆云捕获。孟庆云因刺杀李兆麟后未得到赏金又以土匪罪名被捕,因而在监所中吵闹,声称:"我没有强抢行为,但是哈市最大的案子,杀死李兆麟将军的就是我。"经审讯,孟庆云供认是刺杀李兆麟的凶手。滨江组特务们得此消息后惊慌失措,唯恐泄露刺杀李兆麟内幕。余秀豪为其编造刺杀原因是对李兆麟在抗联时杀过他的土匪弟兄进行"私人报复"的假口供,以掩盖国民党军统特务犯下的罪行。同时,并决定毒死孟庆云以彻底灭口。滨江组情报主任刘文升通过市警察局侦缉队特务何春元摸清情况,在3月23日孟庆云被押解苏军司令部之前,把下了毒的包子送到余秀豪的办公室,让从监所提出来的孟庆云吃下。

4月21日,苏联红军开始撤离哈尔滨,哈尔滨各界代表130多人联名打电报给东北民主联军总部,要求迅速派部队进驻哈尔滨,"以维持治安,而慰民望"。惶惶不可终日的国民党接收大员关吉玉、杨绰庵等在兵临城下、万民愤怒声讨的情况下,悄然离开哈尔滨,警察局长余秀豪也乘机溜出。1946年4月松江省人民政府建立之后,28日东北民主联军进驻哈尔滨。哈尔滨获得解放,为破获李兆麟血案提供了更为有利条件。

李兆麟将军遇难后,搜捕凶犯一直作为公安部门的首要任务。

1946年4月底,民主联军进驻哈尔滨后,公安局立即发出捕获刺杀李兆麟将军的案犯的通缉令。为了侦破此案、严惩凶手,民主联军联同哈尔滨市公安局全力开展侦破工作。5月15日,国民党军统局滨江组别动队副队长马健胤在哈尔滨市道外被逮捕。5月22日凶犯高庆三在哈尔滨被捕获。马、高二犯对杀害李兆麟犯罪事实供认不讳,供出了全部的案情,承认整个案件是国民党军统局滨江组所为,是国民党军统特务机关滨江组有计划、有组织的阴谋。

对于特务们的具体分工,马健胤供述说:

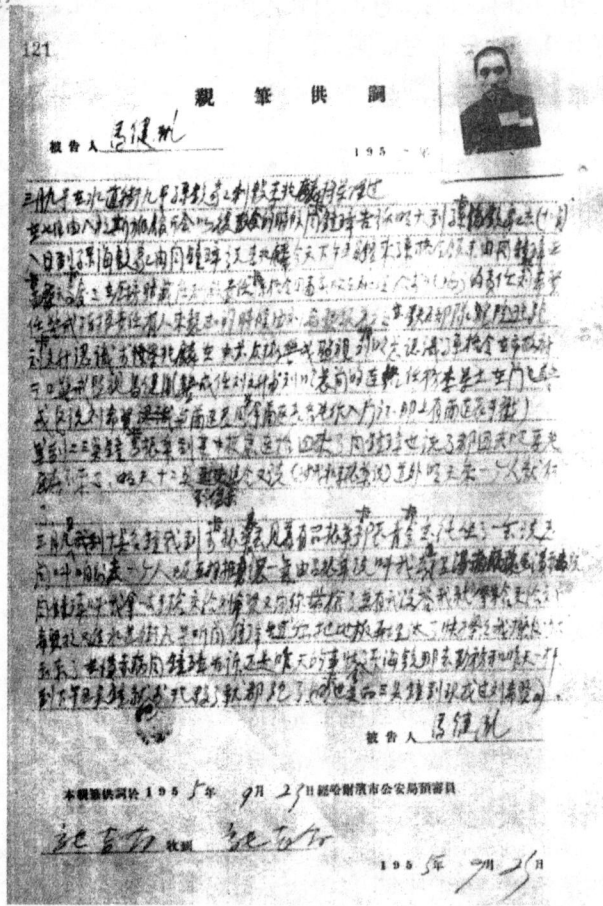

马健胤供词

"在七日由八拉斯旅馆开会后,散会的时候阎钟璋告诉明天到孙海镜家(十二点)。八日到孙海镜家由阎钟璋说李兆麟今天下午五点钟来,孙格令[龄]领来。由阎钟璋率孟庆云、高庆三在厨房暗藏任刺杀责任。孙格令[龄]用毒药放在碗里给李兆麟喝的责任。刘希贤任警戒指挥责任。有人来袭击的时候,由刘希贤领着往铁石部队院逃跑。刘文升认识李兆麟,在中苏友协警戒监视,刘明晨认识孙格令[龄],在市政府街口警戒监视,马健胤警戒任刘文升与刘明晨间的联络任务。李中士在门口警戒(又说刘希贤与蔺连长同学,拿着蔺连长名片作入门证,那上有蔺连长手戳)。"①

对于当时为什么找高庆三、孟庆云来担任刺杀李兆麟的凶手,马健胤曾撰文说:"当时让我们搜集情报,大家都干,但让我们亲手杀人,谁也不愿意干。有的领了杀人的任务就拿着钱跑了,没办法,阎钟章就找刘希贤出主意。刘希贤在江北和土匪混得很熟,来往密切,土匪活动不便时,就把枪支捆在树林里,送到刘希贤家当烧柴垛起来,刘希贤负责保管。刘希贤与高庆三等是义气哥们,所以找到他们,告诉他们会给很多钱,高庆三、孟庆云就答应了。"②

由此可见特务们的具体分工之明细和计划之狠毒。但由于3月8日李兆麟有事未能应孙格龄之邀前往水道街9号,躲过一劫。

凶恶的敌人不达其目的是不甘罢休的。次日,即3月9日国民党军统特务罪恶的计划终于实施,李兆麟惨遭杀害。

经数月侦查,李兆麟血案获破。1946年8月13日,《东北日报》头版大字标题刊登:《国民党特务罪恶滔天李兆麟血案获破乃是军统局有计划有组织的大阴谋》的报道。将五个月前在哈尔滨发生的李兆麟血案的全过程和破案经过向社会公布,对此案进行全面报道。

报道中说,"五个月前,哈市发生震动全国的惨杀东北抗日英雄李兆麟将军血案,自民主

---

① 马健胤供述。
② 马健胤:《我在国民党军统局滨江组》,载《哈尔滨文史资料》第十四辑,第201页。

联军捕获杀人犯马建胤、高庆三，并经过多次侦讯后，根据所得证据，这一血案完全是出自国民党特务机关有计划有组织的阴谋。而直接指挥和布置这一惨杀的主凶，乃是国民党哈尔滨警察局长余秀豪，以及国民党军统局滨江组总务科科长何士英、别动队长阎钟璋、女特务孙格龄等。"参加暗杀的除主凶外，还有他们的特务爪牙、伪军余孽、汉奸土匪马健胤、高庆三、孟庆云、阎力维、刘希贤、刘明晨、刘文升、孙海镜等多人。

李兆麟血案告破，戳穿国民党当局散布的种种谬说。8月13日《东北日报》所载报道说："国民党'接收'哈市时，李兆麟将军不惜以最大诚意，辞去松江临时省政府副主席职务，专任哈市中苏友好协会会长，全心全力和国民党合作，以求得东北的和平和为

《东北日报》（1946年8月13日）关于李兆麟血案获破报道

东北人民服务。国民党当局，却因为李兆麟将军是一个共产党员，他在东北浴血抗战十四年，已经成为东北人民所拥护的民族英雄，因此将他看作最大仇人，一定要杀之而后甘心。"接着，报道以"布置毒谋""暗杀经过""放走凶手""破获经过"为题，分四部分全面介绍此案。文中最后写道："绝灭人性的国民党特务，事先和事后周密地布置暗杀我东北抗日领袖李兆麟将军，并且还毫无心肝的制造种种蜚语流言，以图一手掩尽天下耳目，好替自己脱罪。现在凶犯就擒，真相大白，我们要向全国、全世界人士控诉国民党特务机关的滔天罪行，并且要求国民党当局偿还这一笔笔欠得很久的血债。"

在《东北日报》同一版《为兆麟同志雪恨》的短评中说："兆麟同志的血激励我们更顽强的奋斗，兆麟同志的不朽精神召唤我们坚决制裁中国法西斯匪徒，兆麟同志的事业成为东北人民空前团结的旗帜。东北人民由兆麟同志惨死而生的无限悲痛，已变成了争取和平民主更雄伟的力量。人民意志是历史定者，绝非法西斯暗杀恐怖所能镇压住的，希特勒盖斯塔波（按，即"盖世太保"，国家秘密警察）的遗尸已证明于前，蒋记特务的结局必再证明于后，不管他们如何妄作困兽之斗。"

李兆麟遇害真相大白之后，哈尔滨市委派出侦察人员缉捕凶手。全国解放前后，参与暗杀李兆麟将军这一震惊国内外大罪案的凶犯大部分先后落网。在天津逮捕滨江组别动队队长阎钟璋，在沈阳逮捕阎力维、高喜元，在长春逮捕刘文升、林再春、孙海镜，在北京逮捕刘明晨、南守善，在哈尔滨逮捕张立钧、杜忠忱。

案犯刘明晨被捕后交代：

"在布置水道街伪孙宅以前，曾在马家沟布置了一处，后找到了水道街的房，可能是最初不曾同当时的房主商量妥，

在马家沟什么街，多少号我记不起来，就记得是一所楼，楼下有警察派出所，地址很偏僻。何同孙约定日期去看一下房子，也邀我同去。

到期我同何先到达，以后孙也来过。

我看到的情形，判断房屋是何早租妥的。阎，阎家已居住。腾出一间屋子做为孙的家。

在该处我第一次见到阎（着黑棉袍）。

屋内布置如图。

在巴拉斯旅馆二楼租有一个房间。据何说刘□□□虽然住在二楼，但是并不知道何在三楼，何约孙及我去看过那间房子，不同意那个地方。

所用的刀是我的，是一柄德国造的猎刀，很精致。我收藏，□来的借去，说不定何对阎夸说是从重庆带来的。"①

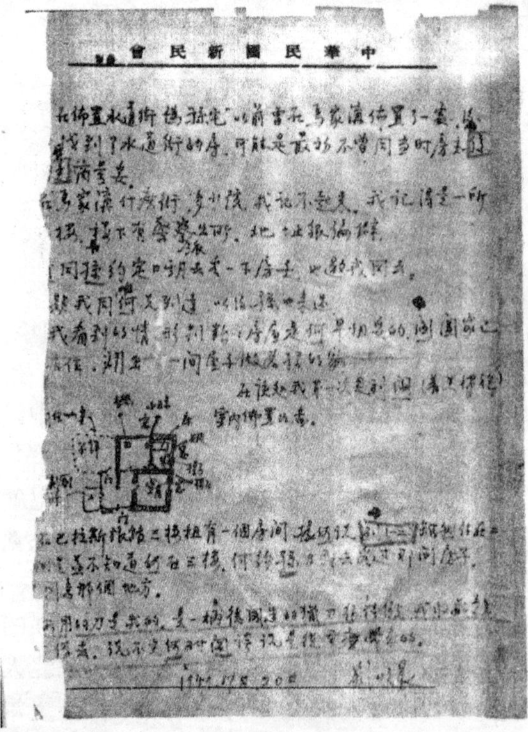

刘明晨的供词说明敌特寻找谋害地点过程和凶器的来源。其他案犯也都供出犯罪经过。

谋杀李兆麟罪大恶极，被捕获的凶犯都得到了应有惩处。

参与谋杀李兆麟的案犯高庆三于1946年被捕获处决。马健胤因坦白交代彻底从宽处理，被判处有期徒刑。1949年10月14日，哈尔滨人民公审处决了主持谋害李兆麟的汉奸国特林再春。10月19日下午1时，7万哈尔滨群众齐聚兆麟公园，公审刽子手阎钟璋、刘文升、刘明晨、阎力维、孙海镜、高喜元及张立钧。哈尔滨市人民法院组成了以哈尔滨市市长饶斌为审判长，市人民法院院长张屏、松江省人民法院副院长

刘明晨供词

---

① 刘明晨供词。

董仙桥、市公安局局长王化成为审判员的特别法庭,依法判处阎钟璋、刘文升死刑,立即执行,判刘明晨无期徒刑,阎力维、孙海镜15年徒刑,高喜元10年徒刑,张立钧5年徒刑。①11月,李兆麟被害案中的投毒主犯南守善在北京被捕伏法。

1950年在镇反运动中,鉴于刘明晨、阎力维、孙海镜、高喜元四犯属重罪轻判,松江省人

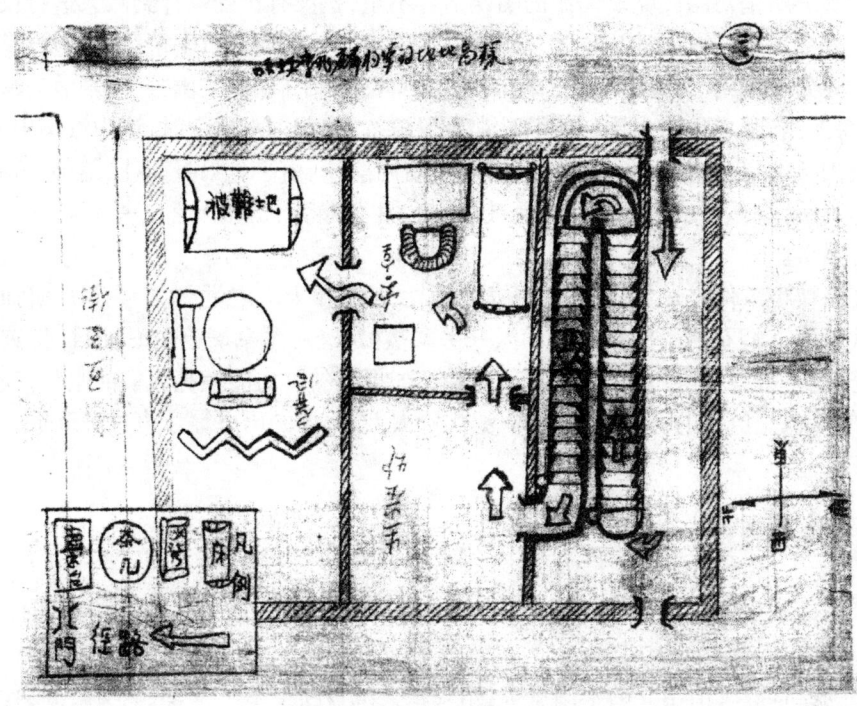

国特暗杀李兆麟将军室内示意图

民检察署依法重新起诉,省法院重审后判处四案犯死刑,于1950年11月9日执行。

1956年4月,我国政府将滨江组组长张渤生从苏联引渡回国。1957年1月25日经最高人民检察院批准正式逮捕,1962年2月28日狱中病死。

1958年在齐齐哈尔将刺杀李兆麟的凶手李剑星(李中士)捕获并于同年10月6日判处死刑。在镇反运动中,公安机关认为时任国民党哈尔滨市长的杨绰庵与李兆麟血案有关,1950年7月在北京,将其逮捕。1954年被北京军事管制委员会军法处以反革命罪判处死刑,1955年2月18日执行。("文革"后,杨绰庵之子向法院提出申诉复查其父历史问题。1982年12月经过复查再审,查明杨绰庵与国民党军统特务杀害李兆麟一案无涉,北京中级人民法院宣布原判证据不足,不予认定,撤销原判决书)②

在20世纪50年代参与当年李兆麟的案犯大多得到应有的惩罚,遗憾的是参与暗杀李兆

---

① 《松江日报》1949年11月20日。
② 《北京市中级人民法院(82)中干监字第1694号》(1982年12月1日)。

麟罪案的首要案犯余秀豪、何士英及孙格龄因逃离大陆,成为漏网之鱼。

李兆麟被害是人民革命事业的巨大损失。此一不幸事件是国民党军统特务残酷、毒辣的周密谋划所致。但诚如陈云在电报中所说,此案我党也有教训可寻,即"对国党阴谋估计不足、公开的负责干部日常警卫疏忽、李同志在九日时未带人颇不对。"在这里,陈云同志指出了应汲取的教训。所谓对国民党反动派的阴谋估计不足,是没有正确估计到敌人进行反革命罪恶活动随时都会出现的可能性。尽管李兆麟去水道街九号之前向市委请过假,但没有足够的防范。没有充分考虑到形势的复杂性,对国民党的特务惯于搞破坏、诱骗、暗杀活动缺乏应有的警惕,结果上当,酿成致命大错。所谓日常警卫疏忽,他前去水道街时,途中汽车出故障,不应让警卫员去帮助司机修理汽车,而应让警卫员陪同前往。由于是只身前往,结果一踏进屋门就陷入罪恶罗网,身孤势单,难以制敌,反被敌制。"生死事大,迅速无常"。一代英豪,殒于敌谋,成为千古恨事。

李兆麟被害事件之发生,他是以一人之牺牲,唤醒千万人之觉醒。李兆麟以鲜血和宝贵的生命为代价使人们看清了国民党反动派一手拿橄榄枝、一手拿屠刀的真面目,打破了所谓正统观念,分清了敌我界限。这正如他自己所说,"如果我的鲜血能擦亮人们的眼睛,唤起人们的觉醒,我的死也是值得的。"但这牺牲毕竟代价太大,血染的历史篇章也过于沉重。

六、人民永怀念

李兆麟被害事件在哈尔滨、东北乃至全国引起巨大震动,各界人士纷纷谴责国民党特务的罪行,东北军民莫不义愤填膺。

李兆麟在日寇统治东北的十四年中,始终站在抗日斗争第一线,组织动员群众,领导统率抗日军队与敌人血战,他没有战死于抗日疆场,没有病亡于斗争前线,没有饿毙于山峦河谷,没有冻殁于林海雪原,却在抗战胜利后,争取和平民主自由的道路上,惨死在国民党特务手中,真是人民之不幸,国家之不幸,民族之不幸。

中共中央对此事件非常重视,党中央机关报《解放日报》于3月16日在头版头条以"反动派暗杀北满人民领袖　李兆麟同志遇害"为题,公布了李兆麟遇害的消息,并配发抗议评论。

报道指出:"李同志的被暗杀,显系反苏反共反革命分子在东北勾结敌伪残余,残害人民领袖,扩大内战,破坏东北与全国和平的阴谋勾当。这一惨案是反动派在东北的一连串罪行的继续发展。全国人民要一致奋起,严重抗议反动派的罪行,粉碎反动派的恐怖政策,解散万恶的特务组织,只有克服反动派的破坏活动,才能挽救当前危机,保卫和平与争取民主。"

3月18日,《解放日报》发表胡乔木、田家英撰写的《东北问题的历史真相》一文。文中说:"看到报载东北抗日联军领袖李兆麟同志遇害的消息,一时悲愤得说不出话来,反动分子为什么要暗杀李兆麟同志呢?岂不是因为他是东北人民十四年抗日的一面大旗吗?反动分子以为这样或者可以便于篡改历史,但是反动分子与日本法西斯一同流了东北人民的血,这一笔血债不是更加牢固的写在人民的心中了吗?李兆麟同志永垂不朽!东北人民十四年抗日战争的血史永垂不朽！"

3月19日，延安《解放日报》发表了经过毛泽东审阅的社论《评国民党二中全会》，将"李兆麟暗杀案"列为国民党内法西斯派制造的一系列暴行之一，予以严厉谴责。

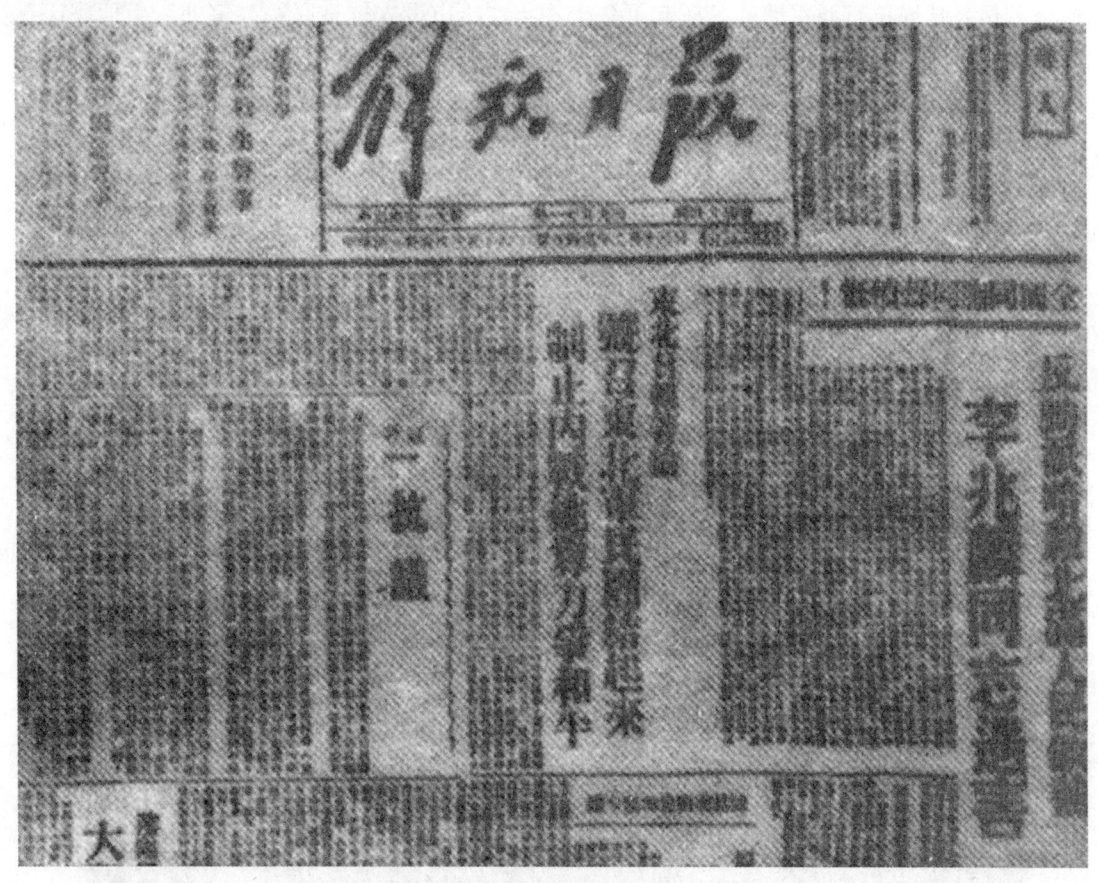

《解放日报》对李兆麟同志遇害的报道

翌日，《东北日报》报道说："前东北抗日联军三路军总指挥李兆麟，被国民党特务暗杀，东北军民莫不表示义愤填膺。"此报道介绍了李兆麟的生平。人们通过这则报道，了解到李兆麟、进一步认识了李兆麟。这则报道内容如下："李兆麟同志辽宁省辽阳人，今年37岁，家境贫寒，高小毕业后，未能升学，在家种地。大革命时代受到革命的政治影响，'九一八'事变前一年，故乡已不能再使他立足，于是他到北平去求学，在这里他接受了马列主义的思想，于1930年加入中国共产主义青年团，不久即加入中国共产党。'九一八'事变时，他正在北平奔走救亡运动，加入了北平的抗日救国会，不久由共产党派遣到辽西抗日义勇军耿继周部去工作，他在耿部内曾于新民一带参加过多次英勇的战斗。耿部失败后，他又返回北平。次年他又被派到辽西李春润部抗日义勇军工作，不久李部又遭受失败，他便到了沈阳，中共奉天特委派他到本溪湖煤矿，组织工人的抗日救国运动。后又转入赵尚志部的抗日联军，任政治部主任,赵战死后,继赵担任抗日联军第三路军总指挥之职,一直到苏军出兵东北前,他在北满一带坚持反日的游击战争。苏军进兵东北时,他乃率所部配合苏军作战。去年苏军占领哈尔滨时,他即辞去副省长职,专任哈尔滨市中苏友好协会会长之职。抗日联军为收集过去分散各地之人员及抚恤抗日联军遗族家属起见,于本年在哈市设立抗日联军办事处,由他兼任代表。自兆麟同志被杀害之消息传至东北人民,尤其他过去活动地区的人民与原东北抗日联军旧部、全东北民主联军后、全体战士、全东北人民及他的故乡老友,无不同声哀恸,义愤填膺,并痛恨国民党内法西斯特务分子之无耻卑鄙。"①

这一报道虽个别地方有不够确切之处,但它使人们知道李兆麟早期参加革命的历史,了解到自九一八事变后他领导抗日斗争的经历和建树的功勋。

李兆麟被害事件发生后,其战友周保中闻讯痛哭失声,无比悲痛。3月16日,东北抗联主要领导同志周保中与冯仲云、李延禄、李荆璞、王效明、王明贵、于天放、李范五、韩光、彭施鲁、王钧、陈雷等通电,强烈抗议国民党反动派杀害抗日民族英雄李兆麟的罪行。通电写道:"将军昔日坚贞不拔以抗日救国,今日则鞠躬尽瘁以求建立和平民主的新东北。请问天下有良心人,将军除造福东北同胞外,有何罪愆?"通电愤怒声讨说:"国民党内法西斯分子以李兆

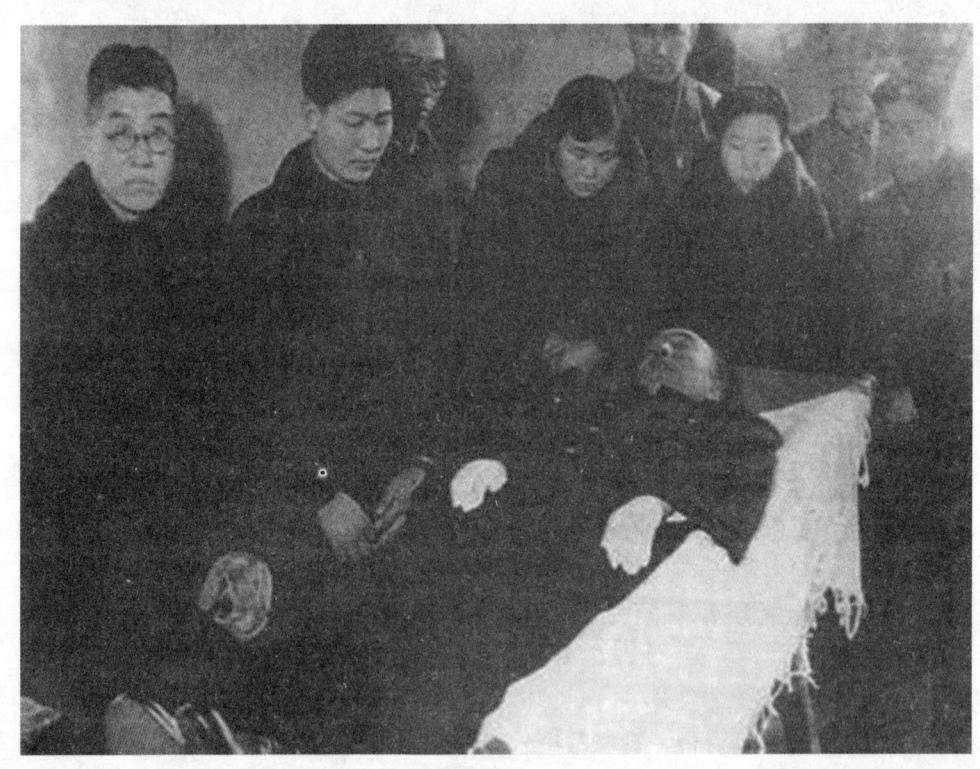

李兆麟将军遗体

① 《东北日报》(1946年3月19日)。

麟将军十四年抗日救国为罪,以反内战求和平为罪,竟伸出血腥魔手加害将军。请问国人,是可为,孰不可为?是可忍,孰不可忍?"通电指出:"此不仅居心险恶,手段卑劣,而实欲使我东北人民重沦黑暗地狱,使我全国同胞复陷于悲惨恐怖、水深火热之境地,法西斯分子实系我中华祖国之蟊贼。"通电列举自1945年11月以来国民党特务杀害中共党员、抗日联军干部人员各事件,严厉谴责法西斯特务分子罪行,要求:"1.立即解散特务组织,并将其首要分子即杀人凶犯交法庭治罪,实现蒋主席保障人权及民主自由之四项诺言;2.限期缉获刺杀李兆麟将军凶犯并严究主使者,将负哈市治安责任之公安局长即松江省警务人员撤职查办;3.应请国民政府明令正式承认有十四年在东北坚持抗战之抗日联军所编成东北人民自卫军,编整为国防军,由政府保障抗日联军有功人员及其家属,抚恤遗族,并救济受敌伪祸害区之人民。4.国府明令褒扬李兆麟将军,实行国葬,并昭雪一切被法西斯匪徒杀害之烈士。5.允许东北人民自卫军,派遣队伍到哈尔滨、长春、沈阳各城市,以保护抗日联军工作人员及家属。"通电最后说:"保中等百战余身,只知爱国,大义所在,虽死不辞,是与全军将士奋斗到底,剪恶除奸,为死难烈士复仇。"①3月21日《东北日报》发表了这个通电。3月23日《解放日报》头版全文转发了这个通电。

不久,在东北各省代表联席会上,周保中发表讲话说:"坚决反对专制独裁,争求和平。东北人民要坚决进行自卫战争,粉碎国民党反动派的进攻。""东北人民民主和平事业是正义的,是真理所在。再加上为人民服务的毛泽东、朱德所教育训练的军队,则正义与真理就更有力量。东北人民工农商学就会各得其所,而有可靠的保障。"②周保中对国民党反动派义正词严的痛斥,说出了广大人民的心里话,深受民众的热烈欢迎。他发表的讲话、声明充分揭露了国民党蒋介石要抢夺抗战胜利果实的反动实质,唤起了广大民众打破所谓正统观念,树立奋起保卫抗战胜利果实的决心和坚定信心。

还是在2月18日,李兆麟牺牲前,他的战友冯仲云同志在《哈尔滨日报》发表一篇题为《李兆麟将军》的文章。文中写道:"今日哈尔滨中苏友好协会的会长李兆麟先生,就是东北鼎鼎大名的抗日联军第三路军总指挥张寿篯先生。十四年来他纵横哈东山地,驰骋龙江广原上,备受哈尔滨人民的爱戴和景仰。我和他在一起作过战,一起受过冻,长期的共同甘苦,他的确是我患难的同志,也是我们三路军中将领和战士们所最爱戴的领袖。"文中介绍李兆麟参加革命,从事抗日斗争的历程,深情地回忆说:"他到过海伦、巴彦各地,洒遍了抗日救国思想的种子。他的谈吐很能动人,能吸引人们去倾听,并且他的言论立即会使人钦佩和信服。所以他的号召,就成了发动人民起来抗日救国的号令。在哈尔滨,他也曾经在游击警察队里,组织起来抗日救国的秘密组织。1934年后,他被派到三军去做政治工作。他虽然他是政治工作人员,但是他也是军事干部,常常和赵尚志一起作战。有时赵尚志和抗联主力失去联络,他就亲自率领部队与敌人血斗,或者从容地退却,到安全的地方。他善于找敌人弱点袭击敌人,使敌人受到严重损失。""他在军事上的天才,政治上的聪明,曾使当时的抗日义勇军与山林队等敬服,而

---

① 《为李兆麟同志被害事件原抗日联军将领通电全国》,载《东北日报》(1946年3月21日)。
② 《东北日报》(1946年8月13日)。

和抗联三军结成统一战线,团结起来反抗日寇。哈东人民没有不知道伟大的抗日领导者李兆麟将军(即张寿篯)。无怪当'八一五'东北被解放后不久,他回到哈东一带时,各地的人民都列队欢迎他,甚至于有跑来抱头痛哭的。他们都认为张主任的这次再现于他们面前,是安慰了他们很久的怀念,并感到他的确是他们的有血肉联系的领袖。"文中以很大篇幅介绍一九三八年敌寇残酷"肃正"松花江下游,北满抗联决定将主力转移到小兴安岭的西麓,冲击西荒,李兆麟组织指挥着抗联战士进行西征和开辟龙江广原和嫩江流域的反日游击区,展开平原游击战的事迹。3月27日,《解放日报》全文刊发了冯仲云撰写的《李兆麟将军》一文,向国内外读者介绍了李兆麟的抗日斗争事迹,使世人尽知李兆麟。

曾在李兆麟身边工作过的中苏友协工作人员陈堤怀念李兆麟说:他不凭权势图谋私利,他衣着朴素,平易近人。他只要回到班上,就和我们一样吃高粱米干饭,白菜土豆汤。我们要他吃点好的,他却风趣地说,吃这个,在抗联这不是过大年了吗?对于这样一位把全身心都献给祖国的人,一位为东北人民力争和平民主的人,一位真正的共产党人,国民党反动派自然不会放过他,绞尽脑汁地想法要谋害他。大家曾提醒李将军留神,而他却说:"我抗日十四年,没做一点对不起东北人民的事,中国人决不会害我的。"光明磊落的李将军万没有想到,一切善良的人民也没有想到,阶级敌人用他们罪恶的黑手,杀害了浴血奋战十四年的民族英雄李将军。陈堤被李兆麟的艰苦朴素作风所感动,他深情地说:"他与群众同甘共苦,群众对他的感情是非常深厚的,有什么事,哪管是家务事也愿意向他倾诉。他惊人的廉洁。当他被害后,我们到他住的大直街宿舍整理他的遗物时,才知道他和她的夫人金伯文加上二个儿女四个人盖一床被,睡在地板上。他的全部遗款只有37元红军币(我任文学秘书,月给红军币一千零八十元),这就是一位抗联领袖、副省长、会长的全部财产。检查人员见了此状,有的落泪,有的唉声叹气。"①

哈尔滨医科大学的同学们知道李兆麟遇害的消息后说,我们的抗日英雄李兆麟先生竟遭遇这样的残杀,实是出人意料之外,我们不以党派来说,可是他的抗日的功绩是任何人不能否认。为了救国、实现和平民主,他千辛万苦地渡过了千钧一发的战场生活。现在表面上日本是向中国降伏了,可是和平民主尚未真正实现,而这般毫无心肝的反动分子,却下此背叛国家民族利益的毒手。我们中国人民凡稍有良心的都在痛惜李将军的惨遇,我们同学除了向政府要求迅速破案和相当的办法外,我们要一致本着李将军的遗志去努力实现和平、民主。当时,正在热火朝天搞建校与迎接开课的军医大学的同学们,得知李兆麟同志被特务杀害的消息震惊万分,悲愤久久难平。随即选出代表赴哈,参加守灵、声讨大会和追悼活动,以此来寄托他们的哀思。

哈尔滨市学联负责人说,李兆麟先生十四年来舍家失业为民在冰天雪地、饥寒交迫、枪林弹雨中率领中华铁血男儿,艰苦搏斗于白山黑水之间。八一五日寇降服后,不辞劳苦继续为和平、民主建设贡献自己的最大努力,这不正是东北人民所期望的吗?他!李兆麟先生究竟有何罪,而遭你们丧心病狂者的毒手?你们这天大的罪行是不会为人民所饶恕的!

---

① 陈堤:《在李将军身边工作》,黑龙江省文史研究馆编《龙江文史》,1999年第五辑,第21页。

哈尔滨妇女工作会同志听到李兆麟被害的消息更是悲痛万分。没有不悲愤落泪的。她们说，三八节那天李先生在讲演中曾给我们宝贵的启示，虽然是短短的几分钟的讲演，然而给我们的启示是那样深刻，讲演数次被掌声所中断。李先生这样一位对国家民族有功劳、有才能的英雄领袖，竟被反民主的反动分子所杀害，这是东北的不幸，今天东北如再这样发展下去，则中国的前途不堪设想。但我们不能因此而倒退，为反民主的特务分子恫吓而后退，我们当鼓起勇气争取中国真正的民主实现而努力，而奋斗。

省政府工作人员听到这不幸的消息也哭了起来，关科长说像李副省长这样的伟大超然的人，使我们在东北再难找出第二位来，他在省里两个多月，不知道办了多少为国为民的事情，但是我知道，他没有花过省里一文钱。他对我们职员们又是那样关切。他虽然以后不在省里了，还常常关心我们的生活，尽他的能力帮助我们。他人格的超越和慷慨与爱国爱民的精神，我不知道怎样赞美才好。①

李兆麟牺牲后，哈尔滨市、松江省人民无比悲痛，无不对国民党特务的凶恶残暴表示切齿痛恨。许多单位、人士对李兆麟被害表示震惊、哀痛，对特务分子的罪行表示愤慨、谴责。

在国外，塔斯社、合众社都有关于李兆麟被暗杀的报道，谴责中国反动派对进步社会力量代表实施的恐怖行为。

李兆麟遇害的噩耗传开后，人们陷入巨大的悲痛之中。3月14日、15日，哈尔滨各界人士近百人在中苏友协集会，决定成立治丧委员会和善后委员会。会议有各界代表，各机关首脑、地方士绅九十余人参加。会议由马英林主持，钟子云等讲话。会议决定治丧委员会人选有：谢雨琴（松江省顾问）、钟子云（抗联第二军政委）、何治安（哈尔滨银行董事长）、李国钧（中苏友协副会长）、唐景阳（哈尔滨日报社社长）、马英林（北光日报社社长）、赵乃禾（广播电台台长）、郭霁云（中苏友协总务副部长）、张柏岩（中国医师会代表）及苏军、省、市代表等32人。会议确定3月23日举行公祭活动，3月24日举行追悼大会和安葬仪式（当日十二时起灵安葬）。会议一致通过为永远纪念李兆麟将军，将李兆麟遇难的哈尔滨市水道街改为兆麟街、将道里公园改为兆麟公园、将水道街小学和双城中学分别改称兆麟小学和兆麟中学。并设立纪念学院和图书馆，为李兆麟修建塑像和纪念馆，编撰纪念书籍和文艺作品等。在其遇难地悬挂"李兆麟将军被害地"大型牌匾，以志纪念。

为隆重安葬李兆麟将军，哈尔滨人民敬献了用珍贵的"暴马子"木材制成的棺木，来盛殓将军的遗体。在中苏友协院内搭建了庄严肃穆高耸三层的塔式灵棚。灵棚上层、中层分别悬挂着"民族魂""精神不死"的大字横幅，下面安放着将军的大幅照片。下层有"万世流芳"和"模范的中国共产党员"的大横幅。灵棚两侧陈列许多花圈和写着"救国救民精神惊天地，除敌除寇壮志撼山河"等挽联。治丧、善后委员会成立后，全体成员、抗日联军代表、130多个团体代表和数万群众陆续拥入中苏友协院内举行公祭活动。一位抗联老战士在李兆麟的灵堂前高唱悲愤高昂国际歌，声震云霄，动人心弦。公祭时，由治丧、善后委员会代表谢雨琴、北光日报社社长马英林、外省外县代表、中苏友好协会代表、人民自卫军代表、各界群众代表先后

---

① 李兆麟纪念委员会编：《纪念民族英雄李兆麟（张寿篯）将军》，1946年。

恭读祭文。每篇祭文都充满悲哀愤慨之情。致祭之后，人们依次列队瞻仰遗容，而后到楼上大会议室瞻仰将军遗物，听讲解员介绍将军的生平业绩，无不深受感动。

3月21日，东北局发出关于追悼李兆麟将军的指示。指出："著名的抗日民族英雄、抗联领袖之一、我驻哈尔滨代表李兆麟三月九日下午四时被国民党内法西斯反动分子有组织、有

中苏友好协会院内举行追悼李兆麟活动

计划地诱杀。他的被害，也表现国民党内法西斯在东北坚持内战、独裁、分裂的反动方针及其不顾一切地采取暗杀政策。对兆麟的被害，在东北各地应举行大规模的追悼，表彰兆麟为全国、为东北人民的一生奋斗业绩，广泛宣传抗联的抗战功绩，并揭发国民党内法西斯特务反苏反共、破坏和平、摧残民主、进行内战、坚持独裁、勾结敌伪残余、复活日寇侵略、造成新的民族危机的罪恶阴谋。应用各种形式，抗议国民党内法西斯特务勾结敌伪残余反共反人民之恐怖罪行，以此进行自卫战争的战斗动员，以胜利的自卫战斗来纪念兆麟。"①

3月24日，哈尔滨市各界人民，工人、市民、商人、学生等10余万人为李兆麟举行了隆重的追悼大会和安葬仪式。由于李兆麟被害后，广大群众连日上街游行声讨法西斯刽子手，要求严惩凶手，讨还血债，各大报刊连续发表社论、文章，谴责国民党反动派发动内战的阴谋，

① 《彭真年谱》（第一卷），中央文献出版社，2012年版，第413页。

在各界群众的强大压力下,国民党省、市长也参加了李兆麟的追悼大会和安葬仪式。

上午9时,李兆麟将军的灵柩放在写有"民族魂"三字匾额的灵车上。灵车离开中苏友协缓缓向兆麟公园开动,随灵车行进的送葬队伍浩浩荡荡。灵车经中央大街绕到新城大街再到

1946年3月24日,哈尔滨数十万群众为李兆麟送灵

兆麟公园,沿途成千上万的群众夹道相送。悲感衢路,哀恸里间。人们悲愤地高呼:"李兆麟将军精神不死""为李兆麟将军复仇"等激昂口号。广大市民驻足肃立默哀,次序井然地目送其遗体安葬。当灵车驶入兆麟公园时,公园内外人山人海,10多万人130多个社会团体参加追悼大会。上午10时,追悼大会开始。中苏友好协会总务部长郭霁云报告了将军的生平及被害经过。国民党的省市代表也做讲话,外县代表发言。在追悼大会上,将军的战友、抗联代表冯仲云介绍了李兆麟领导抗日和争取和平民主的丰功伟绩,痛斥了国民党反动派的残暴罪行,强烈呼吁反对内战独裁,实现和平民主。他说:"九一八事变,日本侵入东北后,在革命的征途中,他之所以排万难、不避艰险,坚持十四年的抗日苦斗,乃是为国为民。""他是中国共产党领导和培养起来的始终为人民服务的光荣的中国共产党党员。""他是清正廉洁大公无私的政府官员。他的心里只有人民,没有自己。他领导的军队在各县剿匪安民,维持秩序,一直在为人民服务。为了东北的和平民主,为了哈尔滨、北满人民的幸福,他极力提倡要求东北问题

和平解决,反对武力接收东北,东北没有必要武力接收。我们要为李兆麟复仇!"追悼大会结束后,将军的灵柩暂安放在公园的临时坟穴中,待墓塔建成后正式安葬。①连日来,北满地区各县也都举行悼念活动。早年在哈东支队少年队任指导员、时任松江军区一分区政治部主任的季铁中回忆说,3月份一分区由宾县移驻延寿,李兆麟在哈尔滨被刺的消息传来,震惊了整个一分区,令人悲痛万分,但当时不能前往哈尔滨参加追悼会,一分区只好在延寿举行追悼兆麟将军活动。②

1946年4月28日,东北民主联军进驻哈尔滨,从此这座城市成为全国解放最早的大城市。哈尔滨人民在兆麟公园修建了李兆麟将军墓碑。8月12日墓碑竣工。李兆麟灵柩由临时坟穴移至墓前。抗联老战士冯仲云、李延禄、于天放、王明贵、朱新阳等与李兆麟夫人金伯文及两幼子参加安葬仪式。8月15日,在庆祝日本投降、抗战胜利一周年之日,哈尔滨人民举行了隆重的李兆麟墓碑落成典礼。

抗联老战士、将军的战友、松江省政府主席冯仲云为李兆麟墓碑揭幕,巍峨高耸的墓碑

1946年8月12日,抗联老战士冯仲云、李延禄、于天放、王明贵、朱新阳等与李兆麟夫人金伯文及两幼子在李兆麟灵柩前合影

① 马英林:《李兆麟将军血荐轩辕》,载政协灯塔县委员会文史资料委员会编《李兆麟将军史料专辑》,第111~113页。
② 季铁中回忆录:《风雨足音》,第130页。

上,镌刻着"民族英雄李兆麟将军之墓"11个金色大字。碑文如下:

"李兆麟将军又名张寿篯,原籍辽阳县小荣官屯。幼丧父为雇农,而少负大志,工余辄孜孜攻读。后得亲友助,入北平中国大学。一九三零年,加入中国共产主义青年团。翌年,转为中国共产党,为中国人民解放事业忠贞不贰。九一八变起,奉命返里组织义勇军从事抗日救亡运动。后任东北抗日联军第三路军总指挥,驰骋于北满原野,孤军奋战,艰苦备尝,十四年如一日。迨苏联对日作战,乃配合苏军解放桑梓。于风雨飘摇中,毅然任松江省副省长,维持社会秩序,造福人民。形势稍定乃专任中苏友好协会会长,致力邦交敦睦,奔走国内民主和平,功在国家妇孺皆感。不幸于民国三十五年三月九日下午四时惨遭反动派杀害。将军生于一九一零年,时年三十有七。将军殁后,举市同悲。众议葬于道里公园,易名兆麟,以示永念,谨书数语以志。

冯仲云
中华民国三十五年八月十五日"

此碑文为冯仲云同志撰写,文字简短、感情充沛,展现了将军一生的光辉业绩,使人阅后深受感动。当年撰写碑文时,曾考虑到与国民党的统战关系,"惨遭反动派杀害"一句,"反动派"三字前未写"国民党"三字。但人们都知道李兆麟将军被害是国民党反动派所为。

应该说,李兆麟将军被国民党特务杀害并不是一个孤立偶然事件。这是与国民党反动派反共、反人民,要搞独裁,要发动内战紧密联系在一起的,是国民党反动派绞杀人民进步力量罪恶活动的一部分。自东北光复后至1946年初,在北满各省,国民党特务频繁策动叛乱组织暗杀。一时,暗杀、暴乱事件迭起。许多共产党员倒在国民党特务、建军土匪的枪口之下,据统计,此期间,国特、土匪共杀害中共各级干部154人。[①]1946年1月政治协商会议召开前后,国民党军警特务机关也从未停止对共产党和进步力量的屠杀。此期间较为著名大案就有:1945年12月国民党建军土匪企图杀害嫩江省政府主席于毅夫,结果开枪打死代理秘书长马识途。同月,叛匪在勃利向驻军进攻,勃利专署专员于化南等人牺牲。1946年1月国民党"铁血暗杀团"杀害了佳木斯市副市长孙西林、公安局长高英杰。2月,国民党特务在重庆制造了校场口惨案。同月,又企图暗杀我新任辽西省委书记陶铸,凶手被东北局保卫部抓获。3月在哈尔滨制造了暗杀李兆麟惨案,随之又制造了杀害中共地下党员、中苏友协秘书长张适(张有才)惨案。4月在北平制造了中山公园惨案和在西安制造了民盟成员、律师王任惨案。5月在咸阳制造了李敷仁惨案(按,李敷仁,民盟成员,《民众导报》主编。遭特务枪击后,未中要害,被群众救活,后去延安)。6月在南京制造了下关惨案。7月在昆明制造了民盟中央委员李公朴和民盟中央委员、教授闻一多惨案等。

桩桩惨案,令人发指,国特罪行,罄竹难书。一时间,一个悼念抗联将领李兆麟,悼念民盟领导人李公朴、闻一多等被国民党特务暗杀的和平民主进步人士,争取和平民主,反对国民党假和平、真内战的斗争风潮席卷大江南北各地。东北各大城镇乃至全国解放区的许多大中城市如梅河口、邯郸、张家口、临沂、延安等地都举行了隆重的追悼会和示威游行。我党我军

---

① 《东北剿匪工作报告》(1947年4月10日),载黑龙江省档案馆编《剿匪斗争》,第138页。

著名领导人朱德、林伯渠、刘伯承、陈毅、彭真等都于各自所在地市举行的追悼大会上讲话或致悼词。全国各大人民团体负责人,著名人士如李杜、高崇民等也都发表谈话或声明,谴责敌特暴行,要求严惩杀人凶手。人们都为与日本侵略者艰难苦斗十四年的李兆麟没有死在抗日战场,而在东北解放后,竟死在国民党特务之手而深感痛惜、无比愤怒。

在党的领导下,这一抗议斗争风潮迅速形成波及全国的声讨国民党反动派的争民主、争自由、争和平,反独裁、反内战、反特务的群众运动。这一群众运动极大地提高了人们的思想觉悟,使广大民众识破了国民党反动派破坏和平、摧残民主、进行内战、坚持独裁的卑劣伎俩,认清了国民党反动派勾结敌伪残余反共反人民,妄图制造新的民族危机的罪恶阴谋,实际上成为一次人民自卫战争的广泛的战斗动员。同时,对李兆麟隆重追悼活动,使广大民众进一步了解了东北抗日联军十四年苦斗的历史,了解了李兆麟的英雄业绩,认识了这位抗日民族英雄。

此后,每年李兆麟遇难日、清明节在哈尔滨都有各界群众到兆麟公园举行悼念活动。在逢五逢十周年的诞辰日,哈尔滨市都举行有各界代表参加的大规模纪念活动。

在1947年,东北电影局摄制了电影纪录片《追悼李兆麟将军》,影片真实记录李兆麟安葬仪式实况及公祭追悼大会全过程,一曲"安息吧,李兆麟将军!大地就将澄清,东方已射出曙光,群妖将受到裁判,血债定得到清偿。安息吧,李兆麟将军!千百万人会继续你的事业,受难的民族将彻底解放!"鼓舞、激励着人们努力前进,成为对李兆麟将军的永久纪念。

在1948年,由中共松江、哈尔滨市党组织和人民政府倡议、主持建成的东北烈士纪念馆,李兆麟事迹陈列其中,以缅怀先烈,追思其功绩,教育激励后人,继承先烈遗志。

新中国成立后,在中国革命博物馆、中国人民革命军事博物馆、中国人民抗日战争博物馆、东北各地反映抗日战争和解放战争历史内容的纪念馆中,都展示有李兆麟将军的英雄业绩。

1957年6月4日至8日,伪满皇帝溥仪等由抚顺战犯管理所组织来哈尔滨参观,曾来到兆麟公园。他在将军墓前对自己罪行深表忏悔。他说:"将军的伟大人格和为人民牺牲的革命精神永远活在六亿人民的心中,他的生命可以说是和民族的生命一样永远无尽的。同时再回想一下自己的过去,我怎能还在将军的坟前抬得起头!"①

1963年6月,李兆麟的战友、朝鲜民主主义人民共和国最高人民会议常任委员会委员长崔庸健访华期间,来到哈尔滨,在周恩来总理和黑龙江省委书记欧阳钦、省长李范五陪同下,来到兆麟公园,向李兆麟墓敬献花圈,表示悼念之情。

"文革"十年,人们对先烈敬仰之情依然如故。

时间到了80年代,在人们缅怀先烈之时,也看到在台湾有一位老报人对于李案仍在散布当年早已被事实戳穿的谣言。他在1981年出版的回忆录中说什么李兆麟自己说他不是中共是联共,要率部投靠国民党云云。他撰写的回忆录记载,当年他曾向东北行营主任熊式辉报告。但熊式辉根本不予相信,说:"你们都受他骗。"这位老报人还坚持说李兆麟案"不是苏俄干的,就是中共干的,要不然就是合谋""我方(按,指国民党)不会干此傻事。"铁的事实、罪犯的供词证明,李兆麟被杀案就是国民党军统特务所为。国民党特务干的就是坏事、傻事。在

---

① 《爱新觉罗·溥仪日记》,天津人民出版社,1996年6月版,第69页。

此回忆录中还说,他在国民党党部朋友处见到一本叙述李兆麟案件的小册子。结论是说李兆麟案为我(按,指国民党)特工人员的"杰作"。他认为写小册的人"藉以报功""愚蠢到家",这不是等于承认李兆麟案是"我方政府人员干的吗?"他建议千万不可让这本小册子再流传下去。这位老报人站在同情国特立场上,罔顾历史事实,处处为国特打掩护,岂不知国特搞阴谋、搞破坏、搞暗杀,伤天害理,是不得人心的。

1985年,是李兆麟诞辰75周年,其故乡灯塔县团县委发起组织广大青少年及群众自愿捐款,在县城中心修建一座李兆麟纪念碑和骑马塑像,并辟建兆麟广场。1996年,在李兆麟家乡——辽阳灯塔市铧子镇后屯村,建立了李兆麟故居纪念馆。灯塔市人民政府与原铧子乡人民政府投资对李兆麟故居进行了修葺,1997年8月1日竣工。故居纪念馆占地2080平方米,建筑面积318平方米,为一正两厢式建筑,正房三间,东、西厢房各三间。内中展出了反映李兆麟生平事迹的图片资料,有启蒙教育、返乡抗日、转战白山黑水、浴血北疆、英灵永存等部分,还有他用过的手枪枪套、穿过马裤呢军裤等遗物。这些图片遗物,是李兆麟在艰苦卓绝的斗争岁月与敌人顽强拼搏的明证。如今,李兆麟故居纪念馆已成为辽阳市进行党史教育和爱国主义教育的重要基地,先后被省、市命名为"爱国主义教育基地""中共党史教育基地""国防教育基地",成为精神文明建设的重要窗口。

在哈尔滨,于李兆麟遇害地,建成李兆麟将军纪念馆,地点位于哈尔滨市道里区兆麟街88号麦凯乐商场三楼。还是在2000年,哈尔滨道里城区改造,按规划将哈尔滨市政府原办公楼,包括李兆麟将军遇害地一片的楼房拆除,修建成休闲广场。在将军遇难地楼房曾在的位置上设立了李兆麟将军殉难地纪念标志。四年后,休闲广场处建成商场。2008年,新建的商场竣工,当年决定在商场一侧三楼内建李兆麟将军纪念馆。李兆麟将军纪念馆占地200平方米。纪念馆分为少年立志,寻求救国救民之路;重返家乡,走上武装抗日之路;创建珠河、汤原根据地;艰苦岁月,率部西征;野营整训,凯旋归来;血沃北疆,精神永存等部分。内有许多照片、资料、文物、历史文献及场景复原等,并用声、光、电等现代布展手段,充分展示了李兆麟的生平业绩。李兆麟将军纪念馆成为进行爱国主义、革命传统教育的基地。

2005年4月4日,《人民日报》上由中共中央宣传部主办的《永远的丰碑》专栏以《东北抗日联军创建人——李兆麟》为题,报道了李兆麟的英雄事迹,对其予以高度评价,全文如下:

"……朔风怒吼,大雪飞扬,征马踟蹰,冷风侵人夜难眠。火烤胸前暖,风吹背后寒,壮士们,精诚奋发横扫嫩江原!伟志兮!何能消减,全民族,各阶级,团结起,夺回我河山。"这是东北抗日联军创建人和领导人李兆麟写的《露营之歌》,这支歌成为鼓舞东北抗联将士浴血奋战、艰苦斗争的有力武器。

李兆麟,化名张寿篯,1910年生,辽宁辽阳县人。九一八事变后,到北平参加抗日民众救国会,在平西一带进行抗日救亡活动,后回家乡组织抗日义勇军。1932年5月加入中国共产主义青年团,同年转入中国共产党。不久被派到本溪煤矿从事工人运动。次年8月调中共满洲省委军委工作,先后赴海伦、珠河等地参与创建抗日武装。1934年起任珠河反日游击队副队长、哈东支队政治委员、东北抗日联军第六军政治部主任、北满抗日联军总政治部主任。曾与赵尚志指挥打宾州,克五常堡,与李延禄部配合袭击洼洪,攻占林口,指挥老钱柜等战斗,创建松花江下游汤原抗日游击根据地。1939年5月任东北抗日联军第三路军总指挥,率部开展松嫩平原游击战,攻克讷河、克山、肇源等县城。1941年当抗联部队遭受严重挫折时,和周保中等组织整训部队,继续坚持战斗,曾任东北抗联教导旅政治副旅长。

抗日战争胜利后,任滨江省副省长、中苏友好协会会长等职,曾积极揭露国民党反动派的内战阴谋。面对当时东北复杂险恶的形势,他把个人安危置之度外,坚定地说:'如果我的血能擦亮人民的眼睛,唤起人民的觉悟,我的死也是值得的。'1946年3月9日在哈尔滨被国民党特务杀害,时年36岁。为纪念他,哈尔滨市将道里公园改名为兆麟公园。"①

《东北抗日联军创建人——李兆麟》一文简短、精练,高度概括介绍了李兆麟的生平,并予以高度评价。赞誉他创建抗日武装,英勇抗敌的功绩。褒扬他用鲜血擦亮了人民的眼睛,唤起了群众的觉醒。当时,全党正在广泛开展保持共产党员先进性教育活动,由于《永远的丰碑》专栏是中宣部主办,在此时,由此栏目报道李兆麟英雄事迹,意义重大。这对广大共产党员是一次生动的教育。

自李兆麟牺牲后,宣传报导他的生平事迹的文章、书籍层出不穷。在记述东北抗日战争和解放战争的书刊里都有对他的事迹的记载。他牺牲11天后,哈尔滨市李兆麟纪念委员会即于3月20日印发了《纪念民族英雄李兆麟(张寿篯)将军》小册子。前有民族英雄李兆麟将军遗像,内中收录:一、《露营之歌——李兆麟将军遗作》;二、《兆麟将军年谱》(冯仲云);三、《兆麟将军传略》(冯仲云);四、《李兆麟将军被难经过》中苏友好协会;五、《被难后各界反响汇辑》(新闻摘录);六、《吊兆麟同志》(冯仲云);七、《日寇眼中的李兆麟将军》(日宪文件摘录);八、《治丧委员会筹备追悼革命先烈》(新闻摘录)等。

其中《被难后各界反响汇辑》(新闻摘录)有《北光日报》特讯,中苏友好协会副会长孙耕野先生谈话、钟子云先生对李将军被难谈话、中苏友协开职员大会、《北光日报》社论、《哈尔滨日报》社论、李将军被难后省市方面行事——纪念李兆麟先生。

这本小册子是最早纪念李兆麟将军的诗文结集,内中文字是李兆麟研究的重要资料。1957年,东北烈士纪念馆编撰出《民族英雄李兆麟将军》,较系统、详细地介绍了李兆麟的生平。1989年1月,党史、抗联史研究专家刘枫、李颂鸾著《李兆麟传》由黑龙江人民出版社出版。这是一部有17万字研究李兆麟的专著。1991年7月,政协灯塔县委员会文史资料委员会编辑出版了《李兆麟将军史料专辑》,收集有研究、回忆、资料等文章21篇。2010年10月,辽宁省社科院地方党史研究所著《李兆麟传》(30万字)由当代中国出版社出版。这是文字量较大、内容翔实的一部传记。另有许多以李兆麟事迹为素材的小说、各式读本等。这些著述使后人加深了对他生平业绩的了解,无不对其功勋、业绩备感钦佩。

2009年,中宣部、中组部、解放军总政治部等单位联合举办了"100位为成立新中国做出突出贡献的英雄模范人物和100位新中国成立以来感动中国人物"评选活动。9月10日,"双

---

① 《人民日报》(2005年4月5日)。2005年7月9日此文在《人民日报》再次发表,题目为《抗联英豪——李兆麟》。

百人物"评选揭晓,李兆麟名列其中。9月14日,李兆麟之女张卓娅与其他"双百人物"及家属代表在人民大会堂参加党中央举行的座谈会,并受到党和国家领导人胡锦涛、习近平等的亲切接见。

2010年是李兆麟诞辰100周年。中共黑龙江省委举行纪念李兆麟诞辰100周年座谈会。省委宣传部、省委党史研究室等部门领导同志、李兆麟同志亲属、抗联老同志、史学工作者和社会各界人士参加座谈会。

会上,中共黑龙江省委秘书长刘国中代表省委讲话,对李兆麟同志表示深切怀念,并向其家属表示亲切问候。他说,李兆麟同志是中国共产党的优秀党员、共产主义的忠诚战士、东北抗日联军的重要将领,是一位闻名中外的抗日民族英雄和受到人们敬仰的革命先烈。李兆麟将军的一生,是革命的一生,战斗的一生,是为党、为祖国、为人民勇于牺牲,无私奉献的一生。他在讲话中强调,黑龙江是李兆麟将军成长、战斗和英勇牺牲的地方。我们缅怀李兆麟将军的卓越功绩,传承李兆麟将军的不朽精神,就是要继承革命先烈的遗志,发扬党的优良传统,发展一代代共产党人为之不懈奋斗的伟大事业。在全面建设小康社会的关键时期,我们要大力弘扬李兆麟将军的伟大革命精神,攻艰克难,真抓实干。学习他对党无限忠诚、为共产主义事业奋斗终生的高贵品质,坚定共产主义的理想信念,树立起坚不可摧的精神支柱,推动黑龙江更好更快发展,坚定不移地为建设中国特色社会主义而奋斗。

同时,中共辽宁省委在李兆麟家乡辽阳也举行纪念李兆麟诞辰100周年座谈会等活动。省委党史研究室等部门领导同志、李兆麟同志亲属、史学工作者和社会各界人士参加座谈会。

值得特别提出的是2012年,原苏联红军老战士,在抗联教导旅即88旅担任过军事教官的B.伊万诺夫在所著《战斗在敌后》一书,回顾抗联教导旅即88旅历史时多次提到李兆麟(张寿篯)。他说,在我的脑海中,对88旅的政治委员张寿篯(李兆麟)也记忆犹新,他当时在中共在满洲的一些地下组织中享有很高的威望,在抗日联军的一些部队中担任政委,后来担任第88旅的政治委员。回到满洲以后,他领导了中共哈尔滨市委,他坚决拥护中苏友好,组织了第一个中苏友好协会,并担任驻哈尔滨中苏友协代表。这一回忆反映出一个苏联老红军战士对李兆麟的敬仰和怀念之情。

民族英雄李兆麟在十几年的革命斗争中,忠心耿耿,为国家、为人民、为党的事业做出卓越贡献,建立了不朽功勋。他是一位优秀的共产主义战士,是一位坚定的马列主义者,他英勇顽强、艰苦奋斗的革命精神永远值得后人缅怀。抗联老同志、李兆麟的战友韩光同志曾撰文说:"李兆麟同志虽然牺牲了,但他的历史功绩永远铭刻在人民心中,特别是铭刻在东北抗联老战友们的心中。兆麟同志的一生虽然短暂,但他的一生是不平凡的一生。他不愧为中华民族的优秀儿女,不愧为东北抗日联军的优秀将领,不愧为中国共产党的优秀党员。他为了中华民族、中国人民的彻底解放,为了社会主义、共产主义事业在我国取得彻底胜利,死在凶恶敌人的刀下,死得光荣!他的牺牲,唤起了他的战友、同志以及千百万人民同国民党反动派誓死斗争的决心,并取得最后胜利,这已为后来的事实充分证明了。他的牺牲,更加激励了后来

者为振兴我们伟大的社会主义祖国而努力奋斗,这也必将为历史所证明。民族英雄李兆麟将军永垂不朽!"①

人的生命在历史的长河中,是极其暂短的,只是瞬间,但人生在世,若能为革命理想、人民事业做出些许奉献,那都是很有意义和价值的。而李兆麟为中国人民的抗日战争和解放战争都做出了巨大贡献,其人生意义和价值取向就更非同一般。李兆麟为人民解放斗争而死,为革命事业而死,死得其所,虽死犹荣。他的光辉业绩、革命精神将永远激励着后人前进。

中国先哲老子有云:"死而不亡者寿。"②李兆麟(李烈生、张寿篯)他虽然只活有三十七岁,但他实属身虽死而精神不死,功绩永存的人。

人民永远赞颂他——李烈生;

人民永远崇敬他——张寿篯;

人民永远怀念他——李兆麟。

---

① 韩光:《民族英烈血沃北疆》,载政协灯塔县委员会文史资料委员会编《李兆麟将军史料专辑》,第56页。

② 老子:《道德经第三十三章》。

附 录

一、李兆麟生平活动年表

1910年11月2日(1岁,虚岁,下同)　生于奉天省(今辽宁省)辽阳县第二区(烟台,今灯塔)小荣官屯,原名李超兰。

1916年冬(7岁)　入本村私塾学习。

1917年春(8岁)　入大荣官村初小读书。

1920年春(11岁)　入本县吕方寺高小学习。

1923年(14岁)　高小毕业。

1924年(15岁)　开始半耕半读。

1925年(16岁)　半耕半读。

1926年(17岁)　在家务农。

1927年(18岁)　与李树香结婚。

1928年(19岁)　长子李玉出生。

1929年秋(20岁)　经本乡李秋儒(当时为中共党员)介绍参加革命活动,成为积极分子,在灯塔建立革命小组。任大荣官村副村长。

1930年4月(21岁)　因散发宣传品,被警察逮捕,因无证据被释放。

1930年夏　与本乡在北平读书的张一吼(中共党员)建立联系,与翟乐泉(中共党员)交往,深受爱国及共产主义教育、启发。后随张去北平,在西郊门头沟开展革命宣传工作,并加入共青团,化名李烈生。

1931年夏(22岁)　做发行工作,7月转为中共党员。本年长女李石出生。

1931年11月　九一八事变爆发后,参加反帝大同盟,受党组织派遣到活动在辽西锦州、黑山一带义勇军耿继周部队中开展工作。12月,返回北平。

1932年2月8日(23岁)　受河北省委派遣到辽阳开展抗日工作,组织东北民众抗日义勇军第二十四路。

1932年上半年　消灭反动武装"洪盛团""南大会",活捉原关东军工兵司令久留岛。率义勇军二十四路破坏敌人铁路交通。

1932年8月　组织抗日义勇军第二十四路协同其他义勇军部队攻打沈阳东塔机场。

1932年秋　抗日义勇军第二十四路溃散。根据中央驻满洲代表罗登贤的指示参加奉天特委领导下的反日工作。

1932年11月　到本溪湖(今本溪)铁矿、煤矿开展工人工作。化名孙正宗。

1933年2月(24岁)　因病离开本溪,回沈阳养病。

1933年 5月 参加奉天特委青年士兵委员会,在奉天兵工厂、肇新窑业公司开展活动。

1933年7月 奉天特委被破坏后,转移到哈尔滨,受满洲省委指派,担负部分士兵工作,化名张玉华。

1933年9月 任满洲省委军委负责人。

1933年10月 巡视珠河,帮助中心县委组建珠河反日游击队。

1933年11月 主持省委干部训练班工作。

1934年1月(25岁) 巡视海伦特别支部工作。

1934年4月 到海伦帮助特别支部领导该地工作,并巡视呼海铁路工人工作。

1934年4月中旬 被满洲省委派到珠河反日游击队工作,任副队长,化名张寿篯。

1934年5月 参加领导攻打宾县县城战斗。

1934年6月 任东北反日游击队哈东支队代理政治委员。

1934年8月15日 协同赵尚志率哈东支队及部分义勇军攻打五常堡。

1934年10月 因所谓犯右倾等错误被省委撤销哈东支队代理政治委员职务,任支队宣传科长。

1934年12月 领导哈东支队第六总队开辟方正新游击区。

1935年1月(26岁) 任东北人民革命军第三军第一团团长。

1935年3月 任东北人民革命军第三军第二团政治部主任。

1935年5月至8月 领导第三军第二团,团结抗日义勇军及广大农民抗日自卫队开展反"讨伐"斗争。

1935年9月 任东北人民革命军第三军第一团政治部主任。

1935年10月中旬 任东北人民革命军第三军第一师政治部主任。与师长刘海涛率部在依兰、方正一带活动。

1935年冬 与刘海涛率第三军第一师在牡丹江一带开展反敌人冬季"大讨伐"斗争。

1935年11月 按第三军军部勃利青山里会议精神,准备赴江北汤原。

1935年12月 到松花江北汤原筹备联军军政联席会议。

1936年1月(27岁) 参加东北反日联合军军政联席会议,为会议主席。会上被选为联军总政治部主任。任东北人民革命军第六军代理政治部主任。

1936年3月 任东北人民革命军第三、六军后方留守处主任,率部攻袭敌据点老钱柜。

1936年春 任东北抗日联军政治军事学校教育长,领导第一期教务工作。

1936年7月 赴巴彦、木兰、通河等地巡视工作,整理、收编义勇军、山林队参加抗联。

1936年9月 珠汤联席会议召开,被选为中共北满临时省委执行委员。

1937年2月 结束巴木通巡视工作,回到汤原后,率部袭击铁力境内敌筑路兵营。

1937年6月(28岁) 参加北满临时省委执委扩大会议,兼任东北人民革命军第三军政治部主任。

1937年7月　与抗联第三军被服厂厂长金伯文同志结婚。

1937年10月　转任东北抗日联军第六军政治委员。

1938年2月(29岁)　提交给北满临时省委意见书,建议开展"反倾向"斗争。

1938年5月　参加北满临时省委第七次常委会。

1938年6月　贯彻北满临时省委第八次常委会精神,组织北满抗联部队向黑嫩地区海伦一带远征。

1938年8月　领导、部署留守部队坚持松花江下游地区斗争。

1938年12月初　率第六军教导队和第十一军部队远征,年底到达海伦一带。

1939年春(30岁)　领导北满抗联龙北部队深入敌人腹地开展平原游击战争。

1939年4月　任中共北满省委常委、组织部长。

1939年5月30日　任东北抗日联军第三路军总指挥。

1939年9月18日　抗联第三路军第二支队等攻袭讷河县城。

1940年7月19日(31岁)　在德都朝阳山抗日联军第三路军总指挥部与前来袭击的敌人展开斗争。

1940年9月25日　抗联第三路军第三、九支队攻袭克山县城。

1940年11月8日　抗联第三路军第十二支队攻袭肇源县城。

1941年春(32岁)　参加第二次伯力会议。

1941年春　返回东北,领导北满地区抗日斗争。

1941年11月　越境入苏参加野营领导工作。

1942年8月(33岁)　任东北抗日联军教导旅政委,后改为政治副旅长。

1942年9月　任中共东北委员会(时称东北党委员会)委员。

1943年(34岁)　领导抗日联军教导旅进行军政训练及派遣小部队回东北活动。幼子立克出生。

1944年(35岁)　领导抗日联军教导旅进行军政训练。

1945年(36岁)　幼女卓娅出生。

1945年9月　由苏联返回东北,任哈尔滨卫戍副司令,成立并主持东北抗日联军哈尔滨办事处。从事创建巩固东北根据地工作。

1945年10月　滨江省政府成立,任副省长兼任中苏友好协会会长。

1945年12月　辞去滨江省副省长职务,专任中苏友好协会会长。

1946年1月(37岁)　中共北满分局成立,任委员。任哈尔滨市委委员。

1946年2月　与中共哈尔滨市委副书记杨维联名写出《国民党接收哈尔滨时社会情况》报告,上报东北局。致信哈尔滨军医大学毕业生,鼓励其探求真理,坚定革命意志,巩固和平,实现远大理想。

1946年3月8日　出席哈尔滨市纪念"三八"妇女节大会并讲话。

1946年3月9日　在哈尔滨市水道街九号被国民党特务残暴杀害。

二、征引文献、资料索引

党内、军内文件

1.《河北军委关于东北义勇军的报告》(1932年3月1日)

2.《河北李同志报告》(1932年9月26日)

3.《×××关于柳河子土匪崔恩洪、崔宴嘉情形的报告》(1932年6月)

4.《中共满洲省委为加紧义勇军的工作致各级党部的一封信》(1932年9月18日)

5.《张××关于沈阳、辽阳之间农民、妇女、军人少先队及义勇军状况报告》(1932年11月)

6.《中共奉天特委给中央的报告》(1932年12月20日)

7.《中共本溪特支报告之一》(1933年1月22日)

8.《中央给满洲各级党部及全体党员的信》(1933年1月26日)

9.《中共奉天特委对本溪工作的指示》(1933年2月2日)

10.《团奉天特委给本溪特支团小组的指示信》(1933年3月13日)

11.《中共满洲省委老张关于珠河游击队的检查和布置的报告》(1933年10月9日)

12.《中共满洲省委给珠河县委及游击队的信》(1933年11月28日)

13.《满洲老张对于珠河游击队报告的补充》(1933年12月27日)

14.《关于呼海路各地政治经济状况和党的工作情况的报告》(1934年2月2日)

15.《中共满洲省委关于争论问题给珠河县委、队内支部及赵尚志同志的信》(1934年2月15日)

16.《中央给满洲省委指示信》(1934年2月22日)

17.《中共满洲省委关于坚决执行中央及省委的正确路线给珠河县委及游击队全体同志的信》(1934年6月30日)

18.《中共满洲省委代表张及团特派员关于珠河游击队改编情况的报告》(1934年7月10日)

19.《中共珠河县委报告》(1934年8月26日)

20.《东北反日游击队哈东支队告反日抗"满"义勇军书》(1934年9月12日)

21.《中共满洲省委关于在义勇军工作中的策略问题和游击运动中的具体任务给珠河县委及游击队信》(1934年9月23日)

22.《中共珠河中心县委关于目前政治形势等问题的报告》(1934年9月25日)

23.《中共满洲省委巡视员霞珠河巡视报告(第二号)》(1934年9月28日)

24.《东北反日游击队哈东支队给省委的报告》(1934年9月)

25.《中共满洲省委为粉碎冬季"大讨伐"给全党同志的信》(1934年10月20日)

26.《中共满洲省委代表芬流珠河报告》(1934年11月24日)

27.《张同志给司令部的报告》(1934年12月)
28.《东北反日联合军、东北反日游击队哈东支队司令部布告》(1934年)
29.《东北人民革命军第三军司令部、东北反日联合军总指挥部布告》(1935年3月25日)
30.《王明、康生给吉东负责同志的秘密信》(1935年6月3日)
31.《中共珠河县委给省委的报告》(1935年6月7日)
32.《东北人民革命军第三军司令部政治部主任杨、一师二团政治部主任张给司令部的信》(1935年6月)
33.《中国苏维埃中央政府、中共中央委员会为抗日救国告全体同胞书》(1935年8月1日)
34.《中共珠河县委关于敌人活动及县委工作情况的报告》(1935年8月11日)
35.《吉东特委给珠河中心县委及三军负责同志信》(1935年11月26日)
36.《司令部给二、三团的指示信》(1935年)
37.《东北民众反日联军军政扩大联席会议决议》(1936年1月25日)
38.《东北民众反日联军临时政府成立宣言》(1936年1月25日)
39.《东北抗日联军统一军队建制宣言》(1936年2月20日)
40.《中共满洲省委给汤原县委和游击队及尚志、延禄同志的信》(1936年3月7日)
41.《中央驻东北代表给珠河党团县委及第三军负责同志信》(1936年3月12日)
42.《第三军司令部关于延方一带政治形势的报告》(1936年6月20日)
43.《中央新政治路线指示信》(1936年10月2日)
44.《中共北满临时省委北满总政治部主任给三军四师军政负责同志的信》(1937年春)
45.《张寿篯给珠河、汤原中心县委转北满临时省委的意见书》(1937年3月2日)
46.《中共北满临时省委给周保中的信》(1937年3月31日)
47.《张寿篯给北满临时省委的工作报告》(1937年6月3日)
48.《周保中给三军四师郝贵林、金策信》(1937年6月13日)
49.《张寿篯给谢文东、滕松柏等人信》(1937年6月20日)
50.《张寿篯同志给中共北满临时省委的信》(1938年2月9日)
51.《中共北满临时省委第七次常委会根据张兰生报告通过的决议》(1938年5月1日)
52.《北满临时省委给全党同志的信》(1938年5月)
53.《中共北满临时省委第七次常委会议决议案》(1938年5月)
54.《周保中给金策同志的信》(1938年6月27日)
55.《金策致北满省委、三六军党委和下江、哈东各特委的意见书》(1938年6月28日)
56.《张寿篯致周保中的信》(1938年7月5日)
57.《周保中给张寿篯、金策及北满临时省委各负责同志的信》(1938年9月4日)
58.《中共北满临时省委致张寿篯的信》(1938年9月6日)

59.《张寿篯给北满临时省委的报告》(1938 年 11 月 16 日)

60.《张寿篯同志关于目前工作给省常委的意见书》(1938 年)

61.《抗联总政治部关于撤销侯启刚同志工作的决定》(1939 年 1 月 14 日)

62.《中共北满临时省委第九次常委会决议》(1939 年 1 月 28 日)

63.《张寿篯、许亨植关于黑龙江的工作及形势给王明贵、于天放的信》(1939 年 2 月 24 日)

64.《张寿篯给六军教导队全体同志信》(1939 年 2 月 28 日)

65.《张寿篯给李景荫同志转高继贤的信》(1939 年农历 2 月 24 日)

66.《张寿篯、金策给李华堂及九军全体同志的信》(1939 年 3 月 12 日)

67.《张寿篯、金策给谢文东等同志的信》(1939 年 3 月 13 日)

68.《张寿篯给高禹民等同志的信》(1939 年 3 月 15 日)

69.《中共北满临时省委执行委员会第二次全会决议》(1939 年 4 月 12 日)

70.《中共北满临时省委执行委员会第二次全会给三军党委决议——"左"倾关门主义的政治责任与布尔什维克铁的纪律》(1939 年 4 月 12 日)

71.《东北抗日联军第三路军成立宣言》(1939 年 5 月 30 日)

72.《东北抗日联军第三路军军政训练处关于党政工作的意见》(1939 年 6 月 15 日)

73.《张寿篯给金策及省委负责同志的信》(1939 年 6 月 23 日)

74.《中共北满省委告北满全党同志书》(1939 年 8 月 1 日)

75.《张寿篯给金策同志的信》(1939 年 8 月 21 日)

76.《张寿篯给冷团长等人的信》(1939 年 8 月 22 日)

77.《中共北满省委代表张寿篯给嫩江特支负责同志的指示信》(1939 年 8 月 22 日)

78.《张寿篯关于工作任务等问题给耿殿君等的指示信》(1939 年 9 月 7 日)

79.《抗联第六军军部关于召开刘耀庭烈士追悼会的通令》(1939 年 9 月 16 日)

80.《冯仲云给中共中央的工作报告》(1939 年 10 月 12 日)

81.《张寿篯关于一般工作情况给治纲、中孚的信》(1939 年 10 月 20 日)

82.《东北抗联第六军司令部训令》(1939 年 10 月 28 日)

83.《东北抗联第三路军总指挥部秘令》(1939 年 10 月 28 日)

84.《张寿篯就职誓词》(1939 年 11 月 10 日)

85.《张寿篯关于北部部队活动情况给许亨植的信》(1939 年 11 月 19 日)

86.《张寿篯关于巩固扩大抗日先锋队问题给刘景阳的信》(1939 年 11 月 21 日)

87.《张寿篯关于目前形势和战斗任务给各独立部队的信》(1939 年 12 月 20 日)

88.《中共北满省委第十次常委会告全党书》(1940 年 1 月 28 日)

89.《中共北满省委给党中央政治局报告》(1940 年 3 月 13 日)

90.《中共北满省委关于红五月通告》(1940 年 3 月 24 日)

91.《金策给张寿篯的信》(1940 年 6 月 3 日)

92.《张寿篯为反映自己工作情况给金策的信》(1940 年 7 月 31 日)

93.《张寿篯给王新林的工作报告》(1940年8月30日)
94.《中共北满省委和第三路军给中共中央政治局的报告》(1940年8月)
95.《王新林给张寿篯的信》(1940年9月7日)
96.《中共北满省委关于红五月纪念运动总结》(1940年9月10日)
97.《金策关于第三路军的任务与行动及东北统一领导问题的意见书》(1940年9月15日)
98.《王新林为召开党和游击队干部会议给各军指挥的指令》(1940年9月30日)
99.《张寿篯、冯仲云给金策的信》(1940年11月1日)
100.《徐泽民给北满省委的信》(1940年11月14日)
101.《张寿篯关于抗联第三路军1940年度平原游击战的总结》(1940年11月)
102.《马克正等写有悼念朝阳山牺牲之烈士的诗文》(1940年)
103.《中共吉东、北满、南满省委负责人谈话纪录》(1941年1月5日)
104.《吉东、北满省委干部会谈问题讨论记录摘要》(1941年5月26日)
105.《东北抗日联军第三路军第三支队一九四一年度的平原游击》(1941年11月)
106.《周保中、张寿篯致王新林的信》(1941年12月25日)
107.《北满游击运动史略》(1941年)
108.《满洲新形势估计和游击运动的前途及任务》(1941年)
109.《张寿篯给金策转许亨植的信》(1942年6月25日)
110.《张寿篯给金策转许亨植的信》(1942年7月5日)
110.《东北党组织问题的决议草案及旅党组织简则》(1942年8月)
112.《周保中关于留C中共东北党组织总结状况及改组的报告》(1942年9月13日)
113.《张寿篯独立活动经过(履历自传)》(1942年9月10日)
114.《抗联特别旅中共党支部局航空降落伞学习总结报告》(1942年10月12日)
115.《雨田:第三支队一年来游击活动的检讨》(1942年12月)
116.《金策给王新林转张寿篯的信》(1943年3月19日)
117.《李兆麟在滨江省职员大会上的讲话》(1945年12月)
118.《李兆麟给哈尔滨军医大学毕业生的信》(1946年2月10日)
119.《李兆麟、杨维:国民党接收哈尔滨时社会情况》(1946年2月)
120.《陈云为李兆麟被刺杀事给北满分局各省工委的电报》(1946年3月13日)

回忆录、访问录

东北烈士纪念馆等单位存:李树香、李兆宾、李文芳、鄂国镇、李阳春、李玉、冯基平、林郁青、孙已泰、侯薪、周保中、韩光、冯仲云、张德、金伯文、戴鸿宾、彭施鲁、张瑞麟、李铭顺、王钧、李东光、李敏、张祥、季铁中、钟子云、王一知、郭霁云、马英林、陈堤、刘忠林、赵乃禾、张景洲、李桂林等同志回忆录、访问录。

著述

《毛泽东选集》第三卷；
《毛泽东在七大的报告和讲话集》；
《陈云文集》；
《彭真年谱》；
《辽沈决战》(上)；
《中共中央北满分局》；
《东北抗日联军斗争史》；
《东北抗日联军史料》(上、下)；
《中国共产党辽宁史》第一卷；
《中共黑龙江历史》第一卷；
《中国共产党哈尔滨历史》第一卷；
《哈尔滨市地方志》第三十六卷；
《纪念民族英雄李兆麟(张寿篯将军)》，李兆麟纪念委员会编；
《李兆麟将军史料专辑》，政协灯塔县委员会文史资料委员会编(灯塔县文史资料第二辑)；
《周保中抗日救国文集》(上、下)；
周保中:《东北抗日游击日记》；
刘光运:《薪胆录》(侯薪回忆录)；
冯仲云:《东北抗日联军十四年苦斗简史》；
李延禄:《过去的年代》；
李范五:《燕山黑水风云录》；
韩光:《征途漫漫》；
王明贵:《踏破兴安万重山》；
陈雷:《征途岁月》；
王钧:《血荐轩辕》；
张瑞麟:《张瑞麟回忆录》；
李在德:《松山风雪情》；
于保合:《风雪松山客》；
李敏:《风雪征程》；
王明贵将军回忆录:《忠骨》；
季铁中回忆录:《风雨足音》；
李伟、丛树春:《征途坎坷立铁石》；
王克道:《从伪满归来》；

温永禄主编:《东北抗日义勇军史》(上);
李鸿文:《李鸿文著述选》;
谭译:《谭译史论选》;
温野:《弘扬英烈铸丰碑》;
刘枫、李颂鸾:《李兆麟传》;
王忠瑜:《冒着敌人的炮火》;
张树东、吕品、张瑞学:《北满星火》;
辽宁社会科学院地方党史研究所:《李兆麟传》;
刘枫、胡凤斌、刘强敏:《东北抗日联军第三军》;
赵亮、孙雅坤:《东北抗日联军第六军》;
叶忠辉、李云桥、温野:《东北抗日联军第八—十一军》;
马英林:《李兆麟将军血荐轩辕》;
江玉章:《金戈铁马浴血关东》;
《黑龙江党史资料》第二辑、十三辑;
《哈尔滨党史资料》汇编第1—5辑;
金日成:《与世纪同行》;
B.伊万诺夫:《战斗在敌后》。
[以上老同志著述只写作者(口述者)姓名,整理者姓名从略。]

报刊

《申报月刊》;
《红色中华》;
《救国时报》;
《东北日报》;
《松江日报》;
《人民日报》;
《黑龙江日报》;
《退休生活》;
《世纪桥》。

日伪资料

《盛京时报》;
《满洲共产党运动概观》;

《满洲共产匪研究》；
《满洲抗日运动概况》；
《满洲国警察史》；
《省政汇览·三江省篇》。

后 记

抗日民族英雄《李兆麟传》是本人继《杨靖宇传》《赵尚志传》《周保中传》之后撰写的又一部东北抗联将领传记。

李兆麟是东北抗日联军创始人和领导者之一。他自九一八事变后即从事抗日斗争。他作为一个共产党人在长达十四整年的反侵略战争中,根据党的抗日救国总方针,始终战斗在抗日斗争第一线。他在家乡辽阳组织领导过抗日义勇军第二十四路的斗争。他曾任中共满洲省委军委负责人,参与创建珠河反日游击队,长期与赵尚志在一起于北满地区从事抗日游击战争的领导工作。在1938年日伪当局疯狂进行"三江大讨伐",北满抗联主力西征后,他独撑危局,成为北满抗日武装斗争的主要领导人。1939年,抗日联军第三路军成立,他任总指挥。在日伪当局不断残酷镇压抗日运动、大举"讨伐"抗联的严峻形势下,他指挥所部不畏艰难困苦,斗志昂扬,策马扬鞭,纵横驰骋于大小兴安岭,黑嫩、松嫩平原,与日本侵略者顽强作战。其所部在极端困难的条件下,坚持开展平原游击战争,攻讷河、打克山、陷肇源,取得辉煌战绩,令民众振奋、敌寇胆寒。这些战斗的胜利在抗联斗争进入极端艰苦时期是十分突出的,特别难得的。1941年以后,为保存实力,抗联主力部队过境入苏实行战略转移。他与周保中领导抗联组建教导旅,一方面进行整训,一方面派遣小部队回东北开展侦察活动,始终坚持开展抗日斗争,直至抗战取得最后胜利。东北光复后,他又投身建设巩固东北根据地的斗争中,不幸竟惨遭国民党特务的杀害。

传主李兆麟的一生是革命的一生,是为共产主义事业英勇奋斗的一生。他是对中华民族解放事业有卓越贡献的人,是被人民大众景仰的英雄人物。李兆麟对中华民族无限热爱,对党和人民事业十分忠诚;他信念坚固,立场坚定,意志坚强,秉性坚毅;他把自己的生活、生命完全献给了他深深热爱的中华民族、中国人民,这正是传主人生价值的正确取向。在他的身上充分体现出忠贞爱国、艰苦奋斗、英勇拼搏、不屈不挠、不畏牺牲的革命精神。对于这样的英雄人物理应为其撰写出更为翔实、全面的传记。

李兆麟是历经中国整个十四年抗战和党领导的东北抗日运动全过程的领导人之一,是东北抗日游击战争的指挥者之一,更是抗联历史一些重大事件的当事者。人们知道,党领导的东北抗日武装从游击队开始,几经发展,形成东北抗联十一个军,后来按斗争区域南满、北满、吉东编成抗联三个路军指挥部。第一路军总司令为杨靖宇,北满抗联总司令为赵尚志,第二路军总指挥为周保中,第三路军总指挥为李兆麟。我已写作出版了《杨靖宇传》《赵尚志传》《周保中传》,自己感到作为一个党史、抗联史研究工作者有责任再撰写出《李兆麟传》。这样,读者不仅可以通过他们的传记了解传主生平业绩,更可以从"南杨北赵,东周西李"抗联主要领导人传记这个层面了解东北抗联在白山黑水各地开展十四年艰苦卓绝的抗日斗争的历史。

为撰写李兆麟传记，展现传主所经过的全部历程，笔者从2011年开始多方搜集有关传主生平资料，并着手撰写这部人物传记。写作中力争做到叙真行、录实言，既不拔高溢美，也不为尊者讳，力求存真求实，成为信史。《李兆麟传》是政治历史传记，并非文学作品。撰写《李兆麟传》不仅是在写他一个人，而是在写一个英雄群体，是在写抗联第三路军。历史人物传记应是具有"实证"性质的历史著述，因此必须有真实可靠的史料做支撑。本书资料依据主要是中央档案馆、东北三省档案馆馆藏革命历史档案文献和抗联老同志的回忆录，也参考一些自己能够见到的日伪档案资料。

　　本书共十章，各章的标题基本选取传主创作的《第三路军成立纪念歌》里的歌词。这些词句语言生动、情真意切、准确有力，比起一般语句作各章标题更胜多筹，故采用之。每章之下分六节，各节分别记述一个或几个问题。全书记述的重点是传主在东北抗日战争时期的斗争和经历，以展现一个抗日民族英雄的业绩。

　　人们知道，在革命战争年代，革命者为了工作需要常改换姓名，李兆麟也是如此。他在从事革命斗争中用过不少化名。在开始参加反日斗争时多用李烈生，从1934年到1945年9月一直使用张寿篯这个名字。1945年9月改为李兆麟。李兆麟这个名字至1946年3月他牺牲，使用时间虽仅6个月，不算很长，但由于他惨遭国民党特务杀害，一时震惊国内外，这个名字便为世人所知，而张寿篯这个使用时间较长的名字及本名李超兰却少有人知晓。因此，本传记书名确定为《李兆麟传》。传记在行文时，为减少因传主姓名变换，而引起读者阅读的不便，在叙述其早年时期活动以至抗日战争时期活动也都统一采用李兆麟这一名字，必要时则用李烈生、张寿篯名字，一般用括号注明。解放战争时期，因其已改姓名，自应取李兆麟这一名字。总之，李烈生、张寿篯、李兆麟虽称谓不同，但都是同一人，这是需要向读者说明的。

　　作者在撰写本传记中，遇到一些必须写清而在一些资料中众说不一的问题，如传主生年、入党时间、一些重大战斗战果、重要会议地点和文件形成时间等，作者在经过分析、考察采纳一种说法的同时，在注释中也将其他说法列出，有些在行文中需要解释之处，用括号加"按"字标出，以免与引文中原有括号中内容相混淆。征引文献中，存有明显的脱字、衍字、错字等，亦用括号标注；漫漶不清，无法识别的字，用方框"□"标识。同时，对与传主活动有关联的主要人物在页下做以简要注释，以供读者参考。

　　本人撰写本书在运用历史档案的同时，也注意学习、吸收有关部门、专家、学者、前辈、老同志的著作、著述（详见书后附录征引文献、资料索引）研究成果，这是我应该特别要向他们（包括老同志回忆录的记录者、整理者）表示衷心感谢的。在本书撰写过程中，作者得到许多同志支持。中共党史、东北抗联史研究专家罗占元、孔令波、李茂杰、谭译、温野等同志及一些抗联后代都鼓励我写好这本传记。东北烈士纪念馆原馆长王卫东同志将珍藏的原北光日报社社长马英林同志赠送给他的书籍送给我，供我写作参考。撰写中，中共黑龙江省委党史研究室原主任、研究员金宇钟同志审阅了书稿。当书稿形成后，我恳请抗联老战士、李兆麟的部下、战友，九十八岁高龄的李在德同志写序，李老欣然应允，并亲笔签名，写下含义深刻的题词。抗联历史研究专家罗占元教授也为之作序，对本传记予以评介。在撰写过程中，中共北京市委党史研究室、中共河北省委党史研究室、中共辽宁省委党史研究室、辽宁省社会科学院党史研究所、中共辽阳市委党史研究室、中共本溪市委党史研究室、中共沈阳市委党史研究室、中共哈尔滨市委党史研究室、东北烈士纪念馆等单位提供所需资料。郭健军等对我予以帮助的和潜心抗联史研究的朋友为我校勘书稿,提出宝贵意见。出版社的责任编辑李智新同志为成书耗费不少精力。特别是得到热心宣传将军文化的哈尔滨三五味业集团有限公司董事长王军同志大力资助,才使书稿得以正式出版。在此,本人对所有关心、支持、帮助本书写作、出版的个人、单位,一并表示衷心的感谢。

本人深知撰写李兆麟传记无异于是在撰写党领导的北满抗日斗争的历史。而传文要想接近历史原貌只能是良好愿望,要做到存真求实也并非易事。由于本人研究能力所限,传文难免存有舛误、不足之处,这是需要读者提出批评指正的。

当书稿即将交付出版社时,本人想到,中国人民抗日战争暨世界反法西斯战争胜利已近七十周年,那场长达十四整年艰苦卓绝的战争年代已尘封于历史的记忆中,但历史不能忘怀。特别是近些年日本右翼势力狂妄至极,翻历史的案,挑衅中国,力图修改和平宪法,使军国主义死灰复燃,值得世人警惕。"前事不忘,后事之师。"李兆麟等抗日先辈的英雄业绩将永昭后世;十四年苦斗铸就的以爱国主义为核心,包括忠贞报国、艰苦奋斗、不屈不挠、英勇拼搏、不畏牺牲、国际主义在内的东北抗联精神,将会永远感召、鼓舞、激励人们奋勇前进!

赵俊清

2014 年 11 月 22 日